Contraste insuffisant

NF Z 43-120-14

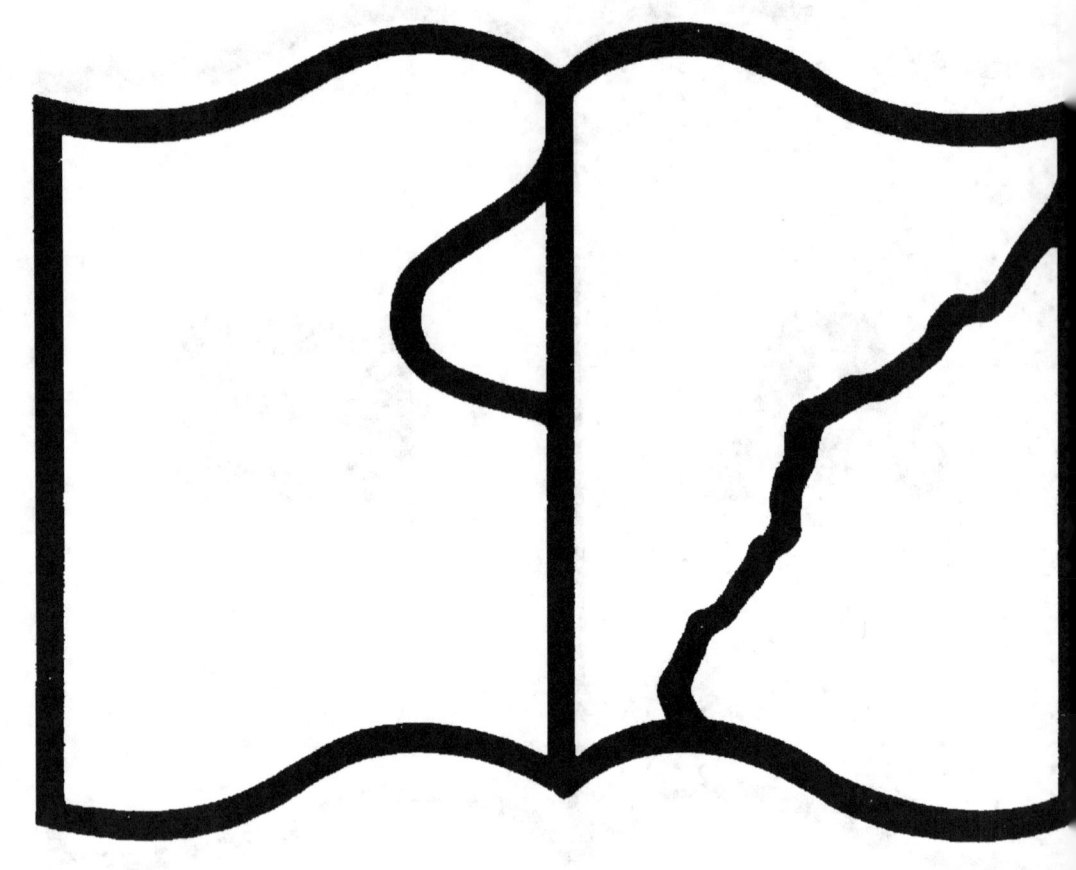

Texte détérioré — reliure défectueuse

NF Z 43-120-11

LES GRANDES AVENTURES

LES SECRETS
DE
MONSIEUR SYNTHÈSE

PAR

LOUIS BOUSSENARD

Illustré de dessins par Ch. CLÉRICE

PARIS

C. MARPON ET F. FLAMMARION, ÉDITEURS

Galerie de l'Odéon, 1 à 9, et rue Racine, 26

Tous droits réservés.

LES SECRETS
DE
MONSIEUR SYNTHÈSE

LOUIS BOUSSENARD

LES SECRETS DE
MONSIEUR SYNTHÈSE

Illustrations de Ch. CLÉRICE

PARIS
C. MARPON ET F. FLAMMARION, ÉDITEURS
26, RUE RACINE, PRÈS L'ODÉON

Tous droits réservés

LES SECRETS
DE
MONSIEUR SYNTHÈSE

PROLOGUE

SAVANTS ET POLICIERS

CHAPITRE PREMIER

Chez le préfet de police. — Portefeuille volé. — Le rapport du Numéro 27. — Monsieur Synthèse. — Un crédit de cent millions. — Un homme qui vit sans manger ni dormir. — Commande et livraison de cinq cents scaphandres. — Coup de couteau. — L'agent Numéro 32. — Un professeur de « substances explosives ». — Alexis Pharmaque. — Les paroles s'envolent, les écrits se volent. — La piste. — Encore Monsieur Synthèse. — La maison mystérieuse de la rue Galvani. — Portes closes. — Consigne inflexible. — La flotte de Monsieur Synthèse. — Le Grand-Œuvre.

Ce jour-là, c'était au commencement d'avril 1884, M. le préfet de police paraissait en proie à une violente préoccupation.

Assis devant un vaste bureau encombré de papiers, il inventoriait le contenu d'un portefeuille, et s'interrompait fréquemment pour tortiller sa fine moustache déjà grisonnante, ou fourrager les boucles de sa chevelure harmonieusement disposée au petit fer.

Puis, son impatience étant exaspérée plutôt que calmée par ces tiraillements des appendices pileux, il se levait brusquement, repoussait d'un coup de jarret le fauteuil qui s'éloignait en ronflant, et parcourait, d'un pas saccadé, le cabinet tendu de reps vert, l'immuable reps sans lequel il n'est point d'art décoratif pour nos modernes administrations.

— Et cet imbécile d'agent qui n'arrive pas! murmura-t-il en se mirant à la dérobée dans la grande glace à cadre noir scellée sur la cheminée.

Pour la troisième fois son doigt pressa un bouton d'ivoire qui mit en mouvement tout un système de carillons électriques.

Au même instant, un huissier très grave, rasé de près, au crâne luisant, écarta la portière, s'avança de trois pas avec une sorte d'empressement solennel et sembla prendre racine au milieu d'une rosace du tapis.

— Le Numéro 27 ?... fit brièvement le préfet.

— Le Numéro 27 arrive à la minute, et attend dans l'antichambre le bon plaisir de Monsieur le préfet.

— Qu'il vienne!..

« Mais allez donc... dépêchez-vous »! dit-il en bousculant l'huissier toujours solennel, dont les jambes n'évoluaient qu'avec une majestueuse lenteur.

Puis, le préfet poussa un soupir de satisfaction, s'assit sur son fauteuil, couvrit d'un buvard le portefeuille toujours ouvert, prit une lime à ongles pour se donner une contenance, composa son visage et attendit.

— Le Numéro 27!.. annonça l'huissier.

— C'est bon! Je n'y suis pour personne.

Puis, avisant le nouvel arrivant, un homme d'une trentaine d'années, au visage intelligent, mais singulièrement pâle, il l'interpella rudement, sans même lui rendre son salut.

— Vous voilà donc enfin, Monsieur!

« Comment! Il est dix heures du matin, et je vous attends depuis hier soir !...

« Je vous charge d'une mission confidentielle, très importante, avec recommandation expresse de faire toute la diligence possible, et vous me laissez « croquer le marmot » pendant douze heures !

— Mais, Monsieur le préfet...

— Silence!

« Votre mission accomplie bien ou mal, je n'en sais rien encore, vous vous amusez à badauder au lieu d'accourir, et vous vous faites voler, comme un niais, le portefeuille renfermant, avec mes instructions, ce rapport qui me tient tant à cœur !

L'agent, franchement interloqué, en voyant son chef instruit d'une particularité qu'il croyait être seul à partager avec le voleur, ne put retenir un geste de surprise.

Puis, à ce geste, aussitôt réprimé, succéda, rapide comme la pensée, un jeu de physionomie indiquant un travail mental pouvant se formuler ainsi :

— Tiens !... Tiens !... Est-ce que le patron serait plus fort que je ne le pensais ?

« Se défie-t-il de moi ?

« Est-ce lui qui m'a fait voler mon portefeuille ?

« Mais à quoi bon !

— Eh bien ! vous ne dites rien ?...

« Qu'avez-vous à répondre ?

— Que le fait est rigoureusement vrai.

« On m'a enlevé mon portefeuille... Oh! très subtilement, et le filou qui a fait le coup, est un malin.

« Mais, à malin malin et demi, et mon coquin a été le premier volé.

« Car, d'une part, le portefeuille ne contenait pas un sou, et mon rapport est écrit en caractères cryptographiques dont seul je possède la clef.

— Vous croyez? fit ironiquement le magistrat.

— Absolument, Monsieur le préfet.

— Si pourtant je vous montrais ce document, ou plutôt sa traduction en bon français, que diriez-vous?

— Que c'est impossible !

— Tenez, mon garçon, voici l'original écrit par vous au crayon, et voici la traduction....

« Je garde cette dernière... lisez votre factum à haute voix ; pendant ce temps, je vais collationner.

Mais l'agent, complètement abasourdi, croyant rêver, demeure comme pétrifié, les bras collés au corps, sans même paraître voir le mouvement de son chef qui lui tend le papier.

Le préfet savoure un instant son triomphe, et reprend de sa voix dure :

— Il me semble que j'attends !

Le Numéro 27 paraît faire un effort violent, tire son mouchoir de sa poche, essuie la sueur qui ruisselle sur son visage livide, prend le papier, et lit d'une voix altérée :

« Affaire Synthèse.

« Conformément aux ordres de mon chef, j'ai cherché à m'édifier sur le « compte d'un personnage mystérieux qui, depuis environ un mois, constitue « pour la société parisienne une sorte d'énigme vivante…

— Voilà, ou je ne m'y connais pas, de la véritable littérature de journal à un sou, interrompit ironiquement le magistrat.

« Mais, continuez… nous collationnons…

« La critique viendra en temps et lieu.

— … « Ce personnage, qui répond au nom bizarre de Monsieur Synthèse, « habite au Grand-Hôtel.

« Monsieur Synthèse est un grand vieillard dont il est impossible de pré- « ciser l'âge, mais, nonobstant sa verdeur, on peut assurer qu'il a doublé le « cap de la soixantaine…

— De plus en plus roman-feuilleton, murmura le préfet.

— … « Il paraît être d'origine hollandaise ou suédoise, continue le Nu- « méro 27, et son existence est des plus étranges. Il reçoit peu. Ses deux « serviteurs, des nègres rébarbatifs, de véritables cerbères, font subir aux « visiteurs une sorte d'examen, leur demandent des mots de passe, et les « évincent rigoureusement quand leurs réponses ne sont pas satisfaisantes.

« On dit de Monsieur Synthèse, qu'il est un savant maniaque toujours « occupé à couvrir des feuilles blanches de formules chimiques et d'équations « algébriques, et que c'est là l'unique motif de la claustration rigoureuse « qu'il s'impose.

« On dit également que sa fortune est colossale ; que dans son apparte- « ment, les gemmes les plus précieuses : diamants, saphirs ou rubis, traînent « littéralement partout, et qu'il possède plusieurs coffres remplis de ces « pierreries.

« Il y a là peut-être un peu d'exagération, mais ce que je puis affirmer, « c'est qu'il possède un crédit de *cent millions* sur la maison Rothschild.

— Vous dites bien cent millions?

— Je tiens le fait du caissier principal.

— Diable ! Voilà qui est positif.

« Ses pierres peuvent n'être que des cailloux… mais l'or de MM. de Rothschild est de bon aloi.

Tenez, mon garçon, voici l'original écrit par vous au crayon (Page 3).

« Continuez.

— ... « On ajoute, et la chose paraît surabondamment prouvée par les
« affirmations des gens de l'hôtel, que Monsieur Synthèse ne mange pas et
« ne dort jamais.

« Il n'est pas descendu une seule fois à la table d'hôte, et ne s'est jamais
« fait servir quoi que ce soit dans son appartement. Ses noirs n'ont jamais

« introduit de provisions dans l'hôtel, et ils disent, à qui veut les entendre,
« que leur maître ne sait pas ce que c'est que le sommeil.

« Du reste, il n'y a, dans l'appartement, ni lits, ni divans, ni chaises
« longues.

« Ces singularités, fort étranges, eussent peut-être suffi pour signaler ce
« personnage à l'attention discrète de l'autorité...

— Vous avez raison et votre littérature a parfois du bon.

« Attention discrète... c'est bien cela...

« Il faut être discret à l'égard d'un original qui peut tirer à vue cent millions, et pourtant il est bon de se renseigner sur lui.

— ... A l'attention discrète de l'autorité, reprit le Numéro 27 heureux de
« l'approbation de son chef, si un fait, indéniable, celui-là, car il appartient
« au domaine de la vie réelle, n'eût traversé cette existence mystérieuse.

« Monsieur Synthèse, quelques jours après son arrivée à Paris, s'est mis en
« rapport avec l'importante maison Rouquayrolle et Denayrouse, et a fait
« une commande de *cinq cents scaphandres*.

« Ces appareils, perfectionnés, sont pourvus chacun d'un réservoir ayant à
« peu près les dimensions d'un sac de soldat. L'air respirable, emmagasiné
« dans ce réservoir sous une forte pression, peut subvenir aux besoins du
« plongeur pendant six heures. Les pompes servant à injecter l'élément res-
« piratoire, ainsi que les tuyaux communiquant avec les appareils sont, par
« ce fait, supprimés, et l'homme, emportant sa provision d'air avec lui,
« possède une entière liberté de mouvement et d'action. Ces scaphandres
« sont dits : indépendants.

« La livraison a été faite il y a cinq jours, gare Saint-Lazare, payée comptant et expédiée au Havre par un train spécial.

« Les cinq cents appareils sont arrimés déjà dans la « cale d'un grand
« steamer, *Anna*, amarré au quai du bassin de l'Eure. »

— C'est bien tout, n'est-ce pas ?

— C'est tout pour le moment, Monsieur le Préfet.

— Bon ! Vos hiéroglyphes sont de tout point conformes à ma traduction.

« Je n'ai rien à reprendre aux termes de ce rapport qui me dédommage agréablement de la prose habituelle à mes auxiliaires.

« Ce n'est là, d'ailleurs, qu'un embryon d'enquête; je ne doute pas que vous n'arriviez bientôt à extraire de cette série de mystères, une bonne et substantielle note de police, rigoureuse comme une équation, et à expliquer tous ces phénomènes d'une façon satisfaisante.

« Mais, soyez excessivement prudent, et ne vous amusez plus à vous laisser voler niaisement...

— Oh ! Monsieur le préfet, ce n'est pas pour mon plaisir que j'ai été délesté de mon portefeuille, et nanti d'un joli coup de couteau...

— Vous !... Un coup de couteau... Où cela ?... Quand donc ?

— Hier soir, à neuf heures, une demi-heure environ après avoir été volé, je rentrais chez moi, tout bouleversé, pour écrire de mémoire un second rapport.

« J'habite, vous le savez, quai de Béthune.

« Un inconnu, qui me suivait sur les talons, me dépasse brusquement, s'arrête devant moi, me dévisage un instant, allonge le bras et me frappe à toute volée.

« Il me semble recevoir un coup de poing en pleine poitrine... je pousse un cri... je vois danser les becs de gaz, puis, je m'abats sur le trottoir.

« L'inconnu s'enfuit à toutes jambes, pendant que deux gardiens de la paix accourent à mon cri.

« Ils me relèvent, me font revenir à moi, je me fais reconnaître à eux, et ils m'emmènent à l'Hôtel-Dieu.

« L'interne de garde me fit un pansement, déclara que la blessure n'offrait aucun danger, insista cependant pour me garder pendant la nuit, et me rendit ma liberté il y a une demi-heure.

« Voilà, Monsieur le préfet, pourquoi je n'ai pu me présenter devant vous à l'heure dite.

— Eh ! mon pauvre garçon, que ne le disiez-vous plus tôt !

« Comment, un coup de couteau !

« Ah çà ! il est donc bien vrai qu'on assassine à Paris ?

— Il paraît, Monsieur le préfet.

— Voilà qui complique singulièrement la situation.

« A propos, il est inutile que je vous intrigue plus longtemps.

« Vous connaissez ce portefeuille ?

— C'est le mien.

— L'homme qui vous l'a volé a été arrêté quelque temps après, dans une bagarre, et conduit au commissaire.

« On l'a fouillée ; on a trouvé sur lui ce carnet avec votre carte d'agent et différents papiers que le commissaire a eu l'intelligence de m'envoyer sur l'heure.

« J'ai trouvé votre rapport et je l'ai fait déchiffrer par un de mes employés...

« Tout cela est élémentaire.

« Mais ce que je trouve infiniment moins clair, non moins que désagréable pour vous, c'est cette tentative dont vous avez été victime.

« N'y aurait-il pas une corrélation entre ces deux faits?

— Cela me paraît fort possible.

— Eh bien, nous aviserons.

« Pour le moment, demeurez tranquille; restez chez vous quelques jours, car je crois que vous êtes « brûlé ».

« En attendant, voici pour vous dédommager.

Le préfet, à ces mots, ouvrit un coffre-fort, en tira une pincée de louis et les mit dans la main de l'agent qui se confondit en remerciments.

— Un mot encore avant de vous retirer.

« Asseyez-vous un moment, car vous êtes fatigué.

« Voyons, quelle est votre appréciation personnelle sur cette livraison de cinq cents scaphandres? car, c'est là, pour l'instant, le *clou* de la situation.

« Que Monsieur Synthèse se passe de manger et de dormir, peu nous importe!

« Il est bien libre de recommencer les expériences du docteur Tanner et de faire plus fort que l'excentrique Américain.

« Mais les scaphandres!

— Vous avez raison, Monsieur le préfet.

« Un particulier, fût-il fermier général de toutes les pêcheries de Ceylan, ou affolé par la perspective d'être un jour titulaire unique des actions du Vigo, c'est-à-dire fût-il archi-millionnaire ou archi-fou, ne penserait jamais à commander l'équipement de cette future armée de scaphandriers...

— C'est vrai! Un régiment, sinon une armée de plongeurs!

— Mon avis, puisque vous me faites l'honneur de m'appeler à le formuler, est qu'il serait bon de mettre l'embargo sur l'*Anna*, le steamer de Monsieur Synthèse.

— C'est grave, et je dois en référer au ministre.

« Il faudrait, d'autre part, savoir si ce personnage est de nationalité étrangère, et ne pas nous créer à la légère des complications diplomatiques.

« Et pourtant, on ne laisse pas sortir d'un port français cinq cents scaphandres sans savoir où ils vont.

Eh ! mon cher Monsieur.... vous ici ! par quel hasard ? (Page 13.)

« ... Nous traversons en ce moment une sorte de crise dont les manifestations revêtent toutes les formes...

« Crises politiques, agricoles, financières, commerciales... Il y a beaucoup de mécontents... Les individus conspirent, les partis s'agitent, les nations arment... Les particuliers se jalousent... Les peuples se haïssent...

« Ce mystère, qui nous intrigue en ce moment, ne se rattache-t-il pas, par un fil invisible, à cet état de marasme plus facile à deviner qu'à formuler ?

« Qui sait si nous ne sommes pas sur la piste d'un complot contre l'existence d'un souverain ou la sécurité d'un peuple ?

… Il fallait que la perplexité du préfet de police fût bien vive, pour qu'il se laissât ainsi aller à monologuer devant son modeste collaborateur

S'apercevant enfin qu'il pensait tout haut, il interrompit brusquement sa tirade et congédia le Numéro 27, en lui recommandant de nouveau la plus grande circonspection.

Il allait profiter de ce rare moment de solitude pour retourner sous toutes ses faces l'énigme dont Monsieur Synthèse était le mot, quand l'huissier reparut, toujours grave et solennel.

- Le Numéro 32 attend dans le petit cabinet, dit-il de sa voix onctueuse.

— Faites-le entrer, répondit le préfet de l'accent résigné d'un homme sachant que son temps ne lui appartient pas.

« Tiens ! c'est vous !

« Je vous croyais en Suisse, occupé à surveiller les nihilistes réfugiés.

— Je suis rentré depuis huit jours.

— Et je ne vous ai pas vu encore ?

— Je filais un particulier qui m'a rudement donné de fil à retordre ; et comme j'étais filé moi-même sans savoir au juste par qui, j'ai pensé qu'il serait imprudent de me présenter à la « Maison ».

— C'est bon ; et quoi de nouveau ?

— Beaucoup de nouveau, Monsieur le préfet.

— Avez-vous un rapport bien circonstancié ?

— Un rapport verbal, Monsieur le préfet.

— Pourquoi pas une note écrite ?

— Parce que le proverbe : « *Verba volant, scripta manent* » est faux comme la plupart des proverbes.

« Les paroles s'envolent, mais les écrits se volent…

— C'est juste.

« Racontez-moi votre histoire, et ne craignez pas de me donner des détails.

« Tout ce qui se rattache aux faits et gestes des gens que vous êtes chargé de surveiller est de la dernière importance.

— J'étais à Genève depuis cinq semaines, et, grâce aux agents que la police moscovite entretient dans la ville, j'étais parfaitement au courant des faits et gestes des réfugiés.

« Ma tâche était facile d'ailleurs, puisque j'avais seulement à m'occuper de ceux qui passaient en France ou revenaient de France en Suisse.

« Je m'étais tout particulièrement attaché à la personne d'un individu d'allures bizarres, d'aspect incohérent, de nationalité au moins douteuse, mais de profession parfaitement définie.

« C'était un chimiste ; mais un chimiste comme on n'en voit plus et qui semblait sortir d'un de ces laboratoires bourrés de cornues, de matras, d'appareils baroques, de crocodiles empaillés où les alchimistes du Moyen âge élaboraient leurs sorcelleries.

« Tout en lui était extraordinaire, jusqu'à son nom qui me frappa tout d'abord.

« Il s'appelait, ou plutôt, il s'appelle Alexis Pharmaque.

— Mais, ce n'est pas un nom, cela, c'est un calembour.

« Alexipharmaque, en un seul mot signifie, je crois, contre-poison, remède à un principe morbifique.

— Le dictionnaire de Pierre Larousse m'a renseigné à ce sujet.

— Ce ne peut être qu'un sobriquet.

— C'est plus que probable.

« Quoi qu'il en soit, mon Alexis Pharmaque possédait, dans une maison retirée, à l'extrémité d'un faubourg, un laboratoire admirablement agencé, où il fabriquait, du matin au soir et du soir au matin, toute la série des explosifs connus et inconnus.

— Diable !

— Fulminates, pyroxyles, nytro-benzine, bellinite, séranine, pétrolite, sebastine, panclastite, mataziette, tonite, glonoïne, dynamite, dualine, glyoxyline, saxifragine, gélatine destructive, et tant d'autres dont je ne sais pas le nom, il expérimentait tout, et vivait, tranquille comme un Dieu ferme, au milieu de ces tonnerres en bouteilles.

« Entre temps, et comme si c'eût été la chose la plus naturelle du monde, il enseignait la chimie aux Russes réfugiés, et plus spécialement la partie de cette science relative aux substances explosives.

« Je fus un de ses élèves, sinon les plus savants, du moins les plus zélés.

« L'existence de notre professeur s'écoulait dans un calme absolu, sans être aucunement troublée par les études et les expériences pour le moins scabreuses, quand un fait imprévu vint la révolutionner de fond en comble.

« Une lettre, une simple lettre, arrivée de France un beau matin, arracha M. Alexis Pharmaque à son laboratoire, à ses formules, à ses expériences.

« On me réclame à Paris, nous dit-il sans préambule. Un savant, illustre entre tous, m'appelle près de lui. Je recevrai des appointements superbes, ce qui m'importe peu ; mais j'aurai la faculté de faire de la chimie transcendante, en qualité de préparateur de Monsieur Synthèse dont le nom...

— Hein ! interrompit le préfet de police abasourdi, vous dites Monsieur Synthèse ?

— Oui, Monsieur le préfet.

« Quel nom bizarre, à côté de celui d'Alexis Pharmaque !

« Encore un pseudonyme, probablement...

« Ces savants ne peuvent rien faire comme tout le monde !

« Et, sans plus tarder, notre professeur nous fait ses adieux, laisse pour une somme dérisoire son laboratoire à un des Russes, entasse dans une malle ses manuscrits, et prend le premier train pour Paris.

« Flairant une aventure, je me fais une tête pour n'être pas reconnu du voyageur, je monte dans le même train et je rentre en France avec lui.

— Très bien !... Très bien, cela.

— Arrivé à Paris, je file mon homme qui me conduit en voiture jusqu'à la rue Galvani, une rue neuve qui va de la rue Laugier au boulevard Gouvion-Saint-Cyr.

« La voiture s'arrête devant un vaste mur de clôture percé d'une petite porte bâtarde, et d'une large porte cochère à deux battants de fer.

« Au premier coup de sonnette, cette dernière s'ouvre toute grande, puis se referme sur la voiture, en me laissant à peine le temps d'apercevoir, entre cour et jardin, une maison spacieuse à un seul étage, et des communs s'étendant fort loin.

« J'attendis vainement pendant une heure la sortie du fiacre ; je dus, de guerre lasse, rentrer chez moi, me promettant d'éclaircir la chose le lendemain, dès la première heure.

« En principe, cela semble très facile, d'entrer dans une maison parisienne, de faire causer les gens, et d'obtenir des renseignements sur ses habitants.

« C'est pour nous l'*a, b, c* du métier.

« Mais, je dus singulièrement rabattre de mes prétentions, devant des portes impitoyablement closes, devant le mutisme exaspérant de gens qui ne veulent pas desserrer les dents, devant une consigne inflexible, devant l'impénétrabilité absolue des hommes et des choses.

« Naturellement je me piquai au jeu ; et cela d'autant plus que je voyais le mystère s'épaissir davantage.

« J'usai de tous les prétextes, je dirai presque de tous les moyens pour me créer des intelligences dans la place, ou tout au moins m'y introduire. Je devins tour à tour commissionnaire, facteur de télégraphe, inspecteur du gaz et des eaux de la ville...

« J'en fus pour mes frais de déguisement.

« A peine avais-je sonné à la porte maudite, qu'un grand diable de nègre en livrée apparaissait, m'adressait la parole dans une langue incompréhensible pour moi ; et comme je m'évertuais à lui parler français, il me congédiait en grimaçant un sourire qui le faisait ressembler à un boule-dogue.

« J'enrageais d'autant plus que je voyais, à intervalles plus ou moins irréguliers, un coupé attelé d'un cheval noir, rapide comme le vent, arriver, les portières relevées, s'engouffrer au grand trot par la porte qui s'ouvrait et se refermait pour ainsi dire automatiquement.

« Comme je ne le voyais pas plus ressortir que le fiacre de mon ci-devant professeur, j'en conclus qu'il y avait une issue donnant sur le boulevard Gouvion-Saint-Cyr.

« C'est là que je me mis en faction hier après-midi, dans une voiture attelée d'un excellent cheval, et conduite par un de nos agents.

— A la bonne heure, interrompit le préfet de plus en plus intéressé.

— Ma foi, ma patience fut récompensée plus tôt même que je ne l'espérais.

« A peine étais-je installé depuis une heure, qu'une porte percée dans un grand mur, que je croyais circonscrire un terrain vague, s'ouvrit brusquement : le coupé apparut et fila comme une flèche.

« Mon cocher, nanti préalablement d'instructions en conséquence, lui emboîta le pas sans plus tarder, quitte à crever son cheval pour ne pas perdre de vue l'enragé trotteur.

« Après une course fantastique à travers Paris, nous arrivâmes à l'angle de la place Sorbonne, en face la grande maison de produits chimiques Fontaine et Cie, et j'eus le bonheur de voir descendre Alexis Pharmaque en personne.

« Je le laissai pénétrer dans le magasin, puis je me mis à faire les cent pas sur le trottoir, de l'air d'un promeneur oisif.

« Je saisis le moment précis où mon homme sortait après avoir terminé ses affaires, pour le heurter légèrement, comme par mégarde.

— Tiens ! c'est vous, cher maître ! m'écriai-je d'un air ravi.

— Eh ! mon cher monsieur... vous ici !... par quel hasard ?

— J'ai été rappelé à Paris par une grave maladie de mon père, et je viens me faire inscrire au secrétariat de la faculté des sciences.

— Vous travaillez donc toujours ?

— Ma foi, j'ai pris goût à la chimie sous votre habile direction, et je tiens à continuer ces études si bien commencées.

— C'est parfait, et je vous félicite.

— Et vous, cher maître, que devenez-vous ?

— Oh ! moi, je suis au comble de mes vœux.

« Figurez-vous que je dirige un laboratoire grand comme ceux de la Sorbonne et du Collège de France réunis; que j'ai pour auxiliaires des chimistes hors ligne, et pour patron l'homme le plus extraordinaire des deux hémisphères.

— Oui, Monsieur Synthèse.

« Je me suis rappelé le surnom bizarre de celui qui vous appela de Genève la semaine dernière.

— Son nom véritable, voulez-vous dire.

« Un être merveilleux, sublime, incomparable, plus savant à lui seul que la Bibliothèque nationale, plus riche que tous les financiers du monde entier, plus puissant que tous les monarques et les princes qui figurent sur l'almanach de Gotha !

— Alors, ajoutai-je à tout hasard, vous avez renoncé à l'étude spéciale des substances explosives ?

— Eh ! mon cher, il s'agit bien de ces enfantillages, quand nous sommes à la veille d'entreprendre une œuvre gigantesque, inouïe, invraisemblable, dont l'idée seule me transporte d'admiration, presque de terreur.

« Je ne puis trouver d'expressions pour vous peindre mes sentiments, car les mots ne sont que des mots, et ma langue est impuissante à formuler les pensées qui congestionnent mon cerveau.

« Du reste, ce secret n'est pas le mien, et je ne puis vous en dire plus long.

« Sachez seulement que vous entendrez bientôt parler de nous; que le nom de Monsieur Synthèse et de ses humbles collaborateurs rayonnera sur le monde entier comme un météore, quand nous aurons réalisé le Grand-Œuvre, la conception géniale de notre maître à tous !

« Mais, je vous quitte... adieu, ou plutôt au revoir.

« Le temps me presse et il me reste tant à faire pour achever nos derniers préparatifs !

— Vous partez bientôt ?

— Dans huit ou dix jours, avec un personnel immense.

« Quatre navires, vous entendez bien, quatre grands vapeurs, bourrés littéralement d'agents chimiques de toute nature, de machines inconnues, d'appareils merveilleux, vont transporter Monsieur Synthèse et ses aides...

— C'est prodigieux !...

— Vous l'avez bien dit, prodigieux.

« Tenez, pour vous donner une simple et très vague idée de l'importance de cette entreprise, apprenez que, entre autres accessoires, un de nos bâtiments transportera cinq cents scaphandres !...

CHAPITRE II

Perplexités du préfet de police. — Au Grand-Hôtel — L'état civil de Monsieur Synthèse. — Les Bhîls Hindous. — Les « papiers » de Monsieur Synthèse. — Lettres de noblesse. — Un in-folio de diplômes. — Autographes de souverains. — La vitrine aux décorations. — Monsieur Synthèse confesse volontiers qu'il fabrique le diamant. — « Tout est vrai, Monsieur » ! — Projet de communications interastrales. — Un milliard et demi de terrassiers. — Déplacement de l'axe de la Terre. — « Si la planète ne vient pas à moi, j'irai à la planète. » — Propriétaire foncier de la Terre. — « Je dors et j'ai faim ».

Décidément, le préfet de police est de plus en plus intrigué par le mystère qui entoure Monsieur Synthèse.

En dépit des multiples occupations très absorbantes à lui créées par ses fonctions de grand chef de la police parisienne et son mandat de député, sa pensée se reporte involontairement à cet homme étrange dont ses agents n'ont pu découvrir l'énigmatique personnalité.

Ce n'est plus seulement de la préoccupation, mais bel et bien de l'obsession.

Partagé entre le désir professionnel de savoir et la crainte de faire un pas de clerc, il hésite, tergiverse, se dépite, et n'avance à rien.

Attaqué depuis quelque temps par la presse de tous les partis qui ne lui ménage ni les brocards, ni les coups d'épingles, lui reproche ses attitudes hautaines, ses allures cassantes, ses façons dictatoriales, il sent instinctivement que les reporters aux yeux d'Argus sont à la piste d'une maladresse, d'un simple manque de tact, d'un rien, pour le clouer de nouveau au pilori du ridicule et faire à ses dépens des gorges chaudes dont s'amusera le public des deux mondes.

Ah ! si pareil fait se fût présenté au début de sa carrière, alors que, plein

Tenez que pensez-vous de cette série de brimborions multicolores. (Page 24.)

d'une ardeur de néophyte, il ne connaissait pas d'obstacles, la difficulté eût été bientôt tranchée.

Malheureusement pour lui, il possède à son actif quelques petits abus de pouvoir qui, après avoir été vertement relevés et envenimés dans les journaux quotidiens, lui ont valu, dans l'intimité, cette réflexion désobligeante, formulée d'un air pincé par le ministre de l'Intérieur :

— Pas de zèle intempestif, mon cher, et surtout, soyez adroit.

Être adroit, voilà le *hic*. Tout faire, tout dire, à la condition formelle d'éviter les clabaudages.

A la Chambre, il a abordé le ministre dans les couloirs et a ouvert la bouche pour lui faire part de ses perplexités.

Bien que peu susceptible d'intimidation, il s'est tu prudemment, dans la crainte d'entendre son chef lui riposter de son ton aigre et pointu :

— Eh! mon cher, vous êtes préfet de police, vous exercez un pouvoir sans limite, débrouillez-vous, que diable !

Se débrouiller, c'est plus facile à dire qu'à faire, en présence d'une situation que les rapports des agents ont embrouillée comme à plaisir.

Car, enfin, Monsieur Synthèse habite-t-il décidément le Grand-Hôtel ou la maison mystérieuse de la rue Galvani? Ce savant, doublé d'un nabab, cet original qui ne dort ni ne mange, qui possède une flotte de navires à vapeur, qui commande à une petite armée de savants, qui, enfin, appelle auprès de lui, pour en faire son factotum, un homme vivant jadis dans l'intimité des nihilistes russes, est-il un seul et même particulier?

Ou bien, cette individualité de Monsieur Synthèse ne sert-elle pas à abriter une collectivité d'êtres impersonnels, agissant dans un but caché, peut-être criminel?

Sinon, pourquoi cette claustration, cette consigne inflexible, ce double domicile, ces allées et venues d'attelages rapides comme le vent, ce laboratoire caché à tous les yeux, ces machines sans nom et sans destination apparente... pourquoi enfin cette invraisemblable quantité d'appareils à plongeurs?...

Et le préfet de police, de plus en plus obsédé, se laissait aller à formuler une interminable succession de « pourquoi? » sans arriver à trouver un seul « parce que » logique ou seulement admissible.

— Ma foi ! dit-il enfin du ton résolu d'un homme qui vient de prendre une détermination, advienne que pourra, je vais aborder moi-même la situation, et, s'il le faut, jouer mon va-tout.

« On me crie à chaque instant que ma position est menacée, j'en aurai le cœur net.

« Au lieu de confier la suite de l'affaire à des agents timorés ou maladroits, je veux la prendre en main sans plus tarder, et payer de ma personne.

« Jusqu'à présent, cela m'a réussi, n'en déplaise à mes chers ennemis de la presse parisienne et départementale.

« Je verrai Monsieur Synthèse et j'aviserai, après l'entrevue qu'il ne peut refuser ni au préfet de police ni au député.

Il sonna sans désemparer, comme pour s'enlever le temps de la réflexion, demanda sa voiture, et dit au cocher :

— Au Grand-Hôtel !

Quelques tours de roue l'amenèrent au splendide caravansérail où s'agite sans relâche la foule cosmopolite accourue de tous les points du globe.

En homme prudent qui veut laisser le moins de prise possible au hasard, il fit venir un des gérants de l'Hôtel, se fit reconnaître, lui demanda préalablement le registre où sont inscrits les noms des voyageurs et spécialement la feuille où devait se trouver la mention de l'arrivée de Monsieur Synthèse.

Il lut : « Monsieur Synthèse Élias-Alexander, né le 4 octobre 1802, à Stockholm, Suède. Dernier domicile, Calcutta.

« Mademoiselle Anna Van Praët, née le 1ᵉʳ janvier 1866, à Rotterdam, Hollande. Dernier domicile, Calcutta.

« Entrés à l'Hôtel le 26 janvier 1884.

— Bien, merci ! C'est tout ce que je voulais savoir.

« À propos, quelle est donc cette jeune personne, mademoiselle Van Praët ?

— C'est la petite-fille de Monsieur Synthèse.

— Très bien.

« Veuillez me faire conduire à l'appartement de votre pensionnaire.

— C'est au second étage, sur la rue ; voulez-vous prendre l'ascenseur ?

— Non, merci, répond distraitement le préfet en suivant le domestique chargé de le diriger.

Puis, il ajoute en aparté :

— Quatre-vingt-deux ans !... et Suédois...

« Peut-être quelque mystique adepte de Swedenborg, quelque rêveur à la cervelle obscurcie par les brumes natales...

Comme tout Français qui se respecte et se pique de philosophie ou de littérature, M. le préfet de police ne pouvait ignorer le nom de Swedenborg, cet homme étrange qui fut non seulement un visionnaire, mais encore un savant des plus remarquables.

Mais c'était tout ce qu'il y connaissait de la Suède.

Et, d'ailleurs, on peut être un avocat passable, un orateur parfois brillant, et ne pas savoir que la Scandinavie, où les talents surabondent, peut s'enorgueillir, entre autres, de Linnée, de Berzelius, de Santesson, de Huss, d'Acharius, de Swanberg, de Retzius, etc. : sans compter Élias Synthèse.

Dans l'antichambre se tient un des deux gardes du corps de Monsieur Synthèse. C'est un Bhil de l'Hindoustan, et non pas un nègre comme le mentionne le rapport de l'agent Numéro 27, et comme l'indique également le registre de l'hôtel.

L'erreur est d'ailleurs excusable pour qui n'a pas étudié l'anthropologie, car cet Hindou à l'épiderme couleur de suie, aux traits grossiers, au nez presque aplati, pourrait à la rigueur être pris pour un noir, n'étaient ses cheveux longs, raides et lisses, sa barbe touffue.

A l'aspect de l'inconnu qui s'avance précédé d'un homme à la livrée de l'hôtel, il se lève, comme poussé par un ressort et se campe devant la porte en prononçant quelques mots dans une langue étrangère.

Le préfet tire de sa poche une carte, la lui tend du bout des doigts et lui répond simplement :

— Monsieur Synthèse.

Le Bhil fait entendre une sorte de grognement, ouvre la porte et disparaît pour reparaître presque aussitôt.

Mais cette absence si courte, semble avoir modifié ses dispositions à l'égard du visiteur. A son air rogue, hérissé, a succédé, comme par enchantement, une expression presque aimable. Il élève ses deux mains en forme de coupe au-dessus de sa tête, s'incline respectueusement et invite d'un signe le préfet à le suivre.

Après avoir traversé deux pièces en enfilade, ils arrivent dans un grand salon luxueusement meublé, transformé en cabinet de travail. Puis, l'Hindou se retire et va reprendre sa faction.

Le préfet de police aperçoit alors, assis sur une chaise de canne à siège très élevé, un grand vieillard immobile qui fixe sur lui un regard calme un peu voilé, à l'expression fascinatrice et singulièrement troublante.

Le vieillard se lève à demi, répond par une inclinaison de tête au salut cérémonieux du visiteur, l'invite à s'asseoir d'un geste bienveillant et reprend son immobilité première.

Ce silence équivalant à une interrogation, le préfet de police croit devoir tout d'abord excuser sa démarche purement officieuse et proférer ces lieux communs habituels à un visiteur qui n'est ni attendu, ni peut-être désiré et qui franchit, en dehors des usages mondains, ce mur légendaire, édifié par M. Guilloutet autour de la vie privée des citoyens.

Tout en distillant ses périodes avec la surabondance de l'avocat pour qui le verbiage est devenu plus qu'une habitude, un besoin, le préfet examine à loisir le mystérieux personnage qui l'intrigue si vivement.

Tout en lui répond, et bien au delà, à l'idée qu'il s'en est faite préalablement.

La tête de Monsieur Synthèse, une vraie tête d'expression, rappelle, à s'y méprendre, le masque imposant de Darwin, popularisé depuis longtemps par les publications illustrées.

C'est bien là le front immense de l'illustre physiologiste anglais Un front légèrement fuyant comme celui d'un rêveur, qui brusquement s'élargit en deux énormes protubérances latérales, et semble se prolonger jusqu'à l'occiput, en une dernière et plus énorme voussure, doublant pour ainsi dire la capacité de la boîte crânienne.

Profondément enfoui sous une arcade sourcilière étrangement proéminente, l'œil noir, immobile sous la paupière large, un peu tombante et à peine flétrie, scintille comme un globe d'acier bruni, sans que les veilles prolongées, les travaux ininterrompus et les années accumulées aient pu en altérer l'incomparable éclat.

Le nez long, maigre, à la fière courbure aquiline, donne une singulière expression d'audace et d'énergie à ce masque d'octogénaire encadré par une barbe de burgrave presque blanche, mais parsemée de fils durs et noirs, qui retombe en deux longues pointes, sur une poitrine de géant.

L'entrée en matière du préfet de police, irréprochable comme forme, bien que légèrement entortillée comme fond, ayant fait éclore sur les lèvres de Monsieur Synthèse un léger sourire, il constate, avec un étonnement croissant, que la bouche du vieillard, comme celle de Victor Hugo, est meublée de dents régulières parfaitement saines, et à l'existence desquelles la prothèse est complètement étrangère.

Comme pour notre immortel poète, il semble que cette denture de jeune homme soit, pour Monsieur Synthèse, l'objet d'une coquetterie. Coquetterie parfaitement justifiée d'ailleurs, car, surtout chez un vieillard, rien n'est gracieux comme l'aspect inattendu de ces organes dont la persistance éloigne, chez un octogénaire, toute idée de décrépitude.

Son sourire aussitôt réprimé, le visage de Monsieur Synthèse reprend soudain son habituelle expression d'austère gravité.

D'un geste qui lui semble familier, il passe sur les pointes de sa barbe sa main très petite, brune, velue, aux doigts noueux et singulièrement épaisse, puis il répond enfin d'une voix lente, mais sonore, bien timbrée, sans le moindre accent étranger :

— Votre démarche n'a rien de blessant pour ma personne, ni d'attentatoire à ma liberté.

« Je l'admets d'autant mieux, que vous pouviez m'envoyer un subalterne maladroit ou trop zélé que j'eusse fait expédier par mes Hindous Apawo et Wirama.

— Des gardes du corps précieux...

— Et incorruptibles, qui opposent une digue infranchissable au torrent des indiscrétions parisiennes.

« Je vis, vous le savez, d'une façon très retirée, car mes travaux, qui sont l'essence même de mon existence et mon unique raison d'être, exigent une claustration presque absolue.

« Il n'est donc pas étonnant que, d'un côté, cette claustration voulue, cherchée, et d'un autre côté les **préparatifs d'une expédition** que je prépare en ce moment, m'aient attiré une certaine réputation d'originalité dont je ne cherche aucunement à me défendre.

— Enfin, nous y voici ! se dit à part lui le préfet de police enchanté de la tournure favorable de l'entretien.

— On doit raconter d'étranges choses sur mon compte, n'est-ce pas ?

— Étranges en vérité.

— Des énormités, sans doute ?

— Des inepties...

— Et vous avez pensé qu'une entrevue avec moi dissiperait les préventions que vous avez peut-être partagées.

« Oh ! ne vous défendez pas !

« Bien que je sois absolument indifférent aux pensées, jugements, faits ou gestes des contemporains, je comprends très bien que certaines particularités de ma vie doivent donner à penser à l'autorité, généralement soupçonneuse et parfois ombrageuse.

« Il est donc tout naturel qu'étant l'hôte d'un pays, je me conforme aux lois, règlements et formalités applicables aux nationaux comme aux étrangers.

« Je ferai donc de mon mieux pour vous satisfaire.

« Vous voulez savoir qui je suis ?

« Un vieil étudiant qui, depuis soixante-dix ans, cherche à ravir à la nature ses secrets.

« D'où je viens ?

« Je pourrais dire de partout, car il n'est guère de coin si reculé du globe où je n'aie semé des lambeaux de ma vie errante.

« Où je vais ?

« Vous le saurez bientôt.

« Peut-être désirez-vous être édifié sur ma personne elle-même en tant que citoyen...

« Je vais, comme un simple vagabond, vous montrer « mes papiers » comme à un gendarme...

« Vous voyez combien je suis de bonne composition.

« J'en ai beaucoup de papiers !

« Voici d'abord un extrait de naissance constatant que je suis issu le 4 octobre 1802, à Stockholm, du légitime mariage de Jacobus Synthèse et de Christine Zorn.

« ... Voici en outre, formulée en toutes les langues du monde, une jolie collection de diplômes, décernés à votre serviteur par les facultés savantes.

« Il y en a environ deux cents. J'ai eu l'idée de les faire relier et cela forme un in-folio assez original.

« ... Ces parchemins agrémentés de disques multicolores en cire, me confèrent la noblesse dans je ne sais plus combien de pays.

« Je suis quelque peu baronnet anglais, comte du Saint-Empire, duc de quelque chose en *berg* en Allemagne, prince danois, citoyen des États-Unis et de la République Hélvétique, etc., etc.

« ... Quelques souverains m'ont honoré de leur amitié, et m'ont écrit des lettres autographes les plus flatteuses.

« Voulez-vous savoir en quels termes me parlent le roi de Hollande, le vieil empereur d'Allemagne, l'aimable et savant souverain du Brésil, les monarques d'Autriche e td'Italie?

« Consultez la collection..... Elle ne manque pas d'intérêt

« Vous pouvez même interroger les morts.

« Tenez... déchiffrez donc ces pattes de mouches griffonnées par feu l'autocrate Nicolas de Russie, un rude homme, entre nous, quoiqu'il n'aimât guère les savants !

« Examinez aussi ces caractères épiques balafrés par votre Bernadotte qui fut notre roi et m'honora de son amitié.

« ... Ce papier très moderne que vous voyez sur mon bureau, est un simple bon de cent millions payables à vue par MM. de Rothschild...

« Mon argent de poche.

— Votre argent de poche ! interrompt enfin le préfet de police avec un haut-le-corps.

— Sans doute : j'ai cinq cents millions à la banque d'Angleterre, autant à la banque de France, et plus du double en Amérique.

« Je pourrais, à la rigueur, réaliser en peu de temps deux milliards, s'il m'en prenait fantaisie.

« Du reste, ce n'est pas tout ce que je possède, loin de là, et j'ai bien d'autres moyens de battre monnaie.

« Mais, continuons, si vous le voulez bien, l'examen de mes références

« ... Tenez, que pensez-vous de cette série de brimborions multicolores, attachés dans ces vitrines, comme des collections de papillons classés par un entomologiste ?

Le préfet de police, de plus en plus étonné, aperçoit le plus étrange amalgame de décorations de toutes formes, de toutes nuances, de tous pays : plaques, colliers, crachats, étoiles ou croix qui scintillent et flamboient, sous un opulent semis de pierres précieuses.

— Inutile de vous dire, n'est-ce pas, continue Monsieur Synthèse de son ton froid, que je n'attache aucune importance à ces hochets, car ils n'ont même pas pour moi la valeur des cailloux qu'ils enchâssent.

« Je ne les ai pas demandés ; on me les a offerts et je les conserve par politesse, ainsi que les brevets, qui forment un second in-folio.

« Que m'importe, en somme, d'être commandeur, grand-croix, grand-aigle ou simple chevalier de tel ou tel ordre !

« Du reste, on ne m'en décerne plus guère depuis une vingtaine d'années, par l'excellente raison que je les possède à peu près tous.

« A propos, j'oubliais de vous dire que tous ces spécimens d'orfèvrerie, j'allais dire de quincaillerie, ont pourtant cela d'original qu'ils sont garnis de gemmes fabriquées par moi.

— Comment ! s'écria le préfet de police dont l'étonnement grandit de minute en minute, vous possédez réellement le secret de la fabrication des pierres précieuses ?

« Ce qu'on raconte de vous est donc vrai ?

— Mais, tout est vrai, Monsieur !..

« Vous entendez : tout !

L'étrange vieillard tire du coffre-fort une boîte métallique. *(Page 30.)*

« Et d'ailleurs, faire du diamant, la belle affaire !

« Plusieurs de vos compatriotes n'en ont-ils pas également fabriqué ; du moins à l'état de cristaux infiniment petits ?

« S'ils avaient eu la patience ou les moyens de continuer leurs expériences, nul doute qu'ils n'eussent réussi, comme moi, à obtenir à volonté, des échantillons de toute grosseur.

« Aussi, pourrais-je, s'il m'en prenait fantaisie, inonder demain le marché de gemmes sorties de mon laboratoire et les vendre à un prix dérisoire.

« Mais, à quoi bon avilir une valeur de bon aloi, ruiner une industrie florissante, et mettre sur la paille des négociants ou des artisans que le diamant fait vivre honorablement ?

« Je garde donc mon secret.

« Tenez, voici d'autres échantillons, continua Monsieur Synthèse en prenant à pleines mains, dans des coupes de bronze, des diamants blancs, noirs ou teintés de jaune clair, et mêlés à des rubis.

— Ainsi, balbutie le visiteur, en se raidissant contre l'émotion, tout cela est réel ?

— En avez-vous jamais douté? riposte M. Synthèse avec un léger froncement de sourcils.

« Ai-je l'air d'un mystificateur, et les preuves matérielles que je viens de fournir ne vous suffisent-elles pas?

« Mais, je vous le répète, tout cela est la moindre des choses, et reste dans le terre-à-terre, dans la boue du ruisseau, en comparaison du rêve gigantesque, du desideratum qui forme l'unique but de ma pensée, et qui est pour moi la seule raison d'exister...

Puis, il ajoute brusquement, sans transition :

— Voyons, croyez-vous qu'il y ait quelque chose d'impossible à la science?

— Ma foi, Monsieur, nos modernes chercheurs nous saturent de tant de merveilles, qu'en notre siècle de vapeur, d'électricité, de téléphones, de phonographes, d'aérostats dirigeables, je commence à croire que la science peut tout réaliser.

— Bien !

« Cependant, tout en constatant les efforts de ces chercheurs, tout en applaudissant à leur succès, je constate que leurs découvertes, excellentes en elles-mêmes, s'appliquent exclusivement à notre globe.

— Eh ! n'est-ce point assez?

— Non, à coup sûr; et mes visées personnelles, à moi, se portent bien plus haut, bien plus loin.

« Un exemple, entre autres : Ne seriez-vous pas heureux, vous, qui, en tant que préfet de police, devez connaître les faits et gestes de vos contemporains, de savoir ce qui se passe dans les astres de notre monde planétaire ?

— Assurément; et, profession à part, je serais ravi, au point de vue purement humain, d'être édifié sur la vie intime des planètes qui gravitent autour de notre soleil.

— Très bien.

« Si vous avez le temps, je vous expliquerai, en quelques mots, mon projet de correspondance entre la Terre et Mars.

« C'est un simple projet en l'air, sans jeu de mots, mais dont l'application n'a rien d'impossible.

« On possède aujourd'hui des appareils lumineux d'une telle puissance, que des signaux partis de la Terre ne pourront manquer d'être aperçus des habitants de Mars.

« Ma conviction intime est, d'ailleurs, que ces derniers ont commencé à nous donner signe de vie, sans que nul parmi les Terriens, sauf moi peut-être, ait pensé aux moyens pratiques de leur répondre.

« Mais, arrivât-on à échanger quelques signaux, pourra-t-on, étant donné d'une part l'éloignement des deux planètes, et, d'autre part, l'insuffisance de nos instruments d'optique, pourra-t-on, dis-je, arriver à correspondre régulièrement?

— Je crois la chose absolument impossible.

— Oui, sans doute, et j'ajoute : avec l'état actuel de nos moyens.

« Mais, si les appareils d'optique demeurent insuffisants, si les lois de l'optique s'opposent elles-mêmes — ce dont je doute — à ces études inter-astrales, c'est à la science de l'ingénieur, qui, elle, n'a pas dit son dernier mot, d'intervenir... par ma volonté.

— Mais...

— ... De façon à réduire les distances existant entre les mondes sidéraux.

— Comment?...

— ... et me permettre d'ajouter, alors, en paraphrasant le mot célèbre du prophète : « Puisque la planète ne vient pas à moi, j'irai à la planète »...

« Ou plutôt, nous irons tous à la planète! car je compte bien avec le temps et le travail aidant, modifier, moi qui vous parle, la marche de la Terre à travers l'espace...

— Allons, pense le préfet de police, jusqu'à présent, il a parlé comme un homme excentrique, mais raisonnable.

« Le voilà maintenant parti à divaguer en enfourchant un dada qui a probablement emporté sa cervelle à travers les espaces planétaires.

« Monsieur Synthèse n'est qu'un monomane et je vais m'arranger de façon à opérer honorablement ma retraite.

— Oui, continue en s'animant l'étrange vieillard, vous me croyez fou parce que mes conceptions devancent de plusieurs siècles ou de plusieurs milliers d'années celles de mes contemporains...

« Et cela, quand vous venez de me dire que la science n'a pas de limites !

« Ah ! vous êtes bien tous les mêmes !

« Voyons, raisonnons.

« Combien pensez-vous qu'il y ait d'habitants sur la terre ?

— Les statistiques donnent le chiffre approximatif d'un milliard.

— Elles sont absurdes, vos statistiques.

« Et j'ai de bonnes raisons pour porter ce chiffre à un milliard et demi.

— Je suis prêt à l'admettre avec vous.

— Avez-vous pensé à la formidable somme de travail que sont susceptibles de fournir quinze cents millions d'individus, aidés par les machines les plus puissantes de notre industrie, occupés sans relâche, hommes et machines, à fouiller le sol, à transporter les terres, les rochers, les montagnes, à déplacer, s'il le faut, des continents tout entiers ?...

— Formidables, en effet !

« Mais dans quel but ce terrassement universel ?

— Dans le but de modifier la forme de la terre.

— Pourquoi cette modification ?

— Pour déplacer son axe de façon à la faire dévier de sa route habituelle.

— Soit ! Je veux bien regarder comme possible la réalisation de cette hypothèse... grandiose.

« Mais avez-vous bien sondé toutes les difficultés de détail qui surgiront à chaque moment ?

« De quelle façon les souverains, civilisés ou barbares, qui en somme sont les maîtres chez eux, envisageront-ils vos travaux ?

— J'achèterai leur sol argent comptant, et ils feront travailler leurs peuples.

» Tout est possible, en y mettant le prix ; et je thésaurise en ce moment pour devenir plus tard propriétaire foncier de la Terre.

— Si enfin tout le monde travaille à la terrasse, comment sera résolue la question des subsistances ?

« Il faut manger, et les terrassiers ont bon appétit.

— On ne mangera pas !

« Ou du moins on ne mangera pas comme vous l'entendez.

« J'ai résolu le problème depuis trente ans !

« Vous entendez bien, depuis trente ans il n'est pas entré dans mon corps un atome de pain ou de viande, et je ne m'en porte pas plus mal, au contraire...

« Ceci n'est qu'un détail sans importance.

« Revenons donc à ce cauchemar de l'infini qui hante mon cerveau !

« La forme de notre sphéroïde étant changée, son axe étant déplacé, la Terre n'obéira plus de la même façon aux lois de l'attraction intersidérable.

« Elle déviera de sa route, et ne circulera plus immuablement à la même distance du soleil ! Je calculerai d'ailleurs cette déviation que je régulariserai en temps et lieu.

« La Terre roulera donc au gré de mes désirs à travers les espaces, car j'ai la prétention de la diriger... la matière étant faite pour être vaincue.

« C'est alors que, chevauchant ma planète, je m'en irai voir de près mes frères les tyrans qui, eux, régissent les autres planètes...

« Je jouerai ma partie dans ce concert des potentats de l'univers sidéral qui rangent en bataille des constellations, et se bombardent à coups d'astéroïdes. »

Le préfet de police, depuis un moment, ne cherchait plus à suivre son interlocuteur à travers les capricieuses gambades exécutées par son esprit. Il le vit tourner tout à coup la tête, et regarder fixement un petit miroir en métal, qui, fixé sur un pied pourvu d'un mécanisme assez compliqué, se mit brusquement à tourner avec rapidité.

Monsieur Synthèse, le corps droit, rigide, la tête haute demeura une vingtaine de secondes, plongé dans une sorte d'extase, l'œil grand ouvert, sans un clignement de paupière, sur le miroir qui émettait pourtant une lumière intense.

Puis, un tressaillement rapide l'agita et un léger bâillement entr'ouvrit sa bouche.

— Eh ! qu'avez-vous donc, Monsieur? demande le préfet de police qui n'en est plus à compter ses étonnements.

— Ce n'est rien, répond tranquillement Monsieur Synthèse.

« Ma vie est réglée comme un chronomètre, et pour tout au monde je ne voudrais la modifier.

« En ce moment, je dors, et j'ai faim.

CHAPITRE III

Le repas d'un homme qui ne mange pas. — L'idéal de deux kilogrammes de viande. — Festin scientifique réduit à des proportions infinitésimales. — Éléments de la chair. — Les corps simples composant ces éléments. — Viande fabriquée artificiellement. — La *Synthèse* chimique. — Régime varié. — Le sommeil d'un homme qui ne dort pas. — L'hypnotisme et la suggestion. — Un homme de soixante ans a employé environ vingt années de sa vie à dormir. — Pour ne pas perdre un instant de l'existence. — La suggestion de l'idée du repas. — Encore les scaphandres. — Monsieur Synthèse déclare qu'il veut fabriquer de toutes pièces un continent, et le préfet de police se croit mystifié.

Aussitôt que Monsieur Synthèse eut prononcé ces paroles énigmatiques : « Je dors et j'ai faim », son accès de lyrisme tomba brusquement.

Non pas, cependant, que rien dans sa manière d'être indiquât le sommeil Sa démarche est toujours aisée, son œil bien ouvert, son geste libre.

Rien, d'autre part, n'annonce les préparatifs d'un repas, quelque sommaire qu'il soit. Les serviteurs sont toujours à leur poste dans l'antichambre, et il n'y a pas trace de victuailles dans l'appartement.

Le préfet de police regarde et se tait.

L'étrange vieilllard, sans paraître tenir compte de la présence du visiteur, se dirige lentement vers un coffre-fort scellé à la muraille, l'ouvre, en tire une boîte métallique et la pose sur le bureau.

Puis, avec la solennité d'un homme qui va accomplir un acte important d'une vie mystérieuse dont il veut bien laisser pénétrer un des secrets, il presse un ressort et le couvercle de la boîte se dresse brusquement.

Ce coffret, aux reflets d'acier, orné de figurines admirables, renferme simplement une quinzaine de flacons en cristal, bouchés à l'émeri, et rangés symétriquement comme ceux d'une pharmacie de voyage.

Monsieur Synthèse, le visage épanoui, l'œil radieux, saisit sans mot dire un flacon, le débouche, insère le bouchon dans une petite entaille pratiquée « ad hoc », prend une cuiller, incline au-dessus de celle-ci le flacon et en fait descendre une boulette grisâtre, du volume d'une merise.

Il remplit alors la cuiller avec un liquide incolore contenu dans un autre flacon, puis, se tournant vers le préfet, lui dit d'une voix brève :

— Vous permettez ?...

Mon estomac est d'une incroyable exigence, quand arrive l'heure de son unique repas quotidien...

« Or, aujourd'hui, je suis en retard d'une minute...plus une fraction !

Et, sans attendre l'assentiment que son interlocuteur s'empresse de lui donner, en s'excusant de son indiscrétion, il absorbe rapidement le contenu de la cuiller.

Puis, avec une singulière prestesse, il débouche un second flacon, en fait descendre une autre pilule dans la cuiller, remplit celle-ci avec le même liquide, ingurgite le tout avec un susurrement de la langue et recommence encore...

Il renouvelle à dix reprises consécutives cette manœuvre, ferme ensuite le coffret, le reporte dans le coffre-fort, et revient s'asseoir.

Rasséréné par cette absorption singulièrement vivifiante, à en juger du moins par l'énergie toute nouvelle qu'il semble récupérer soudain, Monsieur Synthèse pousse le soupir d'un homme largement repu, et ajoute :

— Voici mon repas terminé...

« Ce que je regarde comme la plus essentielle, je dirai presque l'unique fonction de ma vie matérielle.

« En voici pour vingt-quatre heures.

« Mon appareil culinaire, vous le voyez, n'est guère encombrant, et le temps employé à la réfection de mon organisme, est strictement économisé.

— Comment, répond le préfet de police ébahi, vous n'allez rien prendre autre chose que ces pilules...

— Absolument rien !

« Je vous l'ai déjà dit, je vis ainsi depuis plus de trente ans.

— C'est prodigieux.

— Moins que vous ne le pensez ; dans tous les cas, c'est parfaitement rationnel.

— Je ne m'étonne plus, si l'on prétend que vous vivez sans manger, puisque ceux qui ne sont pas initiés au secret de votre existence, ne vous ont jamais vu absorber d'aliments.

— Ou du moins d'aliments tels que le comprend le vulgaire.

« Car, en somme, il est bien évident que l'idée seule de vivre sans manger, serait le comble de l'insanité.

« Qu'est-ce que la vie organique ?

« C'est l'usure permanente des éléments constituant tous les organismes vivants, une sorte de combustion ininterrompue.

« Cessez de mettre du bois ou de la houille dans une cheminée, le feu s'éteint...

« Cessez de réparer les pertes subies par un organisme, en lui restituant des substances analogues à celles qu'il consomme pendant cette espèce de combustion, il s'étiole et meurt.

« Pour ce qui me concerne, je vous avouerai même, entre nous, que loin de vivre, comme on dit vulgairement, « de l'air du temps », je suis pourvu d'un bel appétit.

— Vraiment ?

— La preuve, c'est que je viens d'absorber devant vous la valeur de deux kilogrammes de bœuf.

« Vous savez que mon repas, pour être scientifique, n'a rien de platonique, nonobstant l'exiguïté de son volume.

— Vous faites alors subir à la viande une sorte de préparation, grâce à laquelle vous réduisez la matière alimentaire à un volume dont la petitesse vous permet...

— Vous n'y êtes pas du tout ; car jamais il n'entre dans mon laboratoire un milligramme de viande.

— Décidément je comprends de moins en moins.

— C'est pourtant bien simple.

« En somme, qu'est-ce que la chair ?

« C'est une substance composée d'éléments divers, en proportions variables, suivant la nature de l'animal qui la fournit.

« Prenons pour exemple celle du bœuf.

« Je ne vous apprendrai rien de nouveau, en vous disant qu'elle est formée d'albumine, de fibrine, d'hématosine, de créatine, d'inosine, de créatinine, de gélatine, etc..

« Elle renferme en outre, comme vous le savez, des sels, notamment

(Vous dites que la chair contient de l'eau ! — Page 33.)

des chlorures, des phosphates, carbonates et des sulfates alcalins, de fer, de manganèse, etc., plus 77, 17 pour 100 d'eau.

— De l'eau !

« Vous dites que la chair contient de l'eau !...

« Le rosbif, le gigot, le filet imprégnés d'eau !...

— Oui, Monsieur

« La viande en renferme près des quatre cinquièmes de son poids.

« De sorte que, sur cent grammes, il y en a près de quatre-vingts d'inutiles à l'alimentation.

« Mais, ce n'est pas tout.

« Il en est, parmi ces substances, qui sont impropres à la nutrition, et que l'on peut éliminer sans inconvénient : notamment, la chondrine et la gélatine.

« De façon qu'il est encore possible de réduire le quantième des matières alibiles contenues dans la viande, et par conséquent réduire encore la masse de celle-ci.

« Cet exposé très sommaire suffit à vous indiquer, en principe, à quel volume incroyablement amoindri on peut ramener l'élément exclusivement actif, qui est comme perdu au milieu d'autres éléments inertes composant la viande.

— Je crois comprendre, en fin de compte, que vous isolez ces éléments actifs, pour en former ces pilules que vous venez d'absorber.

— Patience !

« Toutes ces substances que je viens de désigner sous le nom d'albumine, de fibrine, de créatine et autres, sont loin d'être des corps simples.

« Elles sont toutes composées, en proportions définies, d'oxygène, d'hydrogène, de carbone et d'azote; et ces proportions dans lesquelles ces éléments sont combinés entre eux, suffisent à les différencier.

« Cela posé, au lieu de cuisiner de la viande dont j'ignore la provenance, d'en extraire à grand peine ces matières qui peuvent être adultérées, je fabrique moi-même de toutes pièces mon albumine, ma fibrine, ma créatine, etc.

— Vous fabriquez vous-même... artificiellement... les éléments constituant la chair, c'est-à-dire la chair elle-même !

— Sans aucun doute.

« Il suffit, pour cela, de mettre en présence les uns des autres, et dans les proportions voulues, l'hydrogène, le carbone, l'azote et l'oxygène; c'est-à-dire les corps simples constituant chacun des corps composés dont la réunion forme la viande.

« J'obtiens, de la sorte, des matières alimentaires chimiquement pures.

« Vous entendez, Monsieur, *chimiquement pures* !... entièrement assimilables, sans aucune déperdition, sans le moindre résidu !

— Mais, permettez, Monsieur, je ne vois pas comment vous pouvez opérer ce mélange, en proportions définies, de corps simples n'existant pas isolés dans la nature.

— C'est au moyen d'une série de réactions que seul un chimiste de profession pourrait comprendre et apprécier.

« Je vais pourtant vous citer, à ce sujet, un exemple, le plus simple de tous, qui pourra vous édifier suffisamment, par analogie.

« Vous savez que l'on peut fabriquer artificiellement de l'eau, et vous vous souvenez par quel procédé.

— Très vaguement, je l'avoue ; car mon cours de chimie élémentaire est bien loin.

— En faisant passer une étincelle électrique à travers un mélange de deux volumes d'hydrogène et d'un volume d'oxygène.

« Au moment précis du passage de l'étincelle, les deux gaz se combinent intimement, pour former un liquide. « Ce liquide, c'est de l'eau.

« Je procède, pour mes besoins personnels, d'une façon analogue en principe, tantôt en faisant agir les uns sur les autres des corps simples pour en former des corps composés, d'autres corps composés avec des corps simples, ou des corps composés entre eux.

— Mais alors, vous créez tout !
— Je ne crée absolument rien.

« Nul, ici-bas, ne peut faire de rien quelque chose, et pour l'homme le néant est toujours le néant !

« Mais je combine les corps simples qui se trouvent partout dans la nature, mais j'utilise judicieusement les forces de la matière en partant du simple au composé, du général au particulier, de l'abstrait au concret.

— Si je ne me trompe, ce système s'appelle, comme, en philosophie...
— La *Synthèse*, Monsieur, c'est *la Synthèse!*
— Votre nom, qui m'a tant frappé tout d'abord.
— Je suis le dernier rejeton d'une famille de chimistes dont l'origine se confond dans la nuit des siècles...

« Le premier de ma race, au lieu de perdre son temps aux billevesées enfantées par le cerveau de ses contemporains, conçut l'idée géniale de tenter la reproduction des corps composés.

« Il inventa le système qui donne seulement aujourd'hui son essor à la chimie moderne, et créa le mot grec de σύνθεσις, synthèse, sous lequel on le désigna dorénavant.

« Il conserva ce nom qui en valait bien un autre et le transmit à ses descendants.

« Voilà pourquoi je m'appelle : SYNTHÈSE.

« J'ai hérité non seulement du nom et des travaux de mes ancêtres, mais encore d'une propension irrésistible qui me pousse vers l'étude des sciences, et notamment de la synthèse chimique...

« Et j'ajoute que si aujourd'hui je puis réaliser de ces choses qui stupéfient non seulement le commun des mortels, mais encore les hommes du métier, je le dois bien plus aux études de mes ascendants, qu'à mes faibles mérites.

« Je suis, en quelque sorte, la synthèse vivante, la résultante de tous ces efforts séculaires, l'incarnation de dix générations d'obscurs et acharnés travailleurs dont j'utilise les découvertes.

« Je ne suis donc ni un sorcier, ni un mystificateur, mais un homme de science qui peut prouver tout ce qu'il avance.

« Tenez... absorbez quelques-uns de mes bols alimentaires.

« Oh! ne craignez rien!

« Ils sont absolument inoffensifs autant qu'efficaces, d'ailleurs; et je vous garantis que, d'ici à vingt-quatre heures, vous n'éprouverez pas la plus vague sensation de faim.

— Merci! interrompit en riant le préfet de police, je vous avouerai, entre nous, que j'ai le tort d'être un peu gourmand, et si j'appréhende quelque chose, c'est uniquement le manque de saveur de votre mystérieuse ambroisie.

— Mon ambroisie, comme il vous plaît de l'appeler, n'a rien de mystérieux.

« Et si elle est insipide, son absorption vous laisserait l'estomac libre, le cerveau singulièrement léger.

« Avec elle, pas de congestions résultant de digestions laborieuses, pas de ces embarras gastriques si douloureux aux travailleurs sédentaires, pas de goutte, pas d'obésité, mais une assimilation prompte, une réparation régulière, une absorption facile...

— Encore une fois, Monsieur, merci.

« Véritablement j'appréhende, je vous le répète, ce régime par trop élémentaire autant qu'uniforme.

— Mais je le varie chaque jour!

« Demain, j'absorberai des substances non azotées, des hydrocarbures, destinés à fournir à mon organisme la chaleur et le mouvement; en un mot, des aliments respiratoires auxquels je joins volontiers quelques aliments d'épargne, comme la cocaïne ou la caféïne lorsque je suis un peu surmené.

— Je vous prie d'excuser mon refus, mais, je vous le répète, je suis un repu, et je l'avoue sans honte, je préfère à la meilleure caféïne une vulgaire infusion de moka plus ou moins authentique.

« Et maintenant, Monsieur, veuillez, avant que je prenne congé de vous, pardonner l'indiscrétion de cette visite par trop prolongée.

— Du tout... je n'ai rien à vous pardonner.

« Vous avez voulu être édifié sur mon compte...

« Êtes-vous satisfait?

— Plus que je ne saurais vous l'exprimer, et vous m'avez réellement comblé.

« Cependant, si j'osais...

— Osez, que diable !...

« Je ne suis pourtant pas si rébarbatif.

— Vous avez bien voulu m'expliquer le mystère de votre alimentation...

« Vous plairait-il, en deux mots, de m'initier à celui de votre sommeil?

« Car, enfin, vous avez dit tout à l'heure : « Je dors et j'ai faim... » Je vous ai vu manger, mais je ne m'aperçois pas que vous dormiez!

— Je dors, pourtant.

« Vous connaissez l'hypnotisme, ce sommeil artificiellement provoqué chez certaines personnes, et sur lequel de très remarquables expériences ont été faites récemment à la Salpêtrière par le professeur Charcot, et à Nancy par le professeur Bernheim (1).

— Je le connais comme tout le monde, c'est-à-dire très superficiellement par quelques articles de journaux...
quelques extraits de revues scientifiques.

— Cela suffit.

« Vous savez, en conséquence, que ce sommeil provoqué par divers procédés, notamment la contemplation d'un objet brillant tenu à quelque distance des yeux, a pour résultat de mettre le sujet endormi dans la dépendance absolue de celui qui l'endort.

« J'entends par là, non seulement la dépendance matérielle, mais encore et surtout, la dépendance morale.

— Parfaitement.

« La personne qui hypnotise peut tout de son sujet : lui *suggérer* les pen-

---

1. Consulter à ce sujet le très remarquable ouvrage du docteur Bernheim, professeur à l'École de médecine de Nancy : « *De la suggestion* ». Octave Doin, éditeur 8, Place, de l'Odéon.

sées les plus extraordinaires, des idées absurdes ou géniales, le faire raisonner imperturbablement sur des questions qu'il ne connaît pas, lui enlever même jusqu'au souvenir de son individualité, et le faire entrer dans la peau d'un personnage étranger.

« Le sujet peut même, a-t-on dit, être poussé irrésistiblement à la perpétration d'un crime, qu'il accomplira sous l'influence de cette *suggestion* à laquelle il ne peut se soustraire.

— C'est bien cela, mais ce n'est pas tout.

« Vous devez savoir également que le souvenir de tous les événements accomplis, de toutes les paroles prononcées, de toutes les idées émises pendant l'hypnose, peut être conservé par le sujet quand il est éveillé.

« Il suffit pour cela que celui qui a provoqué le sommeil veuille que ce souvenir soit perpétué jusque dans l'état de veille.

« Enfin, l'hypnotisme, parfois long et difficile à obtenir au début, en arrive, après un certain nombre de séances, à être provoqué presque instantanément.

— Tout cela me semble prouvé au moyen d'expériences faites par des savants dont l'affirmation ne saurait être suspecte.

— Eh bien, vous voyez devant vous l'exemple d'un homme sous l'influence du sommeil hypnotique.

— Vous !

— Sans doute.

— Mais nul ne vous a endormi.

— J'ai provoqué moi-même l'hypnose ainsi que je le fais tous les jours, en fixant pendant quelques secondes un petit miroir métallique.

— Vous-même... sur vous-même ?

— Parfaitement.

— Je ne voyais pas la chose possible.

— Bien au contraire, et cette pratique, connue en Orient, depuis des époques immémoriales, est employée par les fakirs hindous qui s'hypnotisent à volonté.

« Les uns regardent pendant un certain temps l'extrémité de leur nez, et arrivent à l'hypnose non sans loucher outrageusement ; les autres regardent leur nombril et obtiennent le même résultat après une contemplation plus ou moins longue.

C'est même la vue de ces *omphalopsuchistes* ou *ombilicains* qui m'a donné l'idée de m'hypnotiser.

« Seulement, je me sers d'un miroir... c'est infiniment plus pratique.

— Mais dans quel but vous soumettez-vous ainsi aux effets de ce phénomène ?

— Combien consacrez-vous, par jour, d'heures au sommeil ?

— Environ sept ou huit.

— Le tiers de votre temps se passe au lit, n'est-ce pas ?

« De façon que sur une existence de soixante ans, vous en aurez perdu vingt à dormir.

— Il le faut bien.

« Est-ce que, sous peine de mort, le sommeil n'est pas aussi indispensable au corps que l'alimentation ?

— De même que je viens de vous le démontrer, il y a nourriture et nourriture, je veux vous prouver qu'il y a sommeil et sommeil.

« Mon temps étant trop précieux pour que je le gaspille à dormir, j'ai dû chercher un procédé pour permettre à mon organisme de se reposer, sans pour cela cesser d'exister intellectuellement, d'agir, de penser, de travailler.

« Ce procédé, l'hypnotisme me l'a fourni depuis quarante-cinq ans, et m'a permis d'économiser quinze années qui eussent été perdues irrévocablement pour moi.

« Car, si j'ai réussi jusqu'à ce jour à résoudre des problèmes scientifiques réputés insolubles, je n'arriverai jamais à prolonger d'une minute la durée de l'existence humaine, à retarder cette fatale échéance qui s'appellera mort !

« Je veux donc, en conséquence, profiter de tous mes instants de vie.

« Pour arriver à ce résultat, je m'hypnotise avec la volonté formelle de continuer, pendant mon sommeil artificiel, à vivre intellectuellement comme à l'état de veille.

« De cette façon, rien n'est interrompu : ni mes relations, ni mes travaux, ni mes études, ni mes expériences scientifiques.

— Et vous n'arrivez pas à une épouvantable courbature cérébrale ?

— En aucune manière, puisque, tout en suggérant à mon esprit l'idée de la continuation de ma vie intellectuelle, je suggère à mon corps l'idée de repos matériel.

— Et cela suffit ?

— Absolument ! et vous savez bien que les résultats de la « *suggestion* » sont indéniables.

« C'est ainsi que mon corps repose parce que je *veux* qu'il repose.

— Voilà qui est extraordinaire !

— Pas le moins du monde.

« Voyons, supposons que je vous hypnotise ; que, pendant votre sommeil artificiel, je vous astreigne à un travail fatigant, d'une durée de sept ou huit heures, — la durée habituelle de votre sommeil naturel.

« Supposez encore que, en vous éveillant, je vous suggère l'idée que vous avez simplement dormi...

« Ressentirez-vous la moindre fatigue des efforts occasionnés par le travail exécuté pendant l'hypnose ?

« Assurément non ! Il vous semblera bel et bien avoir dormi, et vous serez frais et dispos comme au sortir du lit.

« Voilà, Monsieur, pour vous expliquer le secret du sommeil d'un homme qui, depuis quarante-cinq ans, dort tout éveillé.

« Vous voyez donc bien que mon cas n'a rien de mystérieux, et que, — ceci soit dit sans la plus vague intention de reproche — l'autorité avait bien tort de se préoccuper d'un vieux brave homme de savant, dont l'originalité consiste à n'avoir ni lit, ni batterie de cuisine.

— Vous me permettrez pourtant, Monsieur, de vous faire observer que tout s'enchaîne dans la vie, et que certaines relations, en apparence du moins compromettantes, peuvent servir à égarer les jugements que l'on est appelé à porter sur les personnalités les plus irréprochables.

« Ainsi votre nouveau préparateur de chimie...

— Alexis Pharmaque ?

« Je me demande quel ombrage peut bien vous porter ce brave garçon, le plus inoffensif des hommes, en même temps que savant hors de pair.

— Il n'en est pas moins vrai qu'il était encore, ces temps derniers, en relations d'intimité avec des conspirateurs russes, qu'il leur enseignait certaines branches de la chimie, notamment la partie qui concerne les substances explosives.

— Eh bien, que voulez-vous que cela me fasse ?

« Craignez-vous que je torpille le Pont-Neuf, ou que je « dynamite » les tours Notre-Dame ?

« Sachez-le, Monsieur, je ne suis pas un démolisseur...

« Ma vie se passe à construire, à édifier ; sans cela, je ne serais pas Monsieur Synthèse !

« Pour en revenir à mon préparateur, je tiens à vous dire que je prends mes auxiliaires où je les trouve, à la condition qu'ils soient probes et surtout savants.

Alexis Pharmaque.

« Nous autres, étrangers, nous sommes d'ailleurs infiniment moins à préjugés que vous, Français.

« Ainsi, pour ne vous citer qu'un exemple, le prince de Galles n'a pas cru commettre une énormité, en donnant à ses enfants, pour précepteur, un de vos compatriotes, réfugié de la Commune, qui était déjà professeur de français à l'Université d'Oxford.

— Soit ! reprit le préfet de police en se levant pour prendre congé.

« Passons sur les relations, car vous êtes homme à couvrir de votre honorabilité, une personnalité peut-être équivoque à certains points de vue.

« Mais...

— Mais quoi ?..

— Tenez, je serai franc, car je ne pourrai pas vous quitter avec une arrière-pensée.

— Où voulez-vous en venir?

— A vous demander simplement l'usage que vous comptez faire des cinq cents scaphandres, livrés par la maison Rouquayrolle et arrimés en ce moment dans la cale d'un de vos navires.

— Eh ! que ne le disiez-vous plus tôt !

« Je n'ai jamais eu la plus vague intention de cacher l'usage auquel ces appareils sont destinés.

« Je suis au moment de tenter une expérience devant laquelle j'ai jusqu'à présent reculé pour des motifs tout particuliers.

« Aujourd'hui, le moment est venu, et je me prépare à la réalisation de ce qui est pour moi le « *Grand-Œuvre* »!

« Cette expérience, à laquelle je pense depuis plus d'un demi-siècle, comporte, en principe, la formation d'une terre qui n'existe pas.

« Il me faut donc opérer préalablement la synthèse d'un sol vierge que je veux improviser de toutes pièces, et faire surgir du fond de la mer...

« Voilà pourquoi j'ai besoin d'une équipe aussi nombreuse de plongeurs.

« Quant à l'usage auquel je destine cette terre encore aujourd'hui à l'état de molécules errantes, disséminées dans l'immensité des mers, c'est mon secret.

« ... Adieu, Monsieur.

« J'espère que, avant une année, vous entendrez parler de moi.

— Oui, certes, j'aurai de vos nouvelles, dit en aparté le préfet de police, au moment où le Bhil hindou, de faction dans l'antichambre, le reconduisait jusque dans le corridor; et bien avant une année.

« Ma parole, je suis mystifié comme un gamin qui vient d'entendre les contes de ma Mère-Grand !

« Il est vrai que ce diable d'homme a une façon de vous raconter ses histoires, de vous retourner, de vous empoigner, que l'on ne sait plus où commence la fable, ou s'arrête la réalité.

« J'aurai le cœur net de tout cela en lui adjoignant quelque discret et intelligent compagnon qui me renseignera en temps et lieu, et me dira si réellement Monsieur Synthèse, l'archi-millionnaire, peut-être l'archifou, entretient son existence avec l'idéal des substances nutritives, si réellement aussi il va tenter, avec son infernal procédé, la création d'une terre.

« Nous verrons !...

CHAPITRE IV

Querelle de savants. — La science et la Genèse. — Doctes aménités. — Un type d'alchimiste moyen âge. — Un savant moderne. — Alexis Pharmaque, et le jeune M. Arthur. — *Quos ego!*.. — Le Maître. — Quelques vérités très dures pouvant servir de biographie au jeune M. Arthur. — Le second auxiliaire de Monsieur Synthèse ne pense plus à protester. — Un professeur de faculté devenu simple manœuvre. — Défiance du chimiste. — Ce que Monsieur Synthèse entend par le *Grand-Œuvre*.

— Mais, vous en arrivez à la génération spontanée !

— Voilà qui m'est bien égal, par exemple.

« Et d'ailleurs, monogénie ou hétérogénie, ce sont là des systèmes... moins que des systèmes... des mots ! et des mots qui ne prouvent rien.

« Du moins pour moi.

— Vous êtes difficile.

— Voyons, avez-vous seulement une définition à peu près passable de ce que vous entendez par *génération spontanée* ?

— Sans aucun doute.

« Ainsi, je donnerai ce nom à toute production d'un être vivant qui, ne se rattachant pas à des individus de la même espèce, a, pour point de départ, des corps d'une autre espèce et dépend d'autres circonstances.

« C'est donc la manifestation d'un être nouveau et dénué de parents, par conséquent, une génération primordiale, une création.

— Parfaitement.

— ... Parfaitement... quoi ?

— Je dis que la chose ainsi formulée est depuis longtemps évidente pour moi.

« Ce n'était guère la peine de lui donner ce nom que je regarde déjà comme rococo.

— Rococo !

— Parbleu !

« ... Et qui a mis en désaccord, pendant je ne sais plus combien de temps, des savants éminents bien faits pour s'entendre.

— Cependant, M. Pasteur...

— A prouvé, il y a une vingtaine d'années, au cours d'expériences mémorables, que, dans tous les cas où l'on avait cru observer ce que vous appelez « génération spontanée », on avait eu affaire à des organismes développés aux dépens de germes venus de l'extérieur.

— Eh bien ? -

— Ce résultat est très important sans doute, mais il laisse absolument intacte la doctrine elle-même.

« Cela est tellement vrai, qu'un des collaborateurs les plus distingués de M. Pasteur, M. Chamberland, se déclare incapable de démontrer expérimentalement que la génération, dite spontanée, est impossible.

« Mais, encore une fois, qu'est-ce que cela me fait ?

« Entassez arguments sur arguments, exhibez les textes, produisez les expériences, faites parler les auteurs et donnez-moi, puisque vous avez entamé une discussion que je ne cherchais pas, l'explication *scientifique* de l'apparition de la vie sur la terre.

— C'est là un problème redoutable... et je ne l'ai pas ainsi posé tout d'abord.

— Ah ! bah !...

« Allons, avouez-donc votre embarras sans plus de phrases et retournez disséquer vos bestioles.

— Cependant, Monsieur !...

— Vous me direz que vos bestioles valent bien mes cristaux, n'est-ce pas ?

« En cela nous serons d'accord, puisque ceux-ci procèdent inévitablement de ceux-là.

— Comment ! vous osez prétendre que ce qui vit, a pour origine la matière inerte.

- Mais oui, jeune hérétique.

— Hérétique !... moi !...

— Sans doute, puisque vous semblez donner un démenti aux textes sacrés, affirmant que tout ce qui vit a positivement pour origine cette même matière inerte.

« Les connaissez-vous, au moins, ces textes ?

— J'avoue ma complète ignorance.

— Je vais donc vous les citer : « Dieu dit : *Que la terre produise* de l'herbe « verte qui porte de la graine, et des arbres fruitiers qui portent du fruit « chacun selon son espèce et qui renferment leur semence en eux-mêmes « pour se produire sur la terre. Et cela se fit ainsi. » (Genèse, I, 11.)

« Dieu dit encore : *Que les eaux produisent* des animaux vivants qui nagent dans l'eau. » (Genèse, I, 20.)

« Dieu dit encore : *Que la terre produise* des animaux vivants, chacun « selon son espèce, les animaux, les reptiles et les bêtes sauvages. Et cela « se fit ainsi. » (Genèse, I, 24.)

« *La terre et les eaux...* cela signifie, en bon français cette matière inerte à laquelle vous refusez toute faculté génératrice, et qui, pourtant, sur l'ordre de Jéhovah, donne naissance aux animaux et aux végétaux.

— Mais, vous venez, vous-même, de me demander une explication *scientifique*...

« J'ai cru comprendre par là une explication qui me dispense de recourir au miracle.

— Eh ! mon cher Monsieur, vous êtes bien difficile, à votre tour...

« Il me plaît, d'ailleurs, à moi, que vous regardez comme un véritable révolutionnaire scientifique, comme un parpaillot qui n'adore pas les Manotius des académies Royales, Nationales ou Impériales, de mettre d'accord la science avec la Genèse...

« M'en voudrez-vous pour cela ?

— Je vous écoute.

— Je n'ai qu'à conclure.

« La terre, au début, étant purement minérale, et surchauffée à une température à laquelle ne peuvent résister les combinaisons organiques, se trouvait, par cela même, exempte de tous germes, et aussi parfaitement « stérilisée », comme on dit aujourd'hui, que les ballons avec lesquels M. Pasteur a porté un si rude coup à la doctrine en question.

« Et pourtant, malgré cette stérilisation, cette absence de germes organiques, la vie est apparue sur la terre.

— Et vous allez me prétendre que la cellule vivante est sortie comme cela, toute seule, d'un cristal ou de plusieurs cristaux !...

— Absolument !

« Non pas: brusquement, comme vous l'insinuez, mais par gradations successives.

« Ainsi, de même que le règne animal se rattache au règne végétal par une chaîne ininterrompue, au point qu'à un certain moment, on ne sait plus où finit l'animal et où commence la plante ; de même aussi, cette chaîne se prolonge jusqu'à l'humble molécule minérale, en passant par des états intermédiaires participant à la fois du minéral et de la plante.

— Cette dernière hypothèse resterait au moins à prouver.

— Allons, n'essayez pas de nier l'évidence, ou je vous accuse de mauvaise foi, et j'arrête la discussion.

— Mais, il n'y a pas que des cristaux, dans la nature... et les corps amorphes ?

— L'amorphie, Monsieur, est encore une forme...

— Halte là ! Monsieur.

« J'aime la plaisanterie quand elle est anodine, je la tolère encore quand elle atteint certaines limites...

« Mais quand elle affecte la forme que vous lui prêtez...

— Elle n'est plus amorphe...

— Je la trouve déplacée, surtout dans la bouche d'un chimiste, ignorant par état, peut-être par système, de la biologie

— A votre tour, halte-là ! Monsieur le physiologiste, pas de personnalités, s'il vous plaît, ou je vous renvoie lestement aux huîtres, aux sangsues, aux écrevisses, et aux grenouilles dont vous faites votre compagnie habibituelle.

— Et moi, je vous laisse à votre vitriol, à vos huiles, à vos acides, à votre batterie de cuisine, à votre verrerie, à votre chaudronnerie.

— Allez-donc, petit fat, faire vos effets de manchettes devant les auditeurs mondains auxquels vous enseignez une science de pacodille.

— Et vous, apothicaire manqué, restez donc à vos fourneaux, à gargoter vos drogues infâmes...

— Équarrisseur en habit noir !

— Pétroleur !

— Cabotin d'amphithéâtre... saltimbanque de faculté.

— Professeur d'empoisonnement... Dynamiteur en chambre !..

Après avoir discuté, courtoisement d'abord, on s'est échauffé peu à peu. Maintenant, on se dispute ferme, et on s'empoigne de haute... gorge, dans le laboratoire de Monsieur Synthèse.

L'immeuble de la rue Galvani est plein de bruit et d'éclats de voix, comme si une demi-douzaine de harengères se donnaient ces répliques salées et tumultueuses consacrées par la tradition.

Il n'y a pourtant que deux interlocuteurs en présence; et un spectateur de sang-froid, survenant à l'improviste au moment où les épithètes se croisent comme autant de projectiles lancés de deux côtés ennemis, aurait peine à croire qu'il a devant lui deux célébrités scientifiques.

Rien de plus vrai cependant, nonobstant la crudité des expressions qui jaillissent de ces doctes bouches, avec un pittoresque et une surabondance qui ne font que croître et embellir.

Pour un peu, on va se prendre aux cheveux.

L'un des antagonistes paraît décidé à finir « l'entretien » par une séance de pugilat.

C'est un grand gaillard, d'âge indéterminé — peut-être trente-cinq, peut-être cinquante ans — long comme un jour sans pain, et sec comme un manche de contre-basse. Sur un corps possédant une seule dimension, la longueur, et agrémenté de jambes et de bras démesurés comme des pattes de faucheux, est plantée une tête étrange, à laquelle la fureur communique une expression tout à la fois grotesque et sinistre.

Sur cette tête, se tord une tignasse hirsute comme celle d'un pitre, et qui semble dégager des étincelles, comme la fourrure d'un chat angora pendant l'orage.

L'œil unique, rond, dilaté, phosphorescent, flamboie sous la broussaille du sourcil froncé et anime un seul côté de cette face livide, fouillée, couleur de buis, d'où émerge, plat comme une aiguille de cadran solaire, crochu comme un bec de rapace, luisant comme de la corne, un nez aux dimensions exorbitantes, un véritable défi jeté à l'esthétique de tous les temps et de tous les pays.

L'autre œil, le gauche, disparaît sous une cicatrice violette, boursou-flée, qui s'étend jusque sur le front, remplace le sourcil par une couture, ronge une portion de la joue et corrode un morceau du cartilage de l'oreille.

Enveloppez tout cela, inférieurement et latéralement, d'une barbe em-mêlée comme de l'étoupe, bizarrement teintée de couleurs extravagantes par les acides, les gaz, les fumées, les réactifs, les explosions qui l'ont enlu-minée de jaune clair, de bleu pâle, de roux et de noir d'encre, et vous pourrez vous faire une idée à peu près exacte de M. Alexis Pharmaque,

Eh bien !... dit-il simplement de sa voix grave (51).

ancien professeur de « matières explosives », actuellement préparateur de chimie au laboratoire de Monsieur Synthèse.

Il gesticule furieusement, fait claquer sur le plancher ses vastes semelles, se fend comme un maître d'armes, allonge une de ses mains aux longs doigts de squelette, recuits, desséchés, ratatinés et tachés aussi par les réactifs et fait mine d'empoigner son adversaire au collet.

Celui-ci, d'ailleurs, lui tient intrépidement tête, sans paraître influencé plus que de raison par l'organe tonitruant, le regard de basilic, et le geste menaçant de cet énergumène susceptible de figurer avec toute la distinction possible au milieu d'une danse macabre.

Ce second personnage qui présente avec le premier un contraste frappant, est un jeune homme d'une trentaine d'années, dont la physionomie de blond un peu fadasse pourrait paraître insignifiante à un observateur superficiel.

Une figure régulière, encadrée d'une jolie barbe qui frisotte naturellement, une bouche aux lèvres très rouges, un nez un peu charnu, mais bien formé, un teint coloré de sanguin, tels sont les caractères généraux de la tête qui, sans rappeler celle de l'Antinoüs, n'en est pas moins correcte dans sa banalité de convention. Le front très haut, déjà dégarni, légèrement luisant, vous a une coupe doctorale qui ne me sied pas à l'ensemble et sert de correctif à cette banalité de poupard enluminé.

L'homme est de taille moyenne et capitonné d'un peu de graisse qui fait coller son torse à une redingote noire de bon faiseur. Les mains, potelées, très soignées, émergent de vastes manchettes éblouissantes de blancheur, et le pied, finement chaussé de chevreau, s'échappe, non sans élégance, d'un pantalon gris clair qu'un artiste seul peut avoir élaboré.

En somme, cet extérieur de diplomate, de quart d'agent de change ou de fonctionnaire de l'ordre administratif, serait très apprécié par un ministre ou un bailleur de fonds, et même très rassurant pour une future belle-mère.

Mais un examen plus approfondi fait apercevoir sous le binocle d'écaille blonde, haut planté sur le nez, un œil verdâtre, pointillé de jaune ; un œil au regard dur, fuyant, aigu, qui détruit soudain l'harmonie bourgeoise de ce faciès anodin.

Devant ce regard fauve et orgueilleux, la sympathie naissante, ou tout au moins la cordialité fait place à la défiance, et l'interlocuteur le moins prévenu sent bientôt un éloignement insurmontable pour ce jeune homme au geste onctueux, à la parole mielleuse, au sourire béat, susceptibles d'aggraver plutôt que de corriger ce reflet du « miroir de l'âme ».

Tel est le jeune M. Arthur Roger-Adams, attaché depuis peu au laboratoire de Monsieur Synthèse, en qualité de zoologiste.

Bien que ses attributions soient parfaitement distinctes de celles du préparateur de chimie, Alexis Pharmaque, son naturel envieux, dominateur, n'a pu s'accommoder longtemps du voisinage de ce dernier.

Il a commencé, pour le tâter, à couvrir de brocards son extérieur hétéroclite d'alchimiste moyen âge ; mais en vain. Cuirassé d'un triple blindage d'indifférence, peut-être de mépris, le chimiste a feint de ne pas comprendre le sel plus ou moins équivoque des plaisanteries du « jeune M. Arthur », comme il se plut à le dénommer invariablement.

Le jeune M. Arthur, qui est loin d'être un sot, n'a pas été longtemps à s'apercevoir que l' « alchimiste » est un homme d'une science incomparable, une encyclopédie vivante, connaissant toutes les questions, un Pic de la Mirandole caricatural pouvant raisonner « de omni re scibili... et de quibusdam aliis... », ce qui, naturellement, l'exaspéra et transforma, au bout de quelques jours, en une haine irréconciliable, l'animadversion du premier moment.

Ainsi qu'on vient de le voir, une simple discussion scientifique amena l'explosion de cette haine qui se traduisit par un dialogue très animé, très pittoresque aussi, auquel va succéder une prise de corps.

Au moment où Alexis Pharmaque, hors de lui en s'entendant appeler « dynamiteur en chambre », va nouer ses doigts de squelette au col de son interlocuteur, la grande porte du laboratoire s'ouvre sans bruit, et Monsieur Synthèse apparaît.

— Eh bien !... dit-il simplement de sa voix grave, aux notes basses, mais singulièrement puissantes.

A ce « quos ego » !... que n'eût pas désavoué le vieux Neptune, les deux antagonistes, comme autrefois les vents déchaînés, étouffent leur fureur, coupent tout net le dialogue, et demeurent comme figés.

Il y a un long silence, puis, Monsieur Synthèse reprend avec sa même lenteur solennelle :

— Qu'y a-t-il donc encore, Messieurs ?

« Que signifient ces éclats de voix ?...

— Il y a, Maître, répond le chimiste suffoqué par l'indignation, que cet érudit de salon prétend nier l'enchaînement qui, de la matière amorphe jusqu'à la substance organique...

— Il y a aussi que je vous défends les personnalités, Monsieur le savant en « ûs »... interrompt le zoologiste.

— Vous n'avez aucune interdiction à formuler devant moi qui seul commande ici, entendez-vous ? riposte Monsieur Synthèse sans élever la voix.

— Mais, Monsieur !...

— On m'appelle ici : « Maître » !...

« L'avez-vous oublié déjà ?

— Mais....

— Silence !

« Vous avez des tendances à parler beaucoup trop... »

« Il faudra me réformer cela.

« D'autre part, il me semble que vous vous illusionnez sur l'importance de votre personne et des fonctions que vous avez à remplir ici.

« Je vais profiter de l'occasion pour vous montrer quel cas je fais de vous, vous mettre à votre place, et vous indiquer vos attributions.

« Ceci dit une fois pour toutes, un peu dans votre intérêt, mais surtout pour le fonctionnement régulier de mon entreprise. »

Et comme par discrétion le chimiste fait mine de se retirer, Monsieur Synthèse l'arrête.

— Alexis, mon garçon, dit-il avec une nuance de cordialité, restez ici ; vous n'êtes pas de trop, bien au contraire.

« Vous, jeune homme, écoutez vos petites vérités, et faites-en votre profit.

« Vous êtes le fils d'un véritable savant dont je fus l'ami, et que son mérite seul a élevé au premier rang parmi les plus éminents.

« Être très intelligemment, très habilement le fils de votre père, constitue le plus grand de vos talents.

« Inconnu, sans nom, réduit à vos seules ressources, vous seriez un petit suppléant de cours dans une faculté de province, et vous useriez vos semelles à courir après une chaire.

« Tandis que, possesseur d'un nom illustre, vous étiez en évidence à vos débuts, et susceptible de vous faire prendre au sérieux sans user et abuser, comme vous l'avez fait, des réclames les plus violentes.

« Je ne trouve pas mauvais que vous ayez grimpé sans façon sur le piédestal paternel, et qu'on vous y ait laissé.

« Mais que vous prétendiez nous éblouir avec cette poudre que vous jetez aux yeux du public, que vous essayiez de pontifier devant nous qui en avons vu bien d'autres, voilà ce que je ne permettrai pas.

« Voyez-vous, jeune homme, il ne suffit pas d'être le fils de son père pour être quelqu'un !

« Et c'est à peine si vous êtes quelque chose, avec toutes vos qualités négatives.

« Homme de coterie, ambitieux, jaloux de toute réputation naissante, ennemi des talents qui s'affirment, tranchant, dominateur, fermant la porte à quiconque ne fait pas partie de votre monde officiel, toujours prêt à dauber le promoteur d'une idée neuve et hardie, fût-elle géniale, vous êtes d'une platitude révoltante à l'égard des grands et des puissants...

Pendant cette virulente apostrophe, le jeune M. Arthur, de plus en plus mal à l'aise, verdit à vue d'œil, serre les dents, étrangle sa rage, mais ne dit mot.

Il faut que Monsieur Synthèse possède réellement un pouvoir étrange, pour fouailler aussi rudement ce jeune homme qui, en somme, n'est pas le premier venu, et occupe, à tort ou à raison, une place importante dans le corps des professeurs d'une de nos grandes facultés.

— Mais tout cela m'est bien indifférent, reprend Monsieur Synthèse, car, en dépit de vos défauts ou de vos vices, vous n'en êtes pas moins un homme de science.

« Oh ! ne vous gonflez pas !...

« Car si vous êtes ce qu'on appelle vulgairement un savant, c'est bien dans l'acception la plus banale et la plus étriquée du mot.

« Instruit comme une bibliothèque, sachant tout ce qui se dit ou s'écrit, bûcheur acharné, on croirait que vous préparez toujours un concours d'agrégation; absorbant et digérant tout, ce qui faisait dire de vous à Claude Bernard : « ce garçon-là me produit l'effet d'un canard ; » vous attardant à compter les cheveux d'une tête humaine, à mesurer des sauts de puce, à couper en quatre des fils d'araignée, vous savez tirer un parti merveilleux de ces travaux ineptes.

« Comme vous êtes membre de toutes les sociétés savantes, même les plus ignorées, même les plus baroques; comme vous multipliez les notes, les rapports, les communications et les mémoires, vous tenez toujours le public en haleine avec vos petites machines...

« Comme vos élucubrations sont signées d'un nom glorieux, on prend cela pour de l'argent comptant, et votre réputation grandit de jour en jour, sans que vous ayez rien innové, rien trouvé d'utile à la science ou à l'humanité.

« Si pourtant vous êtes incapable de vous élever d'une envolée audacieuse au-dessus du terre-à-terre bourgeois des savants selon la formule, si vous n'avez aucune conception du génie, si vous ne possédez pas cette étincelle, ce *mens divinior* qui a fait Galilée, Newton, Lamark, Bichat ou Pasteur, vous n'en êtes pas moins un opérateur très habile, susceptible de faire un excellent manœuvre...

— Un ma... un manœuvre! bégaya enfin le jeune homme atterré.

— Sans doute, un manœuvre !

« Et j'ajoute : un manœuvre qui sera payé comme ne le fut jamais le savant le plus illustre et le plus méritant.

« C'est que, à défaut de génie, vous possédez, à un degré surprenant, trois qualités essentielles à mes travaux.

« D'abord, vous savez vous servir comme personne du microscope, chose assez rare de nos jours, malgré la nécessité toujours croissante de l'étude des infiniment petits.

« En outre, comme depuis votre enfance, vous avez pratiqué sans relâche les dissections et les vivisections, vous avez acquis une habileté, un tour de main extraordinaires.

« Enfin, vous photographiez admirablement les préparations microscopiques.

« Ce sont là, pour moi, vos trois qualités prédominantes, ou plutôt vos seules qualités.

« Je sais bien que, pour un professeur de faculté, s'en tenir à un peu de micrographie, de photographie et de zoologie, cela peut sembler terre à terre...

« Mais, je n'ai pas besoin d'autre chose, et ne vous demande pas davantage.

« Du reste, vous avez accepté mes conditions... toutes mes conditions, parce que vous aimez prodigieusement l'argent, et que vous serez payé, à vous seul, plus que ne le sont tous vos collègues de France, d'Allemagne, d'Angleterre et de Russie.

« Vous êtes donc, moyennant finances, et pour deux années, à mon absolue discrétion en tant que micrographe, photographe et zoologiste ; c'est-à-dire que, en quelque lieu que je vous emmène, quels que soient mes ordres, mes désirs ou mes fantaisies, vous devez y souscrire sans observation, sans hésitation, sous peine d'être cassé aux gages.

« Voilà, jeune homme, ce que j'entends par : manœuvre.

« Et j'ajoute pour finir : Vous êtes, après cette déclaration de principe, encore libre de vous retirer.

— J'ai signé l'engagement, et vous avez ma parole...

« Je reste près de vous...

« Mais sachez bien que, si comme vous le dites, j'aime l'argent, si l'énormité de la somme offerte par vous m'a tenté, si j'ai aliéné ma liberté au point de devenir votre instrument docile, votre chose, il y a en moi un but plus élevé que l'intérêt personnel.

« Quelque dur que vous ayez été pour moi tout à l'heure, je vous dirai que l'idée de collaborer, même très humblement, à vos travaux est aussi entrée en ligne de compte...

A cette protestation proférée d'un accent ému qui ne manque pas de diginité, Monsieur Synthèse laisse tomber sur son interlocuteur un regard profond qui semble filtrer sous ses paupières abaissées, comme un rayon de soleil par la déchirure d'un nuage.

Alexis Pharmaque, de son côté, darde sur le patient son œil rond et murmure en aparté :

— Il ment !

« S'il vient, c'est d'abord par avarice, et ensuite pour voler au patron quelques-uns de ses secrets.

« Mais nous verrons !

Puis Monsieur Synthèse reprend froidement sans répondre à cette déclaration peut-être sincère :

— Puisque vous acceptez de nouveau mes conditions, j'exige en outre que la concorde règne dans mon laboratoire ; que jamais le moindre conflit d'attribution ne s'élève entre vous et votre collègue.

« Vous devez être, ou plutôt vous êtes d'ores et déjà comme les deux bras d'un corps dont je suis la tête... sans que vous puissiez prendre aucune initiative personnelle !

« Vous entendez bien, n'est-ce pas ? Quelles que soient les circonstances : les plus dramatiques, les plus étranges ou les plus périlleuses, vous n'aurez jamais à vous préoccuper que de mes ordres, et à vous y conformer aveuglément.

« Et, maintenant, je ne vous commande pas de vous aimer... ni même d'être seulement sympathiques l'un à l'autre.

« Peu importe à mon œuvre !

« Vous êtes deux instruments de nature et d'attributions différentes, agissant inconsciemment dans un but identique, et sous l'impulsion de ma seule volonté.

« Un mot encore.

« Quoique vous m'apparteniez désormais corps et âme, et que je puisse disposer de vous à toute heure de jour et de nuit, je dois vous informer que nous partons dans huit jours.

Comme les deux hommes surpris, mais n'osant interroger, se contentaient de lever sur le vieillard des regards curieux, il ajoute, comme pour reconnaître cette soumission discrète :

— Préparez-vous à une absence d'environ quinze mois, voyage compris; mais n'emportez que les effets strictement réservés à votre usage personnel.

« Le reste me regarde et ne regarde que moi.

« Ces effets devront être appropriés aux exigences du climat de la zone torride... chaleur et pluie...

« Un crédit largement suffisant vous est ouvert à dater d'aujourd'hui.

« C'est compris ?

Le chimiste et le zoologiste inclinèrent simultanément la tête, sans oser proférer d'autre réponse que ce muet assentiment.

— Voilà tout ce que j'ai à vous dire pour l'instant, termina le vieillard, à moins cependant que je ne donne un commencement de satisfaction à votre curiosité, fort légitime, en somme.

« Nous allons d'abord à Macao chercher cinq ou six cents coolies chinois, puis, nous descendons à la Mer de Corail.

« C'est là que je veux installer un laboratoire gigantesque dont la destination peut, à la rigueur, ne plus être un secret pour vous.

« Le sol qui portera ce laboratoire sera improvisé de toutes pièces par moi... à ma parole il émergera du sein des eaux.

« Puis, dans un appareil spécial, et grâce à des procédés particuliers à moi seul, je tenterai d'opérer l'évolution de toute la série animale depuis la monère jusqu'à l'homme.

— Jusqu'à l'homme ! s'écria involontairement le zoologiste au comble de l'effarement.

— Absolument ! reprend Monsieur Synthèse, comme si cette proposition stupéfiante était la chose la plus élémentaire du monde.

« Je prétends prendre une simple cellule organique, la mettre dans un milieu de développement essentiel à son évolution, favoriser par des agents énergiques et spécialement appropriés, cette évolution, de façon à reproduire, en moins d'une année, tous les phénomènes de transformation qui se sont opérés depuis le moment où la vie organique, représentée par cette cellule, s'est manifestée sur la terre, jusqu'à l'apparition de l'homme.

« Que faut-il pour cela?

« Remplacer au moyen de procédés scientifiques la lente modification pro-

Tous les curieux en sont jusqu'à présent pour leurs frais (Page 60)

duite sur la succession des êtres par les millions de siècles écoulés depuis que notre planète est devenue habitable...

« Je ne vois rien d'impossible à cela.

Vous reprendrez votre liberté quand cet être humain, en quelque sorte artificiel, puisqu'il n'aura ni père ni mère, sera sorti vivant de mes appareils.

« Et quand je dis : vivant, je n'entends pas seulement un frêle enfant dont le corps est sans vigueur, dont l'intelligence n'est pas encore éveillée, mais un adulte dans toute la force de l'âge... un homme susceptible d'entrer de plein pied dans la vie, et de prendre victorieusement part à la lutte pour l'existence.

CHAPITRE V

Population maritime très intriguée. — Curiosité déçue. — Quatre navires à vapeur. — Un chargement de chaux hydraulique. — Pourquoi tant de mystères? — Produits chimiques. — Canons et mitrailleuses — Commentaires. — L'*Anna*. — Nouvelles déceptions des curieux. — L'*Indus*, le *Gange* et le *Godavéri*. — Incident de la dernière heure. — Train de voyageurs. — Anciennes connaissances. — Les deux irréconciliables. — Appareillage. — Terreur de deux portefaix — « Le Prince » est à bord. — En mer — Sur le pont de l'*Anna* — Conversation interrompue. — La petite-fille de Monsieur Synthèse apprend qu'elle va être fiancée.

Quelque affairée, quelque laborieuse que soit la population des ports marchands, elle n'en est pas moins curieuse à l'excès et cancanière à plaisir.

Il n'est pas de navire qui entre ou qui sort, qui stationne en rade ou passe au bassin de radoub, dont on ne sache le nom, le chargement ou la destination, dont on ne connaisse le capitaine et l'équipage, dont on ne suppute la vitesse, la jauge ou le tonnage et sur lequel on ne raconte, au besoin, des histoires parfois invraisemblables, ou singulières, ou puériles.

Ces bâtiments, qui viennent de partout et sont près d'y retourner, ont d'ailleurs une saveur d'exotisme particulièrement favorable au développement des potins les plus variés.

Aussi, nonobstant les halètements de la vapeur, les coups de sifflet des machines, les ronflements des grues, les heurts d'innombrables colis, les cris de gens occupés au chargement des marchandises, les cancans vont leur train, les renseignements s'échangent, les légendes se forment : de façon que dans un port, fût-il populeux comme le Havre, ou immense comme Marseille, un intéressé ou un simple désœuvré peut être édifié peu ou beaucoup, bien ou mal, mais séance tenante, sur une chose qui le touche de près ou pique seulement sa curiosité.

Or, par un phénomène assez inusité en pareille circonstance, il se fait que quatre navires, entrés un beau matin au Havre, sous pavillon suédois, se dressent, immobiles et sombres, sur les flots tranquilles du bassin de l'Eure, comme quatre énigmes de fer et de bois, devant la curieuse et loquace population des quais.

De superbes vapeurs, du port de quinze à seize cents tonneaux et rappelant, bien que plus fins de formes, les magnifiques steamers-transports de la Compagnie Transatlantique.

Quels sont ces bâtiments ? D'où viennent-ils ? A qui appartiennent-ils ? A quel usage sont ils destinés ? Ce sont là autant de questions qui intriguent depuis un mois la population tout entière ; aussi bien les armateurs que les consignataires et les simples commis, jusqu'aux officiers et aux matelots des autres navires sur rade, jusqu'aux portefaix, et même aux bourgeois oisifs dont l'unique occupation est d'examiner d'un air entendu les mystérieuses manœuvres des sémaphores.

Tous les curieux en sont jusqu'à présent pour leurs frais.

Sur les quatre vapeurs amarrés côte à côte, le service s'exécute comme à la mer, avec une régularité digne de la marine de guerre.

Les officiers ne quittent pas leur bord, et les hommes d'équipage, admirablement stylés, ne descendent que pour les corvées de vivres, sans fréquenter jamais ces lieux de plaisir bruyants, où les matelots se dédommagent, avec leur turbulence légendaire, des longs jours d'abstinence, et des rudes labeurs d'antan.

Impossible de rien savoir de ces hommes évoluant avec la gravité de soldats sous les armes, observant un mutisme absolu et obéissant vraisemblablement à une consigne rigoureuse.

Peut-être même ne comprennent-ils pas les questions qui leur sont adressées au passage dans la plupart des idiomes en usage chez les peuples civilisés, par les marins devenus polyglottes au cours de leurs pérégrinations à travers le monde.

C'est encore possible. Bien qu'ils soient vêtus du costume classique : béret, vareuse et pantalon de molleton bleu marin, il est facile de constater, à première vue, que beaucoup ne sont ni européens ni américains. Leur teint plus ou moins bronzé, l'impassibilité de leur maintien, la finesse de leurs extrémités, les font reconnaître comme appartenant à la race hindoue.

Il est à supposer, d'autre part, que l'autorité maritime a été édifiée en temps et lieu, que les formalités relatives à l'entrée des navires ont été exécutées, que tous les papiers sont parfaitement en règle, puisque leur stationnement au bassin a été séance tenante autorisé pour un temps dont nul, sauf les intéressés, ne connaît la durée.

Une semaine s'écoula ainsi, sans le moindre incident, et sans que la curiosité toujours croissante des allants et venants eût reçu le moindre aliment.

Puis, un beau matin, un train de marchandises s'arrête sur le quai, juste en face des navires.

Une vive animation remplace soudain le morne silence des jours passés. Les quatre vapeurs semblent s'éveiller sous des coups de sifflet réitérés dont les notes aiguës vibrent de tous côtés.

Les quatre équipages, environ cent vingt hommes, se réunissent sur le steamer qui se trouve le premier en ligne, répondent à l'appel, et se tiennent immobiles rangés en deux files sur le pont.

Un nouveau coup de sifflet retentit, et aussitôt une des deux files descend sur le quai. Les hommes qui la composent ouvrent les wagons, pendant que leurs camarades restés à bord retirent les panneaux servant à fermer les écoutilles.

Comme il y a lieu de s'y attendre, le bruit de l'incident se répand aussitôt, et chacun accourt, en quête de nouvelles, prêt à savourer la joie que doit procurer enfin le dévoilement du mystère.

Un triple cercle de badauds environne les wagons dont le contenu apparaît bientôt à des centaines d'yeux ardents de convoitise.

Mais un long murmure de désappointement s'élève de toutes parts, à la vue de petits sacs de couleur bise, à nuance verdâtre, symétriquement empilés dans chacun des wagons.

Il y en a des centaines et des centaines... des milliers, et, sur chacun d'eux, se lit, en grosses lettres : *Ciment de Portland. D. et L. Boulogne-sur-Mer.*

Eh quoi!... ces fins navires aux formes élancées dans lesquels les amis du merveilleux aimaient à voir : soit des forceurs de blocus, soit des corsaires chiliens ou péruviens, soit de futurs bâtiments de guerre destinés au Céleste-Empire ou au Japon, ne sont que de simples cargo-boat !

Au lieu de poudre et de boulets, les soi-disant bloc-kadde-runner vont tout bonnement transporter de la chaux hydraulique !

Mais, alors, pourquoi tous ces mystères ? Pourquoi ces équipages exotiques ? Pourquoi cette discipline de fer ?... cette claustration si étroite ?

C'est une véritable mystification !

Insensibles au flux de paroles déchaîné par cet incident qui, loin de résoudre l'énigme, semble plutôt la corser, les matelots de la flottille travaillent avec un véritable acharnement.

Les sacs, du poids de vingt-cinq kilogrammes, sont enlevés avec une rapidité vertigineuse, couchés sur des espèces de gouttières en bois disposées en plan incliné, et glissent sans interruption jusque dans la cale où ils sont symétriquement rangés.

Les deux bordées font tant et si bien, que, après quatre heures de labeur ininterrompu, le train est vide, et la cale aux trois quarts pleine.

Les panneaux des écoutilles sont aussitôt remis en place, les hommes regagnent chacun leur navire, une locomotive vient chercher les wagons, et tout rentre dans le silence.

Huit jours après, nouvelle et soudaine arrivée d'un autre train, dont le contenu est réservé au navire numéro 2, sur lequel se réunissent, comme la première fois, les quatre équipages, pour procéder au déchargement des wagons et à l'arrimage des marchandises.

L'affluence est cette fois moins considérable que précédemment. Mais en revanche les curieux reçoivent un commencement de satisfaction.

Satisfaction bien légère, en somme, mais suffisante, pour l'instant, à des gens auxquels sont interdits les commentaires eux-mêmes.

Les wagons sont remplis à éclater de caisses assez peu volumineuses, mais en revanche fort nombreuses. Sur ces caisses, très solides et parfaitement ajustées, on lit invariablement ces deux mots : *Produits chimiques*.

Produits chimiques... à la bonne heure ! Cela vous a de prime abord une certaine saveur de dynamite qui fait passer un petit frisson sur les épidermes les moins impressionnables. Il y a loin du vulgaire portland, la banale matière mise en œuvre par des maçons.

Produits chimiques !.. Diable !... s'il en est d'inoffensifs, il en existe aussi de formidables et leur connaissance, comme leur usage, réservés à un nombre relativement restreint d'adeptes, sont loin d'être à la portée de tout le monde.

Du reste, les précautions toutes spéciales prises par les équipages pour éviter les heurts et les cahots, indiquent suffisamment que, parmi les colis composant cette cargaison, il en est dont le maniement est au moins périlleux.

Aussi, les spectateurs ne cherchent pas à dissimuler leur contentement, comme si une grande vérité leur était apparue tout à coup.

Leurs prévisions se trouvent d'ailleurs pleinement légitimées, quand après un arrimage très long, très minutieux, ils voient le pavillon rouge flotter tout à coup en tête du mât de misaine.

Le pavillon rouge, cela signifie, d'après le code international des signaux : substances explosives à bord.

Les jours suivants, les commentaires reprennent de plus belle, à la vue de jolis canons de 14 centimètres et de mitrailleuses Nordtdenfeldt, arrivant en nombre plus que suffisant pour procurer à chaque vapeur un armement redoutable.

L'impression de désenchantement produite par la cargaison de chaux hydraulique est effacée du coup et l'affectation sinon probable, du moins possible des steamers, est l'objet de nouvelles et parfois incohérentes suppositions.

Puis, les arrivages se succèdent sans interruption. On voit apparaître des caisses de dimensions immenses et de poids énormes qui font grincer les treuils et craquer les élingues. Probablement des appareils et des machines, dont les enveloppes très soignées, très solidement agencées, ne portent ni le nom des fabricants, ni celui des destinataires.

Tout cela est enlevé lestement, et disparaît comme dans des puits, au fond des écoutilles toujours ouvertes.

Bientôt, le chargement de trois navires est complet. Ils ont même emmagasiné chacun leur approvisionnement de vivres et d'eau douce. Un seul n'a rien reçu encore, à l'exception de son armement. C'est le moins grand des quatre ; mais aussi le plus élégant de formes et le plus luxueusement aménagé. Celui que les curieux désignent familièrement entre eux sous le nom de : vaisseau-amiral. Le seul aussi dont on connaisse le nom, qui flamboie à l'arrière, en lettres d'or sur fond blanc : ANNA.

Les autres, pour le moment, ne portent que des numéros.

Les panneaux de charge de l'*Anna* s'ouvrent enfin pour recevoir une interminable série de caisses en bois blanc, numérotées et marquées chacune d'un dessin grossier représentant un appareil à plongeur. Il y en a environ cinq cents. Et les badauds qui connaissent approximativement le prix d'un scaphandre, de s'extasier sur la valeur énorme de ce fret jusqu'alors sans précédent.

Enfin, tous les préparatifs semblent terminés. A l'activité qui régnait naguère sur les quatre bâtiments, a succédé ce calme, ce mutisme qui énerve jusqu'à la colère les curieux de plus en plus déçus. Car la curiosité du public, un instant alimentée par l'arrivée des multiples objets composant ces divers chargements, est loin d'être satisfaite.

On en veut à ces étrangers, à ces inconnus d'avoir fait leur besogne eux-mêmes, en refusant poliment, mais énergiquement, le concours des portefaix du port.

On leur en veut également d'avoir résisté aux sollicitations des correspondants de journaux français ou étrangers, qui, contrairement à l'habitude des reporters, sont tous rentrés bredouilles de la chasse aux nouvelles.

Il n'est pas enfin jusqu'aux courtiers d'assurances maritimes qui n'aient été rigoureusement évincés, en dépit d'offres de services réitérées avec une ténacité digne d'un meilleur sort.

Et pourtant, aucun des quatre bâtiments n'est assuré contre les risques de la navigation. Les réponses télégraphiques expédiées par les correspondants des deux mondes en font foi.

Négliger une précaution aussi essentielle semble à chacun le comble du dédain, ou plutôt de l'aberration. L'on se demande, une fois de plus, qui peut bien être l'homme assez opulent, ou assez fou pour courir de gaieté de cœur les éventualités d'un sinistre et négliger de garantir la possession d'une pareille fortune.

Enfin, de guerre lasse, et devant l'impossibilité absolue d'obtenir le moindre éclaircissement, on affecta de ne plus s'occuper des quatre vapeurs qui demeurèrent isolés comme des bâtiments en quarantaine.

Cela dure douze jours pleins, à dater du moment où l'*Anna* a reçu son chargement d'appareils à plongeurs.

Mais, le matin du treizième jour, la question retrouve comme un subit regain d'actualité.

Des quatre cheminées s'échappent d'épais tourbillons de fumée noire et de légers frémissements agitent les coques sombres toujours maintenues par leurs amarres.

Les steamers chauffent, et leur appareillage semble imminent.

En outre, ceux qui jusqu'alors semblaient privés d'état civil, en ce sens qu'ils ne portaient aucun nom, ne sont plus désignés par un simple numéro.

Le premier, celui qui est chargé de portland, s'appelle l'*Indus*; le second, plus spécialement affecté aux produits chimiques, se nomme le *Godavéri* et le troisième, bourré de caisses monumentales, est le *Gange*.

L'*Indus*, le *Godavéri*, le *Gange*... trois fleuves de l'Hindoustan... cela, pourtant n'est guère compromettant. Pourquoi avoir dissimulé, jusqu'au dernier moment, sous des bandes de toile, ces noms qui n'ont qu'une simple signification géographique?

Oh ! cher et bon père ! la voilà donc votre surprise. (Page 66.)

Quelque nouvelle fantaisie du mystérieux armateur qui décidément, tient à conserver un rigoureux incognito.

Mais bientôt toutes les réflexions s'arrêtent, en présence d'un incident complètement inattendu... l'incident de la dernière heure.

Un coup de sifflet retentit sur une des voies de chemin de fer affectée au service des bassins, et un train de voyageurs, chose absolument inusitée, s'avance lentement, puis s'arrête en face de l'*Anna*.

C'est un train spécial, composé de trois fourgons, d'un sleeping-car, d'un wagon-salon et de deux voitures de première classe.

A peine la machine a-t-elle stoppé, que quatre messieurs, correctement vêtus de noir, franchissent lentement la passerelle qui relie l'*Anna* au quai, et s'avancent jusqu'à la portière du sleeping-car.

C'est le consul de Suède, accompagné du chancelier et de deux commis de chancellerie.

La portière s'ouvre avec fracas, deux noirs s'élancent à terre et aident à descendre un vieillard de haute taille, de physionomie imposante, devant lequel s'inclinent respectueusement les quatre fonctionnaires.

Le vieillard leur rend avec courtoisie leur salut, échange avec eux quelques paroles, et tend la main à une jeune fille d'une beauté éblouissante, qui s'élance à terre avec la gracieuse agilité d'une gazelle et s'écrie joyeusement :

— Oh! cher et bon père!.. La voilà donc, votre surprise!..

« Je vais reprendre la mer... La mer que j'aime tant!

« Partons-nous bientôt?

— A l'instant, mon enfant.

« Tout est prêt? n'est-ce pas, Monsieur? dit-il en s'adressant au consul.

— Oui, Excellence.

« Toutes les formalités sont remplies, et la flottille peut appareiller.

— C'est parfait... recevez tous mes remerciments et remettez ceci en mon nom au personnel du consulat.

— Adieu, Excellence, et bon voyage.

— Au revoir, Monsieur... je n'oublierai pas vos services.

Après ce dialogue rapide, le vieillard offre son bras à la jeune fille, enfile la passerelle recouverte d'un tapis magnifique et franchit la coupée à laquelle se tient le capitaine.

— Eh bien, Christian? dit-il simplement, comme un promeneur qui rentre chez lui après une courte absence.

— Rien de nouveau, Maître, répondit l'officier en retirant sa casquette galonnée d'or.

— Quand peux-tu appareiller?

— Lorsque les bagages seront chargés... C'est l'affaire d'un quart d'heure.

Pendant ce temps, cinq femmes, deux blanches et trois négresses, sortent d'une des voitures de première classe, enfilent également la passerelle, puis quatre hommes d'origine européenne, parmi lesquels un visiteur de la maison de la rue Galvani eût reconnu les deux irréconciliables, Alexis Pharmaque et le jeune M. Arthur.

Le vieillard et la jeune fille, désireux d'échapper aux regards indiscrets des curieux qui se sont faufilés entre les wagons, se sont retirés déjà dans un petit salon situé sous la dunette.

Le capitaine fait un signe. Le maître d'équipage tire de son sifflet quelques notes aiguës et, aussitôt, une vingtaine de matelots se ruent sur les fourgons qu'ils semblent prendre d'assaut.

En un clin d'œil, avec cette agilité, cette vigueur et cette adresse particulières aux gens de mer, ils opèrent le transbordement des malles et des colis, en forment sur le pont un véritable monceau, et attendent de nouveaux ordres.

Comme la marée bat son plein, il n'y a pas un instant à perdre.

Les écluses sont ouvertes, l'*Anna* largue ses amarres, les couleurs suédoises sont hissées au mât de pavillon et le navire, se halant avec précaution sur un câble fixé à l'avant, se met lentement en marche.

Le train rétrograde en même temps en sifflant éperdument, afin de faire garer les curieux qui ont envahi la voie et regardent, comme si c'était un spectacle nouveau pour eux, le *Gange*, le *Godavéri* et l'*Indus*, se préparer à exécuter la manœuvre de l'*Anna*.

En dépit des coups de sifflet, un homme vêtu en portefaix semble à ce point absorbé dans sa contemplation, qu'un coup de tampon manque de le renverser sur le rail.

— Est-ce que tu es fou? lui dit un camarade vêtu de la même façon, en le tirant vivement à lui.

— Le diable m'emporte! on le serait à moins, répond l'homme qui semble interdit.

— Comment cela?

« Est-ce parce que tu vois nos soupçons confirmés?...

« Parce que ces navires appartiennent réellement à Monsieur Synthèse... et que Monsieur Synthèse lui-même vient de s'embarquer sur l'*Anna*?

« Mais, mon cher, nous étions prévenus.

— Très vaguement, puisque nous connaissions seulement l'*Anna* et que nous ignorions le nom du propriétaire des trois autres.

— Qu'importe pour l'instant!

— Qu'importe en effet!

« Je suis en cela de ton avis et ce n'est pas ce qui me trouble au point de me laisser écraser.

— Quoi donc, alors?

— Tu vas dire que je suis fou...

— Eh bien ?

— Je veux que le diable, notre commun patron, me torde le cou, si le prince n'est pas à bord !

— Le prince !... tu as bien dit le prince ! s'écrie le premier interlocuteur dont une soudaine émotion fait chevroter la voix.

« Que va dire l'*autre* ?...

« ... L'*autre* qui le croit mort... va penser que nous l'avons trahi.

« Alors, nous sommes perdus !

— C'est vrai, nous sommes perdus, et nous ne pourrons jamais trouver un coin de terre pour nous cacher.

— Il s'agit bien de fuir et d'abandonner la partie !

« Après tout, mourir pour mourir, il vaut encore mieux lutter jusqu'au bout...

— Attention !... Messieurs... attention !... vocifère un employé, qui debout, sur un marchepied, agite un petit drapeau rouge, pendant que le train, reculant toujours, fait détoner bruyamment les plaques tournantes et refoule les spectateurs au milieu desquels disparaissent les deux mystérieux personnages.

. . . .

Depuis environ une heure, les navires de Monsieur Synthèse ont dépassé la jetée du Havre et naviguent de conserve en se dirigeant vers la haute mer.

Les capitaines ont reçu relativement à la route des ordres précis, au cas où le gros temps, le brouillard ou tout autre incident viendrait à disperser la flottille.

Pour l'instant, l'*Anna* tient la tête à environ un mille, et les trois autres, plus ou moins régulièrement espacés, s'avancent debout à la lame qui les fait tanguer assez rudement.

Insensibles à ce mouvement qui rend les premières heures de la navigation si pénibles aux gens n'ayant pas le pied marin, le vieillard et la jeune fille, complètement seuls à l'arrière, aspirent à pleins poumons la brise du large et conversent avec animation.

L'entretien, tout intime, a pourtant un auditeur involontaire, l'homme de la barre, auquel certains lambeaux de phrases arrivent assez directement.

Par discrétion, le marin pousse deux ou trois hum !.. hum !... sonores comme pour dire : « Je suis là, et j'entends ce qui ne m'intéresse pas. »

Et Monsieur Synthèse s'interrompt aussitôt, après avoir prononcé les paroles suivantes, quelque peu énigmatiques, étant donné le but de l'expédition :

—... Et cet être, doué de toutes les qualités physiques, de toutes les perfections morales, sera ton fiancé.

PREMIÈRE PARTIE

L'ILE DE CORAIL

CHAPITRE I

Le *Récif de la Grande-Barrière*. — La Mer de Corail. — Difficultés de la navigation. — Au milieu des récifs coralliens. — La flotte de Monsieur Synthèse. — Coolies chinois. — L'*atoll*. — Les plongeurs. —Au fond de la lagune. — Emploi de la chaux hydraulique. — Les organismes constructeurs. —Les polypiers absorbent le sulfate de chaux contenu dans l'eau de mer et produisent du carbonate de chaux. — Travaux gigantesques des infiniment petits. — Où il est question du sol vierge que Monsieur Synthèse prétend faire émerger de toutes pièces du sein des eaux

Au Nord-Est de l'Australie, et baignant tout à la fois l'archipel de Santa-Cruz et les Nouvelles-Hébrides, le groupe de la Louisiane et les îles Salomon, s'étend cette partie du Grand océan Pacifique à laquelle sir Matthew Flinders a donné le nom caractéristique de *Mer de Corail*.

Sans limites même très approximatives du côté de l'orient, la Mer de Corail est rigoureusement bordée à l'occident, non pas, comme on pourrait le croire, par le rivage de l'Australie, mais bien par une immense digue naturelle appelée par les Anglais : *Great Barrier Reef* (1).

Cette digue composée, du moins à sa partie supérieure, d'organismes vivants, s'étend parallèlement à la côte Australienne qu'elle contourne depuis Breaksea Spit, par 24° 30′ de latitude Sud, et s'étend jusqu'à Bristow-Island, près de la Nouvelle-Guinée, par 90°15′ de latitude Sud.

Longue par conséquent d'environ deux mille six cents kilomètres, cette colossale muraille, de formation purement corallienne, surgit d'une profondeur considérable et laisse entre elle et le rivage un espace de mer libre, dont la largeur moyenne, évaluée à cinquante kilomètres en atteint parfois cent soixante et se réduit parfois aussi à vingt-cinq.

Cet espace libre, ce chenal ainsi garanti par le récif de la Grande-Barrière contre la houle et la brise du large, forme une route très sûre et fréquentée par les navires se dirigeant vers le détroit de Torrès.

Mais, en revanche, cette disposition qui favorise la navigation côtière, rend excessivement difficile sur ce point l'accès de la Mer de Corail.

En effet, le barrage à fleur d'eau formé par le récif ne présente que des solutions de continuité très rares et d'un abord généralement périlleux pour les bâtiments. Bien peu osent se hasarder à franchir ces brèches, même celle qui porte le nom de Raine's Inlet, située par 11° 35′ de latitude Sud et dont l'entrée est pourtant indiquée par un phare.

Ils préfèrent prendre la voie infiniment plus longue du Nord ou du Sud, et contourner le Great Barrier Reef, plutôt que de courir les éventualités d'une traversée opérée dans de pareilles conditions.

Ces obstacles n'ont rien d'illusoire, et il suffit, pour concevoir la somme de dangers qu'ils opposent à la navigation, de consulter une bonne carte marine de la Polynésie. L'œil peut à peine supputer l'incroyable quantité d'îles, d'îlots, de récifs, de pointes, d'écueils, de bas-fonds qui hérissent à perte de vue l'Océan, sans compter les milliers d'obstacles invisibles semés traîtreusement à une très faible profondeur et se dressant à pic, sans que les moyens habituels d'investigation puissent en faire pressentir la proximité.

Ici, la sonde indique plusieurs centaines de brasses ; un peu plus loin elle ne trouve pas le fond, et tout à coup elle s'arrête à moins de deux mètres, sur une concrétion qui se dresse solitaire comme une tour sous marine, contre laquelle vient se briser la coque du navire.

Qu'on se rappelle les sinistres maritimes dont ces parages redoutés

1. Le *Récif de la Grande-Barrière* des hydrographes français.

Les navires se rangèrent en demi-cercle. (Page 75.)

ont été le théâtre! Combien de bâtiments perdus! Et non pas seulement de simples vaisseaux marchands, commandés par des hommes téméraires ou inexpérimentés, mais des navires dirigés par des marins d'élite, des navigateurs illustres auxquels ne manquaient ni de puissants moyens d'exécution, ni de vaillants auxiliaires, ni la connaissance approfondie de toutes les subtilités de leur difficile profession.

Aussi, même à notre époque, où, grâce à la vapeur, d'immenses progrès ont été accomplis; en dépit de nouveaux et rigoureux relèvements; malgré d'importantes modifications apportées aux travaux des anciens voyageurs, il est certains parages où les navires n'osent pas s'aventurer.

A quoi bon, d'ailleurs, courir de pareils risques, alors surtout que ni l'intérêt scientifique, ni les convoitises d'un ordre moins élevé, mais tout aussi puissantes ne sauraient servir de mobile ?

Il est bien entendu qu'il ne s'agit pas ici de ces régions aujourd'hui suffisamment connues du Pacifique, où le commerce devient de jour en jour plus prospère, ni même de ces archipels plus ou moins importants, revendiqués avec âpreté par les nations civilisées en vertu d'un raisonnement que l'on pourrait formuler ainsi :

— Voici des îles situées aux Antipodes et habitées de tout temps par des hommes à peau noire... *Donc, ces îles ne sont à personne.*

« Puisqu'elles ne sont à personne, nous les annexons purement et simplement...

Comme la politique d'expansion coloniale n'a pas dit son dernier mot, il est à supposer que les Polynésiens échappés à la variole, à la phtisie et à l'alcoolisme seront tôt ou tard nantis de métropoles et de fonctionnaires, qui leur prodigueront tous les bienfaits de la civilisation.

Chacun est d'accord sur ce point, à la condition toutefois qu'il y ait au moins des habitants et un sol susceptible de produire des denrées d'exportation.

Mais il est d'autres morceaux de territoire baignés spécialement par la Mer de Corail, qui ne tenteront pas de sitôt les annexionnistes les plus convaincus; et c'est de ceux-là qu'il est question pour l'instant.

Peut-on même donner ce nom de *territoire* à des îlots ou des groupes d'îlots dépourvus pour la plupart de terre végétale, sans un brin d'herbe, aussi désespérément stériles que le granit dont ils possèdent la dureté, de véritables écueils, enfin, lavés par la houle immense du Grand Océan, balayés par l'ouragan, dont l'abord est presque impossible, sur lesquels, enfin, non seulement l'homme primitif, mais encore les animaux inférieurs ne sauraient trouver leur maigre subsistance ?

Tel le Récif de la Grande-Barrière, tels aussi ces étranges îlots circulaires, pourvus d'une lagune intérieure connus sous le nom d'atolls, absolument improductifs et déserts, où l'on voit, mais très exceptionnellement, végéter de maigres cocotiers, sous lesquels évoluent, inconscients et faméliques, des crabes géants, seuls représentants de la flore et de la faune.

En conséquence, étant donnée cette stérilité désolante, cette solitude absolue, ces difficultés d'accès presque insurmontables ; étant donné surtout l'absence complète d'intérêt scientifique ou commercial, un voyageur, amené par les hasards de la destinée, au point précis où le 145° méridien de longitude Est coupe le 12° parallèle Sud, c'est-à-dire en pleine Mer de Corail, pourrait, sans être taxé d'impressionnabilité, manifester une réelle stupéfaction, devant le spectacle aussi étrange qu'inattendu dont le lieu représenté par ce point géographique est présentement le théâtre.

Au milieu d'écueils innombrables de toute forme, de toute grandeur, saupoudrant pour ainsi dire les eaux frangées d'écume, apparaissent tout d'abord quatre grands navires, immobiles à deux cents mètres à peine les uns des autres.

A les voir ainsi rangés en un demi-cercle presque régulier, sans obéir au mouvement de la houle, on les regarderait comme échoués, ou plutôt, encastrés entre les ramifications de cette inextricable broussaille corallienne, tant leur présence en pareil lieu paraît un défi insensé jeté à l'art de la navigation.

Aussi, la première réflexion du voyageur, fût-il étranger à cet art difficile, pourrait-elle se formuler ainsi :

— Par quel chemin invraisemblable sont donc passés ces bateaux, pour arriver jusqu'ici ?

Mais comme il faut bien se rendre à l'évidence, il reconnaîtrait, son premier étonnement passé, qu'ils sont venus tout naturellement, et sans la moindre avarie.

Leurs coques sombres, bien d'aplomb, sont fixées aux récifs les plus rapprochés, par un système d'amarrage très simple et très ingénieux, de manière à demeurer invariablement dans leur position.

En outre, toute la partie supérieure de leur mâture a été dépassée. Ils n'ont conservé que les bas mâts, de façon à donner le moins de prise possible à la brise du large et à conserver ainsi toute leur stabilité. C'est là une précaution indispensable pour ne pas rompre, ni même fatiguer les câbles d'amarrage qui doivent garder, sans efforts et sans à-coups, toute leur rigidité.

Ces soins minutieux n'ont rien d'exagéré, quand on considère les dimensions exiguës du chenal par où sont passés les navires, et aux anfractuosités duquel ils se briseraient infailliblement, si un coup de mer ou une rafale venaient à les déplacer quelque peu.

D'autres précautions suggérées par l'expérience, et qu'il serait superflu de mentionner, semblent avoir été prises en dernier lieu, pour éviter jusqu'à l'idée seule d'un accident de cette nature qui serait un véritable désastre.

Ces différentes manœuvres, la minutie apportée à leur exécution, le choix de l'emplacement, l'aspect des navires eux-mêmes, tout semble indiquer la pensée d'une longue station en ce lieu.

D'autre part, leur arrivée a soudain empli d'animation et de bruit cette région naguère si déserte, où jamais les bâtiments ne s'aventurent, où la présence de l'homme semble à première vue un véritable non-sens.

Le personnel très nombreux qu'ils ont amené, forme une véritable colonie à laquelle ne manque ni le pittoresque ni l'originalité.

Il y a d'abord les équipages, dont le chiffre ne peut être évalué même très approximativement, car les marins qui les composent sont à bord, ou occupés à différentes corvées dont le but sera défini ultérieurement.

Puis, le personnel dirigeant, l'état-major, invisible pour l'instant, et une petite armée de travailleurs présentement en repos.

Sur un de ces îlots de corail, en forme de bracelet et circonscrivant un espace libre de mer, auxquels les habitants de l'océan Indien donnent le nom d'*atoll*, se tiennent environ cinq ou six cents Chinois, bien reconnaissables tout d'abord à leur vêtement, à la nuance jaunâtre de leur peau, à leurs faces camuses de magots.

Insensibles, du moins en apparence, au rayonnement du soleil de midi, les uns évoluent pieds nus sur le banc qui entoure extérieurement l'anneau corallien, et se livrent avec passion à la pêche de l'holothurie, un de leurs mets favoris auquel ils donnent le nom de *trepang*.

Les autres surveillent attentivement la cuisson du riz qui mijote dans de vastes marmites en fer-blanc, sur de petits fourneaux portatifs, très ingénieux, et chauffés au charbon de terre.

Il en est qui, couchés sur le côté, avec une petite lampe allumée à leur portée, s'intoxiquent béatement d'opium dont la fumée à saveur vireuse répand dans l'atmosphère surchauffée son arome caractéristique.

D'autres enfin, allongés sur le dos, la queue de cheveux enroulée en coussin et sous l'occiput, le chapeau de paille grossière, en forme d'abat-jour, planté sur la face, dorment comme fourbus sur le roc.

De tous côtés se voient entassés symétriquement, près du rebord faisant face à la lagune intérieure, des sacs de chaux hydraulique toute prête à être gâchée dans des excavations, pratiquées en forme d'auges au milieu de la masse compacte du corail.

Près de ces auges, on voit également, rangés avec le plus grand ordre, des têtières de scaphandre en nickel, bien préférable au cuivre en ce qu'il est inoxydable, des récipients à air comprimé, des semelles de plomb servant à lester les plongeurs, des seaux en fer galvanisé, des échelles de corde, des truelles, des cordages, en un mot, tous les éléments d'un travail sous-marin interrompu pour l'instant, et prêt à être repris au premier signal.

Dans la direction du Nord, par rapport aux navires dont l'avant est orienté vers l'Est, on remarque, partant de l'atoll, une mince chaussée corallienne émergeant du sein des flots et se prolongeant, sur une longueur approximative de trois cents mètres, jusqu'à un autre récif, d'un blanc éclatant, sur lequel sont dressés de vastes tentes en toile bise.

C'est là que vraisemblablement se retirent, pour passer la nuit, les travailleurs asiatiques, après l'achèvement de la tâche quotidienne.

Enfin, détail particulièrement caractéristique, les navires sont tous pourvus d'une artillerie redoutable, composée de canons de 14 et de mitrailleuses.

Or, canons et mitrailleuses bien placés en évidence sont invariablement braqués sur l'atoll, de façon à prendre, le cas échéant, en enfilade, l'île-lagune, la chaussée et le récif sur lequel est établi le campement.

Des marins à peau bronzée, habillés de vestes et de pantalons en toile blanche, sont de quart en permanence, près des pièces, tout prêts à déchaîner, au commandement, un terrible ouragan de mitraille.

Cette précaution qui semblerait au moins superflue en tout autre lieu, surtout avec d'autres hommes, est au contraire parfaitement justifiée par l'incroyable propension des Chinois à la révolte et au pillage.

En effet, « John Chinaman », comme disent les Anglais, est un personnage dont il est bon de se défier, en dépit de son extérieur tranquille, de son attitude réfléchie, de son apparente soumission.

Âpre au gain, cupide, rusé, cruel, rien ne lui coûte pour satisfaire son avidité ; et il est d'autant plus redoutable, qu'il est très intelligent, et qu'il ignore absolument les préjugés.

Pour lui, le but à atteindre est tout, quels que soient les moyens.

Du reste, avec leur respect tout oriental pour la force matérielle et leur habitude invétérée de s'incliner devant le fait accompli, les « Célestes » ne peuvent que trouver tout naturel ce déploiement de force. Ils doivent même avoir conçu une certaine estime pour l'organisateur de cette paix armée en dépit de leur mépris proverbial pour ceux qu'ils appellent « les barbares d'Occident ».

Mais voici l'heure du repas, annoncée par la détonation d'un petit canon à signaux. Aussitôt les pêcheurs d'holothuries abandonnent la proie poursuivie, les dormeurs sursautent et se frottent les yeux, les fumeurs d'opium éteignent leur lampe et serrent précieusement la chère pipe.

Puis, ils tirent de leur bagage le vase en fer-blanc, en forme de bol dont sont pourvus tous les coolies, et s'avancent tumultueusement, en groupes, vers les marmites, avec ces piaulements aigus, ces mouvements déhanchés, ces cous tendus qui les font ressembler à des volailles de basse-cour.

Le repas, composé de riz et de viande conservée, est absorbé en un clin d'œil; puis, chaque Chinois lave à grande eau, dans la mer, son bol, l'essuie précieusement avec sa blouse, se lave la figure et les mains et reçoit une ration d'eau douce destinée à favoriser la descente de la partie solide du festin.

Maintenant, au travail.

Cinq ou six Européens vêtus du costume des matelots, mais portant, comme dans la marine militaire, les galons de seconds maîtres, parcourent les groupes et rallient, à coups de sifflet, les ouvriers par escouades.

Puis, ceux-ci, avec une célérité que l'on n'oserait attendre de leur apathie habituelle autant que volontaire, enfilent le vêtement imperméable du plongeur, attachent à leurs pieds les semelles, adaptent à leurs épaules le récipient à air comprimé, introduisent leur tête dans le casque en nickel, pourvu antérieurement d'une plaque de cristal, et se l'ajustent mutuellement à l'armature dont le vêtement est muni au collet.

Ils se rangent ensuite au bord de la lagune, pour permettre aux matelots galonnés, leurs chefs de chantier, de vérifier rapidement le fonctionnement des diverses pièces de l'appareil à air comprimé.

Les échelles de corde sont alors fixées chacune à une longue pointe de fer plantée dans le roc corallien, et immergées dans la lagune, puis, chaque plongeur, saisissant les montants de son échelle, descend lentement, le dos tourné au centre de l'*atoll* et disparaît progressivement au milieu des eaux qui bientôt cessent de bouillonner.

Il ne reste plus, sur l'anneau solide circonscrivant le petit lac intérieur, que les chefs de chantier et les manœuvres. Ces derniers s'occupent, sans désemparer, à opérer, en proportions définies, dans les excavations « ad hoc » le mélange d'eau et de chaux hydraulique, le rendent bien homogène, en forment un mortier ayant la consistance voulue, remplissent avec ce mortier les seaux métalliques pourvus chacun d'une cordelette, et expédient le tout à une profondeur d'environ dix ou douze mètres.

Puis, les seaux bientôt vidés et leur contenu mis en œuvre par les ouvriers sous-marins, sont retirés, remplis et réexpédiés sans relâche; et ainsi de suite tant que dure la séance de travail.

Pour qui connaît les propriétés de la chaux hydraulique de se durcir, au contact de l'eau, et d'acquérir la rigidité comme aussi l'imperméabilité du roc, il est facile d'imaginer le genre d'opération pratiquée au fond de la lagune.

Quant à la nature de l'opération elle-même, quant à la forme donnée aux matériaux employés par les plongeurs, on ne saurait les préciser avant de savoir les intentions de l'ordonnateur des travaux, et la configuration du lieu où ils s'exécutent.

L'ordonnateur des travaux est trop connu du lecteur, après le prologue dans lequel sa personnalité a été mise en évidence, pour qu'il soit utile d'y revenir.

Monsieur Synthèse, parti du Havre avec ses quatre navires, se trouve présentement au point qu'il a désigné pour l'accomplissement de la grande expérience, objet de sa constante préoccupation et d'immenses préparatifs

Voici le fait primordial dans toute sa simplicité.

Quant à l'expérience qui vient de commencer, il est essentiel, avant d'en connaître la nature, de décrire très sommairement le lieu où elle va s'exécuter.

Il sera d'autant plus facile de comprendre, sans erreur possible, le genre d'opération à laquelle se livrent les Asiatiques.

Il existe un grand nombre d'êtres qui, par l'entassement de leurs dépouilles, peuvent donner naissance à des calcaires. Mais ces dépôts formés simplement par l'amoncellement de coquilles d'animaux morts, n'ont rien de commun avec les récifs proprement dits, édifiés par de véritables *organismes constructeurs*, qui, de leur vivant et en face du choc des vagues, ont pour fonction d'élever, en plein Océan, des massifs aussi solides que le roc.

Parmi ces petits, tout petits architectes, on remarque surtout les *polypiers* qui vont nous occuper spécialement. Comme leurs congénères, les polypiers absorbent, pour l'incorporer à leur tissu, à l'état de carbonate, la chaux que l'eau de la mer contient à l'état de sulfate.

Ce carbonate de chaux élaboré par ces petits êtres durcit peu à peu, et forme un squelette commun à plusieurs d'entre eux. Ce squelette qui acquiert bientôt la solidité du marbre, c'est le *corail*.

Il se forme ainsi, sur les fonds appropriés à leur développement, de véritables *plantations coralliennes* qui meurent sans cesse par le pied, tandis que la partie supérieure continue à s'accroître.

Les portions mortes forment une espèce de broussaille calcaire, dans les interstices de laquelle s'accumulent tous les fragments arrachés par le choc des vagues aux individus vivants.

Ces fragments, baignés par des eaux tièdes chargées de sels calcaires, se tassent, s'amalgament, prennent corps, bouchent tous les vides de la broussaille inférieure, et finissent par devenir une roche compacte, d'où la structure organique elle-même disparaît parfois d'une manière absolue.

Mais si les autres espèces d'organismes constructeurs, comme les *bryozoaires*, les *hydrozoaires* ou les *nullipores*, peuvent vivre et s'accroître dans des milieux très étendus, il n'en est pas de même des *coraux* qui demandent, pour leur développement, des circonstances physiques toutes spéciales.

Ainsi, le corail exige essentiellement le climat tropical, par cette raison qu'il est incapable de se développer, si dans le mois le moins chaud de l'année la température de la nuit descend plus bas que vingt degrés au-dessus de zéro.

En second lieu, il ne s'accommode pas d'une profondeur sensiblement supérieure à quarante mètres, et d'autre part il ne peut supporter, sans périr, l'exposition à l'air libre pendant un temps dépassant la durée de la marée basse.

En outre, il lui faut une eau pure, exempte de matières solides en suspension ; et le voisinage d'un cours d'eau apportant à la mer du sable ou de la vase, suffit à entraver absolument sa croissance.

Par contre, le choc violent des vagues est extrêmement favorable à l'existence et à la propagation des espèces coralligènes. Plus intense est le ressac, plus la mer déferle avec force, plus rapide est l'accroissement de la plantation, plus vigoureux sont les sujets.

Aussi, et c'est là une particularité qu'il est important de noter, le bord extérieur des récifs, celui qui par conséquent reçoit l'assaut de la lame, est toujours plus vivace et plus haut que le bord opposé.

Ces conditions de température, de profondeur et de pureté de l'eau, essentielles à l'existence du corail, étant réunies, les récifs coralliens éta-

Il apporta une superbe branche de corail. (Page 87.)

borés par les infiniment petits peuvent se diviser en trois types principaux, suivant leurs relations avec la terre ferme. Ce sont : 1° les *Récifs frangeants*, bordant presque immédiatement une côte, et ne laissant dans l'intervalle que de petites lagunes ou des canaux sans profondeur ; 2° les *Récifs barrières*, formant à une certaine distance de la côte une sorte d'ouvrage avancé sous-marin, se révélant par une ligne de brisants ; 3° les

Atolls ou récifs annulaires, isolant du reste de l'Océan une lagune circulaire dont le centre est tantôt vide, tantôt occupé par un ou plusieurs îlots.

L'*atoll* nous intéressant plus particulièrement que les deux autres types de récifs, il nous reste à expliquer le mécanisme de son accroissement, afin de connaître la cause de sa forme étrange et pourtant très commune dans le Pacifique.

Il vient d'être dit précédemment que le choc des vagues est essentiellement favorable aux espèces coralligènes, et que le côté sur lequel porte incessamment l'effort des eaux est infiniment plus vivace que la partie abritée.

Les *atolls* étant toujours ou presque toujours établis sur des cônes volcaniques, la construction corallienne doit affecter à sa base la forme circulaire de la masse sur laquelle elle s'appuie.

Logiquement, elle devrait monter peu à peu comme un fût de colonne, formant un bloc *plein*. Mais nous savons que le bord extérieur, c'est-à-dire le pourtour, tendant à se développer sous le choc de la vague, plus rapidement que la partie interne, il s'ensuit que les polypiers de l'intérieur auront un accroissement bien plus lent. D'autant plus, que cet accroissement sera encore gêné par les fragments arrachés aux voisins par le ressac.

En conséquence, au moment où le récif émergera après un temps plus ou moins long, il constituera une sorte de cuvette, dont les bords seuls arriveront, en forme de bourrelet, jusqu'à la surface de l'eau.

Tels sont les *atolls*, dont les dimensions, très variables atteignent jusqu'à deux, quinze ou vingt kilomètres de diamètre, et se réduisent parfois à quelques centaines de mètres seulement.

Il en est d'absolument stériles, car ils ne contiennent pas un atome de terre végétale. Il en est aussi sur lesquels se sont accumulés, depuis des milliers d'années, des détritus de végétaux amenés par les flots et qui ont formé une sorte de terreau où des graines, apportées par les oiseaux, sont devenues des arbres.

Un seul exemple suffira pour donner une idée de l'incroyable activité de ces microscopiques travailleurs qui, individuellement, ne mesurent pas plus de trois millimètres de diamètre. L'archipel des Carolines, dont l'Espagne et l'Empire allemand se disputaient dernièrement la possession, compte plusieurs milliers de ces minuscules continents dont le plus grand, *Ponapi*, n'a que vingt kilomètres de diamètre, et dont les plus petits forment seulement des pointes. Or, ces milliers d'îles sont groupées en un essaim immense, dont la superficie atteint environ deux mille huit cents kilomètres carrés !

Rien de gracieux et d'inattendu tout à la fois, comme le contraste réellement étrange présenté par ces récifs.

Ici l'effort constant, furieux, désordonné, de la mer sans limites, qui emporterait comme des fétus les colosses du règne animal et pulvériserait les constructions humaines réputées indestructibles ; là, d'humbles zoophytes, de fragiles animalcules édifiant sans relâche la barrière inébranlable, contre laquelle vient se briser la fureur des vents et des flots.

Car, pendant que la lame déferle et bouillonne en écume sur la partie côtière de l'anneau corallien, la lagune intérieure de l'atoll demeure unie comme un miroir et conserve une merveilleuse limpidité.

Sous ce cristal liquide la vie surabonde, et l'œil émerveillé contemple, à loisir, la rutilante floraison des polypes, qui s'épanouissent, comme des corolles animées, sous la vivifiante caresse du soleil tropical.

. . . .

Revenons à la mystérieuse besogne exécutée par les coolies chinois au fond de la lagune circonscrite par le bourrelet corallien.

Les dimensions de l'atoll sont relativement faibles, car le lac intérieur ne mesure guère plus de cent mètres de diamètre. Quant à la bande circulaire sécrétée par les coraux, elle peut avoir de vingt à vingt-deux mètres de large, et elle est suffisamment exhaussée au-dessus de l'eau pour n'être submergée ni par la houle, ni par la marée.

Cette portion solide, qui caractérise l'atoll, offre en outre une particularité qu'il est essentiel de mentionner. C'est que, au lieu de former un anneau continu, elle présente, à la partie faisant face aux navires, une solution de continuité, une brèche large d'environ dix mètres.

Il résulte de cette disposition que la lagune intérieure correspond librement avec la mer, et que la forme de l'atoll rappelle un bracelet entr'ouvert.

Enfin, cette faille accidentelle ou plutôt naturelle, est pourvue de deux portes en fer, analogues à celles des écluses des canaux, et munies comme elles d'engrenages destinés à en faciliter la manœuvre.

Pour l'instant, cette communication est interrompue, car les lourds panneaux métalliques sont rigoureusement clos.

Bientôt, les Célestes, qui travaillent depuis plus de deux heures, commencent à remonter lentement, et dans un état visible de fatigue.

Ils opèrent la manœuvre inverse de celle qui a précédé leur immersion, se dépouillent des appareils, essuient soigneusement les pièces métalliques, vident les réservoirs à air, et emportent le tout sous leurs tentes.

Il ne reste bientôt plus sur le sol corallien que les marins gradés.

Au moment où le dernier plongeur a disparu, un coup de sifflet retentit à bord du navire le plus rapproché. Plusieurs hommes descendent dans une embarcation amarrée au bas de l'échelle, franchissent, en moins d'une minute, l'espace compris entre le navire et l'atoll, et débarquent sur un appontement établi près des écluses.

Monsieur Synthèse, le premier, vêtu d'étoffe blanche, comme un planteur, puis les deux préparateurs, Alexis Pharmaque et Arthur Roger-Adams, bientôt suivis du capitaine Christian, le commandant de l'*Anna*.

Ce dernier s'adresse alors à un des marins et lui demande brièvement :

— Quoi de nouveau ?

— L'application de la couche imperméable est terminée.

— En êtes-vous bien sûr ?

— Dame, commandant, autant qu'on peut l'être avant vérification

« Nous allons, avec votre permission, ouvrir les écluses, puis, quand l'eau trouble contenue dans le bassin aura été remplacée par celle de la mer, nous descendrons, mes camarades et moi, faire notre inspection de tous les jours.

— Bien ! Je vous accompagnerai.

Puis, s'avançant vers Monsieur Synthèse qui s'est arrêté à quelques pas et contemple distraitement les eaux de la lagune obscurcies par les corpuscules de chaux hydraulique en suspension, l'officier ajoute :

— Maître, j'ai le plaisir de vous annoncer que les plongeurs ont terminé leur tâche.

« Sauf quelques raccords insignifiants, les parois de l'atoll, recouvertes d'un enduit de Portland, sont complètement imperméables.

« Je vais du reste m'en assurer dans un moment.

— Non, mon ami, répond le vieillard ; c'est inutile aujourd'hui.

« Attends à demain...

Puis, se tournant vers les deux préparateurs, il ajoute :

— Quant à vous, Messieurs, vous allez bientôt sortir de cette inaction qui doit vous peser, et j'ai hâte d'utiliser vos talents.

« Préparez-vous à une rude besogne, car, avant peu, vous allez m'aider puissamment à la création de ce sol vierge qui, à mon ordre, va émerger de toutes pièces, du sein des eaux.

II

L'excursion sous-marine du capitaine Christian. — Le récif intérieur de l'atoll. — Un bassin imperméable. — Une branche de corail vivant. — Composition de la matière corallienne. — L'eau de mer. — Comment vivent les coraux. — De quelle façon Monsieur Synthèse prétend modifier les conditions de leur existence. — Rêve d'un homme éveillé. — Songe ou réalité. — Apparition mystérieuse. — Le *pundit* Krishna. — On ne violente pas impunément les forces de la nature. — Insatiables tous deux. — Singulière expérience du pundit. — Panique au campement chinois. — Navire secoué comme un fétu — Mystère.

Le capitaine Christian, accompagné de ses quatre matelots, visita, comme l'avait ordonné Monsieur Synthèse, les travaux sous-marins exécutés par les plongeurs chinois.

Cette inspection, fort longue et très minutieuse, dut être de tous points satisfaisante, car l'officier semblait rayonnant, quand il rallia l'*Anna*, après une immersion qui dura près de deux heures.

Monsieur Synthèse l'attendait, au carré de l'avant, transformé en laboratoire, avec ses deux préparateurs.

— Assieds-toi, mon ami, lui dit-il avec une intonation affectueuse contrastant avec la froide gravité qui lui est habituelle.

« Maintenant, parle.

— Je viens de m'assurer, Maître, répond le capitaine, que vos ordres ont été ponctuellement exécutés.

« Toute la face interne de l'atoll, moins le fond, naturellement, est aussi étanche qu'une immense cuvette de cristal.

« Je n'ai pas constaté la moindre trace de lézarde, par où pourrait se produire la plus légère infiltration, et je crois pouvoir vous affirmer que la lagune intérieure est absolument isolée de l'Océan quand les écluses sont fermées.

— Bien !

« Dis-moi, maintenant, comment se comportent les coraux qui forment le fond de cette lagune.

« Ces zoophytes n'ont-ils pas souffert des allées et venues des plongeurs, des travaux exécutés dans leur voisinage ?

— En aucune façon, Maître.

« J'ai pu les examiner à loisir, et ils m'ont paru au moins aussi vigoureux, sinon plus que lors de notre arrivée.

« Vous allez d'ailleurs pouvoir vous en assurer vous-même, car j'ai cassé une branche qu'un de mes hommes apporte dans un vase rempli d'eau.

« J'ai en outre, conformément à vos instructions, exécuté une coupe de la lagune.

« Voici le croquis dessiné avec un stylet sur une ardoise.

« Les dimensions sont rigoureusement exactes, et portées à l'échelle de deux centimètres pour mètre.

— Donne.

« Tenez, Messieurs, continue le vieillard, après un rapide examen qui semble le satisfaire, et en tendant l'ardoise aux préparateurs, regardez à votre tour.

« Vous voyez que la paroi circulaire de la lagune s'élève presque à pic, d'une profondeur assez faible relativement.

— Exactement dix mètres, interrompt l'officier.

— Dix mètres, c'est bien cela.

« Cette paroi, dernièrement encore constituée par des coraux vivants, n'est plus qu'une maçonnerie grossière sous laquelle sont emprisonnés les polypiers.

« Vous voyez, d'autre part, le soin avec lequel on a ménagé ceux du fond, dont la réunion forme un bloc, une voussure assez semblable au fond d'une bouteille.

« Quelles sont les dimensions de ce renflement qui occupe la partie inférieure de la cuvette ?

— Vingt-cinq mètres de diamètre, et six mètres de hauteur.

— De sorte qu'à marée haute, elle est seulement recouverte de quatre mètres d'eau.

— Oui, Maître.

— Ainsi, nous avons, en ce moment, un bassin clos, au fond duquel se trouve, comme dans un aquarium, un récif sous-marin très irrégulièrement cylindrique de coraux vivants, offrant, à sa partie supérieure, une sorte de plate-forme mesurant environ quatre-vingt-dix mètres de superficie.

— Oui, Maître ; et c'est là, vous le savez, une forme assez commune aux atolls de la Mer de Corail.

« Dans un temps plus ou moins long, mais dont je ne puis certes pas même pressentir la durée, cet îlot émergera au milieu de l'anneau qui le circonscrit.

— Dans un temps plus ou moins long... tu dis vrai, mon ami, interrompt Monsieur Synthèse avec un vague sourire qui éclaire soudain ses traits austères.

« J'ai sondé cet atoll il y a dix ans, et le récif intérieur avait seulement trois mètres d'élévation.

« Il s'accroît donc, normalement, de trente centimètres par année.

« De sorte qu'il faudrait encore treize ans de travail ininterrompu aux zoophytes pour atteindre le niveau des hautes eaux.

« Qu'en pensez-vous, Monsieur le zoologiste ? dit-il en se tournant vers Roger-Adams.

— Je pense, Maître, que la croissance de ces coraux est singulièrement rapide, et je ne me souviens pas que ceux qui ont étudié les polypiers l'aient jamais observée.

— Vos savants de cabinet auraient dû venir passer une saison dans la *Mer de Corail*; ils eussent été édifiés...

« Mais peu m'importe l'opinion de ces doctes personnages.

« C'est la vôtre que je veux ; si vous n'en avez pas encore, il faut vous en faire une...

« Vous êtes ici pour cela.

A ce moment une heureuse diversion apparaît sous l'aspect d'un matelot qui ouvre la porte du carré, et précède un second matelot portant, avec d'infinies précautions, un large récipient en verre, à demi plein d'eau.

Le marin dépose doucement, sur une table, le vase, au milieu duquel se trouve la plus fraîche, la plus exquise inflorescence qu'ait jamais élaborée la fée des flots.

C'est une superbe branche de corail, d'un pourpre intense, sur laquelle s'épanouissent, comme des corolles vivantes, de mignonnes fleurettes, rappelant assez bien de minuscules fleurs d'oranger.

Les charmantes créatures qui, du moins à première vue, semblent participer bien plus de la plante que de l'animal, se dilatent avec une sorte de volupté, dans le tiède enveloppement d'un rayon de soleil glissant par un sabord entr'ouvert.

— Que ne donnerais-je pas, murmure à voix basse Monsieur Synthèse, pour produire de toutes pièces, une semblable merveille !

« ... Pour faire surgir de mes appareils une parcelle même de matière animée !

Puis, s'interrompant soudain, il ajoute, de ce même ton froid qui lui est habituel quand il parle à son préparateur de zoologie :

— Examinez-moi cela, et définissez la variété.

« Peut-être saurez-vous pourquoi ce corail croît aussi rapidement.

Le préparateur, à ces mots, saisit avec précaution la branche, en évitant le contact des tentacules — on dirait volontiers des corolles — pourvus de cils déliés dont le simple contact est aussi désagréable à l'épiderme que celui des feuilles de l'ortie.

Il n'est pas, hélas ! de roses sans épines.

Aussitôt le charme est rompu. A peine sont-ils arrachés à leur élément, que les zoophytes, comme de véritables sensitives, se contractent, se recroquevillent, et apparaissent à peine, le long de la branche à laquelle ils sont incrustés, sous l'aspect de bosselures informes.

Celui que l'ex-professeur de « matières explosives » appelle dédaigneusement le jeune M. Arthur, examine attentivement l'échantillon pendant un quart de minute à peine, le retourne, en casse un fragment, et le remet dans l'eau.

Puis, il ajoute brièvement, en homme sûr de son fait :

— C'est bien là une *Gorgone abrotanoïde*...

— Je vois avec plaisir que vous connaissez vos polypiers, répond Monsieur Synthèse.

« Vous devez savoir également quelles sont les propriétés de cette Gorgone.

— C'est positivement de sécréter en plus grande quantité la matière solide formant l'arborescence.

— D'où vous concluez ?...

— Que les récifs produits par la Gorgone abrotanoïde s'accroissent infiniment plus vite que ceux dont les autres variétés de polypiers secrètent la matière.

— C'est bien !

« A votre tour, maître Alexis.

C'est moi Synthèse... la paix soit avec toi. (Page 95.)

« Examinez également cette brindille minérale que votre collègue vient de classer au point de vue zoologique.

« Vous allez en indiquer la composition chimique.

Mais le préparateur, au lieu de répondre avec sa lucidité habituelle, manifeste soudain un léger embarras, fourrage de ses doigts osseux la broussaille de sa barbe, cligne de son œil unique, et reste coi.

— Eh bien ! vous hésitez, reprend le vieillard, surpris de ce silence.

— Oui, Maître, dit-il avec une entière franchise.

— Pourquoi ?

— Parce que je ne suis pas sûr de la précision d'une analyse datant de plus d'un demi-siècle, la seule, à ma connaissance, qui ait été publiée.

— Oui, je sais, celle de Vogel, opérée en 1814.

— En conséquence, j'oserai vous prier, avant de me prononcer catégoriquement, de m'autoriser à en faire une autre.

« Celle-là, j'en répondrai.

— Non, c'est inutile pour l'instant.

« La formule de Vogel me suffit.

« Vous rappelez-vous cette formule ?

— Oui, Maître, en voici les chiffres exacts :

« Acide carbonique, 0,27 ; chaux 0,50 ; eau, 0,05 ; magnésie, 0,03 ; sulfate de chaux 0,01 ; oxyde de fer, constituant la matière colorante, 0,01 ; reliés par environ 0,20 de substance organique.

« Je dois ajouter que, d'après M. Frémy, cette matière colorante, très peu stable, ne serait pas due à l'oxyde de fer.

« Je m'en assurerai dès demain.

— Ce sera pour votre édification personnelle, car ce détail est sans importance aucune.

« L'essentiel est de savoir dans quelles proportions exactes les sels solubles sont empruntés aux eaux de la mer, par les zoophytes qui les élaborent pour en former les stratifications coralliennes.

« Il n'est pas inutile, à ce sujet, de rappeler la composition de l'eau de mer, afin d'établir les rapports entre la quantité de sels absorbés et la matière sécrétée.

— C'est facile, Maître.

« Cent grammes d'eau de mer contiennent en moyenne : Eau, 96,470 ; chlorure de sodium, 2,700 ; chlorure de potassium 0,070 ; chlorure de magnésium 0,360 ; sulfate de magnésie 0,330 ; sulfate de chaux 0,140 ; carbonate de chaux 0,003 ; bromure de magnésium, 0,002. Je mentionnerai en outre, pour la symétrie des chiffres 0,025 de perte nécessitée par l'analyse.

— Très bien !

« Cela nous donne indépendamment des traces de chlorure d'argent, d'iodures de potassium et de sodium en dissolution dans l'eau de mer, sept espèces de sels dont trois seulement sont utiles aux polypiers du corail.

— Oui, Maître : le sulfate de chaux, le sulfate de magnésie, et le carbonate de chaux.

— De sorte que si, tout à coup, les autres sels venaient à manquer, les polypiers pourraient quand même continuer à produire la matière pierreuse constituant le corail.

— Je le crois, Maître.

— A la condition pourtant qu'ils trouvent toujours une égale quantité de substance organique pour leur nourriture.

« Car, il est bien entendu qu'ils ne vivent pas seulement de sels.

— C'est évident.

— Mais, maintenant, l'atoll étant clos de toutes parts, que vont, à votre avis, devenir ces intéressants zoophytes, du moment où ils ne recevront plus, de la haute mer l'apport constant de matières organiques et minérales?

— Ils vivront comme précédemment, jusqu'à ce qu'ils aient épuisé celles que renferme la lagune.

« Mais comme les écluses peuvent être ouvertes à volonté pour rétablir la communication avec le large...

— Les écluses demeureront rigoureusement fermées.

— Alors les coraux périront comme l'équipage d'un navire au large, quand il n'y a plus de vivres à bord.

— Ils n'en sont pas encore là.

« Car, en somme, quelle est, selon vous, la capacité de la lagune transformée en bassin?

— C'est un calcul à faire et je vais, avec votre permission, le résoudre.

— C'est inutile.

« En sa qualité de marin, le capitaine Christian, qui est par excellence le mathématicien de l'expédition, a dû s'en occuper.

« N'est-ce pas, Christian?

— Oui, Maître ; et voici les résultats que j'ai obtenus : La capacité de l'atoll doit être évaluée à environ 78,540,000 litres.

— As-tu pensé à la présence du bloc corallien qui se trouve au fond, et dont les dimensions ne doivent pas être négligées, eu égard au volume d'eau qu'il déplace?

— Oui, Maître.

« Le volume de ce bloc étant approximativement de 2,945 mètres cubes, le réservoir ne renfermera plus que 75,594,510 litres.

— Tu dois pouvoir me dire aussi quelles sont les quantités de sels tenus en dissolution dans ces eaux.

— Sans doute.

« La densité de l'eau de mer, très variable suivant les latitudes, est, au point où nous sommes, de 1,10, d'après le commandant Maury.

« Par conséquent, le poids total de ces 75,594,510 litres sera de 83,153,961 kilogrammes.

« Ces 83,153,961 kilogrammes renfermeront donc 19,125 kilogrammes de sulfate de magnésie, 11,641 kilogrammes de sulfate de chaux, et 249 kilogrammes de carbonate de chaux.

— Tout cela est exact.

« Et maintenant, si, au lieu de laisser les coraux vivants épuiser les matières organiques et salines contenues dans l'eau du bassin, on ajoute du carbonate de chaux, ainsi que des sulfates de chaux et de magnésie en quantité proportionnelle à leurs besoins.

« Répondez, Monsieur le zoologiste !

— Il arrivera que les coraux continueront à sécréter leurs arborescences, à la condition toutefois que l'on ajoute également la matière organique essentielle à leur nourriture.

— Cela va sans dire.

« Mais, si l'on doublait, si l'on quintuplait, si l'on décuplait même ces quantités.

— Je pense, Maître, qu'il faudrait d'abord des centaines de mille kilogrammes de ces sels, et que, arrivât-on à se les procurer, pour les dissoudre dans le bassin, les zoophytes succomberaient fatalement dans une eau ainsi saturée.

— Ce en quoi vous vous trompez absolument, jeune homme.

« Qu'en pensez-vous, Alexis ?

— Je crois, au contraire, sauf erreur, car la physiologie n'est pas mon fort, que non seulement les polypiers vivront, mais encore que leurs sécrétions seront étrangement accélérées.

« Je ne dis pas que, forcés d'absorber bon gré, mal gré, une pareille quantité de matière minérale, ils ne seront bientôt gavés, pléthoriques, malades même.

« Cela me paraît évident.

« Mais, mon avis est que, en raison de cette saturation, ils offriront, toutes proportions gardées, un phénomène analogue à celui que présentent les volailles d'Amiens et de Strasbourg.

« N'arrive-t-on pas, en augmentant, dans d'énormes proportions, la quantité de nourriture nécessaire à l'alimentation de ces volailles, à doubler, à tripler, en très peu de temps, leur volume primitif, et à donner surtout à leur foie des dimensions invraisemblables ?

— C'est bien cela, répond Monsieur Synthèse, et votre comparaison originale ne manque pas d'exactitude.

« Oui, les coraux vivront, en dépit de cet excès de nourriture.

« Leurs organismes très élémentaires, bien que difficiles relativement à la nature des matières assimilables, semblent indifférents à la quantité, du moins pendant un certain temps.

« Ils sont même susceptibles d'en absorber des proportions incroyables.

« Les sécrétions calcaires sont alors augmentées en raison de l'absorption ; de sorte que, au lieu de produire seulement vingt-cinq ou trente centimètres d'arborescence par an, on peut, grâce à cette alimentation intensive, leur en faire produire dix, vingt ou trente fois plus.

— Mais, alors, s'écrie involontairement Alexis Pharmaque, bien que Monsieur Synthèse n'aimât pas les interruptions, ce ne serait plus en treize ans, que le récif atteindrait la surface de l'eau... mais seulement en quelques mois !

« C'est prodigieux !

— Deux mois seulement, maître Alexis.

« Vous entendez, Monsieur le professeur agrégé d'histoire naturelle, deux mois seulement, en dépit de vos pronostics.

« Et ce n'est pas là une vaine supposition, car le *Godavéri* renferme des produits chimiques, en quantité largement suffisante pour suffire aux besoins de l'expérience.

« Ainsi, voilà qui est formel.

« Puisque les travaux préparatoires sont terminés, cette expérience commencera dès demain ; et, dans soixante jours, mes coraux, forcés d'absorber, d'assimiler en surabondance les sels de magnésie, de soude et de chaux dont je veux les saturer, auront sécrété la matière calcaire au point que l'îlot sous-marin atteindra la surface du bassin.

« Quant à toi, Christian, tu feras établir l'appareil destiné à donner à l'eau de la lagune, cette agitation essentielle à l'activité des zoophytes.

« Puisque nous reproduisons, en l'exagérant, l'œuvre de la nature, il est indispensable d'observer les conditions dans lesquelles cette œuvre doit s'accomplir.

« Comme vous allez être chargés, chacun selon vos attributions respectives, de prendre part à ces travaux, je tenais à vous indiquer préalablement les principes sur lesquels ils doivent s'appuyer.

« Vous pouvez vous retirer.

. . . .

Après cet entretien qui ne laisse aucun doute aux auxiliaires de Monsieur Synthèse sur les intentions immédiates du Maître, mais ne leur a rien révélé de ses projets futurs, la journée s'écoule en préparatifs auxquels chacun collabore avec une activité fiévreuse.

Puis les ombres de la nuit envahissent brusquement cette région naguère si déserte, aujourd'hui si pleine de mouvement. Une vraie nuit tropicale, sombre, lourde, énervante, avec un ciel sans lune, sans étoiles et couvert de nuages bas sillonnés de temps en temps d'éclairs aveuglants.

Le campement des Chinois est calme comme une nécropole, devant les canons recouverts de capots goudronnés, en prévision de l'orage qui menace.

Au loin, la houle gronde en brisant sur les récifs, et clapote aux flancs des navires, silencieux aussi. Chacun dort, sauf les matelots de quart, et à l'exception de l'homme qui a si étrangement résolu le problème de l'existence, par l'idéal de l'alimentation et du sommeil.

Seul dans le salon de son appartement placé à l'arrière de la machine, Monsieur Synthèse, assis dans un rocking-chair, vient d'absorber les éléments de son bizarre souper ; et de s'hypnotiser en fixant, pendant quelques secondes, la lampe électrique dont la lueur, atténuée par un globe en verre dépoli, éclaire la pièce comme en plein jour.

Insensible à la température accablante, comme aux effluves qui se dégagent du nuage orageux, le vieillard parcourt attentivement un volume in-quarto ouvert sur un pupitre à pied mobile, placé à sa portée.

Jamais satisfait, jamais en repos, l'implacable travailleur, dont l'esprit semble pourtant s'être assimilé tout l'ensemble des conceptions humaines, poursuit avec une ardeur voisine de l'acharnement la recherche de nouvelles vérités.

Tout à coup, un tressaillement rapide, au moins singulier, chez un homme si bien pondéré, si absolument maître de ses impressions, l'agite de la tête aux pieds. Sa main tourne nerveusement un feuillet, et s'arrête en l'air. Son œil reste vague sur la page levée, une ride profonde se creuse entre ses sourcils. Il demeure immobile, comme dans l'attente d'un événement mystérieux.

Bientôt, un léger bruit, produit par la porte du salon qui s'ouvre doucement derrière lui, frappe son oreille, et un froissement imperceptible se fait entendre.

Un vague sourire détend aussitôt ses traits rigides et il dit, sans se retourner, comme s'il évoquait un personnage invisible :

— C'est toi, Krishna... Sois le bienvenu.

— C'est moi, Synthèse... La paix soit avec toi.

« Tu ne m'attendais pas aujourd'hui, et en pareil lieu, n'est-ce pas, Synthèse ?

— Je ne t'attendais pas, c'est vrai, Krishna, mais je pensais à toi, et je regrettais ton absence.

— Je le sais, Synthèse, et c'est pourquoi je suis venu.

— Mais, assieds-toi, si tu es fatigué...

— Je ne suis jamais fatigué...

— C'est vrai... Quel bon vent t'amène ?

— Le désir de te rendre un service, parce que je suis ton ami, et l'intention de te faire éviter un péril qui menace ton existence ou ta raison, parce que ton intelligence est grande, et ta vie utile aux hommes.

— Parle, Krishna, et viens t'asseoir près de moi.

L'inconnu dont l'arrivée tient du prodige, et qui apparaît, comme un génie familier, s'avance lentement, en pleine lumière, de façon à se trouver vis-à-vis de Monsieur Synthèse, et reste un instant immobile.

C'est un homme de haute taille, maigre, aux membres grêles, aux extrémités d'une finesse, d'une élégance de forme incomparables, et dont les yeux ont une expression inoubliable. De grands yeux à l'iris bleu très pâle, pointillé de marron, écartés de la base du nez, brillants comme deux disques d'acier, au regard troublant d'halluciné. Surmontés d'épais sourcils noirs, touffus, proéminents sur l'arcade, et coupant la base du front d'une ligne sombre, presque ininterrompue, ils luisent sous cette épaisse broussaille, et semblent rivaliser d'éclat avec la flamme qui scintille derrière l'obturateur en verre dépoli.

Son teint pâle, mat, sans transparence, mais d'un grain très fin, contraste étrangement avec une barbe brune, clairsemée aux joues, et terminée en longues pointes qui tombent sur le haut de la poitrine.

Un nez finement modelé, aux narines mobiles, à la fière courbure aquiline, donne à la physionomie, qu'il complète harmonieusement, une singulière expression d'audace et d'énergie.

L'habillement n'est pas moins caractéristique. Il se compose d'un turban blanc, volumineux, posé à la façon hindoue, d'un long cafetan d'étoffe grossière, de couleur bise, descendant jusqu'aux genoux, et de petites babouches pointues, en cuir fauve.

Il serait impossible de préciser, à vingt ans près, l'âge de cet inconnu qui se tient droit, ferme comme une barre de métal, et dont la poitrine osseuse, les membres nerveux bien plus que muscles, indiquent moins de vigueur que d'agilité.

Sans obéir à l'invitation de Monsieur Synthèse, il s'arrête en face de lui, et répond d'une voix sonore, bien timbrée, aux inflexions chaudes et sympathiques.

— Tu n'as jamais douté ni de ma puissance, ni de mon amitié, n'est-ce pas, Synthèse?

— De ton amitié moins encore que de ta puissance, Krishna.

— Il a fallu, pour que je vienne te trouver ici, des circonstances bien graves, qui ont nécessité l'action de l'une comme de l'autre.

— Je le sais, Krishna, et je te remercie.

— Ne me remercie pas, ami, j'accomplis un devoir...

« Je lis dans les âmes, tu ne l'ignores pas.

— Je reconnais que tu es doué d'une pénétration extraordinaire, et que tu as parfois témoigné d'une sorte de divination indiquant dans ton cerveau...

— Je ne suis pas venu pour entamer une discussion scientifique, et je vais droit au but, car le temps presse...

« Il y a deux ans que je ne t'ai vu, nul ne m'a révélé le but de ta présence dans la Mer de Corail, et tu ne m'as jamais confié tes projets relatifs à cette expédition.

« Et pourtant, je connais tes intentions...

« Écoute-moi, Synthèse : On ne violente pas impunément les forces de la nature, pas plus qu'on ne torture l'ordre immuable de la création...

« Abandonne cette chimère, ami.

« Tu es un homme, rien qu'un homme, en dépit de l'universalité de tes connaissances, en dépit même de cette science qui te place au premier rang parmi les humains.

« N'essaye pas de ravir une parcelle à l'infini...

Il reste quelques instants dans cette attitude fascinatrice (Page 100)

« Cette parcelle, si faible qu'elle soit, t'écraserait infailliblement !
— Pour cette fois, ami, ta prodigieuse divination est en défaut.
« Il ne s'agit pas pour moi de torturer, ni même d'intervenir l'ordre des évolutions naturelles, mais simplement d'accélérer ces évolutions.
« C'est là une simple expérience de laboratoire... Une expérience en

grand, naturellement, mais qui n'a aucun rapport avec la création proprement dite.

« Je ne veux rien créer... mais simplement transformer.

« Créer !... Je ne le puis pas encore... du moins pour le présent.

— Tu es insatiable, ami !

— Insatiable de savoir, tu l'as dit, Krishna.

« Et toi !... Où et quand t'arrêteras-tu ?

— Cette insatiabilité constitue notre principal, je dirai presque notre unique point de rapprochement.

« Car, pour le reste, nous différons absolument.

— Qui sait, cependant ; si, en partant de deux principes opposés, nous n'atteindrons pas le même but ?

— Non, Synthèse !

« Tes moyens, en tant que moyens matériels, sont limités, les miens ne le sont pas.

— De façon que ta puissance serait incontestablement supérieure à la mienne.

— Oui.

— Explique-toi.

— C'est bien simple, et je te répondrai par des faits.

« Hier encore, j'étais dans le Sikkim, au milieu de l'Himalaya, et me voici sur ton navire, entre l'Australie et la Nouvelle-Guinée.

« Il t'a donc fallu, à toi, plus de deux mois de voyage.

« Tu as, d'autre part, cherché longtemps, et presque résolu, le problème de vivre sans manger, c'est vrai.

« Mais, moi, je me suis fait enterrer, à Bénarès, devant une commission composée de savants et d'officiers anglais.

« On m'a enfermé dans un triple cercueil, que l'on a déposé dans une fosse profonde.

« La fosse a été comblée, des végétaux y ont été plantés ; et un poste nombreux de soldats a gardé pendant *neuf mois* ma sépulture.

« Au bout de neuf mois, j'ai été exhumé vivant...

« Tu as lu les procès-verbaux, et tu as entendu des hommes dignes de confiance affirmer le fait.

« Pourrais-tu en faire autant ?

« Je multiplierais à l'infini les exemples... Mais, à quoi bon, tu me connais !

« C'est que, vois-tu, ami, tu as pris, pour arriver à l'idéal de la perfection, le chemin le plus long, qui, en fin de compte, ne te conduira pas au but que j'atteindrai.

« Selon moi, tu as fait fausse route.

— Oui, je sais ce que tu vas me dire.

« Tu prétends, non sans une apparence de raison, que nous avons tort, nous, les Occidentaux, de rechercher la science au moyen de nos sens corporels, parce qu'ils sont loin d'être infaillibles, et que leur action est forcément limitée.

« Tandis que vous autres, Orientaux, vous prétendez vous assimiler toute la science, toute la puissance qu'un être humain est susceptible de posséder, par les jeûnes prolongés, les méditations, la tension rigoureuse des facultés intellectuelles vers le but à atteindre.

— Oui, c'est bien cela.

« En affaiblissant le lien qui attache l'âme à la matière, l'esprit devient libre, s'identifie temporairement à des objets animés ou inanimés; acquiert ainsi de ces objets une connaissance directe, approfondie, qui subsiste dans l'âme d'une façon permanente (1).

« Que n'es-tu, comme moi, un *pundit*, un adepte !

— Nous verrons plus tard, Krishna.

« Je ne tiens pas à établir présentement la prédominance d'un système sur l'autre... Je continue dans ma voie, sans parti pris d'aucune sorte, mais en suivant l'impulsion première de mon esprit, en me conformant à ma méthode.

« Plus tard... il sera peut-être utile de joindre les deux systèmes.

— S'il en est temps encore, Synthèse.

« Pardonne-moi d'insister, ami, tu fais fausse route, et cette route est semée d'écueils redoutables.

— Je saurai les aplanir.

— Non ! Ah ! si je pouvais demeurer près de toi !

— Tu ne ferais ni plus ni mieux à bord de ces vaisseaux où règne la sécurité la plus profonde, l'ordre le plus absolu.

Un sourire ironique plisse la lèvre de l'illuminé.

Il se tourne lentement vers le point perdu dans la nuit, où les coolies chinois dorment sous leurs tentes, et ajoute :

— Il y a là-bas cinq ou six cents bandits, le rebut des barracons de

1. Cette théorie a été développée d'une façon magistrale par un écrivain éminent, M. Marion Crawford, dans son beau livre *Mr. Isaac*. (Dentu, éditeur, Paris.)

Macao... qui sait si, tôt ou tard, tu n'auras pas à compter avec eux ?

— Je ne le pense pas.

« Ils sont bien payés, bien nourris, humainement traités, et professent pour moi le respect qu'ils témoignent aux lettrés sachant purement leur langue.

— Il suffirait pourtant d'un mot, d'un geste, pour les faire accourir avides, furieux, hurlant comme une bande de démons.

— Tu crois?

— En veux-tu la preuve?

A ces mots, Krishna étend les deux mains vers le Nord, et darde un regard flamboyant à travers le sabord, obscur comme l'ouverture d'un puits.

Il reste quelques instants dans cette attitude fascinatrice, et ajoute, d'une voix basse comme un souffle :

— Écoute !

A ce moment, des clameurs discordantes éclatent brusquement au milieu de la nuit, et dominent jusqu'au tumulte des flots qui se brisent sur les écueils.

Une agitation soudaine emplit le navire. On entend des pas rapides, des coups de sifflet, des commandements; puis un fanal électrique manœuvré par l'officier de quart, darde un faisceau de lumière éblouissante sur le récif où est établi le campement.

— Tes précautions sont prises, je le sais, continue le pundit.

« Es-tu certain, pourtant, que ces hommes, en se jetant à la nage, n'échapperaient pas en partie à la mitraille, et n'arriveraient pas à prendre d'assaut ta flotte ?

« Mais, il n'en sera rien, car tout va rentrer dans l'ordre.

Et soudain, comme si les Célestes obéissaient à une sorte d'influence magnétique émanant de cet homme extraordinaire, les cris s'apaisent comme par enchantement, le calme renaît à miracle.

— Eh bien, es-tu convaincu?

— Que mes Chinois ont été pris de panique à l'approche de l'orage.

« Mais, comme ils sont très prudents, ils ont craint une méprise de la part de mes marins qui ont des ordres formels.

« Ils ont vu qu'on veillait, et ont jugé opportun de ne plus hurler aux éclairs comme des chiens à la lune.

Le pundit sourit et reprend :

— Tu veux nier mon influence comme si tu en ignorais les manifestations.

« En veux-tu une autre preuve ?

— Fais selon ta volonté, Krishna.

— Je ne prendrai pas pour objet des hommes nerveux ou pusillanimes en face des éléments.

« Non, je m'adresserai à une substance inerte.

« Veux-tu que je secoue comme un fétu ce puissant navire, immobile sous ses amarres comme une montagne de bois et de fer ?

— Je n'y vois aucun inconvénient, répond Monsieur Synthèse de sa voix grave, mais avec une légère nuance d'ironie.

Sans ajouter un mot, le pundit frappe violemment du talon le pont recouvert d'un tapis, croise ses bras sur sa poitrine, et redresse sa haute taille d'un air de suprême défi.

On dirait vraiment que cet homme peut commander aux éléments. Quelques secondes s'écoulent à peine, et le navire, brusquement soulevé par une vague énorme, roule violemment de tribord à bâbord, redescend plus brusquement encore dans une vaste dépression qui se forme aussitôt, oscille de nouveau, et reprend enfin son aplomb, après avoir semblé près de couler à pic.

Tout ce qui n'est pas solidement arrimé s'est déplacé avec bruit ; les mâts ont craqué jusqu'à leur emplanture, et la coque entière a gémi lugubrement.

— Eh bien ? reprend à voix basse le pundit, es-tu enfin convaincu ?
— Pas encore, Krishna.

« Je te l'avoue sincèrement, je ne vois là que la concordance d'une lame de fond avec ton évocation.

« Mais mon admiration pour toi n'est pas diminuée, au contraire. Car, grâce à la perfection inouïe de tes sens, grâce à leur inconcevable impressionnabilité, tu as pu pressentir l'instant exact de la panique des Chinois, et la poussée de la lame sourde.

« Voilà qui, pour moi, est infiniment plus merveilleux que le surnaturel.

— Adieu, Synthèse, interrompit l'adepte sans autre préambule.

— Tu me quittes, Krishna ?

— Je dois être demain à Bénarès, pour arracher un innocent aux Anglais qui vont l'assassiner judiciairement.

« Je te le répète, le temps presse.

« Un dernier mot, Synthèse... Renonce à ton projet.

« Je te l'ai dit tout à l'heure, ta raison et ta vie sont menacées.

« Je ne voudrais pas voir s'obscurcir une intelligence aussi lumineuse, voir s'éteindre une existence aussi utile que la tienne.

« Tu ne veux pas ?...

« Réfléchis, ami, et compte sur moi à l'heure du péril.

« Adieu, Synthèse, la paix soit avec toi.

— Et avec toi la paix, Krishna !

A ces mots, il semble à Monsieur Synthèse que la lueur éclatante de la lampe électrique s'éteint progressivement. Le salon n'est plus éclairé que par une lumière obtuse insuffisante pour distinguer les objets.

Une sorte de brouillard opaque flotte devant l'ouverture du sabord qu'il cache entièrement.

Puis, brusquement, la lumière reprend toute son intensité, le brouillard disparaît.

Monsieur Synthèse est seul, près du pupitre supportant l'in-quarto ouvert.

— C'est singulier, dit-il, mais, si je dormais encore à la façon des autres hommes, je croirais avoir rêvé.

« Qui sait, pourtant, si le sommeil hypnotique n'a pas aussi ses hallucinations, produites au besoin par des perturbations atmosphériques ?

« Ce galvanomètre m'indique en effet une prodigieuse tension électrique, et il n'y aurait rien d'étonnant à ce que notre organisme n'en soit particulièrement influencé.

Satisfait de ce raisonnement, le vieillard va reprendre sa lecture ; mais il ne peut retenir un geste d'étonnement, à l'aspect d'un objet laissé comme à dessein sur le tapis.

Cet objet, qu'il reconnaît parfaitement, est une des deux babouches qui chaussaient les pieds du pundit.

CHAPITRE III

Monsieur Synthèse ne revient jamais sur une décision. — Précautions. — La cargaison du *Godavéri*. — Nouvel appareil. — Pour favoriser l'œuvre de la nature. — Le *petit cheval* a de l'occupation. — Entre rivaux. — Derniers préparatifs. — La nourriture intensive des zoophytes. — 340,000 kilogrammes de produits chimiques. — Ils sont vivants !.. — Le préparateur de zoologie plus intrigué que jamais. — Encore le « gavage » des oiseaux de basse-cour. — Accroissement de cinq centimètres par jour. — Prévisions réalisées. — Les coraux sont malades et la substance corallienne devient blanche. — Les coraux affleurent.

Monsieur Synthèse n'entreprend jamais rien à la légère. Il conçoit lentement ses projets, et les élabore minutieusement avant de passer à l'exécution. Aussi, la période préparatoire est-elle chez lui toujours longue, parfois pénible.

Mais quand, après avoir examiné l'idée mère sous tous ses aspects et en avoir déduit toutes les conséquences, il entrevoit la possibilité de la réaliser, il pose alors, comme il le dit lui-même, les termes de son équation et prend la résolution d'en dégager l'inconnue.

Résolution et problème sont dorénavant invariables.

En conséquence, l'étrange et inexplicable tentative du pundit Krishna demeura-t-elle sans influence sur les suites d'une décision formelle depuis longtemps arrêtée.

En dépit des objurgations affectueuses de ce mystérieux personnage, en dépit de ses prédictions sinistres, l'expérience dut suivre son cours normal, pour traverser les phases voulues et prévues par son ordonnateur.

Cependant, les événements de la nuit portaient avec eux un enseignement qui n'était pas à dédaigner. En homme prudent qui veut abandonner le moins possible aux caprices du hasard, Monsieur Synthèse ne jugea pas inutile de tâcher d'en profiter.

Il ne chercha pas, pour l'instant, le motif des hurlements poussés pendant la nuit par les Chinois. Peu importait qu'ils eussent obéi à une panique très admissible en présence de l'orage, qu'ils eussent essayé une tentative de révolte ou simplement d'intimidation.

Le fait étant indiscutable, Monsieur Synthèse résolut d'isoler séance tenante, et complètement, les Célestes de l'atoll et des navires.

Il fit, à cet effet, miner, dès la première heure, l'isthme corallien reliant l'atoll au campement, et bourrer de dynamite les fourneaux de mine pratiqués sous ses yeux.

L'explosion broya la barre madréporique sur une étendue d'environ dix mètres et la remplaça par une coupure profonde, absolument infranchissable.

Un pont mobile fut installé sur cette tranchée, de façon à permettre ou à intercepter à volonté les communications.

La sécurité fut donc augmentée de ce côté, dans de très notables proportions.

D'autre part, Monsieur Synthèse, après avoir commenté avec le capitaine Christian l'incident relatif à l'oscillation désordonnée subie par l'*Anna*, demeura d'autant plus perplexe que les autres navires n'avaient rien ou presque rien éprouvé.

Le marin, lui, n'en pouvait croire le témoignage de ses sens, et s'évertuait, mais en vain, à trouver une cause rationnelle à ce phénomène qu déroutait son expérience des choses de la mer.

Monsieur Synthèse, ne trouvant, de son côté, aucune explication plausible, n'en conclut pas moins que sa flottille n'était pas complètement à l'abri des effets d'un ras de marée.

Aussi, sans faire part à l'officier de la visite nocturne de l'illuminé, non plus que de ses prétentions à commander aux hommes et aux éléments, il fit prudemment doubler les amarres, de façon à éviter jusqu'à la possibilité d'une rupture.

Rassuré par ces précautions, il ordonna d'ouvrir les panneaux du *Godavéri*, et de procéder sans délai au déchargement d'une partie de la cargaison.

Les caisses contenant le carbonate de chaux, ainsi que les sulfates de soude et de magnésie, furent, comme précédemment les sacs de chaux hydraulique, rangées sur l'anneau circulaire formant l'atoll, en attendant

Maître! ils vivent.... ils poussent! (Page 111.)

que leur contenu fut jeté, en proportions définies, dans le bassin imperméable séparé de la mer par l'écluse de fer.

Pendant cette opération, Monsieur Synthèse faisait édifier au centre même du bassin, une légère charpente en fer galvanisé, composée de quatre montants verticaux, reliés au sommet par quatre traverses.

Cette construction rappelant assez bien les *sapines* quadrangulaires employées comme monte-charges par les entrepreneurs de bâtisse, s'éleva autour du bloc formé au fond du bassin par les coraux vivants.

L'écartement des montants fut d'ailleurs calculé de façon à ce qu'ils ne pussent toucher les zoophytes et contrarier peut-être leur fonctionnement organique.

Quand la charpente, solidement scellée par sa base dans le fond de la cuvette et maintenue, par ses traverses, fut dans un état de stabilité absolue, deux des montants, pourvus chacun d'une ouverture circulaire à leur point, d'affleurement avec la surface de l'eau, reçurent une sorte d'arbre de couche, assujetti horizontalement à ses deux extrémités par de larges écrous destinés à empêcher les déplacements latéraux.

Cet arbre de couche porte, à un de ses bouts, un tambour de cinquante centimètres de diamètre, sur lequel s'enroule un câble d'acier, comme une courroie sans fin, et qui s'en va jusqu'au steamer.

Il est quadrangulaire, sauf à ses deux extrémités, naturellement, qui sont rigoureusement circulaires, afin de tourner a frottement doux dans les ouvertures des montants. Il est en outre percé de distance à distance, sur ses quatre faces et dans toute son épaisseur, d'une série de petits trous ronds.

Aussitôt posé, il reçut un certain nombre de palettes métalliques longues de trois mètres, larges de soixante centimètres et percées, à leur part médiane, de trous correspondants aux siens comme nombre, comme calibre et comme position.

Ces palettes, assez semblables à celles d'une roue motrice, furent adaptées, avec des boulons, sur chacune des quatre faces de l'arbre, de manière à se couper successivement à angle droit, selon leur rang d'insertion.

Enfin, l'arbre fut disposé de façon à affleurer tout juste aux eaux de la lagune et à immerger, par conséquent, la moitié des palettes à un mètre cinquante.

Les Célestes exécutèrent imperturbablement cette tâche en hommes dont la vie se passe à ne s'étonner de rien, et rentrèrent à leur campement, en poussant, comme toujours, leurs piailleries de volailles effarouchées.

L'appareil est prêt à fonctionner.

Le capitaine Christian, qui en a surveillé l'exécution avec son industrieuse minutie de marin, fait un signal immédiatement transmis par le sifflet du maître d'équipage.

A bord, un second coup de sifflet se fait entendre. Aussitôt, le câble d'acier, actionné par le « *petit cheval* » (1), se tend violemment et l'arbre de couche, obéissant docilement à l'impulsion de la vapeur, se met à tourner, en produisant un remous intense à l'aide des palettes.

De petites vagues courtes, rapides, moutonnent et se brisent en clapotant au bord interne de l'atoll, des flocons d'écume jaillissent de tous côtés, mêlés aux poussières de l'embrun qui s'irisent au soleil.

— Eh! pardieu! j'ai deviné!... s'écrie une voix joyeuse.

« N'est-ce pas, capitaine?

— Oui, Monsieur, répond l'officier avec la froide courtoisie qui lui est habituelle.

« Cet appareil, aussi simple qu'ingénieux, est destiné à produire artificiellement cette agitation des couches liquides, si essentielle au rapide accroissement des coraux.

Et Alexis Pharmaque, coiffé d'un salacco blanc qui lui donne l'apparence d'un long et difforme champignon, se frotte les mains en regardant tourner, de son œil émerillonné, l'appareil dont la vitesse devient vertigineuse.

— Une tempête dans un verre d'eau! murmure l'organe déplaisant du préparateur de zoologie toujours tiré à quatre épingles et abrité sous un parasol.

— C'est cela, riposte le chimiste d'un ton aigre-doux, prenez vos airs de savant officiel... protestez du haut de votre faux-col... mais tâchez que le patron ne vous entende pas...

« Entre nous, cela ne tire pas à conséquence, bien que je n'aime pas vous entendre plaisanter l'œuvre d'un homme que j'admire autant que je vénère.

— Oh! vous...

— Moi!... quoi?... Allez-vous prétendre que je fais profession de m'aplatir devant l'autorité... tandis qu'autrefois je...

« Mais, motus!

« Ce que j'ai fait ne vous regarde pas et le patron est un homme dont vous n'êtes pas digne de décrotter les bottes!

« Voilà, mon petit!

— C'est bon! allez toujours!

« Nous verrons quand on va saturer ces malheureux zoophytes de sels dont l'un est purgatif et l'autre insoluble.

— Insoluble!... vous voulez dire le carbonate de chaux.

1. Nom donné vulgairement à la petite machine à vapeur destinée à fournir de l'eau à la chaudière, et employée aussi au chargement et au déchargement du navire.

« Eh ! bien !... après ?

« Je pourrais le rendre soluble en présence d'un excès d'acide carbonique, mais le patron a ses idées là-dessus.

« Comme le carbonate est réduit en poussière impalpable, il prétend le faire absorber en nature aux coraux.

« Est-ce que cela vous gêne ?

— Moi ?... En aucune façon.

« Je maintiens simplement mes doutes qui vont bientôt devenir une certitude.

« Car ces pauvres bestioles ainsi médecinées à outrance...

— Médecinées !...

« Vous voulez dire nourries.

— Je maintiens le mot : médecinées à outrance, n'en ont pas pour huit jours avant d'être mortes jusqu'à la dernière.

— On dirait que cette perspective n'est pas sans vous causer un certain plaisir.

— Qu'est-ce que cela peut vous faire ?

« Je suis ici pour constater des faits, non pour les apprécier.

— Cependant, votre manière de parler...

— C'est une simple prévision émise incidemment en présence d'une expérience qui me semble, à moi, impraticable.

Cet entretien aigre-doux qui menaçait de tourner franchement à l'acide, fut interrompu par de nouvelles manœuvres dont l'officier, auditeur impassible, donna le signal.

Les hommes des équipages, divisés en escouades commandées par des maîtres munis d'instructions détaillées, installèrent, sur le pourtour de l'atoll, des gouttières en plan incliné, destinées sans aucun doute à favoriser le glissement des produits chimiques dans le bassin.

Afin de soustraire ces gouttières au mouvement des vagues produites par le tourbillonnement de la roue à palettes, chacune fut munie de deux grelins partant de l'extrémité antérieure et amarrés solidement à des chevilles de fer plantées dans le roc.

Ces appareils, longs chacun d'environ dix mètres, rayonnèrent alors vers le centre occupé par la construction supportant l'arbre de couche, qui ne devait plus interrompre dorénavant son mouvement de rotation.

Tous ces préparatifs étant enfin terminés, les marins procédèrent, séance tenante et en dépit des pronostics fâcheux du professeur de zoologie, à l'immersion des sels.

Les récipients qui les contenaient étaient ouverts en un clin d'œil et les hommes, armés de larges pelles, déposaient les agents chimiques dans les gouttières, d'où ils se répandaient aussitôt dans le bassin.

Cinquante hommes furent occupés à cette tâche pendant quatre heures et versèrent dans la lagune exactement 20,000 kilogrammes de sulfate de magnésie 12,000 kilogrammes de sulfate de chaux et seulement 200 kilogrammes de carbonate de chaux.

La quantité de sels contenus normalement dans l'eau de mer fut donc doublée, sauf une différence inappréciable.

On pourrait croire que l'apport, en quelque sorte instantané, d'une pareille quantité de produits étrangers, notamment de sulfate de chaux, eût pu se constater dans un espace en apparence aussi restreint.

Il n'en fut rien, et l'eau conserva toute sa limpidité première, du moins dans la partie où le remous produit par la roue se trouvait le moins violent.

Le lendemain il y eut une nouvelle immersion d'une égale quantité de sels. Puis le surlendemain; et ainsi de suite sans discontinuer, pendant dix jours.

Alors Monsieur Synthèse qui, pendant tout ce temps, était demeuré invisible à bord de son navire, donna ordre d'arrêter l'opération. Il résulta, du calcul opéré par le capitaine Christian, que les coraux de l'atoll avaient reçu comme ration supplémentaire, l'énorme quantité de 200,000 kilogrammes de sulfate de magnésie, 120,000 de sulfate de chaux, et 2,000 de carbonate de chaux.

Total 332,000 kilogrammes, c'est-à-dire 332 tonneaux extraits de la cale du *Godavéri*.

Monsieur Synthèse n'avait rien épargné pour la nourriture intensive des zoophytes.

Peu à peu, les eaux étaient devenues laiteuses, au point d'être complètement troubles le soir du dixième jour.

Le jeune M. Arthur, totalement inactif pendant cette longue période, ne ménageait pas les plaisanteries au préparateur de chimie dont la confiance commençait à être quelque peu ébranlée.

Comme défense absolue avait été faite par le Maître à ses collaborateurs de rien faire pour s'assurer du succès de l'expérience, ils attendaient, avec une égale impatience, l'ordre d'aller explorer le récif.

Enfin, Monsieur Synthèse leur commanda de revêtir chacun un scaphandre, de descendre dans le bassin en compagnie du capitaine qui, décidément, était l'homme de confiance du Maître, et de rapporter des échantillons.

Jamais mission ne fut plus ardemment désirée, ni plus rapidement exécutée.

Après une immersion qui dura dix minutes à peine, les trois hommes remontèrent chargés chacun d'une brassée de coraux.

Mais, quelle différence dans leurs attitudes!

A peine la tétière métallique du scaphandre d'Alexis est-elle dévissée, que le chimiste se met à courir comme un fou sur l'atoll, en criant à tue-tête:

— Ils sont vivants!... Ils sont vivants!...

Mais il a compté sans les lourdes semelles de plomb attachées à ses pieds pour servir de lest à l'appareil. Sans penser qu'il ne peut plus évoluer sur la terre ferme comme au fond de l'eau avec cette pesante garniture, il s'empêtre dès les premiers pas, roule, culbute, et finalement s'étale de son long en jurant de tout son cœur.

Le marin, toujours impassible, comme un homme qui exécute une consigne dont il ne veut ni ne doit discuter les principes et les conséquences, dépose entre les mains d'un homme de l'équipage des échantillons, se dépouille lestement du scaphandre et se dirige posément vers l'*Anna*.

Quant au professeur de zoologie, il semble littéralement pétrifié. Toute sa morgue hautaine est tombée à plat. Il n'entend ni ne voit, et contemple hébété la broussaille de pierre qui s'incruste à ses doigts crispés.

— C'est absurde! c'est fou! c'est renversant, murmure-t-il à voix basse en emboîtant le pas au capitaine, mais cela est!

« Les coraux vivent!...

« Non seulement ils vivent, mais ils ne semblent pas malades, et leur développement a acquis en si peu de temps des proportions fantastiques.

« Il est impossible que ce phénomène soit dû seulement aux agents chimiques répandus dans le bassin.

« Cet homme a certainement ajouté quelque substance inconnue!...

« Comment connaître cette substance?

« Comment pénétrer ce secret?

« Le capitaine est froid comme une banquise, discret comme un tombeau

« Ce chimiste grotesque ne sait rien!...

« Allons, prenons patience.

L'embarcation amarrée à un cable glissant à l'aide d'une poulie sur une des amarres du navire, comme un bac, accoste à ce moment le steamer.

Alexis Pharmaque, tout contusionné, portant encore sur son dos le réservoir à air comprimé dont il n'a pas songé à se débarrasser, enfile l'échelle avec une agilité de quadrumane, arrive comme un ouragan à la porte du laboratoire, l'ouvre brusquement et s'écrie, à l'aspect de Monsieur Synthèse :

— Maître !... Ils vivent !... Ils poussent !... oh !... ils poussent comme des choux !...

Puis, s'apercevant enfin qu'il est costumé d'une façon toute caricaturale, qu'il a envahi le laboratoire avec une précipitation au moins familière, et se souvenant, un peu tard, que le Maître n'a jamais encouragé une telle liberté, il s'arrête, balbutie une excuse, bégaye, et demeure interdit.

Mais un léger sourire éclaire les traits austères du vieillard qui conçoit et excuse cette intrusion, grâce au sentiment qui la motive.

— Eh bien ! mon garçon, dit-il avec bonté, en aviez-vous jamais douté ?

« Le contraire m'eût étonné.

« Vous en verrez bien d'autres, et d'ici peu, croyez-moi.

« Ah ! c'est Christian.

« Quoi de nouveau, mon ami ?

— Maître, voici les échantillons.

« Ils sont de toute beauté, et vos prévisions se sont rigoureusement réalisées.

— Ainsi le récif s'élève ?

— Pour ainsi dire à vue d'œil.

« C'est prodigieux en vérité, l'accroissement est de cinq centimètres par jour.

— Cinq centimètres, c'est bien cela, puisque d'après nos calculs les zoophytes doivent avoir fait monter le récif de trois mètres en deux mois.

— Mais, ce n'est pas tout, et je demande pardon à M. Roger-Adams d'empiéter sur ses attributions, le nombre des individus s'est également accru en quantité innombrable.

« Ainsi, voyez ces branches...

— C'est exact.

« Que dites-vous de cela, Monsieur le professeur de zoologie ?

— Je dis, Maître, qu'il y a là un phénomène extraordinaire dont la cause m'échappe.

« Car, la nourriture intensive, la saturation exorbitante à laquelle sont soumis les zoophytes a eu non seulement pour objet d'activer les sécrétions calcaires, mais encore de multiplier, pour ainsi dire à l'infini, le nombre des organismes sécréteurs.

— Qu'importe la cause !

« Constatez seulement l'effet, en vous souvenant des foies hyperthrophiés des palmipèdes soumis à l'engraissement.

— Sans doute, Maître, l'hypertrophie graisseuse explique l'hypertrophie calcaire présentée par les zoophytes, mais elle n'explique pas l'hypergenèse de ce derniers.

— Encore une fois, peu vous importe.

« Pensez-vous, *à priori* qu'ils soient malades?

— Nous les avons examinés à loisir sous les eaux du bassin, et ils nous ont semblé vigoureux.

« Logiquement, ils devraient cependant être malades.

— Vous allez vous en assurer en disséquant quelques individus.

« Vous photographierez toutes vos préparations, et surtout ne craignez pas de multiplier les expériences.

« Quant à vous, Alexis, vous allez m'analyser ces brindilles pierreuses, et constater si la matière organique est en quantité normale.

« Il me faut une analyse excessivement rigoureuse.

« Vous voyez, en outre, que la coloration des branches devient de plus en plus faible.

— C'est vrai, répond le chimiste.

« La base est complètement rouge, mais, à mesure que la sécrétion s'opère, la matière calcaire pâlit de proche en proche.

— Je pense que d'ici peu de temps elle sera à peine rosée, peut-être complètement blanche.

« Cela, du reste, m'est indifférent, puisque je tiens seulement à l'accroissement du récif, quelle que soit sa nuance.

« Adieu, Messieurs...

« Je vous laisse la disposition du laboratoire.

Ainsi, les prédictions de cet homme étrange se trouvent de tous points réalisées. Il a pu forcer, violenter même les lois de la nature, en employant, somme toute, des procédés qui, du moins en apparence, n'ont rien d'extraordinaire, et le succès semble d'ores et déjà assuré.

Les expériences du préparateur de zoologie ne révèlent aucune trace d'altération chez ces organismes élémentaires, qui supportent merveilleu-

C'est un coup de canon, gémit le zoologiste..... (Page 120.)

sement cette sorte de gavage hors de toutes proportions. Leurs tentacules semblent seulement un peu épaissis, et les propriétés urticantes des poils qui les couvrent sont notablement augmentées.

La composition du squelette pierreux est également demeurée invariable. L'analyse chimique, opérée par Alexis avec une précision absolue, n'indique aucune modification dans l'espèce et la quantité des sels constituant ce squelette.

Le chimiste a seulement remarqué que la substance corallienne aurait quelques tendances à devenir un peu moins résistante. C'est là d'ailleurs un phénomène parfaitement rationnel, résultant de l'activité et de la rapidité de cette hypersécrétion.

Enfin, bien que l'on n'ait pas ajouté aux eaux du bassin de matière organique, cette matière n'a aucunement diminué.

Comme les deux préparateurs, mis d'accord une fois en passant, par leur mutuelle ignorance, ne savent à quoi attribuer cette persistance, Monsieur Synthèse les édifie en quelques mots.

Une grande quantité d'holothuries sont demeurées dans le bassin formé par l'imperméabilisation des parois internes de l'atoll. Comme elles n'ont pu résister à l'absorption surabondante des sels qui ont été si favorables aux coraux, elles ont toutes péri, et subi un commencement de décomposition.

Cette décomposition a eu pour conséquence le mélange intime, à l'eau du bassin, de la substance qui les compose, et de favoriser son absorption par les zoophytes.

Monsieur Synthèse qui, tout en ayant l'air de se desintéresser de la partie matérielle de l'expérience, semble posséder une sorte de divination, a pu calculer que l'apport fortuit de cette matière organique serait suffisant, et qu'il ne serait nullement besoin de faire appel à la réserve emmagasinée à bord.

Ainsi la nature elle-même paraît se faire passivement complice de l'audacieux savant dont l'entreprise bizarre, incohérente et inutile en apparence, marche vers un succès s'affirmant de jour en jour.

Pendant ce temps, les Chinois, réduits à l'inaction, passent leur vie à pêcher, à fumer l'opium, à manger et à dormir. Confinés dans cette paresse béate si chère aux Orientaux, ils attendent, avec leur impassibilité de magots, la reprise de nouveaux travaux. Ils sont toujours très calmes, ne réclament rien, et n'ont jamais témoigné cette singulière agitation qui concorda jadis avec l'apparition mystérieuse du pundit.

Les marins des équipages auxquels une semblable inaction pèserait bientôt, sont occupés à différents ouvrages qui les tiennent en haleine. C'est tantôt l'approvisionnement des coraux au moyen des sels tirés du

Godavéri, tantôt la manœuvre des embarcations faisant communiquer les navires entre eux, puis, les différentes corvées, la fabrication de l'eau douce au moyen des appareils distillatoires, l'entretien des agrès, le nettoyage des coques, la manœuvre de la machine rotatoire et de celle qui la fait mouvoir, etc.

Seuls, les deux préparateurs et le capitaine Christian travaillent sans relâche. Chaque jour ils endossent le scaphandre et visitent le récif intérieur dont ils surveillent l'accroissement.

Les expériences se succèdent sans interruption. Chaque jour aussi le zoologiste examine attentivement l'état des zoophytes, photographie ses préparations et les compare avec celles qui ont été faites antérieurement. Le chimiste, de son côté, fait analyse sur analyse, détermine la composition des sécrétions opérées dans les vingt-quatre heures, dose les sels répandus dans l'eau, afin de connaître exactement la quantité employée quotidiennement par les coraux, et pour pouvoir maintenir, par de nouveaux apports, la saturation à un degré invariable.

Toutes ces opérations fort délicates, nécessitant une adresse incroyable, un tour de main prodigieux, une attention de tous les instants, sont exécutées comme en se jouant par les deux rivaux dont la pénétration et l'habileté ne sont jamais en défaut.

Monsieur Synthèse ne pouvait espérer de meilleurs auxiliaires.

Le vieillard, toujours impassible, parle peu, médite beaucoup, reste la plupart du temps invisible, et passe seulement une demi-heure par jour au laboratoire, pour recevoir les rapports du capitaine et des deux préparateurs.

Il écoute sans mot dire ces rapports — quand toutefois ils lui semblent complets — examine le *zoanthodème* (1) que lui présente le capitaine, et congédie les trois hommes d'un mot ou d'un simple signe.

En dehors de ces instants très courts, nul, à l'exception de ses serviteurs, ne sait comment il vit, non plus que la jeune fille, dont la présence à bord est parfois révélée par les sons d'une musique délicieuse.

Comme, à l'exception du laboratoire placé à l'avant sous le spardeck, le navire tout entier leur est réservé, ainsi qu'aux gens attachés spécialement à leur service, cette claustration relative ne doit rien avoir de bien pénible.

Il est à supposer d'ailleurs qu'elle ne sera que momentanée.

1. Branche de corail avec sa population animale.

Les jours se succèdent ainsi, sans le moindre incident, depuis le moment où des milliers de kilogrammes de sels ayant été immergés dans le bassin, les zoophytes ont commencé leur stupéfiante évolution.

La santé de tous les membres de l'expédition, les plus humbles comme les plus importants, se maintient excellente, et tout fait présager à ce mystérieux prologue du Grand-Œuvre de Monsieur Synthèse, un résultat favorable.

Un seul fait remarquable se produisit aux environs du troisième jour. M. Roger-Adams, qui suivait toujours avec la plus scrupuleuse attention l'état des zoophytes, constata que leurs tentacules s'épaississaient notablement, et que leur corps devenait le siège d'une turgescence considérable.

Il en fit l'observation au Maître qui répondit simplement :

— Les coraux sont malades... malades de pléthore.

« C'est prévu.

« Mais leur activité est augmentée d'autant... la sécrétion va encore être plus active.

— Je crains de les voir mourir...

— Ils périront effectivement, mais pas avant un mois.

« Et le squelette ?... Sa composition est-elle toujours identique ?

— Elle se modifie également, répondit le chimiste.

« La quantité de carbonate de chaux devient sensiblement plus abondante.

— C'est parfait.

— Quant aux ramilles sécrétées depuis hier, elles sont complètement blanches.

— Peu importe.

« *Ma terre* sera blanche, au lieu d'être rouge.

.... Depuis le jour où il laissa échapper en quelque sorte inconsciemment ces deux mots, *ma terre*, Monsieur Synthèse évita toute allusion à ce qui pouvait faire pressentir la destination du récif qui allait toujours grandissant.

Il n'en fut pas de même des deux préparateurs qui se perdirent en conjectures, et passèrent, naturellement, à côté de la plus simple, la seule rationnelle.

Ils allaient d'ailleurs être bientôt édifiés, c'est-à-dire le matin du soixantième jour, quand ils virent Monsieur Synthèse tressaillir à ces simples mots prononcés, non sans émotion, par le capitaine :

— Maître, les coraux affleurent à la surface des eaux de la lagune !

IV

La *terre* de Monsieur Synthèse. — A marée basse. — Structure de l'îlot. — Réveil tumultueux. — Les transes du zoologiste. — Coups de canon. — Une fête à bord. — Habit noir, chapeau à claque et gants paille. — Garde d'honneur. — Les cipayes de Monsieur Synthèse. — Le jeune M. Arthur trouve que le Maître a bon air, dans son costume de Maharadjah. — Une ondine des légendes scandinaves. — Le salut d'un parfait valseur. — Opinion d'Alexis Pharmaque sur son collègue. — Prise de possession. — La devise. — *El Ego Creator !*

Les prédictions de Monsieur Synthèse se sont donc jusqu'alors pleinement réalisées.

Édifié d'ailleurs par des calculs minutieux, opérés antérieurement et par des expériences pratiquées jadis sur les coraux, il a pu forcer l'œuvre de la nature, activer les fonctions biologiques des zoophythes, au point de modifier, en un temps relativement très court, la configuration d'un récif.

Dans quel but?

Pourquoi cette expédition lointaine dans des mers inconnues? Pourquoi ces dépenses déjà considérables, ces travaux difficiles, cette flotte immobilisée au milieu des brisants, ce personnel nombreux agissant à tâtons, pour en arriver à produire, de toutes pièces, un minuscule récif, perdu parmi ceux qui encombrent l'Océan sur des millions de lieues carrées?

Monsieur Synthèse n'étant pas l'homme des « parce que », la réponse à cette série de questions que chacun formule en aparté, n'est encore qu'une simple hypothèse.

Seul, Alexis Pharmaque a peut-être deviné, du moins en partie, le but vers lequel tendent ces opérations mystérieuses. Car, il vous a un petit air guilleret, satisfait de lui, le digne chimiste, en dardant le regard de son œil unique sur son collègue, le jeune M. Arthur, qui se renferme dans une magistrale impassibilité.

C'est que pour un homme aussi pénétrant que l'ancien professeur de matières explosives, ces deux mots : *Ma terre*, prononcés par le Maître ont bien pu être une révélation.

Du reste, avant peu, l'édification de tous va être complète.

Le capitaine Christian vient à peine de prononcer ces mots : « Maître, les coraux affleurent à la surface des eaux de la lagune », que Monsieur Synthèse, rajeuni, transfiguré, quitte le laboratoire, s'avance vers l'escalier, descend dans le bac amarré en permanence à la plate-forme, et gagne, suivi de ses aides, le rebord circulaire de l'atoll.

En ce moment, la mer est basse. Les eaux de la lagune enfermées hermétiquement à marée haute, par les écluses, lors du commencement des travaux, offrent un niveau supérieur, d'environ un mètre, à celles de l'Océan.

Au centre du bassin, en quelque sorte surélevé d'autant au-dessus des flots ambiants, on aperçoit une masse blanchâtre, parfaitement plane, recouverte à peine de quelques centimètres d'eau.

Ce sont les coraux soumis depuis deux mois à l'absorption désordonnée des agents chimiques, et dont l'accroissement a été, comme l'on sait, en dehors de toute proportion.

Après quelques instants de muette contemplation, Monsieur Synthèse se tourne vers le capitaine et lui dit :

— Fais ouvrir les écluses.

L'officier, obéissant comme toujours à des ordres donnés antérieurement, et dont l'exécution a été préparée pour être accomplie à la minute, répète les paroles du maître au chef d'équipage debout près des obturateurs métalliques.

Quatre hommes se tiennent aux manivelles servant à mouvoir les engrenages destinés à opérer l'ouverture ou la fermeture de l'appareil.

Un coup de sifflet retentit.

Aussitôt, les manivelles tournent, les engrenages ronflent, et les deux portes s'ouvrent insensiblement sous l'effort du mécanisme qui surmonte victorieusement la poussée produite extérieurement par les flots.

Au bout d'une minute à peine, elles sont complètement ouvertes, et laissent, dans la paroi circulaire de l'atoll, une baie large de dix mètres.

Les eaux blanchâtres de la lagune communiquant librement avec celles de la mer, plus basses d'un mètre, se précipitent en cascade. Le bassin se vide partiellement et se met en un moment de niveau avec l'Océan.

Grâce à cette baisse pour ainsi dire instantanée, le récif intérieur émerge d'un mètre, et apparaît aux regards émerveillés des assistants.

En dépit du respect imposé par la seule présence du Maître à ses subordonnés, ceux-ci, sans comprendre davantage la portée de cette expérience, sans en envisager les conséquences, se mettent à battre des mains, et poussent un hourra retentissant.

Mais Monsieur Synthèse a le triomphe modeste, ou plutôt impassible.

Il n'a d'yeux que pour l'îlot qui se présente sous la forme d'un cylindre irrégulier, de vingt-cinq mètres de diamètre, et dont la section, vue de l'atoll, semble rigoureusement plane.

En effet, les coraux, soumis en même temps à un régime identique, ont progressé d'une égale quantité de bas en haut, et ne se sont arrêtés qu'au moment où ils allaient traverser la couche liquide, pour être mis en contact avec l'air, leur élément mortel.

Leurs brindilles enchevêtrées forment un bloc plein. Mais, ainsi qu'il a été dit précédemment, la matière colorante leur faisant défaut, elles ne sont plus rouges comme jadis.

Tous les squelettes pierreux offrent une nuance terne, grisâtre, rappelant celle de l'argile.

Bientôt Monsieur Synthèse, voulant examiner de plus près son œuvre, ordonne au capitaine de faire pénétrer dans le bassin une embarcation par l'entrée des écluses.

Il y prend place, et s'avance accompagné seulement de l'officier et de deux rameurs qui, en quatre coups d'aviron, accostent ce minuscule continent, cette terre artificielle.

Il en est parmi les zoanthodèmes qui ont acquis des dimensions énormes. Certaines branches sont grosses comme le bras, et les tentacules des zoophytes eux-mêmes ont, par place, décuplé de volume.

Mais la substance calcaire, sécrétée dans de telles conditions, est loin de posséder la dureté de celle qui est produite normalement. Elle est plus friable, un peu cassante, bien que suffisante cependant pour assurer la stabilité de l'îlot.

Toute la surface extérieure est hérissée de millions de pointes inextricablement enchevêtrées, s'écrasant sous la poussée du canot, à chaque mouvement un peu brusque des passagers.

La partie supérieure est encore, s'il est possible, plus inabordable, tant les petits architectes inconscients semblent avoir pris à tâche d'y multiplier les piquants qui se dressent, menaçants, comme autant de chaussestrapes.

On dirait un semis aussi dru, aussi serré qu'on peut se l'imaginer, de ces grandes et redoutables épines caractérisant l'*Acacia triacanthos*. Les pointes ne sont pas aussi aiguës, mais il serait au moins imprudent de s'aventurer sur cette broussaille.

Tel doit être en effet l'avis de Monsieur Synthèse, car, après avoir fait le tour du récif, sans prononcer une parole, il se tourne vers le capitaine et lui dit:

— Demain, dès l'aube, tu feras pilonner tout cela, de façon à rendre la surface parfaitement plane.

— Dès l'aube, oui, Maître,

— Maintenant, rallie l'atoll.

« Tu feras également établir le pont sur chevalets dont je t'ai donné le modèle, de manière à faire communiquer le rebord extérieur avec l'îlot.

« Que tout soit prêt en deux heures, avec le reste.

— Oui, Maître.

— Fais de suite fermer les écluses.

« La mer va monter, et le bassin doit conserver, jusqu'à nouvel ordre, un niveau inférieur à celui de l'Océan.

Puis, cet homme étrange, sans un mot, sans un geste, retourna au navire, et s'enferma dans son appartement.

Le lendemain, après un échange de commentaires dont on conçoit sans peine la variété, un bruit formidable, aussitôt interrompu, éveille les deux préparateurs qui se sont endormis fort tard.

Une brusque trépidation agite les menus bibelots épars sur les meubles de leurs chambres; puis ce fracas insolite recommence de plus belle.

— C'est un coup de canon, gémit plaintivement le zoologiste en se fourrant héroïquement la tête sous ses draps.

— Tiens! un coup de canon! s'écrie gaillardement l'ancien professeur de matières explosives depuis longtemps familiarisé avec les détonations.

Puis, trois nouveaux coups retentissent à intervalles égaux, comme si les autres navires répondaient au feu de l'*Anna*.

— Ah! mon Dieu! qu'y a-t-il encore? gémit derechef le jeune M. Arthur, qui semble n'avoir de commun que le nom avec son belliqueux homonyme, le héros de la Table-Ronde.

— Peut-être une révolte!...

Alors redressant fièrement sa haute taille, l'air inspiré..... (Page 127.)

— Oh ! la !... la ! qu'allons-nous devenir?

Le chimiste, l'œil luisant, l'oreille droite, le poil hérissé comme un vieux cheval d'escadron entendant la trompette, s'habille en un tour de main, enfile quatre à quatre l'escalier et arrive sur le pont.

Une acclamation de surprise, mais de surprise joyeuse, lui échappe aussitôt, à l'aspect du navire portant le grand pavois, comme aux jours de fête, et de l'équipage en grande tenue.

Les trois autres bâtiments, pavoisés aussi, apparaissent enguirlandés d'une floraison de pavillons multicolores gracieusement agités par la brise.

De temps en temps, surgit brusquement de l'un ou de l'autre bord, un gros nuage blanc, immédiatement suivi d'un coup de canon qui se répercute au loin sur les flots.

Les matelots, ravis de cette diversion inusitée à leur existence monotone, brûlent la poudre avec enthousiasme, et semblent s'amuser comme des bienheureux.

Le chimiste avise aussitôt le second qui se promène les deux mains derrière le dos, et entame une conversation à laquelle l'officier se prête avec la meilleure grâce.

Pendant ce temps, le jeune M. Arthur, dont les inquiétudes premières se sont compliquées d'une angoisse véritable, se hisse doucement par l'escalier, et apparait, livide, verdâtre, suant de peur, prêt à se renfoncer, comme un diable dans une boîte à surprise.

Un mot de son collègue le rassure aussitôt.

Avec une bienveillance inaccoutumée, celui-ci lui fait part de sa conversation avec le second qui reprend sa promenade, et ajoute :

— Nous avons encore une heure pour nous mettre en tenue de gala.

« Tenez, voici le timonnier qui nous apporte l'ordre de service.

— Qu'appelez-vous tenue de gala? demande le zoologiste dont la voix se raffermit peu à peu.

— Mais... l'habit noir, le chapeau à claque, les escarpins et les gants paille.

« Nous faisons partie du cortège officiel, mon cher.

— Nous serons absolument ridicules, ainsi fagotés, au milieu de ces hommes dont les costumes sont au moins originaux...

— Que voulez-vous faire à cela?..

« Monsieur Synthèse le veut ainsi !

— Quel besoin a-t-il de cette espèce de mascarade à laquelle il nous convie?...

« Je n'aurais jamais cru qu'un esprit aussi élevé daignât s'attarder à de pareilles mesquineries.

— Vous devez savoir que le Maître n'agit jamais à la légère.

« Rien ne prouve qu'il ne saisit pas l'occasion de rompre cette monotonie si lourde aux gens de mer, et que, d'autre part, il ne veuille, dans un but inexplicable pour moi, frapper l'esprit de tous ces hommes, superstitieux et amis du faste comme les Orientaux.

« Notre station s'annonce comme devant être fort longue ici, et il importe, à mon avis, du moins, de montrer à ces gens que nous ne sommes pas seulement des gâcheurs de chaux hydraulique, des empoisonneurs de zoophytes, ou des fabricants de roches pour aquarium.

« Cette cérémonie produira un excellent effet, comme toutes celles auxquelles le bon public ne comprend pas un mot.

— Mais encore?..

— Eh! mon cher, pourquoi les rois et les empereurs se font-ils sacrer en grande pompe et à grand fracas, quand il serait parfois si simple de succéder tout bonnement à leur prédécesseur?

« Pourquoi les présidents de république, eux-mêmes, reçoivent-ils solennellement l'investiture?...

— C'est juste!

— Pourquoi trouvez-vous extraordinaire que notre commun patron, après avoir réalisé ce joli tour de force de synthèse biologique, ne prenne pas possession, avec un certain apparat, du petit continent improvisé par lui de toutes pièces?

— Vous avez raison...

« Il faut donc endosser ce vêtement absurde, termine le zoologiste d'un accent résigné, en reprenant mélancoliquement le chemin de sa chambre.

Enfin, résolu à faire contre fortune bon cœur, le professeur de zoologie passa cette dernière heure à s'adoniser consciencieusement et à tâcher de tirer parti du costume disgracieux dont chacun médit, mais dont nul n'ose s'affranchir.

Il arbora son linge le plus fin, son col le plus majestueux, orna sa boutonnière d'une jolie brochette de décorations, se ganta minutieusement et réussit à se donner fort bon air, surtout, à côté du chimiste qui, fagoté à la diable, lui servait de repoussoir.

Du reste, c'est à peine s'ils ont le temps de se complimenter mutuellement, pendant qu'ils se rendent au pied du grand mât où le cortège se réunit.

En dépit de leur habituelle indifférence pour tout cérémonial, ils ne peuvent s'empêcher d'être frappés du faste vraiment extraordinaire déployé dans cette circonstance.

Tout l'espace compris entre le grand mât, le mât d'artimon et la dunette est couvert de tapis magnifiques. A droite et à gauche, se tiennent, immobiles, quarante matelots hindous, choisis sur les quatre navires, et vêtus, pour la circonstance, du pittoresque et splendide uniforme des cipayes.

Bronzés comme des portes de pagode, barbus, l'œil luisant, fixes, le cimeterre au flanc, la carabine au pied, ils sont vraiment superbes, ces demi-sauvages, dont le fanatisme bien plus que la discipline a fait des soldats d'élite.

Quatre tambours et quatre clairons ferment la haie à l'arrière du grand mât, de façon à laisser libre l'espace compris entre les deux files et la porte de l'appartement de Monsieur Synthèse.

Enfin, juste en face et à environ six mètres de la porte, un géant, costumé aussi en cipaye, soutient un vaste étendard d'étoffe blanche, dont la hampe noire, luisante comme de l'ébène poli, s'appuie sur le tapis.

A moins d'une demi-encablure, l'atoll offre un coup d'œil féerique. Les marins composant les quatre équipages ont pris les armes, sauf ceux dont la présence est indispensable à bord. Ils se sont rendus, sous la conduite de leurs officiers, sur l'anneau corallien circonscrivant la lagune, et forment, sur l'étroite bande circulaire, une ligne multicolore, sur laquelle flamboie un soleil intense, dont les reflets sont encore avivés par la blancheur du sol et les scintillements de l'acier.

En arrière, se presse la cohue falote des Chinois ébahis. Uniformément coiffés de leurs salaccos qui les font ressembler à de vastes champignons, les Célestes surpris pour la première fois peut-être, en dépit de leur habituelle indifférence, dodelinent de la tête, en vrais magots, écarquillent leurs yeux bridés et ne pensent plus à pousser leurs gloussements de volailles.

Enfin, la surface de l'îlot, de la *Terre* de Monsieur Synthèse a été égalisée par les soins du capitaine Christian, de façon à ne plus présenter ce redoutable enchevêtrement de broussailles pierreuses.

L'accès en est d'autant plus facile, que le pont à chevalets, caché par d'admirables tapis traînant jusque dans l'eau de la lagune, relie le petit continent à l'atoll.

La cloche de l'*Anna* pique trois coups. Il est neuf heures et demie.

Aussitôt, la double porte de l'appartement de Monsieur Synthèse est brusquement ouverte par les deux Bhîls, et le vieillard apparaît.

Les tambours battent aux champs, les clairons retentissent, les cipayes présentent les armes, et le porte étendard exécute le salut du drapeau.

— Tiens !.. Tiens !.. murmure en aparté le préparateur de zoologie, on m'a changé mon patron !

« Le diable m'emporte, je ne le reconnais plus !

« Par ma foi, il a véritablement grand air.

Cette réflexion que M. Arthur Roger-Adams s'abstient de formuler à haute voix, n'en est pas moins l'expression de l'exacte vérité.

Le Maître, pour la circonstance, a renoncé au vêtement européen.

Magnifique, rajeuni, transfiguré, il s'avance lentement, vêtu d'un merveilleux costume oriental qu'il porte avec une incomparable majesté.

Ce n'est plus le savant austère, insouciant des choses de l'extérieur, dédaigneux de l'apparat, indifférent à ce que l'on appelle vulgairement la « représentation ».

Imaginez, si vous le pouvez, un de ces vieux radjahs antérieurs à la conquête, et qui personnifiaient si étrangement l'Inde avant que les Anglais y aient introduit les casques en liège, les misses anémiques, le soda-water et le lawn-tennis.

L'Inde mystérieuse et inviolée, avec ses légendes, ses brahmanes, ses thugs, ses pagodes, ses mosquées, son opulence barbare, son faste éblouissant ses crimes peut-être, mais à coup sûr ses antiques vertus et sa prodigieuse originalité.

Tel apparaît Monsieur Synthèse drapé dans sa longue tunique de cachemire blanc, et coiffé d'un turban aux plis harmonieux, maintenus par une aigrette dont la vue seule affolerait le plus blasé de nos joailliers.

Mais à quoi bon dépeindre l'invraisemblable profusion, la richesse inouïe des gemmes qui constellent le fin tissu, quand on possède le secret des découvertes de Monsieur Synthèse ?

Comme le disait tout à l'heure le chimiste, c'est là peut-être seulement de l'apparat, de la poudre jetée par le vieillard aux yeux de ses Hindous, qui ne peuvent concevoir leur maître que paré des attributs de son rang, de sa fortune, de sa puissance.

On voit bien, d'ailleurs, à l'expression enthousiaste autant que respectueuse de leurs regards, que le Maître, sans déchoir positivement à leurs yeux en évoluant jadis familièrement au milieu d'eux, n'avait pas ce prestige en quelque sorte divin, qu'il manifeste en ce moment.

C'est bien là le chef omnipotent, incontesté, devant lequel tout tremble, tout s'annihile, et en qui semble revivre l'âme des vieux satrapes de Visapour, de Golcoonde ou de la Pounah !

Cette réflexion vient à peine de traverser comme un trait de lumière l'esprit des deux Européens, qu'ils demeurent bouche béante, pétrifiés d'étonnement et d'admiration.

La jeune fille, aperçue par eux de loin en loin, et à une distance considérable — l'accès du gaillard d'arrière leur étant formellement interdit — apparaît à son tour et vient prendre place au côté gauche du vieillard.

Simplement vêtue d'une longue robe blanche, à jupe traînante, sans un bijou dont n'a que faire son éclatante beauté, sans autre parure que le printemps de ses dix-huit années, elle s'avance avec une sorte de glissement qui fait ondoyer sa robe sur le tapis, et embrasse d'un regard, doux comme une caresse, le navire, l'atoll, la mer brisant au loin et la poussière diamatée des embruns.

Blonde comme une ondine des légendes scandinaves, elle n'a pas commis la faute impardonnable de recourir à cet art de convention désigné sous le mot affreusement banal de « coiffure ».

Son front, aussi pur que les pétales immaculés du lotus, s'épanouit, radieux, sous deux bandeaux qui l'encadrent d'or pâle et s'allongent en ces deux lourdes tresses dont le poète a paré son Ophélie.

Une écharpe de soie blanche, une étoffe impalpable que l'on dirait formée de ces mystérieux filaments aériens emportés par la brise, aux matins ensoleillés de l'automne, flotte sur cette opulente chevelure, comme des fils de la Vierge arrêtés par le diadème d'un hélianthe...

Puis, son œil à l'adorable reflet de saphir se reporte humide, attendri, sur l'aïeul, et sa bouche, aux tons vermeils de grenade mûre, s'entr'ouvre en un sourire débordant d'innocence et de tendresse.

Cipayes immobiles sous les armes, matelots parés pour la manœuvre, canonniers noirs de poudre, hommes de machine souillés de charbon, tous observent un silence plein de respect et d'admiration, comme s'ils contemplaient tout à coup une de leurs divinités orientales.

Les deux préparateurs, tête nue sous la vaste toile tendue à demeure sur l'arrière du navire, participent aussi à cette fascination, et demeurent un moment interdits.

Mais, chez le jeune M. Arthur, cette émotion, bien que violente, est passagère. En homme qui a eu des succès dans les sauteries bourgeoises rythmées au piano, et qui, en dépit d'une pointe de ventre et d'une calvitie accentuée, n'a pas su renoncer au désir de plaire, il tient à montrer que, seul peut-être, il possède pour l'instant les élégantes traditions du beau monde, avec la manière de s'en servir.

Comme ils forment, lui et son collègue, deux grandes taches noires tirant l'œil, au milieu de ce fastueux déploiement de couleurs, le regard de la jeune fille s'arrête un instant sur les deux hommes dont l'un représente un vieil alchimiste mal modernisé, l'autre, un garçon d'honneur accompli.

Persuadé que ses grâces mondaines harmonieusement complétées d'une sorte de dandysme doctoral doivent être irrésistibles, il s'incline cérémonieusement, fait virer de gauche à droite, à la hauteur de l'épaule, sa main tenant son chapeau, le hideux cylindre, et exécute, d'après la formule, son meilleur salut de parfait valseur.

— Dieu! que ce garçon est donc bête! murmure dans sa barbe Alexis Pharmaque, résumant ainsi, avec sa précision de chimiste, le ridicule de la situation.

Mais les deux héros de la fête sont déjà passés. Le charme est rompu brusquement. Au silence provoqué par l'apparition, succède le grondement de l'artillerie, les éclats de la fanfare, les hourras retentissants.

Le cortège est en marche.

Immédiatement après le vieillard et la jeune fille sont les deux Bhils tenant de vastes parasols, puis l'homme portant la bannière blanche, puis enfin les deux préparateurs, « *arcades ambo* », auxquels le second du navire a assigné une place.

Le capitaine Christian se tient à la coupée.

Les cipayes, avec leur agilité proverbiale, ont descendu rapidement l'escalier et formé la haie sur le pont qui relie l'atoll à l'îlot.

Monsieur Synthèse s'avance lentement, franchit la passerelle, pénètre sur l'îlot, en compagnie de la jeune fille et suivi des seuls Bhils.

Il reçoit l'étendard des mains du porte-drapeau demeuré sur le pont, et, brandissant d'une main vigoureuse la hampe terminée par un fer aigu, il l'enfonce d'un seul coup au milieu du sol madréporique.

Alors, redressant fièrement sa haute taille, l'air inspiré, les yeux pleins d'éclairs, le bras étendu au-dessus de la lagune, il s'écrie d'une voix retentissante :

— Par ma volonté seule, les forces de la nature se sont mises en travail et la terre est sortie du sein des eaux!

« A ma voix cette terre neuve, stérile encore, se peuplera d'organismes vivants!

« Toute la série des êtres, évoluera ici, depuis la monère, la cellule primitive, jusqu'à l'homme lui-même.

« Ici la vie apparaîtra comme autrefois sur la terre ! Les espèces naîtront, se transformeront et périront, pour renaître, se transformer, périr encore, et s'absorber dans l'homme primordial, l'homme type, sans ascendants, l'homme de la Synthèse !

« Ici s'accomplira le Grand-Œuvre !

Et la brise du large ayant déployé les plis de l'étendard, on voit apparaître, au centre de l'étoffe blanche, épaisse, comme feutrée, sans fils, sans trame, un opulent semis d'énormes diamants noirs émettant au feu de la radiation solaire d'aveuglantes fulgurations.

Ces diamants, enchâssés dans la substance même du pavillon, sont juxtaposés de façon à composer des lettres.

Ces lettres forment trois mots...

Une devise que les deux Français lisent avec stupeur, car sa significatio leur permet enfin de mesurer l'envergure de leur maître.

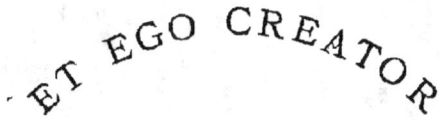

— Trois mots qui nous mèneront loin, balbutie le zoologiste d'une voix étouffée.

Pour varier il reste de longues heures allongé sur un rocking-chair... (Page 134.)

V

Claustration du maître. — État de la terre avant l'apparition de la vie. — Ce que peuvent contenir quatre navires de quinze cents tonneaux. — Le laboratoire de Monsieur Synthèse. — Construction d'un dôme. — Architecte et chimiste. — Vitrage. — Alexis Pharmaque est le plus occupé de tous les membres de l'état-major. — Oisiveté de son collègue. — Indulgent comme un homme heureux. — Doléances. — Verre incassable.

— Un émule de Faust. — Blanche comme de la paraffine. — Convoitises. — Une héritière. — La gangrène des vieillards. — Les jours de Monsieur Synthèse sont-ils donc menacés ?

Pendant la semaine qui suivit cette prise de possession solennelle, la vie de Monsieur Synthèse put se résumer en deux mots : claustration absolue.

Pour des raisons qui demeurèrent inexpliquées, nul ne put approcher le Maître, sauf pourtant le capitaine Christian, le seul ayant le droit de communiquer avec lui à toute heure du jour et de la nuit.

Les travaux n'en marchaient pas moins avec une activité prodigieuse.

Le petit continent ayant été préparé dans les délais voulus, il reste à effectuer d'autres opérations non moins importantes, qui doivent également servir de préliminaires à l'entreprise colossale rêvée par le vieillard.

Avant de mettre en présence de la terre vierge les organismes élémentaires qui les premiers apparurent sur notre planète, avant de reproduire dans des proportions infiniment réduites, mais cependant identiques, les phénomènes de transformations lentement opérées pendant l'interminable succession des siècles, il est essentiel de rétablir, autant que possible, les conditions de milieu dans lesquelles ces transformations se sont accomplies.

On sait que la terre, d'abord à l'état gazeux, a traversé, comme aujourd'hui le soleil, une période de chaleur excessive. Puis elle a commencé à se refroidir peu à peu en se condensant. De gazeuse elle est devenue liquide. Ce refroidissement continuant toujours de l'extérieur à l'intérieur, elle est devenue solide.

Non pas entièrement, pourtant, puisqu'il reste autour du globe une enveloppe gazeuse formant l'atmosphère actuelle. Cette atmosphère, loin d'être alors comme aujourd'hui respirable, renfermait encore, à l'état de vapeur, tous les minéraux, qui se répandirent sur la croûte solide, à mesure que la température s'abaissa.

Lors même que les premières manifestations de la vie commencèrent par l'apparition des organismes les plus simples, l'atmosphère n'était pas encore, à beaucoup près, ce qu'elle est actuellement. Saturée de vapeur d'eau, imprégnée de gaz dont elle n'était pas entièrement débarrassée, notamment d'acide carbonique, chargée d'électricité, surchauffée au contact du sol à peine refroidi, elle ressemblait à un gigantesque laboratoire d'où sortaient lentement les êtres primitifs.

Les fonctions de la vie de ces organismes élémentaires ne devaient donc pas, étant donné un milieu de développement différent, s'accomplir comme aujourd'hui.

De là, pour Monsieur Synthèse, l'obligation absolue d'opérer en vase clos, pour reproduire ce milieu d'évolution.

C'est pourquoi il ordonna de transformer, sans désemparer, l'atoll en un laboratoire de son invention.

Comme la construction de ce gigantesque appareil rentre dans les attributions du chimiste, la surveillance et la mise en œuvre des travaux est dévolue à Alexis Pharmaque.

Il possède, d'ailleurs, avec les puissants moyens d'exécution dont dispose le Maître, un plan détaillé aux indications duquel il n'a qu'à se conformer.

Ces fonctions, toutes nouvelles, ne semblent aucunement embarasser l'ancien professeur de substances explosives qui, dès le premier abord, se révèle comme un architecte éminemment pratique.

D'autre part, les navires contiennent en abondance les matériaux nécessaires à cette construction. On ne se doute pas de l'énorme quantité d'objets que peut renfermer un bâtiment de quinze cents tonneaux!

Et Monsieur Synthèse en a quatre, chargés à couler!

C'est le *Gange*, qui porte dans sa cale les éléments divers devant composer le futur laboratoire; et le capitaine Christian, l'homme universel de l'expédition, s'empresse d'en faire opérer le débarquement, au fur et à mesure des besoins.

Ce laboratoire, absolument sans précédents comme destination et comme volume, doit s'appuyer sur l'anneau circulaire formant l'atoll et recouvrir toute la lagune intérieure, de façon à éviter la moindre communication avec l'extérieur.

Il est hémisphérique, c'est-à-dire qu'il forme une sorte de coupole, de dôme tout en fer, qui sera recouvert de plaques de verre.

La charpente, très légère et tout à la fois très résistante, eu égard à ses énormes dimensions, se compose d'une série de tubes en tôle galvanisée, longs seulement de trois mètres, et formant des portions d'arc. Ils sont établis de façon à pouvoir s'articuler bout à bout, en pénétrant l'un dans l'autre à frottement doux, jusqu'à un petit bourrelet qui empêche tout glissement. Deux boulons maintiennent en outre leur adhérence.

Il s'agit donc, pour le chimiste, d'ajuster tous ces tubes constituant individuellement les *voussoirs* de la voûte, de les mettre en place et d'empêcher leur disjonction soit pendant les travaux, soit ultérieurement.

Sans entrer ici dans les détails techniques relatifs à l'édification des dômes, à la résistance des matériaux qui les composent, à la manière de les employer et aux conditions devant assurer la permanence de leur équilibre, il n'est pas inutile de rappeler que cet ensemble d'opérations n'est pas sans présenter de grandes difficultés, moins considérables pourtant lorsque le fer est employé à la place de la pierre.

Mais Alexis Pharmaque possède, en la personne de l'officier de marine, un auxiliaire incomparable devant lequel semblent s'aplanir toutes les difficultés.

Quant aux moyens d'action, ils sont de premier ordre, grâce à l'appoint des Chinois, des matelots et du matériel de la flottille.

Chacun se met donc à l'œuvre.

Une équipe de cinquante Chinois reçoit l'ordre de pratiquer, dans l'anneau corallien, une série de trous, profonds d'un mètre cinquante centimètres, et distants seulement d'un mètre l'un de l'autre.

Ces trous doivent servir de fondation aux tubes qui, réunis plus tard bout à bout, formeront les méridiens du dôme. En dépit de la dureté prodigieuse du roc madréporique, cette opération est enlevée avec une telle célérité, qu'il suffit de deux jours pour pratiquer les trois cent quinze ouvertures espacées régulièrement sur la bande circulaire.

Autant de voussoirs, c'est-à-dire, autant de tubes sont insérés dans ces trous, et scellés au ciment.

Le futur laboratoire se compose donc présentement de trois cent quinze piliers en fer creux, mesurant un mètre cinquante, et dressés en palissade circulaire du plus singulier effet.

Sans perdre de temps, la seconde série de tubes est articulée à la première. C'est-à-dire que l'extrémité inférieure de chaque voussoir de cette seconde série est introduite dans la partie creuse présentée, à la partie supérieure, par ceux de la première.

Ils s'adaptent parfaitement, grâce au petit bourrelet qui les maintient en attendant le boulonnage.

Chaque futur méridien mesure donc quatre mètres cinquante de hauteur.

Mais, ici, vont commencer les difficultés.

Si l'on continuait à articuler ainsi bout à bout les voussoirs sans rendre, au fur et à mesure, solidaires les uns des autres les méridiens, l'édifice à peine commencé ne tarderait pas à s'effondrer

La pression exercée de haut en bas sur l'arc de ces méridiens par le poids des voussoirs surajoutés produirait inévitablement la rupture de l'équilibre ; et c'est ce qu'il importe d'éviter.

Il suffit, pour cela, d'opposer à l'action de la pesanteur une pression circulaire capable de la neutraliser.

Le magasin d'approvisionnements contient, à cet effet, une quantité considérable de tiges droites, longues d'un mètre, et pourvues, à chaque extrémité, d'un collet offrant la dimension des voussoirs.

Au fur et à mesure que s'élève un rang de voussoirs sur toute la circonférence de l'atoll, ces derniers sont réunis transversalement par la tige qui les embrasse étroitement deux à deux au moyen de ces collets.

Cette tige horizontale forme donc, entre les deux voussoirs voisins, une sorte d'échelon qui les empêche de s'écarter. Comme cette disposition est prise sur tout le pourtour de l'édifice, les trois cent quinze méridiens se trouvent ainsi solidarisés indissolublement par des parallèles. Les deux pressions se font équilibre, et l'édifice résiste comme un bloc plein.

Cette opération, plus délicate en apparence qu'en réalité, se termina sans incidents dignes de remarque. Les Chinois s'acquittèrent de leur tâche en véritables magots mâtinés de quadrumanes. C'est-à-dire que, tout en conservant leur impassibilité de potiches incassables, ils évoluèrent à travers l'immense claire-voie métallique, avec une adresse, une agilité surprenante.

Toutes les pièces du dôme avaient d'ailleurs été préalablement si bien ajustées, qu'il restait seulement à les mettre en place et à les boulonner. Le plus pénible était de les hisser avec des cordages. Encore, cette manœuvre, la seule exigeant un certain déploiement de force, opérée par des équipes très suffisantes, n'offrit-elle pas de bien grandes difficultés.

Après le complet achèvement de la charpente, et avant de faire apposer la toiture de verre, Alexis Pharmaque, toujours d'après les indications du plan élaboré par le Maître, procède à l'installation de divers appareils dont l'usage ne doit être défini que ultérieurement.

Plusieurs tiges de cuivre, longues de cinq, sept et dix mètres sur environ cinq centimètres de diamètre, et terminées par des sphères pleines mesurant près de trente centimètres de diamètre, sont adaptées à l'intérieur de la coupole au moyen d'appareils isolateurs en porcelaine.

Elles sont irrégulièrement réparties à des hauteurs différentes, et pourvues de fils conducteurs enveloppés de gutta-percha.

Plusieurs gros tubes de caoutchouc vulcanisé sont également mis en place, de façon à traverser plus tard la toiture et à faire communiquer, avec la lagune, différents appareils installés au dehors.

Enfin, les Chinois, qui de scaphandriers sont devenus constructeurs, se changent en vitriers.

Les cales des navires expectorent sans relâche des caisses contenant des milliers et des milliers de feuilles de verre. Il s'agit de les mettre en place et de transformer en une sorte de serre l'énorme bâtiment.

Le procédé adopté par le chimiste est celui qu'emploient les constructeurs de serres. Avec cette différence, toutefois, que chaque vitre, une fois accrochée, est lutée avec un mastic absolument inaltérable qui sèche rapidement, et devient aussi dur que le verre lui-même.

Cette opération de laquelle dépend la parfaite imperméabilité du dôme, est pratiquée avec un soin, une minutie extrême. Les ouvriers sont soumis à une surveillance rigoureuse de la part des maîtres d'équipage. Et Alexis Pharmaque lui-même, pour être complètement édifié sur la bonne exécution du travail, n'hésite pas à se faire hisser, une ou deux fois par jour, là-haut, où le vertige règne en souverain maître.

Le digne chimiste qui prend, et avec juste raison, ses fonctions au sérieux, est donc le plus occupé, parmi tous les membres de l'état-major.

Aussi les jours s'écoulent pour lui avec une telle rapidité, qu'il en arrive presque à ne plus avoir l'exacte notion du temps.

Il n'en est pas de même de son collègue, le préparateur de zoologie, qui se morfond dans une oisiveté au moins singulière, pour un homme adonné depuis l'enfance à des études attrayantes entre toutes.

Depuis quinze jours, le jeune M. Arthur, tout en paraissant trouver aux heures une longueur interminable, n'a pas ouvert un livre, ni écrit un seul mot.

On le voit errer mélancoliquement de sa chambre au laboratoire et réciproquement. Pour varier, il reste de longues heures allongé sur un rocking-chair, et se balance en regardant distraitement les ouvriers.

Son bel appétit a même notablement fléchi, au grand scandale du cuisinier du bord, un artiste qui aimait à voir ses talents appréciés par un véritable gourmet. Monsieur Synthèse, bien qu'il ne mange pas à la façon du commun des mortels, traite bien son personnel et son hospitalité est aussi abondante que variée.

Enfin, le jeune professeur ne dort presque plus; ses fraîches couleurs pâlissent, ses yeux se cernent, son abdomen perd en majesté.

Comme il est parfaitement antipathique au capitaine Christian ainsi qu'au second; au lieutenant comme aux officiers de machine; comme dès les premiers temps de l'embarquement il a mécontenté tout l'état-major par ses airs dominateurs, sa morgue hautaine, ses prétentions à l'omni-science et au bel esprit, nul ne manifeste aujourd'hui l'intention de se rapprocher de lui. On l'évite poliment, mais soigneusement, au point qu'il reste isolé, sans pouvoir échanger une pensée, une phrase banale, un mot avec qui que ce soit.

Mais ce ne peut être cet isolement qui produit une pareille modification dans un organisme si bien équilibré jadis, et empêche jusqu'à l'étude.

Il y a là un mystère que nul ne se donne la peine d'approfondir et qui d'ailleurs n'a probablement frappé personne.

Entre temps, le jeune M. Arthur, las d'errer comme une âme en peine et de se balancer sur son fauteuil, se rend à l'atoll, tant pour examiner de près l'état des travaux, que pour échapper à cette solitude morose.

Alexis Pharmaque est bon homme au fond. Pourvu qu'on ne heurte pas de front ses convictions scientifiques, et qu'on ne fasse pas d'allusions blessantes à son professorat de matières détonantes, il devient volontiers expansif et ignore complètement la rancune.

C'est un croyant, un véritable fanatique, aimant la science pour elle-même, s'absorbant en elle, sans la moindre idée d'intérêt ou de spéculation, au point de négliger complètement le côté pratique de la vie.

Son esprit, trop haut placé pour s'abaisser à certaines mesquineries de l'existence, ignore également la rancune. Aussi, a-t-il depuis longtemps oublié les tiraillements du début, les taquineries et les réflexions désobligeantes du zoologiste, du moment où celui-ci a cru devoir cesser des plaisanteries d'un goût parfois douteux.

En outre, Alexis Pharmaque, depuis son entrée en fonctions près de Monsieur Synthèse, est le plus heureux chimiste des temps passés, présents et peut-être futurs.

L'idée seule de collaborer au Grand-Œuvre de l'illustre savant, le transporte d'une ivresse, dont la saveur, bien que purement platonique, est des plus capiteuses.

Comme tous les gens heureux, il est porté à l'indulgence, et accueille volontiers le zoologiste et ses doléances.

Celui-ci, taquin, nerveux, irritable, ne pouvant plus comme par le passé le larder d'épigrammes, sous peine de se voir isolé comme un pestiféré, s'en prend à Monsieur Synthèse, à ses projets dont il critique le principe, et discute l'exécution.

Alexis Pharmaque, en vrai croyant, essaye de le convertir à sa foi. On échange des phrases qui ne prouvent rien, des arguments qu'il est toujours facile de rétorquer.

C'est pour l'oisif autant d'heures écoulées.

Il a prétendu tout d'abord que le laboratoire ne s'élèverait jamais à cause de ses dimensions colossales.

Le voyant presque terminé, non peut-être sans un secret déplaisir, il en dénigre l'agencement général, la disposition, et jusqu'au vitrage.

— Voyons, dit-il avec aigreur, quelle résistance peuvent offrir aux intempéries ces simples vitres?

— Eh! eh! Qui sait? répond le chimiste en se frottant les mains.

— Mais, elles seront pulvérisées à la première averse de grêle!

— Erreur! mon cher collègue... erreur!

« Ce verre, de l'invention du patron, est absolument incassable.

« Vous entendez : in-cas-sable!...

« Un rude homme, allez, notre patron, pour avoir ainsi organisé une pareille entreprise, et en avoir poursuivi l'exécution jusque dans ses plus infimes détails.

— C'est vrai...

« Et avec cela riche !...

— Riche à faire peur.

— Et ne pas profiter de cette fortune énorme jusqu'à l'absurde!

— Ah! bah!... Et ce que nous faisons en ce moment?...

« N'est pas l'affecter au plus bel usage?

— Ce n'est pas là ce que je veux dire.

« Si j'étais à sa place, je voudrais me repaître de toutes les joies humaines...

— Comme un simple docteur Faust!

« C'est parfois dangereux, mon cher.

« Est-ce que nous avons l'estomac des viveurs, nous autres savants?

Le professeur reprend, comme obéissant à une espèce d'obsession :

— On prétend qu'il y a à bord de l'*Anna* des quantités inouïes de diamants.

— C'est bien possible!

« Du reste, j'ai appris du capitaine que certaines pièces de l'appareil doivent être construites en diamant.

J'essuyai pour la forme les rebuffades d'un homme de quart (Page 144.)

« Mais, que nous font ces cailloux !

— Vous en parlez à votre aise.

— Et avec un détachement complet, vous pouvez le croire.

— Moi pas !

« J'aimerais être riche, mener la grande vie, et ne pas végéter ainsi, bêtement, en grignottant mes douze ou quinze mille francs par an.

— Quel insatiable vous faites !

« Moi qui suis si heureux avec cent sous par jour !

Le zoologiste demeure un moment silencieux, puis, brusquement, sans préambule, il ajoute d'une voix légèrement altérée :

— Et c'est une jeune fille, presque une enfant qui aura plus tard la libre possession de tout cela !

— Hein ! vous dites une jeune fille...

« Quelle jeune fille ?

— Ah çà ! êtes-vous fou ?

« Ne l'avez-vous donc pas remarquée, il y a trois semaines, lors de cette fameuse cérémonie, pendant laquelle Monsieur Synthèse nous est apparu dans toute sa gloire ?

— Tiens ! c'est juste.

« Je l'avais, ma foi, totalement oubliée.

— Vous êtes incroyable !

— ... Oubliée après l'avoir à peine aperçue.

« Une petite personne blanche comme de la paraffine... C'est bien cela, n'est-ce pas ?

« Très simple, d'ailleurs, à côté du patron qui étincelait comme un soleil...

« Il me semble la revoir, car sa vue m'a frappé, bien que je ne m'occupe guère des femmes en général, et des princesses des Mille et une Nuits en particulier.

— Blanche comme de la paraffine ! riposte le zoologiste interdit.

« C'est tout ce que vous trouvez à dire de cette merveilleuse créature ?

— Sans doute.

« C'est même la diaphanéité particulière de son épiderme qui me l'a fait remarquer, à cause de son analogie avec ce mélange de carbures d'hydrogène auquel nous donnons le nom de paraffine.

« Et... où voulez-vous en venir ?

— Ne pensez-vous pas, comme moi, que mademoiselle Anna Van Praët sera une riche héritière ?

— Tiens ! vous savez son nom ?

« Elle s'appelle comme notre bâtiment ; je ne m'en serais jamais douté !

« Quant à être une héritière, il faudrait préalablement que Monsieur Synthèse fût disposé à dire adieu aux joies de l'existence.

« Ce dont je doute absolument.

— Oui, je sais, les vieillards sont d'autant plus attachés à la vie que la fin en est proche.

— Dites donc, pas de plaisanterie !... de cette catégorie-là, surtout !

« Est-ce que le patron serait malade ?...

« Le fait est qu'on ne l'a pas aperçu depuis longtemps.

— Malade... sans doute !

« Comme tous les octogénaires, dont la maladie est d'avoir quatre-vingts ans.

— Si ce n'est que cela, je suis rassuré.

« Monsieur Synthèse n'est pas un homme comme les autres, et je ne doute pas que dans vingt ans il ne fasse un centenaire très présentable.

— Non.

— Comment, non ?

— Je dis que le terme fatal est plus proche que vous ne le pensez, et que chez Monsieur Synthèse, non seulement les années, mais encore les mois, peut-être même les jours sont comptés.

— Que me dites-vous là ?

— L'exacte vérité, mon cher !

— C'est impossible.

— Dites-moi, êtes-vous médecin ?

— Hélas ! non : le temps m'a toujours manqué.

« Et vous ?

— Médecin de la Faculté de Paris, et ancien interne des hôpitaux.

— Ce qui vous a permis peut-être de constater chez Monsieur Synthèse une affection grave.

— Excessivement grave, car elle doit l'emporter peut-être avant un an.

— Vous m'épouvantez !

« Et l'expérience à peine commencée !... Le Grand-Œuvre auquel nous travaillons.

— J'ai bien peur que vous n'en voyiez pas la fin... à moins que vous ne la preniez pour votre compte.

— Voyons ! expliquez-vous...

« Qu'y a-t-il ?...

« Qu'avez-vous remarqué ?

— Simplement quelques petites taches blanchâtres, tournant au jaune, sur les mains de notre patron.

— Et ces taches annoncent ?...

— Qu'il est atteint d'un commencement de gangrène sénile.

— Qu'est-ce que c'est que ça ?

— Une maladie qui, comme l'indique son nom, est particulière aux vieillards, et causée, de préférence, par des troubles de la circulation.

« Chez les personnes âgées, certains tissus organiques, entre autres les artères, subissent une sorte de transformation osseuse, et s'incrustent de sels calcaires qui en arrivent à les oblitérer.

— Je connais cela.

« Il se forme, dans les conduits circulatoires, un dépôt de phosphate et de carbonate de chaux.

— Parfait !

« C'est ce qu'on appelle l'*ossification*.

« Ainsi que je viens de vous le dire, l'accumulation de ces sels dans les vaisseaux, en oblitérant plus ou moins leurs conduits, en rétrécissant les ouvertures qui livrent passage au sang, font refluer ce liquide vers l'organe central et l'empêchent d'arriver aux organes qu'il doit animer et nourrir.

« De là, gangrène et mortification commençant aux parties les plus éloignées du cœur, c'est-à-dire aux pieds et aux mains.

« Remarquez bien, mon cher, que tous les vieillards sont plus ou moins prédisposés à ce genre d'affection ; à ce point que Bichat a pu dire, en parlant de sa fréquence chez les vieilles gens : « Il semble qu'en accu-
« mulant dans nos tissus cette substance étrangère à la vie, la nature veut
« insensiblement les préparer à la mort. »

« Très grave chez les malades ordinaires, j'appréhende que la gangrène sèche résultant de cette ossification, ne soit plus grave encore chez notre patron.

— Pourquoi ?

— Avez-vous donc oublié le régime incohérent auquel il se livre depuis des années ?

« L'absorption en nature de matières calcaires éminemment incrustantes et leur assimilation complète à son organisme.

— Ce que vous me dites là est parfaitement rationnel, hélas !

— Remarquez bien que je ne discute pas le principe de cette alimentation... chimique, tout en me réservant d'en constater les conséquences.

« Voyez-vous, tout le système artériel de Monsieur Synthèse, y compris le cœur, doit être incrusté de calcaire, au point de rappeler, toutes proportions gardées, ces malheureux coraux que nous avons gavés pendant deux mois.

« Ce n'est déjà plus tout à fait un homme, mais un monolithe en voie de formation, continua le zoologiste en souriant méchamment.

— Mais Monsieur Synthèse, qui sait tout, a dû trouver des remèdes à cette redoutable maladie.

« Il doit connaître des dissolvants, des réactifs susceptibles, soit d'empêcher l'assimilation, soit d'en éliminer les produits.

— Je l'espère pour lui, sans oser y compter.

— Voyons, êtes-vous bien certain de la nature de ces taches que vous avez remarquées, et dont il m'a semblé aussi constater la présence?

« Ne peuvent-elles avoir été causées par un acide, lors d'une expérience récente au laboratoire?

— Je les ai examinées à son insu, et fort attentivement, pendant qu'il regardait les zoanthodèmes apportés de la lagune, et je conclus essentiellement à leur origine gangréneuse.

« Du reste, les manifestations de la maladie sont très peu apparentes, et il se pourrait que son évolution fût un peu plus longue que je ne le suppose.

« Mais, dans tous les cas, croyez-moi, prenez vos précautions, comme d'ailleurs je vais prendre les miennes, en prévision d'une éventualité fâcheuse.

« Car, d'après les prévisions de la science, Monsieur Synthèse est irrévocablement condamné.

VI

Une ancienne connaissance. — Soutier — De la préfecture de police à la mer de Corail. — Les instructions de l'envoyé secret. — A bord de l'*Anna*. — Comment l'agent Numéro 32 juge l'œuvre de Monsieur Synthèse. — La machine dynamo-électrique. — L'agencement du laboratoire est terminé. — Où il est question de réduire six cents Chinois en pâte molle. — En chauffant la machine motrice transformée en générateur d'électricité. — Syncope — Délire. — Deux soutiers qui ne sont pas des soutiers. — Un héros de roman dans une boîte à charbon. — Le mystère s'épaissit

Monsieur le préfet,

Immobilisé depuis de longs jours entre le ciel et l'eau, perdu au milieu d'une mer mystérieuse bizarrement semée d'écueils, ignorant presque sur quel point de l'hémisphère austral je me trouve, je ne sais quand et comment je vous expédierai ce rapport, et si jamais il vous parviendra.

Je le rédige pourtant avec tous les développements qu'il comporte, autant par devoir professionnel que dans l'attente d'un hasard qui me permettra d'en effectuer l'envoi.

Le hasard! C'est là présentement, et pour longtemps peut-être, l'unique messager sur lequel je doive compter. Je l'invoque une fois de plus avec toute la ferveur d'un prisonnier, ou tout au moins d'un reclus, et je commence.

Bien que très personnellement connu de l'un des préparateurs de Monsieur Synthèse, Alexis Pharmaque, mon ancien « professeur d'explosifs », je n'ai pas hésité à me charger de la mission dont vous voulûtes bien m'honorer, et qui consistait à surveiller, pour le compte de la « Maison » le personnel de l'expédition entreprise par Monsieur Synthèse.

J'ai pensé qu'il devait être très facile, à un homme du métier surtout, de se dissimuler au milieu des équipages fort nombreux embarqués sur quatre navires. Ce en quoi je ne me trompais pas.

La seule difficulté était de me créer, à bord du premier venu de ces bâtiments, une fonction, un état civil, de façon à ne pas être un intrus, à ne pas rendre ma présence suspecte, et à figurer régulièrement sur les états.

Dès mon arrivée au Havre, je choisis, à cet effet, une profession parfaitement en rapport avec mes moyens, en ce qu'elle concordait avec mon ignorance absolue des choses de la navigation, n'exigeait aucun apprentissage, s'exerçait dans les parties les plus retirées du navire, et me rendait méconnaissable en couvrant mes traits d'un maquillage permanent.

Cette profession est celle de *soutier*.

Si elle a pour moi de grands avantages, elle n'est pas sans offrir aussi de terribles inconvénients.

A bord des vapeurs, l'approvisionnement des machines est exécuté par des hommes exclusivement chargés d'amener, là à portée des chauffeurs, le charbon emmagasiné dans les soutes. D'où leur appellation de *soutiers* ou *charbonniers*.

Toujours claquemurés dans des réduits en tôle situés dans le voisinage immédiat des fourneaux, privés d'air, rôtis par une chaleur infernale, transpirant comme des éponges, ils mènent, pendant que le navire est en marche, une vie épouvantable.

Mais, passons. Ceci n'est qu'un détail sans intérêt.

Pendant que les steamers de Monsieur Synthèse embarquaient, au Havre, leur combustible, je m'arrangeai de façon à devenir l'ami d'un soutier, professionnellement altéré comme tous ses collègues, et je sus prendre le chemin de son cœur en passant par son estomac, c'est-à-dire en le grisant consciencieusement à chaque occasion.

Nous devînmes bientôt inséparables, à ce point que je pus, à plusieurs reprises, lui faire quitter la nuit son navire, pour venir courir la bordée franche dans les cabarets havrais.

Enfin, la veille au soir du jour qui précéda l'appareillage, je le fis boire plus copieusement encore, c'est-à-dire jusqu'à ce qu'il fût littéralement ivre-mort.

Cela fait, je le déshabillai lestement, je revêtis sa défroque, et lui laissai la mienne avec une centaine de francs pour atténuer ses regrets au réveil.

Je sortis après l'avoir confié aux soins d'une hôtesse incorruptible, puis, avisant un wagon de charbon, je me barbouillai de noir la face et les mains au point de devenir méconnaissable.

Ainsi transfiguré, je me présentai hardiment à bord en contrefaisant l'ivrogne. J'essuyai pour la forme les rebuffades d'un homme de quart. Mais comme les matelots sont pleins d'indulgence pour les gens ivres, celui-ci voulut bien me conduire au poste de l'équipage.

Il poussa la condescendance jusqu'à m'étayer vigoureusement, et je l'entendis faire cette réflexion pleine de couleur locale :

— Rudement poivrot, le soutier !

« Fichu métier qui altère son homme.

« Pauv' diable ! heureusement qu'il fait aussi noir que dans sa damnée cambuse à charbon ; sans quoi le capitaine d'armes l'enverrait à l'*ours* finir sa bordée.

Comme j'ignorais, et pour cause, la disposition de mon logement ainsi que la place de mon hamac, je m'allongeai simplement sur le plancher où je m'endormis.

Le lendemain, je fus envoyé, dès la première heure aux soutes, avec mes camarades qui, engagés depuis quelques jours à peine, connaissaient peu ou pas celui que je remplaçais ainsi au pied levé.

Le navire allait chauffer, j'entrais en fonctions sous le nom de Jacques Piedfin!.. que je portais sur le rôle de l'équipage de l'*Anna*.

Inutile de m'appesantir sur mon noviciat dont les commencements furent épouvantables...

Ma situation s'améliora fort heureusement, à mesure que notre navigation se prolongea. Nous embarquâmes, à Port-Saïd, des Nubiens pour la traversée du canal de Suez à la mer Rouge. Plus tard, notre temps de service fut ainsi réglé que nous n'eûmes plus que des intermittences de travail très courtes, après des repos prolongés.

Il était temps, car, en dépit de mon zèle et de ma vigueur, je succombais à la peine.

Entre temps, je laissai croître ma barbe de façon à modifier complètement ma physionomie et à me rendre méconnaissable pour mon ancien professeur, lorsque, arrivé à destination, je quitterais l'enfer du charbon pour cause d'extinction de la machine.

Ce diable d'homme, avec son œil de basilic, n'eût pas manqué de me reconnaître, et de trouver ma présence là-bas pour le moins suspecte.

Pardonnez-moi, Monsieur le préfet, de m'étendre ainsi sur ces détails

L'îlot est couvert d'un même appareil en forme de coupole (Page 148).

oiseux en apparence. Ma situation, assez inusitée, comporte son excuse. Je suis tellement isolé au milieu de mes compagnons, que j'éprouve en quelque sorte le besoin de causer avec moi-même, de monologuer sur le papier, pour échapper à l'abrutissement d'une station aussi prolongée.

Mon rapport sera certainement un peu prolixe, mais il n'en aura que plus de clarté. Du reste, certaines particularités relatives à ma profession de soutier ne seront pas sans importance, ainsi que les événements vous le montreront plus tard.

Après une navigation dénuée de tout incident, nous arrivâmes à la Mer de Corail, située, comme vous le savez, au Nord-Est de l'Australie.

Je n'ai pu encore savoir exactement la longitude et la latitude du point où nous nous trouvons. Mais j'en serai informé plus tard.

Ce détail, d'ailleurs, est sans aucune importance; du moins pour l'instant.

J'en reviens maintenant aux instructions verbales que vous me fîtes l'honneur de me communiquer quand je quittai la « Maison ».

« Tâcher de connaître l'emploi réel des scaphandres, des substances chimiques, des machines et en général de tout le matériel embarqué sur les navires de Monsieur Synthèse.

« Approfondir la signification des paroles suivantes prononcées par Monsieur Synthèse lors de votre entrevue avec lui: « Cette expérience à laquelle je pense depuis plus « d'un demi-siècle, comporte la formation d'une terre « qui n'existe pas. Il me faut donc opérer la synthèse d'un sol vierge que « je veux improviser de toutes pièces et faire surgir du fond de la mer »...

« Savoir si réellement Monsieur Synthèse prétend à la réalisation de ce projet; pourquoi, par quels moyens et quels seront les événements subséquents.

C'est là, un programme parfaitement défini, et auquel je me suis rigoureusement conformé.

Je dois mentionner, tout d'abord, que Monsieur Synthèse ne vous a rien dit qui ne fût l'exacte vérité, du moins en ce qui concerne la création d'un sol neuf.

a fabriqué artificiellement un petit îlot d'environ vingt-cinq mètres de diamètre et en usant d'un procédé qui ne peut germer que dans l'esprit biscornu d'un savant.

Sachant que les coraux sont de petits animaux qui absorbent les sels calcaires en dissolution dans l'eau de mer, pour les sécréter et les agglomérer à l'état solide, il s'est dit : « Les coraux mangent tant par jour de els et sécrètent tant de matière solide. En leur faisant absorber quinze ou vingt fois plus de sels, ils sécréteront quinze ou vingt fois plus de matière solide. »

Ce qui fut dit fut fait. Monsieur Synthèse, partant de ce beau raisonnement, vida dans un immense bassin plein d'eau de mer et occupé par des coraux, la cargaison d'un navire chargé de produits chimiques.

Les petites bêtes, repues, gorgées, lui ont fabriqué un récif qu'il appelle *sa terre* et qui, entre nous, doit lui coûter pas mal cher le décimètre cube.

Puisque Monsieur Synthèse tenait tant à posséder une terre neuve, il lui suffisait, à mon humble avis, d'édifier, en pleine eau, un massif de béton, au lieu de faire digérer préalablement à des bestioles, les molécules de son continent.

Il paraît que scientifiquement ce n'est pas la même chose et qu'il vient de réaliser un joli tour de force.

Je l'admire de confiance, n'étant pas assez compétent pour l'apprécier.

Quoi qu'il en soit du motif qui le fait agir, je ne vois, dans cette coûteuse fantaisie de propriétaire *foncier*, rien d'irrégulier ni d'attentatoire à la liberté des peuples ou des individus.

Le récif de Monsieur Synthèse ne gêne en rien la circulation, car nous avons autour de nous des millions de lieues carrées d'Océan où les écueils ne manquent pas. Peu importe un de plus, un de moins. Et, d'ailleurs, il n'est pas situé dans les eaux françaises.

Voici donc un point d'élucidé.

Quant à ses scaphandres qui ont mis jadis en éveil votre sagacité, rien de plus rationnel que leur destination. Du moins pour l'instant.

Avant de franchir le détroit de Torrès pour arriver à la Mer de Corail, notre flottille a relâché à Macao, le grand entrepôt des coolies chinois.

Monsieur Synthèse a engagé six cents de ces magots et les a embarqués pour en faire les manœuvres de son travail. Cet engagement a été régulièrement conclu à l'agence générale d'immigration, en présence du *procureur* portugais et du consul de Suède.

Rien à reprendre de ce côté, d'autant plus que Monsieur Synthèse n'est pas de nationalité française. Du reste, la traite des jaunes est officiellement admise par le code international.

Les Célestes, aussitôt arrivés à la Mer de Corail, ont revêtu chacun un scaphandre et exécuté un travail sous-marin consistant à fabriquer, en ciment romain, le bassin imperméable dans lequel s'est accomplie l'expérience relative au gavage des coraux.

Tout cela, je le répète, est parfaitement rationnel et si les scaphandres ne sont pas affectés plus tard à un emploi différent, ils n'auront plus d'autre privilège, après avoir intrigué l'autorité, que d'augmenter notablement les frais généraux de l'expédition.

Ainsi que le font pressentir vos instructions, Monsieur Synthèse ne doit pas s'en tenir à cette satisfaction platonique d'avoir fait périr d'indigestion des zoophytes, contre lesquels il n'avait aucun motif d'animadversion.

Il y aura une suite, à ce préliminaire de haute fantaisie.

Ainsi, à l'heure où j'écris, l'îlot est couvert d'un immense appareil en forme de coupole, avec une charpente en fer et un vitrage qui le fait ressembler à une colossale serre chaude.

Un vrai tour de force architectural, car ce dôme ne mesure pas moins de cent mètres de diamètre! Presque une fois et demie celui de Saint-Pierre de Rome qui en mesure quarante et un et plus de quatre fois celui du Panthéon, large seulement de vingt-quatre.

Je commence à admirer sincèrement l'ordonnateur de cette merveille, édifiée en trois semaines.

Voilà pour l'usage d'une partie très notable de l'énorme matériel emmagasiné sur les navires.

Jusqu'à présent, tout cela peut paraître extraordinaire. Mais l'esprit le plus prévenu n'a rien à y trouver de suspect.

Cette coupole, cette serre chaude a reçu, avec le nom significatif de laboratoire, un agencement susceptible de légitimer pleinement son appellation.

Ce laboratoire est enguirlandé à l'intérieur de tubes flexibles ou rigides et de tout calibre. Ces tubes, inattaquables à l'eau de mer comme aux gaz ou aux acides, communiquent avec l'extérieur en traversant la paroi de verre. Ils sont ajustés très solidement, et pourvus de robinets métalliques permettant d'établir et d'intercepter à volonté toute communication.

Au dehors, ces conduits se rendent individuellement dans des appareils de chimie, dont mon ancien professeur, Alexis Pharmaque possède la haute direction. Il y a des chaudières de tôle, des fourneaux de terre, des matras en charbon de cornue à gaz, des fours à réverbère, etc., etc... bref, une série d'ustensiles variés d'aspect et de destination, d'un volume effrayant, où doit bientôt s'élaborer la cuisine la plus fantastique.

Enfin une machine électrique d'Edison, de dimensions formidables, vient d'être installée sur un des navires. Elle communique avec l'intérieur du laboratoire par des fils spéciaux aboutissant à une série de tiges en cuivre plantées dans la voûte, ou immergées dans l'eau circonscrivant le récif.

Je ne puis rien présumer relativement à l'emploi de ce générateur d'électricité. Monsieur Synthèse veut-il faire des expériences sur l'éclairage électrique, ou produire des orages en chambre? Je l'ignore.

J'espère approfondir tout cela d'ici peu.

Entre temps, toutes ces étrangetés n'ont pas été sans intriguer violemment les hommes d'équipage. J'entends ceux qui sont d'origine européenne et par conséquent susceptibles de raisonnement, ou tout au moins de discussion.

Car les deux tiers environ, les matelots proprement dits et tous les hommes de service, appartiennent à la race hindoue. Des gens que rien n'étonne, qui ne remarquent rien, ne s'inquiètent de rien et trouvent naturelles les choses les plus invraisemblables. Bref, des fanatiques et des fatalistes inféodés jusqu'aux moelles à leur maître, Monsieur Synthèse.

Mais les autres qui possèdent les connaissances interdites aux Orientaux et dont le concours est indispensable au succès d'une telle expédition, commencent à élaborer de singulières légendes.

Des bruits étranges circulent sur le gaillard d'avant, ce lieu d'élection par excellence des histoires fantastiques, des contes bleus passés au noir. Sur les navires, on est généralement potinier : comme aussi dans les casernes et les couvents. C'est affaire de claustration.

Mais, de plus, les marins sont superstitieux et vous débitent avec une crédulité robuste les racontars les plus insensés.

Ainsi, Monsieur Synthèse commence à avoir sa légende qui se propage couramment parmi nous.

Après avoir fabriqué artificiellement une terre, il veut improviser, de toutes pièces, dans son laboratoire, des êtres humains d'une essence particulière : des individus hautement perfectionnés, à côté desquels nous ne serons même pas des singes de la plus vulgaire espèce.

A cet effet, les pauvres diables de Chinois, parqués pour l'instant sur un récif isolé, doivent servir d'éléments, ou si vous aimez mieux de matériaux à cette genèse ; comme dernièrement les coraux à la production du récif.

Mes compagnons prétendent que ces Chinois seront hachés menu, triturés, pilonnés, réduits en pâte molle, et qu'ils passeront dans une série d'appareils où ils seront soumis à des réactifs, à l'action de l'électricité, etc.

De ce magma humain, travaillé en grand selon la formule, sortiront les créatures supérieures dont Monsieur Synthèse veut doter sa petite province, — où, entre parenthèse, ils se trouveront un peu à l'étroit.

L'idée me semble originale et surtout audacieuse, bien que pour le moment je n'y ajoute, et pour cause, aucune créance.

J'ose affirmer, cependant, que, si telle était l'idée de Monsieur Synthèse, s'il jugeait un pareil massacre indispensable à la réalisation de son projet, il n'hésiterait pas à l'accomplir.

Je crois, en somme, que, s'il a réellement l'intention d'opérer la synthèse d'un organisme humain, il emploiera un procédé moins barbare.

En fin de compte, un grand événement scientifique se prépare, et nous allons voir des choses extraordinaires.

Mais ce n'est pas tout. Ma position de soutier, toute infime qu'elle est, m'a mis à même de pénétrer un mystère qui pourrait bien avoir des conséquences inattendues pour certains membres de l'état-major, et non des moins importants.

L'affaire est toute récente, puisqu'elle est postérieure à l'installation de la machine dynamo-électrique d'Edison.

Vous savez que le principe de ces appareils repose sur la production d'électricité par le mouvement. La source par excellence du mouvement étant la vapeur, les machines dynamo-électriques empruntent, par conséquent, cette force à des machines à vapeur.

L'appareil d'Edison, installé sur notre navire, a donc pour moteur nos générateurs eux-mêmes.

Lorsqu'on essaya cette machine, on dut, naturellement, faire allumer nos fourneaux de chauffe, et, tout naturellement aussi, les soutiers, depuis longtemps inactifs, reprirent leur service.

Je fus de la première bordée, avec un compagnon fort taciturne, une espèce de misanthrope que l'on ne voyait jamais parler à personne, et qui passait la majeure partie de son temps claquemuré dans les parties les plus sombres du navire.

Ce personnage m'intriguait pourtant, en dépit de son mutisme, et je résolus de le surveiller, ne fût-ce que comme passe-temps.

Aussi, jugez de mon étonnement, quand je le vis, à plusieurs reprises, échanger des regards d'intelligence, des signes, et parfois des phrases rapides avec plusieurs hommes de l'équipage, des Hindous, et notamment avec le domestique de notre capitaine.

Il me semblait, en outre, que cet homme témoignait pour l'épais enduit de charbon lui couvrant la face, une tendresse au moins singulière. Et je me demandai pourquoi, seul à bord, parmi les soutiers, il tenait, ainsi que moi, à porter indéfiniment sur la figure cet atroce badigeon

Encore, puis-je maintenant, grâce à ma barbe qui modifie suffisamment mes traits, me tremper avec volupté dans une baille d'eau de mer, sans craindre d'être reconnu.

J'en vins donc, par analogie, à me dire : « Celui-là se cache aussi. C'est un soutier qui n'a pas la vocation ; et s'il a pris cette profession si infime, c'est que, comme moi, il a intérêt à dissimuler sa personnalité.

Je fus assez longtemps avant d'en avoir le cœur net, mais enfin, je pus, non sans un secret plaisir, constater la justesse de mon hypothèse.

C'était le jour où fut essayée la machine dynamo-électrique.

Il faisait une chaleur effroyable, et comme le navire n'était pas en marche, les manches à vent ne versaient pas, au fond de notre étuve, la moindre parcelle d'air frais.

En outre, comme nous avions perdu, depuis longtemps déjà l'accoutumance à ce travail écrasant, nous fûmes bientôt sur les dents.

En dépit de son énergie, mon compagnon fléchit le premier. Asphyxié, suffoqué par une température de 50°, il s'affaissa lourdement comme foudroyé sur son tas de charbon.

Je ne sais quelle vigueur me donne soudain la curiosité bien plus que la philanthropie, mais je puis, bien que défaillant à mon tour, empoigner mon homme, le hisser comme un paquet, de la soute de l'avant jusqu'au poste des blessés, heureusement désert en ce moment.

Je l'asperge copieusement d'eau de mer, de façon à faire tomber le masque de charbon plaqué sur ses traits, et à profiter au plus vite de cette occasion unique de le dévisager à l'aise.

Jugez de mon étonnement, quand, sous ce hideux enduit, je trouve un épiderme d'un blanc mat, des traits admirables, d'une noblesse, d'une pureté de lignes incomparables, bref, un type accompli de beauté virile, une reproduction vivante du Bacchus Indien !

Mon malade est un tout jeune homme qui n'a pas vingt-cinq ans. Il revient lentement à lui, me regarde d'un air effaré, balbutie des mots sans suite parmi lesquels je distingue le nom de Monsieur Synthèse... puis des menaces de mort contre lui.

Après environ trois mois de cohabitation avec des Hindous, j'ai fini par accrocher quelques brides d'hindoustani, et même à comprendre couramment certaines phrases usuelles.

Je ne me trompe pas. Le malade est bien un ennemi de Monsieur Synthèse ! un ennemi acharné, à en juger par l'expression de férocité répandue sur ses traits pendant qu'il divague.

Brusquement il revient à lui et me reconnaît.

— Tu parles anglais? dit-il sans préambule.

Je suis né à Boulogne-sur-Mer et l'anglais m'est aussi familier que le français.

J'inclinai la tête en signe d'affirmation.

— Je viens de parler... Tu as entendu...

— Non ! Je ne comprends pas l'hindoustani

— Tu mens !

« En outre, tu as vu mon visage

— Et après !

« Dis donc, camarade, est-ce là le remerciment du service que je t'ai rendu ?

« Et si, au lieu de t'amener ici, je t'avais laissé dans la soute ?

« ...Tu n'en avais pas pour un quart d'heure à vivre.

— C'est vrai.

« Mais tu n'en possèdes pas moins un secret qui tue.

— Allons, ne dis pas de bêtises, et surtout ne fais pas de phrases de mélodrame.

« Je ne suis pas du bois dont on fait les naïfs, et on ne m'intimide pas comme cela.

« Faisons la paix.

« Que veux-tu ?

— Que tu oublies tout !

— C'est d'autant plus facile que je ne sais rien.

— ...Mes paroles et jusqu'à mon visage.

— S'il n'y a que cela pour te faire plaisir, je ne demande pas mieux.

— Jure-le... Mais jure donc !

— Entendu !... Promis !... Juré...

« Es-tu content ?

— Maintenant, retournons à l'ouvrage.

« Nul ne doit me voir à découvert.

Nous regagnons sans désemparer la soute. mon gaillard se barbouille avec acharnement et ajoute à voix basse :

— Et toi, que fais-tu ici ?

— Tu le vois : je porte du charbon dans une manne à lest...

« Un fichu métier.

— Qui n'est pas le tien.

Tiens faisons la paix. Confidence pour confidence..... (Page 154.)

« l'as plus que moi tu n'es un véritable soutier.
— Aïe !... pincé ! murmurai-je à part moi.
— Réponds !...
« Pourquoi es-tu ici ?
— C'est un secret qui n'est pas le mien, et qui, d'ailleurs, n'a aucun rapport avec toi...

« Il concerne seulement Monsieur Synthèse... Lui seul !

— Alors, tu n'es pas ici à cause d'elle ?

— Qui, elle ?...

— La jeune fille...

— Ah !... la petite personne qui est à bord.

— ... Celle pour qui j'endure les tourments de cet enfer... Celle qui a enchaîné mon âme...

— Connu ! mon cher, c'est connu !

« Eh bien, rassure-toi, je ne suis pas un rival.

— Tu le jures ?

— Tu as la monomanie des serments, mon camarade.

« Voyons, regarde-moi, ai-je l'encolure d'un héros de roman ?

— C'est vrai, dit-il avec un vague sourire, en contemplant mon physique très vulgaire et ma face au moins banale.

— Mais, ajoutai-je un peu imprudemment, puisque tu nourris un sentiment aussi tendre pour l'enfant, pour quoi cette haine féroce pour le père ?

— Tu l'avoues donc enfin... tu as entendu les menaces échappées à mon délire.

— Qu'est-ce que ça fait, puisque je t'ai promis le secret ?

« Tiens, faisons la paix : confidence pour confidence et discrétion pour discrétion.

« Je suis un *détective* envoyé par la police française pour surveiller Monsieur Synthèse.

— Tu ne sauras rien de lui.

« Et, d'ailleurs, ce qu'il fait n'intéresse pas la justice de ton pays.

« Il n'est pas l'ennemi des Français.

— De qui donc est-il l'ennemi ?

— Des Anglais.

— Pas possible !

« Et pourquoi ?

— Je l'ignore... Tout ce que je puis te dire, c'est qu'il fut autrefois l'ami du vieux radjah de Bithour... C'est qu'il entretint chez son fils adoptif Dhondoopunt-Nanajée, cette haine...

— Connais pas !

— Dhondoopunt que vous appelez Nana-Sahib, vous autres Européens.

— J'y suis : le triste héros de la grande révolte de 1857, l'auteur des massacres de Cawnpour...

— C'est cela même... Synthèse fit de Nana son instrument et conduisit en sous-main la révolte.

— Soit ; mais tout cela est de l'histoire ancienne, qui n'intéresse plus les contemporains.

« Il faudrait d'ailleurs en prouver l'authenticité... puis, enfin, il y a eu depuis longtemps amnistie.

« Je ne vois guère en quoi cela peut t'intéresser.

— Que t'importe !

« Apprends seulement que Synthèse fut le mauvais génie de ma famille, que grâce à lui le cadavre de mon père a été mangé par des animaux immondes, que je suis privé de ma caste... et réduit au rang des parias !

« ... Mais brisons là !

« Tu possèdes une **partie de mon secret**, j'ai le tien, nous sommes quitte pour l'instant.

« Nous pouvons, nous devons même vivre en bonne intelligence, sans chercher à nous nuire.

« Du reste, un seul mot de toi au Sahib (maître) serait ta mort, car j'ai ici des complices, et tu ne les connais pas.

« Travaillons !

Me voici donc dans une singulière situation et je commence à me demander ce que je suis venu faire dans cette galère.

Cet inconnu, ce personnage mystérieux dont je ne sais même pas le nom, qui sait parler comme un civilisé, et haïr comme un sauvage, me paraît d'envergure à commettre un crime.

Il n'attend probablement qu'une occasion favorable pour faire disparaître Monsieur Synthèse et s'emparer de la jeune fille.

Chose difficile, car le bonhomme se garde bien. On dirait vraiment qu'il se défie instinctivement.

Que dois-je faire, dans de pareilles conjonctures ?

Tout révéler au maître, au Sahib ? comme ils disent ici. Mais il faudra lui confesser ma qualité de délégué spécial de la « Maison », et il pourrait prendre fort mal la chose.

En outre, mon compagnon de travail me ferait probablement assassiner, ce qui n'entre pas dans mes idées.

Je dois donc m'abstenir ; ménager la chèvre tout en conservant le chou, c'est-à-dire veiller obscurément à la sécurité du vieillard, tout en restant, au moins en apparence et passivement, le complice de mon inconnu, ne fût-ce que pour déjouer habilement ses projets.

Personnellement, Monsieur Synthèse ne m'inspire aucune sympathie, et je le laisserais volontiers se débrouiller dans toute autre circonstance.

Mais son œuvre m'intéresse, et j'en veux voir la suite. Car j'ai mission pour cela.

Aussi, ne fût-ce que par curiosité, plutôt que par humanité, je dois intervenir.

. . . .

Sur cette réflexion, indiquant chez son auteur plus de philosophie que de philanthropie, l'agent Numéro 32 interrompt sa rédaction. Il plie soigneusement les feuilles de papier-pelure couvertes d'une écriture microscopique, les roule autour d'un petit porte-crayon à mine d'aniline, insère le tout dans un étui fermant à vis, et cache l'étui dans un coin de la doublure de sa vareuse.

VII

Un ordre de service. — Effroi du zoologiste à la lecture de ce papier. — Projet de descente à cinq ou six mille mètres au-dessous du niveau de la mer. — Le jeune M. Arthur manque d'enthousiasme pour aller chercher si loin le *Bathybius Hæckelii*. — La *Taupe-Marine*. — L'appareil Thibaudier pour les sondages profonds. — Après le *Sondeur*, le *Plongeur*. — Six kilomètres de câble en acier. — Monsieur Synthèse « désincrusté ». — Derniers préparatifs d'une exploration sous-marine. — Enfermés dans le récipient métallique. — La descente. — La mer éclairée à l'électricité. — Conversation à cinq mille deux cents mètres.

En dépit de la claustration à laquelle s'est condamné Monsieur Synthèse, les travaux ont été poussés avec une activité prodigieuse.

Ses plans ont été si bien établis et ses ordres donnés avec une telle précision, ses chefs d'emploi les ont si intelligemment interprétés, et les ouvriers ont mis tant de zèle et d'habileté à les exécuter, que la période préparatoire est terminée.

Le laboratoire monstre, installé sur l'atoll, est pourvu de ses annexes et des divers appareils devant aider à l'élaboration des matériaux d'où doit sortir le Grand-Œuvre.

Mais pour le moment tout est encore inanimé. La machine dynamo-électrique est au repos sous le vaste prélart qui la recouvre, les tubes immobiles serpentent bizarrement sous la voûte de la coupole dont les vitres réfléchissent avec un éclat aveuglant les rayons du soleil. Fours et matras, chaudières et fourneaux sont vides, prêts à recevoir les substances mystérieuses dont la formule est connue seulement du maître.

On sent pourtant que tous ces multiples organismes sont près d'entrer en action, et que cette gigantesque machine va prochainement s'animer tout entière au commandement du vieux savant.

En dépit des pronostics alarmants formulés par M. Roger-Adams, relativement à l'état de santé de Monsieur Synthèse, rien ne semble modifié dans les projets de celui-ci.

Et même le capitaine Christian, qui le visite deux ou trois fois par jour, semble particulièrement joyeux. Étant donné le dévoûment de l'officier pour le vieillard, il est à supposer que les accidents signalés par le zoologiste n'ont pas eu de suite fâcheuse, ou qu'il s'est trompé dans son diagnostic. Sans quoi le capitaine ne manifesterait pas ce contentement qui s'observe sur son visage, à mesure que les jours s'écoulent.

Enfin, le matin du trentième jour, c'est-à-dire un mois après le commencement de l'installation du laboratoire, M. Roger-Adams, toujours plus mélancolique et plus préoccupé que jamais, entre tout bouleversé dans la chambre de son collègue.

Alexis Pharmaque, vêtu d'une mauresque, allongé sur son cadre, près d'un hublot ouvert, aspirait avec délices les fraîches émanations de la mer.

Le chimiste qui rêve peut-être de combinaisons baroques ou d'atomes aussi crochus que sa personne, sursaute brusquement.

— Eh! bone Deus! Qu'avez-vous? Qu'y a-t-il? Le feu est-il à bord?..

« Seriez-vous malade?... Vous êtes jaune comme un coing...

« Votre foie vous jouerait-il quelque mauvais tour?

« Vous n'êtes plus le même depuis un mois... Il faut soigner cela, mon cher!

Le zoologiste laisse passer ce flux de paroles et répond enfin d'un accent navré :

— Pire que tout cela!

— Comment?... Pire qu'un incendie... pire que la jaunisse...

— Jugez-en par la lecture de cet ordre de service... de ce maudit petit papier que notre maître à tous — le diable l'emporte! — a daigné me faire tenir par un de ses hommes.

Et le préparateur présente à son collègue une feuille de petites dimensions, d'un papier épais, couvert d'une écriture aiguë comme des caractères de manuscrits hermétiques.

— Tiens!... un autographe du patron, répond joyeusement le chimiste.

— Autant dire de Beelzébuth! interrompt le zoologiste d'un ton dolent.

— Savez-vous que c'est intéressant tout plein...

— Vous n'êtes pas difficile.

— Moi, je vous envie l'exécution de cet ordre si brièvement formulé.

« M. Roger-Adams se tiendra prêt, dans deux heures, c'est-à-dire à dix
« heures précises, à prendre place avec moi dans la *Taupe-Marine*. Nous
« teindrons une profondeur de cinq à six mille mètres, à laquelle doit se
« rencontrer le *Bathybius Hæckelii*. La Taupe-Marine sera munie de lampes
« électriques et de microscopes. »

S.

« C'est précis et concis, hein !

— C'est désespérant !

— Eh quoi ! Vous faites de pareilles façons pour une simple promenade sous la mer !

« Quand vous allez apercevoir, par les hublots de la Taupe les merveilles cachées sous ces cinq ou six kilomètres d'eau !

« Quand vous allez atteindre cette profondeur à laquelle nul être humain n'est descendu vivant...

— Et où je resterai mort !...

— Puisque le patron vient avec vous..

« Croyez-vous qu'il ne tienne pas autant que vous à sa peau ?

« Je le répète, je vous envie cette faveur

— Merci ! vous êtes bien bon !

— Avec un tel homme, voyez-vous, j'irais au diable sans sourciller.

— Décidément, vous êtes ensorcelé.

— Par son mérite exceptionnel, par sa science incomparable, par son génie.

« Oui, certes, je suis heureux et fier de le proclamer.

— Quant à moi, je suis absolument réfractaire.

— Libre à vous...

« Mais, réfractaire ou non, enthousiaste ou pas, vous irez bon gré, mal gré dans la Taupe, et vous n'en accomplirez pas moins cette jolie descente de six mille mètres au-dessous du niveau de la mer.

« N'êtes-vous pas d'avis que pour un homme atteint de la gangrène des vieillards, notre commun patron me semble doué d'une remarquable somme d'énergie ?

— C'est à n'y rien comprendre !

« Moi qui m'attendais à le revoir moribond, après cette claustration d'un mois !

— Et moi, c'est tout le contraire !

« Ou je me trompe beaucoup, ou nous allons le voir réapparaître plus vigoureux que jamais...

« Entre nous, je crois qu'il a employé ces trente jours de solitude, à « se refaire le torse », comme on dit vulgairement ; ou si vous aimez mieux, à désincruster ses artères...

— Médicalement, c'est impossible.

— A vous, à moi, au commun des mortels, je ne dis pas.

« Mais a lui !

« ... Quant à ce qui concerne votre excursion à la recherche du *Bathybius*, et aux aléas que vous appréhendez, il vous reste encore tout le temps pour prendre vos dispositions testamentaires ; c'est une consolation, n'est-ce pas ?

« A moins que vous ne préfériez visiter avec moi ces deux merveilleux engins d'exploration sous-marine installés en vue de votre voyage.

« Cela vous rassurera, je l'espère.

— Faute de mieux, hélas ! j'aime autant cela, répond avec un long soupir le zoologiste plus décontenancé que jamais.

Le steamer a subi d'importantes modifications occasionnées par cette installation toute récente.

Les deux engins dont parle le chimiste avec tant d'admiration présentent quelques points de ressemblance, en ce sens qu'ils sont destinés à atteindre de grandes profondeurs, mais ils diffèrent totalement comme dimensions.

L'un est un appareil de sondage, dont le poids total, avec son fil, ne dépasse pas cent cinquante kilogrammes l'autre est un appareil à plongeur, pesant sept à huit mille kilogrammes avec son câble.

L'opération préliminaire de toute exploration sous-marine comprenant essentiellement la détermination de la profondeur du lieu à explorer, décrivons sommairement celui des deux engins qui doit être mis en œuvre le premier.

Il est installé sur la passerelle même, et se compose d'une grosse poulie sur laquelle sont enroulés environ dix millimètres de fil d'acier de un millimètre de diamètre. Ce fil se rend de la poulie à une roue mesurant exactement un mètre de circonférence. Il descend de là sur un chariot mobile le long de bigues en bois, remonte sur une poulie fixe, et arrive au sondeur après avoir traversé un guide où il trouve toujours un petit sur lequel il peut s'appuyer, quelle que soit l'inclinaison du bateau.

La poulie fixe est placée à l'extrémité d'un mâtereau arc-bouté en biais

Tout change comme par enchantement devant la subite explosion d'une lumière aveuglante (Page 168.)

au plat-bord du bâtiment, et solidement encastré dans le pont lui-même.

La roue, mesurant un mètre sur son pourtour, porte à son axe une vis sans fin qui met en mouvement deux roues dentées indiquant le nombre de tours qu'elle accomplit : l'une marque les unités, l'autre les centaines. Cette dernière est graduée jusqu'à dix mille mètres.

Chaque tour de la roue correspondant à un mètre, le nombre indiqué par les roues dentées représente la profondeur. Cette ingénieuse disposition constitue, de la sorte, un compteur automatique d'une régularité absolue.

La manœuvre est des plus simples, et s'opère presque sans développement de force.

La poulie d'enroulement porte, sur son axe, une poulie de frein manœuvrée par un levier à l'extrémité duquel se trouve une corde venant s'amarrer au chariot. Quand dans les mouvements de roulis la tension du fil d'acier supportant le sondeur augmente ou diminue, le chariot remonte ou descend le long des bigues, appuie plus ou moins sur le frein, et régularise ainsi la vitesse du déroulement.

Le sondeur et ses poids étant disposés à l'extérieur du navire maintenu immobile par sa machine, de manière à rendre le fil vertical, un homme met le compteur à zéro en appuyant sur le levier. Quand tout est prêt, il lâche le frein, et le déroulement s'opère, jusqu'au moment où, le sondeur touchant le fond, le fil, subitement allégé d'un poids atteignant soixante-quinze à quatre-vingts kilogrammes, s'arrête instantanément.

On n'a plus qu'à lire l'indication fournie par le compteur pour connaître la profondeur exacte.

Cet appareil, destiné à rendre de si grands services aux savants et aux navigateurs, et disposé de façon à être tout à la fois compteur, enregistreur et régulateur, est dû à un Français, M. Thibaudier, ingénieur distingué de notre marine nationale.

Un mot encore, relativement à l'emploi de ce fil métallique dont l'adoption constitue un progrès définitif pour opérer les sondages profonds. Bien que son diamètre soit seulement de un millimètre, sa résistance est telle qu'il supporte, sans se rompre, un poids de cent quarante kilogrammes. En outre, ses dimensions très réduites et sa ténacité ne constituent pas ses seuls avantages.

Grâce au peu de surface qu'il offre étant déroulé, les courants sont sans action sur lui et ils peuvent d'autant moins l'entraîner hors de la verticale qu'on le charge d'un sondeur très lourd.

Quand autrefois on se servait de cordes de chanvre, les résultats n'avaient plus aucune exactitude lorsqu'on opérait à de grandes profondeurs.

Les erreurs provenaient de ce que la ligne de chanvre devant posséder un diamètre assez considérable pour supporter le poids de la sonde, elle offrait une telle surface à l'action des courants, que ceux-ci l'entraînaient parfois fort loin.

C'est ainsi que, pendant la brillante campagne scientifique du *Talisman* dans l'Atlantique, des erreurs énormes (1) ont pu être corrigées par l'emploi du sondeur Thibaudier.

L'appareil à plongeur, totalement indépendant du premier, est placé à l'avant du navire. Ainsi qu'il a été dit précédemment, il offre certaines analogies avec lui, mais dans des proportions colossales. Le fil est un câble également métallique, et l'instrument remplaçant le sondeur est un véritable monument.

Figurez-vous un obus monstre, ressemblant à un des anciens obus à ailettes du modèle 1864-1866, et remplacés aujourd'hui par le projectile portant une ceinture de cuivre.

Il mesure exactement cinq mètres de hauteur, et deux mètres soixante centimètres de diamètre à sa base. Sa ressemblance avec l'ancien obus est encore augmentée par la présence de hublots en cristal placés circulairement, sur deux rangs, et six par six comme les ailettes de zinc destinées jadis à se placer dans les rayures de la pièce d'artillerie.

Enfin, il se compose aussi d'une partie cylindrique, surmontée d'une ogive tronquée à la pointe.

Comme il est hermétiquement clos de toutes parts, il est pour l'instant impossible de rien préjuger relativement à sa disposition intérieure.

On est seulement autorisé à penser que son poids et sa résistance doivent être très considérables, pour atteindre à la profondeur mentionnée sur l'ordre de service, et surtout résister aux pressions d'un pareil volume de liquide.

Cet appareil est simplement posé debout, à l'avant du mât de misaine, immédiatement au-dessous d'une grue pouvant se mouvoir de droite à gauche, et de gauche à droite, dans un plan horizontal.

Le câble destiné à descendre et à remonter cette énorme machine est également métallique, avons-nous dit. Il est formé par la réunion de neuf torons de chacun huit fils d'acier tordus autour d'un fil unique, isolé dans une enveloppe de gutta-percha. Bien qu'il soit composé de soixante-douze fils différents, son diamètre ne dépasse pas dix-huit millimètres. Sa force de résistance est telle qu'il a supporté sans rupture une traction de quinze mille

---

1. Le 6 août 1883, par 27°10′ de latitude et 12° de longitude, là où les cartes portent d'anciens sondages de 1000 et 2000 mètres exécutés à la corde, le sondeur à fil métallique a indiqué 4965 mètres. Le lendemain, par 30°17′30″ de longitude et 43° de latitude on trouvait 3,520 mètres au lieu de 2000.

kilogrammes. Soit trois fois celle d'un câble de chanvre quatre fois plus gros.

La longueur totale de ce câble est exactement de six mille mètres. Il passe sur la poulie fixée en tête de la grue et s'accroche, par une de ses extrémités, au sommet de l'appareil à plongeur dénommé *Taupe-Marine* par son inventeur, l'ingénieur Toselli. Il retourne vers l'arrière et passe sur un treuil mis en mouvement par une machine indépendante, de la force de trente chevaux.

Ce treuil, destiné à supporter presque tout le poids de l'appareil et de son câble, sert exclusivement à la descente et à la montée.

Le câble se rend de là, en passant sur des poulies à réas, un peu plus à l'arrière, pour s'enrouler sur une énorme bobine de fonte actionnée par une autre machine indépendante, de la force de dix chevaux.

On comprend facilement l'utilité de cette disposition, et pourquoi l'enroulement s'opère sur un appareil indépendant. L'effort énorme produit par le poids de la Taupe-Marine et du câble contrarierait l'enroulement ou le déroulement de celui-ci, au point de rendre la manœuvre à peu près impossible.

La marche des machines est réglée, d'ailleurs, de façon à obtenir une concordance absolue de mouvement.

Longtemps les deux collègues examinèrent tous les organes de ce mécanisme aussi puissant qu'ingénieux. Alexis Pharmaque, légèrement ironique, mais en somme consolant, et le jeune M. Arthur de plus en plus affaissé.

Enfin sonne l'heure que le zoologiste s'obstine à qualifier de fatale.

Avec sa régularité chronométrique d'homme ignorant les impossibilités ou même les simples empêchements, Monsieur Synthèse sort de son appartement, et s'avance vers la passerelle, où se trouve l'appareil à sonder.

Le capitaine est à son poste avec les hommes chargés de la manœuvre.

Le Maître répond froidement au salut respectueux des deux préparateurs, enfile allègrement l'escalier, et leur fait signe de le suivre.

Instinctivement leurs regards se portent sur la main qui s'appuie à la rampe, et un cri de stupéfaction est près de leur échapper.

Les taches jaunâtres qui la marbraient et lui donnaient cet aspect caractéristique auquel ne peut se tromper l'œil exercé d'un médecin ont complètement disparu. L'épiderme a repris sa transparence et sa coloration premières ; on voit serpenter le réseau bleuâtre des veines ; toute trace de gangrène est effacée !

— Cet homme est un démon! murmure en aparté le professeur de zoologie qui commence à douter du témoignage de ses sens.

— Allons, le patron s'est « désincrusté », se dit « in petto » le chimiste.

« Pardieu! je n'attendais pas moins de lui.

« Ce petit médicastre n'est qu'un sot, et le patron est un rude homme!

— Le sondeur est prêt à fonctionner? demanda à l'officier Monsieur Synthèse de sa voix calme.

— Oui, Maître, tout est paré.

— Eh bien... Envoyez!

Aussitôt, l'homme tenant en main le levier qui a mis le compteur à zéro lâche le frein, la poulie tourne avec rapidité, le fil se déroule et le sondeur disparaît dans les flots.

Après cinq minutes d'une attente qui donne la chair de poule à Roger-Adams, le mouvement s'arrête brusquement.

— Cinq mille deux cents mètres de profondeur! s'écrie l'officier après avoir consulté le compteur.

— Bien, répond Monsieur Synthèse.

« Fais remonter le sondeur, et suis-moi jusqu'à la Taupe-Marine.

« Vous aussi, Messieurs.

Ils arrivent devant le lourd appareil dont les hublots scintillent comme d'énormes diamants.

— Fais ouvrir l'obturateur, continue le Maître.

Au commandement du capitaine, quatre matelots dressent en carré chacun un espar autour de la Taupe, et fixent ces espars en haut et en bas avec des traverses amarrées par des filins.

Ils adaptent ensuite, sur cet échafaudage quadrangulaire, un plancher sur lequel se hisse le capitaine avec deux hommes.

Ils dominent ainsi, d'environ un mètre, le cône tronqué formant le sommet de la Taupe-Marine.

Une barre de fer est introduite alors dans un anneau central que l'on ne peut apercevoir d'en bas, puis les deux hommes, s'attelant chacun à un bout de la barre, poussent vigoureusement comme s'ils viraient un cabestan.

Toute la partie supérieure de l'ogive obéit à cette impulsion, tourne sur elle-même de droite à gauche, accomplit sept ou huit révolutions et découvre un pas de vis métallique aussi brillant que de l'or.

C'est cette calotte mobile, à laquelle Monsieur Synthèse donne le nom d'obturateur, qui sert à fermer l'appareil, de façon à le rendre absolument étanche.

C'est par là que s'introduisent les explorateurs sous-marins dans le réduit de métal.

— Stop! commande le capitaine qui a compté les tours.

Il pousse ensuite quelques coups de sifflet à l'adresse des deux mécaniciens qui tiennent en main les manettes de mise en train des deux machines actionnant le câble.

Puis un simple signe de la main.

Alors, le câble d'acier passant sur la gorge de la poulie fixée en tête de la grue et attaché au sommet de l'obturateur, se raidit lentement... lentement.

La lourde calotte soulevée monte peu à peu d'environ deux mètres et demi, et reste suspendue au commandement de : Stop!

L'accès de la Taupe-Marine est libre, au grand crève-cœur de Roger-Adams qui sent littéralement ses jambes se dérober sous lui.

Sur un nouveau signe du Maître, le capitaine et les deux matelots descendent sur le pont.

Le maître emmène l'officier à l'écart, et lui dit :

— Tu as vérifié l'amarrage du câble, et tu t'es assuré de sa solidité?

— Oui, Maître.

« Cette nuit même, j'ai fait descendre la Taupe à quatre mille mètres, et je l'ai abandonnée pendant une heure, ainsi suspendue, sans autre point d'appui que le grelin de fer.

— Malgré les mouvements du navire qui augmentaient encore les effets de la pesanteur, il s'est parfaitement comporté.

— Et le réservoir à air comprimé?...

— Également vérifié par moi, ainsi que le fonctionnement des prises d'air.

— Les lampes électriques?...

— ... Sont en place dans la Taupe et prêtes à marcher.

— Tu es sûr des officiers mécaniciens ?

— Comme de moi-même

— Non pas au point de vue de la fidélité... mais relativement à l'habileté professionnelle.

— Oui, Maître, je comprends.

« Je les ai exercés depuis plusieurs jours à la manœuvre de l'enroulement et du déroulement du câble.

« Leurs machines fonctionnent avec une simultanéité absolue.

— C'est parfait.

« Je n'ai pas besoin de te dire que je compte sur toi pour surveiller l'exécution de cette délicate manœuvre.

— Ah! Maître, si vous m'autorisiez seulement à prendre votre place, et à courir des dangers dont j'ai tâché d'écarter pourtant jusqu'à l'apparence...

« Cinq mille deux cents mètres... Pensez donc!

— Impossible!

« Je dois recueillir moi-même, en personne, l'élément primordial de la genèse future.

— Ne puis-je au moins vous accompagner?

— Pas davantage!

« Ton poste est ici, car sur toi repose essentiellement le soin de ma sécurité.

— Pardonnez à mon insistance, et comptez sur moi.

— C'est bien.

« Fais dresser une échelle, et en avant!

L'échelle à peine appuyée à l'échafaudage, le vieillard se hisse lentement sur la plate-forme et invite d'un signe le préparateur de zoologie à la rejoindre.

— Bon voyage! lui dit à voix basse le chimiste.

Le jeune M. Arthur, la gorge sèche, les traits tirés, les jambes cotonneuses, le regard de l'air d'un condamné à mort en marche pour l'échafaud, et auquel on ferait cette sinistre plaisanterie de souhaiter : bon voyage! suit automatiquement le Maître.

— Descendez! lui dit-il de son ton froid.

« Vous voyez ces échelons de corde fixés à la muraille intérieure.

— Oui... Maître!...

— Maintenant, à mon tour, termine le vieillard en disparaissant dans la Taupe qui semble les engloutir tous les deux.

Le capitaine Christian, qui les a suivis, fait un nouveau signe aux mécaniciens. Le couvercle immobile au sommet de la grue descend lentement et s'adapte au pas de vis.

Les deux reclus cessent d'apercevoir le disque bleu du firmament découpé par la paroi circulaire de l'appareil. Mais le jour leur vient aussi intense par les deux rangs de hublots.

Ils entendent le lourd obturateur tourner et s'incruster à la spirale, la barre de fer manœuvrée par les marins grincer dans l'anneau, les pas de ces derniers ébranler le plancher sonore, et les coups de piston de la machine transmis par le bordage du pont.

Puis, tout bruit cesse.

Ils se sentent enlevés doucement, sans à-coup et suspendus au-dessus du navire. Puis la grue évolue silencieusement comme un bras gigantesque, emporte la Taupe en opérant un mouvement équivalent à un quart de cercle et s'arrête, maintenant l'appareil au-dessus des flots.

Le pauvre diable de préparateur, immobile, la sueur au front, les tempes serrées comme s'il sentait les premières atteintes du mal de mer, a vaguement conscience qu'il s'enfonce.

La lumière s'atténue peu à peu, devient verdâtre, s'assombrit, et s'éteint progressivement.

Bientôt, il n'y a plus dans l'intérieur de la Taupe qu'une lueur fauve, terne, précédant de bien près les ténèbres.

Mais Monsieur Synthèse vient de mettre en communication, avec un accumulateur à lames de plomb parallèles de Gaston Planté, une petite lampe électrique d'Edison.

Tout change comme par enchantement devant la subite explosion d'une lumière aveuglante.

La Taupe-Marine, en quelque sorte transpercée par des rayons d'une intensité inouïe, émet par ses hublots des faisceaux incandescents au milieu desquels s'agitent, effarées, éblouies, des créatures étranges et monstrueuses.

Au loin, dans la pénombre, rutile la paroi à pic d'un récif corallien aux reflets de sang. Quelques tiges brunes, rigides comme des barres de métal, des algues géantes arrachées aux flancs des écueils, dérivent em portées par un courant et frôlent la carapace de métal. De gros poissons, aux yeux glauques et fixes, viennent coller leur museau à une plaque de cristal, et descendent béats, hypnotisés par cette lueur crue qui titille leur cerveau de bêtes privées de pensée. Des crabes géants cognent avec un bruit sec les dures parois de l'appareil. Des congres énormes, annelés, comme des serpents, se vautrent et pataugent dans une nappe de lumière, au milieu d'une bande de *tintoréas*, ces féroces requins dont la phosphorescence devient invisible.

La Taupe descend toujours et commence à atteindre des profondeurs de plus en plus inaccessibles aux êtres vivants.

Monsieur Synthèse saisit aussitôt le récepteur du téléphone. (Page 170.)

Alors, le zoologiste dont les instincts de savant ont été réveillés par ce brusque et splendide panorama, sort de sa torpeur et commence à inventorier le réduit où il se trouve en compagnie du Maître.

Il remarque, tout d'abord, qu'ils se tiennent sur un plancher élevé d'environ un mètre au-dessus de la base de l'appareil. Il y a donc intérieurement une cavité, un compartiment fermé dont il ne peut jusqu'alors définir l'emploi. D'autre part, l'intérieur de la Taupe-Marine qui affecte la forme d'une ruche immense, constitue une sorte de laboratoire élémentaire où se trouvent les instruments de première nécessité. Entre autres, deux microscopes, plusieurs flacons renfermant des réactifs, une lampe à alcool, des tubes, des éprouvettes, une petite balance, quelques capsules en porcelaine, un appareil à photographie instantanée, etc.

Ces divers objets sont rangés sur une espèce de crédence large de quarante centimètres, et établie circulairement le long de la paroi, à la hauteur d'une table ordinaire : soit environ soixante-quinze centimètres du plancher.

À cette paroi dont les tons d'or neuf ont été atténués par une légère couche de vernis marron clair, sont fixés, au moyen de pitons rivés à la presse hydraulique, les échelons de corde par où les deux voyageurs sous-marins sont descendus.

Puis, en haut, un petit apppareil dont il est impossible de préciser l'usage.

La Taupe descend toujours, et les organismes vivants deviennent de plus en plus rares. Le préparateur, qui trouve le temps horriblement long, attend mais en vain une phrase, un mot de son interlocuteur toujours impassible.

Elle pénètre enfin dans un amas de mucosités épaisses, troublant la transparence de l'eau. On dirait une sorte de brouillard opaque, impénétrable à la lumière électrique elle-même.

Les traits austères du Maître s'éclairent d'un sourire. Il se lève du pliant où il est demeuré assis depuis le commencement de la descente, colle ses yeux à un hublot et murmure :

— Nous arrivons.

En même temps, la Taupe-Marine reçoit un choc excessivement léger, mais néanmoins perceptible, et une sonnerie électrique se met à tinter bruyamment.

Monsieur Synthèse saisit aussitôt le récepteur d'ébonite d'un téléphone que le préparateur n'a pas remarqué, l'applique à son oreille, et, s'approchant de la planchette en sapin formant le transmetteur, prononce à haute voix les paroles suivantes :

— Tu es là, Christian?

— Oui, Maître, répond distinctement la voix de l'officier.

— Tout va bien ici ; et là-haut?

— Tout va bien, Maître.

« Vous êtes à cinq mille deux cents mètres, et j'attends vos ordres.

CHAPITRE VIII

Pusillanimité. — Ameublement de la *Taupe-Marine*. — Condescendance inusitée de Monsieur Synthèse. — Aussi résistante que l'acier, aussi légère que le verre. — Bronze d'aluminium. — Deux mille kilogrammes de lest. — Communication avec l'extérieur. — Effarement du préparateur. — Mécanisme aussi simple qu'ingénieux. — Ce qu'on voit au microscope par cinq mille mètres de profondeur. — Communication téléphonique. — Alarmes du capitaine. — Le *Bathybius Hæckelii*. — M. Roger-Adams professe comme dans sa chaire. — Orage. — Navire frappé de la foudre. — Communications arrêtées. — Le câble est rompu !

Monsieur Synthèse ayant obligeamment cédé à son compagnon le récepteur téléphonique, ainsi que sa place devant le transmetteur, Roger-Adams peut échanger quelques paroles avec le capitaine Christian.

Alors par une singulière aberration de l'esprit humain, cette correspondance, ces syllabes banales, ces simples vibrations transmises au moyen du fil isolé dans l'intérieur du câble par une couche de gutta-percha, raffermissent le zoologiste, et lui rendent une partie de son énergie première.

Comme si, dans un cas de péril mortel, instantané, il suffisait de quelques sons grêles, partis de là-haut, pour conjurer aussitôt le péril !

Comme s'il suffisait au poltron égaré la nuit dans une forêt, d'apercevoir une vague lueur dans le lointain, pour faire évanouir un danger réel !

Toutes ces phases par lesquelles a passé son préparateur n'ont pas échappé à Monsieur Synthèse. Après l'avoir vu trembler au début, il semble satisfait de l'assurance qu'il témoigne en ce moment, car sa pusillanimité première eût pu l'empêcher de travailler avec sa lucidité habituelle.

Voulant le rassurer tout à fait, Monsieur Synthèse, en veine de condes cendance, lui explique brièvement, mais avec une une certaine nuance de cordialité, les dispositions particulières du plongeur.

— Vous n'éprouvez, lui dit-il, aucune gêne dans la respiration, n'est-ce pas?

— Aucune, Maître; et même je respire infiniment mieux que tout à l'heure.

« Du reste, eu égard aux dimensions de l'appareil, nous avons ici de l'air en abondance.

— Plus encore que vous ne pensez.

« Car, au cas où nos expériences se prolongeraient, j'ai fait installer là-haut, dans l'obturateur, un réservoir où l'air est emmagasiné sous une pression de plusieurs atmosphères.

« Il suffit de tourner un simple robinet pour renouveler notre provision.

— Mais, l'acide carbonique dégagé par nous pendant la respiration?

— Voyez donc, sous la tablette circulaire où sont nos appareils, ces vases plats remplis de chaux caustique destinée à absorber, au fur et à mesure de sa formation, le produit de notre combustion pulmonaire.

« L'asphyxie par l'acide carbonique n'est donc pas à craindre.

« Au cas où vous auriez faim, j'ai fait prendre quelques provisions: du vin, plusieurs litres d'eau...

« Je ne me suis pas oublié, non plus, dans la répartition de cet approvisionnement, et j'ai emporté mes aliments ordinaires.

« A chacun suivant ses habitudes et... son estomac.

Le zoologiste s'incline respectueusement sans répondre et admire sans arrière-pensée cette confiance, cette fermeté, comme aussi cette lucidité d'esprit manifestées par le vieillard.

— D'autre part, continue Monsieur Synthèse, la Taupe-Marine doit vous offrir, avec ce confortable suffisant à de véritables explorateurs, toutes les garanties possibles de solidité.

« Voyez, comme elle se comporte merveilleusement; et si l'on ne dirait pas un bloc plein, tant elle résiste à l'effroyable pression exercée par cette immense colonne d'eau !

— Je vous avouerai loyalement que je pensais, en descendant, à la possibilité d'une rupture, d'un écrasement total, en songeant que de dix en dix mètres la pression s'augmente d'une atmosphère. .

— Cependant, nous sommes arrivés sans encombre à 5,200 mètres, c'est-à-dire à une profondeur où l'appareil supporte une pression de 520 athmosphères, soit près de cinquante-quatre mille kilogrammes par centimètre carré.

« Il ne s'en porte pas plus mal, d'ailleurs.

— Et pourtant, son épaisseur ne me semble pas en rapport avec une semblable résistance.

— Rassurez-vous: j'ai calculé l'une et l'autre.

« Chose très facile, en somme.

« Comme je tenais, pour un motif que vous allez comprendre tout à l'heure, à lui donner le plus de résistance possible tout en n'augmentant pas son poids, j'ai employé, dans ce but, un des métaux les plus tenaces comme aussi des plus légers.

« Ce métal, ou plutôt ce composé métallique est le bronze d'aluminium.

« Étant donné que la densité de l'aluminium est 2,56, presque celle du verre, et celle du cuivre 8,70 ; que celui-ci entre pour un dixième dans la composition du bronze d'aluminium, la densité de ce dernier ne sera pas supérieure à 3,50.

« Comme, d'autre part, sa résistance à la rupture est double de celle du fer dont la densité est 7, 78, la Taupe-Marine, construite en bronze d'aluminium, pèse une fois moins, à volume égal, que si elle était en fer, et résiste deux fois plus.

« C'est ainsi que j'ai pu l'alléger encore, sans compromettre sa solidité.

— C'est vrai, Maître, ce que vous me dites est concluant, et me fait presque rougir de mes appréhensions.

« Si pourtant la Taupe se comporte aussi bien qu'un bloc plein, les hublots ne pourraient-ils pas, sous une pareille poussée, être chassés dans l'intérieur?

— C'est impossible.

« Vous n'avez, pour vous en convaincre, qu'à constater leur forme et leur mode d'insertion.

« Voyez, ils forment un tronc de cône qui s'emboîte en sens inverse dans une cavité également tronconique, de façon que les pressions s'exercent sur la base la plus large placée extérieurement, et augmentent encore l'adhérence du bloc de cristal avec son châssis.

Le zoologiste, encouragé par la condescendance inaccoutumée du vieillard, s'enhardit, tout en se confondant en excuses, à lui présenter une dernière objection.

— Si la Taupe-Marine est relativement si légère, comment a-t-elle pu s'enfoncer ainsi à une pareille profondeur, au point de contredire, du moins en apparence, le principe d'Archimède ?

— C'est parce qu'elle est lestée à la base de deux plateaux de fonte pesant chacun un millier de kilogrammes.

« Au-dessous de nous est une cavité close contenant exactement deux mètres cubes.

« Au-dessous de ce récipient se trouvent les plateaux, maintenus en place au moyen d'un appareil à déclanchement que je puis actionner instantanément au moyen de l'électricité.

« Que je presse ce bouton d'ivoire, et les deux plateaux cessent de faire corps avec la Taupe, nous sommes allégés de deux mille kilogrammes.

« Vous allez peut-être vous demander le pourquoi de ce poids additionnel.

« C'est que le réservoir possède une prise d'eau par un robinet dont voici la poignée. Que je l'ouvre un peu, et aussitôt le réservoir va s'emplir et peser un peu plus de deux mille kilogrammes, étant donné que la densité de l'eau de mer est égale au maximum à 1,10.

« Ainsi, nous allons tout à l'heure nous délester de deux mille kilogrammes de fonte, après nous être lestés de deux mille kilogrammes d'eau.

« Cet échange d'éléments pesant un poids à peu près identique, est même l'unique motif de notre exploration sous-marine.

« Car, vous le devinez maintenant, c'est pour venir chercher, à cette profondeur, deux mètres cubes d'eau saturée de ces mucosités bien connues de vous, que nous sommes ici.

« Et maintenant, à l'œuvre !

A ces mots, Monsieur Synthèse prend une éprouvette à pied, l'essuie soigneusement, se baisse et la met debout sur le plancher métallique formant le fond de l'appareil.

L'extrémité supérieure de l'instrument se trouve immédiatement au-dessous d'un robinet à bec recourbé, dont la présence a intrigué déjà le préparateur.

Monsieur Synthèse tourne lentement une petite roue latérale, adaptée au bec du robinet, et lui fait opérer plusieurs révolutions. Bientôt un sifflement aigu, bref, rapide, se fait entendre.

Sans savoir pourquoi, le préparateur se sent frissonner de la tête aux pieds.

Il jette un regard effrayé sur le Maître toujours impassible, qui lui dit, comme si c'était la chose la plus naturelle du monde :

— Ce n'est rien !

« Nous communiquons tout simplement avec l'extérieur, et la pression chasse l'air enfermé dans le tube.

— Allons, pense à part lui le malheureux zoologiste, soudain repris de terreur, il est dit que ce diable d'homme me fera passer par toutes les affres de la petite mort, avant de me faire aplatir comme si je passais entre les plateaux d'une presse hydraulique.

Le sifflement s'arrête, puis un filet d'un liquide trouble, floconneux, sort du tube, mais sans violence, et s'épanche dans l'éprouvette qui se trouva emplie jusqu'aux deux tiers.

— Voilà qui est fait, reprend Monsieur Synthèse en examinant, à la lumière électrique, le contenu du vase, avec une visible satisfaction.

« Cela vous étonne, n'est-ce pas, de me voir ainsi obtenir un échantillon de ce liquide, en dépit de l'apparente impossibilité de l'opération.

— C'est vrai, Maître.

« Et j'ose de plus vous confesser que vous me faites marcher d'admiration en admiration, comme aussi de terreur en terreur.

— Vous êtes nerveux, paraît-il.

« Je ne trouve aucun mal à cela, tout en constatant que vous avez l'admiration et la terreur faciles.

« Tout cela, voyez-vous, mon cher Monsieur, est une simple affaire de mécanique.

« Cette petite roue actionne une tige de bronze d'aluminium terminée à sa partie inférieure par un gros écrou percé d'un évent. L'évent, quand la prise d'eau ne fonctionne pas, est condamné par sa disposition même dans la cavité où se meut la tige. Quand je mets la roue en mouvement, la tige obéit à l'impulsion, déplace l'écrou d'un quart de cercle et présente l'évent à l'eau environnante.

De cette façon, le tube adducteur se trouve rempli d'une quantité de liquide égale à celle qui se trouve dans l'éprouvette.

« Si la communication était directe avec l'intérieur de la Taupe-Marine, l'eau ainsi projetée sous une pression de cinq cents atmosphères, nous arriverait ici en vapeur.

— En effet, et pourtant le contraire vient de se passer.

— Rien de plus facile à comprendre.

« J'actionne encore ma petite roue qui continue à faire tourner la tige et l'écrou de façon à ramener l'évent dans sa position normale.

« Et ce mouvement, qui a pour résultat d'interrompre la communication avec l'extérieur, fait tomber dans l'éprouvette la quantité d'eau emmagasinée pendant cette courte opération.

« Maintenant, veuillez mettre votre microscope au point, l'éclairer convenablement, et examiner attentivement ce liquide.

En homme auquel pareil exercice est familier, le zoologiste prend, au bout d'une baguette de verre, une goutte du liquide contenu dans l'éprouvette, l'étale sur une mince plaque de cristal, dépose celle-ci sur le porte-objet, et colle son œil à l'objectif.

— C'est prodigieux! dit-il après une minute d'attentive contemplation.

— Que voyez-vous? demande Monsieur Synthèse avec une vivacité montrant tout l'intérêt qu'il prend à l'opération.

L'aigre tintement du carillon de l'avertisseur électrique empêche le préparateur de répondre.

— Que me veulent-ils donc, là-haut? s'écrie le vieillard d'un ton impatient contrastant singulièrement avec son calme habituel.

« C'est toi, Christian? dit-il en s'approchant du transmetteur téléphonique.

« Qu'y a-t-il?...

— Maître, un violent orage menace.

« Le ciel se couvre de gros nuages noirs... Il y a une forte dépression barométrique.

— L'orage est-il au-dessus de nous?

— Pas encore; mais les nuages accourent avec une vitesse effrayante.

« Vous connaissez la soudaineté des tempêtes tropicales.

— Y a-t-il danger?

— Le navire va rouler et donner de la bande.

« Je crains que ces mouvements ne fatiguent le cable.

— Fais-en filer une vingtaine de mètres.

— Mais il vous sera impossible de remonter si vous tardez trop longtemps.

« Le cable ne pourra jamais résister au poids de la Taupe si la mer grossit.

— Eh bien, nous attendrons ici qu'elle se calme.

— Maître, pourtant...

— Assez!... Telle est ma volonté.

Et vous, Monsieur, vous disiez que le microscope vous fait apercevoir des choses prodigieuses.

— Oui, Maître, répond le préparateur dont le front s'emperle soudain de

Il va braquer son petit appareil..... (Page 179.)

sueur, en pensant aux paroles peu rassurantes du capitaine Christian.

« Je vois, parmi un grand nombre de polythalassiens et de radiolaires, des grumeaux mucilagineux, les uns de forme arrondie, les autres amorphes, constituant un réseau visqueux...

« A n'en pas douter, ce sont des *Monères*... J'aperçois même, englobés dans les mucosités, de petits corpuscules calcaires, des discolithes ou des cyatholithes qui sont vraisemblablement des produits d'excrétion.

« Ces grumeaux vivent et se meuvent.., respirent et se nourrissent...

« Et pourtant, ils ne possèdent ni corps ni forme... C'est la matière vivante réduite à sa plus simple expression, la cellule organique, un de ces composés carbonés albuminoïdes qui, en se modifiant à l'infini, forment le *substratum* constant des phénomènes de la vie dans tous les organismes!...

— Doucement, Monsieur le professeur de zoologie, doucement.

« Procédons avec ordre et méthode.

« Avant de conclure que ces corpuscules constituant un plasma sans structure, sont bien composés comme vous le dites — les réactifs nous le prouveront tout à l'heure — veuillez me les décrire en quelques mots.

« Ensuite, vous en photographierez plusieurs échantillons.

« Vous développerez là-haut, dans le laboratoire, les épreuves dont j'aurai besoin plus tard comme point de comparaison.

« Parlez, je vous écoute.

— Je vois très distinctement ces *Monères*, dans lesquelles je reconnais, sans erreur possible, le *Bathybius Hæckelii* (1) découvert en 1868 par Huxley, et si parfaitement décrit par l'éminent zoologiste anglais.

« Elles se composent de petits grumeaux, de minuscules agrégats muqueux sans contours définis...

« Il y en a qui se mettent en mouvement.

« De petites saillies digitées, les unes informes, les autres ayant l'aspect de rayons très fins, prennent naissance à leur surface... c'est là ce que l'on nomme les *pseudopodies* (1).

« Ces faux semblants de pieds sont effectivement des prolongements simples, immédiats de la masse albumineuse amorphe, constituant le corps entier de la Monère.

« Il m'est impossible de distinguer, dans cette Monère, la moindre partie hétérogène...

« Du reste, j'assiste, en ce moment même, à un phénomène de nutrition prouvant, à n'en pas douter, l'homogénéité absolue de cette masse albuminoïde, et son existence en tant qu'organisme vivant.

---

1. *Bathybius* est composé de deux mots grecs signifiant : « qui vit à de grandes profondeurs ». Huxley lui a donné le nom de Hæckel, le savant professeur de zoologie à l'université d'Iéna qui a si admirablement étudié et décrit les Monériens.

Ψευδὸς, *faux*, ποῦς, ποδὸς, *pied*.

— Continuez, Monsieur.

« Votre définition est excellente, et elle m'intéresse.

— La goutte mucilagineuse que j'ai placée sur le porte-objet, renferme à côté des Monères, quelques corpuscules dans lesquels je reconnais des débris de corps organisés, des plantes microscopiques, et des animalcules infusoires.

— Et qu'arrive-t-il?

« Il y a sans doute absorption de ces substances, n'est-ce pas?

— Oui, Maître.

« Ces corpuscules, se trouvant en contact avec cet agrégat albuminoïde semi-fluide, adhèrent à sa surface, s'y collent, et produisent une sorte d'irritation...

— C'est bien cela !

« J'ai constaté tous ces phénomènes trente ans avant Huxley...

— ... De cette irritation résulte, en ce point, un afflux plus considérable de la substance colloïde constituant la Monère...

« Puis, les corpuscules sont englobés dans la masse entière... il en est qui disparaissent progressivement, sont digérés et absorbés par endosmose.

— Cela suffit.

« Vous allez maintenant photographier la préparation. Je vais, de mon côté, mettre en présence des réactifs une partie du mucilage contenu dans l'éprouvette.

« Cela fait, nous introduirons avec précaution, dans le réservoir, deux mètres cubes d'eau saturée de ces organismes; j'opérerai ensuite le déclanchement des plateaux de fonte, et nous penserons au retour.

Pendant que le zoologiste, oublieux de ses terreurs premières, l'œil collé à l'oculaire du microscope, assiste à l'évolution de ces phénomènes et s'absorbe dans leur contemplation, les minutes se sont écoulées avec rapidité.

Telle est son ardeur à surprendre les secrets de la nature, qu'il en arrive à ne plus penser aux paroles alarmantes prononcées tout à l'heure par le capitaine.

Monsieur Synthèse doit intervenir, et lui rappeler qu'il est temps de prendre les épreuves photographiques.

Il va braquer son petit appareil portatif dont les plaques au gélatino-bromure sont impressionnées instantanément, quand pour la troisième fois les vibrations précipitées de l'avertisseur électrique se font entendre.

Sérieusement impatienté, le Maître se prépare à recevoir très vertement le malencontreux interrupteur.

Roger-Adams l'entend murmurer en collant le récepteur à son oreille :

— Ils ont décidément juré de m'empêcher de travailler!

« Quand je ne suis plus là, ils perdent la tête.

Avant même qu'il ait demandé au capitaine Christian s'il est l'auteur de la communication, la voix de l'officier lui arrive rapide, troublée.

— Maître... l'orage est déchaîné... son intensité est terrible.

« L'atmosphère est embrasée... nous sommes au milieu des flammes.

— Mouillez les chaînes des paratonnerres.

— C'est fait depuis une demi-heure.

— Que crains-tu, alors?

— La foudre vient de tomber deux fois déjà.

« Un homme a été tué.

Pendant deux longues minutes le téléphone reste muet.

Monsieur Synthèse, toujours maître de lui, fait tinter à son tour l'avertisseur.

Une voix répond. Ce n'est plus celle du capitaine Christian. Monsieur Synthèse reconnaît celle du capitaine en second.

— Maître!.. la foudre a fracassé le gui de la brigantine et frappé du même coup la dunette...

« Il y a un commencement d'incendie dans vos appartements...

— Ma fille!.. s'écrie le vieillard d'une voix éperdue.

« Répondez capitaine... Ma fille?

— Sans blessure apparente, mais évanouie...

— Envoyez chercher le médecin du *Godaveri*.

— Impossible de communiquer... La mer est affreuse.

— Où est Christian?..

— Le capitaine est près d'elle... pour un instant...

« Il revient... Je retourne à mon poste...

— Capitaine, un mot encore.

« Je veux remonter, à tout prix.

« Il le faut... Je l'ordonne!...

« Avez-vous entendu?...

« Capitaine!... Répondez!...

« Mais répondez donc!

Le téléphone est muet, M. Synthèse fait tinter l'avertisseur.

Rien !

Il crie de toute sa force devant la planchette de sapin, interpelle l'officier mais sans résultat.

L'appareil conserve son mutisme désespérant.

— L'orage aura intercepté le courant, balbutie le préparateur ment jusqu'alors, après avoir été brutalement arraché à sa contemplation scientifique.

— C'est possible, probable même, reprend le Maître.

« Ils ne m'entendent plus, là-haut, et ne voudront pas prendre sur eux de remonter la Taupe en un pareil moment.

« Christian est homme d'action et de ressources... Mais ma présence est indispensable sur le navire...

De nouveau il essaye de se faire entendre et de saisir un son, même le plus vague, le plus imperceptible.

Peine inutile. Le téléphone ne fonctionne plus.

Bien qu'il ne laisse paraître aucun signe de faiblesse aux yeux du préparateur, le vieillard est en proie à une angoisse épouvantable.

Il fait bon marché de l'expérience à laquelle il s'est donné corps et âme depuis des mois, des années. Mais sa fille, l'unique affection de sa vieillesse, la seule joie de son cœur d'octogénaire !... Sa fille en qui revit trait pour trait l'enfant qu'il a perdue à la fleur de l'âge...

Et le zoologiste l'entend murmurer ces paroles étranges dont il ne peut saisir la signification.

— Et toi, Krishna, aurais-tu dit vrai ?

« Ton âme, dans laquelle je m'obstine à ne voir que l'ensemble des fonctions cérébrales, posséderait-elle ce don de divination ?

« Peut-elle donc se dégager de la matière, et concevoir l'*au-delà* qui échappe à ma perception ?

« O Pundit! as-tu donc été prophète, et prophète de malheur pour l'ami des hommes de ta race ?

« O Pundit, en quelque lieu que tu sois, accours et sauve mon enfant!

Puis, s'éveillant brusquement comme d'un rêve, il semble récupérer d'un seul coup cette impassibilité formant un des côtés saillants de son caractère.

— Il faut nous résigner à être privés de communications verbales.

« C'est là un incident avec lequel j'aurais dû compter.

« Puisqu'il y a pour l'instant impossibilité matérielle à donner l'ordre de hisser la Taupe, armons-nous de patience.

« Du reste, mes auxiliaires ne sont pas des enfants.

« Dans mainte occasion ils ont montré autant de vaillance que d'ingéniosité

« Je suis sûr de Christian, il saura faire l'impossible.

« Dans quelques heures, la mer se calmera, et nous avons ici toutes facilités pour attendre.

« L'inaction ne vaut rien, reprenons nos travaux.

Mais il était dit que cette audacieuse tentative du vieillard, qui jusqu'alors a su triompher de toutes les difficultés, devait être pour l'instant irréalisable.

Au milieu du silence effrayant qui succède à ses dernières paroles, l'oreille du préparateur perçoit un bruit singulier.

C'est comme une sorte de grattement, ou plutôt le glissement sec d'une substance rigide sur la paroi extérieure de la Taupe-Marine.

Tout interdit, il colle son œil à un hublot éclairé mieux encore qu'en plein jour par la lampe électrique.

Il aperçoit alors une espèce de serpent long et mince qui descend le long de la carapace métallique, et s'abat au milieu des flocons épais formés par la réunion des *Bathybius*.

Sa première pensée est celle-ci :

— Tiens ! une algue.

Mais ce bruit, ce grattement caractéristique de métal sur métal ?

Une algue, même d'une longueur et d'un poids considérables, produirait un froissement doux, un glissement insaisissable.

Du reste, une algue ne pourrait descendre à une pareille profondeur.

Alors, le malheureux craint de comprendre.

Cette tige aux sinuosités rigides ne peut-être que le câble en fils d'acier tressés.

Mais, pour que le câble retombe ainsi autour du plongeur, il faut qu'il ne soit plus attaché au navire.

Plus de doute. Une anse formée par la torsion de cette tige vient buter avec un bruit sec sur un hublot. Roger-Adams reconnaît, sans erreur possible, les durs torons de métal formant le grelin jugé indestructible.

Alors, le malheureux professeur, affolé à la pensée de se savoir emmuré vivant, à cinq mille mètres au-dessous du niveau de la mer, sans communication possible avec le vaisseau, sans espoir d'être secouru, s'écrie d'une voix qui n'a plus rien d'humain :

— Le câble est rompu !... Nous sommes perdus.

CHAPITRE IX

Les marins. — Devant l'ouragan. — Coup de foudre. — Commencement d'incendie. — « Je réponds de tout... sur ma vie ! » — Le câble n'est pas rompu, mais coupé. — Un crime. — Situation terrible — Projet de sauvetage. — A propos des câbles télégraphiques sous-marins. — Forgerons a l'œuvre. — Improvisation d'une drague. — Câble de rechange. — Appareillage. — Manœuvres difficiles. — Espoir et déception. — Après deux tentatives inutiles. — Succès ! — Enfin ! — Joie expansive du chimiste. — Catastrophe. — Le câble est coupé aux deux extrémités. — Le capitaine veut mourir. — Cauchemar d'un homme éveillé. — Le *Maître vous demande*.

Quoique bien jeune encore, le commandant de l'*Anna* et, en l'absence du Maître, de toute la flottille, n'en possède pas moins ces qualités éminentes, comme aussi ces multiples aptitudes qui font du marin un être à part.

Pour le marin, en effet, les conditions de l'existence ne sont plus comparables à celles des autres hommes, même à celles du soldat en campagne.

Toujours en lutte avec l'élément perfide qu'il dompte sans jamais l'asservir, toujours menacé des soudaines fureurs de la mer, la grande révoltée, toujours prêt à payer de sa personne, on peut dire de lui que sa vie est un combat perpétuel.

Aussi, ce qui frappe le plus, dans le marin, c'est cette intrépidité froide, réfléchie, qui scrute avec un calme prodigieux les manifestations du danger, leur oppose toutes les mesures dictées par l'expérience, comme si la mer ne se ruait pas à l'assaut du navire, comme si la foudre ne menaçait pas à chaque instant de le fracasser et les flots de l'engloutir, comme si les conditions déjà si anormales de sa vie n'étaient pas bouleversées de fond en comble.

Rien ne l'émeut. Rien ne semble même l'étonner.

Qu'il combatte les éléments déchaînés ou les ennemis de la patrie, qu'il traverse un cyclone ou lutte contre l'incendie, qu'il soit sauveteur ou naufragé, il est toujours l'homme impassible, discipliné, vaillant ; le héros des consignes invraisemblables, des dévoûments surhumains.

Avec cela, simple comme le devoir, grand comme l'abnégation, joyeux comme les êtres braves, bon comme ceux qui sont vraiment forts, industrieux, adroit, sachant tirer parti de tout, capable d'improviser, avec les objets les plus disparates ou les plus primitifs, la victoire sur les hommes ou les éléments, susceptible de concevoir et de réaliser l'impossible, il personnifie cette expression de « *débrouillard* » tirée du vocabulaire pittoresque de sa profession, un mot qu'il a singulièrement élevé et ennobli.

Tel le capitaine Christian qui, après avoir été l'âme de l'expédition en tant qu'organisateur, doit maintenant pourvoir à la sécurité des hommes et des choses, gravement compromise par une succession d'événements imprévus.

Le jeune officier, on l'a déjà vu, est loin d'être pusillanime, ou simplement impressionnable.

Il faut donc des conditions exceptionnellement graves, pour qu'il ait transmis au maître, par le téléphone, les terribles nouvelles qui seules ont pu à ce point émouvoir le vieillard.

D'abord, l'orage.

Pour qui connaît la soudaineté, comme aussi l'intensité, sous les tropiques, de ces grandes convulsions de la nature, la situation peut devenir presque désespérée pour l'expédition : personnel et matériel.

Rien n'a pu, jusqu'alors, faire soupçonner l'approche du météore. A peine si dans le lointain apparaît un petit nuage gris de plomb, aux contours mal définis, semblable au jet de fumée échappé d'un tuyau de machine à vapeur.

Mais aussitôt se produit une brusque dépression barométrique.

Averti sans retard de ce pronostic alarmant, le capitaine qui surveille toujours les engins avec lesquels s'est effectuée la descente de Monsieur Synthèse et de son compagnon, donne des ordres en conséquence.

Là où un profane, étranger aux soudaines variations de la mer, ne verrait, ne pressentirait absolument rien, le marin devine l'approche de l'ouragan.

Les signaux sont envoyés aux autres navires, qui se conforment rigoureusement, comme les bâtiments en escadre, aux ordres de l'*amiral*.

Une compagnie de matelots armés est envoyée sur l'atoll pour garder

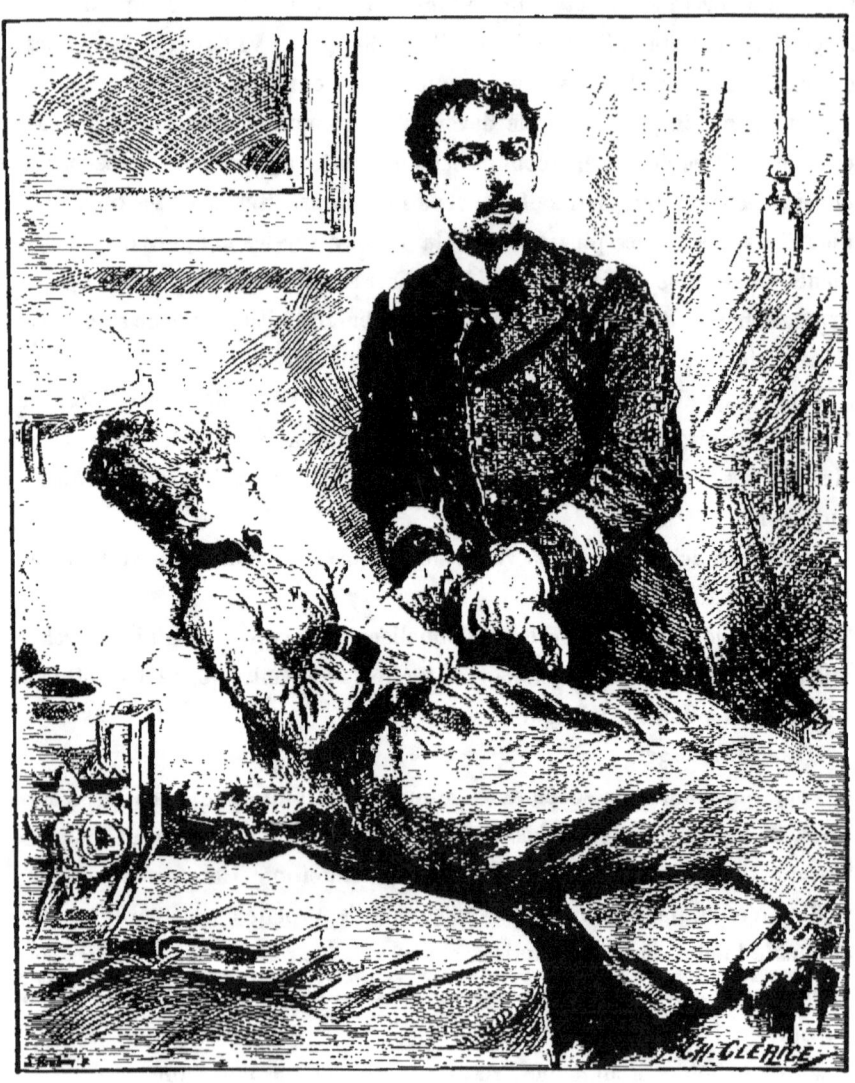

Oh maître! mon bienfaiteur..... votre enfant est vivante. (Page 188.)

le laboratoire, et surveiller les Chinois, dont l'officier se défie, peut-être pas sans raison.

Puis, sur les quatre navires, les amarres sont doublées, les saisines des embarcations vérifiées, les hublots fermés, les panneaux solidement amurés. Les chaînes des paratonnerres sont mouillées, les pompes à incendie parées, et tout ce qui est susceptible d'être enlevé par la tourmente, saisi au moyen de cordages.

Pendant que ces différentes manœuvres s'exécutent avec toute la célérité possible, le nuage, imperceptible d'abord, grossit brusquement, s'étale sur l'horizon, noircit se borde d'un jaune blafard, et s'avance en grondant comme une marée.

Les flots, d'un beau vert pâle dans les atolls et bleu d'outre-mer aux endroits profonds, cessant d'être éclairés par le soleil, se ternissent, perdent leur transparence de pierre précieuse, et deviennent ardoisés, livides.

Il y a quelques minutes d'un calme étouffant. Rien ne semble plus ni vivre ni respirer.

Bientôt les éclairs fendent en zigzags l'épais bloc de nuées. Quelques coups sourds retentissent.

Puis, un vent lourd, épais, brûlant, s'élève, tourbillonne, saute du Nord au Sud, de l'Est à l'Ouest, fait craquer les mâts, hurle dans les agrès et fait bouillonner les flots.

Brusquement, la mer monte, roule, clapote, s'écrase contre les écueils, et frappe sourdement les coques des navires.

Le capitaine, sérieusement alarmé sur le sort du Maître, a déjà pris sur lui de l'avertir.

On connaît la réponse de Monsieur Synthèse à cette première communication.

Quelques minutes s'écoulent encore, et l'orage se déchaîne dans toute son intensité. Une demi-obscurité, cette obscurité blafarde, affreuse des grandes convulsions tropicales, enveloppe la région.

Les coups de tonnerre se succèdent sans interruption et produisent un fracas assourdissant. Les éclairs aveuglants, dont on perçoit le crépitement, flamboient de toutes parts.

Les nuages, la mer, les vaisseaux, les récifs, tout est confondu dans une colossale conflagration.

De temps en temps, une flamme immense surgit à la pointe d'un paratonnerre, s'élève en aigrette à une hauteur énorme, et descend jusqu'à mi-mât.

Il devient périlleux de toucher tout ce qui est métal, et les objets de cuivre, de fer ou d'acier semblent transsuder l'électricité.

Une détonation plus terrible encore que les autres retentit. Le gui, cette longue et lourde pièce de bois qui sert à border la brigantine, vole en éclats. Un homme est tué raide près de la grue, et les vitres dépolies formant imposte au-dessus de la porte de l'appartement de Monsieur Synthèse, sont pulvérisées.

Des cris éperdus se font entendre, et une épaisse fumée s'échappe aussitôt par cette voie que s'est frayée la foudre.

La porte s'ouvre brusquement sous la poussée d'un des Bhils épouvanté.

Une négresse appelle au secours. Une autre se précipite sur le pont, aperçoit le capitaine et s'écrie d'une voix pleine d'angoisse :

— Maîtresse est morte !... Maîtresse est morte !..

L'officier appelle le second, lui confie pour un moment l'appareil téléphonique, et s'élance vers la dunette.

Il pénètre dans l'appartement du maître, séparé de celui de la jeune fille par une coursive, mais possédant une entrée commune. Il s'arrête un instant au milieu du grand salon dont le vieillard a fait son cabinet de travail.

Un coin de tapis, un lambeau de tenture brûlent à feu mort. Quelques volumes ont été projetés sur le plancher. Des flacons brisés jonchent de leurs tessons une console dont le marbre crépite sous la morsure d'un acide.

Plus de bruit en somme que de dégâts matériels.

Les négresses sont rentrées en même temps que l'officier.

Deux portes sont ouvertes sur la coursive, que la fumée emplit peu à peu. Des gémissements, des plaintes de femme sortent de la première pièce, dans laquelle, par un sentiment de délicatesse bien naturelle, le capitaine n'ose pénétrer.

Mais la discrétion, dans de pareilles circonstances doit céder devant le devoir.

Peut-être y a-t-il péril mortel. L'officier s'avance à travers la fumée sulfureuse qui s'épaissit. Mais les négresses l'ont devancé.

Vaillantes et fortes comme des hommes, elles reviennent aussitôt, portant avec précaution la jeune fille évanouie, aussi blanche que le tissu de sa robe.

Elles la déposent au milieu du salon, sur une longue chaise à bascule, en bambou, et interrogent d'un regard le commandant dévoré d'angoisse.

Il n'y a pas de médecin à bord. Le service sanitaire, en temps ordinaire, est exécuté, à tour de rôle, par ceux qui sont sur les autres navires. Quant à la jeune fille, on devine qu'elle n'a jamais reçu d'autres soins que ceux de son aïeul.

Impossible de faire venir en ce moment un des officiers de santé. La mer est à ce point démontée, qu'une embarcation serait broyée sur les récifs avant d'avoir pu franchir la courte distance séparant l'*Anna* du *Godavéri*.

Et le temps presse !...

Le capitaine comprend que la pauvre enfant n'a rien à attendre que de lui.

Aussi pâle qu'elle-même, tremblant, éperdu, ce vaillant qui a bravé sans sourciller les dangers les plus terribles, ose à peine saisir du bout des doigts, la petite main qui pend inerte.

Il cherche l'artère, tâtonne maladroitement le poignet, et pousse tout à coup un véritable rugissement de joie.

— Elle vit !...

« O Maître !... Mon bienfaiteur... votre enfant est vivante !

C'est à peine si cette scène dramatique a duré une minute.

Pendant ce temps, les secours ont été organisés avec cette merveilleuse précision habituelle aux marins, surtout dans les circonstances les plus périlleuses.

Le tuyau de la pompe s'allonge déjà sur le pont, comme un reptile, avec sa lance, aux mains du maître calfat. Une dizaine d'hommes, portant des seaux en toile pleins d'eau et des fauberts mouillés, s'avancent vers le lieu de l'incendie.

Il serait facile de l'éteindre en projetant brusquement la valeur d'une tonne dans l'appartement. Mais le remède ne serait-il pas pire que le mal, et tous ces objets précieux, familiers, sinon indispensables, à Monsieur Synthèse, ne seraient-ils pas irréparablement détériorés, par cette application brutale de l'unique remède à l'incendie ?

Pendant qu'une des femmes de service imbibe d'eau fraîche les joues de la jeune fille qui reprend peu à peu ses sens, le maître charpentier pénètre dans le salon, traverse la coursive, franchit une des portes, se rend compte de l'accident, ferme toutes les ouvertures, revient, et dit à son chef :

— Ça ne sera rien, commandant.

« Une demi-douzaine de seaux d'eau avec un bon coup de faubert, sauf vot' respect, et il n'y paraîtra plus.

Puis, s'adressant aux hommes qui font la chaîne, il ajoute :

— Doucement, garçons, laissez-moi faire et suivez-moi.

« S'agit pas de tout noyer, mais d'étouffer la flamme.

La malade ouvre les yeux, étonnée de ne pas voir le vieillard.

Elle ne comprend pas tout d'abord comment elle se trouve dans le salon, entre ses femmes éplorées, près du capitaine troublé, au milieu d'allées et venues d'hommes qui ont envahi l'appartement.

Puis la mémoire lui revient brusquement. La demi-obscurité sinistre de l'ouragan, l'éclair aveuglant, le coup de tonnerre qui l'accompagna, la perception d'un choc ébranlant tout son être, puis l'idée vague et terrifiante que tout est fini...

Sa voix mal assurée balbutie :

— Père !... Père !.. où êtes-vous ?

— Il est absent... pour une expérience, répond évasivement l'officier qui n'ose lui apprendre la vérité, lui dire que Monsieur Synthèse se trouve à plus de cinq mille mètres au-dessous des flots qui déferlent avec fureur.

« Mais rassurez-vous... Il ne court aucun danger.

— Capitaine, vous... vous me l'affirmez !..

Comme l'officier hésite à répondre, non pas qu'il ne veuille la rassurer, mais parce qu'il vient de jeter un regard sur le groupe debout près de l'appareil de descente du plongeur, elle ajoute avec une singulière expression d'angoisse et d'énergie :

— Répondez, capitaine...

« Christian, mon ami... mon frère... c'est au compagnon dévoué de mon enfance que je m'adresse...

« Dites-moi la vérité !

— La vérité est que je réponds de tout... Je vous le jure !... sur ma vie.

Puis, sans ajouter un mot, il retourne à son poste.

— Rien de nouveau ? dit-il brièvement au capitaine en second, sur la figure duquel il croit surprendre une certaine altération.

— Les communications sont interrompues, depuis un moment ; je pense que l'orage a détraqué le téléphone, répond le second en remettant à son chef le récepteur.

Impassible en apparence, le malheureux officier se sent frémir.

Puis, il ajoute :

— Le Maître est-il averti des incidents qui viennent de se passer.

— Il interrogeait, j'ai répondu.

— Vous avez bien fait.

— Ainsi, il sait tout ?

— Tout !

— Et vous n'avez pas pu le rassurer depuis lors ?

— C'est à ce moment même que l'appareil a cessé de fonctionner.

— Le Maître, d'ailleurs, ne court aucun danger, à une semblable profondeur, puisque l'agitation des flots est toute superficielle.

« Malheureusement, je devine ses angoisses.

« Je crois qu'il faut, coûte que coûte, essayer de remonter la Taupe-Marine.

— Comme il vous plaira, commandant.

— Ce n'est pas seulement votre concours que je vous demande, mais aussi votre opinion.

« Dans de pareilles conjonctures, je dois prendre votre avis, non pas tant à cause de la responsabilité dont j'assume le fardeau, que des dangers présentés par la manœuvre.

— Mon opinion, commandant, puisque vous me faites l'honneur de me la demander, est que la chose est impossible pour l'instant.

— Si seulement les communications pouvaient être rétablies !

Avisant alors Alexis Pharmaque errant comme une âme en peine depuis le commencement de l'orage, il lui explique la nature de l'accident, et lui demande s'il est facile d'y remédier.

Le chimiste auquel sont familiers, non seulement les organismes du téléphone, mais encore les phénomènes qui président à leur fonctionnement et les lois qui les régissent, examine minutieusement l'appareil, et ne constate aucune trace d'altération.

— Peut-être l'orage, dit-il évasivement.

« Le fait est assez fréquent pour les télégraphes. Mais il est passager.

Toutes ces réflexions, toutes ces demandes, toutes ces réponses, se font au milieu d'un fracas épouvantable, dont nul ne semble s'apercevoir, tant sont graves les préoccupations ressenties par tous, même les plus humbles parmi les membres de l'équipage.

Cependant, il faut prendre un parti.

Celui de l'expectation semble s'imposer pour le moment. Cette attente, d'ailleurs, ne saurait être longue.

Si les convulsions de la nature sont terribles, au voisinage de l'équateur, en revanche elles sont pas sagères.

Déjà l'horizon, aussi noir qu'une couche de bitume, semble se couper d'une ligne plus pâle. Le baromètre a quelques tendances à remonter. Les éclairs, un peu moins fréquents que tout à l'heure, ne sont pas accompagnés ou suivis immédiatement du coup de tonnerre. Il y a quelques intermittences dans ces détonations jadis confondues en un roulement continu.

Seul, le vent augmente encore d'intensité. Mais il emporte bientôt dans sa course désordonnée les nuées qui semblent se poursuivre, lutter de vitesse, comme les vagues furieuses d'une marée d'équinoxe.

Bientôt l'azur du ciel apparaît par de larges déchirures. Le soleil se montre d'abord jaunâtre, brumeux. Puis une puissante rafale balaye les derniers flocons noirs. L'ouragan est allé porter au loin sa colère dévastatrice.

Sans l'aspect de la mer encore démontée, les spectateurs de ce météore pourraient conserver l'illusion d'un cauchemar.

— Dans une heure, au plus, l'agitation des flots sera calmée, dit le capitaine qui tient toujours machinalement le récepteur du téléphone.

— Une heure en effet, répond le second ; car tous ces récifs opposent heureusement une invincible barrière à la houle du large, et localisent, en quelque sorte, l'agitation des flots au milieu de bassins.

Alexis Pharmaque, toujours tenace, en face d'un problème insoluble, s'étonne de voir l'avarie subsister après le passage du nuage orageux.

— Décidément, dit-il en interrompant le dialogue des deux marins, cette avarie a une autre cause qu'un dégagement d'électricité, ou bien elle est localisée en dehors de l'appareil lui-même.

« La communication s'opérant au moyen d'un fil isolé au milieu du câble, ne pensez-vous pas qu'une torsion de ce câble ait pu amener la rupture de l'enveloppe en gutta-percha ?

« Comme vous en avez filé vingt-cinq ou trente mètres, peut-être a-t-il formé une anse susceptible de déterminer cette rupture et empêcher par cela même l'isolement.

« Je vous présente l'hypothèse pour ce qu'elle vaut, et en l'absence de tout autre cause plus rationnelle.

— C'est possible, et vous pouvez avoir raison, répond le capitaine heureux de s'accrocher à cette espérance.

« Il est facile d'enrouler le câble sur la bobine, et de lui conserver une rigidité suffisante pour le ramener à la ligne droite, sans pourtant l'exposer aux coups de mer.

Aussitôt dit, aussitôt fait. Il transmet aux mécaniciens l'ordre d'opérer doucement la mise en train

Les deux treuils se mettent à tourner avec une simultanéité parfaite, le câble s'enroule sur la bobine de fonte régulièrement, sans à-coups.

Chose étrange, loin de se tendre progressivement en raison du poids énorme de toute la portion immergée, il demeure flasque; sans exiger des machines le moindre développement de force.

Et, brusquement, un tronçon émerge des flots, vient buter contre le bastingage, et se tord sur le pont.

Ce câble d'acier qui semblait absolument indestructible, est rompu comme une simple drisse !

Un cri de terreur et de désespoir échappe aux assistants.

Il semble au malheureux capitaine que ses cheveux sont des milliers d'aiguilles qui lui traversent le cerveau.

La soudaineté, comme aussi l'imprévu de cette catastrophe, dont les conséquences lui apparaissent dans toute leur horreur, le frappent d'une espèce d'anéantissement.

Un mot du chimiste l'arrache à cette stupeur contre laquelle il essaye vainement de réagir.

Alexis Pharmaque a saisi au passage le fragment de câble et s'écrie :

— Sangdieu ! Je donnerais volontiers ce qui me reste de temps à vivre, pour tenir le bandit qui a commis cette infamie !

« Voyez, commandant, et vous aussi, Messieurs...

« Ce câble ne s'est pas rompu comme nous pouvions le croire.

« Mais il s'est trouvé ici un misérable pour le couper !

Le chimiste dit vrai. Il n'y a pas de doute possible, les torons d'acier sont nettement sectionnés comme d'un coup de hache. Chaque fil apparaît luisant, avec ses tons vifs de métal fraîchement travaillé, sans présenter ces traces bien caractéristiques d'effilochage, résultant d'une rupture.

La coupure, au lieu d'être rigoureusement transversale, offre une pente en biseau et sa netteté semble indiquer qu'elle a été pratiquée avec un instrument d'une trempe exceptionnelle, mis en œuvre avec une force et une adresse incroyables.

Quel peut bien être l'auteur de ce crime inouï ?

A quel motif a pu obéir ce gredin qui, lâchement, condamne à une mort affreuse deux hommes, dont l'un, illustre entre tous, a été pour la plupart un bienfaiteur ?

Le capitaine et le second croient connaître tous les membres de l'équipage. Les uns sont des Orientaux professant pour le Maître un attachement fanatique. Les autres sont des Européens engagés à des conditions exceptionnellement avantageuses, avec la promesse d'une forte prime à la fin de l'expédition. Ils ont donc intérêt à respecter les jours de Monsieur Synthèse, et à collaborer activement à son œuvre dans la limite de leurs attributions.

D'autre part, un monomane, un fou, n'aurait pas accompli cet acte criminel avec autant d'habileté, n'aurait pas choisi l'instant propice avec cette adresse infernale.

Capitaine dit l'homme en hindoustani, le maître vous demande. (Page 200)

Mais il est impossible, du moins pour l'instant, de pratiquer une enquête. Il est urgent de chercher un remède à cette catastrophe, dont les effets, hélas! ne sont que trop probables.

Pour tous ceux qui se pressent autour des appareils, la perte de Monsieur Synthèse et de son compagnon est chose inévitable. Le terme fatal se présentera pour une échéance plus ou moins courte. Après avoir consommé tout l'air respirable emmagasiné dans la Taupe-Marine, après une agonie affreuse, l'agonie des asphyxiés, la mort viendra.

La mort atroce des emmurés, des malheureux ensevelis vivants !

Seul, peut-être, le capitaine, qui ne dit mot, conserve une lueur d'espoir. Ou tout au moins cet intrépide marin qui ignore la défaillance, veut lutter, même contre l'impossible.

Un plan, le plus simple, mais le seul praticable, s'offre soudain à son esprit fécond en expédients. Il sait que la Taupe peut fournir, avec sa réserve d'air, aux besoins de Monsieur Synthèse et de son compagnon pendant environ dix heures.

Dix heures, soit! le temps sera vaillamment employé.

Il n'ignore pas que, dans plusieurs circonstances, les câbles télégraphiques sous-marins, détériorés ou brisés au fond de l'Océan, ont pu être repêchés et ramenés à la surface de l'eau.

Les navires chargés de ce travail délicat étaient, il est vrai, pourvus d'un matériel spécial, sans lequel toute tentative eût été impossible.

Mais le steamer n'est-il pas supérieurement outillé, en vue de ce difficile et périlleux travail d'exploration sous marine !

Il y a encore, dans la cale, près de dix mille mètres de câble, dont Monsieur Synthèse s'est muni par surcroît de précaution, dans le cas, bien improbable, pourtant, d'un accident analogue à celui qui vient de se produire.

C'est aussi avec ce câble de rechange que l'officier veut tenter d'opérer le sauvetage. Bien que l'opération présente des difficultés immenses, il ne désespère pas de la mener à bien.

Comment? par quels moyens?

Voici. Il commence tout d'abord par faire retirer de la cale, par le grand panneau, le câble de rechange. Manœuvre facile, en somme et exigeant un temps très court, puisqu'il suffit de l'enrouler sur la bobine de fonte à la place de celui qui est au fond de la mer.

Pendant ce temps, deux forges de campagne sont allumées, et les mécaniciens, des forgerons d'élite, se mettent à l'ouvrage. Il s'agit d'improviser, le plus rapidement possible, une drague en fer pourvue de crampons fixes et très résistants.

Les matériaux ne manquent pas, et les vaillants ouvriers n'ont pas besoin d'être stimulés. Bientôt le métal rougit, et les coups de marteau retentissent avec une intensité montrant le bon vouloir et l'activité des travailleurs.

Grâce à l'intelligence, à l'adresse et à la vigueur de ces incomparables manieurs de fer, grâce aussi à la précision des ordres qu'ils reçoivent, il suffit de trois heures seulement pour fabriquer un appareil, grossier sans doute, mais d'une solidité à toute épreuve.

C'est une espèce de châssis, long de cinq mètres, large de trois, dans lequel sont insérées dix longues pointes analogues à des dents de herse, mais recourbées à la partie inférieure, ou plutôt, coudées à angle aigu.

Le nouveau câble est attaché solidement à un des longs côtés de cette espèce de dragueuse, de façon à pouvoir la traîner au fond de la mer, sans qu'elle puisse se retourner.

Le capitaine espère, non sans apparence de raison, que le câble coupé, qui doit occuper une surface considérable, sous les flots, s'engagera, grâce à un mouvement de va-et-vient, dans ces crampons susceptibles, en raison de leur forme, de le maintenir sans qu'il puisse glisser.

Quatre heures seulement se sont écoulées depuis que Monsieur Synthèse et son préparateur ont opéré cette fatale descente. Il est donc environ trois heures après midi.

Le capitaine n'a pas attendu la fin du travail des mécaniciens pour faire chauffer la machine dont le concours est indispensable.

Il a fait larguer les amarres qui retiennent le navire à l'atoll, et, malgré une agitation assez notable des flots, il est prêt à commander l'appareillage.

Il procède tout d'abord à l'immersion de la drague, qui s'opère comme précédemment celle de la Taupe-Marine. Avec cette différence, toutefois, que l'appareil à sonder a été rendu solidaire de l'énorme râteau de fer. Il importe, en effet, de connaître exactement l'instant où la drague touchera le fond, de façon à ne pas filer trop de câble.

La descente s'opère sans encombre, et le fond est atteint au bout de vingt-cinq minutes.

Puis, le sifflet de la machine emplit l'air de ses mugissements. Le navire, sous pression, va s'ébranler au signal de l'officier, debout à son poste.

— En avant doucement!

Au commandement transmis par le télégraphe de machine, l'immense organisme de métal frémit. Une trépidation l'agite d'une extrémité à l'autre, l'hélice tourne lentement, la coque de fer glisse sur les flots houleux.

La manœuvre est facile à comprendre. Mais quelles difficultés dans son exécution!

Cette manœuvre consiste à promener, au fond de la mer, la dragueuse, à l'endroit exact où le câble est tombé, de façon à le rencontrer et à l'engager dans les crampons.

En principe, cela semble assez facile, quand on possède, avec l'outillage spécial du steamer, une machine à vapeur dont la force est pour ainsi dire infinie.

Mais, c'est positivement l'emploi judicieux de cette force, sa réglementation qui peuvent, à un moment donné, se heurter à des obstacles insurmontables.

Le câble possède une solidité très considérable, mais cependant limitée.

Il n'y a guère à se préoccuper en principe du poids de la dragueuse, dont l'addition est presque insignifiante, puisque ce poids ne dépasse pas six à sept cents kilogrammes.

Mais quand ce râteau grattera, fouillera le fond de la mer, il rencontrera vraisemblablement des résistances parfois très fortes. Ces résistances, dont il sera impossible de connaître la nature et d'apprécier la ténacité, pourront augmenter la traction opérée sur le câble, dans des proportions telles, que la rupture deviendra inévitable.

C'est là une éventualité qu'il faut éviter à tout prix, sous peine de rendre la catastrophe première irréparable.

Aussi quelles précautions dans la mise en marche du navire ! Quelle lenteur dans ses évolutions !

Il s'éloigne insensiblement de son point d'amarrage, décrit une courbe gracieuse, vire presque sur place, s'arrête sur un mot, repart sur un signal, pour s'arrêter et repartir encore.

Une traction subite de l'appareil fait-elle pressentir que les crampons sont engagés entre des rochers, ou implantés dans le sol mystérieux de l'abîme, aussitôt, loin de « faire force », il se rapproche du point de résistance de façon à se mettre à pic.

Les treuils entrent en action, font quelques tours, soulèvent la dragueuse, la dégagent, puis la laissent doucement retomber.

Combien d'émotions pendant cette pêche dramatique ! Combien d'espérances, comme aussi de déceptions !

Après une savante et difficile évolution, le capitaine, croyant avoir enfin « croché », comme disent les marins, le câble rompu, envoie le commandement de : *Hissez !...*

La bobine sur laquelle est enroulé le câble sauveteur se met à tourner. Les mécaniciens ne donnant que la quantité de vapeur strictement nécessaire à l'enroulement de l'appareil, peuvent ainsi se rendre compte s'il y a addition de poids.

Le débit de vapeur constitue par le fait une sorte de manomètre.

L'enroulement continue. Hélas ! le poids total, au lieu de subir l'augmentation si ardemment attendue, diminue bientôt.

Rien encore ! Tout est à recommencer.

Et les manœuvres reprennent sans hâte, sans précipitation, sans impatience.

A deux reprises différentes, l'opération semble près de réussir.

La première fois, après une heure d'efforts inutiles, une tension parfaitement appréciable se manifeste.

La bobine tourne, le poids augmente. Les mécaniciens doivent forcer de vapeur. Mille mètres de câble sont ainsi enroulés et la tension s'accroît toujours.

Officiers, matelots, hommes de machine, gens de service, chacun palpite d'espérance.

Tout à coup, une subite détente se produit. Les treuils se mettent à tourner avec une rapidité de mauvais augure.

Il faut stopper sur-le-champ. A la diminution instantanée du poids total, il est trop facile de prévoir la chute de l'épave.

Une seconde fois, on réussit à enrouler trois mille mètres.

Le même accident fatal se produit au moment où la réussite semble devoir enfin couronner d'aussi vaillants efforts !

Loin d'être affecté de ces insuccès répétés, le capitaine sent grandir son espoir.

— Bah ! dit-il au chimiste qui suit avec une véritable angoisse toute la phase de l'opération, ce sera pour la troisième fois.

Trois heures se sont écoulées depuis la première tentative.

Il est six heures, et dans une demi-heure la nuit va tomber sans crépuscule.

Faudra-t-il donc interrompre ces recherches difficiles, rendues encore plus périlleuses par le voisinage immédiat des écueils ?

Non !

Dût le navire être broyé sur les coraux, l'opération sera poussée à la lueur des feux électriques. S'il sombre, les autres continueront le sauvetage.

Leur proximité garantit d'ailleurs la sécurité de l'équipage dans le cas fort possible d'un naufrage.

Les évolutions de l'*Anna* recommencent.

Le capitaine Christian, mettant au service de l'entreprise cette volonté qui enfante des merveilles, a pris toutes les précautions imaginables.

Pensant, peut-être avec raison, que les échecs précédents résultent de ce que le câble sauveteur a été hissé prématurément, il ne veut opérer cette dernière manœuvre qu'après avoir tout fait pour en assurer la réussite.

A cet effet, il opère un dragage minutieux. Il fait avancer le navire aussi loin que possible, le ramène en tournant, va, vient, tourne encore, multiplie les contacts de la drague avec le sol, opère coup sur coup plusieurs révolutions, de façon à emmêler les replis de l'épave, et à former des nœuds inextricables.

Puis, plein de confiance, il commande de hisser.

Chacun est moralement sûr du succès.

Une angoisse poignante étreint pourtant les assistants, quand les treuils commencent à fonctionner.

Le navire est à pic. Le capitaine a quitté la passerelle pour se rapprocher des machines motrices.

Tout va bien. Le poids augmente. Le câble est croché.

N'étaient les insuccès passés, chacun pousserait un hourra retentissant.

La manœuvre se continue au milieu d'un silence recueilli, plus émouvant cent fois que toutes les manifestations d'espérance ou d'inquiétude.

Une demi-heure s'écoule. La nuit vient. Les fanaux électriques projettent bientôt des lueurs éblouissantes.

La manœuvre continue toujours, les machines tournent avec leur imperturbable monotonie.

La profondeur diminue. Quatre mille mètres sont enroulés. Quatre mille cinq cents...

Cinq mille!... Cinq mille deux cents!...

Un hourra formidable retentit, à l'aspect de la dragueuse qui apparaît étroitement enlacée par les replis du câble maudit.

Le capitaine, dont l'impassibilité ne se dément pas un instant, se sent étreint avec furie, par un homme que la joie semble affoler.

C'est le préparateur, dont l'œil unique est obscurci par une larme d'attendrissement.

Allons, le plus fort est fait. Il est essentiel de procéder, sans plus tarder, à la partie la plus importante, sinon la plus difficile, de l'opération.

Plus tard, on se réjouira.

Séance tenante, la dragueuse est hissée à bord, et le câble de la Taupe fixé à la bobine restée vide qui remplace aussitôt celle à laquelle est enroulé le câble sauveteur...

Mais quelle nouvelle catastrophe, plus terrible encore que la première, menace les infortunés enfermés dans l'appareil à plongeur !

Le grelin d'acier qui s'enroule méthodiquement ne semble pas peser plus lourd que l'autre.

Pourtant, le poids de la Taupe-Marine !...

Le capitaine craint de comprendre.

A l'explosion de joie succède un silence lugubre. On n'entend plus que le halètement de la machine.

Les tours se succèdent avec rapidité... La bobine s'emplit... le poids diminue...

Enfin, après un temps relativement court, puisque l'enroulement s'opère sans obstacle, l'autre extrémité du câble apparaît. Elle est aussi nettement tranchée que l'extrémité supérieure.

La section a dû être opérée au ras de la Taupe-Marine, puisqu'il mesure exactement les cinq mille deux cents mètres immergés lors de la descente.

Cette fois, tout est bien fini. Le sauvetage est désormais impossible.

Monsieur Synthèse et son compagnon sont irrévocablement perdus !

. . . .

Le capitaine, anéanti, remet le commandement au second, après lui avoir ordonné de faire amarrer le navire à la place qu'il occupait précédemment.

Puis, il descend à sa chambre, incapable de raisonner, de penser, éperdu, appelant la mort.

Il se jette sur un divan et reste pendant longtemps dans cet accablement consécutif aux grandes catastrophes.

Il murmure des phrases sans suite, sans s'apercevoir du lent défilé des heures.

— Et moi qui lui ai répondu de tout... sur ma vie !

« Pauvre enfant !...

« Quel réveil pour elle !...

« Non !... Je n'aurai jamais le courage d'affronter sa vue.

« Sur ma vie !... J'ai répondu sur ma vie !...

« Eh bien, soit !... Les morts ne répondent plus de rien...

« Je vais mourir !

Il avise alors un revolver accroché dans une panoplie au-dessus du divan, et s'en empare brusquement.

Son regard tombe machinalement sur un chronomètre marquant douze heures.

— Minuit !... déjà minuit !... le cauchemar a tant duré et je vis encore !...
« Il faut en finir.

Il arme le revolver et l'approche de son front, quand la porte de sa chambre s'ouvre doucement. Un des Bhîls de Monsieur Synthèse apparaît à la lueur de la lampe éclairant ce retiro d'officier studieux.

— Capitaine, dit l'homme en hindoustani, le *Maître vous demande.*

— Allons, murmure-t-il à part lui, le cauchemar continue...

« Mais pas pour longtemps.

Seriez-vous donc lâche ? (Page 201)

CHAPITRE X

Les regrets du professeur de zoologie. — Rayon d'espérance. — Épreuves photographiques. — Monsieur Synthèse avoue tranquillement que tout secours est impossible. — Quelques chiffres. — Le principe d'Archimède. — Préparatifs. — Monsieur Synthèse dîne. — Plus légère que l'eau. — Le poids du câble. — La Taupe Marine et le ballon captif. — Monsieur Synthèse a tout prévu. — La Taupe est le bas en haut. — « Nous montons ! » — Lumière à tribord. — Le patron du canot amène « la chose ». — Stupeur du premier lieutenant de l'*Indus*. — Sur l'*Anna*. — Monsieur Synthèse veut retourner le lendemain à la recherche du *Bathybius Hæckelii*.

Si M. Arthur Roger-Adams, professeur agrégé de zoologie près d'une de nos plus célèbres facultés, avait pensé jadis en contractant son engagement vis-à-vis de Monsieur Synthèse, que l'expédition pourrait être parfois périlleuse, il n'avait jamais eu la plus vague idée d'une semblable catastrophe.

A peine s'il avait envisagé les fatigues d'un voyage au long cours, et les risques habituels d'une navigation prolongée, très atténués d'ailleurs par la présence d'une flottille composée de quatre navires.

Un peu de curiosité scientifique, beaucoup d'ambition et pas mal de cupidité avaient été la cause déterminante de l'acceptation des conditions posées par le vieillard.

S'il comptait saisir quelques-uns de ces secrets merveilleux qui ont illustré le nom de Monsieur Synthèse, il espérait surtout, au retour, une de ces réclames gigantesques dont notre époque d'*interview* à outrance, et de reportage enragé est volontiers coutumière.

Il voyait son nom emplissant les gazettes mondaines et scientifiques, les reporters faisant queue dans son antichambre, les chroniqueurs lui mendiant des documents.

Pendant huit jours, les feuilles de Paris, de la province et de l'étranger acclameraient M. Roger-Adams, l'intrépide savant qui... l'audacieux voyageur dont... l'éminent professeur que... etc., etc...

Les collègues en sécheraient d'envie, les chevronnés du professorat ne seraient plus que des ganaches, et le recteur de la Faculté, un vieux Monsieur désagréable qui ne lui avait accordé son congé qu'en rechignant, serait bien forcé de compter avec lui.

Les décorations pleuvraient, l'avancement ne se ferait pas attendre. Il y aurait donc, et dans une large mesure, honneur et profit.

Profit surtout. Car, en digne fils du siècle, le jeune M. Arthur professe une très vive sympathie pour les biens de ce monde. Or Monsieur Synthèse lui ayant garanti des émoluments comme n'en a jamais touché aucun ambassadeur, le zoologiste des salons avait cru devoir souscrire à toutes les exigences du contrat.

Mais, aussi, pensez donc : devenir illustre en moins d'une année, et avoir fortune faite !

La roche Tarpéienne est, hélas ! proche du Capitole, et la fable de Perrette ne concerne pas seulement les laitières villageoises.

Voilà tout à coup ce bel échafaudage renversé, ces projets d'avenir à vau l'eau — par cinq kilomètres de fond — et, circonstance aggravante, l'existence de l'ambitieux à peu près irrémédiablement compromise.

Quels regrets poignants viennent l'assaillir, quelle angoisse affreuse l'étreint, depuis le moment où il a bégayé ces mots pouvant à peine sortir de sa gorge haletante :

— Le câble est rompu... Nous sommes perdus !

Puis, il demeure anéanti, incapable de mouvement, comme un bétail assommé.

La pensée subsiste, pourtant, et par une sorte de dédoublement de son être, toute sa vie se présente à son esprit, comme une série d'images passant vertigineusement devant un objectif.

Ses premières années d'enfant gâté par un père bon, faible et distrait. Ses humanités dans un collège d'externes ; ce régime permettant la continuation des gâteries. Ses débuts comme étudiant. Le laboratoire paternel, où l'on disséqua tant et tant d'huîtres, d'escargots et de batraciens.

Il se rappelle ses premiers calembours scientifiques faisant pâmer d'aise les vénérables collègues du papa, de vieux messieurs à crâne beurre frais et à lunettes, pleins de faiblesse pour cet Eliacin de faculté. Puis, les premiers examens, des bachots enlevés avec un bombardement de boules blanches. Les concours d'agrégation où les concurrents ne pesèrent pas lourd.

Puis la chaire en province, le cours professé dans une irréprochable tenue de dandy scientifique. Le monde départemental, les soirées administratives, où il portait un front bourré de pensées, les fonctionnaires qu'il dominait de toute la hauteur de ses doctorats, les sauteries auxquelles il daignait prendre part, comme un grand seigneur chez des petites gens, comme un lauréat de grand concours devant des élèves d'école primaire.

Et ces bonnes pantoufles, si chaudement molletonnées, et cette chère robe de chambre si douillettement ouatée, et ces bons plats de chanoine si onctueusement mijotés par la vieille Catherine.

C'étaient enfin les époques mémorables des sessions, les jours d'examen, avec le défilé piteux des candidats, leurs bourdes épiques alimentant la gaieté du jeune professeur qui, après avoir fait de l'esprit à leurs dépens, les retoquait avec majesté.

Comme l'existence était belle, pourtant !

Comme un homme dans la position terrible où se trouve le malheureux professeur, doit regretter amèrement de dire adieu à de pareilles joies !

Cependant, Monsieur Synthèse essaye de réagir contre cette prostration prolongée.

Soit que le vieillard, après sa mystérieuse invocation à son ami le Pundit, eût été rassuré sur le sort de son enfant, soit qu'il puisât, dans l'énergie prodigieuse de son caractère, une force incompréhensible, nulle trace d'émotion ne se manifeste sur son visage austère.

Voyant que ses encouragements bienveillants sont superflus, il change de ton et interpelle rudement son compagnon.

— Je vous l'ai dit déjà, reprenons nos travaux.

Il ne peut en tirer qu'un gémissement douloureux.

— Vous avez entendu, n'est-ce pas ?

— Je ne peux pas... Monsieur... Maître, par pitié...

— Ici, comme partout, même en face de la mort, vous me devez obéissance !

« J'ai votre signature au bas de l'engagement... Bien mieux, j'ai votre parole.

— A quoi bon ces travaux stériles...

— Comment, à quoi bon !

« N'eussions-nous plus à vivre que le peu d'heures représentées par notre provision d'air, comptez-vous pour rien l'idée seule d'avoir arraché un de ses secrets à la nature ?

« Le véritable savant n'est-il pas un croyant qui jusqu'au dernier souffle doit poursuivre le Grand-Œuvre ?

Et comme le zoologiste, toujours anéanti, reste l'œil fixé à la lampe, dont le reflet semble l'hypnotiser, Monsieur Synthèse poursuit plus rudement encore :

— Seriez-vous donc lâche ?

« Voulez-vous donc irrémédiablement encourir mon mépris, celui des travailleurs, quand plus tard vous serez, comme je l'espère, rendu à toutes ces choses d'ordre inférieur que vous regrettez tant ?

A ces mots : *comme je l'espère*, une transformation soudaine s'opère dans le malheureux professeur.

Sans penser à ce que ces paroles peuvent renfermer d'inanité, étant donnée la situation présente; sans se soucier qu'il regarde depuis quelque temps Monsieur Synthèse comme un dément, atteint d'un commencement de ramollissement cérébral, produit par l'ossification des artères de la base du crâne, il sent l'énergie lui revenir peu à peu.

Il ajoute d'une voix plus assurée :

— Maître, vous pensez donc pouvoir sortir d'ici ?

— Je n'ai dit adieu ni à la vie, ni au Grand-Œuvre, répond énigmatiquement Monsieur Synthèse.

Par un subit revirement de son caractère pusillanime, le zoologiste, qui regardait naguère Monsieur Synthèse comme fou quand il proposait des choses raisonnables, prend pour la manifestation d'un esprit parfaitement sain, la chose en apparence la plus insensée, que le vieillard ait depuis longtemps proférée.

Il est vrai que ce sont des paroles d'espoir et, quand on a autant de motifs que le jeune M. Arthur pour tenir à la vie, on n'est pas difficile dans le choix des arguments.

Il se met donc en devoir d'obéir.

Pendant ces colloques et cette série d'événements, les Monères déposées sur le porte-objet du microscope ont cessé de vivre. Le mucilage s'est séché sur la plaque de cristal.

L'aspect qu'elles présentent n'est pas moins très curieux, et le préparateur, dont la main tremble encore, peut en prendre plusieurs épreuves.

Il puise pour la seconde fois dans l'éprouvette avec sa baguette de verre, renouvelle l'expérience décrite précédemment, s'assure de l'identité du *Bathybius* vivant, avec celui qu'il a étudié, photographie de nouveau, et attend sans mot dire.

Le vieillard, aussi à l'aise que s'il se trouvait dans son laboratoire, colle à son tour l'œil à l'oculaire du microscope, vérifie, après une longue contemplation, la description donnée par le préparateur, en reconnaît par un signe approbateur la parfaite exactitude et ajoute :

— Maintenant, causons.

« Savez-vous bien, qu'il est très heureux, pour nous, que cette rupture du câble d'acier ne se soit pas produite seulement une heure plus tard?

Le preparateur répond seulement par une pantomime pouvant signifier :

— Il eût été plus heureux encore qu'elle ne se fût pas produite du tout.

— Car, continue Monsieur Synthèse, la Taupe-Marine ayant été lestée de ses deux mètres cubes d'eau, nous étions bel et bien immobilisés ici pour des siècles.

— Pensez-vous donc, Maître, que nous ne puissions recevoir aucun secours de là-haut?

« Est-il impossible au commandant du steamer de tenter notre sauvetage en repêchant le câble?

— Oh! je ne doute en aucune façon du bon vouloir et de l'ingéniosité de ce brave Christian.

« Il réalisera l'impossible pour nous sauver, mais sans pouvoir y parvenir.

— Mais alors...

— Laissez-moi continuer... rien ne presse encore.

« Il faudrait, pour nous retirer d'ici, que le câble fût saisi exactement par l'extrémité rompue.

« Je dis exactement, et voici pourquoi.

« C'est que le câble tout entier n'a qu'une longueur égale à celle de la distance qui nous sépare de la surface de la mer.

« Soit cinq mille deux cents mètres.

« Or, il est absolument impossible... Vous entendez bien: *absolument impossible* de le saisir autre part que très loin de cette extrémité.

« Le motif en est simple.

« C'est que, en raison de son poids très considérable, il échappera toujours à l'instrument employé pour le « crocher ».

« Supposons pourtant qu'à l'aide du câble de rechange renfermé dans la cale, le capitaine Christian arrive à saisir le nôtre par le milieu.

« Il pourra l'enlever jusqu'à une hauteur de deux mille cinq cents mètres, mais alors il lui sera impossible de vaincre la résistance opposée par le poids de la Taupe-Marine.

« Cette hypothèse, remarquez-le bien, est toute gratuite, car elle ne se présentera pas une fois sur mille.

« Le capitaine pourra donc draguer huit jours et plus le fond de la mer, sans arriver à accrocher le câble de façon à l'amener là-haut.

— C'en est donc fait de nous?

— Pas le moins du monde!

« Je viens de vous dire que je n'avais pas rempli le réservoir dans lequel nous devons rapporter, là-haut, deux mètres cubes d'eau saturée de Monères.

— Je ne comprends pas encore.

— En laissant ici les deux plateaux en fonte pesant chacun mille kilogrammes la Taupe sera allégée d'autant.

— Mais...

— Voulez-vous avoir l'obligeance de me formuler le principe d'Archimède?

— C'est facile : Tout corps plongé dans un liquide, reçoit de bas en haut, une poussée égale au poids du volume du liquide déplacé.

— Parfait !

« Or, savez-vous quelle est la capacité de la **Taupe-Marine**?

— Environ dix mètres cubes.

— Exactement onze mètres.

« C'est-à-dire qu'elle déplace onze mètres cubes d'eau... ce qui revient à dire qu'elle reçoit de bas en haut une poussée égale à un peu plus de onze mille kilogrammes, étant donnée la densité de l'eau de mer supérieure à celle de l'eau douce.

« Vous faites-vous d'autre part une idée approximative du poids de cet engin ?

— Eu égard à sa résistance, il doit être de beaucoup supérieur à celui du volume d'eau déplacée.

— Vous faites erreur, Monsieur le zoologiste.

« Ou plutôt, vous oubliez la très faible densité du bronze d'aluminium.

« La **Taupe-Marine** ne pèse, en dépit de l'énorme épaisseur de ses parois, que treize mille kilogrammes.

— Avec, ou sans les plateaux de fonte? demanda le préparateur avec une vivacité singulière.

— Lestée de ses plateaux.

— Mais alors, comme ces disques de fonte représentent deux mille kilogrammes, elle n'en pèse plus que onze mille après le déclanchement qui les détache de sa base, puisque, par bonheur, le réservoir à eau est vide!

« Son poids est seulement égal à onze mille kilogrammes, et elle peut... elle doit quitter le fond de la mer, s'enlever comme une bouteille vide hermétiquement bouchée.

— Doucement, Monsieur, doucement.

« Comme vous allez vite en besogne !

« Vous oubliez le poids des appareils, de l'aménagement intérieur, des réservoirs à eau, à air comprimé, le vôtre, le mien...

« Tout cela représente cinq cents kilogrammes, au minimum.

— Pourtant, Maître, la différence de densité entre l'eau de mer et l'eau douce étant de un dixième, il devrait nous rester un excédent de force ascensionnelle.

— Sans doute, puisque l'on peut évaluer le poids d'un mètre cube d'eau de mer à onze cents kilogrammes ; la poussée de bas en haut devrait, comme vous le dites, excéder de six cents kilogrammes le poids de la Taupe.

« Cet excédent existe même en réalité, et l'appareil, après l'abandon des deux plateaux de fonte servant de lest, va s'élever...

— Ah ! Maître, pourquoi retardez-vous ainsi l'heure de notre délivrance ?

« Il suffit d'un signe et...

— Et, arrivés à une hauteur de cent cinquante ou deux cents mètres, la Taupe qui monte, en raison du principe d'Archimède, s'arrête brusquement, culbute, se tourne la pointe en bas, et demeure suspendue à l'extrémité de son câble, comme un ballon captif au bout de sa ficelle !

« Vous oubliez le câble, Monsieur le zoologiste !

« Ce câble, dont le poids énorme exige une force considérable que seule peut fournir une machine puissante !

— Ah ! mon Dieu !.. s'écrie en blémissant le préparateur qui passe depuis plusieurs heures par toutes les alternatives d'angoisse, d'espérance et de terreur.

— Eh ! bien, quoi ?

— Cette fois, je le vois trop clairement, c'est fini de nous.

« Nous sommes bien irrévocablement perdus.

— A moins de nous débarrasser du câble.

— Est-ce donc réalisable ?

« Ah ! Maître, ordonnez... je ferai l'impossible.

« Dussè-je briser mes dents, arracher mes ongles, ensanglanter mes mains... disposez de moi comme d'un outil, d'une machine... parlez, j'obéirai..... quoi que vous disiez !..

— Ne brisez, n'arrachez, ni n'ensanglantez rien.

« Restez bien tranquille où vous êtes, et suivez mes instructions qui sont des plus simples.

« Enfermez ces flacons à réactifs dans leurs boîtes et veillez bien à ce qu'un choc ne puisse les briser.

« Emballez de même les microscopes, les appareils photographiques, les provisions et le reste.

« Quand tout cela sera terminé, vous trouverez, dans ce coffre scellé à la

Cinq minutes après, le capitaine tout pâle se soutenant à peine. (Page 215.)

paroi, un rouleau de fil de fer, des pinces et différents outils dont je vous expliquerai l'usage.

« Maintenant, baissez-vous et regardez sous la crédence.

« Que voyez-vous ?

— Des anneaux fixés à la paroi de la Taupe et au bord de la tablette métallique.

— Bien !

« Vous allez assujettir tous les menus objets formant notre matériel à ces anneaux, en les garrottant de fil de fer, de façon à ce qu'ils ne puissent se déplacer.

« Le motif de ce travail inusité pour un professeur de zoologie, est d'empêcher, quand la Taupe se retournera, tous ces ustensiles de nous tomber sur la tête et de joncher le sommet de l'appareil, devenu la base, de débris dangereux.

— Alors, la Taupe se retournera ?
— Indubitablement.

« Au moment où elle accomplira sa révolution, nous n'aurons qu'à nous allonger côte à côte sur la paroi, de façon à nous trouver debout en même temps qu'elle.

« C'est compris ?
— Oui, Maître, et vous allez voir avec quelle ardeur vos ordres seront exécutés.
— Travaillez donc ; moi, je vais prendre mon repas.

Et Monsieur Synthèse débouche les flacons renfermant ses globules alimentaires, choisit ceux qui composent l'ordinaire pour ce jour-là, les absorbe gravement, les fait descendre avec un peu d'eau et se recueille un moment, pendant que la dissolution s'opère dans son estomac.

La réaction habituelle, consécutive à ses étranges festins, s'étant opérée, Monsieur Synthèse constate, non sans une certaine satisfaction, que son compagnon opère assez adroitement l'arrimage du matériel.

Le préparateur apporte même tant d'ardeur à ce travail tout nouveau pour lui, qu'il suffit d'une heure à peine pour l'achever entièrement.

Le vieillard inspecte, alors avec la plus grande attention, ce nouvel agencement, en vérifie la solidité, en constate la régularité, et ajoute :

— Cela suffit.

« Nous allons maintenant démarrer.

« Restez immobile pour l'instant, et obéissez ponctuellement à ce que je vais vous commander.

« Vous êtes prêt ?
— Oui, Maître !
— Attention !

A ce mot, le vieillard se baisse rapidement et presse à deux reprises le bouton d'ivoire à peine visible au point d'insertion de la tablette.

— Le déclanchement des plateaux est opéré... Les deux mille kilogrammes de fonte sont restés sur le sol.

« Nous montons!...

La Taupe-Marine, subitement allégée de ce poids énorme, oscille un peu, puis monte lentement d'abord, en conservant sa position verticale.

Bientôt, sa vitesse ascensionnelle s'accélère, sans être entravée par le poids du câble toujours fixé à sa partie supérieure.

Elle s'élève d'une quantité que les deux savants ne peuvent apprécier, puis commence à s'incliner.

— Attention! commande pour la seconde fois Monsieur Synthèse.

« Au moment où la Taupe va être horizontale, allongez-vous en tournant vos pieds du côté où se trouve en ce moment votre tête.

« ... Allez!

Pendant que le préparateur se couche, Monsieur Synthèse saisit la lampe électrique, la retire de l'anneau lui servant de support, la conserve dans sa main, et s'allonge sur le dos. La Taupe accomplit sa révolution. La grande caisse à eau constituant tout à l'heure la base de l'appareil forme le sommet, et l'ogive, tirée par le câble, est devenue à son tour la base.

Comme ce mouvement s'est accompli lentement, sans à-coups, les deux hommes se trouvent debout sur une surface plane qui n'est autre que la paroi du réservoir à air.

— Voilà qui est bien débuté, continue le vieillard en replaçant posément la lampe électrique dans son support, mais en sens inverse, naturellement.

« Nous sommes présentement immobilisés par le poids du câble d'acier, et notre position rappelle, toutes proportions gardées, celle d'aéronautes exécutant une ascension en ballon captif.

« Un ballon captif au fond de l'eau! La situation ne manque pas d'originalité, n'est-ce pas?

« Qu'en pensez-vous, Monsieur le professeur de zoologie?

— Je pense, Maître, que je voudrais bien voir ce ballon libre, au-dessus des flots!

— Patience! jeune homme, patience!

— L'accident dont nous sommes victimes, va vous rendre dépositaire d'un secret que vous garderez précieusement, n'est-ce pas?

— Comptez sur ma discrétion, Maître.

— Le secret, de peu d'importance, en somme, a trait au système d'amarrage qui retient le câble métallique à la Taupe.

« Quelque sûr que je sois de mes auxiliaires, cette particularité est ignorée de tous, même du capitaine Christian.

« Dans ma position, l'on est parfois obligé de ne se fier qu'à soi seul.

« De plus, on doit tout prévoir!

« Vous entendez... Tout!

— Comment, Maître, même l'éventualité d'une pareille catastrophe?

— Surtout cette éventualité, Monsieur!

« Quand un homme comme moi entreprend quelque chose, il ne laisse rien au hasard.

« Aussi, même avant de commander au fabricant ma Taupe-Marine, j'avais envisagé la possibilité d'une rupture accidentelle ou même provoquée volontairement du futur câble d'acier.

« J'avais également envisagé toutes les conséquences de cette rupture, et cherché préalablement le moyen de les conjurer.

« Voyez si j'ai eu raison!

« Prévoyant le cas où je voudrais, pour un motif ou pour un autre, m'élever du fond des eaux sans recourir au mécanisme que vous avez vu là-haut, et sachant que le câble serait l'obstacle essentiel à cette manœuvre, je l'ai fait attacher de façon à m'en débarrasser instantanément.

« Le système d'amarrage est absolument identique à celui qui attachait les plateaux de fonte à la base de l'appareil plongeur, et il suffit d'une pression opérée sur un bouton pour en opérer le déclanchement.

« Ce bouton, que vous ne pouvez apercevoir, est dissimulé dans une cavité fermée par une vis presque invisible.

« Il suffit d'un tourne-vis pour l'enlever et découvrir ce minuscule appareil.

« Vous expliquer tout le mécanisme serait superflu, du moins pour le moment.

« Plus tard, si vous êtes curieux de le connaître, je vous le montrerai en détail... quand je n'aurai plus besoin de la Taupe-Marine.

— Cependant, Maître, permettez-moi de vous faire observer qu'il eût été beaucoup plus simple d'actionner ce mécanisme quand nous étions encore au fond de l'eau... sans avoir besoin de faire retourner la Taupe.

— C'est parce qu'il lui faut une force considérable pour être actionné.

« Quand la Taupe reposait sur le sol, c'est la pression de bas en haut qui a aidé au déclanchement des plateaux.

« La force nécessaire au déclanchement du câble, va nous être fournie par le poids de celui-ci.

« Vous pensez bien qu'un tel appareil ne doit pas et ne peut pas avoir la sensibilité d'un ressort de montre.

Tout en conversant ainsi, Monsieur Synthèse n'est pas demeuré inactif.

A l'aide d'un petit couteau de poche pourvu d'un tournevis, il a découvert le petit bouton à peine gros comme l'extrémité d'un porte-plume.

Il le presse fortement, pendant quelques secondes, et ajoute :

— Nous sommes en route !

— Comment, déjà !.. s'écrie le préparateur ébahi.

— Vous étiez si pressé, tout à l'heure !

— Mais je ne m'aperçois pas que nous montons !

— Pas plus que l'aéronaute dans son ballon, quand il n'a aucun point de repère.

« Le baromètre seul peut le renseigner.

— C'est juste... je ne sais plus où j'ai la tête.

— Nous montons, avec une rapidité très considérable, et dans quelques minutes vous allez sentir la houle.

. . . .

— Lumière à tribord... par l'avant !.. s'écrie au milieu des ténèbres un homme de vigie à bord de l'*Indus*.

— Fais prévenir l'officier de quart, ajoute un maître de manœuvre, allongé sur le gaillard d'avant, près de la « mèche ».

Le premier lieutenant, aussitôt avisé, grimpe sur la passerelle, et aperçoit dans la direction indiquée, une lueur tantôt vague, tantôt plus vive, paraissant subir des occultations dues à un reste de houle.

— Qu'est-ce que cela peut bien être ? dit-il en braquant sa lorgnette sur cette mystérieuse épave.

« Est-ce un canot en détresse ? Un radeau ?.. Une bouée ?

« Quelque débris de naufrage... après un pareil coup de vent.

« C'est étrange, dans une mer aussi peu fréquentée.

« Bah ! je vais en avoir le cœur net.

Il fait mettre sans désemparer le petit canot à la mer, et donne au patron l'ordre d'aller reconnaître la nature de cet objet.

Une demi-heure s'écoule, et le battement cadencé des rames lui annonce le retour de l'embarcation.

— Accoste à l'échelle, dit-il en se penchant au-dessus de la lisse.

Il descend rapidement, très intrigué, en apercevant, traînée en remorque une masse sombre, semblable à une bouée.

— Eh bien, patron, qu'y a-t-il?

— Sauf vot' respect, capitaine, nous avons gouverné sur la chose, que c'était facile, vu la lumière.

« Nous accostons, puis, pst!.. plus rien! La lumière *s'est tuée.*

« Mais ayant remarqué que la chose est armée de deux tourillons, je me dis que, puisqu'on a tant fait que de la reconnaître, faut l'amener ici.

« On la croche par un de ses tourillons avec un bout d'amarre, et puis, nage!

« Voilà tout, capitaine.

Au moment où le patron rend compte de son expédition, une lumière éclatante surgit tout à coup au milieu des flots, s'irradie en deux couronnes superposées, et éclaire, comme en plein jour, « la chose » immergée jusqu'à trente centimètres de la partie supérieure.

L'officier, au comble de la stupeur, reconnaît la *Taupe-Marine*.

En même temps retentissent à l'intérieur des coups violents frappés sur la sonore paroi de métal.

Sans plus attendre, et sans chercher d'explication à cette fantastique apparition, l'officier aperçoit les tourillons signalés par le patron.

Comprenant instinctivement que ces organes doivent fournir une communication avec l'intérieur, il essaye de les faire tourner.

Ils obéissent facilement à l'impression, et tournent chacun une dizaine de fois.

— Enlevez!.. dit-il aux hommes du canot et à ceux qui l'ont suivi sur le palier de l'échelle.

Un disque fort lourd, très épais, s'arrache pour ainsi dire, et découvre une cavité où se tiennent deux hommes chancelants, près de tomber.

— Le Maître! s'écrie l'officier en se découvrant respectueusement

— Dépêchez-vous de nous faire hisser, dit Monsieur Synthèse d'une voix étouffée...

« Nous avons de l'acide carbonique jusqu'à la ceinture, et l'air respirable commence à nous manquer.

En un clin d'œil, les deux hommes sont enlevés, et assis sur le palier. Ils absorbent avidement quelques vastes gorgées d'air, et reprennent incontinent toutes leurs forces.

Monsieur Synthèse, qui a reconnu le premier lieutenant de l'*Indus*, ajoute:

— Vous allez hisser à bord la Taupe-Marine et la laisser en l'état jusqu'à demain.

« Faites-nous conduire à l'*Anna*.

Il prend place dans le canot, où va le suivre le préparateur dont le visage rayonne d'une joie folle :

— Eh bien, Monsieur, que faites-vous ?

« Comment! vous oubliez les châssis contenant vos épreuves photographiques ?

« J'espère bien que vous allez les emporter pour les développer demain, dès la première heure, et me les montrer aussitôt.

« Et vous, garçons, nage !

L'*Indus* étant le dernier sur la ligne occupée par les quatre navires amarrés à deux cents mètres l'un de l'autre, se trouve donc à six cents mètres de l'*Anna*.

Il suffit de cinq à six minutes aux rameurs pour accoster le steamer à bord duquel règne un morne silence.

L'échelle est baissée. Monsieur Synthèse l'enfile allègrement, rencontre un matelot qui, épouvanté à sa vue, manque de tomber, et s'enfuit.

Il se dirige, presque à tâtons, vers son appartement et congédie le zoologiste en lui disant :

— Rentrez chez vous, et soyez discret.

Il pénètre dans son salon, réveille les Bhîls allongés sur le tapis au travers de la porte conduisant chez sa petite-fille.

Au bruit de ses pas, une négresse apparaît.

— Et ta maîtresse ? lui demande-t-il brusquement.

— Maîtresse dort... Maîtresse pas malade... Maîtresse contente voir Maître.

— Laisse-la reposer.

« Et toi, dit-il en hindoustani à un Bhîl, va me chercher le commandant.

Cinq minutes après, le capitaine tout pâle, se soutenant à peine, amené presque de force par l'hindou esclave de sa consigne, pénétrait dans le salon.

— Christian, lui dit Monsieur Synthèse comme si c'était la chose la plus simple du monde, tu feras prendre demain matin la Taupe-Marine numéro 2, emballée dans la cale du *Godavéri*, et tu la feras transporter ici.

« Tu t'assureras qu'elle est en bon état, ainsi que le câble de rechange.

« A onze heures je descendrai de nouveau, au fond de la mer, chercher les deux mètres cubes d'eau saturée de *Bathybius Hæckelii*

CHAPITRE X

Stupeur générale. — A propos des Brahmanes et de leur étrange puissance. — Alexis Pharmaque a deviné. — Singulière conséquence de l'accident. — Pourquoi M. Roger-Adams a la jaunisse. — Le chimiste se réjouit de la maladie de son collègue, et apprend qu'il est lui-même un brave homme. — Nouvelle exploration de la *Taupe-Marine* — *Non bis in idem*. — Monsieur Synthèse a oublié quelque chose. — Deux mille kilogrammes de surcharge. — Alarmes et terreur retrospectives. — Conséquences possibles de cet inconcevable oubli d'un homme qui n'oublie rien. — Le Grand-Œuvre est commencé.

Si la catastrophe produite par la rupture du câble a frappé d'une douloureuse stupeur l'équipage de l'*Anna*, il faut renoncer à peindre l'émotion qui suit l'inconcevable réapparition de Monsieur Synthèse et de son compagnon.

Avoir constaté « *de visu* » cette rupture accidentelle ou intentionnelle, avoir assisté ou collaboré aux efforts tentés pour le repêchage du câble, avoir apprécié le poids réellement énorme de la Taupe-Marine, conclu à la durée indéfinie de son immersion; et voir ensuite l'appareil flotter comme une bouée après s'être enfoncé comme un bloc plein, retrouver sur le steamer Monsieur Synthèse et le zoologiste après les avoir regardés comme irrémédiablement ensevelis sous une couche d'eau de cinq mille mètres, il y a là de quoi impressionner des êtres même bien équilibrés.

Chose étonnante, néanmoins, ce ne sont pas les Hindous plus primitifs, plus enclins à subir l'influence du merveilleux, qui manifestent le plus d'étonnement.

Il semble même que ce fait incompréhensible, dont la manifestation frappe les Européens d'une mystérieuse terreur, rentre pour eux dans la catégorie des choses possibles et n'ayant rien de particulièrement invraisemblable.

Ils l'ont commenté à leur manière et d'une façon toute simple.

Eh! bonjour à vous, illustre explorateur! dit-il avec sa pointe habituelle de narquoiserie.
(Page 2 9.)

Le Maître, qu'ils connaissent bien et depuis longtemps, le vieil ami des hommes de leur race, n'est-il pas aussi un *adepte*, un *pundit*, comme ces Brahmanes dont la puissance est parfois infinie?

Le brahmane peut, quand il le veut, rester immobile, suspendu entre ciel et terre, sans point d'appui, et par sa seule volonté. Il franchit instantanément des distances énormes, pénètre dans les maisons à travers les murailles, et commande aux éléments. Son regard frappe les hommes et les fauves d'immobilité. Il crache sur la tête d'un serpent, et rend l'animal rigide au point de s'en faire un bâton. Il enterre une graine dans du sable et fait croître en deux heures un arbre couvert de fleurs et de fruits ; il éteint, ou active les flammes par son souffle, et marche sur les flots...

Puisque le Maître est un pundit, il n'a eu qu'à dire au bloc de métal de surgir du fond de la mer, pour qu'il s'élevât et flottât comme un paquet de liège.

De simples fakirs, des adeptes d'ordre inférieur, auxquels les Brahmanes délèguent une partie de leur pouvoir, sont même, à l'occasion, coutumiers de semblables prodiges.

Pour qui a vu, d'ailleurs, les merveilles — le mot n'a rien d'exagéré — accomplies par ces initiés, cette explication, en l'absence de toute donnée scientifique, en vaut bien une autre.

Mais les matelots européens n'ayant jamais vu opérer ni les Brahmanes, ni les fakirs, et n'ayant pas eu, d'autre part, le loisir ou les facilités d'étudier les pressions, les volumes, les densités, se trouvent en présence d'un phénomène dont la cause leur échappe absolument.

Comme ils n'ont pas, ainsi que les Hindous, une sorte d'adaptation intellectuelle à l'idée de prodiges accomplis par certains hommes, et que la réalisation d'une apparente impossibilité se manifeste à eux, leur stupéfaction est d'autant plus vive que le motif en est plus imprévu.

Aussi, les légendes commencent-elles à circuler sur le gaillard d'avant, et les conteurs qui improvisent, pendant les quarts de nuit, cette pittoresque « Gazette de la Mèche », s'en donnent-ils à cœur joie.

Le capitaine Christian, le premier moment de stupeur passé, se laisse aller sans réserve, nerveusement, au bonheur de revoir Monsieur Synthèse.

Mais comme le Maître semble seulement préoccupé d'une nouvelle expérience ; comme il n'entre dans aucune explication et se contente de donner des ordres à l'officier, celui-ci, échappé à l'étreinte du cauchemar qui l'obsédait, heureux de se sentir vivre, n'en demande pas davantage. Il sait, du reste, qu'il connaîtra en temps et lieu la vérité dont il entrevoit déjà une partie.

Il n'en pousse pas moins très activement, quoique sans grand espoir de réussite, une enquête relative à la cause directe de la catastrophe, la section, par une main criminelle, du câble d'acier.

Quant au chimiste Alexis Pharmaque, il est avec Monsieur Synthèse et son collègue, le jeune M. Arthur, le seul à connaître le fin mot de cette tragique aventure.

Il a assisté, dès la première heure, à la réinstallation de la Taupe-Marine à bord du steamer. Il a entendu les récits enthousiastes des Hindous, comme aussi les racontars insensés des matelots, et résolu, en se trouvant vis-à-vis d'un problème, d'en dégager l'inconnu.

Après avoir attentivement examiné l'appareil, reconnu le métal qui le compose, en avoir pris les dimensions, supputé le volume et calculé la densité, il a crayonné rapidement quelques formules.

Puis, il ajoute en aparté :

— Je m'en doutais... C'est plus léger que l'eau, quand c'est délesté.

« Un simple appareil à déclanchement suffit.

« Il n'y a plus trace de câble, là-haut... Le système est le même... C'est de la dernière évidence !

« Eh bien ! Là... vraiment, le patron est un rude homme.

« Certes, j'étais désespéré à la pensée que cette catastrophe empêcherait l'admirable expérience dont la conception seule m'a enthousiasmé.

« Mais, j'étais réellement fâché — pour ne pas dire plus — en songeant que ce génie merveilleux allait être ainsi anéanti.

« Décidément, je me suis attaché à lui.

« Moi qui n'aime rien au monde...

« Ce que c'est que de nous !

« Bah ! Je puis bien m'avouer cela à moi-même, sans faiblesse.

« Par exemple, j'aurais bien voulu voir la tête du jeune M. Arthur !

« Mais, à propos, on ne l'aperçoit pas... Il est claquemuré dans sa chambre, pendant que le patron circule comme si rien d'anormal ne s'était passé.

« S'il allait être mort de peur après coup !

« Voyons donc ça.

Sans plus tarder, notre homme développe le volumineux compas de ses jambes, quitte le pont, et descend lestement à la chambre de son collègue.

— Eh ! bonjour à vous, illustre explorateur ! dit-il avec sa pointe habituelle de narquoiserie.

« Comment va, ce matin ?

Un gémissement étouffé est la seule réponse de l'illustre explorateur pelotonné sous ses couvertures.

— Tiens ! seriez-vous malade ?

« Vous savez, ce n'est pas le moment.

« Il paraît que le patron recommence le voyage et que vous en êtes, heureux homme !

— Plutôt la mort ! s'écrie d'une voix dolente le zoologiste dont la figure, apparaît éclairée par un rayon de soleil qui traverse le hublot.

— Eh ! mon cher, qu'avez-vous donc ?

« Est-ce que la Taupe-Marine a déteint sur vous ?

« Êtes-vous tombé dans un bain de chromate de plomb ?

— Quoi ?... Que voulez-vous dire ?

— Mais, mon cher, vous êtes jaune !...

— Jaune ?

— D'un jaune intense, qui vous couvre la face, le globe de l'œil, les oreilles, avec des tons de vert-de-gris au cou et aux ailes du nez...

« Quelle drôle de tête vous avez !

— Vous vous moquez de moi !

— Regardez plutôt vos mains... vos ongles...

— Ah ! mon Dieu !...

— Eh ! bien ?

— L'émotion d'hier... La terreur, je l'avoue sans fausse honte, causée par cet accident... m'a fait contracter un ictère.

— C'est-à-dire la jaunisse, n'est-ce pas ?

— ... Je suis atteint d'ictère !...

— Soignez-vous, parbleu !

— Mais on en meurt... C'est très grave, sous la latitude où nous sommes.

— Vous disiez, tout à l'heure : « Plutôt la mort » quand je vous parlais de retourner là-bas, c'est-à-dire là-dessous avec le patron ; vous voilà servi à souhait.

— Vous êtes un bourreau, de me parler ainsi en pareil moment.

« Que le diable vous emporte... et que la peste étouffe ce vieux mécréant qui m'a mis en un tel état !

— Dites-donc, copain, vous avez la jaunisse pas commode...

« Est-ce là ce qu'on appelle l'*Ictère grave* ?

— Et vous me faites des calembours...

« Prenez garde !

— Allons, ne vous emportez pas... c'est mauvais, et vous allez empirer votre état.

« Vous demandiez un motif pour ne pas exécuter de nouveau le voyage, voilà une jaunisse providentielle qui va faire notre bonheur à tous les deux.

« Vous allez vous dorloter bien tranquillement et vous médeciner *secundum artem*, et moi, je m'en vais aller solliciter du patron l'honneur de vous remplacer.

— Eh! bien, bon voyage!... et puissiez-vous y rester tous les deux!

Mais le chimiste, radieux comme un écolier en vacances, ne l'entend plus. Il remonte quatre à quatre sur le pont, avise le capitaine, et lui dit, en se frottant les mains, avec ce geste qui lui est familier :

— Commandant, le jeune M. Arthur est dans l'impossibilité absolue d'accompagner le Maître...

« Si vous voyiez dans quel état il est !

« Il ressemble à une omelette aux fines herbes.

« La peur atroce d'hier lui a tourné les sangs et l'a nanti d'une vraie jaunisse de première classe.

— Le Maître sera fâché de ce contre-temps.

— Bah! laissez donc!

« Sans me vanter, je remplacerai avantageusement ce poltron, et je pourrai de la sorte témoigner tout mon dévoûment à notre commun patron.

— Savez-vous bien, Monsieur Pharmaque, répond l'officier avec chaleur, que vous êtes un brave homme... et j'ajouterai aussi, un homme brave !

— Voyons, commandant, ne vous exagérez pas mes mérites, si toutefois mérite il y a.

« Si je suis absolument dévoué au Maître, je suis aussi pas mal curieux.

« Deux sentiments n'ayant rien de commun avec l'héroïsme.

« Quant aux risques à courir en allant récolter les *Bathybius*, je crois qu'i n'y en a plus.

« *Non bis in idem*, que diable !

— Je l'espère comme vous et le souhaite ardemment.

A ces mots, l'officier, voyant Monsieur Synthèse examiner attentivement les divers organes du mécanisme, l'aborde et lui rapporte son entretien avec le chimiste.

Le vieillard, en apprenant la maladie subite de son préparateur de zoologie, maladie impossible à simuler, tant les symptômes en sont évidents, laisse tomber du haut de sa gravité olympienne ce seul mot résumant une opinion qu'il dédaigne de formuler plus longuement.

— L'imbécile!

« Eh bien, mon ami, c'est entendu, Pharmaque m'accompagnera.

« Je savais déjà, le cas échéant, pouvoir compter sur lui.

« Tu vas faire activer les préparatifs, n'est-ce pas ?

— Oui, Maître.

L'immense caisse renfermant la **Taupe-Marine** numéro 2, transbordée du *Godavéri* sur l'*Anna*, est bientôt ouverte par une équipe de matelots.

Le nouvel appareil est visité par Monsieur Synthèse et le capitaine, et aménagé séance tenante.

Le câble est ensuite attaché au sommet de l'ogive, par le Maître lui-même qui, aidé d'Alexis Pharmaque, établit aussi les communications électriques.

Le réservoir à air comprimé fonctionne parfaitement, comme les divers appareils de prise d'eau.

Quand tous les préparatifs sont achevés, la Taupe est descendue à une grande profondeur, et remontée sans avarie. Le câble se comporte admirablement, et tout fait espérer que cette seconde tentative sera couronnée de succès.

Puis, la Taupe, toute ruisselante, est retirée de l'eau et replacée sur le pont. Le couvercle est dévissé comme il a été dit précédemment, les deux hommes s'introduisent dans l'appareil. L'obturateur est remis en place, les machines à vapeur entrent en action, le câble s'enroule d'abord pour faire monter la Taupe à la hauteur du bastingage. La grue évolue lentement sur la gauche, maintenant le lourd appareil au-dessus des flots.

Un coup de sifflet strident retentit.

Les machines, qui ont stoppé un moment, recommencent à fonctionner, les pistons battent, les treuils tournent, la Taupe s'immerge et disparaît au milieu d'un remous.

Go ahead !

Au bout de cinquante-deux minutes, la sonde s'arrête, et l'aigre tintement de l'avertisseur électrique se fait entendre.

— Tout va bien, nous sommes au fond, dit M. Synthèse par le téléphone.

« Le réservoir à eau est ouvert... il s'emplit...

« C'est fait !

« Tu es là, Christian ?

— Oui, Maître.

— Fais-nous remonter... lentement...

— Machine en avant, Messieurs, et en douceur, commande le capitaine aux mécaniciens.

« Maître, la Taupe monte...

« Maître… c'est singulier, nous devons forcer de vapeur, comme si le poids s'était augmenté dans des proportions considérables.

« Cependant, il devrait être resté le même.

— Je n'y comprends rien.

« Le câble tient bon, c'est l'essentiel…

La montée continue, calme, méthodique, sans embarras, mais avec une excessive lenteur.

Le commandant, ne sachant à quoi attribuer cette addition de poids, appréhende vaguement une catastrophe nouvelle, et trouve au temps une longueur incommensurable.

Après soixante minutes, la Taupe n'est encore qu'à trois mille huit cents mètres.

Tout va bien pourtant, et Monsieur Synthèse manifeste à chaque instant une confiance absolue que l'officier voudrait bien partager.

Il est permis d'être un peu pessimiste, après un pareil accident.

La *Taupe-Marine* s'élève toujours, et le capitaine doit user de toute sa force morale, pour ne pas trépigner d'impatience, à mesure que les minutes s'écoulent, à mesure que la distance diminue.

Peu à peu, l'enroulement s'accélère.

Encore mille mètres !… puis, cinq cents…

Quatre-vingt-deux minutes se sont écoulées…

Un hourra retentissant se fait entendre… Le sommet tronqué de l'ogive émerge enfin, puis la Taupe tout entière !

L'énorme masse est hissée, puis déposée au milieu du pont qui semble fléchir et craquer sous ce poids inaccoutumé.

L'obturateur est, séance tenante, dévissé. Monsieur Synthèse, aussi calme qu'au départ, sort le premier, puis on voit apparaître le chimiste radieux, tenant encore à la main la lampe électrique qu'il a oublié d'éteindre, au moment où les couches liquides ont commencé à être éclairées par le soleil.

Une dernière et délicate manœuvre reste à accomplir.

Elle consiste à transporter, jusqu'à l'atoll, la Taupe-Marine, lestée de ses deux mètres cubes de *Bathybius Hæckelii*.

— Mais, à propos de lest…, dit M. Synthèse, comme frappé d'un événement inattendu, j'ai oublié de déclancher les deux disques de fonte !

Le capitaine se faisait à part lui la même réflexion, et se rendait compte de cette singulière et considérable addition de poids.

— Oublié... le Maître a *oublié* quelque chose!.. C'est bien étrange, murmure-t-il en le voyant regagner, tout songeur, son appartement.

Une voix joyeuse l'arrache à sa préoccupation.

— Eh bien! commandant, voilà qui est fait.

« Rien de plus simple, comme vous voyez!

— Croyez-vous? répond énigmatiquement l'officier.

— Parbleu!

— Comment, vous ne vous doutez même pas que vous êtes remontés avec un excédent de poids de deux mille kilogrammes?

— C'est bien possible.

— Mais, si le câble s'était rompu, sous une pareille surcharge.

« J'en frémis encore!

— Eh! pardieu! le beau malheur!

« Nous aurions piqué une rude tête.

« Cela ne m'eût regardé en aucune façon, puisque le patron endossait la responsabilité de la chose.

« Il avait oublié de nous délester de deux mille kilos de fonte, et après?...

« Il a pu s'assurer ainsi de la résistance de cette jolie ficelle d'acier qui s'est gentiment comportée, n'est-ce pas?

« A sa place, je ferais des rentes au fabricant.

— Enfin, vous étiez bien perdus tous deux, sans cette résistance incompréhensible.

— Qu'en savez-vous ?

« Je crois au contraire qu'il aurait trouvé moyen de se sortir de là, comme il l'a fait hier, avec mon infortuné collègue.

« Ah! commandant, quel homme!...

— C'est égal, reprend en aparté le capitaine, hanté par cette pensée: le Maître a *oublié* quelque chose, il y a, dans cet inconcevable oubli, un mystère que je ne puis m'expliquer.

« Eu égard surtout à la gravité des circonstances.

« Est-ce que son cerveau n'aurait plus cette prodigieuse lucidité qui a jusqu'alors survécu à l'âge et à des travaux écrasants?

« Je veillerai.

Après un temps très court, employé sans doute à rassurer sa petite-fille sur l'heureuse issue de l'expédition, Monsieur Synthèse reparaît sur le pont.

Pendant que la Taupe-Marine est saisie par un système de palans supportant des élingues d'une solidité à toute épreuve, il se rend, avec le chimiste, à

Il s'entretint à voix basse quelques moments avec lui. (Page 227.)

l'atoll, précédant ainsi d'une bonne demi-heure la lourde carapace de métal qui va être transportée dans la grande chaloupe.

Sur l'immense dôme de verre, le soleil darde des rayons aveuglants. Les eaux claires de la lagune, isolée de la mer par les portes de fer et le revêtement imperméable de ciment hydraulique, scintillent et absorbent ces rayons qui doivent singulièrement élever leur température.

Tous les appareils inventés par Monsieur Synthèse et installés soit sur l'anneau corallien, soit sur le navire, sont prêts à fonctionner. On sent que bientôt un simple signal doit animer cette colossale machine, et faire surabonder dans toutes ses parties le mouvement et la vie.

Alexis Pharmaque, en sa qualité de directeur des travaux, s'est adjoint un personnel spécial, composé d'auxiliaires intelligents, triés parmi les hommes des quatre équipages.

Il les a déjà un peu dégrossis, en les initiant aux manœuvres qu'ils devront accomplir bientôt, et à certaines manipulations très élémentaires, exigeant non seulement de la force, mais encore de l'adresse.

Il les appelle pittoresquement ses « garçons de laboratoire »; expression très juste, d'ailleurs, et indiquant parfaitement la nature de leurs fonctions. Ils sont au nombre de trente, et se relayeront comme les marins, en prenant le quart par bordées de dix.

Le service est organisé depuis plusieurs jours, et fonctionne « à blanc », comme ils disent familièrement, en attendant le grand jour.

La première bordée est à son poste, et chaque homme se tient près de l'appareil dont la manœuvre lui est dévolue.

Pendant que Monsieur Synthèse et le chimiste font le tour de l'atoll, arrive la Taupe-Marine portée par la chaloupe. Il s'agit, non pas de la hisser sur le récif, mais de faire passer, sous la coupole, le contenu du réservoir à eau, c'est-à-dire les *Bathybius Hæckelii*, sans les mettre en contact avec l'atmosphère.

Rien de plus facile en somme.

La chaloupe est maintenue solidement le long de l'anneau corallien, et un tube terminé par un solide pas de vis en métal est mis en communication avec le robinet de prise d'eau du réservoir.

Ce tube s'articule à une pompe aspirante et foulante pourvue elle-même d'un tube de dégagement qui traverse la paroi de verre, et plonge au fond de la lagune. Moins la profondeur, les Monères trouveront là des conditions d'existence à peu près identiques.

Cette manœuvre, très importante, au dire de Monsieur Synthèse, s'exécute en quelques minutes, et bientôt les *Bathybius* sont mêlés aux soixante-quinze mille mètres cubes d'eau contenus dans le bassin.

Une véritable dilution homœopathique, mais suffisante, paraît-il, quant à présent.

Aussitôt cette opération terminée, le chimiste manifeste une activité fébrile.

Il prend brusquement congé du Maître, et se met à évoluer d'un instrument à l'autre, en donnant d'une voix brève des ordres à ses hommes.

Ici un fourneau s'allume, pour ne pas s'éteindre de longtemps ; là, une cornue de métal commence à rougir sur son lit de charbons incandescents ; plus loin, un four à tirage intense fume comme une solfatare ; à côté, un matras énorme, plongé dans un bain de sable, s'emplit de vapeurs fauves...

Quatre grandes chaudières de tôle, alimentées à la houille chauffent lentement, et déversent leur contenu dans des tubes débouchant, les uns au sommet de la coupole, les autres dans l'eau du bassin.

Enfin, la grosse machine dynamo-électrique d'Edison, installée à bord de l'*Anna*, entre à son tour en action, et communique avec le laboratoire par de gros fils métalliques couverts d'un enduit isolateur.

Bientôt, tous ces multiples organismes fument, bouillonnent, crépitent, sifflent, travaillent, émettent des gaz, des vapeurs, des liquides, des fluides qui circulent dans les tubes comme à travers un réseau de veines et d'artères, pour aboutir à ce centre où va s'accomplir une mystérieuse fermentation, précédant ou accompagnant une genèse plus mystérieuse encore.

Des buées chaudes, diversement colorées, flottent au sommet de l'édifice, produisent une sorte de nuage plus ou moins opaque, traversé de temps en temps par des flammes silencieuses, fugitives, irrégulières et brillantes comme des éclairs.

Ces buées se condensent partiellement, tombent en gouttelettes d'une excessive ténuité, formant une pluie artificielle, composée d'éléments divers, dont le Maître et son préparateur possèdent seuls la formule.

Alors, Monsieur Synthèse, après avoir donné ses dernières instructions au préparateur, regagne silencieusement le bac faisant communiquer l'atoll avec le steamer.

Il monte sur le pont, examine la machine dynamo-électrique, fait venir le commandant et s'entretient, à voix basse, quelques moments avec lui.

L'officier salue respectueusement, appelle les maîtres de manœuvre et leur donne des ordres.

Peu après, un coup de canon retentit.

Alors, comme par enchantement, les pavillons se déploient sur les quatre navires et s'épanouissent en une joyeuse floraison. Et simultanément, des salves d'artillerie éclatent sur chaque bord, comme jadis, quand le récif de corail émergea de la lagune.

Et Monsieur Synthèse, seul, debout près de la coupée, contemple le creuset géant où s'élabore enfin cette conception formidable qui est la résultante de son existence entière.

Puis, il murmura à voix basse, répondant en quelque sorte à une pensée intime :

— Le Grand Œuvre est commencé !

En même temps, comme pour donner une consécration matérielle à ces paroles, monte lentement à la haute flèche qui domine le dôme, un immense pavillon blanc, sur lequel scintille, en lettres noires, l'audacieuse devise :

ET EGO CREATOR

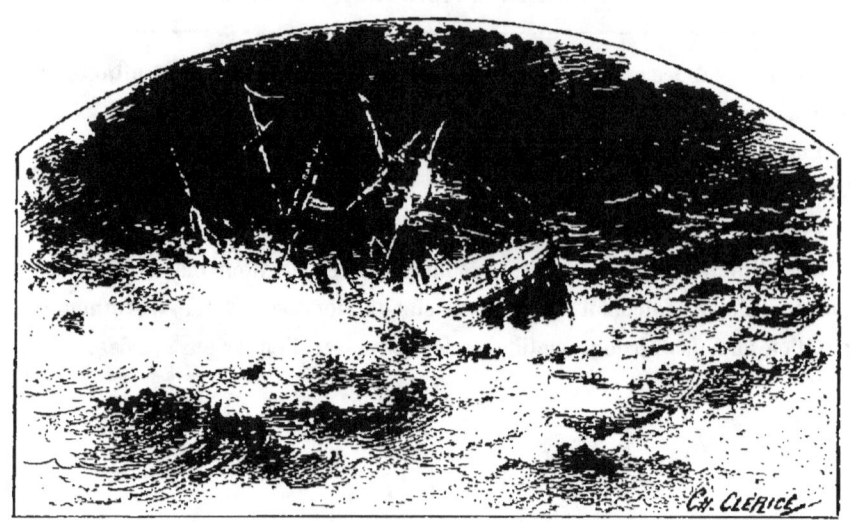

DEUXIÈME PARTIE

LES NAUFRAGÉS DE MALACCA

CHAPITRE PREMIER

Les lamentations du jeune M. Arthur. — Occupations des deux préparateurs. — Première transformation. — Apparition des *Amibes*. — Qu'est-ce que la *Vie* ? — Le savant Tant-Pis et le savant Tant-Mieux. — Discussion scientifique très ardue, mais essentielle. — L'opinion du révérend père Secchi. — L'évolution de la matière inorganique analogue à celle de la matière organique. — Synthèses naturelles. — Tous les œufs se ressemblent entre eux, et ressemblent à la Monère. — Reproduction, en quarante semaines, des phénomènes de transformation accomplis depuis l'apparition de la vie sur la terre.

— Ouf !.. je n'en puis plus, s'écrie d'un ton dolent M. Arthur Roger-Adams, qui se laisse tomber, affaissé, sur son rocking-chair.

« Ce vieux bonhomme veut me faire mourir à la peine !

— Dites donc, collègue, « vieux bonhomme » est un peu familier.

« Je ne voudrais pas, dans votre intérêt, que le patron vous entendît.

— Eh! que m'importe, après tout!

« Qu'il fasse de moi ce qu'il voudra, mais qu'il cesse de m'imposer ce métier absurde...

— Allons, décidément, vous êtes en colère.

— Dites que je suis furieux, que la rage m'étouffe, que la fureur m'aveugle!

— Je croyais qu'elle vous faisait voir rouge.

« Mais non, il y aurait de la sorte conflit d'attributions entre votre colère et votre jaunisse qui, elle, vous fait voir jaune!

— Et vous avez encore le courage de plaisanter!

— Sachez, mon cher, que, si je vous donnais la réplique au même diapason, nous nous lancerions bientôt à la face tout l'ameublement de notre laboratoire.

— C'est qu'on ne sait jamais si vous parlez sérieusement.

— Ai-je l'air d'un mystificateur?

— Absolument!

— Eh bien, attaquez-vous à moi; j'aime mieux cela.

« Ce sera moins dangereux que de vous en prendre au patron même absent.

— Oh! je sais que vous lui êtes inféodé jusqu'aux moelles... que vous aimez à le défendre...

— Contre vous?...

« Pauvre garçon!

« Le Maître n'a besoin ni de moi ni de personne, pour imposer le respect.

« Et si je tâche de mettre une sourdine à vos récriminations, c'est, je vous le répète, dans votre propre intérêt.

« Savez-vous que le patron est homme à vous faire flanquer aux fers comme un simple matelot mutiné...

— Et après?...

— Cela ne vous suffit pas?

« Eh bien! essayez simplement de lui manquer d'égards, et de le traiter, à son nez, à sa barbe, de « vieux bonhomme »!

« Mais, brisons là, voulez-vous?

« J'aime mieux croire que votre malencontreuse jaunisse, en vous rendant ainsi maussade, quinteux, acariâtre, est cause de tout le mal.

— Vous en parlez véritablement à votre aise, vous dont la santé se maintient excellente; qui avez bon pied bon œil, bon appétit...

— Ne soyez point jaloux de mon pied qui manque d'élégance, de mon œil qui est unique, et de mon appétit qui est médiocre.

— Mais, au moins, vos occupations...

— ...Toutes proportions gardées, sont analogues aux vôtres, mais infiniment plus pénibles.

« Ce dont je ne me plains, du reste, en aucune façon.

« Voyons, raisonnons un peu.

« Qu'avez-vous à faire?

— Oh ! rien, ou presque rien.

« C'est-à-dire, procéder trois fois par jour à l'examen microscopique des eaux de la lagune ; chercher les *Bathybius* délayés dans cet énorme bassin ; savoir s'ils se développent, s'ils s'accroissent en nombre, et si leur structure se modifie ; photographier mes préparations microscopiques, les développer, reproduire les épreuves, les faire voir à Monsieur Synthèse, etc.

« Total, six à huit heures d'un travail minutieux, fatigant, et monotone.

— Comptez-vous donc pour rien l'incessante surveillance que je dois exercer sur le laboratoire, sur toute la série des appareils, et sur les hommes qui les alimentent !

« Et l'étude des réactions produites par ces multiples éléments ! et la vérification des températures de l'air et du liquide ! et l'analyse de l'atmosphère et de l'eau ? et les rapports détaillés au Maître !

— Soit ! mais le mal de l'un n'empêche pas celui de l'autre.

— Encore une fois, je ne me plains pas, bien au contraire.

— Alors, cette cuisine barbare, indigne de gens comme nous, a pour vous des attraits?

— Irrésistibles !

— Mais, enfin, dans quel but?

« Si encore, après un temps plus ou moins long, je pouvais espérer atteindre un résultat vraiment scientifique.

— En avez-vous donc jamais douté?

— Maintenant, plus que jamais.

— Cependant, les débuts sont encourageants.

— Vous n'êtes pas difficile.

— Je croyais que les *Bathybius* s'étaient accrus en telle quantité que l'eau du bassin en était littéralement saturée.

« Ensemencer avec seulement deux mètres cubes de Monères un récipient contenant environ soixante-quinze mille mètres cubes d'eau de mer, et obtenir une telle prolifération en quatre jours, voilà qui est réellement surprenant.

— J'abonde absolument dans votre sens, et je vais plus loin, puisque je vous annonce, aujourd'hui, l'apparition d'organismes compliqués, en un mot, d'*Amibes*, issues évidemment des *Bathybius* qui sont, à n'en pas douter, en voie de transformation et de progrès dans la série animale.

— Mais, c'est superbe !... c'est merveilleux !

— Quoi ?... qu'est-ce qui est superbe ?... qu'est-ce qui est merveilleux ?

— Cette réalisation de la théorie de l'évolution...

— Ce commencement de réalisation.

— Oh ! je ne veux pas vous faire une querelle de mots, en présence de ce magnifique résultat.

— Soit.

« Je veux bien, pour un instant, partager votre joie, sans aller jusqu'à l'enthousiasme.

« Et après ?

— Comment, ce premier pas franchi, cette propriété que possède la cellule simple de se transformer, sous vos yeux, en un organisme plus compliqué, la constatation de ce commencement d'une évolution rapide, tout cela ne vous dit rien ?

— Rien ou peu de chose ; et je me demande à quoi cela nous conduira.

— J'en ai la ferme espérance, à réaliser en une période de deux cent quatre-vingts jours environ, l'évolution de la cellule primordiale, de la Monère, jusqu'à l'homme.

— Vous proférez là, mon cher collègue, permettez-moi de vous le dire, une monumentale absurdité.

« Voyons : Qu'est-ce que la *vie ?*

« En avez-vous une bonne définition ?

— J'en ai même plusieurs à votre service.

— Je n'en possède qu'une seule.

— Voulez-vous me la formuler ?

— Bien volontiers.

« La vie, selon moi, est une cause d'organisation et d'évolution régulière transmise à la matière pondérable par un être antérieur qui a été lui-même le siège d'une évolution semblable.

— Alors, vous prétendez que les êtres existant actuellement, ont eu nécessairement des parents semblables à eux.

Qu'est-ce que cela prouve ? (Page 240).

— Parbleu ! La chose n'est-elle pas de la dernière évidence ?
— Pas pour moi, bien loin de là.
« Je me contenterai, alors, de vous demander d'où est sorti le premier être animal ou plante, qui n'avait pas de parents semblables à lui.
— Mais, les dogmes des religions et des philosophies l'expliquent d'une façon que je regarde comme satisfaisante.

— Vous voulez dire que les dogmes l'affirment, mais ne l'expliquent pas.

— Cela me suffit et je me complais volontiers dans cette croyance proclamée avant moi par des génies devant lesquels j'aime à m'incliner.

— C'est affaire à vous.

« Aussi, n'ai-je pas le droit de chercher une explication plus humaine, plus terre à terre, si vous voulez, mais accessible à mon intelligence, et cela, sans porter atteinte à ces dogmes que vous faites intervenir sans cesse dans nos discussions scientifiques.

— Je ne demande pas mieux, alors, que de vous entendre m'expliquer d'une façon « scientifique » l'apparition de la vie sur la terre, tout en vous prévenant que vos raisonnements ne me convaincront pas.

« Bah! ce sera pour passer le temps, pendant que vos épreuves vont sécher.

— Vous venez de me définir la vie d'une façon très claire sans doute, mais qui ne me suffisait pas, en ce sens qu'elle conclut préalablement à la négation du trans formisme.

— En avez-vous une meilleure ?

— Peut-être.

« Dans tous les cas elle ne conclut pas à l'admission préalable d'une proposition que je regarde comme contestable, car, pour moi, les êtres ne descendent pas d'ancêtres toujours invariablement et rigoureusement semblables à eux.

« Aussi formulerai-je ainsi la *vie* : « L'ensemble des forces régissant la matière organique. »

Le professeur de zoologie se met à rire et ajoute :

— Voilà qui n'est guère compromettant.

— Je ne puis pas être plus affirmatif.

« Vous pouvez cependant remplacer le mot de « *forces* », par celui de « *mouvement* ».

— Voilà qui m'est bien indifférent, par exemple !

— Tel n'était pas l'avis d'un révérend père jésuite, dont l'autorité ne saurait être suspectée dans la circonstance.

— Donnez cette opinion, je vous prie.

— Je cite textuellement : « D'une façon générale, il est exact que tout dépend de la *matière* et du *mouvement*, et nous revenons ainsi à la vraie philosophie, déjà professée par Galilée, lequel ne voyait dans la nature que *mouvement* et *matière*, ou modification simple de celle-ci, par transposition des parties ou *diversité de mouvement*. »

— Le nom de l'auteur, s'il vous plaît?

— Le révérend père Secchi, mon cher collègue.

— Ah bah?

— Comme j'ai l'honneur de vous le dire.

— Qu'est-ce que tout cela me prouve, à moi?

« Matière, mouvement... ne sont-ce pas là que des mots?...

« Remontez toute la série organique, parcourez l'échelle des êtres vivants depuis l'homme jusqu'à la monère.

« Une fois arrivé à la simple cellule vivante, vous serez bien forcé de vous arrêter, sans pouvoir dire comment elle est apparue sur la terre.

— Nous allons bien voir!

— Bien plus, je prétends vous démontrer que depuis la *molécule inorganique*, depuis le simple cristal, jusqu'à l'homme, la série n'est pas interrompue.

« De sorte qu'il vous sera impossible de différencier la matière minérale de la matière organique, ou plutôt de savoir là où finit la première et où commence la seconde.

« Rappelez-vous bien ce grand axiome : « *Natura non facit saltus* », pas plus entre les minéraux qu'entre les végétaux, pas plus entre les végétaux qu'entre les animaux, pas plus entre les vertébrés que les invertébrés.

« La gradation est insaisissable sans doute, mais absolument ininterrompue.

— Vous en arrivez alors à la génération spontanée de la matière organique.

— Pas le moins du monde.

« Je constate simplement les intimes corrélations unissant la matière inerte à la matière organisée; corrélations qui sont telles que l'on ne peut plus, à un moment donné, les différencier l'une de l'autre.

— Continuez, mon cher collègue, vous m'intéressez prodigieusement.

— Vous me flattez.

« Je poursuis donc par l'exposé de principes essentiels applicables aux trois règnes de la nature, et dont l'authenticité ne fait plus aujourd'hui de doute pour personne :

« Toutes les lois relatives au règne minéral s'appliquent au règne végétal, qui, outre ces lois, est régi par des lois à lui toutes spéciales.

« Toutes les lois du règne végétal sont vraies pour le règne animal, qui, outre celles-ci, en possède encore d'autres lui étant propres.

— De sorte que, selon vous, les cristaux seraient doués d'une sorte d'existence comparable à celle des végétaux.

— Toutes proportions gardées, d'ailleurs.

« Ainsi partons, si vous voulez, de l'état amorphe, qui est, à la matière inerte, ce que le protoplasma est à la matière organisée.

« Il résulte des mémorables expériences, faites, entre autres, par Vogelsang et Lehman, que l'état cristallin le plus parfait se rattache à l'amorphie par une série de gradations ininterrompues.

« Ces savants ont vu se former, dans des dissolutions salines, des cristaux d'abord très simples, devenant de plus en plus compliqués, dans des conditions analogues à celles que présentent les réactions opérées par la nature, et passant par des états successifs offrant, sur celui qui précède, des perfectionnements, des apparitions nouvelles, une complication des propriétés physiques.

« Le cristal, pas plus que l'animal ou la plante, n'apparaît subitement. Comme la plante ou l'animal, il passe par un état embryonnaire bien caractérisé.

— Je sais tout cela, et je vous suis obligé de me le rappeler.

« Mais j'en reviens toujours à mes moutons : Comment s'est soudée la chaine du monde inorganique à celle du monde organique ?

— Par l'addition pure et simple d'une molécule de carbone qui s'est combinée au cristal le plus perfectionné.

— Je vous l'accorde, si vous y tenez, bien que le fait ne me paraisse pas prouvé, même après les remarquables travaux de Haeckel.

— C'est ce qui nous reste à savoir.

« Pourquoi, en somme, la nature ne pourrait-elle pas opérer des combinaisons reproduites journellement dans nos laboratoires ?

« Veuillez donc vous rappeler que, dernièrement encore, MM. Monnier et Vogt ont imité, au moyen de sels inorganiques réagissant l'un sur l'autre, les formes des cellules organiques, et que le résumé de leur travail, publié au compte rendu de l'Académie des sciences, sous le titre de : « *Production artificielle des formes des éléments organiques* » éclaire cette question d'un jour tout nouveau.

« Je puis même encore vous citer, à ce sujet, et à titre d'exemple, un fait que vous connaissez aussi bien que moi.

« C'est celui de toute une famille botanique produite par l'association, je dirai plus, par la combinaison de deux plantes distinctes : la famille des Lichens.

« On a réussi à séparer réellement les deux plantes constituant le lichen :

la pante verte, et celle qui ne l'est pas. La première a pu se développer isolément et l'on a reconnu en elle *une algue !*

« L'autre plante, dépourvue de chlorophylle, est un champignon.

« On a donc ainsi réduit en ses deux éléments, on a dissocié le lichen.

« La synthèse a ultérieurement démontré le bien fondé des conclusions de cette analyse.

« Dans un milieu net de tout germe de lichen, on a semé des champignons sur des algues ; on a tenté en un mot la reconstruction, la synthèse de plusieurs espèces de lichens, et les expérimentateurs ont réussi à reproduire, sous leurs yeux, les espèces, à l'aide de leurs seuls éléments primitifs.

— Où voulez-vous en venir ?

— A vous dire, relativement à votre définition de la vie, que « la cause d'organisation et d'évolution régulière » n'est pas toujours transmise à la matière pondérable par un être antérieur qui a été lui-même le siège d'une évolution semblable.

« Les lichens ne sont pas issus nécessairement de parents semblables à eux, puisqu'ils sont des hybrides d'algues et de champignons.

« Convenez donc, à votre tour, qu'il n'est pas plus difficile à la nature de combiner à un cristal un atome de carbone, que de faire réagir, l'un sur l'autre, deux organismes différents, pour produire une famille botanique.

— J'admets tout ce que vous voudrez, tout en opérant des réserves absolues, relativement à l'intervention essentielle d'une entité créatrice.

— Voilà qui m'est bien égal, par exemple, à moi qui ne tiens aucunement à détruire vos dogmes et à renverser vos croyances, mais à chercher seulement et de très bonne foi, ce que je crois être la vérité.

« J'en reviens donc à cette combinaison du carbone au cristal ; combinaison qui amena, progressivement, l'apparition de la vie sur la terre.

« De tous les éléments, le carbone est de beaucoup le plus important, la matière primordiale qui, dans les corps des animaux et des végétaux, remplit une fonction essentielle.

« C'est le carbone qui, par sa tendance particulière à former avec les autres éléments des combinaisons complexes, produit une extrême diversité dans la constitution chimique et, par suite, dans les formes comme les propriétés vitales des animaux et des plantes.

« C'est le carbone qui, en se combinant ainsi à l'oxygène, à l'hydrogène et à l'azote, auxquels il faut ajouter le plus souvent le soufre et le phosphore, produit ces composés albuminoïdes, ces organismes que nous torturons en ce moment, sous cette coupole monumentale, ces *Monères*, qui sont le germe de la vie.

« Aussi, suis-je tenté de conclure, avec Haeckel, que c'est uniquement dans les propriétés spéciales, chimico-physiques du carbone, et surtout dans la semifluidité et l'instabilité des composés carbonés albuminoïdes qu'il faut voir les causes mécaniques des phénomènes particuliers de mouvement, par lesquels les organismes et les inorganismes se différencient, et que l'on appelle, dans un sens plus restreint, « *la vie* ».

— Je vous remercie, et vous admire, mon cher collègue, pour l'ardeur, et, j'aime à le reconnaître, pour l'habileté avec lesquelles vous voulez me démontrer que l'*œuf est plus ancien que la poule.*

— Mais, c'est pour moi de la dernière évidence ; et je le proclame hautement : « *L'œuf a précédé la poule.* »

« Naturellement, l'œuf primitif n'était pas un œuf d'oiseau ; mais bien une simple cellule indifférente de la forme la plus simple.

« Durant des milliers d'années, l'œuf a vécu indépendant à l'état d'organisme uni-cellulaire, d'*amibe*.

» Ce fut seulement quand la postérité de cet œuf uni-cellulaire se fut transformée lentement en organismes poly-ellulaires, quand ces organismes se furent sexuellement différenciés, que l'œuf, tel que le conçoit aujourd'hui la physiologie, naquit des cellules amiboïdes.

« L'œuf fut d'abord œuf de ver ; puis œuf d'acrânien, œuf de poisson, œuf d'amphibie, œuf de reptile, et enfin œuf d'oiseau.

« L'œuf actuel d'oiseau, celui de nos poules, est un produit historique fort complexe, le résultat d'innombrables phénomènes d'hérédité qui se sont déroulés pendant des millions d'années.

« Mais je m'évertue à vous démontrer des choses que vous connaissez infiniment mieux que moi, vous qui avez fait des sciences naturelles votre principale étude.

— Permettez-moi donc, à ce sujet, de vous faire observer que vous raisonnez un peu trop en chimiste, et que vous ne voyez rien au delà des combinaisons, des substitutions ou des réactions.

— J'ai au moins le mérite de la précision, et de ne pas me payer de mots.

« Ceci soit dit entre nous sans la moindre acrimonie.

« Je vous ferai observer, à mon tour, que vous semblez systématiquement ne voir que les temps présents, ne pas vous faire une idée bien nette de l'immensité des périodes écoulées, comme aussi de l'influence de ces millions d'années sur la matière et le mouvement.

— Permettez : je n'oublie jamais les expériences par lesquelles Bischoff a montré que, pour passer de l'état liquide à l'état solide, autrement dit, pour se refroidir de 2000° à 200°, notre globe a eu besoin de 350 millions d'années.

— Votre inconséquence est alors réellement stupéfiante.

« Vous admettez bien, cependant, que, au moment où ils se forment dans l'ovaire, tous les œufs d'où sortiront les animaux les plus indifférents, se ressemblent étonnamment.

— D'accord ! je dirai même plus, c'est que rien ne les différencie de la simple cellule primitive, de la forme amiboïde la plus élémentaire, de celle qui se trouve présentement dans le laboratoire.

— Je ne vous le fais pas dire ! et vous convenez que l'œuf qui donnera naissance au bœuf, à l'éléphant, au canard, à la souris, au lapin, au colibri ou au singe, est une cellule indifférente, analogue à celles que vous photographiez d'après les types renfermés dans le bassin.

— Parfaitement, et le contraire serait une absurdité.

— Comment, vous admettez bien que d'un œuf, c'est-à-dire, je tiens à le répéter, d'une simple cellule, sortira en quatre-vingt-dix semaines un éléphant ; que d'une autre cellule analogue comme structure, et toutes proportions gardées, naîtra en trois semaines une souris ; qu'une autre encore, produira en quatre semaines un lapin, ou même un colibri en douze jours, et vous refusez de reconnaître qu'une évolution tout à fait analogue a pu s'accomplir, d'autre part, grâce à l'influence modificatrice de millions d'années !

« Mais voyons, de bonne foi, toutes ces métamorphoses organiques ne sont-elles pas d'autant plus stupéfiantes qu'elles s'accomplissent plus rapidement ?

« Si vous tenez pour incroyable la descendance mono-cellulaire de l'espèce animale, l'évolution de l'individu à partir de l'ovule actuel, évolution qui est la récapitulation opérée, en quelques semaines, des phases parcourues pendant ces périodes énormes, doit vous paraître plus incroyable encore.

— Distinguons, mon cher collègue, distinguons.

« Je ne nie rien, je n'atteste rien, je constate simplement des faits évidents.

« Mais en arriverais-je à reconnaître pour exacte cette théorie de la descendance que vous m'exposez très clairement, j'aime à le proclamer, je n'en reviendrai pas moins à vous demander, comme tout à l'heure, le pourquoi de cette cuisine barbare, élaborée sous la coupole de verre.

— Vous le savez bien, et je me suis évertué déjà à vous l'exposer.

« M. Synthèse prétend, je le répète pour la centième fois, reproduire en quarante semaines, cette récapitulation des phases parcourues par les ancêtres de l'homme, faire apparaître successivement, dans cet immense bassin, les principales formes ancestrales se perfectionnant au fur et à mesure qu'elles se manifestent, et l'homme lui-même.

— Mais, c'est insensé!

« Comment espère-t-il remplacer cette influence des millions de siècles qui ont modifié selon vous les êtres primitifs?

« Comment pense-t-il suppléer à l'influence maternelle?...

— C'est son secret.

— Un secret qui le conduira fatalement au four le plus monumental.

— Allons donc!

« Monsieur Synthèse ne serait pas lui, c'est-à-dire un de ces génies sublimes, qui sont l'honneur de l'humanité, s'il n'avait pas trouvé d'infaillibles procédés d'exécution.

« Du reste, n'avez-vous pas constaté déjà, après la prodigieuse multiplication des Bathybius, un commencement d'évolution?

« N'avez-vous pas déjà un organisme plus perfectionné?

— C'est la vérité, mais qu'est-ce que cela prouve?

« Les organismes inférieurs, dont toutes les variétés sont d'ailleurs loin d'être connues, se modifient volontiers, même en très peu de temps.

« Aussi, me semble-t-il du moins prématuré de conclure, non pas seulement à la théorie de la descendance, mais encore et surtout au succès de l'entreprise baroque, à laquelle je collabore bien malgré moi, parce que le *Amibes* se montrent aujourd'hui à côté des *Bathybius Haeckelii*.

— Non pas à côté, mais à la place des *Bathybius*.

— A la place, je le veux bien.

— Vous verrez, si, d'ici vingt-quatre heures, vous retrouvez un seul *Bathybius*.

— Encore une fois, qu'est-ce que cela prouve?

— Que nous réussirons.

« N'y a-t-il pas un monde, entre la simple matière amorphe sans structure, composant le *Bathybius*, le simple protoplasma et l'*Amibe*, pourvue d'un noyau intérieur?

Mon enfant, il faut nous séparer..... (Page 241.)

« Cette évolution, si simple en apparence, n'a-t-elle pas déjà nécessité l'intervention de milliers d'années, aux époques primordiales de notre globe?

« Vous ne pouvez pas plus nier la progression de la matière organique vers un perfectionnement, que si vous voyez apparaître un cristal dans une solution.

— Dites donc, à propos de cristal, il me vient une idée.

— Peut-on la connaître ?

— Mais absolument, continua le zoologiste avec une ironie à peine déguisée.

« Pourquoi diable, Monsieur Synthèse a-t-il commencé à mi-chemin ?

« Savez-vous ce que j'eusse fait à sa place ?

« Au lieu de faire partir mon évolution du protoplasma, de la matière organique amorphe, j'eusse pris la matière inorganique à l'état amorphe aussi, et je l'eusse fait cristalliser.

« Ayant obtenu des cristaux d'abord très simples, j'eusse poussé l'expérience, obtenu des cristaux plus perfectionnés, puis enfin, ceux qui, d'après vous, commencent à s'assimiler le carbone.

« J'eusse alors opéré la combinaison de ces cristaux pourvus déjà d'un atome organique, avec l'oxygène, l'azote et l'hydrogène, afin d'obtenir le *protoplasma*.

« Quand on fait de la synthèse, il faut créer de toutes pièces.

— L'idée est séduisante, mais trop longue à réaliser.

« Telle n'a pas été l'intention de Monsieur Synthèse, qui, d'ailleurs, entre nous, a dû répéter cent fois ces expériences, avant d'obtenir des diamants, du carbone pur à l'état cristallisé.

« Mais, je m'oublie, à ces discussions entraînantes...

« Je dois retourner au laboratoire qui a besoin d'une surveillance incessante.

« Au revoir !

— Bien le bonjour !

« Allons, encore un toqué, dit-il quand le chimiste eut disparu.

« Le pauvre garçon absorbe, comme article de foi, toutes les billevesées enfantées par le cerveau de ce vieux bonhomme qui me paraît se ramollir considérablement.

« Ils enfourchent le même dada, poursuivent la même chimère, proposent les mêmes hérésies et courent au-devant des mêmes déboires.

« Nul doute que, avant seulement trois mois, ils ne soient fous à lier.

« Eh bien ! soit.

« Puisque deux membres de notre trinité scientifique sont positivement détraqués, c'est au troisième, c'est-à-dire à moi, d'avoir de l'intelligence pour tous.

« ... De l'intelligence et surtout du savoir-faire.

« Il y a ici une position merveilleuse à exploiter, je serais bien niais de ne pas le faire.

« Aussi, dorénavant, la théorie de la descendance n'aura pas de partisan plus zélé que moi.

CHAPITRE II

Maladie. — Science impuissante. — Séparation. — Aux grands maux, les grands remèdes. — Surprise du capitaine en apprenant qu'il va quitter l'Atoll. — Rapatriement des Chinois. — Armement de l'*Indus* et du *Godaveri*. — « Mon enfant doit voyager en souveraine ». — Départ des deux navires. — Comment les coolies sont installés à bord. — Entre des grilles, des panneaux et des mitrailleuses. — Physiologie du Chinois d'exportation. — Propension à la révolte. — Atrocités. — A travers le Récif de la Grande-Barrière. — Pilotes et requins. — Cooktown. — Ravitaillement. — Vingt-trois Chinois en supplément.

— Rien du tout, père, je vous assure.

— Enfant !

« Me crois-tu donc absorbé par toutes ces multiples occupations au point de ne plus voir ?

— Au contraire, vous voyez trop... puisque vous voyez même ce qui n'est pas !

— Et cette pâleur, qui chez toi tend à remplacer cet incarnat, dont j'admirais sans cesse la délicate floraison?

« Et ces troubles, cette langueur, cette inappétence, ces palpitations subites, cette petite toux sèche...

— Mais, mon bon petit papa chéri, savez-vous bien que vous allez m'effrayer pour tout de bon?

« Comment, j'ai tant de choses que cela !

« Alors, je dois être très malade ?

— Pas encore, fort heureusement, mais susceptible de le devenir.

« Vois-tu, mon enfant bien aimée, rien ne peut nous faire illusion, à nous autres vieillards, surtout quand nous joignons à l'amour du père, la clairvoyance du savant.

— Vous avez probablement raison... comme toujours, à moins pourtant que le savant n'ait été alarmé à tort, par l'adorable père qui m'aime... Oh! qui m'aime autant que je l'adore !

— Aussi, je me hâte de réagir, pendant qu'il en est temps encore, contre cette affection, qui, je le sens, est près de devenir égoïste.

« Et je te le dis sans détours, sinon sans regrets : mon enfant, il faut nous séparer !

— Nous séparer !...

« Vous n'y pensez pas sérieusement...

« Que deviendrai-je donc sans vous ?

— Tu guériras et tu me reviendras bientôt, robuste et bien portante comme jadis.

— Loin de vous, je mourrai d'ennui.

— Non !

« Écoute-moi, mon enfant.

« Tu possèdes une vaillance, une énergie qu'envieraient bien des hommes ; je te parlerai donc, comme je parlerais à un homme et non des moins intrépides.

« Tu n'ignores pas que ton existence est ma seule raison de vivre.

— Oh! cela, j'en suis sûre, parce que j'ai absolument la même pensée.

« Je ne me vois pas susceptible de vivre sans vous, même pour un temps très court... à plus forte raison si. .

« Tenez... je ne veux pas dire, ni même penser de ces choses-là.

— Dis, mon enfant.

« Car il est certaines éventualités qu'il est bon d'envisager !..

— Eh! bien! je mourrais si vous mouriez.

— Mais, il ne s'agit pas de moi.

« Je vivrai longtemps encore... L'existence a fini par s'habituer à moi, depuis le temps.

— Comme je suis heureuse de savoir cela !

« Je crois que je ne suis plus malade.

— Tu en conviens donc, à la fin !

— Il faut bien, ne fût-ce que pour avoir le bonheur de me faire guérir par vous !

« Car vous savez et vous pouvez tout, n'est-ce pas?

— Hélas! non, mon enfant chérie

« Je suis même, en ce moment, forcé de le constater avec une sorte de désespoir, ma puissance est parfois singulièrement limitée.

— Cependant, ces travaux admirables qui vous ont illustré... ces découvertes merveilleuses, à l'évidence desquelles les savants les plus éminents ont peine à se rendre, tant elles sont stupéfiantes...

— Laissons tout cela, mon enfant, si tu le veux bien.

« Car cette science, que je suis tenté de maudire par instant, ne me sert aujourd'hui qu'à constater mon impuissance.

« Ainsi, dernièrement, tu as ressenti une émotion terrible, en apprenant que je pouvais courir le risque de rester au fond de la mer dans mon appareil.

« Il m'était impossible de prévoir la cause de cette émotion, pas plus que je ne puis, aujourd'hui, en détruire les effets nerveux.

« Le point géographique où nous sommes en ce moment, est admirablement choisi pour mes travaux, mais déplorable au point de vue sanitaire.

« La chaleur y est suffocante, et la brise ne nous rafraîchit presque jamais.

« Les varechs, les algues, les goémons et autres plantes marines, échouées sur les récifs, se décomposent, et nous entourent d'un nuage de corpuscules recelant la fièvre.

« Les machines qui fonctionnent jour et nuit, vicient encore, par des produits de combustion plus ou moins délétères, cette atmosphère lourde, opaque, surchauffée.

« Tu vis sur un navire, c'est-à-dire sur un espace restreint où l'exercice t'est presque interdit; loin des forêts aux émanations salutaires, loin des plaines épurées par le vent et trop longtemps éloignée des villes où se trouve ce confort auquel tu es habituée.

« Enfin, chose infiniment plus grave, nous n'avons plus de vivres frais...

— Comme vous êtes sombre aujourd'hui, mon cher papa !

« Voyons, entre nous, est-ce qu'il n'y a pas possibilité d'arranger tout cela... scientifiquement ?

— Hélas ! non, ma chère bien-aimée.

« J'ai essayé déjà, tu le sais bien, de traiter ce commencement de maladie nerveuse par l'hypnotisme et la suggestion.

« Or, tu es le premier, peut-être le seul « sujet » que je trouve réfractaire... absolument réfractaire !...

« D'autre part, puis-je atténuer la chaleur du soleil ?... cette chaleur terrible qui t'épuise, t'anémie, et te laissera bientôt sans forces ?

« Puis-je faire souffler la brise ?... éloigner le nuage pestilentiel des micro-organismes de la fièvre ?

« Puis-je agrandir le pont de mes navires ?... y amener des arbres ?... y édifier des maisons ?...

« Puis-je enfin créer de toutes pièces des vivres frais dont ton organisme débilité sent impérieusement le besoin ?

— Mais vous possédez des remèdes infaillibles, aussi bien contre la fièvre que contre l'anémie, et vous vivez depuis des années sans aliments frais.

« Ne pouvez-vous pas me mettre à votre régime ?

« Quant à mes nerfs, j'en fais mon affaire ; vos conseils et ma volonté aidant.

— Tout cela est impossible, mon enfant.

« Les toniques n'ont de valeur, comme reconstituants, qu'à la condition de soustraire l'organisme malade à la cause permanente d'affaiblissement.

« De même pour la fièvre : à quoi bon te gorger de quinine, si tu dois toujours absorber les corpuscules pestilentiels !

« Quant à cette alimentation spéciale, en quelque sorte artificielle, qui m'est particulière, elle demande une préparation, un entraînement fort long, très pénible, auquel je ne puis ni ne veux te soumettre.

« Vois-tu, mon enfant, il est certaines circonstances, où rien, tu entends : où rien ne peut remplacer l'influence de la nature.

« Il faut toujours, en outre, quand on le peut, suivre ce grand principe, dont l'observance raisonnée est plus puissante que tous les remèdes, « *sublatâ causâ, tollitur et effectus* ». La cause étant supprimée, l'effet disparaît aussi.

« Je veux donc, dès maintenant, te soustraire à toutes ces causes morbides dont l'influence néfaste devient de jour en jour plus évidente pour moi; confier à la nature, pendant qu'il en est temps encore, le soin de ta guérison, et t'éloigner, quoiqu'il m'en coûte cruellement, dans le plus bref délai.

« N'essaye pas de combattre ma résolution, elle est irrévocable.

« Je puise, dans mon amour lui-même, la force nécessaire pour renoncer momentanément à ta présence...

« Je veux que tu partes pour vivre, et pour que je puisse t'aimer de longues années encore.

— J'obéirai donc et je partirai, murmura la jeune fille en dévorant courageusement les larmes qui l'étouffaient.

« Je guérirai au plus vite pour revenir de même.

« Puisse cette séparation, la première, produire les résultats que vous désirez !

Une fois admis le principe de cette séparation, Monsieur Synthèse pressa le plus activement possible le départ; tant il avait hâte de porter remède aux graves désordres que sa clairvoyance avait reconnus chez l'enfant chérie de sa vieillesse.

Inutile de dire qu'il ne pensa pas un instant à l'accompagner. Pouvait-il, en effet, s'éloigner de l'atoll? Sa présence n'était-elle pas indispensable jusqu'à la fin de l'entreprise à laquelle nulle force humaine n'eût pu le contraindre de renoncer?

Il fit en conséquence appeler le capitaine Christian, auquel il donna des ordres détaillés, sans même paraître remarquer la stupeur de l'officier, en apprenant qu'il allait quitter la Mer de Corail.

En véritable esclave du devoir et de la discipline, le commandant de l'*Anna* n'éleva pas, d'ailleurs, la moindre objection.

Le Maître avait parlé, le Maître pouvait disposer de lui corps et âme.

Il s'agissait, tout d'abord, de rapatrier les six cents Chinois dont on n'avait plus besoin. Réduits déjà depuis un certain temps, à l'inaction la plus complète, ils devenaient encombrants. En outre, leur alimentation diminuait dans de notables proportions l'approvisionnement général. Enfin, le temps de leur engagement allait expirer, et ils ne demandaient qu'à rentrer chez eux, nantis de la prime généreusement souscrite par Monsieur Synthèse.

D'autre part, tous ces magots n'étaient rien moins que rassurés, sur l'îlot où on les tenait parqués, en face des canons prêts à leur cracher, en cas d'alerte, de terribles paquets de mitraille.

Qu'allait-on faire d'eux? Les matelots, partageant cette animadversion ressentie par tous les blancs en contact forcé avec les hommes jaunes, ne leur ménageaient pas les mauvais tours. On se rappelle, à ce sujet, la légende bizarre recueillie par le policier, relativement aux fins dernières des Célestes.

Aussi, ces derniers, en dépit des dénégations de leurs anciens chefs de chantier, se voyaient bientôt réduits en pâte molle et introduits, à l'état de « magma », sous le dôme de verre où le Maître élaborait sa cuisine fantastique!

On peut à peine imaginer leur joie, manifestée par des glapissements suraigus, en apprenant qu'ils allaient toucher de l'argent monnayé, recevoir une petite provision d'opium, et rentrer, sans plus tarder, en *Tchina!*

En principe, le soin de ce rapatriement devait être confié à l'un des trois capitaines commandant les autres navires.

Mais Monsieur Synthèse, en présence de la modification apportée par l'état sanitaire de la jeune fille à son premier plan, pensa, non sans raison, à employer le capitaine Christian, quoiqu'il lui en coûtât de se priver d'un pareil auxiliaire.

A la rigueur, un seul des steamers pouvait suffire au transport des coolies. Mais, le vieillard, voulant soustraire absolument la malade à cet entassement humain dans un espace aussi resserré, décida que deux des navires quitteraient la Mer de Corail.

L'un d'eux porterait exclusivement sa fille. Il recevrait un état-major spécial, avec un équipage de choix et aurait le capitaine Christian pour commandant.

L'autre serait uniquement affecté au transport des Célestes ; son capitaine continuerait à recevoir les ordres du capitaine Christian, et naviguerait de conserve avec lui.

Il était impossible, sous peine d'interrompre la marche des appareils, et de compromettre le succès de l'expérience, du Grand-Œuvre, de penser à distraire l'*Anna* de son service.

En conséquence, Monsieur Synthèse décida que le *Godavéri* serait, sans plus tarder, aménagé avec tout le confort, tout le luxe même nécessité par la présence de son intéressante passagère.

L'*Indus*, déjà disposé pour convoyer des émigrants, partirait donc avec le *Godavéri*.

Les travaux nécessités par les nouvelles dispositions à donner au *Godavéri*, furent accomplis avec cette célérité merveilleuse, et cette habileté incomparable qui sont l'heureux privilège des gens de mer.

Les marins de la petite escadre furent tour à tour charpentiers, décorateurs, tapissiers, architectes, et surent improviser à la jeune fille un « retiro » qui l'empêcherait, à coup sûr, de regretter sa gracieuse demeure à bord du navire portant son nom.

Entre temps, Monsieur Synthèse, tout en surveillant son laboratoire, donnait tous ses soins à cette installation qu'il voulait, et qu'il sut réaliser parfaite.

Il ne quittait pour ainsi dire plus le capitaine Christian ; accablait littéralement de conseils, de recommandations, le brave officier qui, certes, en comprenait toute l'urgence, mais qui, d'autre part, en dépit de sa vaillance, commençait à se sentir écrasé sous le poids d'une pareille responsabilité.

— Tu as bien compris, n'est-ce pas, mon ami ?...

« Le rapatriement des coolies n'est qu'un prétexte pour faire voyager cette

Sur lequel se tiennent impassibles les pélicans. (Page 255.)

pauvre chère enfant... pour la changer d'atmosphère... la distraire... lui faire voir des villes qu'elle ne connaît pas... la dépayser en l'intéressant.

« Tu as carte blanche !

« J'ai foi en ton intelligence, en ton affection, en ton dévoûment.

« Anna t'aime comme son frère... Tu l'aimes comme une sœur...

— Comme une sœur.. oui, Maître, interrompit en quelque sorte malgré lui l'officier, en pâlissant imperceptiblement.

— Vous avez été élevés ensemble, tu connais ses idées, ses goûts, ses caprices d'enfant gâtée, ses besoins, ses désirs... tu satisferas à tout sans hésiter, sans compter.

« Le *Godavéri* est gorgé de richesses... ma fille doit voyager en souveraine.

« Elle sera obéie en tout et pour tout, même en ce qui concerne la marche du navire. Elle pourra en modifier à son gré la direction ; aller ici ou là, selon son bon plaisir, atterrir ou appareiller ; naviguer ou rester en rade, en admettant toutefois que ses désirs puissent concorder avec sa sécurité.

« Tu n'oublieras jamais, sauf en cas de péril, que cette navigation est une longue promenade de convalescente, dirigée par la malade elle-même.

« C'est entendu, n'est-ce pas ?

— Oui, Maître.

« Cependant permettez-moi de vous dire que cette responsabilité est bien grave.

« Si, en dépit de vos prévisions, l'état de mademoiselle Anna venait à empirer... que ferais-je ?

« Je n'ose envisager une pareille alternative.

— Les deux médecins de l'*Indus* et du *Godavéri* sont des hommes de valeur.

« Ils ont été minutieusement édifiés par moi, et sauraient agir en temps et lieu, le cas échéant.

« Tu vas donc partir sans délai, rallier la côte australienne, aborder dans un port quelconque et embarquer des vivres frais ; savoir si l'enfant veut aller jusqu'à Macao, ou rester en Australie ; visiter les grandes îles, ou gagner l'Hindoustan, et agir d'après sa volonté.

« Tu l'engageras pourtant à remonter vers les latitudes septentrionales, où l'air est plus salubre, la chaleur moins énervante.

« Dans tous les cas, ce voyage ne doit pas durer moins de trois mois au minimum.

« Enfin, n'oublie pas, si tu vas jusque dans l'Inde, de savoir où est mon ami Krishna, le pundit que tu connais bien.

« Tu le verras, et il pourra être utile à la santé de ma fille. »

Bientôt sonna l'heure du départ. Les coolies, lestés d'un abondant pécule, s'embarquèrent sur l'*Indus*, après avoir été soigneusement visités, car les armes sont formellement interdites à ces émigrants peu scrupuleux. Ils furent parqués dans l'entrepont, par sections séparées au moyen de grilles solides, revêtues de panneaux mobiles. Et comme ils ne pouvaient tous tenir dans cette partie du navire, un certain nombre d'entre eux furent désignés au hasard pour habiter le pont pendant vingt-quatre heures.

Ils seraient remplacés le lendemain par une quantité égale de ceux de leurs camarades qui se tenaient dans le faux-pont, de façon à établir entre eux une répartition à peu près équitable d'air et de lumière.

Les matelots, et jusqu'aux hommes de machine, furent armés comme en temps de guerre. Chacun reçut l'ordre de ne jamais quitter ses armes, ni le jour ni la nuit : surtout la nuit.

L'ordre portait : « Le quart se fera le revolver à la ceinture ; la carabine à répétition se trouvera en permanence à portée de l'homme dormant dans son hamac.

Enfin, des mitrailleuses Nordenfeldt furent braquées en arrière des postes occupés par les Célestes, de façon à pouvoir prendre en enfilade toute cette partie intérieure du navire en cas de révolte.

Il suffirait, pour cela, de faire descendre dans les cales, les panneaux servant de revêtement aux grilles. C'est là une manœuvre qui s'exécute avec une grande facilité, par un procédé analogue à ceux dont on se sert sur les théâtres pour machiner les « trucs ».

Ces dispositions préventives, cet armement formidable, cette façon de parquer des travailleurs inoffensifs feront peut-être pousser les hauts cris aux philanthropes de cabinet, dont les explorations se sont étendues jusqu'au chemin de fer de Grande Ceinture.

Mais ceux qui se sont trouvés entre le ciel et l'eau, à quelque cinq cents lieues de partout, avec un chargement de Célestes, sur un navire monté par un équipage relativement peu nombreux, en reconnaitront l'absolue nécessité.

Que l'on ne s'étonne donc pas d'un pareil luxe de précautions rendu, hélas ! indispensable, par la nature elle-même de l'homme jaune.

Le Chinois est, en effet, un être absolument dissemblable de nous, n'en déplaise aux théoriciens prêchant à outrance l'égalité entre des hommes que différencient complètement les coutumes, la race, les idées, et même la structure anatomique.

Pour qu'il y ait égalité, il faudrait qu'il y eût au moins équivalence physique et surtout morale.

Allez-vous comparer le « frère jaune » à un artisan parisien, à un laboureur beauceron, à un vigneron languedocien?

Mais, l'esthétique s'y oppose formellement ; ce qui, d'ailleurs, est la moindre des choses.

Hâtons-nous donc d'ajouter que ce qui est seulement au physique une incompatibilité, devient au moral une impossibilité.

Incapable d'instincts généreux, dominé par la cupidité qui semble son unique raison d'exister, ce bonhomme à face camarde, ce trotte-menu bouffi, au regard oblique, d'apparence inoffensive, onctueuse jusqu'à la viscosité, professe pour le blanc, *quel qu'il soit*, une haine qui n'a d'égale que son mépris.

Orgueilleux jusqu'à la démence, voleur jusqu'au génie, cupide jusqu'à l'infamie, il saura, quand son intérêt se trouve en jeu, devenir servile jusqu'à l'écœurement.

Pour ce meurt-de-faim, pour cet esclave qui râle sous l'abominable despotisme des mandarins, le blanc n'est qu'une proie ; et il essayera de l'accaparer par tous les moyens possibles.

Une fois mis en présence du blanc, rien ne rebute son opiniâtreté, rien ne le sollicite en dehors de son âpreté.

Il n'a qu'un seul but : acquérir à tout prix, quels que soient les expédients ; dût-il accomplir les besognes les plus répugnantes, recourir aux métiers les plus abjects.

C'est pour lui surtout, que l'argent n'a pas d'odeur.

Mais attendez qu'il possède un pecule plus ou moins important, et vous allez assister à une curieuse transformation.

Du jour au lendemain ce plat valet change d'attitude. Fort de l'appui de ses compatriotes qui, par exemple en Australie et surtout dans l'Amérique du Nord, pullulent comme des insectes parasitaires, il devient un personnage, fait en grand l'usure, accapare, affame, met un pays tout entier en coupe réglée, en draine toutes les richesses, en absorbe tous les produits.

C'est alors que son arrogance a beau jeu ! C'est alors que le *Barbare* qui l'a fraternellement accueilli comprend sa faute, en se voyant bafoué, honni, dépossédé !

Le blanc a-t-il été bon pour le Chinois? c'est de la faiblesse. A-t-il eu pour lui de la condescendance? c'est de la peur. L'a-t-il traité en égal? il a encouru son mépris.

Il ne suffit pas, vis-à-vis du Céleste, d'être scrupuleux observateur des conditions débattues et convenues en principe. Que lui importe sa signature au bas d'un traité? Que lui importe la parole donnée?

Sa seule pensée est de se soustraire à l'engagement contracté, surtout si l'engagiste semble de bonne composition.

Malheur alors à qui n'est pas réellement fort (1)!

Car ce carottier indigne sera susceptible, s'il se trouve en nombre, de devenir un assassin.

Tuer un blanc?... La belle affaire!

A la condition toutefois de pouvoir faire le coup sans se compromettre ni pour le présent, ni pour l'avenir.

Il est donc essentiel, pour le blanc que les hasards de la vie ont mis en présence des hommes jaunes, d'être le plus fort et de se bien garder.

Le Chinois est l'homme du fait accompli: il ne respecte que la force.

N'allez pas vous aviser de discuter avec lui. N'essayez pas de lui prouver que vous avez raison.

Allez carrément de l'avant. Sinon il vous roulera comme il a roulé nos diplomates. Il vous usera par sa force d'inertie, et vous fera tomber dans des pièges que ne soupçonnera pas votre loyauté.

C'est là ce qu'avait admirablement compris l'amiral Courbet qui, s'il n'eût été contrecarré par des ordres émanant d'hommes ignorant absolument la nature du Céleste, eût rondement terminé à notre avantage cette lamentable épopée tonkinoise.

Revenons à nos coolies.

Maltraités — le fait n'est pas rare — sur les navires qui les transportent, ils essayent de se révolter soit à l'aller, soit au retour.

---

1. Je ne prétends pourtant pas ériger en principe absolu ce jugement qui concerne seulement les Chinois engagés *hors de leur pays*. Je les décris tels que je les ai vus pendant mes voyages, et tels que me les ont dépeints nombre d'Australiens et d'Américains dignes de foi. D'autre part, mon honorable ami M. Eugène Simon, ancien consul de France en Chine, parle avec les plus grands éloges des Chinois sédentaires, dans son beau livre : *La Cité chinoise*. Quant aux coolies, aux Chinois d'exportation, dont le nombre se chiffre par millions, ils constituent le rebut de la population laborieuse, et se composent de gens *chassés de la famille*, ce qui est tout dire. Je maintiens donc, à l'égard de ces derniers, une opinion acquise pendant de rudes explorations que j'ai entreprises avec des engagés chinois. Je me hâte, pour finir, d'ajouter que la conduite de ces gredins a singulièrement modifié les opinions très égalitaires que je professais avant d'avoir traversé l'Océan. L. B.

Bien traités par des commandants pleins d'humanité, cette tendance à la révolte sera plus accentuée encore.

Ils craindront à coup sûr un homme énergique et le respecteront d'autant qu'il sera plus dur ; mais ils mépriseront un homme bon et le traiteront de poule mouillée.

De là ces dispositions des navires convoyeurs. De là ces cavités closes par des grilles revêtues de panneaux mobiles. De là ces pièces d'artillerie, ces mitrailleuses destinées à écraser les rebelles.

Et pourtant, en dépit de ces précautions, on a vu de grands steamers mis à sac par les révoltés qui, trompant la vigilance des marins, réussissaient à arracher les grilles et massacraient les équipages trop confiants ou trop peu nombreux.

Les annales maritimes fourmillent de drames épouvantables, où l'ingénieuse férocité de ces tortionnaires a pu se donner librement carrière, de scènes atroces que la plume ne peut décrire.

Les quarante hommes de l'*Indus*, édifiés depuis longtemps, se promettent de veiller, bien que l'attitude des Asiatiques soit de tous points correcte. Du reste, comme l'*Indus* navigue de conserve avec le *Godavéri*, ce dernier pourrait, en cas d'alerte, lui prêter un secours efficace.

Les deux steamers reprennent exactement la voie qui les a conduits à l'atoll, et que le capitaine Christian a soigneusement relevée lors de son premier passage.

Bien que les récifs soient indiqués avec une précision mathématique, la navigation n'en est pas moins très pénible.

On marche sous petite vapeur à travers les chenaux capricieusement découpés, et que hérissent des bancs coralliens à fleur d'eau, ou traîtreusement dissimulés sous la vague verdâtre.

La distance ainsi parcourue est faible, mais la plus élémentaire prudence ordonne de n'avancer qu'avec cette lenteur calculée.

La nuit, on mouille les ancres. Il y aurait plus que de la témérité à naviguer dans des parages aussi dangereux.

Il ne faut pas moins de deux jours pour atteindre le Récif de la Grande-Barrière. Le capitaine Christian, voulant se ravitailler au plus vite, a obliqué le second jour vers le Sud-Ouest, de façon à franchir la muraille corallienne à la passe ouverte en face de la baie de la Princesse-Charlotte.

Cette manœuvre délicate s'opère sans encombre. Bientôt les deux navires doublent le cap Melville et se dirigent vers Cooktown, la première ville, en descendant de la pointe d'York qui termine l'Australie au Nord.

La jeune fille qui, jusqu'alors est restée comme cloîtrée dans son appartement, s'en vient, accompagnée des femmes attachées à son service, s'asseoir sur la dunette, près du bastingage, d'où la vue embrasse un coup d'œil charmant.

Le navire, débarrassé des obstacles qui jusqu'alors retardaient sa marche, glisse plus rapide sur les flots unis du chenal compris entre la Grande Muraille et le continent.

Voici la pointe Melville, formée d'une pyramide de galets ronds comme des boulets de pierre, entassés sur une langue de corail rouge, émergeant de quelques centimètres seulement.

On dirait un tapis, sur lequel se tiennent impassibles, dans leur attitude méditative, les pélicans. Près de ces graves pêcheurs, les frégates aux ailes démesurées, se reposent de leurs vagabondages en haute mer, et se meuvent péniblement, avec leurs mouvements gauches de grands voiliers auxquels la terre n'est pas familière.

Des bandes de pigeons verts passent à tire-d'aile, ou s'envolent effarés des îlots sur lesquels ils trouvent une abondante pâture, mêlés aux mouettes criardes qui les gourmandent et aux fous qui les poursuivent à coups de bec.

Dans le sillage du steamer, de grands requins, effrontés comme des mendiants suspects, myopes comme des taupes, se meuvent rapides comme des flèches.

Longs de quatre à cinq mètres, ronds, pleins, musclés, vigoureux et agiles, ces dangereux pillards s'en vont escortés de ces petits poissons rayés de blanc et de noir, auxquels on donne le nom de « pilotes ».

Soit qu'ils servent, comme on l'a dit, de chiens d'aveugle au bandit, soit pour tout autre motif ayant échappé jusqu'alors à la sagacité des naturalistes, requins et pilotes vivent en fort bonne intelligence. On les voit évoluer collés pour ainsi dire à la formidable mâchoire du monstre, sans que celui-ci, toujours famélique, au point de dévorer des êtres de son espèce, s'oublie jamais à porter la dent sur ses compagnons de route et de pillage.

Le chenal se resserre. Les navires se rapprochent du continent. A bâbord on entend le roulement spasmodique de la houle qui s'écrase sur la barrière. A tribord, on aperçoit les côtes escarpées, couvertes d'eucalyptus, des géants au feuillage vert pâle, poussiéreux, dont la senteur aromatique est apportée par le vent qui souffle de la terre.

Par instant c'est à peine si l'*Indus* et le *Godavéri* se trouvent à plus d'une encâblure de la côte. Des essaims de perroquets aux nuances crues, éclatantes, s'envolent en jacassant éperdument, et des natifs occupés à pêcher dans leurs pirogues d'écorce, se rangent au plus vite dans les anfractuosités du rivage.

Les navires passent rapides, reconnaissent au passage les îles Howick, doublent successivement les caps Flattery et Bedford, et s'arrêtent à l'embouchure de la rivière Endeavour, où se trouve la petite ville de Cooktown.

Située par 16° de latitude Sud, et 145° 30' de longitude Ouest, Cooktown, éclose d'hier, n'en compte pas moins environ dix mille habitants, dont huit mille Chinois.

C'est un véritable coin de Chine transporté en Australie, avec ses maisons baroques, ses enseignes impossibles, son odeur *sui generis*, sa saleté proverbiale, ses magots aux yeux obliques, ses potiches humaines uniformément frottées de jaune.

C'est le grand port de débarquement des Célestes; c'est de là que la horde mongole se précipite sur les districts aurifères du Queensland, pour s'étendre, comme une lèpre, sur toute l'Australie.

Le capitaine Christian, qui n'est pas venu pour philosopher, mais pour se ravitailler, se hâte de consigner tout son monde à bord, et d'envoyer à terre le commis aux vivres pour traiter cette question importante.

Chose facile, en somme, puisque, partout où il y a des Chinois, on peut être certain de trouver à acheter quoi que ce soit.

En moins de deux heures, le commis devient acquéreur d'un lot de bœufs, de moutons, de porcs, de volailles variées, de légumes payés le triple de la valeur, il est vrai, mais déjà prêts à être embarqués.

Comme les bâtiments sont bord à quai, cette manœuvre s'opère rapidement, sans la moindre difficulté, grâce au concours bruyant et très largement rétribué d'escouades nombreuses de pantins à queue qui piaulent, crient, glapissent et se démènent comme des furieux.

Portefaix, curieux, oisifs, commerçants, promeneurs même, toute la cohue des Célestes s'est approchée du vapeur qui rapatrie les coolies de Monsieur Synthèse.

Chacun envie ces heureux mortels qui vont rentrer avec un joli pécule; des lazzis, des plaisanteries qui soulèvent des rires aigus s'échangent du pont au quai par-dessus le bastingage.

Il y a forcément un peu de cohue, beaucoup de cohue même.

Trois hommes sortent de la grotte et apparaissent brusquement (Page 264.)

Mais comme il n'y a pas grand'chose à voler, les matelots, très occupés à l'arrimage du bétail, ne s'en préoccupent aucunement.

Enfin, tout est paré en quatre heures. La provision d'eau est elle-même renouvelée.

Il n'y a plus qu'à appareiller pour reprendre, sans désemparer, la route du nord.

Go ahead!

Une journée, une nuit se passent sans le moindre incident : Cooktown et ses Célestes sont bien loin déjà.

Le maître d'équipage de l'*Indus* semble tout décontenancé.

Accompagné de quatre matelots, il est descendu dans l'entrepont, a compté minutieusement tous les coolies, puis il est remonté, a compté non moins minutieusement ceux qui se trouvent sur le pont, s'est cogné le front de la paume de la main, et est resté tout songeur.

Passe le second qui remarque l'air interloqué de son subordonné.

— Eh bien, camarade, qu'y a-t-il?

« Tu parais tout chaviré.

— Excusez-moi, capitaine, on le serait à moins.

— Pas possible!

« Raconte-moi donc cela.

— C'est que je n'y comprends rien.

— Dis tout de même.

— Sauf vot' respect, voici la chose.

« Nous avions, avant-hier encore, cinq cent quatre-vingt-douze Chinois, compte rond.

— Et aujourd'hui?

— J'en trouve six cent quinze...

— C'est-à-dire un excédent de vingt-trois.

« Tu te seras trompé...

— Excusez, capitaine, c'est impossible.

« J'ai recommencé quatre fois... et quatre fois j'ai trouvé six cent quinze magots!

« Je me demande ce qu'on va faire de ceux-là...

« Ce sera bien sûr des particuliers qui s'embêtaient là-bas, à la ville et qu'ont voulu se faire ramener gratis.

« Comment diable ont-ils pu faire pour s'introduire à bord?

— Ma foi, je l'ignore.

— Si encore on savait lesquels?

« Mais ils se ressemblent tous comme des orangs-outangs ou des moricauds, qu'on les prendrait l'un pour l'autre!

— Quand même on les reconnaîtrait, à quoi cela nous avancerait-il?

« Demain nous aurons franchi le détroit de Torrès, et nous ne pourrions pas les laisser à terre.

— Et les vivres pour eux, capitaine?

— Il faudra pourtant ne pas les laisser mourir de faim.

« Je vais m'en occuper.

— C'est égal, murmura le marin quand son chef se fut retiré, pour être une chose naturelle, c'est pas une chose naturelle.

« D'où que ça sort, ce monde-là qu'est pas du monde comme nous?

« Comme si y en avait déjà pas assez, sur ce crâne bateau qu'empoisonne le bouc, à l'heure qu'il est, qu'on n'en sent plus le goût de sa chique...

« Faudra que j'ouvre l'œil...

« Y a trop de Chinois... non, c'est pas naturel!

CHAPITR III

Le détroit de Torrès. — A travers les écueils. — La voie douloureuse. — Booby-Island. — L'asile des naufragés et la boîte aux lettres. — Les trois survivants du « *Tagal* ». — Les îles malaises. — Flottilles. — Caboteurs ou forbans. — Passage à Batavia. — Singapour. — En vue des côtes de Malacca. — La mousson de Nord-Est. — Projet de navigation côtière. — Signal de nuit. — Une fusée, un coup de canon. — Inquiétude. — Nouveau signal. — Bruit de bataille. — Est-ce une révolte sur l'*Indus* ? — Le feu à bord du *Godavéri*. — La cheminée fracassée par un obus. — Disparition et fuite de l'*Indus*.

Les navires continuent leur marche vers le Nord, à la vitesse de dix nœuds à l'heure. Il s'agit de ménager l'approvisionnement de charbon qui sera renouvelé seulement à Batavia, et d'éviter les écueils dont le chenal est toujours encombré. Cette allure, relativement modérée, permet de réaliser une économie assez notable de combustible, et d'avancer avec toute la sécurité désirable.

C'est ainsi qu'on franchit les passes des îles du Poivre, et le « canal providentiel » de Cook, si fécond en naufrages, avant que cette région périlleuse ait été relevée pour ainsi dire mètre par mètre.

On passe sous le vent de l'île Cairncross, on double le cap Tête-de-Tortue, on passe en vue de l'île Albany, où se trouve un poste de soldats anglais, de véritables ermites dont la situation n'a rien d'enviable, même sous les plis de l'Union-Jack, et l'on pénètre dans le détroit de Torrès.

Large seulement de cinquante kilomètres, il est obstrué d'un millier d'écueils visibles, sans compter les bancs à fleur d'eau, ou traîtreusement dissimulés par deux ou trois brasses de fond.

Aujourd'hui, ils sont à peu près tous connus, mais à quel prix !

Au-dessus de cette petite île d'Albany, il y a une vingtaine de grandes îles coralliennes, entourées de récifs, barrières émergeant à peine à marée haute, et dont la présence est seulement indiquée par des barres d'écume blanche. Au-dessus de ces îles, se trouve un groupe de six récifs longs de dix milles, larges de trois, échelonnés les uns au-dessus des autres, et séparés par des chenaux de deux ou trois cents mètres. Puis, les bancs de Jerwis et de Mulgrave, précédant cette immense plaine de coraux qui, sur un espace de quarante milles, s'étend sans interruption jusqu'à la Nouvelle-Guinée.

C'est à travers ce dédale inextricable que l'*Indus* et le *Godavéri* doivent passer. Par bonheur, le temps est d'une admirable clarté. En cas de brume, il serait indispensable de stopper et de s'ancrer solidement, de crainte des courants qui accompagnent chaque marée.

Le *Godavéri* s'avance le premier. Le capitaine Christian, debout sur la passerelle, la carte sous les yeux, gouverne droit à l'écueil indiqué, le reconnaît, oblique lentement, et met le cap sur un autre.

Les hommes de vigie, sur les barres de perroquet, les signalent de loin et crient à tue-tête : « Écueil à bâbord !.. Écueil par l'avant !.. Épave à tribord !..

Cette route sinistre, véritable voie douloureuse, est, hélas! jalonnée aussi de débris de naufrages que le temps n'a pas encore fait disparaître et dont la présence est un lugubre avertissement pour les audacieux qui sont à la merci d'un faux mouvement, d'une hésitation.

C'est ainsi que par le travers des rochers *Mardi*, on voit émerger, jusqu'aux huniers, un grand trois-mâts dont la coque est depuis deux ans scellée aux rochers qui l'ont éventrée. C'est le *Prince-of-Wales*, de Melbourne, perdu corps et biens. Plus loin, en face de l'île *Mercredi*, on aperçoit le tuyau d'un steamer dont les mâts sont brisés. C'est le *Wellington*, dont l'équipage fut dévoré par les cannibales de la presqu'île d'York. Plus loin encore, deux mâtures appartenant, l'une à la goélette *Beatrix*, l'autre au clipper *Severn*. Saisis tous deux par des courants irrésistibles, ils ont été fracassés sur les pointes madréporiques, et ont coulé en un moment (1).

L'*Indus* et le *Godavéri* traversent sans incidents ce cimetière de navires, puis ils embouquent le canal séparant l'île Hammond du récif Nord-Ouest, passent à une encâblure de la roche Hammond, côtoient une dentelure de corail sur laquelle se pulvérisent les flots avec un fracas assourdissant, pointent sur les Ipili, formés de sept aiguilles madréporiques de deux mètres

1. C'est dans ces parages que l'*Astrolabe* et la *Zélée* furent portées sur les sables par un ras de marée. Les eaux se retirèrent immédiatement, et les laissèrent échouées, heureusement sans avaries graves. Huit jours après, les vagues vinrent les reprendre.

de hauteur, et arrivent enfin à l'écueil qui borne ce redoutable champ de récifs, Booby-Island.

Tout danger a disparu.

Le capitaine Christian quitte enfin la passerelle, remet la conduite du navire à l'officier de quart, après lui avoir donné l'ordre de ranger au plus près Booby-Island.

Puis, le jeune commandant, qui se transforme volontiers en un cicérone plein de complaisance et d'érudition, quand il n'a pas à remplir immédiatement les devoirs de sa difficile profession, s'avance vers la jeune fille assise à l'arrière, à sa place favorite.

L'air plus vif des côtes, les distractions apportées par un continuel changement d'aspects, les émotions de cette navigation périlleuse, une modification soudaine apportée dans le régime, la bienfaisante absorption des embruns, tout a concouru, depuis le départ de l'atoll, à exercer une influence favorable sur l'état de l'intéressante malade.

Elle est bien faible encore, et tout péril est loin d'être conjuré. Certes, jamais la clairvoyance de Monsieur Synthèse ne fut plus efficacement mise en œuvre, tant ce mal insidieux, à peine caractérisé au début, avait fait d'alarmants et rapides progrès.

La pauvre enfant pouvait seulement être sauvée par ce remède héroïque, et tout fait espérer qu'elle le sera.

Elle accueille avec un doux sourire son camarade d'enfance et l'interroge de sa voix de bengali.

— Un nouveau nom à ajouter sur mon carnet de voyage, n'est-ce pas, capitaine?

— Un nom, oui, Mademoiselle : Booby-Island.

« Et une destination : « boîte aux lettres ».

— Comment, capitaine, un récif qui est en même temps une boîte aux lettres?

« J'avoue ne pas comprendre.

« Voulez-vous m'expliquer cela?

— Avec le plus grand plaisir.

« Je n'ai pas besoin de vous dire que ces parages, bien que très fréquentés par les navires, sont absolument sauvages, déserts et particulièrement dangereux.

— Et c'est pour cela qu'on y a installé une boîte aux lettres !

« Vraiment, fit en riant la jeune fille, j'avais une meilleure idée du sens pratique des Anglais.

« Pourquoi pas un poste de secours ?

— Il y a l'un et l'autre, Mademoiselle.

« Ainsi, ce roc de dix mètres de hauteur qui sert seulement d'abri aux oiseaux de mer, est, comme vous pouvez le voir, même à l'œil nu, surmonté d'un mât de pavillon, au haut duquel flotte l'Union-Jack.

« Au pied du mât, est un grand tonneau recouvert d'un capot goudronné.

« Ce tonneau est la boîte aux lettres, le bureau de poste fondé sur la confiance publique entre le Pacifique et l'océan Indien.

« Les navires qui passent, y déposent leur correspondance, prennent celle en destination pour l'hémisphère vers lequel ils naviguent et en assurent la distribution aux agents internationaux.

« D'autre part, il y a dans ce tonneau des indications servant à faire trouver une caverne profonde creusée dans le roc, et dans laquelle se trouvent, à l'abri des intempéries, des vivres, des effets d'habillement et de campement, des médicaments, du tabac, du vin, du thé, de quoi écrire, et jusqu'à une citerne contenant de l'eau douce.

— A la bonne heure ! et les pauvres naufragés ne sont pas dénués de toute ressource.

— Enfin, les navires de passage, renouvellent l'approvisionnement s'il y a lieu, et rapatrient les naufragés qui peuvent s'y trouver.

« Nul ne manque à ce devoir, qui s'impose à tous au nom de l'humanité, comme aussi de cette solidarité qui unit entre eux les gens de mer.

— ... Et auquel nous n'aurons garde de manquer, n'est-ce pas, capitaine.

— C'est bien là mon intention.

« Je vais faire stopper, et commander une embarcation pour opérer la levée de la boîte aux lettres.

« Voulez-vous assister à cette opération, visiter le *postal-office* et lire le « Registre des naufragés » ?

— Qu'entendez-vous par là ?

— C'est un gros registre très solidement relié, déposé en évidence dans la grotte, avec cette mention écrite en plusieurs langues sur la première page : « Les marins de toutes les nations sont priés d'inscrire toutes les informations nouvelles relatives aux modifications survenues dans la configuration du détroit de Torrès. Les capitaines des navires sont priés d'entretenir les ressources de l'Asile des naufragés. »

— Non, merci.

« Est-ce un reste de fièvre ? est-ce superstition ? Je me sens toute pusillanime...

et je suis honteuse de l'avouer, il me semble que cela me porterait malheur.

La baleinière détachée du *Godaveri* atteint en quelques coups d'avirons la petite rade, et le patron suivi de deux matelots s'avance vers le tonneau.

A leur profond étonnement, partagé d'ailleurs par les équipages des deux bâtiments, trois hommes sortent de la grotte et apparaissent brusquement.

Deux blancs et un Chinois, des naufragés, évidemment.

Ils échangent quelques paroles rapides avec le patron pendant que celui-ci prend connaissance du contenu de la futaille, puis embarquent dans la baleinière.

Très intrigué, mais très heureux de pouvoir donner assistance à ces malheureux, le capitaine Christian les reçoit avec sa franche cordialité, s'enquiert des circonstances qui les ont fait échouer à l'Asile des naufragés, leur trace en quelques mots l'itinéraire de ses navires, et leur offre de les rapatrier pour un point quelconque de cet itinéraire.

Il apprend qu'ils sont les seuls survivants d'un petit navire mixte, armé par des négociants hollandais pour la pêche du *trépang*.

On sait que l'holothurie, dont les Chinois tirent par fermentation leur mets favori, le trépang, est excessivement abondante dans la Mer de Corail. Le commerce de cette denrée étant très rémunérateur, un certain nombre de navires à voiles, pourvus de machines assez faibles, mais suffisantes pour manœuvrer dans les passes, sont continuellement occupés à cette pêche.

Quand leur chargement est complet, ils s'en vont le vendre dans les ports de la Chine et reviennent, sans désemparer, recommencer cette pêche lucrative.

C'est au retour d'un de ces voyages, que le *Tagal* heurta un écueil, et coula à pic presque instantanément. Seuls, le second, le mécanicien, et le cuisinier chinois échappèrent au remous, et gagnèrent Booby-Island à la nage, accrochés à des cages à poule.

Rien de plus simple, on pourrait presque dire de plus banal dans sa douloureuse réalité.

Très sérieux, peu communicatifs, mais en somme très corrects, les deux marins furent sobres de détails, remercièrent en fort bons termes le capitaine Christian, et demandèrent à être ramenés à Canton où ils trouveraient leurs consignataires.

Le commandant y consentit volontiers, et les fit conduire, avant de se remettre en route, par le premier lieutenant, à bord de l'*Indus*, qui devait les prendre comme passagers.

Une longue traînée s'élance à pic dans les airs. (Page 267.)

Après cet incident qui assombrit, pour un moment, l'esprit de la jeune malade, portée déjà vers la mélancolie, la navigation recommença, mais dans des conditions exceptionnellement favorables.

Aux flots tourmentés du détroit de Torrès, ont succédé les eaux calmes, limpides, azurées de la mer d'Arafoura. Plus de coraux, plus de récifs, plus d'épaves, plus de courants. Une mer hospitalière, aux molles ondulations, berce doucement les navires qui marchent sous petite vapeur, en promeneurs oisifs que rien ne presse, tout entiers au charme de se laisser vivre, sans souci, comme sans fatigue.

On signale bientôt Timor, ce paradis équinoxial, où les Portugais et les Hollandais, vivant côte à côte, montrent combien est différent le génie colonisateur des deux races.

Puis, apparaissent les forêts touffues de Sumbawa, qui semble, du large, un colossal bouquet de fleurs... puis le beau pic de Bali, haut de trois mille mètres, qui domine majestueusement la passe de Lombock... puis enfin Java, le grand chaînon de cette succession d'îles qui rejoignent l'Australie au continent asiatique, Java aux rivages ombragés de dalmistes, de cocotiers, d'aréguiers, de manguiers au milieu desquels se dressent, comme des aigrettes de feu, les *flamboyants* au feuillage rutilant.

Des flottilles légères, aux voiles multicolores, évoluent rapidement en vue des côtes, et portent, d'un point à un autre, les gens, les bêtes, les produits de la terre, les marchandises.

Tous ces bâtiments, grands et petits, s'appuient sur les deux balanciers latéraux, en bois léger, qui caractérisent les embarcations malaises. *Booangas* à deux ou trois rangs de rames, longs de trente-cinq mètres, et montés par cent cinquante hommes, dont le quart est accroupi sur chaque balancier, *Corocores* aux lignes élégantes, pourvus aussi du double balancier qui assure leur stabilité, *Praos-Mayang* aux extrémités recourbées, aux couleurs vives, à la grande voile de rotang, *Praos-Bédouang* qui émergent à peine des flots, tous, montés par des chaloupiers vert-de-grisés comme des portes de pagodes, vous ont, en dépit de leur pacifique dénomination de *caboteurs*, de véritables allures de forbans.

La piraterie ayant été de tout temps le péché mignon des Malais, on ne peut s'empêcher à tort, peut-être, de voir dans ces navires, grands et petits, surchargés d'équipages, rapides comme des squales, des écumeurs de mer pratiquant le pacifique cabotage quand ils n'ont pas pas mieux, ou plutôt quand ils n'ont pas pis à faire.

Java n'offrant aucune garantie de salubrité, le capitaine Christian résolut de s'y arrêter le temps strictement nécessaire à son approvisionnement de charbon. Encore les chalands envoyés directement de Batavia, vinrent-ils apporter le combustible à une distance assez considérable des vases molles, aux émanations pestilentielles, sur lesquelles est bâtie la vieille ville.

Le transbordement s'opéra au large, hors de l'atteinte pernicieuse de ces miasmes redoutables, et les navires prirent la direction de Singapour après cette courte mais indispensable escale.

Ils franchirent le large détroit qui sépare les îles Billiton et Banka, passèrent en vue de Lingga et de Rio, doublèrent le Pan-Reef, et arrivèrent à Singapour vingt-deux jours après leur départ de l'atoll.

Bientôt fatiguée du mouvement vertigineux, du tumulte, de la fièvre qui emplissent le jour, la nuit, à chaque heure, à chaque minute, sans trêve, sans merci, cet espace de quelques kilomètres carrés, la jeune fille demande à repartir.

On quitte donc ce pandémonium assourdissant, après deux jours seulement employés à l'approvisionnement de l'*Indus*, qui, beaucoup plus chargé consomme une plus grande quantité de vivres et de charbon.

De Singapour, les deux navires, qui jusqu'alors ont navigué de conserve sans se perdre de vue, remontent légèrement le long de la côte orientale de Malacca, afin de ne pas être complètement debout à la lame produite par la mousson de Nord-Est qui souffle violemment.

Le vent est vif, la houle dure et le commandant regrette presque le surlendemain d'avoir quitté l'abri de la rade anglaise.

Mais, en somme, à quelque chose malheur est bon, puisque la brise a pour effet de rafraîchir considérablement la température qui serait presque intolérable, en un point si rapproché de l'Équateur.

L'intention du capitaine est de remonter ainsi le Nord, jusqu'à 60° de latitude septentrionale, sans s'écarter sensiblement de la côte, puis, de prendre alors la direction du Nord-Est, et mettre le cap sur la Cochinchine qu'il contournera jusqu'au golfe du Tonkin, en face de l'île de Haïnan

Il espère, non sans raison, que cette navigation côtière, infiniment plus intéressante que celle en haute mer, sera plus attrayante pour la jeune voyageuse.

Ce plan est en voie d'exécution, quand, la nuit qui suit le vingt-sixième jour après le départ, une singulière émotion se manifeste à bord.

Il est environ minuit. Les navires s'avancent presque parallèlement à un kilomètre seulement de distance, l'*Indus* devançant de quelques encâblures le *Godavéri*.

Tout à coup, l'officier de quart à bord de ce dernier, aperçoit une vive lumière dans la direction de l'*Indus*. Une longue traînée de feu s'élance à pic dans les airs, balafre les ténèbres d'un sillon d'étincelles, et s'irradie en une pluie d'étoiles multicolores qui retombent mollement.

Quelques secondes après, un éclair rapide surgit dans la nuit redevenue plus opaque, et une détonation violente se répercute sur les lames.

C'est un coup de canon.

Le capitaine Christian, qui sommeille tout habillé dans sa chambre, près d'un sabord grand ouvert, entend la détonation, se précipite vers l'escalier de la passerelle, et heurte le timonnier que l'officier de quart lui envoie pour le prévenir de l'incident.

— Qu'y a-t-il, Monsieur? dit-il au lieutenant occupé à essayer les verres de sa lunette de nuit.

— Une fusée, commandant, bientôt suivie d'un coup de canon.

— Un signal de détresse, peut-être.

— Je le crains.

— Venant de l'*Indus*, n'est-ce pas?

— Oui, commandant.

En même temps, un second serpent de feu jaillit de l'horizon, se tord au milieu des airs, en éclairant un moment la coque sombre, les mâts et les agrès du steamer.

Puis, un nouveau coup de canon retentit.

Les deux officiers, sérieusement alarmés, ont à peine le temps d'échanger leurs impressions, qu'une immense clameur, semblant venir de l'*Indus*, leur parvient d'autant plus distinctement, qu'ils se trouvent sous le vent par rapport à lui.

Puis des détonations, tantôt stridentes, tantôt violentes, tantôt plus faibles, mais irrégulières, saccadées, intermittentes, éclatent dans la nuit.

On dirait un combat naval.

Les hommes de quart, immobiles, inquiets, silencieux, regardent tout interdits les chefs, dont les alarmes ont fait place à une angoisse poignante.

— Une attaque de pirates? murmura le commandant.

« C'est impossible.

— Qui sait!... répond le lieutenant, peut-être une révolte des Chinois.

Deux minutes se sont à peine écoulées depuis l'apparition du premier signal.

— Commandez le branle-bas, et faites gouverner droit à l'*Indus*, ajoute brièvement le capitaine Christian.

A peine le lieutenant a-t-il fait transmettre à l'homme de barre le changement de cap, que le *Godavéri* est à son tour le théâtre d'une effroyable catastrophe.

Une détonation étouffée retentit dans l'intérieur du bâtiment qu'agite une brusque trépidation.

Presque aussitôt, des torrents d'une fumée âcre et suffocante sortent des sabords, s'échappent des écoutilles et se répandent, en un nuage opaque, sur le gaillard d'avant.

Des hommes épouvantés, à demi-nus, s'élancent des panneaux en se bousculant et en criant : « Au feu ! »

Il y a un instant de panique indescriptible.

Mais la discipline qui règne parmi cet équipage d'élite a bientôt triomphé de cette folle épouvante.

Rassurés par la présence de leurs officiers, dans le courage et l'ingéniosité desquels ils ont une foi absolue, les marins du *Godavéri* font vaillamment face au péril et combattent intrépidément ce fléau, le plus terrible qui puisse frapper les gens de mer.

Les pompes, mises en batterie, projettent des torrents d'eau, pendant qu'une équipe, sous les ordres du commandant en second, pénètre dans l'intérieur, pour reconnaître le foyer de l'incendie, et le circonscrire avec des extincteurs portatifs.

Malheureusement, ces premières tentatives demeurent infructueuses, devant l'intensité incroyable que prend tout à coup cet incendie qui menace d'embraser tout l'avant.

Un soupçon aigu traverse le cœur du commandant. Cette fumée intense a une odeur particulière à laquelle il est impossible de se tromper. Celle de l'essence minérale.

Cependant, il n'y en avait pas à bord !

Quand et comment cette dangereuse substance a-t-elle pu être introduite ?

A Cooktown, peut-être, par les Célestes, au moment de l'approvisionnement.

Cette brusque explosion, au moment où le désarroi semble à son comble sur l'*Indus*, n'est-elle pas le résultat d'un complot ?... Cet incendie, dont les proportions deviennent effrayantes, n'a-t-il pas été allumé pour empêcher de secourir le malheureux steamer à bord duquel on s'égorge sans aucun doute ?

En dépit cependant de cette catastrophe qui paralyse presque entièrement ses moyens d'action, le *Godavéri* continue d'avancer vers l'*Indus* dont les feux de position semblent se rapprocher.

Le tumulte grandit de minute en minute. La bataille doit être terrible. La mousqueterie pétille sans relâche, les crépitements déchirants des canonsrevolvers et des mitrailleuses la dominent par saccades, et couvrent les hurlements furieux d'une foule exaspérée.

Bien que son navire flambe comme un volcan, l'intrépide commandant du *Godavéri* veut à tout prix accoster son matelot, et lui apporter le secours de ses hommes disponibles.

De cette manœuvre dépend peut-être leur salut à tous les deux.

Ils ne sont plus qu'à deux cents mètres. Le capitaine Christian va manœuvrer pour l'aborder doucement par l'arrière, quand un coup de canon retentit.

En même temps, l'obus frappe en plein tuyau de la cheminée du *Godavéri*, et la fracasse en vingt morceaux.

— Mille tonnerres! s'écrie le commandant hors de lui, les bandits tirent sur nous!

« L'état-major et l'équipage sont-ils donc massacrés?

Malheureusement, les ravages produits par l'explosion de l'obus ne se bornent pas à la mise hors de service de la cheminée. Ce coup désastreux a pour effet immédiat de paralyser presque entièrement le tirage de la machine.

Et le temps manque pour essayer une réparation, et l'incendie qui gronde sous le pont, prend des proportions terribles. C'est à peine si l'hélice tourne et déjà l'*Indus* prend de l'avance.

Si le vapeur s'enfuit ainsi devant son matelot incendié, plus de doute, c'est qu'il est au pouvoir des rebelles.

— Puisqu'il en est ainsi, gronde le commandant exaspéré, je n'ai plus qu'à le couler.

« Mes embarcations recueilleront les survivants et ne les prendront qu'à bon escient.

Il donne aussitôt l'ordre de pointer ses deux pièces à pivot au ras de la flottaison du steamer qui s'éloigne. Mais, comme si un génie malfaisant avait intercepté sa pensée, pour suggérer aux misérables la première précaution à prendre en pareil cas, les trois feux de position de l'*Indus* s'éteignent simultanément et le navire, forçant de vapeur, disparaît invisible dans l'obscurité.

CHAPITRE IV

Défiance qui n'est pas toujours mère de la sûreté. — Quelques mots relatifs aux marins naufragés — Après boire. — Fatale imprudence — Vin et brandy narcotisés. — « La consigne est de ronfler » — Un cuisinier chinois qui a envie de fumer l'opium. — Assassinat d'un factionnaire. — Alerte!.. — Évasion. — Clameur terrible. — Feu ! — Massacre à huis clos. — Impuissance momentanée des défenseurs de l'*Indus*. — Lutte atroce. — Férocité. — Infâme trahison. — Assassinat des officiers. — Le mécanicien tué à son poste. — Navire au pouvoir des révoltés. — Épilogue du massacre.

Comme tous les êtres chez lesquels prédomine l'élément lymphatique, le Chinois possède, au physique, une impassibilité que rien ne trouble ni ne démonte. Au moral une insensibilité, une faculté de dissimuler qu'envieraient nos diplomates, comme aussi une patience à désespérer les bénédictins.

Mettez-le en face des situations les plus difficiles ou les plus imprévues, excitez en lui la haine, la cupidité, la surprise, la douleur ou la joie, et vous serez stupéfait, en voyant toujours le même bonhomme à l'air étonné et étonnant de magot coulé dans un moule immuable.

La souffrance matérielle ne semble pas avoir le don de l'émouvoir outre mesure, et l'approche de la mort ne le trouble en aucune façon. Il cesse de vivre comme il s'endort. Il rentre dans le néant, sans préoccupation de l'*au delà*, sans regret du passé.

Ce n'est pas à dire pour cela qu'il n'ait pas de passions. Bien au contraire. Mais elles ne se manifestent pas de la même façon que chez les autres hommes.

En conséquence, il possède, au plus haut degré, avec les qualités négatives des êtres à surabondance lymphatique, leur froide cruauté, leur perfidie, leur absence de sens moral (1).

Naturellement, ceux qui sont embarqués sur l'*Indus* ne sauraient échapper à cette loi fatale, commune à la plupart des coolies, ce rebut de la vieille société chinoise, décrépite jusqu'à la pourriture.

Aussi, dès le premier jour, le capitaine du vapeur, bien loin de se laisser aller à une sécurité trompeuse, motivée par cette apparence tranquille susceptible d'illusionner un novice, avait-il, comme on l'a vu, pris toutes les précautions usitées en pareil cas.

Connaissant les Célestes pour les avoir pratiqués de longue date, il ne s'en laissa jamais imposer par leur bonhomie réelle ou simulée, ni par leur fidèle observance des règlements du bord.

Partant de ce principe qu'il faut se défier du Chinois en tout et partout, même sans motif, il poussait jusqu'aux dernières limites la surveillance de ses nombreux passagers, sans cependant les tyranniser.

Selon l'expression pittoresque de son maître d'équipage, « il ouvrait l'œil » et faisait faire bonne garde à ses subordonnés.

Du jour où les indications du sous-officier lui firent constater, après l'escale de Cooktown, un excédent de vingt-trois coolies, sa défiance augmenta s'il est possible, et sa surveillance devint plus étroite encore.

Rien dans leur attitude ne semblait pourtant légitimer un pareil luxe de précautions, et il fallait réellement un incroyable parti pris pour le pousser ainsi à l'extrême.

Peut-être l'arrivée imprévue à bord des marins naufragés recueillis à Booby-Island, contribua-t-elle, dans de certaines proportions, à cette recrudescence de sévérité.

L'ancien capitaine en second du *Tagal*, le petit vapeur perdu dans le détroit de Torrès, qui a longtemps vécu en compagnie de Chinois, affecte pour eux un tel mépris, il parle en termes si violents de leur duplicité, de leur animadversion pour les blancs, de leur propension au vol, à la révolte, à la piraterie, qu'on serait tenté de les regarder comme toujours, et à chaque instant prêts à mal faire.

---

1. Sur plusieurs centaines de coolies, j'ai constaté, une fois seulement un vague sentiment de reconnaissance. Encore la manifestation en fut-elle purement négative. Un Chinois qui avait reçu de son engagiste tous les bons offices possibles, apprenant que celui-ci allait être victime d'un complot, se contenta de ne pas prendre part à ce complot où l'Européen faillit perdre la vie. Non seulement il ne jugea pas à propos de le défendre, mais encore de le prévenir en temps et lieu. L. B.

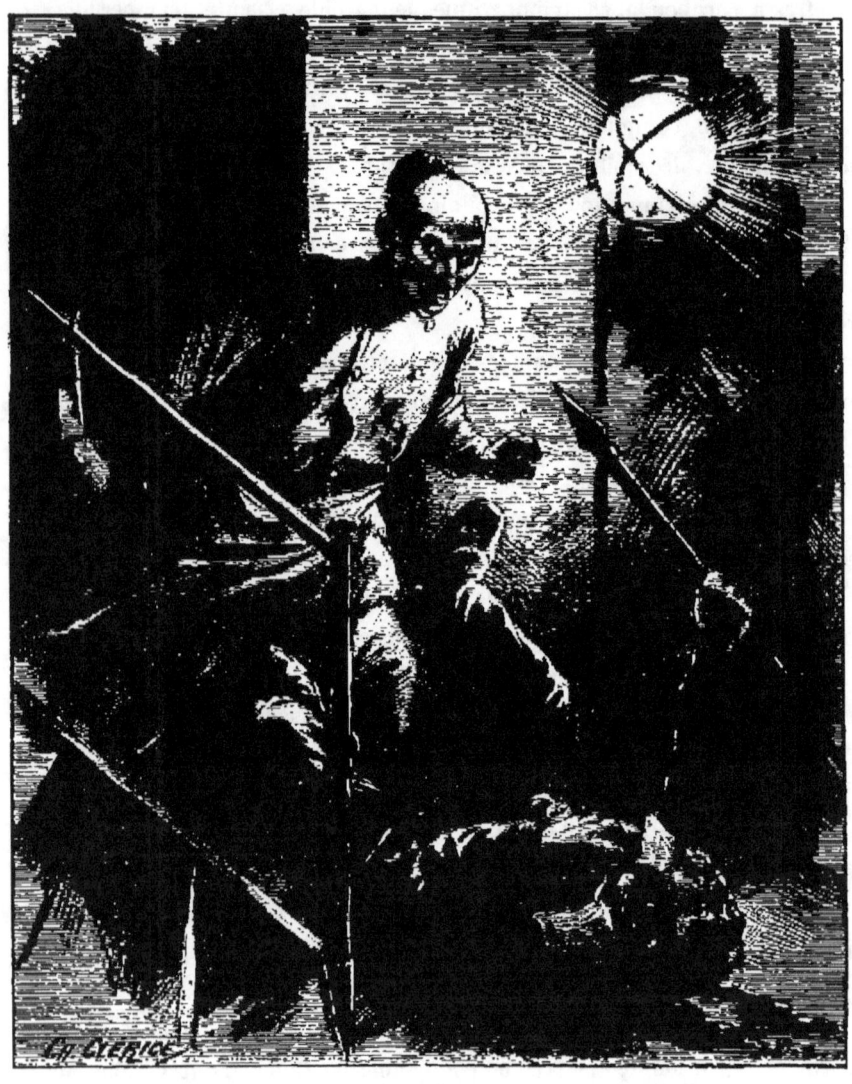

Le malheureux s'effondra comme une masse. (Page 277.)

Ce qui est peut-être exagéré.

Quoi qu'il en soit, cet officier, n'ayant aucun service à bord, et s'ennuyant de cette inaction forcée, a pris l'habitude d'accompagner les rondes chargées d'inspecter les réduits où sont parqués les coolies. Il examine, en connaisseur, les grilles et les panneaux, se rend compte de leur solidité, hoche la tête d'un air approbateur en vérifiant le pointage des Hotchkiss et des mitrailleuses, et plaisante, en pur chinois, les pauvres diables qui semblent reconnaître en lui un habitué des *barracons* de Macao.

Il étudie, en outre, en connaisseur, le navire qui porte tout ce monde, s'extasie sur ses qualités nautiques, son aménagement, sa machine, et le déclare une véritable merveille de construction navale.

Toutes choses parfaitement naturelles de la part d'un marin, et qui flattent le légitime orgueil du capitaine.

De nationalité très indécise, polyglotte comme un homme forcé par sa profession de s'assimiler tous les idiomes, il prononce le français avec un léger accent allemand, l'anglais avec les intonations particulières aux méridionaux, et le hollandais comme sa langue maternelle. Il connaît également la langue chinoise, et les coolies eux-mêmes semblent étonnés de l'entendre parler avec une perfection à laquelle bien peu d'hommes de race blanche peuvent atteindre.

Quant à son compagnon d'infortune, le mécanicien, c'est, en apparence du moins, un subalterne sans conséquence, d'origine américaine. Il boit sec, mâche du tabac, et cherche sans cesse des morceaux de bois pour les couper avec son bowie-knife.

Il a pris place au poste de la maistrance et va de temps en temps faire un tour à la machine, en homme qui a parfois la nostalgie de la vapeur et du charbon.

En somme, tout marche à souhait à bord de l'*Indus*. Les Célestes sont tranquilles ; ils fument l'opium sur le pont aux heures prescrites, et jouent dans le faux-pont aux jeux de hasard, avec cette passion qui leur est particulière.

Nous sommes à la fin du jour qui précède la catastrophe.

Un peu avant le coucher du soleil, le *Godaveri* a fait les signaux habituels relatifs à la route.

C'est compris. Rien de nouveau. Bon quart !...

La nuit vient. Le capitaine de l'*Indus*, debout depuis le matin, sent une violente envie de dormir, après avoir dîné en compagnie de son second, et de l'officier naufragé.

Ce dernier, qui semble également pris d'une somnolence invincible, se rend à sa chambre en bâillant éperdument.

Pour la première fois peut-être depuis l'embarquement, le second néglige d'opérer au-dessous de l'entrepont sa ronde habituelle. Peut-être a-t-il eu tort de fêter, ainsi que son chef, certains flacons poudreux exhumés ce soir-là d'un petit réduit dont le cambusier ne possède pas la clef.

Il fait si chaud, sous cette latitude, et le vieux bordeaux a un arome si délicat quand il est tiédi à point !

Eh quoi !... la somnolence du naufragé serait-elle de la comédie ? Par quel singulier hasard le mécanicien vient-il frapper doucement à sa porte ? Quelle idée, de profiter ainsi des heures sombres de la nuit, quand on a toute la longue journée pour causer ?

L'entretien a lieu à voix basse, et dure quelques minutes à peine. Puis le mécanicien s'en va comme il est venu, à pas de loup, en dissimulant sous sa vareuse un paquet assez volumineux.

Il arrive à la maistrance où se trouvent les maîtres qui ne sont pas de service.

Le paquet renferme plusieurs bouteilles de cet affreux tord-boyaux nommé brandy, si cher aux marins de tous les pays, et, chose assez singulière, sous toutes les latitudes : au cercle polaire comme sous l'équateur.

Naturellement, le brandy dont le besoin ne se fait nullement sentir à pareille heure et par une telle chaleur, est favorablement accueilli. Nul ne s'inquiète de sa provenance, et chacun pense plutôt à l'ingurgiter.

Il n'y a pas grand mal à cela. Et d'ailleurs, les chefs ayant pris une petite pointe, les subordonnés peuvent bien les imiter.

On fait en conséquence largement honneur au brandy du mécanicien jusqu'à une heure assez avancée.

Chose assez bizarre et qui pourrait fortement donner à penser à un témoin désintéressé de cette scène de beuverie à huis clos, le mécanicien qui passe, non sans raison, pour aimer l'alcool autant que le tabac, opère, chaque fois qu'il vide son gobelet, une manœuvre au moins curieuse.

Comme s'il se trouvait subitement saisi de ce tremblement particulier aux alcooliques, il empoigne à deux mains son quart de fer battu, sans doute pour assurer la rectitude du mouvement de translation du vase à sa bouche, et ne rien perdre de la rasade.

Supposition toute gratuite et parfaitement erronée, car l'homme s'empresse de porter le vase sous son menton, et d'en faire absorber le contenu à sa chemise de laine. Ce qui est une façon originale de fêter la dive bouteille, et doit inspirer une certaine défiance pour son contenu.

Mais les maîtres de l'*Indus* ont bien autre chose à faire que de s'inquiéter comment boit leur nouveau camarade. Le brandy est un vrai velours épinglé, de pure essence de vitriol, juste à point pour chatouiller agréablement tous ces gosiers doublés de tôle d'acier.

Décidément, la *consigne est de ronfler*, comme le dit si plaisamment le titre d'une bouffonnerie qui a toujours, sur les scènes comiques, un regain de succès.

Comme tout à l'heure le capitaine et le second, les maîtres s'endorment après un certain temps employé à cuver leur vitriol, mais sans avoir préalablement manifesté les symptômes de l'ivresse.

Les marins ne devraient pourtant pas être hors de combat pour si peu.

Pour provoquer ce sommeil profond, il a fallu mêler à la boisson incendiaire, une jolie dose de narcotique. L'auteur du mélange a eu sans doute la main lourde, car les ronflements de la maistrance rivalisent avec ceux de la machine.

Le mécanicien, comme s'il voulait réagir contre l'ivresse, ou plutôt contre la torpeur des autres, se hisse lentement sur le pont, rencontre comme par hasard le cuisinier chinois, recueilli à Booby-Island, échange avec lui quelques mots à voix basse, et redescend dans l'intérieur du navire.

Le Chinois qui remplit à bord les fonctions de laveur de vaisselle à la cuisine de l'état-major, jouit d'une liberté complète. Il peut évoluer de tous côtés, sans enfreindre de défense, ni provoquer de soupçons.

Il s'empresse, aussitôt après sa rencontre avec le mécanicien, de tourner en chignon sa queue de cheveux au sommet de son crâne, puis, s'en va, dodelinant de la tête, pieds nus, du côté de l'escalier de l'avant, spécialement affecté aux coolies.

Au bas de l'escalier, qui fait communiquer le spardeck avec l'entrepont, se trouve un factionnaire, armé d'une demi-pique.

— Qu'est-ce que tu veux, toi? dit-il brusquement au marmiton debout, en pleine lumière, sous le falot.

— Voudlais fumer opium.

— Va fumer sur le pont... on ne passe pas.

— Moi y a plus opium... allé demander à camalade coolie...

— Y a pas d'opium, ni de camarade qui tienne !

« Allons, houst !

« Décampe, et plus vite que ça.

— Laisse passer la main à tlavé'l la glille...

« Moi appelé camalade et camalade passer opium.

Tout en insistant de cette façon, le drôle s'est approché du factionnaire jusqu'à le toucher. Ce dernier veut saisir sa pique par le milieu pour lui appliquer un coup de hampe sur la face, sans vouloir le blesser, mais simplement pour se débarrasser de lui.

Le pauvre matelot paye cher cet oubli de la consigne lui ordonnant de larder, sans pitié, tout homme, sauf ceux de ronde, qui tentent de forcer, la nuit, l'entrée du réduit réservé aux coolies.

Il n'a même pas le temps de donner l'alarme.

Avec une souplesse, une agilité qu'on n'eût pas soupçonnées chez ce magot d'apparence grotesque, le Chinois a tiré doucement le large coutelas qu'il porte en travers, passé dans une ceinture au-dessus des reins, et s'est élancé sur le factionnaire.

La lame, affilée comme un rasoir, jette un éclair rapide, et tranche, d'un seul coup, la gorge jusqu'aux vertèbres cervicales.

Le malheureux s'effondre comme une masse, sans un cri, sans une plainte, en perdant des flots de sang.

L'assassin, aussi calme que s'il venait de décapiter un poulet, pousse le cadavre derrière l'escalier, essuie son couteau sur sa vareuse, le remet à sa ceinture, prend dans sa poche une clef, l'introduit dans un lourd panneau, l'ouvre lentement, et prononce à voix basse quelques mots en langue chinoise.

Une écœurante odeur de bouc se répand par l'ouverture béante, cette odeur spéciale aux Célestes, et un vague murmure se fait entendre dans cette partie du navire comprise entre le faux-pont et l'entrepont.

Quelques têtes inquiètes, effarées, surmontant des torses à demi nus, se montrent à l'ouverture. Puis, un groupe serré de coolies, hésitants, emplit bientôt l'espace éclairé par le falot.

Le marmiton, qui semble mener toute cette opération, s'empresse de ramasser la pique de l'homme assassiné, puis d'éteindre cette lumière plus compromettante qu'utile, puisque les yeux des reclus, habitués à l'obscurité, voient parfaitement dans les ténèbres.

Cinq minutes se sont à peine écoulées, depuis les quelques mots échangés entre le misérable et le mécanicien.

Les coolies, obéissant à un mot d'ordre donné depuis longtemps, et se conformant à un plan minutieusement élaboré, sortent doucement, sans faire le moindre bruit, se massent en un point isolé de l'entrepont, de façon à envahir d'un seul coup le navire.

Une centaine ont déjà réussi à sortir de leur lieu d'internement, quand un cri retentit près de la grande écoutille.

— Alerte !... Les Chinois s'échappent !

Les matelots de quart, allongés sur le gaillard d'avant, près de la mèche, se lèvent comme un seul homme, saisissent leurs armes et se préparent à faire intrépidement face à l'ennemi.

Au cri d'alarme répond une clameur farouche qui emplit soudain le steamer, et réveille en sursaut tous ceux qui sont couchés.

En même temps une véritable trombe humaine se rue à l'assaut du pont et se répand à l'avant par toutes les ouvertures. De tous côtés apparaissent des têtes de Chinois, non plus falotes et grotesques, comme jadis, mais contractées, hideuses, effrayantes. Les torses à demi nus, luisants de sueur et de graisse, se pressent, se poussent en groupes compacts, brisant, sous un effort que leur nombre rend irrésistible, les panneaux, les cloisons, les bordages.

Ils accumulent en un clin d'œil les débris, s'emparent de tous les objets susceptibles de former barricade, et se retranchent de façon à se mettre à l'abri des projectiles qui commencent à pleuvoir sur eux.

En l'absence du capitaine et du second, l'officier de quart a fait stopper la machine et rallié au centre du navire les hommes d'équipage déjà débordés, avant d'avoir pu faire usage de leurs armes, tant l'irruption de la horde mongole a été instantanée.

Le second lieutenant, brusquement éveillé, accourt, le revolver à la main, et prend le commandement de tous les hommes disponibles.

Il y a déjà plus de deux cents Chinois massés à l'avant.

— Feu ! s'écrie l'officier en déchargeant son revolver au plus dru.

Une lueur aveuglante enveloppe le pont. Un roulement strident retentit, et un ouragan de plomb s'abat sur la foule hurlante qu'il décime cruellement.

En même temps, le capitaine d'armes, qui a rallié tous les hommes couchés, les conduit à l'arrière du faux-pont, pour prêter main-forte au maître canonnier, et aux matelots chargés du service des mitrailleuses.

Malgré leur précipitation, les Célestes n'ont pas encore pu évacuer complètement leur réduit, organisé de façon à permettre seulement à un petit nombre d'hommes d'évoluer en même temps.

Les coursives, faisant communiquer ensemble les divers compartiments fermés par les grilles, sont assez étroites, ainsi que les escaliers conduisant du faux-pont et de la cale à l'entrepont.

Les deux sous-officiers, qui ont des instructions formelles en cas de révolte, s'empressent de les exécuter. Ils font glisser, à fond de cale, le premier panneau dont le retrait met à découvert la première grille, ou plutôt la dernière en partant de l'avant.

Ils devinent dans l'obscurité une masse d'hommes encore empilés et cherchant à se dérober par une fuite rapide. Ceux-ci, apercevant ces fanaux dont les lueurs indécises tombent sur l'acier des fusils et des mitrailleuses, poussent des cris affreux, se ruent sur les barreaux, et se culbutent aux coursives sans pouvoir faire avancer plus vite ceux qui les précèdent.

Tout à coup, un fracas assourdissant emplit cette vaste cavité, carabines et mitrailleuses tonnent en même temps et lancent un véritable ouragan de projectiles qui se déforment sur les barreaux, ricochent sur les panneaux, fracassent tout ce qu'ils rencontrent, membres, corps, bois ou métal.

Une fumée intense traversée de temps par des langues de flamme monte lentement par les écoutilles, trop lentement, puisque les marins à demi suffoqués sont forcés bientôt d'interrompre un moment leur feu.

Du reste, le capitaine d'armes s'aperçoit, quand il veut faire opérer le mécanisme du second panneau, que ce mécanisme ne fonctionne plus. Peut-être des balles des mitrailleuses l'ont-elles faussé.

Voici donc réduits à l'impuissance de redoutables moyens de défense par un simple incident qu'il était si facile d'éviter. Il suffissait d'abaisser tous les soirs les panneaux.

Mais on appréhendait, pour la solidité des grilles, le grand nombre des coolies et on pensait qu'il ne serait pas trop de ces deux obstacles superposés.

Comme quoi un trop grand luxe de précautions devient parfois nuisible. Du reste, on avait tout prévu à bord, sauf peut-être le cas de trahison. Car, de mémoire d'homme, il est sans exemple que des blancs aient jamais pensé à favoriser les révoltes des Chinois, à trahir les intérêts généraux communs à toute la race, au profit exclusif des Mongols.

Dans le cas présent, la trahison devait encore moins être suspectée, qu'elle émanait de naufragés accueillis généreusement et fraternellement traités depuis l'escale de Booby-Island.

Somme toute, on était pris au dépourvu, et il devenait à craindre que le courage des marins de l'*Indus*, leur armement, leur discipline même, ne dussent succomber devant le nombre des envahisseurs.

Sur le pont, la lutte devient atroce. Hurlants, grimaçants, hideux, souillés de sueur et de sang, les Chinois tiennent derrière les barricades qu'ils se sont improvisées. C'est en vain que les matelots ont ouvert sur eux un feu d'enfer. Presque tous leurs coups sont perdus, tant leur ingéniosité diabolique a su accumuler les obstacles.

Tout leur est bon. Le charbon qu'ils sont allés prendre dans les soutes, les drômes, les espars, les cages à poules, les débris du rouffle abritant le bétail et jusqu'aux cadavres de leurs compagnons.

Les blessés, plus enragés encore, s'il est possible, que les hommes valides, font bon marché de leur vie et usent de leurs dernières forces pour se ruer en avant, attirer sur eux l'attention des défenseurs du navire et permettre à leurs camarades d'avancer en provoquant ainsi une série de diversions.

Une centaine de cadavres, peut-être plus, jonchent le pont, sans compter ceux qui sont restés dans le faux-pont. En admettant qu'il y ait autant de blessés, les Célestes n'en sont pas moins encore plus de quatre cents. C'est-à-dire plus de dix contre un.

Si les marins ont l'avantage de l'armement, leur infériorité numérique est énorme ; et si, comme il faut le craindre, les coolies, las de se laisser décimer, se précipitent en masse, comme un bloc plein, les carabines à répétition seront elles-mêmes impuissantes à les arrêter.

Toute cette scène, longue à raconter, a pourtant duré seulement quelques minutes.

Le commandant et le second ont fini par secouer l'étrange torpeur qui les immobilisait depuis le dîner. Ils s'arment en un clin d'œil et viennent se placer à leur poste, au milieu de leurs hommes alarmés de leur absence.

Il n'en est, hélas ! pas de même des infortunés maitres auxquels le mécanicien a versé traîtreusement le brandy narcotisé.

Surpris encore endormis par les révoltés, ils ont été massacrés avec une férocité inouïe et mis en lambeaux avant même d'avoir pu faire un mouvement.

Pour comble de malheur, le poste des maîtres renfermait leurs armes, sabres, fusils, revolvers et les munitions.

Les coolies s'en emparent et ripostent, non sans habileté, au feu de l'équipage.

C'est alors que le commandant, craignant sérieusement d'être débordé, donne l'ordre de faire des signaux de détresse : deux coups de canon alternant avec des fusées.

Les coups de canon, tirés à mitraille, tracent des sillons sanglants dans les rangs des coolies qui, plutôt excités qu'effrayés, se lèvent en masse, et conquièrent d'un seul élan l'espace compris entre le mât de misaine et le grand mât.

Allons ! du courage, mes amis !... (Page 282.)

A ce moment, le commandant et le second, qui se trouvent côte à côte, tombent presque en même temps, frappés de deux coups de feu partis l'un de tribord, l'autre de bâbord et en avant de l'espace occupé par les coolies.

Il y a un instant de stupeur douloureux et indigné, puis retentit le cri de : Trahison !... Trahison !.., poussé par ceux des combattants qui ont entendu siffler les balles et reconnu le point d'où elles partaient.

Au cri de trahison, répondent deux nouvelles détonations. L'officier de quart, frappé en pleine poitrine, roule sur l'escalier de la passerelle et le second lieutenant s'abat, le crâne fracassé, à côté du maître d'équipage.

Puis, une voix de tonnerre, que chacun reconnait, hurle au milieu du silence provoqué par cet horrible massacre :

— Courage !... mes amis...

« Il n'y a plus d'officiers, le navire est à nous !...

Et le misérable capitaine du *Tagal*, une carabine encore fumante à la main, quitte brusquement l'abri où il était embusqué, une baille pleine d'eau, derrière laquelle il était couché, et s'élance en quelques bonds rapides vers les révoltés.

Son complice, le mécanicien, le rejoint en même temps au milieu des acclamations furibondes échappées aux Célestes.

Ils ouvrent leurs rangs, leur font un rempart de leurs corps et poussent de nouvelles clameurs qui se répercutent jusqu'au *Godavert*. — Allons, houp !... un bon coup de collier... dit-il en se défilant prudemment jusqu'à l'extrême avant.

Pendant que les marins, désespérés de la mort de leurs officiers, mais non découragés, redoublent d'efforts pour venger ce lâche assassinat, le bandit avise un capot goudronné recouvrant la pièce de canon de l'avant.

— Eh ! mille diables ! elle est chargée et prête à faire feu...

« Et l'autre qui ne flambe pas, là-bas !... dit-il en montrant le point où luisent les feux de position du *Godavért*...

« Mille tonnerres !... Est-ce qu'on m'aurait trompé ?

Une gerbe de flammes qui apparait soudain dans la direction où se trouve le navire du capitaine Christian, lui arrache une exclamation de joie.

— A la bonne heure !... c'est ce qu'on appelle une diversion.

« Cet excellent commandant aura trop à faire tout à l'heure pour venir nous chercher noise.

« Il est bon d'avoir des amis partout ; et c'est un service que je payerai, en temps et lieu au brave garçon qui vient de risquer sa peau pour allumer un joli feu d'artifice sur ce *Godavért* de malheur.

« Et maintenant, en avant !...

« Toi, garçon, à la machine !

Le mécanicien, flanqué d'une trentaine de sacripants, s'élance vers le panneau où halète le monstre de métal, aperçoit le chef mécanicien debout, stoïque, la main sur la roue de la mise en train, l'ajuste, lui brûle la cervelle avant qu'il ait pu faire un mouvement. .

Les chauffeurs, surpris devant leurs fourneaux, sont assommés en un clin d'œil et remplacés par ceux d'entre les assassins qui connaissent la chaufferie. Le mécanicien a déjà, de son côté, pris la place de sa victime.

La scène de carnage qui se passe sur le pont est courte, mais épouvantable.

Les Célestes, enlevés par ce chef qui, depuis son embarquement, n'a cessé d'exciter leurs convoitises, et a fomenté jour par jour, heure par heure, avec une habileté diabolique, cette révolte, se ruent comme un torrent sur les malheureux défenseurs du navire.

Ceux-ci, enfoncés, débordés par cette marée humaine, immobilisés, sans pouvoir faire usage de leurs armes, saisis de tous côtés par des mains brutales, sont terrassés, éventrés, écharpés, avec cette ingénieuse férocité chinoise, pleine de colère froide, et de raffinements atroces.

— C'est fait! nous sommes chez nous, n'est-ce pas, garçons ?

Un hourra formidable s'élève du navire jonché de hideux débris, couvre les plaintes déchirantes des agonisants.

— Allons, reprend le bandit, finissons-en.

« Flanquez-moi à la mer tout ce qui crie et respire encore

« Pas de prisonniers, hein!...

« Pas de témoins embarrassants!...

« A la mer les cadavres...

« A la mer les vivants...

« A la mer tout ce qui appartenait à l'ancien équipage.

« ... Mille tonnerres!... Et l'autre qui arrive sur nous, avec le feu au ventre... dit-il d'une voix étranglée en voyant le *Godavéri*, flambant comme un brûlot, à moins de deux encâblures.

— Attends un peu!

Et le bandit, comme s'il avait la faculté d'incarner en lui le génie du mal, donne l'ordre d'éteindre les feux rouge et vert, de bâbord et de tribord, ainsi que le feu blanc placé en tête du mât de misaine.

Il s'élance en même temps vers le canon de l'avant toujours chargé, le dirige précipitamment sur le *Godavéri*, fait feu, revient à la passerelle, met la main sur le télégraphe de machine, et commande :

— A toute vapeur!

CHAPITRE V

Monsieur Synthèse est heureux. — Le remplaçant du capitaine Christian. — M. Roger-Adams adore résolument ce qu'il a brûlé. — Résultats de cette conversion. — Méthode de travail. — A bâtons rompus. — Conférence improvisée. — Mystifications scientifiques. — Falsification des types animaux. — Les rats à trompe. — Le capitaine van Schouten rit en tempête. — Les principes du préparateur de zoologie. — L'arbre généalogique de l'humanité. — La série animale. — De la *Monère* à *l'Amibe*. — De l'Amibe à la *Synamibe*. — De la Synamibe à la *Planeade*. — De la Planéade à la *Gastreade*. — Conférence brusquement interrompue.

S'il est un homme au monde pouvant se dire absolument heureux, c'est à coup sûr Monsieur Synthèse.

Depuis un mois déjà qu'il s'est donné corps et âme à sa fameuse expérience, à son Grand-Œuvre, tout est pour lui joie et succès. Tout! jusqu'aux événements les plus inattendus qui lui réussissent au delà du possible.

Pendant cette période déjà longue de trente jours, pas la moindre avarie aux appareils qui fonctionnent avec une régularité, une précision merveilleuses, pas la moindre interruption dans l'enchaînement mystérieux des êtres qui apparaissent successivement sous la coupole de verre; pas le moindre accroc à l'évolution artificielle si audacieusement tentée par le vieux savant!

Aussi, le bonheur goûté par Monsieur Synthèse, tout en étant d'essence uniquement scientifique, n'en est-il pas moins absolu.

Qui concevra, du reste, ces joies discrètes, austères aussi, mais singulièrement passionnantes, de chercheur obstiné, assistant, minute par minute, à l'éclosion de choses prévues?

Qui rendra ces émotions, ces angoisses même, accompagnant la réalisation d'hypothèses que l'on osait à peine formuler?

Qui expliquera cette absorption complète du savant par la recherche du problème qui l'obsède?

Absorption! C'est bien là le mot applicable à Monsieur Synthèse qui prend automatiquement sa nourriture scientifique, s'hypnotise et s'éveille par habitude, oublie le monde entier, ne voit plus rien au delà de son laboratoire, ce microcosme qui est, à notre monde, ce que la goutte d'eau est à l'Océan.

Cette prise de possession de l'homme par son œuvre est à ce point absolue, que Monsieur Synthèse paraît ne plus penser à son enfant malade soumise aux hasards de la navigation, et dont l'état peut être l'objet de complications redoutables.

Que cet oubli soit intentionnel ou non; qu'il soit le résultat d'un effort constant de la volonté ou d'une autosuggestion inspirée dès le premier jour, il n'en est pas moins complet en apparence.

D'autre part, peut-être lui suffit-il de penser qu'il travaille au bonheur futur de la jeune fille, en tirant du néant, ou plutôt de son élément primordial, la créature parfaite, l'être édénique, l'homme idéal qu'il lui destine.

A-t-il enfin l'intuition de l'avenir?... prévoit-il que ce voyage est le salut de son enfant? L'a-t-il confiée à ces esprits mystérieux, à ces forces étranges que son ami le Pundit évoque et met en œuvre?

C'est ce que ses familiers, étonnés tout d'abord, et qui, somme toute ont bien autre chose à faire, ne se donnent pas la peine d'approfondir.

En conséquence, on travaille ferme, sur l'atoll sans nom de la Mer de Corail. Chacun, du premier au dernier, paye vaillamment de sa personne, et collabore au Grand-Œuvre dont l'idée a empoigné tout le monde, même et surtout ceux qui ne la comprennent pas.

Il n'y a qu'un seul nouveau visage à bord de l'*Anna*. Celui du commandant, Meinherr Cornélis Van Schouten, un homme de quarante ans, gros, blond, aux joues rouge de brique, d'aspect vulgaire, mais extrêmement intelligent.

Il est plein de zèle, de bon vouloir, fort travailleur, rend de réels services à l'œuvre, et supplée le capitaine Christian, autant qu'un homme d'un pareil mérite est susceptible d'être remplacé.

Le Maître s'est habitué à lui du jour au lendemain, et en tire tout le parti possible, c'est-à-dire bon parti.

Celui qui a le plus perdu au départ du jeune et brillant officier, est à coup sûr Alexis Pharmaque. Le capitaine Christian, qui appréciait vivement son profond attachement pour Monsieur Synthèse, lui avait voué, pour ce motif, une réelle affection, et la lui témoignait en mainte occasion.

Le capitaine Van Schouten, au contraire, n'a vu dans l'ancien professeur d'explosifs, qu'un maniaque à la figure hétéroclite, aux idées baroques, aux gestes incohérents, et l'a positivement en horreur.

Par contre, il s'est pris d'une subite tendresse pour M. Arthur Roger-Adams, le dandy scientifique, le phraseur mellifue, l'homme important, pourvu d'un titre officiel dont le digne Hollandais l'affuble à chaque instant : « M. le professeur ! ».

Enfin, chose essentielle à signaler, Monsieur Synthèse s'est départi peu à peu de sa dédaigneuse froideur à son égard. En considération de ses efforts très réels, de son zèle soutenu, de la collaboration active et particulièrement intelligente apportée par lui à l'expérience, le Maître ne le cingle plus de ces deux mots : « Monsieur le zoologiste » qui lui balafraient les oreilles.

« Monsieur le zoologiste » est devenu simplement « Monsieur », et quelquefois « mon ami » quand Monsieur Synthèse est superlativement content.

Mais, aussi, que de peines, que de tracas, que de labeurs pour arriver à entre-bâiller ainsi la porte de cette sympathie, si largement ouverte à Alexis Pharmaque !

Aidé du capitaine Van Schouten qui, décidément, prend goût à la zoologie, M. Roger-Adams n'est pas un moment inactif.

Tantôt, il explore en scaphandre les bas-fonds où s'agite une faune exceptionnellement variée ; tantôt il affronte les profondeurs infinies de la mer dans la Taupe-Marine, naguère encore son épouvantail ; tantôt il opère des drainages dans un chalut traîné par la grande chaloupe, et se livre à une étude approfondie des produits de la région.

Le chimiste, surtout au début, s'étonna parfois d'une pareille ardeur succédant ainsi, sans transition, au dédain manifesté antérieurement pour « la cuisine barbare » du « vieux bonhomme ».

Le préparateur lui répondit péremptoirement, de façon à clore toute discussion relative à ce sujet.

— Voyant un homme de votre mérite se passionner pour l'expérience de notre commun patron, j'ai pensé, mon cher collègue, que j'aurais mauvaise grâce à bouder plus longtemps.

« Je me suis rallié !

« Je dirai même plus, j'ai fait une soumission pleine et entière.

— Alors vous êtes devenu un croyant ?

— Un croyant passionné... du bois dont on fait les martyrs.

— On le dirait vraiment, à la façon dont vous évoluez du matin au soir, de jour et de nuit, toujours en quête, parfois même au péril de votre vie !...

— Allons, n'exagérez pas mon bon vouloir et mes mérites, si toutefois mérites il y a.

« Je cherche simplement les organismes rudimentaires existant actuellement dans le voisinage de l'atoll, et rappelant comme forme, comme structure, ceux qui dérivent des Monères, et se transforment quotidiennement dans le laboratoire.

— C'est là une excellente idée, et je vous félicite sincèrement du courage, de la persévérance avec laquelle vous l'appliquez.

— Vous êtes véritablement trop bon.

« Je reconstruis ainsi, au hasard de mes découvertes journalières, la série naturelle des êtres existant dans la mer, depuis la Monère, jusqu'aux types les plus perfectionnés.

« Cela fait, je les compare à la série artificielle des organismes qui se développent chaque jour, et se transforment dans l'appareil.

— De façon que les produits d'évolution naturelle servent de contrôle aux produits d'évolution artificielle.

— C'est bien cela.

Cette méthode est particulièrement agréable à Monsieur Synthèse qui peut, de la sorte, suivre jour par jour, heure par heure, la marche de l'opération, et s'assurer qu'elle concorde avec les lois de la nature.

Les échantillons des deux provenances, examinés au microscope, sont identiques; les sujets disséqués sont analogues les uns aux autres comme structure; les épreuves photographiques servant de témoins permanents sont d'une concordance absolue.

Parfois, cependant, il arrive que des organismes différents des types actuels se présentent aux investigations du préparateur de zoologie.

Ces organismes sont généralement des hybrides, participant à la fois du type inférieur et du type supérieur semblent qu'ils relier l'un à l'autre.

La rencontre inespérée de ces types de transition est une bonne fortune pour M. Roger-Adams, qui s'empresse de les faire voir à Monsieur Synthèse à quelque moment que ce soit.

Le Maître accueille avec bonheur ces communications, dont l'objet prouve surabondamment l'excellence du procédé mis en œuvre par lui, et promet à l'expérience un succès complet.

On sait, en effet, que les animaux existant aujourd'hui sur notre globe, ne représentent, en dépit de la multiplicité de leurs espèces, qu'une quantité très minime des espèces qui les ont autrefois précédés.

A chaque instant, on retrouve, dans les fouilles exécutées pour les besoins de l'industrie contemporaine, des débris animaux ou végétaux de sujets aujourd'hui disparus, et qui se rattachent, par des caractères généraux, aux familles, aux genres, aux groupes existant aujourd'hui.

Si donc, du protoplasma recueilli par Monsieur Synthèse au fond de la mer, et transporté au laboratoire, sortent non seulement des êtres analogues à ceux existant actuellement, mais encore et surtout des formes animales aujourd'hui éteintes, c'est que le Maître réalise absolument les conditions dans lesquelles se trouvait le globe terrestre au moment de l'apparition de la vie.

S'il fait apparaître les formes ancestrales disparues, s'il fait revivre les ébauches de la nature, ayant précédé les types actuels, c'est que les divers éléments mis en présence sous l'immense dôme de verre, en vue d'obtenir l'évolution des espèces sont réellement ce qu'ils doivent être.

S'il réalise enfin, dans une période aussi courte, les phénomènes de succession, d'évolution ou de transformation accomplis sur la terre depuis les époques les plus reculées, c'est que son génie a triomphé des simposibilités apparentes qui s'opposaient à cette conception inouïe!

Aussi, le préparateur de zoologie est-il dans un état de jubilation continuelle, en présence de ces résultats réellement stupéfiants.

Il a d'ailleurs le triomphe modeste, et plaisante parfois avec son collègue le chimiste qu'il met en riant dans des transes effrayantes.

Ce dernier, qui, on a pu le voir, est un « gobeur », comme on dit familièrement, ou plutôt une sorte de fanatique, n'admet pas que l'on puisse traiter, même avec une apparence de légèreté, des questions aussi graves.

Le laboratoire avec ses annexes est pour lui l'Arche-Sainte dont il ne faut pas parler avec irrévérence. Le Grand-Œuvre de Monsieur Synthèse, un dogme qui doit inspirer un respect religieux.

Mais M. Roger-Adams, qui n'est plus le « jeune M. Arthur » tant il a su prendre d'importance depuis un mois, n'entend pas de cette oreille, et se venge, en somme assez innocemment, des sarcasmes d'autrefois.

Une de ses manies est de vouloir prouver au chimiste qu'un opérateur habile peut, à son gré, modifier l'aspect des animaux, leur enlever quelques-uns de leurs caractères distinctifs, et les remplacer par d'autres.

— Mais, alors, riposte le malheureux Alexis aux abois, s'il en était ainsi,

Le commandant Cornélis Van Schouten. (Page 285.)

vous pourriez nous fabriquer de toutes pièces des monstres et nous les présenter comme étant le produit de générations opérées dans le laboratoire.

— Parbleu!

« Et vous ne seriez même pas les premières victimes d'amusantes mystifications.

« Ceci me rappelle même une histoire que je tiens de mon père.

« Il y a une trentaine d'années, en Afrique, le troisième zouave avait pour médecin-major un vieil original très fureteur, collectionneur enragé, qui donnait volontiers des exemptions de service aux hommes lui apportant des bibelots ou des animaux curieux.

Comme sa collection devenait de jour en jour plus complète, et que les exemptions se faisaient de plus en plus rares, deux loustics eurent un trait de génie.

« Ils inventèrent le « rat à trompe » et offrirent, un beau jour, triomphalement, au docteur, deux spécimens extraordinaires, de rats, portant, sur le bout du nez, chacun une protubérance longue de cinq centimètres, assez rigide, légèrement contractile, et pouvant à la rigueur simuler une trompe, bien qu'elle n'eût pas de canal intérieur.

« Une vraie trompe de fantaisie.

« Le bonhomme paya cent francs ces deux rongeurs extraordinaires, — une jolie somme qui fut plantureusement fricotée par les malins compères.

« Les rats à trompe étant mâle et femelle, il les enferma dans une cage spacieuse, les soigna comme des enfants, et attendit impatiemment qu'ils lui donnassent des rejetons semblables à eux.

« Entre temps, il préparait des rapports aux sociétés savantes, décrivait minutieusement les caractères de ce couple étrange et offrait, même avant la lettre, au Muséum d'histoire naturelle, deux sujets à prélever sur la future portée.

« Enfin, arriva le jour tant désiré. La femelle mit au monde une jolie famille de petits ratons.

« Mais, hélas ! trois fois hélas ! pas un seul parmi les jeunes ne portait sur l'extrémité de l'appendice olfactif le moindre rudiment de trompe.

« L'espèce n'avait aucun caractère de fixité, puisque les parents n'avaient pu transmettre à leur lignée l'appareil « trompeur ».

« Or, savez-vous quelle était la clef de ce mystère ? demanda le narrateur à son auditeur qui ne sourcilla pas devant cet épouvantable calembour.

« Le docteur l'apprit à ses dépens, et je dois le dire à sa confusion, car l'état-major du régiment ne lui épargna pas les brocards.

« Les deux « rats à trompe » avaient été simplement fabriqués par les deux loustics, au moyen d'un procédé aussi simple qu'ingénieux.

« Ils enfermèrent deux rats dans deux boîtes différentes, agencées de manière à laisser passer l'une la tête, l'autre la queue du rongeur qu'elle contenait.

« La peau du nez du premier fut incisée adroitement avec un canif; et le bout de la queue du second fut tranchée de façon à former plaie vive.

« Une épingle et un bout de fil formant suture entortillée, réunirent le nez et la queue, de façon qu'au bout de trente heures il y avait adhérence des parties.

« Somme toute, une simple greffe animale.

« Les opérateurs tranchèrent alors la queue du numéro 1 à la longueur voulue, et le numéro 2 se trouva pourvu de la trompe !

« Une autre paire de rongeurs subit le même traitement; il n'y eut plus qu'à laisser opérer la cicatrisation, et à permettre aux tissus de reprendre leur apparence première.

« Ce fut l'affaire d'une quinzaine de jours.

« Eh bien ! mon cher collègue, que dites-vous de la mystification ?

« Mon père, qui conservait dans ses archives la lettre du docteur G..., ne pouvait pas raconter cette histoire sans rire aux larmes, et certes, il y avait de quoi.

— Tenez... vous me faites frémir !

— Ne frémissez pas pour si peu, mon cher, car cela n'en vaut certes pas la peine.

— Mais, aussi, laissez-moi vous dire que, depuis l'heureuse terminaison de votre jaunisse, vous avez la plaisanterie au moins facile.

— Eh ! que voulez-vous, je me rattrape de ce temps de marasme où je voyais tout en jaune...

— C'est égal, plaisanterie à part, il me semblera dorénavant que les types anciens ou anormaux sortant du laboratoire seront des ancêtres de vos rats à trompe.

— Allons, ne faites pas l'enfant, et surtout ne me transformez pas en faussaire.

« J'ai d'excellentes raisons pour ne pas sophistiquer l'œuvre de la nature, étant données surtout les circonstances présentes.

« D'abord, je n'ai pas besoin de vous dire que je suis homme d'honneur et qu'une aussi indigne supercherie répugnerait essentiellement à mon caractère.

« A cette première raison, la meilleure au point de vue moral, s'en ajoutent d'autres, d'un ordre moins élevé, mais plus concluantes encore s'il est possible, en ce qu'elles s'appuient sur des impossibilités physiques.

— Vous venez pourtant de nous citer un joli fait de mystification.

« Voyez donc comme vous avez fait rire en tempête le capitaine qui ne peut réussir à reprendre son sérieux, en pensant aux rats à trompe !

— D'accord, mais, veuillez considérer que cette mutilation originale a été opérée sur des animaux très élevés dans l'échelle des êtres organisés.

— D'où vous concluez?

— Qu'elle ne saurait être produite sur les organismes qui apparaissent en ce moment dans les eaux de la lagune.

— Pourquoi, je vous prie?

— Parce que ces protozoaires, la plupart microscopiques, échappent à nos instruments.

« Parce que leur structure très simple, consistant en agrégations de cellules, ne se prête pas aux modifications qu'un farceur, fabricant à ses heures de rats à trompe, voudrait leur faire subir.

— Soit.

« Je veux bien admettre, pour l'instant, cette impossibilité.

« Mais plus tard?... ne sera-t-il pas possible d'improviser des monstres, ou tout au moins de faire apparaître les types éteints, en modifiant, comme vous le disiez tout à l'heure, les types actuels?

— Je vois, mon cher collègue, que vous prenez beaucoup trop au tragique une boutade, disons le mot, une simple gaminerie.

« J'ai voulu plaisanter.

« Croyez-le bien, d'autre part, Monsieur Synthèse, qui connaît comme pas un son histoire naturelle, ne serait pas longtemps à s'apercevoir de la supercherie.

« En mon âme et conscience, je plaindrais le mystificateur.

— J'aime mieux vous entendre parler ainsi, et admettre comme vous l'affirmez, une plaisanterie.

« Mais, à propos, où en sommes-nous, présentement?

« Il me semble, sauf avis de votre part, que nous avançons avec une certaine lenteur.

« A en juger par les types que vous présentez au Maître, la série ancestrale de l'homme reste bien longtemps stationnaire aux organismes inférieurs.

— Détrompez-vous.

« Bien loin de piétiner sur place, comme vous le craignez, l'évolution marche avec une rapidité singulière.

« J'en suis tout stupéfait, en pensant que nous voyons apparaître déjà le cinquième degré des ancêtres de l'humanité.

« Nous en sommes aux *Gastréades*, mon cher.

— Combien comptez-vous donc de degrés, dans ce perfectionnement incessant des êtres primitifs jusqu'à l'homme ?

— Exactement vingt-deux, y compris l'homme.

— Je ne vois pas très bien cet enchainement.

— Laissez-moi, en quelques coups de plume, vous tracer une espèce d'arbre généalogique, très grossier, mais suffisamment clair, qui vous fera envisager, d'un seul coup d'œil, le tableau synthétique de cette succession.

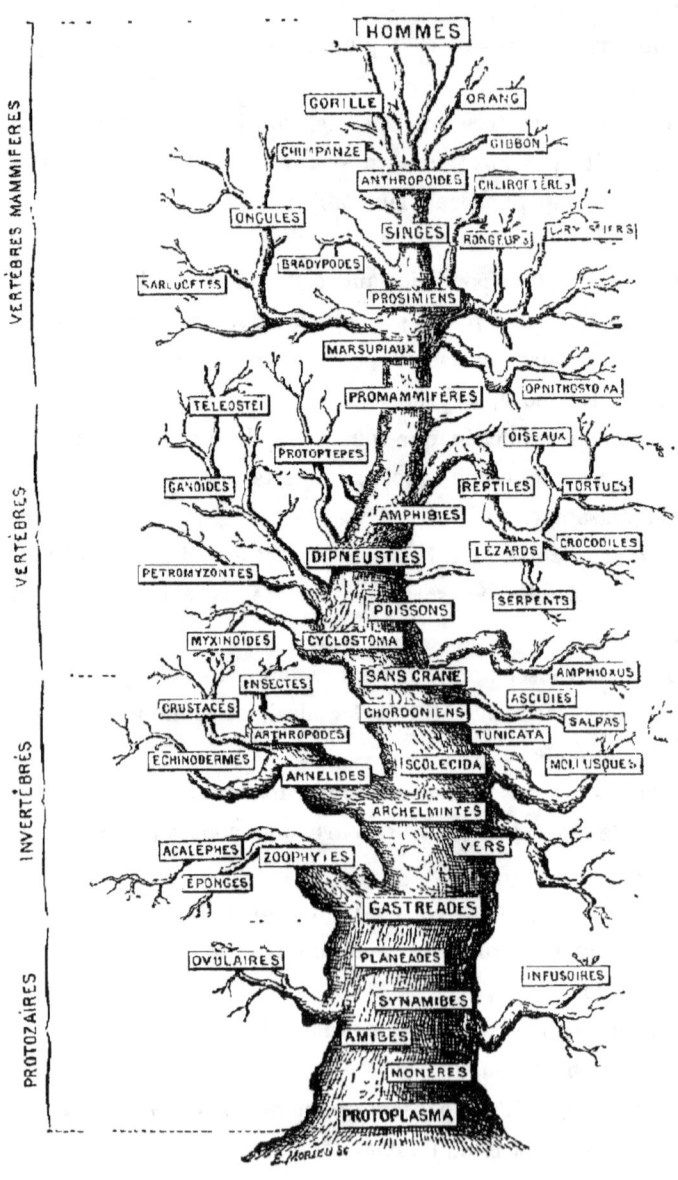

« Voici, ce végétal symbolique, mais barbare, pour l'exécution artistique duquel je sollicite toute votre indulgence.

— Très bien.

« Je commence à voir clair maintenant dans la série.

« Nous en sommes donc aux *Gastréades*, c'est-à-dire, comme vous venez de me l'annoncer, au cinquième degré de l'évolution.

— En consultant ma collection de photographies, vous allez voir qu'elles se dististinguent des *Planeades*, qui les précèdent, par des caractères..

— Pardon !

« Voulez-vous me permettre une observation?

— Je suis tout à votre service.

— Vous savez que si je possède à peu près les théories de la descendance et de l'évolution, je ne suis pas très ferré sur l'histoire naturelle.

— Vous vous calomniez !

— Voyons, trêve de compliments, entre nous...

« Ainsi donc, connaissant la doctrine elle-même, j'en ignore le mécanisme, ou, si vous aimez mieux, j'ignore les faits matériels sur lesquels s'appuie cette doctrine.

« C'est pourquoi j'allais vous prier de vouloir bien partir du particulier au général, c'est-à-dire de la Monère à la Gastrea, au lieu de remonter de la Gastrea à la Monère.

« L'analyse étant, dans ce cas, plus facile à suivre que la synthèse.

— Vous avez pleinement raison.

« Il suffira, d'ailleurs, de quelques mots.

« Inutile, je pense, de reprendre la description de la Monère.

« Vous la connaissez aussi bien que moi.

« Voici d'ailleurs des types différents de cette cellule mère, trouvés jadis, avec les *Bathybius Hæckelii* dont la conquête a failli être si tragique.

« Il y a des *Protomyxa aurantiaca*, des *Vampyrelles*, des *Protomonas*, etc... dont la forme et l'aspect se modifient constamment.

— C'est bien cela.

— A ce type longuement étudié par nous, succède dans la généalogie de l'homme et des animaux, comme deuxième chaînon, la cellule sous sa forme la plus simple, celle que nous représentent encore les *Amibes unicellulaires*.

« Le premier phénomène de différenciation, qui s'effectue dans le plasma *homogène* et *sans structure* des Monères, est la formation de deux cellules distinctes. L'une interne, solide : le noyau ou *nucleus* ; l'autre, externe, plus molle : la substance cellulaire, ou protoplasma.

« Voyez cette *Amibe rampante*, fortement grossie, qui rampe sur ses *pseudopodies*, et remarquez son noyau semblable, et c'est là son caractère essentiel, aux œufs des animaux.

— Le perfectionnement est en effet considérable.

— Ces deux premiers chaînons généalogiques, Monère et Amibe, ne sont encore que des organismes simples.

« Tous les chaînons suivants sont représentés par des organismes complexes, des individus d'un rang supérieur, des communautés sociales composées de cellules multiples.

« Le troisième degré d'évolution comprend donc des cellules agrégées, des communautés ou réunions d'Amibes, appelées pour cette raison, des *Synamibes*.

« Un des types les plus caractéristiques et en même temps les plus curieux est la *Morula*, ainsi nommée, parce que l'amas cellulaire dont elle est composée ressemble à une mûre.

« La Morula, dont toutes les cellules sont identiques, est un produit de segmentation, comme d'ailleurs les œufs des animaux qui se reproduisent par segmentation persistante.

— Et de trois !

« Nous voici aux *Planéades*, le quatrième chaînon issu de la Synamibe, n'est-ce pas?

— Parfaitement.

« Et voyez, ici, comme le progrès de l'évolution s'affirme.

« Examinez ce type de Planéade, appelé par Hæckel *Magosphera planula*.

« C'est une vésicule creuse, pleine de liquide, et dont la paroi très mince est formée d'une seule couche de cellules.

« Mais, chose essentielle, tandis que la Synamibe, constituée par des cellules nues et homogènes, ne pouvait se mouvoir qu'en rampant au fond des mers primitives, la *Planæa* possède extérieurement des cils vibratiles qui lui permettent de s'avancer rapidement.

« La reptation est devenue de la natation.

— C'est vrai ; votre photographie représente avec une précision admirable ces appendices locomoteurs très rudimentaires, mais pourtant bien caractérisés.

« Vous aviez raison de dire que le perfectionnement s'affirme avec une singulière rapidité.

— Mais ceci n'est rien encore, en comparaison de la surprise — le mot n'a rien d'exagéré — que cause le cinquième groupe qui vient d'apparaître dans les eaux de la lagune : celui des *Gastréades*.

« De la Planula ou larve ciliée, provient, chez les animaux de tous les types, une forme animale très importante, à laquelle on a donné le nom de *Gastrula* (lame stomacale ou intestinale) servant de prototype au groupe des *Gastrea*.

« Si extérieurement elle rappelle la Planula, elle s'en distingue aussi par des caractères essentiels.

« La *Gastrula* circonscrit, en effet, une cavité communiquant avec l'extérieur par un orifice et sa paroi est composée de deux couches cellulaires.

« Pour la première fois, nous voyons apparaître un rudiment de bouche, et un rudiment d'intestin.

« La *Gastrula* ne se nourrit plus, comme les types précédents, par endosmose ; elle absorbe directement par sa bouche — *prostoma* — les substances alimentaires, portées directement dans l'intestin ou *progaster*.

— Le progrès est immense, en effet.

— Mais attendez..., et veuillez encore remarquer l'importance essentielle des deux couches de cellules composant la *Gastrula*.

« La couche interne, végétative, est chargée des fonctions nutritives, et la couche externe, chargée de la locomotion et de la protection.

« On ne saurait assez apprécier cette différenciation des cellules, puisque le corps humain, lui-même, avec ses organes si variés, provient des deux simples feuillets germinatifs de cette *Gastrula*.

« Mais, je vais un peu loin pour l'instant, comme les adeptes récents d'une vérité qui a été longue à s'imposer.

« Laissons présentement les organismes supérieurs, en attendant des preuves qui viendront en temps et lieu, et non pas en nous appuyant sur des probabilités, quelque décisives qu'elles soient.

« J'ajouterai seulement, pour conclure, que le cinquième degré de l'évolution, atteint dans notre expérience, et représenté par la *Gastrula*, fait pressentir, sans la moindre lacune, les éponges, les méduses, les polypes, les coraux, les tuniciers, les rayonnés, les mollusques, et jusqu'aux vertébrés inférieurs, l'*Amphioxus* lui-même !

« L'*Amphioxus*, qui soude l'une a l'autre la chaîne des invertébrés à celle

Le navire subitement alourdi par une énorme projection d'eau commence à s'enfoncer.
(Page 303.)

des vertébrés, l'animal par excellence de transition, qui, malgré sa parenté avec l'homme, conserve encore le stade embryologique de la *Gastrula*, c'est-à-dire l'intestin simple avec double feuillet!..

Le préparateur de zoologie allait peut-être disserter longtemps encore sur ces matières techniques, intéressantes à coup sûr pour des intelligences adaptées aux études scientifiques, mais singulièrement abstraites pour des profanes.

Aussi, le capitaine Van Schouten, qui assiste à cette conférence improvisée, s'est consciencieusement endormi depuis l'incident épisodique des rats à trompe.

Une détonation assez violente qui retentit dans la direction du laboratoire, coupe tout net la parole au conférencier, et arrête du même coup les ronflements du dormeur.

Tous trois se dressent, comme s'ils étaient mus par un ressort, quittent le cabinet de travail, s'élancent sur le pont, et tournent leurs regards vers l'atoll d'où se dégage une fumée intense.

CHAPITRE VI

Remède héroïque à l'incendie. — Ce qu'on entend par *saborder* un navire. — Cloisons et compartiments étanches. — Submersion partielle. — La torpille. — Le canot porte-torpille. — Explosion. — Incendie vaincu, mais à quel prix! — « J'aimerais mieux tout faire sauter! » — Retour à Singapoure. — Pourquoi ce retour qui contrarie la jeune fille. — Nécessité n'a pas de loi. — Vaillance et naïveté. — Il faudra acheter un autre navire. — Des oiseaux et des fleurs. — Le vent fraîchit. — Calme subit. — Fâcheux pronostics. — Après l'incendie, l'ouragan.

Tenter de donner la chasse à l'*Indus* qui disparaît au milieu de la nuit, serait folie.

Tant que le capitaine Christian a cru à la possibilité de joindre le navire et de jeter tout son monde à bord, il s'est à peine préoccupé du *Godavéri*. L'avarie de machine à réparer, l'incendie même à combattre étant pour lui choses moins urgentes que de venir en aide à tout prix à son matelot.

Mais maintenant qu'il se trouve lui-même réduit à ses seules ressources, sans espoir ni possibilité de recevoir un secours étranger, il faut, sous peine de danger imminent, mortel, aviser au plus pressé.

L'incendie, encore avivé par la rapidité de la course, a fait des progrès terribles et les moyens habituels mis en œuvre pour le circonscrire demeurent impuissants.

C'est en vain que toutes les ouvertures ont été bouchées; c'est en vain que les pompes et la machine projettent des torrents d'eau et de vapeur; c'est en vain, aussi, qu'au péril de leur vie, les hommes munis d'extincteurs portatifs ont essayé de pénétrer jusqu'au foyer principal.

Les flammes ronflent sous les ponts, d'où s'échappent d'épais tourbillons d'une fumée suffocante, en dépit de l'occlusion des panneaux, des claires-voies, des sabords. Les tôles du bordage, surchauffées, crépitent au niveau de la flottaison.

Le second, qui sur l'ordre formel du commandant, remonte avec ses hommes, apparaît, chancelant, à demi asphyxié, les sourcils et la barbe roussis.

Il entraîne son chef à l'écart, lui déclare confidentiellement que la cale de l'avant où a eu lieu l'explosion, est devenue absolument inabordable, et que, faute d'un remède énergique, ou plutôt héroïque, le navire est perdu.

Le commandant a foi, non sans raison, dans son subordonné. Il faut, pour qu'il manifeste ainsi son opinion, que la situation soit presque désespérée.

— Vous dites, capitaine, qu'il faut un remède héroïque, n'est-ce pas?

« Eh bien, ce remède est trouvé; et c'est vous qui allez l'appliquer.

— Merci! commandant.

« Comptez sur moi.

— Je n'ai pas eu le temps de visiter ce matin les cloisons étanches.

— Elles sont en parfait état.

— Les *vannes* sont baissées, n'est-ce pas?

— C'est la première manœuvre que j'ai ordonnée aussitôt après l'explosion.

— Êtes-vous certain que l'incendie soit localisé par la cloison de collision?

— Pour l'instant, oui, commandant.

— Eh bien, mon ami, notre unique ressource est de saborder le navire.

— Saborder le navire!..

— Avec une torpille que vous allez faire jouer sans retard, répond tranquillement le capitaine Christian, comme s'il ordonnait la chose la plus simple du monde.

— A vos ordres, commandant!

— Vous savez ce que vous avez à faire.

« Vous me préviendrez quand tout sera paré.

— Merci! Dans quatre ou cinq minutes au plus je serai prêt.

L'opération à laquelle recourt, en dernier lieu le commandant du *Godavéri*, pour être en apparence désespérée, n'en est pas moins la seule qui puisse sauver le steamer.

Saborder un navire signifie pratiquer dans sa coque, et au-dessous de la flottaison, une large ouverture destinée à laisser pénétrer à torrents l'eau dans son intérieur.

Grâce à l'agencement spécial des navires modernes, cette manœuvre, qui aurait pour objet de remplacer l'incendie par une submersion totale, peut être pratiquée sans de trop graves inconvénients.

Cet agencement, aussi simple qu'ingénieux, consiste dans la présence des *cloisons étanches*.

Les cloisons étanches ont pour objet de diviser un navire de fer en un certain nombre de compartiments, pour que l'eau, entrée dans un de ces compartiments, ne puisse envahir tout le bâtiment quand sa coque est percée.

Elles sont toujours en tôle, disposées transversalement de la quille au pont, et rivées au bordé sur tout leur pourtour. Elles sont, en outre, munies de distance en distance de cornières verticales qui les rendent capables de résister à la poussée de l'eau, lorsque le compartiment qu'elles limitent vient à se remplir.

Quant à ces compartiments, leur volume doit être tel que, si l'un d'eux est plein d'eau, le navire reste à flot au moyen des autres.

Tout steamer comporte au moins quatre cloisons étanches formant cinq compartiments. Une, à l'extrême avant, dite cloison de collision, deux qui comprennent l'emplacement des machines, et une vers l'arrière, recevant le presse-étoupe de l'arbre de l'hélice.

C'est là, bien entendu, un minimum, puisque les grands paquebots ont jusqu'à huit cloisons (1), qui les divisent en neuf compartiments.

Ces cloisons portent des vannes que l'on peut manœuvrer du pont. Elles sont ouvertes en temps ordinaire, pour permettre à l'eau des différentes cales de s'écouler dans un puisard commun, où la pompe de la machine vient l'aspirer.

Quand une voie d'eau se déclare dans un des compartiments, on la localise en fermant aussitôt les deux vannes correspondantes.

On comprend que, dans ce cas, le navire ainsi alourdi par cette énorme quantité d'eau, s'enfonce d'une quantité égale au poids du liquide additionnel.

Mais si les vannes fonctionnent bien, si les cloisons sont rigoureusement étanches, il continue à flotter, et évite, par cette submersion partielle, une submersion totale.

C'est ce qu'on pourrait appeler *faire la part de l'eau*.

Comme les pompes du *Godaveri* sont impuissantes à empêcher les progres

---

1. Les admirables navires que la compagnie Transatlantique a dernièrement affectés à la ligne du Havre à New-York : la *Champagne*, la *Gascogne*, la *Bourgogne* et la *Bretagne*, ont treize compartiments chacun.

de l'incendie ; comme il est impossible de faire pénétrer l'eau dans ces mille recoins où la flamme gronde et se tord ; comme la soute aux voiles et aux cordages est atteinte, comme le feu va gagner l'entrepont, et peut-être se communiquer d'autre part à l'approvisionnement de charbon, on s'explique sans peine que le capitaine Christian se décide à noyer le compartiment tout entier.

Il eût été fort difficile, pour ne pas dire impossible, de pratiquer instantanément, dans le flanc du navire, une ouverture suffisante, si par bonheur il n'eût été muni d'explosifs en tous genres.

Il porte, en conséquence, plusieurs torpilles, embarquées jadis par Monsieur Synthèse, pour faire sauter des roches coralliennes susceptibles de gêner son installation, ou même de contrarier la marche des navires se rendant à l'atoll.

A peine le second a-t-il pris la direction de la soute aux poudres, que le capitaine fait mettre à la mer le grand canot.

Cette embarcation est pourvue, à l'avant, d'un ersiau de filin dans lequel l'officier ordonne de passer un espars long d'environ dix mètres, reposant d'un bout sur un banc, et pointant de l'autre bout, comme un beaupré.

Quatre minutes se sont écoulées depuis que le second a reçu son ordre.

Il apparaît, précédé d'un homme portant un falot, et chargé lui-même d'un paquet oblong, rigide, enfermé dans une enveloppe sombre, ficelé comme un saucisson.

— Je suis prêt, commandant.

« J'ai pensé qu'il suffisait d'une torpille simple, chargée à dix kilogrammes de fulmi coton.

— Très bien.

« Le canot est paré, l'espars qui doit recevoir le torpilleur est en place, vous préviendrez vos hommes.

Le canot, chargé de son équipage, demeure suspendu sur ses palans au ras de la lisse. Le second, toujours impassible, dépose son ballot sur un banc, et se contente de dire :

— Attention, garçons !... c'est une torpille.

Il enjambe la lisse, prend place à l'extrême avant et examine l'appareil fort simple, disposé pendant sa courte absence.

L'espars qui va servir de hampe à la torpille, est bien maintenu par la bague de cordage qui l'empêche de s'échapper latéralement, tout en lui laissant assez de jeu pour lui permettre de glisser à volonté en avant, et de plonger en diagonale sous son propre poids additionné de celui de l'explosif.

Pendant ce rapide examen, le canot est descendu sur les flots.

Il demeure un instant immobile pendant que l'officier échange à voix basse quelques paroles avec le patron.

Puis, ce dernier commande à haute voix :

— Nage !

Le canot déborde aussitôt, glisse sur les vagues tranquilles, s'élance au milieu des ténèbres et disparaît.

Trois minutes après, les heurts des rames sur les tolets, et les clapotements rythmés de la nage annoncent son retour.

Il apparaît filant à toute vitesse, au milieu du cercle de lumière projeté par les flammes, et se dirigeant droit au navire.

Ce temps si court a suffi pour adapter la torpille au bout de l'espars qui dépasse la proue d'environ huit mètres, mais demeure quand même en équilibre et parallèle à la surface des flots, grâce à une pression énergique et parallèle à la surface des flots, grâce à une pression énergique exercée par le second sur l'extrémité postérieure.

Cette pression suffit pour l'empêcher de piquer de la tête.

Arrivé à vingt mètres de la coque du steamer, le second laisse plonger l'espars, qui, sollicité par le poids de la torpille, bascule de l'avant, et s'enfonce dans les flots à peu près à 45 degrés.

L'intrépide officier saute sur le coffre de l'avant, se cramponne à la pièce de bois, la maintient perpendiculaire à l'axe du navire, et attend le choc.

Le canot, qui court toujours, s'arrête brusquement.

Une détonation sourde, étouffée comme un coup de mine, retentit. Une épaisse colonne d'eau s'élève à pic le long de la muraille de fer. Le bâtiment, agité d'une violente trépidation, sursaute de la quille à la pomme des mâts.

— Nage à culer ! commande le patron d'une voix de tonnerre aux rameurs impassibles sous la douche.

Le canot, ballotté par les remous, reprend son assiette, et s'éloigne pour revenir accoster, en temps et en lieu opportun.

L'ouverture pratiquée dans la paroi de fer par l'explosion doit être considérable, car le navire, subitement alourdi par une énorme projection d'eau, commence à s'enfoncer.

Mais, aussi, le remède héroïque du capitaine opère comme par enchantement. De tous côtés, les flammes, noyées en grand, sifflent et crépitent au contact de l'eau, en émettant d'immenses tourbillons de vapeur blanche.

Il y a, entre les deux éléments, une lutte courte, mais décisive.

Bientôt les buées épaisses qui s'échappent de l'avant, deviennent de plus en plus claires, les ronflements stridents s'apaisent, tout bruit cesse, l'incendie est vaincu, mais à quel prix !

Le steamer, sans être dans une position absolument critique, n'en est pas moins dans l'impossibilité complète de continuer son voyage. Il lui faut, sous peine d'accidents consécutifs susceptibles d'entraîner irrémédiablement sa perte, rallier le port le plus proche, Singapour, éloigné déjà de plus de quatre cents kilomètres.

En temps ordinaire, avec sa coque intacte et sa machine en bon état, il lui suffirait seulement vingt-quatre heures, avec une vitesse moyenne de dix nœuds à l'heure.

Malheureusement, la machine ne fonctionne plus faute de tirage. Il est nécessaire de l'éteindre pour procéder à une réparation sérieuse qui entraînera, au minimum, une perte de temps d'une journée.

Le commandant a déjà donné l'ordre d'établir la voilure, de virer de bord et de mettre le cap sur l'île anglaise.

Mais, d'une part, le vapeur devenu simple voilier, et d'autre part surchargé outre mesure par l'immersion du compartiment de l'avant, est devenu moins maniable. Il n'avance qu'avec une lenteur excessive, bien que couvert de toute sa toile

La mousson heureusement lui est favorable.

Le capitaine, plus inquiet peut-être qu'il ne voudrait se l'avouer, attend, avec une impatience fiévreuse, l'arrivée du jour, pour envoyer des plongeurs dans l'intérieur du navire, afin d'apprécier les dégâts résultant de l'incendie et reconnaître l'importance de la brèche pratiquée par la torpille.

Il se promène de long en large, à l'arrière, réfléchissant à cette succession d'événements non moins inatendus que dramatiques et peut à peine admettre la réalité d'un pareil désastre. L'*Indus* capturé par les Chinois révoltés, l'état-major et l'équipage massacrés, le *Godavéri* mis en péril au moment le plus critique, grâce à la connivence criminelle de quelqu'un du bord !

Quel est ce misérable? où le trouver? Qui soupçonner?...

D'autre part, tout danger est-il écarté? L'*Indus*, devenu la proie des pirates, ne va-t-il pas revenir dans les eaux du *Godavéri*, lui donner la chasse, ce qui est, hélas! trop facile, l'attaquer, et tenter de s'emparer des richesses qu'il porte?

Ces gens-là ne sont-ils pas hommes à tout oser !

Comment capitaine, tout faire sauter ! (Page 303.)

A cette pensée, il se sent transporté d'une fureur subite, et s'écrie tout haut, en coupant son cigare d'un coup de dent :

— J'aimerais mieux tout faire sauter!

— Comment, capitaine, tout faire sauter!... même moi! dit une voix fraîche, aux notes cristallines, derrière l'officier qui s'arrête interdit.

En même temps, une forme blanche, élancée, apparaît devant la dunette, et s'avance lentement.

— Vous ici, Mademoiselle! répond-il avec une certaine vivacité.

« J'avais cependant donné ordre qu'on vous empêchât de sortir... ou plutôt qu'on vous priât... de... de rester chez vous.

— Aussi, me suis-je conformée à la consigne avec la docilité d'un simple matelot, tant que j'ai cru ma présence susceptible de gêner la manœuvre.

« Mais, maintenant que tout danger est écarté, j'ai hâte de donner un peu d'air à mes pauvres nerfs...

« Je viens, bien malgré moi, d'ailleurs, de saisir au vol une de vos réflexions...

« Savez-vous qu'elle n'est rien moins que rassurante?

— Je vous demande pardon... J'ignorais votre présence.

— Je suis très heureuse de l'avoir entendue; car je doute que vous l'eussiez formulée me sachant là.

— Non, certainement, Mademoiselle.

— Ainsi, je suis menacée à chaque instant de me sentir emportée tout à coup par une explosion qui fracassera ce malheureux navire, et nous dispersera de tous côtés...

— Oh! Mademoiselle, ajoute le capitaine avec une héroïque naïveté, pas sans vous avoir prévenue!

— Merci! Vous êtes bien bon et j'apprécie toute la valeur du procédé, bien qu'il me semble un peu... vif!..

— Il faut, hélas! à certaines situations, des dénoûments désespérés.

— Eh quoi! en sommes-nous déjà là? répond la jeune fille dont la voix ne manifeste pas la moindre trace d'altération.

— Non, pas encore, fort heureusement.

« Mais dans notre position, nous devons nous attendre à tout... du moins, tant que nous n'aurons pas rallié Singapour.

— Comment! Il me faut retourner dans cette affreuse ville où tout est bruit, mouvement, fièvre et chaleur?...

« Être astreinte à la société forcée de ces miss turbulentes, qui ne vivent que pour le criquet, le cheval, le lawn-tennis?...

« Je demande à retourner près de mon grand-père.

— Je ferai à votre volonté, Mademoiselle, mais après être passé préalablement par Singapour...

« C'est pour nous une question de vie ou de mort.

— Expliquez-vous.

— Vous connaissez les horribles événements qui viennent de se produire.

« Je vous ai envoyé le docteur pour vous prévenir avec toutes sortes de ménagements...

— Il a failli me faire mourir d'impatience, votre docteur, avec ses réticences.

« Croyez-vous donc que je n'avais pas entendu les coups de canon, le bruit de la lutte, sur l'*Indus*, et vu les signaux de détresse?

« Croyez-vous que je ne me suis pas aperçue de l'incendie qui a failli dévorer notre navire, et de l'avarie de machine qui nous force à marcher à la voile?

« Croyez-vous enfin que les hommes de manœuvre, en passant devant mes fenêtres ouvertes, imitaient la retenue du docteur, en se communiquant leurs impressions?

— Je frémis en pensant quelles ont dû être vos angoisses!

— Pendant une demi-heure, peut-être plus, — les minutes sont longues, en pareil cas, — nous avons couru un péril mortel.

« Eh bien! demandez au docteur si j'ai donné le moindre signe d'émotion.

« Certes, j'ai pleuré pendant qu'on s'égorgeait sur l'*Indus*.

« Mais les désastres purement matériels, éprouvés ici, m'ont laissée impassible.

— Je sais que vous êtes vaillante, et nul plus que moi n'admire votre énergie, mais...

— En conséquence, traitez-moi en homme, et dites-moi la vérité.

« Qu'appréhendez-vous?

— Un retour offensif des bandits au pouvoir desquels est tombé l'*Indus*, et la possibilité de ne pouvoir leur résister victorieusement avec mon navire à moitié désemparé.

« Voilà pourquoi cette réflexion, brutalement formulée en marin, m'a échappé tout à l'heure, à la pensée de tomber entre leurs mains, et surtout de vous y voir tomber.

— A la bonne heure, capitaine, voilà qui est parler!

Nous sauterons donc s'il en est besoin...

Mais, encore une fois, ce que je considère comme une aggravation de peine, c'est d'aller à Singapour!

— Il serait superflu de vous énumérer les motifs essentiels qui me forcent à vous contrarier.

« D'abord, le souci de votre sécurité, de celle de l'équipage.

— Dites de la nôtre, car nous sommes solidaires, ici.

— Ensuite, je pourrai, de Singapour, lancer, à tous les ports du monde entier des télégrammes annonçant la catastrophe de l'*Indus*, donnant le signalement du navire, et invitant les autorités de tous pays à le saisir avec les rebelles

— Vous avez raison.

— Je dois, en outre, faire passer notre malheureux navire en cale sèche, pour réparer la brèche énorme pratiquée par la torpille à son bordage.

« Or, il n'y a, dans toute la région, de bassin qu'à Singapour.

— Cette réparation sera longue, probablement ?

— Elle durera une quinzaine de jours au moins, en admettant toutefois qu'il y ait un bassin de libre.

— Je mourrai dans cette ville abominable !..

— Il y aurait bien un moyen.

— Quel est-il, ce moyen ?

— Ce serait d'acheter, à tout prix, un autre navire, et de partir aussitôt.

— Dites-moi, est-ce bien cher, un navire ?

— Pour en trouver un qui possédât, avec les qualités du *Godavéri*, le luxe de son aménagement, il faudrait plus d'un million.

— ... Un million, cela ne me dit pas grand'chose.

« Je ne me suis jamais occupée de questions d'argent, puisque mon grand-père a toujours pris soin de prévenir jusqu'à mes désirs.

« Je crois que cela doit représenter pourtant une valeur assez importante.

— Pas pour nous, heureusement, répond l'officier en souriant à cette naïveté d'enfant gâtée pour qui les idées d'opulence, de médiocrité ou de misère ne sont que des abstractions.

« J'ai à bord une quantité considérable de diamants que je puis négocier avantageusement et convertir en espèces monnayées.

« De plus, Monsieur Synthèse, avant le départ, m'a signé des bons de crédit sur les meilleures maisons de banque du monde entier.

« Je puis, en cas de besoin, réaliser en quelques heures une cinquantaine de millions.

— Alors, allons-nous-en bien vite acheter un beau et bon navire.

— Peut-être pourrai-je trouver un yacht de plaisance... ce serait un véritable bonheur.

« Car les bâtiments de commerce sont généralement aménagés d'une façon bien sommaire.

« A moins d'acheter un paquebot que l'agence générale de Singapour nous céderait à prix d'or.

— C'est cela... un paquebot.

« Nous en avons rencontré de si jolis faisant le service des grandes îles Indo-Malaises !

« Puis, nous continuerons ce beau voyage, en allant où bon nous semble.

« Ne vous arrêtez pas à la question d'argent... Cela doit être si ennuyeux de compter...

« D'ailleurs, grand-père me laisse libre.

— Je ferai de mon mieux, Mademoiselle, pour vous assurer tout le confort, comme aussi toute la sécurité possible.

— Vous m'achèterez des oiseaux, n'est-ce pas... des oiseaux qui chantent.

« Avec des fleurs... beaucoup de fleurs.

« A terre, je laisse les oiseaux en liberté et les fleurs aux parterres, il me suffit de les entendre et de les voir.

« Sur la mer, leur présence me ravira, et remplira les heures de solitude

— Vous aurez à votre volonté les oiseaux et les fleurs.

— Oh ! que c'est aimable à vous, capitaine, de courir ainsi au-devant de mes désirs...

« Quand nous retournerons là-bas, je raconterai à grand-père toutes vos prévenances, et vous verrez comme il sera content.

« Au revoir, capitaine, je rentre.

« Voyez comme mes pauvres négresses me cherchent et craignent de me voir prendre froid, sous ce vilain grand vent qui se met à souffler.

Et l'insoucieuse enfant, oubliant déjà les sinistres paroles prononcées par l'officier au commencement de cet entretien à bâtons rompus, disparait en gazouillant une douce mélopée hindouse.

Le capitaine, plus absorbé peut-être qu'il ne s'en rend compte, par cette conversation, s'aperçoit à son tour que le vent fraîchit.

La brise siffle dans les agrès, emplit les voiles, et fait craquer la mâture. Le navire donne de la bande, mais semble pourtant gagner un peu de vitesse.

Puis, brusquement, le vent tombe, laissant battre les voiles.

Un calme lourd lui succède pendant quelques minutes. Puis une nouvelle risée.

L'officier, constatant ces brusques variations dans le souffle de la mousson, appréhende, non sans raison, une saute de vent.

Il consulte rapidement le baromètre, et remarque une dépression considérable, survenue en quelques minutes.

Il se rappelle alors l'état du ciel, la veille au soir, peu de temps avant le coucher du soleil. L'atmosphère remarquablement claire, avec de gros nuages blancs, floconneux, épars, quelques arcs-en-ciel et l'horizon d'un rouge de sang.

Les événements de la nuit lui avaient fait oublier un moment cette particularité.

— Allons, se dit-il en réagissant contre une vive mais passagère émotion, les épreuves ne font que continuer.

« Après la révolte et l'assassinat, l'incendie ; après l'incendie, la tempête !...

« Car, ou je me trompe grossièrement, ou avant une demi-heure, un typhon va s'abattre sur nous.

CHAPITRE VII

Le typhon. — Saute de vent. — Lutte contre l'ouragan. — Brillantes manœuvres. — Le *Godavéri* à la cape. — Condamné à mort. — Mutilation. — Il faut raser la mâture. — Panique. — Le bâtiment fuit encore devant le temps. — L'écueil. — Échouage. — Agonie d'un navire. — Fermeté. — Révélation d'un caractère de jeune fille. — « Je partirai l'avant-dernière. » — A la mer les embarcations ! — Comment l'huile calme les vagues. — Rupture du mât de misaine. — Horrible catastrophe. — Au milieu des flots. — Le *Godavéri* a vécu. — Seuls. — Lutte désespérée. — Est-ce la fin ?

Les typhons sont des ouragans particuliers aux mers de l'Extrême-Orient : celles de la Chine surtout. Ils débutent avec une rapidité foudroyante et presque sans signes avant-coureurs annonçant infailliblement leur venue.

Il est donc généralement difficile de prévoir, même à courte échéance, ce terrible cataclysme, car la couleur rouge du ciel, la brume de l'horizon, assez fréquente, d'ailleurs, dans les parages chinois et indo-chinois, une mer battue par des houles contraires, ne sont pas des indices certains de son approche, bien qu'ils possèdent une certaine valeur.

La brusque dépression du baromètre a une signification très importante, essentielle même. Malheureusement, il arrive trop souvent que cette dépression précède de très peu les premières rafales ; de sorte qu'un navire, atteint par un typhon, peut, dès le début, être gravement compromis sans que son capitaine ait pour cela manqué de prévoyance.

Enfin, le typhon se déchaîne avec plus de fureur encore près du littoral, ce qui le rend plus spécialement dangereux pour les bâtiments en rade ou naviguant non loin de la terre.

Tel est le cas du *Godavéri* qui se trouve à une distance relativement faible de la côte orientale de Malacca.

Le capitaine Christian, pressé d'échapper à une poursuite possible de l'*Indus*, avait couvert de toile son navire qui courait, toutes voiles dehors, sur les flots livides.

En voyant le vent mollir tout à coup, et ne pouvant prévoir de quel côté va tomber la rafale, il bondit sur la passerelle, appelle tout le monde à la manœuvre et se met en devoir de faire diminuer sa voilure.

— En raison de la proximité de la côte, dit-il à l'officier qui se trouve près de lui, je crois, qu'il est urgent de changer de direction et de gagner le large.

— Je partage absolument votre avis, commandant.

« Nous sommes menacés d'un typhon, cela n'est pas douteux.

« Si le vent commence à souffler du Nord, comme d'habitude, au début de l'ouragan, nous pouvons marcher au plus près, au Nord-Est, de façon à éviter le courant qui portera bientôt à l'Ouest.

— Vous avez raison, répond le commandant, et je crois d'autre part que...

Un effroyable craquement se fait entendre dans la mâture et coupe la parole à l'officier.

Le vent s'est remis à souffler du Nord avec une force considérable sans atteindre encore, pour cela, l'intensité qu'il possédera tout à l'heure.

— Gare là-dessous ! hurlent les matelots en s'enfuyant à l'arrière.

En même temps, le mât du petit perroquet s'abat à l'avant, fracassé comme une allumette.

Le *Godavéri*, qui vient de repartir sous la poussée de la risée, s'arrête de nouveau, et se met à lofer avec une rapidité inquiétante.

— La barre au vent !... toute !... commande le capitaine.

Puis, il s'empresse de faire débarrasser l'avant, car les débris de la mâture, tous tombés du même bord, restent accrochés par les cordages du gréement, et empêchent le navire d'obéir au gouvernail.

Cette manœuvre opérée avec une rapidité merveilleuse est à peine terminée, qu'un ronflement sonore se fait entendre. Une véritable trombe de vent s'abat sur le navire qui, orienté tribord amures, se met à donner de la bande à bâbord, à faire croire qu'il va chavirer.

Le capitaine espérait avoir encore trente minutes de répit ; mais l'ouragan ne lui en donne pas cinq !

— La barre dessous !... toute !... Mollis les écoutes partout !... brasse tribord !... tiens bon !... amarre !... la barre droite !...

Heureusement l'équipage du *Godaveri* se compose d'hommes d'élite.

Mille tonnerres ! s'écria le commandant. (Page 316.)

Tous ces commandements sont exécutés avec une prestesse, une régularité qui sauvent le navire.

La situation du trois-mâts n'en est pas moins terrible, car il court maintenant presque vent arrière, et avec une vitesse de quatorze nœuds, vers la terre, en roulant effroyablement au milieu d'une mer démontée.

La mâture craque lugubrement, et menace à chaque instant de venir en bas·

— Dix hommes au mât de misaine !... Dix hommes au grand mât !... huit hommes à l'artimon !... six hommes à l'avant !...

Les matelots s'élancent à leur poste.

— A carguer le grand perroquet !... s'écrie le capitaine d'une voix qui domine la rafale.

Attentifs à ce commandement qu'ils attendent, les hommes se portent les uns aux cargue-point, cargue-fond, et bras du vent, pendant que les autres se précipitent sur la drisse, l'écoute, la bouline et bras sous vent qu'ils larguent au commandements de :

— Amenez !... carguez !...

Puis, immédiatement :

— Largue les boulines de huniers !... brasse au vent !... largue les drisses !... pèse les cargue-point !... tiens bon !... Larguez !...

« Hale-bas la brigantine !... hale-bas l'artimon !... hale-bas le grand foc !... hale-bas le petit foc !

Grâce à ces manœuvres exécutées sans retard, comme sans incident, le *Godaveri* court sous sa grand'voile et sa misaine.

Le commandant a préféré conserver ses basses voiles, plutôt que ses huniers, en raison de la masse d'eau emplissant le compartiment avant. Il pense, non sans raison, que les huniers appuieraient trop sur l'avant, et feraient « canarder » le navire.

Bientôt même il juge, à la façon dont le bâtiment pique le nez dans la lame, que la grand'voile est de trop et la fait carguer.

Cependant, le jour est apparu. Un jour livide et bas éclairant à peine les lames couleur de plomb qui semblent se heurter aux nuages noirs d'encre.

La mer grossit encore s'il est possible. Ses lames arrivent monstrueuses à l'assaut du *Godaveri*, et déferlent avec une violence épouvantable sur le malheureux navire qui roule bord sur bord.

Par ordre du commandant les canots, hissés sur les bossoirs de portemanteaux, ont été relevés à toucher les haubans. Les saïsines des deux chaloupes placées entre les drômes, et celles des drômes elles-mêmes ont été doublées. Des prélarts ont été cloués sur les panneaux et des filières installées à bâbord et à tribord pour permettre aux hommes de gagner les manœuvres.

Au bout d'une heure et demie, la situation est intolérable. A chaque minute, on peut croire que la mâture va se briser sous les coups de roulis.

Le capitaine se décide à prendre la cape.

— Orientez la misaine !... mollis au vent !... brasse bâbord !... la barre dessous !... hisse le petit foc !... hisse le grand hunier !... hisse le diablotin !... hisse l'artimon !... borde partout !...

« Timonier !... veille aux embardées !...

Crispés sous les paquets de mer qui déferlent avec furie sur le pont, assommés par les colonnes d'eau, trempés jusqu'aux os, les hommes se tiennent accrochés aux enfléchures des haubans pour ne pas être emportés.

Alourdi par l'eau qui emplit son compartiment, le *Godavéri* embarque à chaque instant. Il ne peut se lever à la lame, et plonge comme un cas Lenamer blessé à mort.

— Eh bien ! que pensez-vous de cela ? demande entre deux rafales le commandant au second.

— Je pense qu'avant une demi-heure nous aurons sombré.

— Tandis que, si nous recommençons à fuir devant le temps ?...

— Nous en avons pour une heure.

— C'est mon avis.

« Comme j'aime mieux une heure que trente minutes, nous allons faire du sillage.

— Hale-bas l'artimon !... hale-bas le diablotin !... amène le grand hunier

« Timonier !... la barre au vent !

Mais le navire n'arrive pas.

— La barre au vent !... Toute !... hisse le grand foc !...

Cette dernière manœuvre fait enfin abattre le navire à bâbord.

— La barre droite !... hale-bas le grand foc !... mollis l'écoute du petit foc !

Et comme le navire plonge de l'avant :

— File les écoutes de misaine !...

Le navire fuit sous sa misaine et son petit foc. Les lames recommencent à s'abattre sur l'arrière, roulent en cascades furieuses sur le pont. Les hommes, épuisés par cette lutte épouvantable, sans trêve, sans merci, comme aussi sans espoir, hélas ! se cramponnent désespérément aux filières.

La situation n'est plus tenable. Une catastrophe irrémédiable est imminente, car il n'y a plus de manœuvre possible.

Il ne reste plus à faire qu'un dernier sacrifice, pour prolonger l'agonie du trois-mâts.

Ce sacrifice, cette mutilation plutôt, consiste à abattre la mâture.

Tel un chirurgien qui ampute un blessé atteint de gangrène, et le prive de ses membres pour sauver le tronc.

— Parez les haches !... commande le capitaine dont l'énergique figure pâlit légèrement.

A ce moment, une dizaine d'hommes, chauffeurs, soutiers ou aides-mécaniciens, pris de panique, affolés, en voyant le navire s'allonger sur la hanche, croient qu'il va chavirer.

N'étant pas habitués comme les matelots à ce déchaînement formidable des éléments, moins disciplinés peut-être, moins braves assurément devant l'ouragan, ils se précipitent en troupeau, vers la grande chaloupe, et veulent couper les saisines afin de la mettre à la mer.

Cet acte de folie peut être contagieux.

— Mille tonnerres ! s'écrie le commandant qui tire de sa ceinture son revolver, je brûle la cervelle au premier qui n'obéit pas !

« Aux haches tout le monde !...

Ils savent que l'officier est homme à exécuter séance tenante cette menace, et suivent leurs camarades qui s'en vont, oscillant comme des gens ivres, vers la chambre de l'arrière, à la recherche des haches.

L'instant fatal est arrivé.

Brusquement le *Godavéri*, s'est tellement couché sur bâbord, pendant une embardée, que l'eau touche le pont et que son avant disparaît sous la lame.

— La barre au vent !... toute !... file l'écoute de misaine sous le vent !...

« Hardi les enfants !... borde le petit foc !...

Le navire n'arrive pas. Complètement hors de l'eau, le gouvernail n'a plus d'action.

Il n'y a plus à hésiter.

— En bas le mât d'artimon !...

Une partie des hommes se précipitent au pied du mât et l'entament à coups de hache, pendant que les autres coupent les rides de haubans et de galhaubans sous le vent, les étais de grand hunier, ceux de grand perroquet, et les manœuvres de tribord et de bâbord.

Le mât est à moitié entamé.

— Coupe au vent !

Dix coups de hache retentissent. Les haubans et galhaubans de tribord fouettent l'air en sifflant.

Le mât d'artimon s'écroule à bâbord avec un craquement formidable, et disparaît, sur la crête d'une lame qui l'enlève au passage, et l'emporte dans sa course furibonde.

Le navire n'arrive pas encore.

— En bas le grand-mât !...

Les marins, en proie à une véritable furie de destruction encore exaltée par l'imminence du péril, s'acharnent au grand mât, qui, entamé de tous côtés à la fois, s'en va rejoindre l'artimon.

Un cri de joie s'échappe de toutes les poitrines, au moment où le *Godavéri* mutilé arrive enfin, et reprend sa route en fuyant devant l'ouragan.

Pendant toute la journée le typhon fait rage, en poussant vers la côte le malheureux navire.

C'est miracle, vraiment qu'il ne s'y soit pas encore brisé, car elle doit être, hélas ! bien rapprochée.

Comment donc faire, pour éviter un échouage, plus dangereux encore, dans de telles circonstances, que d'affronter la pleine mer elle-même ?

Le capitaine se décide à reprendre la cape, sous la misaine, afin de faire le moins de route possible.

— Timonier !... la barre dessous !...

« Borde sous le vent l'écoute de misaine !... borde le petit foc !...

Le navire lofe immédiatement et vient sur tribord.

La nuit va venir, mais le vent semble mollir d'une façon appréciable. En outre, le baromètre, tombé à 728 millimètres, remonte à 739.

L'espoir renaît de tous côtés, et chacun se félicite d'avoir si miraculeusement échappé à une mort affreuse.

Le capitaine ordonne de faire double distribution à l'équipage épuisé, quand une secousse terrible renverse officiers et matelots, et ébranle le mât de misaine qui craque jusqu'à son emplanture.

Deux coups de talons rapides secouent le navire, qui reste bientôt immobile. Le *Godavéri* vient, en dérivant, d'être lancé sur un écueil à fleur d'eau.

S'il avait encore, à ce moment, filé vent arrière, à toute vitesse, il était éventré net par l'écueil, et coulait à pic. Tandis que, marchant à la cape, faisant peu ou point de route, il a été en quelque sorte déposé par la lame entre deux roches, qui le calent des deux bords.

Un long hurlement d'épouvante remplace les hourras joyeux, et partout, au milieu du pêle-mêle des matelots qui se relèvent en trébuchant, affolés, retentit ce cri lugubre :

— Nous sommes perdus !... Sauve-qui-peut !

Pour la seconde fois, et dans l'intérêt même de ces malheureux éperdus, le commandant doit recourir à la menace, pour les empêcher de se ruer aux deux chaloupes.

Aussi calme d'ailleurs que si son navire glissait à la vapeur sur une mer d'huile, il leur démontre en quelques paroles brèves, pleines de sens et de raison, l'insanité de leur conduite.

— Laissez-moi donc, leur dit-il pour finir, pourvoir à votre sécurité.

« Attendez au moins que la mer se calme...

« Demain, je saurai où nous sommes et à quelle distance nous nous trouvons des côtes...

« Si, contre mon attente, le navire menace de s'engloutir, je serai le premier à en conseiller l'abandon immédiat.

« Allons ! garçons, prenez bon courage et ayez foi en votre capitaine

Mais la position, pour n'être pas immédiatement désespérée, n'en est pas moins terrible. Le *Godavéri* résistera-t-il jusqu'à la fin de la nuit à l'assaut des lames qui le battent, en plein travers par tribord, d'une façon effrayante ?

Qu'arrivera-t-il, s'il est brusquement arraché des roches qui l'enserrent, ou si son bordage vient à céder sous cette poussée incessante, irrésistible des montagnes liquides ?

Qu'arrivera-t-il enfin, si le mât de misaine qui ne tient plus que par miracle, vient en bas ? Il n'y a plus à bord que les deux chaloupes, puisque tous les canots de porte-manteaux sont partis avec le grand mât et l'artimon. Comment réussira-t-on à mettre à la mer ces lourdes embarcations, si l'absence du mât de misaine empêche l'usage du mât de charge !

Les matelots reprennent confiance en voyant que les chaloupes sont armées et parées à prendre la mer au premier commandement. Ils se décident enfin à manger et à se reposer.

Pendant ce temps le capitaine qui, depuis vingt-quatre heures, n'a pas quitté le pont d'une minute, bien que rassuré par la contenance intrépide de la jeune fille dont la fermeté ne s'est pas démentie un seul instant, se dirige vers l'appartement de celle-ci pour l'engager à se tenir prête à tout événement.

— Ainsi, dit-elle en l'accueillant avec son gracieux sourire, nous n'allons plus à Singapour ?

— Hélas ! non...

— Comme vous dites cela d'un air navré !

— Si j'étais seul, je prendrais imperturbablement mon parti d'une situation dont le dénoûment peut devenir terrible pour vous.

— Cette situation est-elle donc désespérée !...

— Non certes, mais je frémis en vous voyant exposée aux éventualités d'un naufrage, sur une côte inhospitalière, peuplée de Malais féroces.

— Que voulez-vous, mon cher capitaine, je subirai le sort commun...

— Mais vous n'êtes qu'une enfant... malade encore... habituée à tous les raffinements de la vie.

— On se fait à tout !

« Eh ! tenez... je ne sais pas si c'est une illusion, mais il me semble n'être plus malade du tout.

« Si comme je l'espère, notre campagne se termine sans autre dommage que des pertes matérielles, je n'aurai vraiment pas payé trop cher une guérison.

« Grand'père d'ailleurs est si riche !

Et comme l'officier, stupéfait d'un pareil sang-froid qui peut-être provient d'une inconscience absolue du danger, n'ajoute pas une parole, la jeune fille continue :

— Ainsi, voilà qui est entendu : nous allons faire naufrage... abandonner ce pauvre *Godavéri*.

« J'ai lu dans des livres de voyage et toujours avec une compassion qui m'arracha des larmes, le récit de pareils malheurs !..

« Ce que c'est que de nous !... Il me semblait que jamais je ne me trouverais dans une pareille situation.

« Dites-moi, capitaine, comment s'accomplit cette évacuation du bâtiment en perdition ?

— Oh ! d'une façon bien simple, Mademoiselle.

« Quand on a comme nous le bonheur de posséder un peu de répit, on entasse dans les chaloupes des provisions, de l'eau, des armes, des effets de campement, des instruments de navigation, etc.

« Les passagers, s'il s'en trouve à bord, à commencer par les femmes et les enfants, sont embarqués les premiers, puis les matelots, à commencer par les novices jusqu'aux hommes gradés.

« Le second du navire et le premier lieutenant prennent place dans cette première embarcation, puis, adieu, va !

« Ce qui reste de matelots, de maîtres et le second lieutenant s'embarquent dans la seconde, puis le capitaine qui abandonne le bord le dernier.

— Alors, en ma qualité de passagère, je passerai dans la première chaloupe, avec mes femmes de service.

— Sans doute.

— Et si je ne voulais pas !

— Il le faudrait.

— Je répète, si je ne vou-lais pas !...

— Dussé-je employer la force, vous serez embarquée la première.

— Et moi, dussé-je me précipiter au milieu des flots, je vous déclare que je ne quitterai le bord qu'immédiatement avant le capitaine.

— Mais c'est de la démence !

— Soit ! mais de la démence parfaitement lucide.

« Je n'ai pas été sans remarquer certains symptômes d'insubordination pouvant très bien, à un moment donné, produire une panique.

« Vous représentez l'autorité dans tout ce qu'elle a de formel, d'indiscutable... moi, je représente le Maître.

« Vos fonctions vous ordonnent de rester ici le dernier... ma naissance me commande de m'associer aux malheurs de mes serviteurs, et de ne penser à ma sécurité que quand la leur sera assurée.

« Je ne doute pas que votre seule présence n'empêche tout desordre, mais je suis certaine aussi que mon exemple contribuera à maintenir dans le devoir, ces hommes affolés peut-être par l'imminence du péril.

Au moment où le capitaine, plein d'admiration pour cette fermeté qu'il ne soupçonnait pas, tout étonné aussi de la révélation inattendue d'un pareil caractère, s'incline, vaincu, attendri, des cris d'épouvante éclatent de toutes parts.

— Nous coulons !... nous coulons !...

La sinistre nouvelle n'est que trop vraie. Le *Godaveri* battu par les lames qui menacent à chaque instant de le broyer, commence à s'enfoncer lentement par l'arrière.

— Ne vous occupez pas de moi, capitaine, ajoute gravement la jeune fille.

« Allez où le devoir vous appelle, je serai près de vous.

La mer déferle toujours avec furie. Mais les lames arrivant sur tribord, par le travers du navire, cette position amène du côté de bâbord un calme relatif.

La mise à flot des chaloupes offre donc, grâce à cette circonstance toute fortuite, quelques chances de succès. D'autre part, le commandant, voulant faciliter autant que possible cette opération, a fait hisser sur le pont les tonnes d'huile servant au graissage de la machine.

C'est la terre qu'il faut atteindre ! la terre qui semble fuir..... (Page 324.)

Au moment où la première chaloupe, crochée par les palans passe au-dessus du bastingage, il fait défoncer une de ces tonnes dont le contenu se répand sur les vagues furieuses. En un moment, toute la surface couverte d'une mince pellicule d'huile, se calme comme par enchantement.

La chaloupe descend aussitôt, sans être trop ballottée et déborde rapidement, chargée de son équipage qui crie : Hourra !

Un autre fût d'huile est installé à l'avant de l'embarcation. La bonde a été préalablement enlevée et une pompe à main plonge dans l'orifice béant. Un homme fait mouvoir sans relâche cette pompe et lance constamment un jet d'huile, qui, se répandant instantanément autour de la chaloupe, forme comme un petit lac complètement calme, au milieu des lames déchaînées.

Pour la seconde fois retentit le commandement de :

— A la mer la chaloupe !...

Le *Godavéri* enfonce de plus en plus. Il oscille de l'arrière à l'avant et recommence à talonner.

Les instants sont précieux, les minutes valent des heures.

Le capitaine ordonne de recommencer l'opération qui a si bien réussi.

Une nouvelle tonne d'huile, défoncée à coups de hache, ruisselle à bâbord sur les lames qui, calmées pour un moment avaient déjà recommencé à déferler furieusement.

L'embarquement s'opère méthodiquement, sans précipitation, sans la moindre trace de désordre.

Les hommes, pleins de confiance dans leur commandant qui vient de leur donner une preuve aussi péremptoire de son savoir faire, admirent d'autre part sans réserve l'héroïque jeune fille qui, renonçant à tous ses privilèges, ne veut quitter la place que quand le salut de tous sera assuré.

Ce sublime désintéressement n'est pas perdu, puisque, grâce à lui, tout désordre peut être évité. Nul n'ose ou ne peut penser à soi dans un moment aussi poignant, où il suffit d'un mot, d'un geste, pour déchaîner toutes les convoitises, pour donner carrière aux manifestations de l'égoïsme le plus monstrueux.

D'un rapide regard, le commandant s'assure qu'il est seul à bord avec la jeune fille.

— A vous ! dit-il brièvement, tout en la soutenant d'une main vigoureuse et attendant le moment où la chaloupe, soulevée par le remous, va affleurer la lisse.

Et comme les hommes, craignant de voir l'embarcation se fracasser au bordage du navire, font mine de filer du câble, il ajoute :

— Tiens bon l'amarre !...

Est-ce mauvais vouloir, est-ce plutôt impossibilité, la distance qui sépare la chaloupe de l'épave semble grandir.

— Tiens bon l'amarre !... commande à son tour d'une voix de tonnerre, le second lieutenant qui frémit à la pensée du péril couru par son chef et la jeune fille.

Un craquement affreux lui coupe la parole.

Le navire vient de talonner avec une violence inouïe. Le mât de misaine, depuis longtemps éclaté, n'a pu résister à la répercussion de ce choc. Il se rompt brusquement à un mètre à peine au-dessus du pont, brise les haubans et les étais de tribord et s'abat, sous la poussée du vent, sur la chaloupe qu'il fracasse.

Les malheureux qui ne sont pas tués du coup sont précipités à la mer, et emportés par la lame, au milieu des débris auxquels ils cherchent à s'accrocher désespérément.

Atterrée par cette catastrophe imprévue, comprenant vaguement que l'unique espoir de salut vient d'être anéanti, l'infortunée jeune fille se recule brusquement, et jette sur son compagnon un regard éperdu.

— Courage! s'écria l'officier, dont l'énergie semble grandir encore en se préparant à lutter tout seul contre l'impossible, contre l'immensité.

Il cherche, dans son esprit fécond en expédients, un moyen, quel qu'il soit, pour arracher à la mort qui l'environne de toutes parts, cette frêle existence, plus précieuse pour lui, — il ose enfin se l'avouer dans ce moment terrible — plus précieuse pour lui que tout au monde.

Mais il n'a plus le temps d'aviser.

Les secondes elles-mêmes sont comptées. Brusquement le bâtiment roule bord sur bord, se dresse par l'arrière, et retombe...

— L'eau!... l'eau!... s'écrie la jeune fille dont les pieds viennent d'être baignés par la lame qui vient de s'abattre en biais sur l'avant.

Le capitaine sent le pont se dérober sous ses pieds. Il sent que la pression de l'air, emmagasiné dans l'intérieur du navire, va briser toutes ses barrières, produire les effets d'une explosion.

Alors la jeune fille, dont l'énergie n'a pas faibli jusqu'alors, éprouve une subite défaillance, à l'aspect des flots livides qui vont l'engloutir.

Éperdue, haletante, les mains crispées, elle laisse échapper ce cri de suprême angoisse :

— Christian!... mon frère!... mon ami...

« A moi!... Christian!... à moi!...

— Oh! je vous sauverai! s'écria l'officier qui, sans perdre une seconde, l'entoure de son bras gauche et l'entraîne avec lui dans les flots.

Vigoureux comme un gladiateur antique, nageur intrépide, le capitaine

Christian, soutenant sa compagne qui se débat faiblement, s'empresse de s'éloigner au plus vite du *Godavéri* à l'agonie.

Il importe, en effet, d'éviter l'explosion de l'air comprimé sous le pont qui va sauter comme sous la poussée d'une mine, ainsi que le remous qui va se produire à l'endroit où la coque aura été engloutie.

L'officier, espérant non sans raison que la terre ne doit pas être éloignée, s'abandonne à la lame qui le pousse vers la côte, tout étonné, non moins que désespéré de ne rencontrer aucun de ses marins.

L'équipage de la seconde chaloupe a-t-il donc été jusqu'au dernier homme victime de la catastrophe ?

A peine est-il éloigné d'environ deux cents mètres du roc ou s'est brisé son navire, qu'une détonation formidable retentit.

Une pluie de débris s'abat de tous côtés, sans l'atteindre, heureusement, non plus que sa compagne.

Le *Godavéri* a vécu!

Alors seulement le capitaine pense aux richesses qu'il renfermait; aux diamants contenus dans une cassette serrée dans le coffre de sa chambre, et aux traites souscrites par Monsieur Synthèse. Toutes choses qu'il a parfaitement oubliées pendant la terrible série des événements qui se sont succédé depuis quarante-huit heures!

Les diamants sous un faible volume représentaient une véritable fortune, fort inutile d'ailleurs en pays sauvage, mais susceptible de subvenir à toutes les éventualités, si l'on abordait sur une terre habitée par des civilisés.

Mais il s'agit bien de diamants, de fortune, de civilisés, ou même de sauvages!...

C'est la terre, qu'il faut atteindre!.. La terre qui semble fuir, alors que les forces du malheureux officier s'épuisent, alors que la jeune fille, immobile, ne donne plus signe de vie.

Le temps s'est éclairci, les étoiles brillent au ciel, le vent mollit de plus en plus, seule la mer est encore démontée.

Depuis une heure déjà, cette lutte suprême se prolonge et le capitaine s'aperçoit, avec terreur, que ses membres commencent à s'engourdir.

Alourdi par son précieux fardeau, il nage lentement, éprouve parfois de grandes difficultés à coordonner ses mouvements, et n'avance qu'au prix de fatigues écrasantes.

Que ne donnerait-il pas pour rencontrer un bout de vergue, un espars, une planche, un rien, pour s'accrocher un moment et allonger son bras gauche contracturé jusqu'à l'ankylose.

— Allons, dit-il, j'en ai encore pour dix minutes!

Puis, une horrible appréhension le saisit, à l'aspect de l'immobilité de sa compagne.

Il craint de ne plus étreindre qu'un cadavre...

Les minutes s'écoulent. La fatigue augmente... les angoisses redoublent.

— ... Je n'en puis plus!

« ... Tiendrai-je encore cinq minutes?...

« ... Ah! si j'étais seul!...

« ... C'est atroce, de se sentir ainsi mourir à deux!...

« ... Encore!...

« Allons!... tiens bon!...

L'infortuné coule brusquement, remonte, respire à pleins poumons, nage encore quelques brasses, coule de nouveau et remonte sur la lame qui le roule, sans qu'il ait cessé d'enlacer la jeune fille.

L'angoisse affreuse de l'homme qui se noie, l'étreint. Il lui semble que ses cheveux sont des aiguilles rougies au feu.

Un sanglot déchirant s'échappe de sa gorge.

— Suis-je donc maudit, si je ne puis la sauver!...

Puis voulant, dans un héroïque et dernier effort, prolonger, ne fût-ce que d'une seconde, la vie de la pauvre enfant, il la soulève au-dessus des flots en balbutiant un adieu éperdu...

CHAPITRE VIII

Impressions d'un explorateur français. — La forêt vierge pendant le jour et pendant la nuit. — Le campement des naufragés. — Frère et sœur. — La petite sœur demande seulement un éléphant et une escorte. — Après la perte du *Go larévi*. — Sur un banc de vase. — Atterrissage. — Premier repas. — Les huîtres de palettuvier, et la racine de l'*Arun esculentum*. — Détresse et vaillance. — Les ressources des naufragés. — Pirogue échouée. — Capitaine et équipage. — Mise à flot. — Conquête d'une anguille. — Les dernières cartouches. — Du feu ! — Procédé imité des Fuégiens. — En avant !

.... C'est d'abord comme une chaussée naturelle qui serpente capricieusement au milieu des marécages où croissent à profusion les roseaux et les lotus.

Puis les terrains s'élèvent insensiblement. La chaussée s'élargit, les marécages disparaissent peu à peu. Aux lotus, aux roseaux, à tous les spécimens admirables de la flore aquatique, succèdent des futaies de bambou, au feuillage vert tendre, aux tiges souples, réunies en gerbes opulentes.

La rivière circule capricieusement à travers ce bosquet sans fin, et s'en va dans la direction du soleil levant, jusqu'aux montagnes lointaines, dont les silhouettes bleuâtres émergent, presque invisibles, d'une sombre masse de verdure.

Après les bambous, voici les arbres géants qui s'élancent d'un jet puissant à une hauteur prodigieuse, pour y former des dômes de verdure impénétrables aux rayons du soleil : dans le bas, ces troncs à compartiments verticaux, à arêtes saillantes, s'inclinent au loin en larges appuis ; et ces étonnantes racines hautes, dessinant sur la terre, en lignes sinueuses, de longues cloisons, de véritables constructions de soubassement qui préparent l'édification du colosse ; — tout autour, ces plantes magnifiques, les *tchombang* à la grosse fleur rouge, comestible, les *bretam*, aux immenses feuilles, les grandes fougères — et les lianes! — les lianes surtout qui se présentent à la vue de tous côtés, sous la feuillée, les lianes gracieuses et terribles, ces étranges arbres horizontaux qui enguirlandent les autres et les dévorent : elles montent, descendent, pendent et se balancent, passent d'un tronc à l'autre en affectant les formes les plus bizarres, plates ou rondes lisses ou rugueuses, vertes, blanches ou sombres. fils légers, larges rubans ou câbles énormes, dessinant ici de molles suspensions, présentant ailleurs des enlacements de reptiles, de boas étouffant leur proie, demandant une protection et un appui aux arbrisseaux les plus fragiles, et finissant par enserrer, dans leurs nœuds inextricables, le centenaire puissant et robuste qui succombera sous leur étreinte.

Les rotangs aux vastes feuilles si légèrement découpées, mais si bien armés de crochets sur tout le revers de leurs côtes, ces palmiers-lianes aux longues tiges rampantes, surabondent à perte de vue, sur les rives du cours d'eau. Ils y forment des fourrés impénétrables. On les voit envelopper des massifs d'arbres avec la vigueur d'un incendie ; ils les entourent, les pénètrent, léchant leurs faces extérieures de leurs spirales qui montent, tandis que leurs cimes droites jaillissent de tous côtés, s'élèvent comme de grandes flammes vertes...

Et si l'on s'arrête aux détails de ce monde de verdure, on est encore émerveillé par la délicatesse de forme, et la vivacité des couleurs des petits végétaux, qui s'épanouissent à la tiédeur constante de ces ombrages.

Les plantes poussent à toutes les hauteurs, les unes sur les autres : les fleurs formant un tapis multicolore où toutes les nuances se confondent et s'harmonisent ; les gracieuses fougères d'un bleu métallique admirable, les vieux bois qui disparaissent sous les masses feuillues des plantes grimpantes, tandis que des gerbes d'orchidées jaillissent partout des troncs et des branches des grands arbres (1).

Telle est apparue cette merveilleuse nature malaise à notre éminent compatriote, Brau de Saint-Pol Lias, qui l'a éloquemment dépeinte dans les lignes précédentes, que l'auteur a voulu reproduire textuellement, avec toute leur fraîcheur, toute leur intensité, comme aussi toute leur sincérité.

1. Le livre auquel j'emprunte ce magnifique tableau, a pour titre *Pérak* et les *Orangs-Sakèys*. (Plon, Nourrit et Cie, 10, rue Garancière, Paris.) C'est le récit d'une émouvante exploration faite en 1881, par mon vaillant ami, M Brau de Saint-Pol Lias, auquel notre pays est redevable d'avoir pacifiquement porté, si haut et si loin, l'influence française en Extrême-Orient.

Mais si ce tableau réel, nullement flatté nonobstant l'opulence de la couleur et la tonalité en quelque sorte violente des nuances, éveille en notre esprit un sentiment d'admiration, presque de stupéfaction, ne doit-on pas se demander aussitôt : Et l'homme?... Où est l'homme? Que devient-il dans cet Éden grandiose?... Quel est-il, au milieu de ces splendeurs inouïes?

Ecoutez encore l'auteur du *Voyage dans la presqu'île Malaise*. Pénétrez-vous du contraste offert par la nuit équatoriale, avec le jour ensoleillé qui ruisselle à torrents sur la forêt vierge.

Vous jugerez ensuite quelle doit être la position de l'infiniment petit perdu dans cette immensité.

... Au milieu des grandes ombres, la lune met vivement en relief, ça et là, dans sa lumière blanche, un immense bouquet d'orchidées, un long panache de coton, une liane d'une blancheur éclatante suspendue des deux côtés du ruisseau, et qui se balance au-dessus de l'eau comme une grande escarpolette, — ou bien, c'est un tronçon de vieil arbre, ou un enchevêtrement de lianes qui prennent, dans cette lumière froide les aspects les plus fantastiques ; — une masse de légers feuillages pendants, que la brise agite doucement et qui ressemble à un fantôme : on croit le voir s'avancer; par moment, il se cache comme pour vous guetter dans l'ombre, puis reparaît pour disparaître encore.

Des lucioles qui passent lentement, au ras du soleil, vous semblent être des yeux de fauves qui reluisent : un tigre peut-être? Rien n'est plus vraisemblable, en pareil lieu.

Dans ce calme profond, l'ouïe semble acquérir une sensibilité particulière, et l'on écoute, pendant des heures entières, les bruits si divers dont le silence de la forêt se compose, tâchant de pénétrer les mystères de cette grande vie nocturne qui a succédé à l'animation du jour. Toutes les espèces lui fournissent leur contingent : des reptiles, des insectes, des quadrupèdes, des oiseaux, s'appellent et se répondent à des distances plus ou moins grandes. Quelques voix sont d'une persistance inouïe et forment comme l'accompagnement monotone et continu de ce concert. — Un batracien donne toute la nuit quatre notes de flûte qu'un musicien pourrait écrire, tandis que d'autres font entendre comme un gazouillement non interrompu. — De temps en temps, un grand lézard jette sentencieusement, d'une voix rauque ses six ou sept syllabes roulantes, bien comptées. — Parfois, on entend au loin, comme une plainte humaine, poussée d'une voix très douce ; ou bien un grand cri de désespoir, qui vous donne l'idée de quelque drame

Il contemple tristement sa compagne.... (Page 330.)

horrible : ce sont les petits singes. — Les simiangs aussi, les singes aboyeurs, se réveillent par moment pour jeter un « hou! » puissant. — Brusquement un coup de sifflet retentit strident, comme un signal de bandit ; ou bien un coup de clairon au son plein, bien cuivré. C'est un des plus petits ou le plus grand des animaux, l'insecte siffleur ou l'éléphant! — Souvent le coup de clairon est suivi d'un sourd grondement qui fait trembler les arbres et se prolonge comme la note la plus grave d'un grand orgue, accompagnant, en trémolo, un chant funèbre. C'est encore l'éléphant qui manifeste un mouvement d'humeur avant de se mettre en colère. Si sa colère éclate, son cri est terrible. Il n'en est pas de plus émouvant.

Puis, au-dessus de ces bruits, de loin en loin, on entend passer, dans l'air, ce qui serait « les voix célestes » de l'orgue, et l'on croit voir des vols d'oiseaux blancs qui s'élancent vers le ciel des plus hautes cimes et des arbres.

... Cependant, la lune s'est lentement inclinée derrière l'écran noir formé par les arbres géants. La nuit est sombre comme au fond d'une caverne. L'œil n'a même plus, pour se reposer, les images incertaines doucement éclairées par le pâle sourire de la reine des nuits. Partout règne l'obscurité opaque, le noir insondable de la cécité.

Les mille bruits qui s'échappent de l'atmosphère humide, saturée de ténèbres, n'en sont que plus effrayants. L'ouïe, surexcitée, cherche à démêler ces bruits qui font involontairement frissonner les plus braves. Est-ce la marche étouffée du félin sur les herbes, le trot de l'insecte géant à travers les tiges, le glissement du reptile sous les fleurs?...

Ce cauchemar d'un être éveillé, raisonneur malheureusement, va prendre fin. Les heures douloureuses finissent par s'écouler. Déjà le *beo* (1) annonce gaiement la prochaine apparition du soleil. Les oiseaux nocturnes se taisent. Une large bande pourprée rougit les plus hautes cimes, des perroquets se mettent à caqueter éperdument, des vols de pigeons verts partent avec un brusque ronflement d'ailes, des singes se livrent à une gymnastique désordonnée à travers les lianes...

Mais, l'homme!...

Au bord de la rivière, couverte d'une buée blanche, sous un vieux figuier qui projette horizontalement ses branches énormes, se tient immobile, silencieux, un petit groupe composé de deux personnes : une femme, un homme.

Adossée au tronc du figuier, ou plutôt, à demi couchée sur une épaisse jonchée de frondaisons, la tête appuyée sur son bras, la femme sommeille doucement.

Armé d'une branche façonnée en un épieu grossier, l'homme veille, debout, près d'un petit brasier d'où s'échappe, en vrille, un mince filet de fumée.

Pâle, les cheveux en désordre, les habits déchirés, il contemple triste-

---

1. Oiseau siffleur; sorte de gros merle noir qui s'apprivoise parfaitement, et imite avec une singulière perfection la voix humaine.

ment sa compagne, dont le gracieux visage, encadré de lourdes tresses blondes, resplendit sous une coulée de lumière qui filtre à travers les feuilles du banian.

Elle s'éveille toute frissonnante sous la fraîcheur du matin, sourit doucement et dit d'un ton de doux reproche :

— Christian, mon frère, encore debout !...

« Quand donc penserez-vous à prendre un moment de repos ?

— Ne dois-je pas pourvoir à tous vos besoins, vous fournir la maigre chère du naufragé, veiller sur votre sommeil et...

— Et succomber à la peine, n'est-ce pas ?

— Anna, chère sœur, vous exagérez !

— Il dit que j'exagère, quand, depuis cinq jours et cinq nuits, il n'a eu ni trêve ni merci !

— Je ne suis aucunement fatigué, je vous assure.

« Vous ne sauriez croire la somme de résistance que nous possédons, nous autres marins.

— Encore ne faut-il pas abuser de votre vigueur, sous peine de périr dans cette interminable forêt.

« N'avons-nous pas tout le temps ?...

— Ce n'est pas, hélas ! le temps qui nous manque.

— Les provisions sont-elles épuisées ?...

— A peu près.

« Il nous reste environ une douzaine d'œufs de pigeons, que j'ai fait cuire sous la cendre... puis, plus rien.

— Mais, on peut encore vivre à la rigueur une journée, avec cela.

« Vivre de faim, par exemple.

« Et moi qui me sens un si bel appétit, depuis que nous sommes devenus Robinsons de Malacca.

— Nous trouverons bien quelques fruits... peut-être un lézard.. une tortue, un poisson.

— Tout ce que vous voudrez, mon ami, votre menu sera toujours le bienvenu, malgré son incohérence, et les procédés culinaires qui présideront à son apprêt.

— Chère petite sœur, j'admire vraiment la fermeté avec laquelle vous supportez ces misères affreuses, ces fatigues écrasantes, et la perspective presque désespérée de notre position.

— Moi ! je n'ai aucun mérite à cela.

« Je ne souffre aucunement, la fièvre m'a quittée, je dormirais mieux même que dans ma chambre, si je n'avais pas une peur horrible de toutes ces vilaines bêtes qui font tapage la nuit.

« Encore, m'y habituerai-je, à la longue.

— Ainsi, vous ne regrettez rien !

— C'est-à-dire, entendons-nous.

« Si j'étais rassurée sur le sort de nos pauvres compagnons, si nos malheurs n'avaient pas député par la catastrophe de l'*Indus*, je ne regretterais qu'une chose !

— Qui est !...

— Un bel éléphant, avec une escorte, pour traverser bien commodément, sans fatigue, toute la presqu'île malaise.

— Ah ! vous m'en direz tant, interrompit le capitaine, en riant malgré lui à cette réflexion inattendue.

— Faute de quoi je me contente de la malheureuse pirogue dont vous êtes à la fois le commandant et l'équipage.

— De sorte que, quand il faudra marcher à pied, lorsque la rivière cessera d'être navigable ?...

— Vous m'offrirez votre bras, et nous nous promènerons toute la journée, en grapillant de ci, de là, des baies, comme des écoliers en vacances, jusqu'à ce que nous ayons atteint le but de notre voyage.

— Il faut traverser entièrement la presqu'île de Malacca, avant d'arriver à Pérak...

— Elle est bien large, cette presqu'île, n'est-ce pas ?

— D'environ deux cent soixante kilomètres.

— Mais nous marchons depuis cinq jours.

— A quinze kilomètres par jour, cela fait soixante.

— Restent donc deux cents...

— Qui nous demanderont au moins quinze jours s'il ne survient aucun incident.

— Quinze jours... Eh ! bien ! va pour quinze jours.

Soit inconscience, soit fermeté, la jeune fille semble s'illusionner sur les difficultés, pour ne pas dire les impossibilités de la situation.

Il est vrai que, en comparaison des événements tragiques ayant précédé l'atterrissage, cette situation peut encore, à juste titre, passer pour enviable, en dépit des complications effrayantes qui peuvent surgir à chaque instant, au milieu de cette région redoutable

On se rappelle cet épilogue poignant du naufrage du *Godavéri*.

La pression irrésistible exercée par l'eau sur l'air emmagasiné sous le pont venait de faire sauter le navire. Il n'en restait plus rien. Tous les débris avaient été engloutis. Le capitaine Christian nageait vers la côte, en soutenant la jeune fille évanouie.

A bout de forces après une lutte désespérée contre les flots en furie, il se sentit couler, et souleva instinctivement la pauvre enfant au-dessus des vagues.

O bonheur ! Il rencontre sous ses pieds un sol résistant, par deux brasses (1) à peine de fond. Il recouvre soudain toute son énergie, heurte le sol du talon, remonte à demi asphyxié, entend, à une faible distance, un bruit bien connu de ressac, s'élance en avant, coule de nouveau, prend pied entre deux lames, trébuche en voulant courir, est coulé par une dernière vague, et s'accroche, avec une énergie furieuse, à une racine qu'il trouve sous sa main.

Plongé dans la vase jusqu'à mi-cuisse, avec de l'eau jusqu'aux épaules, ne sachant pas si la mer va monter encore, il s'empresse de hisser, à force de bras, la jeune fille sur cette racine, et de l'amarrer avec sa ceinture.

Puis, il reste immobile une minute, tant pour surmonter une dernière défaillance que pour s'assurer de l'état de la marée. Le flot demeure stationnaire. Tout péril est écarté pour l'instant. Dans sept ou huit minutes, le jusant va se faire sentir.

Craignant de rouler dans quelque fondrière, il n'ose faire un pas en avant, et se résout, quelque horrible que soit la position, à attendre les premières lueurs du matin.

Il tâtonne de droite et de gauche autour de lui, trouve d'autres racines très écartées à la base, et formant comme un piédestal à un tronc très surélevé.

A cette conformation particulière, il reconnaît un palétuvier.

Appréhendant d'être entraîné par le courant assez rapide qui ne tarde pas à se former avec le jusant, il s'arc-boute aux racines, épouvanté par le silence prolongé de sa compagne toujours inerte comme un cadavre.

L'eau baisse de plus en plus. C'est à peine si elle dépasse de trente centimètres la couche de vase.

L'officier, mourant de soif, prend dans sa main un peu de cette eau, la porte à ses lèvres et pousse un cri de joie. Sans être entièrement douce, elle est à peine saumâtre.

1. La brasse est de 1 mètre 62 centimètres.

Les hasards du naufrage l'ont donc poussé dans l'embouchure d'une rivière. Il absorbe à longs traits ce liquide presque tiède, chargé de corpuscules, qui, en dépit d'une saveur fade, lui semble délicieux !

Il va, quelque incommode que soit sa position, essayer de porter secours à l'infortunée jeune fille, quand un gémissement s'échappe des lèvres de la pauvre enfant.

— Enfin, elle vit ! s'écrie le capitaine éperdu de bonheur.

Le jour commence à poindre. Il distingue un large estuaire encaissé de végétaux aux feuilles gris sombre, au bas desquels s'étend une zone de vase où trottent obliquement de petits crabes bleus.

Ses prévisions sont donc de tous points justifiées.

Voulant au plus vite sortir de cette position affreuse, il escalade le palétuvier dont les racines lui ont été si utiles, casse une branche, redescend rapidement, saisit la jeune fille qui ne cesse de gémir, l'emporte en sondant la vase avec son bâton, et arrive enfin à la terre ferme après un quart d'heure d'efforts surhumains.

Défaillant à son tour, il peut à peine se tenir debout, et craint à chaque instant de s'abattre sur le sol.

— A boire ! murmure sa compagne d'une voix étouffée.

— Comment faire ! murmure avec désespoir le marin, en pensant qu'il lui faut franchir de nouveau le banc de vase, pour aller chercher de l'eau.

Mais, ce n'est rien encore. Comment la rapporter ?

Son regard désolé s'arrête machinalement sur un beau pied d'*arum*, dont la fleur d'un blanc grisâtre émerge à peine de la spathe roulée en cornet.

Au fond de la spathe, scintille et tremblote un liquide cristallin de l'aspect le plus engageant.

— De l'eau !.. voici de l'eau... s'écrie le jeune homme, passant aussitôt du découragement le plus profond à la joie la plus vive.

Ces quelques gouttes de rosée, absorbées avec avidité par la jeune fille, la rappellent à la vie.

— Sauvée !... sauvée par vous, murmure-t-elle d'une voix attendrie.

« ... Et les autres ?

— Nous sommes, ici, les seuls survivants de cette affreuse catastrophe...

« J'espère cependant qu'ils auront réussi à gagner aussi la côte, où leur position, du moins, sera moins précaire que la nôtre.

— Nous sommes sans ressources, n'est-ce pas ?

— Absolument !

— Et trempés jusqu'aux os !

« Heureusement que le soleil va nous sécher.

— Encore, va-t-il être urgent de nous couvrir la tête avec des feuilles afin d'éviter une insolation.

— Ces premiers rayons me font du bien..., je frissonnais tout à l'heure...

« Et maintenant...

— Et maintenant ?

— Faut-il vous l'avouer ?...

« Je meurs de faim !

— Je vais tâcher de vous trouver quelque chose.

— Ce sera bien difficile, n'est-ce pas ?

« Savez-vous que notre apprentissage de naufragés, — le mien du moins, — promet d'être très dur.

— Je vais faire tout mon possible pour vous le faciliter.

— Je n'en doute pas, mon ami, et vous me rendrez grand service.

« Car vous n'avez pas idée de ma maladresse, de mon inexpérience.

« Grand-père est bien bon, mais, au lieu d'aller au-devant de tous mes caprices d'enfant gâtée, il eût peut-être plus sagement fait de m'initier aux détails de la vie.

« Pensez-donc, je ne saurais même pas cuire un bifteck.

— Oh ! Mademoiselle, cuire un bifteck est une opération bien trop compliquée pour des naufragés de dernière classe comme nous !

— D'abord, mon cher sauveur, je vous prie de supprimer cette cérémonieuse appellation de « Mademoiselle ».

« Regardez-moi et aimez-moi comme si j'étais votre « sœur. »

« Vous l'avez bien gagné, n'est-ce pas ?

« Ainsi vous êtes mon frère...

— Oui, Mademoiselle !

— Encore !...

« Voyons, mon frère, examinons l'état de nos ressources.

« Je possède, quant à moi, un mouchoir, un collier... un collier...

« C'est tout.

« Et vous ?

— J'ai un couteau... un excellent couteau à plusieurs lames, c'est un trésor précieux.

— Précieux en effet, ajoute gravement la rieuse jeune fille dont le naturel enjoué reprend heureusement le dessus.

— Plus ma montre... pleine d'eau de mer, du reste.

« Plus mon revolver tout chargé.

— Pour nous défendre contre les animaux féroces.

— Mais les cartouches doivent être noyées comme ma montre.

« Plus quatre ducats (1) dans la poche de mon gilet.

— De l'or !...

« Mieux vaudrait un biscuit.

— Mais, j'y pense... nous allons déjeuner.

— Je l'espère bien.

« Les naufragés finissent toujours par déjeuner.

— Permettez-moi de m'absenter dix minutes.

— Bien volontiers, mon ami.

« Ne puis-je venir avec vous ?

— Impossible ! répond le capitaine en s'élançant bravement à travers le banc de vase.

Puis, il revient bientôt, radieux, triomphant, portant sur son épaule un énorme faisceau de minces racines de palétuvier, auxquelles sont incrustées solidement des huîtres de forme très irrégulière, bien connues des navigateurs.

Ces huîtres, vivant dans l'eau saumâtre, sont fades et ont grand besoin d'être relevées avec du sel, du piment ou du citron. A défaut de ces condiments, leur ingestion est laborieuse.

Mais, aussi, quel assaisonnement, que la faim !

Les deux naufragés, abrités par une touffe de bambou, partagèrent fraternellement ce repas frugal, tout en déplorant, hélas ! l'absence d'une racine alimentaire quelconque, un régime de banane, ou un fruit d'arbre à pain.

Tout à coup, le capitaine s'avise que l'*arum*, dans la spathe duquel se trouvait si bien à point la rosée dont sa compagne a fait ses délices, ressemble, à s'y méprendre, à une plante dont les Hindous se régalent volontiers.

Il fouille au bas de la tige avec son couteau, met à jour une grosse racine bulbeuse, la retire de l'excavation, la nettoie, en casse un morceau et le croque non sans plaisir.

— Je connais cela, c'est la *Colocasia*... j'en ai goûté jadis dans la jungle.

« Cela vous a un arrière-goût de navet...

« Tenez..., petite sœur, mangez à votre tour.

— C'est très bon et cela accompagne tout naturellement les huîtres.

1. Le ducat suédois en or vaut 11 fr. 66.

Il pousse devant lui l'objet en question, qui glisse, prend forme. (Page 338.)

Après ce repas, nécessairement très long, car il fallait ouvrir chaque huître avec précaution, pour ne pas casser le couteau, l'officier ajoute :

— Vous sentez-vous mieux ?

— Infiniment mieux, et rassasiée, du moins pour l'instant.

« Mes vêtements sont à peu près secs et je me sens de force à marcher.

— Veuillez attendre un moment.

« Il me faut retourner aux palétuviers, pendant la marée basse, faire une nouvelle provision d'huîtres, et tâcher de prendre quelques crabes, en prévision de notre dîner.

« Notre maigre subsistance, assurée jusqu'à demain, nous verrons à prendre une résolution.

Il dit et repart sans tarder, à travers le banc de vase. Il fait à peine vingt pas qu'il trébuche, s'empêtre, et manque de s'étaler de son long au beau milieu de la bouillie alluvionnaire.

Une exclamation joyeuse lui échappe aussitôt, en reconnaissant la nature de l'objet auquel il s'est heurté.

Sans paraître s'occuper le moins du monde des mollusques et du futur dîner, il s'arrête, s'arc-boute, fait de violents efforts, tire, pousse, arrache, soulève quelque chose d'informe, et s'écrie :

— Hourra!... je viens de faire une trouvaille d'un prix inestimable.

Et, sans souci de la vase qui le souille des pieds à la tête, il pousse devant lui l'objet en question qui glisse, prend forme, et se présente sous l'aspect d'une minuscule pirogue, longue d'à peine trois mètres, large de cinquante centimètres, et submergée vraisemblablement depuis longtemps.

— Une pirogue !... Petite sœur...

« C'est une pirogue que je vais tirer à terre et nettoyer soigneusement.

— Oh !... quel bonheur ! s'écrie la jeune fille avec une joie d'enfant, et en s'élançant vers l'officier.

— Ne m'approchez pas ! je suis fait comme un calfat...

Sans perdre un moment, il vide avec ses mains l'embarcation pleine de vase, la frotte avec des feuilles de bambou, la bouchonne, enlève toutes les souillures, reconnaît qu'elle est parfaitement étanche, et ajoute :

— Voici pour remonter la rivière jusqu'aux montagnes qui forment comme l'épine dorsale de la presqu'île Malaise.

« Il me faut maintenant façonner une pagaye grossière, ou une paire de rames si j'en ai le temps, puis retourner là-bas en quête du dîner.

« Après quoi, je profiterai du flot pour me baigner, et enlever cette couche bourbeuse qui me fait ressembler à un amphibie.

Le capitaine fit tant et si bien, qu'après six heures d'efforts, il pouvait mettre la pirogue à flot, et profiter de la marée montante pour s'embarquer avec sa compagne.

Le flot portant naturellement vers le haut de l'embouchure de la rivière, la pirogue, put, en rasant les rives, remonter assez loin dans l'intérieur des terres.

L'approche de la nuit interrompit cette navigation peu pénible en somme, jusqu'au moment où le jusant commença de nouveau à se faire sentir.

Le capitaine tira la pirogue à terre, la remplit de feuilles de fougère, et la transforma en une sorte de berceau pour sa compagne. Le souper se composa encore d'huîtres, et d'une racine de *Colocasia*.

La nuit venue, la jeune fille s'installa commodément sur la moelleuse couche de frondaisons, et l'officier, sentinelle vigilante autant que dévouée, monta la garde jusqu'au lever du soleil.

Le lendemain matin, on se mit en route, à jeun, naturellement, en comptant sur le hasard pour fournir le menu de la journée.

Le hasard se présenta sous la forme d'une grosse anguille que le capitaine assomma d'un coup de pagaye, et lança toute pantelante sur le rivage.

Une anguille, c'est très bon en matelote, ou à la sauce tartare, ou même rôtie sur des charbons.

Mais, il faut du feu. Quant à manger crue cette chair coriace, lourde, filandreuse, il faut littéralement mourir de faim.

Du feu ! Les indigènes de tous pays s'en procurent en frottant énergiquement deux morceaux de bois. Mais, il y a un procédé inconnu à la plupart des Européens, et qui nécessite, en outre, l'usage d'essences particulières que l'on ne rencontre pas partout.

Le capitaine, très embarrassé, contemplait mélancoliquement l'anguille qui s'agitait convulsivement dans l'herbe, les reins brisés.

Tout à coup il se frappe le front, avec le geste familier de l'homme qui trouve une idée.

— Bah ! dit-il, en continuant à haute voix un raisonnement commencé en aparté, essayons.

Il tire alors de son étui de cuir son revolver tout rouillé grâce au contact de l'eau de mer, fait sortir une cartouche du barillet, enlève d'un coup de dent la balle sortie à son enveloppe de cuivre, et verse la poudre dans sa main.

Par bonheur, la poudre est sèche.

— Tenez-vous absolument à votre mouchoir, petite sœur ?

— Sans doute ; j'y tiens d'autant plus que je n'en possède pas d'autre.

— Veuillez cependant en déchirer un morceau grand comme la main effiloquer ce morceau en une charpie très fine, et l'exposer au soleil pour bien la sécher

« C'est pour cuire l'anguille, ajoute-t-il d'un ton engageant.

Pendant que la jeune fille se livre à ce travail, il se met en quête de menues branches mortes, donnant la préférence aux espèces résineuses, récolte de-ci, de-là, des herbes sèches, entasse le tout, forme un petit bûcher, le surmonte des filaments déliés enlevés au fin tissu, et les saupoudre avec le contenu de la cartouche.

Il a conservé une pincée de poudre qu'il a mise dans la douille métallique pour favoriser l'inflammation du tout, si, comme il n'ose l'espérer, l'amorce prend feu sous le choc du chien.

Plus ému que ne le comporte l'accomplissement d'une chose aussi banale en principe, il arme son revolver, pose le canon au milieu des chiffons, et abat la détente.

Une faible détonation se fait entendre, la poudre s'enflamme brusquement, le chiffon fume, charbonne, rougit par place.

Le capitaine se jette à plat ventre, souffle avec précaution, pleure, éternue, tousse au milieu de la fumée qui s'échappe du brasier, et pousse un cri qui part du cœur, ou tout au moins de l'estomac :

— Petite sœur !.. nous avons du feu !

« Nous mangerons l'anguille grillée !

Ce qui fut fait en conscience, et du meilleur appétit.

L'officier reste donc nanti de cinq cartouches, c'est-à-dire, des moyens de faire du feu pendant cinq jours, en admettant que ces cartouches ne soient pas avariées.

Mais, si elles sont avariées !.. plus de feu !

Le capitaine Christian se rappelle alors le procédé employé par les sauvages de plusieurs pays, notamment les Fuégiens, pour transporter le feu dans leurs pirogues.

Ce procédé, très simple, consiste à maçonner, à l'avant ou à l'arrière de l'embarcation, un petit massif d'argile destiné à isoler la coque des charbons en ignition, et à la préserver de tout danger de combustion.

Sur la plaque d'argile suffisamment épaisse, on installe, sous des cendres, les tisons qui se consument doucement à l'étouffée, et se conservent fort longtemps.

Le capitaine réussit à merveille et imita les sauvages avec un plein succès. Mais la jeune fille dut renoncer à dormir dans la pirogue, qui, depuis sa nouvelle destination, s'accommodait mal d'un chargement d'herbes sèches.

C'est ainsi qu'ils remontèrent pendant cinq jours ce cours d'eau, sans rencontrer âme qui vive, ni même la moindre trace ancienne ou récente d'habitation.

En dépit de l'incohérence de leur régime, des fatigues écrasantes endurées pendant ces rudes journées de voyage, leur santé se maintenait à peu près bonne.

C'est alors que nous les retrouvons, en pleine forêt, après une de ces nuits bruyantes, où tous les animaux nocturnes font rage. Vaillants toujours, bien que manquant de tout, gais quand même, et se préparant à réaliser ce tour de force en apparence impossible, surtout pour une jeune fille de dix-huit ans, de traverser de l'Est à l'Ouest la presqu'île de Malacca!

CHAPITRE IX

Solitude. — Calomnies intéressées — Les *Orangs* de Malacca. — Stérilité de la forêt vierge. — Famine. — Héroïsme du capitaine Christian. — Seule! — Défaillance. — Terreurs. — Réunis. — Épuisement. — Recherches inutiles. — Réduits à mâcher des pousses de bambou. — Incendie de la pirogue. — Sommeil. — Délire. — Fièvre. — L'accès pernicieux. — Réveil terrible. — Folle épouvante. — « Il se meurt! » — Commencement de réaction. — Étrange apparition. — Ceux qu'on fuyait. — Étonnement mutuel. — Les *Hommes des Bois*.

Ce projet, de traverser la presqu'île Malaise de la côte orientale à la côte occidentale, est, en somme, le seul praticable, pour les deux naufragés, quoiqu'il présente des difficultés presque insurmontables.

Bien que le capitaine Christian ignore l'endroit précis où il est abordé, il sait qu'il ne doit pas être sensiblement éloigné du 5e parallèle Nord et qu'en marchant toujours dans la direction du couchant, il atteindra la colonie anglaise de Perak, située exactement entre le 4e et le 5e parallèle.

Il s'agit donc, avons-nous déjà dit, de parcourir en ligne directe, environ trois cents kilomètres, sans aucune provision, dans un dénûment absolu, sans moyens de transport, alors qu'un pareil voyage nécessiterait une escorte nombreuse, des bêtes de somme, et un approvisionnement très abondant.

Il était impossible de penser à séjourner au lieu du naufrage, pour attendre le passage très problématique de navires, dans un lieu imprégné de miasmes paludéens, éloigné, du reste, de toutes les voies habituelles de communications, et n'offrant même pas les maigres ressources alimentaires offertes, hélas! bien parcimonieusement par la forêt vierge.

Le capitaine Christian a donc pris le meilleur parti. Ou plutôt de deux maux il a choisi le moindre.

Une chose l'étonne pourtant, et l'inquiète plus qu'il ne voudrait même se l'avouer. C'est l'absence complète d'habitation. La presqu'île de Malacca est cependant un centre assez actif de population.

A part les nomades qui errent sans cesse à travers la grande futaie primitive, de véritables sauvages, ceux-là, il y a de nombreux sédentaires, des agriculteurs, fixés dans des kampongs généralement situés au bord des cours d'eau.

Comment jusqu'alors n'a-t-on rencontré personne? Les Malais ne sont pas irrévocablement les ennemis des Européens, bien au contraire. Leurs maîtres, dit M. A. R. Wallace, les ont calomniés. On les a représentés comme des hommes sanguinaires autant que rusés. Notamment ceux de la presqu'île de Malacca ont été dépeints comme des pirates héréditaires, vivant de fraude et de rapines.

Sans doute, les îles du littoral ont souvent abrité des corsaires, surtout quand les puissances européennes armaient les indigènes les uns contre les autres. Mais la grande partie de la population, pendant la période historique, s'est toujours composée de paisibles agriculteurs.

Souvent aussi les Malais ont été qualifiés de pirates par les Anglais pour excuser les campagnes entreprises ou justifier les annexions de territoires; les douanes intérieures établies aux entrées des estuaires, aux confluents des cours d'eau, aux portages et aux cols des montagnes étaient représentées comme des repaires de brigands.

Mais, dans les conditions normales, le Malais est le plus sociable, le plus paisible des Asiatiques, en même temps que l'un des plus courageux et des plus fiers. Dans les villages, chaque homme respecte scrupuleusement les droits de son voisin: nulle part il n'y a d'égalité plus réelle.

Sans être tout à fait aussi optimiste que l'éminent naturaliste anglais, on peut affirmer que, dans la majeure partie des cas, il est facile à l'Européen de vivre en bonne intelligence avec le Malais, et d'en recevoir de bons offices; à la condition essentielle, toutefois, de le traiter avec bienveillance, et de ne pas lui témoigner cette morgue hautaine qui rend les Anglais si haïssables aux peuples conquis.

Quant aux populations sauvages de l'intérieur de la presqu'île Malaise, elles sont représentées par des tribus divisées en d'innombrables clans. Elles sont désignées sous les noms génériques d'*Orangs Binua*, — homme du sol; — *Orangs Outangs*, — hommes des bois — *Orangs Boukit*, — hommes des montagnes; — *Orangs Oubou*, — hommes des rivières; — *Orangs Darat Liar*, — hommes sauvages; — ou simplement *Orangs Oulou*, — hommes de l'intérieur.

La terreur qu'inspirent les *Hommes des Bois* et plus encore les atrocités dont on s'est rendu coupable à leur égard, ont créé de singulières légendes à leur sujet. On en a fait des « hommes à queue » habitant de préférence sur les arbres et n'en descendant que pour ravager les villages. On a prétendu qu'ils sont couverts d'une fourrure épaisse, que leurs mâchoires sont armées de défenses, qu'ils ont les pieds longs d'un demi-mètre, avec des griffes énormes leur permettant de déchirer leur proie qu'ils avalent ensuite toute crue !

Tout naturellement, on en a fait aussi des anthropophages. C'était là, du reste, la moindre des choses.

Nous verrons plus tard ce que pense de ces déshérités M. Brau de Saint-Pol Lias qui a étudié entre autres les Orangs-Sakèys, a connu leurs mœurs, leur existence, et a pu photographier quelques types curieux.

Quoi qu'il en soit, le capitaine Christian, qui souhaite ardemment la présence des premiers, appréhende non moins vivement la rencontre des Hommes des Bois.

Malgré son énergie, malgré sa prodigieuse endurance à la fatigue et aux privations, il éprouve parfois de brusques défaillances qu'il cache soigneusement à sa compagne, en pensant aux difficultés qui surgissent à chaque instant, et augmentent au fur et à mesure qu'ils avancent dans l'intérieur de la forêt.

Leur subsistance à tous deux devient de plus en plus précaire, tant le grand bois leur offre peu de ressources. Depuis deux ou trois jours déjà, ils ont à peine trouvé de quoi manger. La faim les aiguillonne durement, leurs forces commencent à décliner, et le hasard qui, tant de fois déjà, les a sauvés, semble s'être lassé.

Ce serait en effet une grave erreur de croire que les végétaux opulents des grandes forêts tropicales sont susceptibles de fournir aux besoins de l'existence humaine.

Les fruits et les baies sont rares, sur les arbres de la vieille futaie primitive, et généralement inaccessibles. Les plantes alimentaires exigent une culture, quelque élémentaire qu'elle soit, et la chasse comme la pêche sont trop aléatoires, pour que l'indigène lui-même compte absolument sur leur produit.

Aussi, voyons-nous partout l'habitant de la forêt, même le plus sauvage, ensemencer un abattis, semer les graines, récolter les céréales et les racines, et les emmagasiner pour les jours de disette. Il boucane sa

Mon Dieu! mon Dieu! nous avez-vous donc abandonnés! (Page 348.)

viande et son poisson, les met aussi en réserve et regarde comme des hors-d'œuvre les produits naturels des arbres sauvages.

Seuls, les Australiens, ces déshérités par excellence, ne vivent que de chasse et de pêche, ignorent la culture, et s'en vont, errant à l'aventure, à travers les stériles magnificences de leur pays. Encore, par un reste de sauvage prévoyance, récoltent-ils chaque année les gommes des eucalyptus, en forment des masses compactes qu'ils cachent en différents points, pour les retrouver en temps et lieu quand la faim les talonne.

Les Orangs de Malacca eux-mêmes ne vivent pas non plus au jour le jour, et savent se prémunir contre la famine, cet ennemi séculaire des hommes primitifs.

Du reste, vivant perpétuellement dans leur forêt, en connaissant admirablement les ressources, sachant qu'en tel ou tel point se trouvent d'anciens abattis redevenus sauvages, où croissent avec une exubérance inouïe les cocotiers, les sagoutiers, les arbres à pain, les bananiers, ils se dirigent imperturbablement, au gré de leurs désirs ou de leurs besoins, vers ces oasis perdues au milieu de l'incommensurable futaie.

D'autre part, étant merveilleusement adaptés à cette vie, par suite d'une longue hérédité, comme aussi de l'accoutumance quotidienne, évoluant à travers la gigantesque broussaille, avec autant de facilité que les fauves dont ils ont le prodigieux instinct, possédant des armes primitives, mais redoutables, qu'ils emploient avec une adresse incomparable, ils peuvent s'alimenter tout en restant nomades, bien que de temps en temps la famine sévisse rudement chez eux.

Mais un Européen, courageux, sans doute, industrieux aussi, dur à la fatigue, sobre autant qu'on peut l'être, succombera fatalement à la faim, s'il échappe à la dent des fauves ou au venin des reptiles.

A plus forte raison s'il n'a pas d'armes.

Il se trouve, en conséquence, dans des conditions d'infériorité trop écrasantes, vis-à-vis de l'indigène, pour résister longtemps.

Aussi, on peut affirmer que, dans la majorité des cas, il est irrémédiablement perdu sans une succession de hasards miraculeux.

Le malheureux officier est à jeun depuis douze heures. Voulant cacher à sa compagne l'horreur de leur position, voulant aussi la préserver le plus longtemps possible des tourments de la faim, il affecte un air joyeux que dément sa pâleur, et lui réserve héroïquement les humbles éléments recueillis au hasard de leur course.

— Et vous, mon ami, vous ne mangez donc pas? dit-elle, inquiète, malgré tout, en voyant qu'il renonce à partager son pitoyable repas.

— Merci ! j'ai mangé, répondit-il en souriant doucement, et en affectant l'air heureux d'un homme qui a trop bien dîné.

Un soupçon aigu traverse le cœur de la jeune fille.

— Vous me trompez ! réprend-t-elle avec vivacité.

« Vous ne dormez jamais...

— Oh ! nous autres marins, dont le repos est régulièrement interrompu par les quarts, nous avons à peine besoin de sommeil.

— ... Et vous ne mangez plus !...

— Pardon... j'ai mangé pendant la nuit.

« Je vous avouerai même que, pris d'une fringale subite, rendue fort excusable par l'exiguïté de notre ordinaire, j'ait fait main-basse sur les provisions.

« Il est donc tout naturel que je vous laisse le reste.

— Comme vous êtes pâle, cependant !

— C'est l'effet des rayons du soleil sur les feuilles vertes

— Cependant, si c'était vrai !...

— Si « quoi » ...? chère petite sœur.

— Que vous poussez l'abnégation jusqu'à...

— Ne parlons pas de cela, dites, voulez-vous ?

« Comme je suis beaucoup plus vigoureux que vous, il est naturel, ou plutôt, il serait naturel, le cas échéant, que ma ration fût inférieure à la vôtre.

« C'est ainsi que cela se pratique, quand les provisions diminuent à bord, ou quand on se trouve jeté à la côte.

« Les femmes et les enfants sont servis et sauvés les premiers.

— Comme vous êtes bon !

— Ma foi ! je n'en sais rien... et vous donnez véritablement trop de prix à une chose insignifiante.

— Vous avouez donc enfin que vous vous privez pour moi !

— Je n'avoue rien du tout !

— Oh ! tenez, je comprends tout, maintenant, s'écrie la pauvre enfant dont les yeux se remplissent de larmes.

« Mais ne voyez-vous donc pas que notre commune misère ne sera supportable qu'à la condition d'être équitablement partagée ?

— Sans doute, mais en tenant compte de l'inégale répartition de nos forces.

« Du reste, le débat se trouve clos en ce moment par la force des choses, puisqu'il ne nous reste absolument rien à mettre sous la dent.

— Rien !... c'est la première fois depuis huit jours.

« Depuis l'heureuse rencontre des nids de pigeons verts, nous avons encore trouvé, de ci, de là, quelques fruits, quelques racines.

— Aussi, est-il urgent que je me mette en quête sans plus tarder, sous peine de souper par cœur.

« Je vais donc être forcé de vous laisser seule

« Vous n'aurez point peur, n'est-ce pas ?

— Pour moi ?... non, mon ami.

« Mais vous, n'allez pas vous égarer.

— Soyez sans inquiétude ; je vais jalonner ma route de façon à me reconnaître sans erreur possible.

— Au revoir, frère !... et bon courage !

— Au revoir, sœur ! et bon espoir !

Brusquement l'énergie de la jeune fille tomba quand elle eut vu s'enfoncer lentement, dans le taillis, son ami appuyé sur son bâton, et coupant, de distance en distance, quelque menue branche avec son couteau.

L'horreur de sa situation lui est-elle enfin révélée ? La solitude qui l'environne, lui apparaît-elle plus affreuse que précédemment ? Son cerveau, surexcité par les fatigues et les privations, est-il plus accessible à la terreur ?

Un sanglot convulsif déchire sa poitrine, un flot de larmes monte à ses yeux, elle s'abat sur les genoux, étend ses mains crispées vers l'impénétrable dôme de verdure que calcine un soleil implacable, et s'écrie d'une voix déchirante :

— Mon Dieu !... mon Dieu !... nous avez-vous donc abandonnés ?

Sa défaillance fut longue, et elle ne s'aperçut du lent défilé des heures, que quand la faim, l'horrible faim, se faisant sentir plus durement que jamais, elle vit les ombres s'allonger sur la rivière.

— Comme il tarde à revenir, murmure-t-elle brisée, en essayant de sonder du regard l'inextricable enlacement de branches.

« J'ai peur !... je tremble !...

« S'il savait cela, lui qui me croit si forte, si résolue, alors que le moindre bruit, le moindre craquement m'épouvantent quand il n'est pas là.

« Coûte que coûte, je veux l'accompagner demain.

Le jour baisse. Bientôt la nuit va venir. La nuit opaque des grands bois qui fait frissonner les plus intrépides.

L'infortunée jeune fille sent ses terreurs grandir de minute en minute.

— Oh ! sanglote-t-elle éperdue, demain... mais demain il me trouvera morte !

Mais son désespoir fait place à une joie nerveuse, presque délirante.

Elle entend sous bois un pas lourd, et un brusque froissement de branches.

— Christian !... Christian !... c'est vous ?

— Anna !... me voici..

Et l'officier, plus pâle encore qu'au départ, apparaît aux dernières lueurs du jour, en lambeaux, la face et les mains balafrées par les épines, exténué, se soutenant à peine.

— Rien ! dit-il d'une voix rauque avec un indicible accent de désespoir.

— Et qu'importe ! puisque vous êtes revenu.

— C'est vrai, qu'importe, puisque vous êtes près de moi

« Mais, je n'ai rien à vous donner à manger !... rien !...

« Oh ! la forêt maudite, plus implacable et plus décevante encore que la mer !...

Ce soir-là, ils mâchèrent, pour tromper les tourments de la faim, quelques jeunes pousses de bambou.

Le capitaine eut à peine le temps d'improviser à la hâte, sur la terre nue, la couche de feuillage où sa compagne repose habituellement. Trop faible, d'autre part, pour renouveler l'approvisionnement de combustible, épuisé d'ailleurs par l'inutile et interminable course qu'il a faite en forêt, il se laisse tomber au pied d'un arbre, et s'endort lourdement d'un sommeil cataleptique.

Au milieu de la nuit, une vive lueur, accompagnée d'une fumée suffocante l'éveille brusquement.

Il se lève péniblement, se traîne jusqu'au bord de la rivière, guidé par une flamme claire, et laisse échapper un cri de désespoir. La pirogue, tirée à terre, est à demi consumée !

Il n'a plus pensé, la veille au soir, à retirer les tisons ensevelis sous la cendre, et isolés de la coque de l'embarcation par le massif d'argile. Depuis plusieurs jours, l'argile s'est fendillée sous l'action de la chaleur, et la coque, formée d'un bois résineux, a pris feu, n'étant plus que très imparfaitement protégée.

C'est là une catastrophe irréparable, dont les conséquences doivent être terribles.

A l'extrême rigueur, il aurait pu ramer quelques heures, peut-être encore un jour, et rencontrer un village. Tandis que, privé de la petite embarcation, il sera impossible de quitter ce lieu maudit.

Il sait bien, lui qui connaît les obstacles presque insurmontables dont la forêt est hérissée de toutes parts, qu'une femme ne pourra jamais escalader les troncs tombés, trouer les fourrés d'épines, franchir les fondrières, ou traverser les cours d'eau.

— Allons, murmure-t-il douloureusement, la série est complète.

Il absorbe avidement de larges gorgées d'eau qui éteignent pour un moment la fièvre dont il est consumé, puis revient, en trébuchant, se coucher sous l'arbre.

Il s'assoupit de nouveau.

Bientôt, une douleur lancinante se fait sentir au niveau de ses tempes. Son cœur se met à battre d'une façon désordonnée. Sa peau est sèche, brûlante, et un nuage rougeâtre s'étend sur ses yeux.

Sa pensée lui échappe en quelque sorte, ou plutôt des idées mal coordonnées lui arrivent avec une incroyable surabondance, en alternant avec des intermittences de lucidité.

— C'est la fièvre, dit-il à part lui... la fièvre des bois probablement.

« Alors, je vais mourir !

« A moins pourtant que ce soit seulement la faim.

De nouveaux cauchemars l'assiègent en foule. Il n'a plus conscience de lui. Des milliers et des milliers de reptiles de toute grosseur se meuvent, s'entrelacent et se tordent devant le voile sanglant, formant l'horizon imaginaire que lui fait apercevoir son cerveau congestionné.

Puis un besoin singulier de parler, d'émettre les idées qui se présentent en foule, sans liaison, comme sans suite, et tout en conservant très vaguement la conscience de proférer des insanités.

Ce mal foudroyant dans lequel un praticien reconnaîtrait un accès de fièvre pernicieuse, lui enlève en quelques moments la notion du temps, l'immobilise à la place où il s'est affaissé, et ne lui laisse qu'une sensibilité douloureuse, exaspérée.

La jeune fille, plongée dans un lourd sommeil succédant heureusement aux mortelles angoisses de la journée, n'a pas entendu tout d'abord les gémissements qui échappent à son compagnon.

Les multiples bruits de la forêt, avec lesquels elle a fini par se familiariser, ne l'arrachent plus à sa torpeur, les plaintes de l'officier, se confondant avec ces bruits dont s'accommode son sommeil, ne réussissent pas à l'éveiller.

Cependant, comme la forêt redevient pour un instant silencieuse, au moment où l'aube commence à faire pâlir l'horizon, la persistance de ces plaintes inconscientes finit par avoir raison de son engourdissement.

Du reste, c'est l'heure où tout s'éveille, et où les deux naufragés échangeaient, un affectueux bonjour.

Inquiète, tourmentée, souffrant d'ailleurs cruellement de la faim, étonnée, aussi, de ne pas voir son ami déjà debout, elle promène rapidement autour d'elle un regard anxieux, aperçoit à trois pas une forme allongée sur le sol, entend comme un râle, et son nom prononcé d'une voix rauque...

A ce moment, le jour éclate avec la soudaineté particulière aux régions équinoxiales. Le soleil rougeoye aux plus hautes cimes avec des reflets d'incendie, le brouillard du matin oscille un instant sur la rivière, et disparaît à vue d'œil, comme une toile de fond, dans un décor de théâtre.

Anna se dresse épouvantée, n'en pouvant croire ses yeux.

Pâle, hagard, les traits tirés, le regard fixe, les poings serrés, le capitaine, étranger à tout ce qui l'entoure, ne voit ni n'entend. Sa respiration sifflante peut à peines s'échapper de ses lèvres violacées, une sueur épaisse commence à ruisseler sur son front et à couler en nappe jusque sur ses joues.

Eh quoi! ce moribond, terrassé par un mal mystérieux, est bien le robuste et intrépide compagnon de sa misère?... cet être inerte, sans pensée comme sans volonté, est bien l'ami dévoué, dont la tendresse, aussi délicate qu'ingénieuse, lui a fait jusqu'alors tolérer l'enfer où elle se débat!

Elle pousse un cri qui n'a rien d'humain, et se répercute lugubrement sous les arceaux de la forêt, puis, bégaye, affolée, à la pensée de la mort qui lui apparaît soudain dans toute son horreur :

— Ah! mon Dieu... Il se meurt...

Plus encore que l'effroyable solitude qui l'environne, cette horrible pensée l'épouvante. Voir périr lentement l'être qui vous est cher, épier sur ses traits la marche implacable du mal, se sentir impuissant, désarmé, quand on voudrait lui infuser son propre sang, sa propre vie, est-il rien de plus atroce?

Sans savoir ce qu'elle fait, haletante, croyant, ou plutôt espérant qu'elle va mourir aussi, elle s'approche du malade, s'assied près de lui, soulève sa tête, l'appuie sur ses genoux, essuie la sueur qui coule à flots de son visage, l'appelle doucement, épie un mot, un geste lui indiquant un vague retour de la vie, de la pensée...

Rien !

La pauvre enfant, ignorant la soudaineté des manifestations de l'accès pernicieux, se demande, avec une angoisse croissante, comment son ami a pu être ainsi foudroyé. A-t-il été mordu par un serpent ou piqué par un insecte venimeux? A-t-il été empoisonné par un fruit cueilli et mangé imprudemment pendant la journée?...

S'il est mourant par suite du climat, des fatigues, des privations, pourquoi vit-elle encore, elle, qui est de beaucoup plus faible, plus délicate?

Et les heures s'écoulent, sans pour ainsi dire qu'elle ait conscience de la marche du temps, ne sentant plus la faim qui la ronge, insensible à force de douleur, ne pouvant même plus espérer en un miracle.

Il semble pourtant qu'une réaction légère commence à s'opérer dans l'état du malade. La sueur a cessé de couler, et les membres n'ont pas cette rigidité qu'ils possédaient tout à l'heure. Sa respiration est toujours agitée, mais moins irrégulière.

Il dort sans doute. C'est là surtout qu'il faudrait une médication énergique et prompte, pour prévenir le retour d'un second accès qui doit fatalement l'emporter.

Un léger bruit fait lever la tête à la jeune fille qui épie anxieusement ces symptômes dont la signification lui échappe.

En toute autre circonstance, la vue du spectacle qui action de s'offre soudain à ses yeux, l'eût frappée d'une folle épouvante. Mais elle se trouve dans une telle situation de corps et d'esprit, que l'aspect d'un tigre lui-même ne l'eût ni emue, ni étonnée.

— Eh! bien, murmure-t-elle à voix basse, sans qu'un seul de ses traits se fût contracté, nous mourrons ensemble !

Pendant que, absorbée dans sa douleur, étrangère à tout, oubliant même le lieu sinistre où elle se trouve, elle contemplait son ami, un groupe étrange s'est formé en face d'elle, à une dizaine de pas, au milieu de la clairière.

Des hommes d'aspect bizarre, effrayant même, se sont avancés doucement, sans faire plus de bruit que les félins en quête de leur proie.

Ils sont une quinzaine, à demi nus, et drapés dans des étoffes grossières, formées d'écorces assouplies, qui les couvrent comme les langoutis des Hindous.

Assez grands, bien bâtis, mais très maigres, la peau jaunâtre, couverte de plaques terreuses, uniformément sales et répugnants, ils se tiennent immobiles, contemplant curieusement la jeune fille et son compagnon, sans dire un mot, sans faire un geste.

Ils portent sur leur dos, chacun une hotte attachée avec des bretelles de rotin, et contenant vraisemblablement leurs provisions.

Jeunes et vieux ont invariablement le même aspect misérable, souffreteux, mais leur impassibilité, en quelque sorte étonnée, n'indique en aucune façon la férocité.

Ils ne sont ni peints ni tatoués. Quelques-uns on seulement des colliers formés de plusieurs rangs de perles blanches et noires. Leurs yeux noirs,

C'est un homme d'une quarantaine d'années, petit, trapu au cou de taureau. (Page 360.)

mobiles, expressifs, se portent avec vivacité sur les deux Européens, mais ils n'ont pas le regard farouche, égaré, que l'on pourrait s'attendre à constater chez des sauvages.

La nuance de leur peau est à peu près celle des Malais, mais, en dépit de la conformité de cette nuance, il est facile de distinguer, au premier abord, qu'ils appartiennent à deux races bien distinctes. Les uns ont, en effet, le type nègre très accentué, avec des cheveux laineux, crépus, tandis que les autres ont les cheveux longs, droits et ondulés.

Ils sont armés du *parang*, du *golok* (1) et d'une longue sarbacane, bien droite, bien luisante, formée de deux roseaux superposés, avec le carquois — sorte de gros étui en bambou — contenant les petites flèches empoisonnées qu'ils lancent avec une adresse prodigieuse.

Après quelques minutes d'une muette contemplation, ils se parlent à l'oreille à voix basse, chuchotent, gesticulent, se montrent du doigt la jeune fille et son compagnon, toujours immobiles, et semblent exhorter à s'avancer, un vieux à la barbiche blanche, à l'épiderme raboteux.

Celui-ci semble s'en défendre avec vivacité, bien que la curiosité aiguillonne ses yeux noirs et vifs, en dépit de l'âge.

A ce moment, le capitaine pousse un long soupir, ouvre les yeux, aperçoit sa compagne qui lui sourit tristement, entend les voix qui peu à peu ont haussé le ton, tourne la tête, aperçoit les inconnus, et murmure d'une voix altérée.

— Anna... ma sœur... Les Hommes des Bois !

1. Le *golok* est un couteau à longue lame pourvu d'un fourreau, et le *parang* est une serpe longuement emmanchée.

TROISIÈME PARTIE

LE GRAND-ŒUVRE

CHAPITRE PREMIER

Graves nouvelles. — Mécontentement du personnel de Monsieur Synthèse. — Le Grand-Œuvre va être compromis. — Plus de charbon de terre. — Monsieur Synthèse brûle ses vaisseaux. — L'approvisionnement va devenir du combustible. — On ne mangera plus. — Troubles sous-marins. — Le maître d'équipage Pornic. — Le Maître accusé de « *causer avec les esprits* ». — Un cabillaud dans de la ferraille. — Pornic chaviré moralement, et endormi physiquement. — Encore l'hypnotisme et la suggestion. — Pornic préparateur de zoologie! — Comment Monsieur Synthèse prétend faire cesser les symptômes de mutinerie.

— Eh bien, capitaine, quoi de nouveau? demande Monsieur Synthèse à Meinherr Cornélis van Schouten, au moment où le commandant intérimaire de l'*Anna*, précédé par un Bhil, fait son apparition.

— Beaucoup de choses, Maître, et beaucoup trop de choses...

En dépit de son habituel sang-froid, Meinherr van Schouten paraît ému, au point que Monsieur Synthèse lui en fait tout d'abord la remarque.

— Voyons, mon ami, vous semblez troublé !

« Mauvaise chose, pour un marin, dont la devise, en tous temps, en tous lieux, doit s'inspirer du fameux : « *Nil mirari* » des anciens : ne s'étonner de rien.

— C'est que, reprend l'officier de plus en plus embarrassé, les conditions dans lesquelles nous nous trouvons sont graves... très graves.

— Est-ce que le laboratoire serait de nouveau menacé ?... Le Grand-Œuvre compromis ?

« Mais non ! ceci d'ailleurs n'est pas de votre ressort ; et je ne vois pas Messieurs Pharmaque et Roger-Adams qui en ont toute la responsabilité.

— Il ne s'agit ni du laboratoire, ni des travaux de physiologie...

— Eh ! peu m'importe le reste, alors, puisque le Grand-Œuvre marche imperturbablement vers une solution.

— Mais, voilà, Maître, c'est que, les choses dont j'ai à vous entretenir peuvent compromettre, indirectement, il est vrai, mais sûrement, le résultat final de tant d'efforts.

— Que ne le disiez-vous plus tôt ?

« Voyons, parlez !

— Eh bien, Maître ! les hommes murmurent...

— Hein !

— Ils sont mécontents et ne se gênent pas pour le dire.

— Je comprends cela jusqu'à un certain point.

« Ils sont ici depuis plus de sept mois, immobiles entre le ciel et l'eau, sans distractions d'aucune sorte.

« Il n'est pas étonnant qu'une station aussi prolongée amène un certain mécontentement.

« Il faut faire observer la discipline, capitaine, et sévir s'il en est besoin

— J'ai dix hommes aux fers, mes meilleurs matelots

— Et les maîtres ?...

— Sont leurs complices.

— Complices de quoi ?

— D'une conspiration ourdie dans le but de s'emparer de nos personnes, de nous mettre sous clef, de laisser à l'abandon le laboratoire et de rallier, sans désemparer, la côte australienne.

« Les hommes du *Gange* sont aussi dans l'affaire et, si je suis bien informé, le complot éclatera avant huit jours.

A cette nouvelle très alarmante en somme, Monsieur Synthèse pour la première fois peut-être, depuis vingt-cinq ans, se met à rire, mais d'un rire aigre, en quelque sorte rouillé, comme celui d'un homme qui a désappris cette manifestation de la joie et aussi de l'ironie.

Pour le coup, le capitaine, qui n'a jamais vu le Maître même sourire, est absolument démonté.

— Et connaissez-vous le motif de cette mutinerie? demande Monsieur Synthèse dont le visage reprend soudain son habituelle expression d'austérité.

Oui, Maître, *les* motifs.

« Les premiers symptômes de mécontentement datent du jour où le charbon a manqué.

— Qu'est-ce que cela leur fait ?

« Ils n'ont pas à se plaindre du froid, je pense.

— Non, sans doute.

« Mais, voyant que, après avoir fait brûler les caisses, les futailles vides, les cornes, les vergues, les espars, pour chauffer les machines, vous attaquez la mâture elle-même...

— Eh bien ?

« Mes navires sont à moi, je pense, et je compte, sans leur demander avis, les raser comme des pontons, pour me procurer du combustible.

« Quand les fourneaux de chauffe auront dévoré les mâts, on brûlera les roufles, les dunettes, les deux spardecks, en un mot, tout ce qu'il y a de bois à bord.

« Puisque, par suite de l'inconcevable absence de l'*Indus* et du *Godavéri*, nous sommes réduits à nos seules ressources, nous les épuiserons jusqu'à la fin pour l'accomplissement du Grand-Œuvre.

« Je voudrais bien savoir ce que mes équipages ont à voir à cela.

— Les hommes prétendent que, quand il n'y aura plus de combustible à bord ni de mâture pour gouverner à la voile, ils ne pourront plus être rapatriés.

— Il ne s'agit pas de leur rapatriement, mais du Grand-Œuvre qui ne peut attendre.

— Je crains qu'ils ne refusent d'obéir.

— En pareil cas, le code maritime est formel, et je n'ai pas besoin de vous le rappeler.

— Je suis prêt à casser la tête au premier qui n'exécutera pas mes ordres, mais je suis sûr aussi de provoquer, de cette façon, l'explosion que je redoute.

— Que vous redoutez !..

— Oui, Maître, pour vous, c'est-à-dire pour le Grand-OEuvre.

— Quant aux autres motifs, continue Monsieur Synthèse, d'un ton radouci, en considération du motif allégué par le capitaine, quels sont-ils?

— Ils se plaignent vivement d'avoir été mis à la moitié de la ration.

— Pas possible!

« Eh bien! moi, je trouve qu'ils mangent encore trop.

« A propos, vous venez de me suggérer une idée... une idée lumineuse.

« Le jambon, le lard salé, le biscuit, les légumes secs, le café en grains, les conserves, le poisson fumé, tout cela fera un excellent combustible.

« Mélangées avec de l'eau-de-vie, des tronçons de cordages goudronnés, des morceaux de bois, ces substances alimentaires produiront une source considérable de chaleur.

— Maître!... balbutie le capitaine abasourdi.

— En conséquence, continue imperturbablement Monsieur Synthèse, vous vous arrangerez avec les commis aux vivres pour suspendre, dès demain — demain, c'est peut-être trop tôt — mettons après-demain, toute distribution d'aliments solides ou liquides.

— Maître!...

— C'est compris, n'est-ce pas : nul, à bord du *Gange* et de l'*Anna*, depuis les mousses jusqu'aux commandants, ne recevra un centigramme de ration.

« Mes hommes ont-ils d'autres motifs d'insubordination?

A ce moment, des détonations sonores se font entendre au loin, se rapprochent, se continuent en un roulement ininterrompu, et s'éloignent pour se rapprocher de nouveau.

Cependant, le temps est calme, le ciel est pur. Il n'y a pas en vue de nuage orageux, partant, par le moindre dégagement d'électricité.

Seule, la mer est agitée, houleuse. Les vagues courtes, serrées, montent et descendent d'une façon en quelque sorte spasmodique. Elles s'enflent brusquement et paraissent bouillonner par places, comme si les fonds sous-marins subissaient de soudaines variations.

Quelques coups sourds, isolés, retentissent et semblent ponctuer le roulement, comme les coups de canon qui, dans une bataille, dominent le pétillement de la mousqueterie.

— Maître, reprend avec effort le capitaine après une longue pause, vous connaissez les matelots, ces grands enfants naïfs et superstitieux.

— Où voulez-vous en venir?

— Ces détonations qui, depuis longtemps déjà, éclatent de tous côtés sans nuées orageuses, sans éclairs, les frappent d'épouvante.

— C'est à vous de les rassurer sur l'innocuité absolue de ces bruits

— Je m'y suis évertué, mais en vain.

« Explications, raisonnements, tout a été inutile.

« Les Hindous eux-mêmes...

— Comment, mes Klinns, si calmes, si impassibles, si disciplinés !

— Ils sont pires que nos Européens.

— Voyons, capitaine, il serait urgent, je le répète, de leur démontrer à tous, que ces détonations sont produites simplement par des phénomènes volcaniques dont notre région est le théâtre.

— Impossible de leur faire entendre raison.

« La vue de vos travaux, dont ils ne peuvent soupçonner le but, l'emploi d'engins inusités, l'aspect des lumières électriques, tout cela les a tellement impressionnés, que, après avoir admiré de confiance le Grand-Œuvre, ils en sont arrivés à le maudire et à le redouter.

« Les légendes absurdes qui prennent naissance sur les navires, s'enflent, s'étendent, au point de hanter ces cerveaux puérils, et de les rendre accessibles à toutes les superstitions.

— Mais encore ?...

— Pour eux, ces bruits sous-marins, sont des voix mystérieuses, leur annonçant une catastrophe prochaine qui doit nous anéantir jusqu'au dernier.

« Puisqu'il faut tout vous dire, enfin, vous êtes pour eux, un sorcier, un magicien, un nécroman qui vivez en intelligence avec tous les diables de l'enfer, et nous, les membres de l'état-major, nous sommes vos très humbles suppôts.

« Allez donc essayer de raisonner avec les Hindous, des sauvages qu'un rien peut abattre ou fanatiser...

« Allez donc fournir des explications scientifiques aux autres, qui croient encore, comme article de foi, les vieilles légendes du bord !

— Eh bien ! capitaine, je vous dis, moi, que je me soucie de tout cela comme d'une goutte d'eau.

« Je ne vous approuve pas moins de m'avoir averti, car je vais aviser en conséquence et sans modifier d'un mot mes dispositions.

« Je vais donc raser mes navires, brûler tout le bois, toutes les provisions, suspendre les rations et je vous garantis que nul ne bronchera parmi nos hommes.

— Cependant, Maître...
— Assez, Monsieur.

« J'ai dit !

« Faites-moi venir le maître d'équipage.

Cinq minutes après cet entretien qui définit exactement la situation de Monsieur Synthèse et de ses auxiliaires, le capitaine revient avec un marin auquel il sert lui-même d'introducteur.

Un vrai type, ce matelot qui s'avance pieds nus, sur le tapis du salon occupé par le Maître, avec cette désinvoture embarrassée, plutôt que troublée, du simple mathurin devant un amiral.

Poilu, barbu, hirsute, l'œil petit mais luisant sous la broussaille des sourcils, la tête large, l'air résolu et bon enfant tout à la fois, il s'arrête un moment avant de pénétrer dans le sanctuaire, retire de sa bouche l'énorme paquet de tabac qu'il mastique avec sensualité, enlève son bonnet, colle au fond du bonnet le paquet de tabac, garde à la main le contenant et le contenu et s'incruste au tapis, comme si ses orteils, largement écartés, voulaient y prendre racine.

C'est un homme d'une quarantaine d'années, petit, trapu, au cou de taureau, aux épaules démesurément larges, à la face couleur de brique, aux membres énormes.

Monsieur Synthèse fixe sur lui un regard profond, l'examine quelques instants et lui dit :

— Tu es un Français et tu t'appelles Pornic.

— Faites excuse, not'maître : je suis Breton, né natif du Conquet, pour vous servir, si ça peut vous être agréable.

— Tu étais baleinier et tu as fait naufrage au Spitzberg...

« Je t'ai recueilli à demi mort, je t'ai ramené à Tromsö...

— C'est vrai, not'maître et je ne l'ai pas oublié, foi de matelot breton.

— Plus tard, quand j'ai formé mes équipages, le hasard t'a conduit sur un de mes navires.

— Faites excuse, not'maître, c'est censément par ma volonté, vu que j'étais heureux de courir la bordée sous votre pavillon, rapport à la chose de mon sauvetage et aussi de la haute paye que vous donnez.

— Dis-moi, Pornic, es-tu content à bord ?

— Hum ! not'maître... dame, oui et non !

— C'est là une réponse de paysan normand et non pas de matelot breton.

A votre santé not' maître. (Page 361.)

— Possible, not'maître.

« Mais c'est comme qui dirait qu'y a du pour et du contre, rapport au contentement.

— Oui, je comprends.

« Cela signifie que toi aussi, un sujet d'élite, un de mes meilleurs, tu commences à trouver que les choses traînent ici en longueur; cela veut dire en outre que tu raisonnes au lieu d'obéir, que tu te plains de l'ordinaire... et que tu es prêt à devenir un mauvais matelot et à te révolter contre l'autorité.

« N'oublie pas une chose mon garçon, toi, pas plus que les autres, c'est que vous êtes engagés pour quinze mois et que je saurai faire respecter la discipline, tant que vous serez à mon service.

— Dame ! voyez-vous, not'maître, c'est pas encore tant pour les choses de la ration diminuée de moitié et de l'ancrage qui n'en finit pas.

« Mais, on prétend comme ça que vous *causez avec les esprits !*

— Qu'entends-tu par les esprits ?

— Ben !... les esprits... pardi !... c'est... c'est les esprits !

— Me voilà renseigné.

« Tu es une bête, Pornic.

— A vot'service, not'maître.

— Dis-moi, si je te guérissais de la faim, de l'ennui, de la peur des « esprits », serais-tu content ?

— Si vous faisiez ça pour moi, et les autres, voyez-vous, not'maître, je vous assure que tout marcherait ici comme sur un vaisseau-amiral.

« Foi de matelot !

— Eh bien ! mon ami, tu n'as qu'à vouloir... à te laisser faire.

« J'en ai pour cinq minutes.

« Approche-toi... encore... là...

« Regarde-moi bien en face.

« Que sens-tu ?

— Pas grand'chose, pour le moment.

« Sauf que je suis pas tout à fait à mon aise.

« Comme qui dirait un cabillaud dans de la ferraille.

— Ce n'est rien... Ne résiste pas.

« Tu as envie de dormir, vois-tu, Pornic.

« Tes yeux se fatiguent... ta vue devient trouble... tes paupières sont lourdes... elles se ferment... tu vas dormir.

— Faites excuse... not'maître, reprend le marin avec une certaine volubilité, mais... il me semble que je vas m'affaler... tout de mon long...

« Je suis chaviré !... positivement chaviré !...

— Non, mon ami, mais tu dors... (1).

---

1. M. Bernheim, le distingué professeur de l'école de médecine de Nancy, ne procède pas autrement pour endormir les malades, ou plutôt, pour les hypnotiser, avant de les soumettre à la suggestion mentale dont il a tiré des applications thérapeutiques extraor-

« Allons ! dors, Pornic... dors, tu entends... je le veux !

Trois minutes se sont à peine écoulées depuis le commencement de cette singulière manœuvre, et le maître d'équipage, immobile comme une statue les yeux grands ouverts, le front plissé, n'articule plus un seul mot.

Le capitaine, qui jusqu'alors n'a pas desserré les dents, commence à regarder Monsieur Synthèse avec un étonnemnent qui côtoie la stupéfaction.

— Tu dors, n'est-ce pas, Pornic, interroge le Maître de sa voix câline.

— Oui, not'maître, répond le marin d'une voix toute changée.

— Essaye de fermer les yeux.

— Je... je ne peux pas.

— Essaye !

— Je ne peux pas si vous ne voulez pas.

— Ferme-les avec ta main droite.

— C'est que... je ne peux pas lever la main.

— Tâche de la lever.

— Impossible ! not'maître... c'est comme si elle était ficelée à mon corps avec cent brasses de bitord.

— Tu es bien fort, cependant.

— Sans doute, mais vous me rendez, à volonté, aussi mou qu'un paquet d'étoupes.

— Maintenant, je veux que tes yeux se ferment et que tu fasses tourner l'un autour de l'autre tes deux bras.

Le capitaine, toujours silencieux, voit, avec une stupéfaction croissante, les paupières du marin s'abaisser aussitôt, et ses bras tourner avec une rapidité vertigineuse.

— Essaye, reprend Monsieur Synthèse, d'ouvrir les yeux et d'arrêter le mouvement de tes bras.

— Impossible, not'maître... impossible tout à fait.

— Emploie toute ta force.

— Y a pas de force qui tienne, je ne peux pas.

— C'est assez !

« Stop !

Au mot de : stop ! le mouvement rotatoire des bras s'arrête brusquement, mais les yeux du maître d'équipage demeurent obstinément clos.

— Tu vois clair, n'est-ce pas, Pornic ? demande Monsieur Synthèse.

dinaires. (Voir à ce sujet son livre intitulé : *De la suggestion*, chez M. Doin éditeur, 8, place de l'Odéon, Paris.)

— Mais oui, not'maître.

— Eh bien ! mon ami, va-t'en dans la pièce à côté où tu n'es jamais entré, tu trouveras une carafe pleine avec un verre et tu m'apporteras ces deux objets.

Bien qu'il ait toujours les yeux fermés, le marin se dirige sans hésitation vers la porte, l'ouvre, disparaît un moment, et revient avec le verre et la carafe.

— Savez-vous ce qu'il y a dans ce flacon ? dit le Maître au capitaine

— De l'eau probablement.

— Vous avez raison : c'est de l'eau.

— Allons, Pornic, tu dois avoir soif, n'est-ce pas ?

« Tiens ! bois un verre de cette eau-de-vie.

Le marin emplit aussitôt le verre, l'elève au niveau de son front et dit :

— A votre santé, not'maître.

Puis, il boit avec une visible satisfaction.

— Crâne eau-de-vie, tout de même, dit-il, après avoir vidé le verre rubis sur l'ongle.

« De la vraie eau-de-vie d'amiral, quoi !

— Si le cœur t'en dit, tu peux vider la bouteille.

— Faites excuse, not'maître, mais, sauf vot'respect, je serais soûl comme un calfat.

— Comme tu voudras ; dépose-moi cela sur cette table.

« Et maintenant, ajoute Monsieur Synthèse sans la moindre transition, tu n'es plus Pornic, le maître d'équipage de l'*Anna*.

« Tu es M. Roger-Adams, mon préparateur.

A ces mots, le marin cambre sa taille, ramène au-dessus de ses oreilles les mèches de ses cheveux, effile les pointes de sa barbe, avec ce geste coquet familier au professeur de zoologie et assujettit sur son nez un lorgnon imaginaire.

— Eh bien ! où en sommes-nous aujourd'hui, Monsieur Roger-Adams ?

— J'arrive du laboratoire, répond le maître d'équipage avec la voix de tête du préparateur, et j'ai le plaisir de vous annoncer beaucoup de nouveau.

— Ah ! Voyons cela, dit le Maître avec un feint empressement.

— Il est indiscutable que, dans l'état actuel de la science, continue Pornic, avec les intonations du zoologiste, l'on doive rechercher dans la vessie natatoire des poissons, l'origine des poumons des vertébrés terrestres.

— Vous avez pleinement raison.

— Mais les témoins encore existants de cette transformation, qui remonte aux époques les plus reculés, sont bien rares...

— Il en existe pourtant.

— Sans doute, puisque je viens d'en trouver un dans le laboratoire.

« C'est un poisson de la région où nous sommes, et qui est particulier, je crois, à l'Australie et à la Nouvelle-Guinée.

« Le voici : c'est, si je ne me trompe, le *Ceratodus*, dont je ne sais plus quel naturaliste américain a donné une description.

« Voyez, Maître, je l'ai disséqué, et j'ai trouvé en lui une vessie à air flanquée de deux poches respiratoires symétriques.

« Grâce à cette disposition anatomique particulière, il semble être en état, soit de suppléer à l'absence d'air dans l'eau, soit de se passer d'eau tout à fait temporairement...

— C'est bien... Je vous remercie.

Le capitaine, de plus en plus mal à son aise, contemple cette scène avec une sorte de terreur qu'il ne cherche pas à dissimuler.

— J'ai poussé un peu loin l'expérience, continue imperturbablement Monsieur Synthèse, autant par intérêt scientifique, que pour votre édification personnelle.

« Vous auriez pu croire que Pornic jouait jusqu'à un certain point la comédie, tant qu'il s'est agi de choses tout à fait ordinaires.

« Mais, en entendant ce matelot illettré se servir de termes choisis, aborder d'emblée des questions zoologiques très compliquées, les discuter et les affirmer avec autant de compétence, vous êtes bien convaincu qu'il ne peut y avoir de sa part aucune supercherie.

— Maître, c'est effrayant... ce que vous venez de faire.

— Rien de plus simple et de plus naturel, au contraire.

J'ai trouvé un excellent *sujet*, je l'ai hypnotisé et je lui ai suggéré tout ce que bon m'a semblé.

« La charge très réussie que mon sujet vient de faire de M. Roger-Adams, n'est imputable qu'à moi seul, qui lui ai en quelque sorte soufflé son rôle.

— Et maintenant, que va-t-il faire?

— Ce que je voudrai.

« Il est, et sera, à mon entière discrétion.

— Vous dites, Maître, qu'il sera...

— Absolument, et vous le verrez bientôt.

« Car, une fois le sommeil hypnotique fini, les choses que je vais lui suggérer resteront en lui, sans qu'il puisse se soustraire à leur observance.

« C'est là la chose essentielle.

« Dis-moi, Pornic, tu n'as plus peur des esprits, n'est-ce pas.

— Les esprits, répond en goguenardant le maître d'équipage, connais pas ?

— A la bonne heure !

« Dorénavant, quand tu entendras ces détonations, tu sauras qu'elles n'ont rien de mystérieux, car elles sont produites par des volcans.

— Oui, not'maître.

— Quant à savoir si nos navires pourront, malgré l'absence de vapeur et de voilure, rentrer en pays civilisés, il ne t'es pas permis d en douter.

« Tu as compris?

— Oui, not'maître.

« Les bateaux, ras comme des pontons, avec les machines, n'ayant rien à manger, marcheront à votre commandement.

« Vous avez une recette pour ça.

— Enfin, pour la question des vivres, je viens de la résoudre d'une façon radicale.

« Il n'y aura plus de distribution...

« Mais comme on ne saurait vivre sans manger, vous aurez mon ordinaire

— Oui, not'maître.

— Je ne veux pas que cet ordinaire, auquel tu n'es pas habitué, te fasse souffrir de la faim, qu'il t'affaiblisse, et te rende triste et préoccupé.

« Tu seras rassasié comme si tu avais double ration, tu seras toujours aussi vigoureux que maintenant, et gai comme tu ne l'as jamais été.

« N'ayant plus ni faim, ni soif, ni préoccupation, tu pourras attendre patiemment la fin de mes travaux, en me servant avec le plus grand zèle.

« Je le veux !...

« Tu entends... Je le veux !

« Tu vas oublier toutes les idées de mutinerie que tu avais en venant ici...

— C'est fait.

— Et maintenant, tu vas remonter sur le pont les yeux fermés.

« Tu éveilleras d'un bon coup de poing le timonier qui, depuis trois minutes, a oublié de piquer le quart de midi, puis, tu t'éveilleras à ton tour.

— Oui, not'maître.

— Tu ne te rappelleras rien de tout ce qui s'est passé ici, jusqu'au moment où je t'ai demandé si tu n'avais plus peur des esprits.

« N'oublie rien du reste... Rien !

« Je le veux (1) !

« Quand tu seras éveillé, tu feras venir un à un, chez moi, tous les maîtres de l'*Anna,* puis ceux du *Gange.*

« Allons! va, mon ami.

— Serviteur! not'maître, répond respectueusement le marin en s'en allant, es yeux fermés, droit au timonier endormi, sur le dos duquel il applique une énorme claque.

« Tu sais, toi... Retranché de vin! dit-il à l'homme ahuri.

Puis, se souvenant inconsciemment de la suggestion opérée par Monsieur Synthèse, il ajoute en aparté, sans se rappeler d'où lui vient cette pensée.

— Tiens!... du vin! suis-je bête!

« Paraît qu'y en aura plus, ni pour lui ni pour personne.

« Où diable ai-je appris ça?

« Quéque idée du patron, sans doute.

« Suffit!... Motus!...

« Respect à l'homme et à la consigne.

---

1. La suggestion peut, avons-nous dit, servir très efficacement en thérapeutique. Dans son livre : *Le spiritisme,* le docteur Paul Gibier cite le cas d'un homme traité par le docteur Dufour, à l'asile de Saint-Robert (Isère). Cet homme, nommé T..., a été guéri par suggestion de crises de grande hystérie avec hallucination de l'ouïe et tendance au suicide. T... qui s'est évadé trois fois de l'asile, se promène maintenant en liberté. Étant hypnotisé, *on lui a suggéré l'idée de ne plus s'évader,* et il ne pense plus à le faire. D'autre part, il est étrangement sensible, *à distance,* à l'action des médicaments. Un gramme d'ipéca placé *sur sa tête,* dans un papier plié et recouvert d'un chapeau à haute forme, détermine des nausées et des régurgitations qui cessent quand l'ipéca est enlevé. L'atropine, employée de la même manière, dilate ses prunelles. Un paquet de racine de valériane placé sur la tête de T... sous un fort bonnet de laine a produit des effets stupéfiants. T... suit une mouche des yeux, quitte sa chaise pour courir après, marche à quatre pattes, joue comme un jeune chat avec un bouchon, fait le gros dos si on aboie, lèche sa main, la passe sur son oreille... Après l'enlèvement de la valériane, tout disparaît, et T... se retrouve à quatre pattes, étonné d'être dans cette position. Il n'a aucun souvenir de ce qui vient de se passer. (*Le spiritisme,* par le Dr Paul Gibier, chez M. Doin, éditeur, 8, place de l'Odéon, Paris.)

CHAPITRE II

Le Grand-Œuvre n'avance pas sans avaries. — Un orage artificiel — Perturbations favorables au développement des séries animales. — Complément involontaire des conditions présentées par le monde à son origine. — Excès d'électricité produit par la machine dynamo-électrique. — Influence de la lumière sur la végétation. — Éclairage intensif. — Le sixième degré de la série animale. — Les vers. — Ce que le zoologiste entend par « cataclysmes de poche ». — Le huitième degré. — Les *Chordoniens*. — Le ras de marée. — Péril. — Submersion totale. — L'amphioxus. — Victoire !

Depuis qu'il fonctionne, le laboratoire a éprouvé bien des modifications, comme aussi des vicissitudes.

C'est au point que, plusieurs fois, son existence a failli être absolument compromise, par suite d'accidents résultant de causes qu'il était impossible de prévoir, et par conséquent d'éviter.

La marche du Grand-Œuvre ne s'opère donc pas sans difficultés, sans accrocs et sans dangers.

La première grande avarie remonte presque aux premiers temps de l'installation, alors que, à la grande joie du personnel scientifique, la cinquième série des ancêtres de l'homme, représentée par la *Gastræa*, venait d'apparaître dans l'eau de la lagune.

Depuis cette époque les événements se sont succédé avec une telle rapidité qu'il a été complètement impossible de s'appesantir sur les effets de cet accident, survenu au moment où les deux préparateurs venaient, on s'en souvient, de philosopher, à perte de vue, sur l'origine de l'humanité.

Il y avait eu explosion, bris et projection de plusieurs des plaques de verre formant la toiture de l'appareil gigantesque où s'élabore mystérieusement le colossal enfantement du génie de Monsieur Synthèse.

Le chimiste, Alexis Pharmaque, épouvanté des conséquences possibles de

Oui maître un orage ! répétait nerveusement le chimiste. (Page 370.)

cette catastrophe, s'élance vers l'atoll. Il court, effaré, autour du laboratoire, d'où s'échappent, des détonations sèches, crépitantes, de tonalité très différente, mais ne dépassant pas, en intensité, celles que pourraient produire des coups de revolver.

Le sommet de la coupole paraît en feu. De toutes parts surgissent, rapides comme des éclairs, des flammes éclatantes, accompagnant invariablement les détonations. Elles jaillissent, à intervalles très irréguliers, des tiges de cuivre implantées dans le dôme lui-même, et communiquant, par des conducteurs métalliques isolés dans des tubes de gutta-percha, avec l'énorme machine dynamo-électrique d'Edison.

Ces éclairs limités à l'appareil, ces détonations qui les accompagnent, ces chocs répercutés à la toiture, au point de fracasser les vitres, malgré leur épaisseur considérable, tout cela est une révélation pour le préparateur de chimie.

— Le diable m'emporte! s'écrie-t-il au comble de l'étonnement, c'est un orage!

« Un orage artificiel... dans le laboratoire!

« Sacrebleu! si je n'y mets bon ordre, il ne va pas en rester un morceau intact.

Et, sans plus tarder, il retourne vers le dynamo qui, actionné par la machine du steamer, dégage une invraisemblable quantité d'électricité.

Régulariser la production et le débit du fluide, par conséquent faire aussitôt cesser cet orage singulier est pour lui l'affaire d'un moment.

Monsieur Synthèse arrivait en même temps, plus intrigué qu'inquiet, d'un phénomène jusqu'alors sans précédent sur l'îlot corallien.

— Oui, Maître, un orage! répétait nerveusement le chimiste encore ému à la pensée des dangers que venait d'encourir sa responsabilité.

« C'est à n'y rien comprendre!

« Pourvu que cet énorme dégagement d'électricité n'ait pas eu d'influence fâcheuse sur l'évolution des organismes, et même sur leur existence!

— Je ne le crois pas, répondit Monsieur Synthèse.

« Je serais même tenté d'admettre que cette perturbation sera plutôt favorable au développement de la série ancestrale de l'humanité.

— Ah! Maître, s'écrie le chimiste soudain rasséréné, puissiez-vous ne pas vous tromper!

— Voyons, raisonnons, reprend Monsieur Synthèse.

« Nous avons tâché de reproduire, autant que possible, sur cet espace isolé, les conditions dans lesquelles se trouvait notre globe au temps où évoluaient lentement les êtres primitifs.

« L'atmosphère artificiellement créée par nous doit être sensiblement la même, avec sa température, son dégagement permanent de gaz et d'électricité.

« Mais ces rapports constants des éléments entre eux, ces combinaisons de substances aussi disparates, ne devaient pas, ne pouvaient pas s'opérer jadis avec une régularité, un calme absolus.

« Il se produisait nécessairement, de temps à autre, des perturbations violentes, des crises terribles qui, en agitant avec une violence inouïe les éléments, donnaient naissance à des produits nouveaux, et devaient modifier profondément, avec le milieu où ils vivaient, l'essence même des êtres.

« Jusqu'alors, la vie de nos organismes primitifs s'écoulait, dans le laboratoire, sans le moindre trouble, comme au sein d'un lac tranquille.

« Cet âge d'or de nos ancêtres à l'état embryonnaire ne pouvait indéfiniment durer, et je pensais réellement à l'interrompre brusquement, quand le hasard, ou plutôt un oubli de ma part, je l'avoue sincèrement, est venu compléter l'ensemble des conditions présentées autrefois par notre planète.

« Comme la terre à son origine, notre petit monde artificiel a éprouvé son cataclysme, en rapport avec ses dimensions, et déterminé artificiellement.

« Voici comment.

« J'ai omis de vous dire, mon cher collaborateur, que la machine dynamo-électrique, perfectionnée par moi, devait fournir une quantité d'électricité bien supérieure à celle que produisent les dynamos du même échantillon.

« Vous avez pensé que tout le fluide fourni par elle devait, sauf des quantités négligeables, être affecté à la saturation de l'atmosphère du laboratoire.

— Oui, Maître, c'est cela.

— Eh bien, mon ami, vous ne pouviez pas, même en calculant, comme vous l'avez très bien fait, son rendement, savoir qu'elle pouvait, grâce à un mécanisme additionnel, donner un excédent de force en dehors de toute proportion.

« J'ai expérimenté, sans vous prévenir, ce mécanisme, et j'ai oublié de le condamner une fois mon expérience terminée.

« Telle est, mon cher, la cause unique de ce désarroi qui se bornera, je l'espère, à quelques vitres brisées, et à une alerte très chaude.

« Et maintenant, un dernier mot, pour n'y plus revenir, sur cet excédent de fluide, et la façon dont je veux l'utiliser.

« Vous avez étudié, naturellement, l'influence de la lumière sur les cellules végétales.

— Oui, Maître, et depuis fort longtemps.

— Vous savez, en conséquence, que la plante, pour arriver à décomposer l'acide carbonique de l'air, et en assimiler le carbone, — en un mot, pour se nourrir, — a besoin d'une certaine quantité de rayons lumineux et calorifiques : lumineux surtout.

— Oui, Maître, et les expériences particulièrement attrayantes que j'ai faites à ce sujet, m'ont permis de formuler les conclusions suivantes :

« A savoir, que le développement de chaque végétal réclame une dose ou une durée déterminée d'action lumineuse et calorifique, durée qui est en rapport inverse de la quantité.

— C'est parfaitement exact.

— Or, ce développement est d'autant plus rapide, que le soleil prodigue plus de chaleur lumineuse en moins de temps.

« La durée de la végétation est, toutes choses égales d'ailleurs, et sous la réserve des premiers efforts d'adaptation, d'autant moindre que la latitude est plus élevée, c'est-à-dire que le soleil, pendant la saison d'été, reste plus longtemps sur l'horizon.

« Ainsi, par $59°47'$ de latitude, à Halsnö en Norwège, la durée de la végétation de l'orge est de cent dix-sept jours; elle est de cent deux jours à Bodo par $67°$; de quatre-vingt-dix-huit à Strand, par $66°46'$; et de quatre-vingt-treize à Skibotten par $69°28'$.

— D'où vous concluez?...

— Que le soleil, au lieu de rester quatorze heures et demie sur l'horizon comme sous la latitude de Paris, y reste environ dix-huit heures pour Halsnö, vingt heures et demie pour Bodo, vingt et une heures et demie à Strand et vingt-deux heures à Skibotten, avec des températures de $13°$, $11°3$. $10°9$, et $10°7$.

« Le produit de la température par le nombre d'heures durant lequel la plante reçoit les rayons du soleil, est d'ailleurs sensiblement égal dans tous les cas

— C'est parfait, mon cher garçon.

« Et maintenant, ne pensez-vous pas que l'action très prolongée des rayons lumineux, n'aurait pas la même influence maturative, ou plutôt intensive, sur l'accroissement des organismes primitifs, à peine différenciés des végétaux, des protozoaires qui sont dans la lagune ?

— Je le croirais volontiers.

— Et moi, je vous l'affirme.

« Si donc le soleil pouvait luire ici, pendant vingt et vingt-deux heures, comme sur ces pays que vous venez de me citer, si même il restait pendant p'usieurs mois sur notre horizon, comme au cercle polaire, nos Amibes, nos

Planéades, nos Gastréades et autres, s'accroîtraient, se développeraient, et se transformeraient avec d'autant plus de rapidité.

— Cela me paraît en effet très admissible.

— Je vais même plus loin.

« Je prétends que non seulement les organismes primitifs, les protozoaires, mais encore les métazoaires et les vertébrés inférieurs bénéficieraient, dans de très larges proportions, de cette permanence de la lumière, et s'accroîtraient, se transformeraient, aussi, avec une rapidité proportionnelle.

« En un mot, s'ils avaient une fois plus de lumière, si la nuit était supprimée pour eux, ils vivraient une fois plus vite.

— Mais, il y aurait un moyen, interrompit avec vivacité le chimiste dont l'œil unique rayonna.

— En êtes vous sûr ?

— Maître... je crois pouvoir l'avancer.

— Allons, nous sommes du même avis, et j'en suis heureux.

» Ce moyen, n'est-ce pas, consiste à remplacer, pendant la nuit, les rayons solaires par la lumière électrique.

— C'est bien cela !

« Je me rappelle que, au moment de notre départ, M. Siemens avait publié le récit d'expériences d'où il résulterait, qu'une lumière électrique égale à quatorze cents bougies, placée à une distance de deux mètres des plantes en végétation, semble avoir une action égale à celle qu'exerce la lumière du jour pendant l'hiver, et que des effets plus avantageux sont obtenus avec de sources de lumière plus énergiques.

— Eh bien, mon cher, voilà justement à quoi je pensais affecter cet excédent d'électricité dégagée par mon dynamo, et que, sans le vouloir, j'ai laissé se dégager au point de produire cet orage artificiel et l'alerte qui suivit.

Avec Monsieur Synthèse l'exécution suit toujours de près la conception. Le jour même, fut commencée l'installation des appareils d'éclairage électrique, concurremment avec les réparations nécessitées par le dégagement du fluide.

Cette installation, qui devait prendre une semaine, était à peine terminée, que M. Roger-Adams arriva, un beau matin, tout triomphant, porteur d'échantillons dont la vue arracha à Monsieur Synthèse une exclamation de joie.

— Des vers !...

« La série vient de faire un progrès inmense.

— Ce sont des organismes bien rudimentaires encore, répond le zoologiste, mais il n'en est pas moins vrai que leur apparition, suivant d'aussi près celle des *Gastrula*, est réellement extraordinaire.

« Je n'aurais jamais osé espérer une transformation ausssi rapide.

— Voyons : celui-ci, le plus simple, est, si je ne me trompe, une *Ascula*.

— Oui, Maître, une *Ascula de l'éponge calcaire*.

« J'étais certes bien éloigné de m'attendre à la trouver ici.

— Il faut s'attendre à tout, Monsieur !

« Vous en voyez la preuve.

« Vous avez là un sujet magnifique, et très habilement préparé.

« On distingue, en effet, très nettement, l'ovule qui apparaît en dehors, l'intestin primitif, la bouche, une simple ouverture, la poche gastrique composée de deux feuillets : le feuillet intestinal et le feuillet cutané.

« Nous sommes déjà loin de la Gastrula !

— Quant à ceux-ci, ils représentent, le groupe des *Turbellaries*.

— C'est vrai !

— Je suis très heureux d'avoir rencontré des spécimens de ce groupe, car ils nous représentent bien le type primitif qui a dû exister autrefois, aux époques mystérieuses où s'élaboraient lentement les espèces.

« Et dire que, pendant des siècles, cet humble ver a été l'être le plus parfait de notre globe !

« Que cet organisme, à peine doué de mouvements volontaires, chez lequel les fonctions physiologiques les plus elementaires sont à peine définies, fut pendant des milliers d'années le « Roi de la Création » !

— Somme toute, une jolie leçon pour le « Roi » actuel qui, après des périodes immenses dont nous ne pouvons même pas soupçonner la durée, ne sera peut-être à son tour, pour les chercheurs de l'avenir, qu'un chaînon, reliant la Monère primitive, aux représentants d'évolutions toujours nouvelles, toujours ininterrompues !

Aux Vers inférieurs, ou Prothelminthes, succédèrent, en un temps relativement très court, des êtres un peu plus élevés dans l'échelle animale, mais dont l'étude spéciale est plutôt du ressort des naturalistes de profession.

Il suffira seulement de les mentionner, sans s'appesantir sur leurs caractères distinctifs.

Il importe peu que les zoologistes les aient classés en vers pourvus ou dépourvus de cavité splanchnique véritable (*cœlum*) d'où leur nom d'Acœlomathes ou de Cœlomathes.

Pour nous, ce sont des vers, de simples invertébrés qui se perfectionnent peu à peu, de façon à se confondre bientôt avec les ancêtres appartenant à la section la plus essentielle : celle des vertébrés.

Aux *Turbellariés* succédèrent les *Solécides*, constituant le septième degré de la série ancestrale.

Un type très remarquable des Solécides, est le *Balanoglossus*, un ver fort connu, d'ailleurs, qui vit dans les sables de la mer, et relie la série aux *Ascidies* et aux *Acrâniens*.

Puis, apparurent successivement des Archelminthes, des Plathelminthes, des Némathelminthes, des Rhynchocœles, des Enteropneustes, etc. Puis le groupe essentiel des *Chordoniens*, constituant le huitième degré : les Chordoniens d'où sont issus directement les plus anciens vertébrés acrâniens.

Parmi les Cœlomathes actuels, les Ascidies sont les animaux les plus voisins de ces vers si intéressants, qui comblent la vaste lacune séparant les vertébrés.

M. Roger-Adams, auquel les concessions ne coûtent plus depuis longtemps, affirme que l'homme a eu certainement des Chordiniens pour ancêtres, et cite comme preuve à l'appui de cette affirmation, la ressemblance si curieuse et si importante, qui existe entre l'embryologie de l'*Ascidie*, le dernier des invertébrés, et celle de l'*Amphioxus*, le premier des vertébrés.

Les *Chordoniens* ont donc, à son avis, pris naissance des vers du septième degré, et s'en sont différenciés par la formation d'une moelle épinière et d'une corde dorsale (*chorda dorsalis*).

Il serait d'ailleurs fort difficile de suivre le professeur de zoologie à travers la complication des groupes, des genres, des familles, des embranchements, des règnes, des espèces, des classes dont font partie ces sujets multiples étudiés, disséqués, immatriculés, catalogués et photographiés avec une compétence, une dextérité, une méthode admirables.

Mais, fait singulier bien digne de remarque, c'est que l'apparition des nouveaux types est accompagnée, presque invariablement, soit de troubles atmosphériques violents, soit d'accidents survenus aux appareils.

Un jour, la foudre frappe le laboratoire, — la vraie foudre cette fois — et menace de le pulvériser. Grand émoi non seulement parmi les membres de l'État-Major, mais encore parmi ceux des équipages. Les dommages, purement matériels, se bornent à peu de chose — quelques pièces de la charpente faussées, quelques vitres brisées.

Mais quelques jours après, le zoologiste rapporte triomphalement des *Tuniciers* et des *Bryozoaires*.

Une autre fois, la rupture d'un tube de dégagement amène, dans le laboratoire, une projection de gaz dont la combinaison s'opère avec les autres corps suspendus dans l'atmosphère, en produisant des explosions partielles et des vapeurs suffocantes.

Et M. Roger-Adams, qui semble guetter ces accidents, trouve, dans les eaux de la lagune, des *Ascidies*, des *Phallusies*, les premiers parmi les vers.

Alexis Pharmaque, auquel incombe, avec la surveillance des appareils et du laboratoire, la responsabilité de tout cet immense matériel, est dans des transes perpétuelles.

Le brave homme, dont le zèle est au-dessus de tout éloge, ne vit plus, tant il appréhende une catastrophe capable d'anéantir ce travail gigantesque auquel il a sacrifié son existence et ses facultés.

Il en arrive à trembler pour tout de bon, quand le professeur de zoologie lui dit, après chacune de ces perturbations qui se reproduisent presque chaque semaine :

— Eh ! mon cher, de quoi vous plaignez-vous ?

« Est-ce que tout ne marche pas à souhait ?

« Voyez ! si les éléments eux-mêmes, les choses inconscientes, ne sont pas pour nous !

Et il ajoute, de son air goguenard :

— La nature nous fabrique, de temps en temps, de petits cataclysmes de poche, pour imiter et rappeler les grandes convulsions qui ont agité notre planète aux temps primitifs.

« Ainsi, chacune de ces convulsions, réduites à l'échelle de notre petit monde, annonce, et j'ajoute, favorise l'apparition des espèces nouvelles.

« Quand par hasard notre mère commune oublie de nous traiter en enfants gâtés, c'est notre microcosme lui-même qui s'agite pour une cause ou pour une autre, et se donne des airs de planète en mal d'enfants !

« Car, il ne faut pas se le dissimuler, chacune de ces genèses successives correspond à un ébranlement de l'appareil — ébranlement que je regarde comme proportionnel à l'importance des sujets en voie de transformation.

— Mais alors, ajoute le chimiste navré, que se passera-t-il donc au moment où la série franchira cet abîme qui sépare les invertébrés des vertébrés ?

— Je n'ose y penser sans trembler.

« Songez à ces bouleversements formidables qui ont agité notre globe, à

On voit le dôme englouti sous les vagues. (Page 378.)

ces cataclysmes indescriptibles qui ont produit, accompagné ou simplement favorisé les grandes périodes de la vie de notre planète.

« Songez aussi aux modifications complètes, survenues dans l'essence elle-même de notre monde, et qui se sont répercutées aux climats, aux saisons, aux productions naturelles, aux êtres organisés.

« Je crois que nous aurons bientôt un « coup dur » à subir.

Peut être ne croyait-il pas si bien dire.

Ce qu'il appelait volontiers le petit train-train habituel des affaires, avait repris depuis l'apparition des *Chordoniens*, quand un beau jour, sans préambule, sans signes précurseurs d'aucune sorte, on entend gronder au loin la mer d'une façon formidable.

Épouvantés, les hommes que leurs fonctions appellent ce jour-là sur l'atoll, s'enfuient éperdus vers les navires, entraînant avec eux les deux préparateurs obéissant, eux aussi, à une panique subite.

A peine se sont-ils réfugiés à bord, qu'un spectacle terrifiant s'offre à leurs regards.

La mer, brusquement soulevée s'est dressée, à pic comme une muraille, et s'avance, en roulant des flots d'écume, avec la rapidité d'une trombe.

Mais d'une trombe qui aurait dix lieues de développement et occuperait tout l'horizon !

La lame géante se précipite sur les îlots coralliens qu'on aperçoit au loin, avec leur auréole de cocotiers aux panaches vert sombre, les couvre en un clin d'œil, semble les dévorer, et arrive avec son irrésistible force de propulsion jusqu'aux navires, jusqu'au laboratoire..

Elle se rue à l'assaut des bâtiments, balaye les ponts, arrache tout ce qui n'est pas saisi, fouette les mâts qui craquent et oscillent, et bondit sur la coupole de verre.

Les spectateurs de cette scène terrible qui ont pu s'accrocher aux manœuvres, voient le dôme englouti un instant sous une cascade verdâtre, et apparaître comme une énorme bulle à travers la transparence du liquide.

Cette submersion totale dure une dizaine de secondes, puis, de tous côtés, le flot s'effondre, s'étale, reprend son niveau, et laisse apparaître de nouveau les écueils submergés par une colonne d'eau de dix mètres.

Chose étrange, impossible, invraisemblable, le laboratoire, au lieu d'être balayé comme un fétu, en raison de l'apparente fragilité de ses matériaux, a tenu bon.

Seulement sa forme sphérique a été sensiblement altérée par l'effrayante poussée du ras de marée.

Son axe a été déplacé et les méridiens situés du côté opposé à celui qui a été soumis à l'effort de la lame, sont tordus dans le sens de leur longueur.

Il y a eu une sorte d'écrasement partiel, heureusement limité par la ténacité des matériaux et leur savante disposition ; quant aux vitraux placés de ce côté qui forme maintenant une voussure très appréciable, ils ont été en partie pulvérisés.

De cette brèche s'échappent, au milieu d'un ruissellement général, des tourbillons de gaz et de fumée qui montent lentement et forment comme un nuage au-dessus de l'atoll.

Quant aux navires, comme ils se trouvaient debout à la lame, ils n'ont pas trop souffert. Les torrents d'eau embarquée au moment du passage de la lame se sont écoulés par les dallots, et ce qui a pénétré par les écoutilles est bientôt épuisé par les pompes.

En un moment, sans s'être concertés, Monsieur Synthèse, ses deux préparateurs, le capitaine lui-même, s'élancent vers le laboratoire complètement ouvert d'un côté.

Ils s'attendent à un désastre, et n'ont, par un bonheur inouï, à constater que des dégâts considérables, il est vrai, mais en somme faciles à réparer.

Comme la coupole communique librement avec l'air extérieur et que, par conséquent, l'athmosphère y est devenue respirable, ils n'hésitent pas à s'avancer entre la base des méridiens et l'extrême rebord formé de substance corallienne circonscrivant la lagune.

Le zoologiste qui les précède à travers des débris de toute sorte s'arrête bientôt, pousse un cri d'étonnement et de joie, se baisse rapidement, saisit entre les anfractuosités rugueuses de la roche quelques corpuscules agités de brusques mouvements.

— Maître !.. L'Amphioxus !..

— Vous dites l'Amphioxus !.. Le premier vertébré... Le véritable ancêtre de l'homme!

« Alors, la victoire est certaine !

CHAPITRE III

L'*Amphioxus* et ses trois parrains. — Le père des vertébrés. — L'homme est un Amphioxus qui a eu de la chance. — Croisière scientifique du zoologiste. — Monsieur Synthèse se dérobe encore une fois. — En réparant le laboratoire. — Alexis Pharmaque très intrigué. — Exploration sous-marine. — Chimiste et plongeur. — Les nouveaux habitants de la lagune. — Souvenir aux chevaux qui servent d'appât aux sangsues. — Alexis Pharmaque veut battre en retraite. — Effroyable apparition. — Tête à tête avec un requin. — Pompier sous-marin. — Squale foudroyé. — Assailli par les lamproies. — Le dixième et le onzième degré. — Premiers doutes.

En 1778 le naturaliste allemand Pallas auquel on avait envoyé, de la mer du Nord, un petit animal non encore classé par les savants, crut reconnaître dans le nouveau venu une limace.

Il l'étudia fort attentivement, le disséqua, le décrivit minutieusement, et finalement le pourvut d'un état civil.

Il l'appela, en raison de sa forme, *Limax lanceolata.*

Puis, ce fut tout.

Qu'importait en effet une limace de plus ou de moins, parmi les milliers d'êtres plus intéressants — du moins en apparence — qui composent toute la série animale!

Pendant un demi-siècle, nul ne s'occupa donc de la limace de Pallas. Ce fut seulement en 1834 que ce petit animal, qui n'attire guère le regard, fut observé près de Naples dans les sables du Pausilippe, par le zoologiste Costa.

Mieux outillé que son devancier, probablement plus érudit, Costa n'eut pas de peine à démontrer que l'animal en question n'était pas une limace, mais bien un poisson.

Il y avait eu mal donne de la part de Pallas!

En conséquence Costa s'empressa de débaptiser la soi-disant limace, et de procéder, en latin, à la rectification de son état civil.

La *Limax lanceolata* devint le *Branchiostoma lubricum!*

Cependant, cette appellation retentissante ne prévalut pas. Un naturaliste anglais qui, presque en même temps, trouva chez cet animal un axe solide interne, lui donna le nom d'*Amphioxus lanceolatus.*

Des trois parrains l'anglais fut le plus heureux, car son appellation prévalut. Dorénavant l'Amphioxus ne fut plus assujetti à des erreurs de personne fort compromettantes, ou tout au moins désagréables.

Cinq ans après, c'est-à-dire en 1839, le célèbre zoologiste berlinois Jean Müller s'occupa de l'Amphioxus, et ne songea pas à le débaptiser. Mais en revanche il en fit une étude anatomique aussi sérieuse que détaillée.

En raison de la place importante, on pourrait dire essentielle, que tient ce petit être dans la série animale, peut-être ne sera-t-il pas inutile d'en donner à notre tour une description d'ailleurs très abrégée.

Parvenu au terme de son développement, l'Amphioxus lanceolatus est long d'à peine sept centimètres, presque incolore, blanchâtre parfois, ou légèrement teinté de rose. Comme son nom l'indique, il a la forme d'une lame mince, d'une lancette étroite, pointue aux deux extrémités, et légèrement aplatie. Son corps est revêtu d'un tégument transparent, mince et délicat, composé, comme chez les animaux supérieurs, de deux couches : un épiderme extérieur, et un derme fibreux sous-jacent. Nulle trace de membres. Sur la ligne dorsale médiane, il présente une étroite nageoire en ourlet qui s'élargit en arrière, pour former une nageoire caudale, et se continue inférieurement en une courte nageoire anale.

L'extrémité antérieure de son corps ne se distingue guère de l'extrémité postérieure que par la présence de la bouche ; mais dans sa structure interne il possède le caractère le plus important des vertébrés : par-dessus tout la corde dorsale et la moelle épinière.

La corde dorsale est une tige cartilagineuse, pointue aux deux extrémités. C'est l'axe central du squelette interne, la base de la colonne vertébrale.

Immédiatement sur la face postérieure de cette corde dorsale repose la moelle épinière qui est aussi, dans l'origine, un cordon rectiligne pointu aux deux bouts, mais creux ; c'est la pièce principale, l'axe du système nerveux chez tous les vertébrés.

Fait bien digne de remarque, qui semble donner raison pleine et entière aux théories de Monsieur Synthèse, c'est que chez tous les vertébrés, *y com-*

pris l'homme, ces organes si importants ont tout d'abord, dans l'œuf, exactement la forme très simple qu'ils conservent chez l'Amphioxus.

C'est seulement plus tard que l'extrémité antérieure de la moelle épinière se renfle pour devenir le cerveau, tandis que de la corde dorsale provient le crâne qui sert d'enveloppe au cerveau.

Chez l'Amphioxus, animal encore très élémentaire, le crâne et le cerveau avortent. Il reste un *Acránien*, mais précède immédiatement les *Craniotes*, représentés entre autres par les *Cyclostomes*, a peine plus élevés que lui dans la série, notamment les lamproies.

Ajoutons, pour terminer cette monographie, que l'Amphioxus vit sur les plages marines sablonneuses, en partie enfoncé dans le sable, et qu'il est très répandu dans les différentes mers. On le trouve dans la mer du Nord, sur les côtes de la Grande-Bretagne et de la Scandinavie; sur différents rivages méditerranéens; sur les côtes du Brésil, sur celles du Pérou; sur les plages lointaines du Pacifique, à Bornéo, en Chine. etc., et partout il a identiquement la même forme.

Mais, demandera-t-on non sans apparence de raison, pourquoi cette digression relative à l'Amphioxus? Pourquoi cette mention spéciale à un des ancêtres encore si imparfaits de l'homme, dont il est séparé par une distance énorme?

Sans doute, l'épanouissement de l'organisme des mammifères, et si l'on veut, de l'homme, depasse tellement l'humble degré où il s'est arrêté chez l'Amphioxus, qu'à première vue il semble impossible de réunir ces deux êtres dans une même division du règne animal.

Cependant, Monsieur Synthèse se croit dans le droit absolu de le faire; et il affirme, à ce sujet, que l'homme est simplement un degré évolutif supérieur du type vertébré dont les traits principaux se retrouvent chez l'amphioxus.

Évidemment, l'Amphioxus est bien inférieur à tous les vertébrés actuels. Il n'a ni la tête, ni le cerveau, ni le crâne qui les caractérisent. Chaque organe revêt chez lui une forme plus simple et plus imparfaite que chez les autres.

Mais, tous les vertébrés parcourent, durant leur vie embryonnaire des étapes pendant lesquelles ils ne sont point supérieurs à l'amphioxus; pendant lesquelles ils lui sont même essentiellement identiques.

En un mot, et pour résumer cette question que M. Synthèse regarde comme essentielle à la réalisation de son entreprise, si le développement de l'homme et des grands mammifères se trouvait arrêté à certaines époques de leur vie embryonnaire, on ne pourrait pas les reconnaître de l'Amphioxus.

Ce qui, plus tard faisait dire plaisamment à M. Roger-Adams que l'homme était simplement un Amphioxus qui avait eu de la chance.

Eu égard à l'importance de ce petit être dans la série on concevra donc la joie ressentie par Monsieur Synthèse, quand il constata son apparition dans le laboratoire, immédiatement après le ras de marée qui faillit tout effondrer.

C'est pourquoi il sortit pour un moment de son habituelle impassibilité, et laissa échapper le cri de : « Victoire! » en examinant les sujets recueillis par le professeur de zoologie.

Mais, si le Maître semble radieux, M. Roger-Adams, le premier moment d'effervescence passé, paraît, de son côté, quelque peu démonté.

Il parcourt seul le bord interne de la lagune, s'isole pendant un certain temps, regarde de tous côtés, examine les eaux encore agitées par la chute des vitraux, et murmure à voix basse :

— Ah çà, d'où diable sortent-ils, ceux-là?

« Il y en a des centaines et des centaines... des milliers... J'en vois partout !

« Ma foi, tant mieux !

« Le hasard fait bien les choses, et vivent les Amphioxus !

Après ces paroles énigmatiques, susceptibles de troubler un auditeur intéressé, le zoologiste revient à ses compagnons et leur annonce cette hypergenèse réellement stupéfiante de vertébrés.

Son collègue, le chimiste, examinait les dégâts, prenait ses dimensions en vue de faire au plus vite réparer l'édifice, et maudissait de tout son cœur ce ras de marée dont les suites allaient lui donner tant de tracas.

— Eh ! mon cher, vous blasphémez! interrompit-il avec vivacité.

— Que voulez-vous dire? répond le chimiste interdit..

— Comment! vous ne reconnaissez pas le cataclysme providentiel... la révolte des éléments, quand arrive une nouvelle période de création!

« Bénissez au contraire cette formidable convulsion de la mer, dont l'intensité semble en rapport avec le progrès immense opéré par le Grand-Œuvre.

« Mais aussi, pensez donc, on ne voit pas apparaître tous les jours l'organisme qui relie les deux tronçons de l'immense chaîne zoologique.

« Du reste, je ne sais pas ce que l'avenir nous réserve, mais j'espère que ce bouleversement sera, sinon le dernier, du moins le plus intense parmi tous ceux que nous aurons à subir.

— Je l'espère et je le souhaite de tout mon cœur.

« Car, voyez-vous, on a beau se dire que : à « quelque chose malheur est bon », ce n'est pas avec des proverbes que l'on répare les avaries.

« Et mon pauvre laboratoire est dans un triste état.

« Pour comble d'ennui, nous n'avons pas de vitres pour remplacer celles qui sont brisées.

— Bah ! vous trouverez autre chose.

« Le patron vous aidera de ses conseils et de son expérience aussitôt qu'il ne sera plus absorbé dans la contemplation des petites bebêtes !

— On le serait à moins.

— Oh ! grand bien lui fasse !

« Dans tous les cas, me voici avec quelques loisirs en perspective.

« Car, enfin, ce n'est pas toujours fête, au laboratoire, et j'espère que dame Évolution va se reposer.

« Aussi, j'ai bonne envie de demander au patron la faveur d'aller, avec la chaloupe à vapeur, faire au large une excursion géologique.

— Il vous l'accordera indubitablement.

« Heureux mortel ! vous allez vous donner de l'air, pendant que je m'escrimerai après mes ferrailles, et que je soumettrai mon laboratoire à un traitement orthopédique.

Le zoologiste est décidément en faveur, car Monsieur Synthèse souscrit, le plus gracieusement du monde, à sa fantaisie, et met à sa disposition la chaloupe à vapeur avec quatre hommes d'équipage, deux chauffeurs et un mécanicien.

Le nouveau commandant, auquel l'inaction semble peser plus encore qu'au naturaliste, mis en goût par cette condescendance du Maître, sollicite à son tour la faveur de se joindre à l'expédition, désirant, dit-il, profiter de cette croisière scientifique pour étudier en détail l'hydrographie fort compliquée de la région.

Monsieur Synthèse, trouvant là une occasion de distraire fructueusement quelques membres de son personnel, ne fait aucune difficulté pour lui donner cette autorisation, et leur accorde, à tous, quinze jours de congé.

Pendant qu'ils s'en vont au hasard de leur fantaisie, le pauvre chimiste, que ses fonctions attachent à l'atoll, s'évertue à remédier aux désastres causés

Une gueule immense palissadée de dents formidables qui s'ouvre sur lui... (Page 389.)

par le passage du ras de marée, consolide les méridiens, remplace avec des prélarts goudronnés les vitres pulvérisées, répare les tubes de dégagement des gaz et les conduits électriques, installe d'autres fourneaux, bref, recommence en partie l'installation qui lui coûta jadis tant de travail.

Besogne ingrate s'il en fut, et dont les résultats, bien que satisfaisants, attristent le brave homme. Il est en effet inconsolable de voir sa chère coupole ainsi devenue bossue et maugrée de tout son cœur contre les prélarts noirs qui font penser à un invalide portant un bandeau de taffetas sur l'œil.

Contre-temps fâcheux, le Maître n'est pas là pour l'encourager, au besoin pour le critiquer. Monsieur Synthèse, obéissant à une de ces manies mystérieuses qui le font disparaître pendant des semaines entières, s'est étroitement claquemuré dans son appartement, et ne voit plus que ses Bhils hindous.

Le chimiste est seul, réduit à ses propres moyens, à son unique initiative, mais, secondé d'ailleurs très intelligemment par le premier lieutenant qui remplace Meinherr Cornélis Van Schouten.

Les travaux spéciaux relatifs à l'expérience proprement dite sont forcément interrompus par les réparations, la lagune est abandonnée à elle-même, le Grand-Œuvre fait relâche.

Peut-être cela n'en vaut-il pas plus mal.

Cependant, depuis cette subite irruption de la mer, l'état général de la région semble se modifier peu à peu. Des détonations sourdes éclatent à intervalles irréguliers, comme si elles venaient du fond de l'Océan. Les flots subissent parfois de brusques dénivellements. On les voit s'agiter, bouillonner, s'enfler, et se déprimer en quelques moments. Des lames sourdes surgissent tout à coup, sans compromettre pourtant la sécurité des navires et du laboratoire.

La chaleur est plus suffocante que jamais. La brise ne souffle pas, le ciel est invariablement bleu, bien que le galvanomètre indique de fortes tensions électriques.

Ce sont là des symptômes alarmants, précurseurs de convulsions qui peuvent être formidables, et qui font dire au chimiste plus alarmé qu'il ne voudrait se l'avouer :

— Nous ne sommes pas au bout !

Les réparations touchent à leur fin. Déjà le dynamo fonctionne. Les feux électriques luisent pendant la nuit, les fourneaux sont au moment d'être allumés. Le laboratoire va de nouveau reprendre vie.

La chaloupe est attendue le lendemain. Monsieur Synthèse donne signe d'existence et demande où en sont les travaux. Tout va bien.

Tout va bien, mais Alexis Pharmaque est de plus en plus préoccupé. Cependant, cette préoccupation n'a pas, ainsi qu'on pourrait le croire, pour objet la continuité des phénomènes naturels dont les manifestations deviennent incessantes. Elle est plus spéciale, et se localise exclusivement à la lagune.

Depuis quatorze jours qu'il évolue ainsi à tout moment sur l'anneau corallien, le chimiste a observé, à plusieurs reprises, une singulière agitation, au milieu de ces eaux habituellement unies comme une glace.

Cette agitation se traduit tantôt par un brusque remous, suivi d'anneaux concentriques venant s'éteindre en clapotant sur le bord circulaire du petit lac ; tantôt, c'est un sillon rapide tracé presque à fleur d'eau par quelque chose possédant un vigoureux mouvement de propulsion ; tantôt enfin, mais plus rarement, c'est un plongeon bruyant qui met en mouvement la totalité des eaux, sans qu'il soit possible d'assigner une cause à ces manifestations d'une force mystérieuse.

— Il faut que j'en aie le cœur net, se dit un beau matin le chimiste à bout de patience et d'arguments.

En avoir le cœur net, signifie tout bonnement aller explorer le fond de la lagune ; opération très simple, en somme, et qu'a souvent pratiquée son collègue le professeur de zoologie en allant à la recherche des organismes nouveaux.

En conséquence, maître Alexis revêt un costume de plongeur, descend lentement par l'échelle de fer scellée extérieurement dans la muraille corallienne, près des portes de tôle qui interceptent la communication entre la lagune et la pleine mer. Il arrive lentement au fond.

Le dispositif, grâce auquel un homme peut pénétrer dans le bassin, sans faire communiquer celui-ci avec l'Océan, est très simple. Au milieu d'une des deux grandes portes, est percée une ouverture carrée fermée par un châssis également métallique, mobile de dedans en dehors, et se fermant hermétiquement grâce à une bande de caoutchouc appliquée sur son pourtour.

Le châssis étant ouvert, l'homme pénètre dans une cavité close de toute part, pleine d'eau, naturellement, pourvue d'un second châssis s'ouvrant directement sur la lagune, et dont l'occlusion parfaite est assurée aussi par des lames de caoutchouc.

L'homme ferme alors le premier châssis, ouvre le second et arrive dans la lagune après s'être éclusé lui-même dans la cavité, sans avoir par conséquent interrompu l'isolement qui existe entre le bassin et l'Océan.

Cette manœuvre s'opère sans encombre, et le chimiste s'avance lentement sur l'enduit imperméable appliqué jadis par les Chinois sur le roc corallien.

Comme il fait grand jour et que le soleil de l'équateur projette sur la coupole de verre des torrents de lumière, il n'est aucunement besoin d'éclairage artificiel. Bien que les eaux soient un peu troubles, il voit assez distinctement les objets pour en reconnaître la nature.

Il aperçoit d'abord la masse sombre des coraux qui, au début de l'expérience, ont été soumis à la nourriture intensive et se sont développés en dehors de toute proportion, au point de former, au milieu de la lagune, ce que Monsieur Synthèse appelle « sa terre ».

Il s'avance péniblement en marchant sur des masses visqueuses, flasques, dont-il ne peut exactement déterminer la nature, et qui cependant lui semblent être des méduses, fait le tour du récif intérieur, en examine la contexture, reconnaît que tous les coraux sont morts depuis longtemps et s'arrête, pétrifié d'étonnement.

Sur la substance pierreuse, une quantité de petits êtres, au corps cylindrique, vermiforme, longs de quinze à vingt centimètres, se tiennent accrochés, soudés plutôt par la tête, et semblent uniquement occupés à frétiller, à s'enrouler, à se dérouler, sans quitter leur point d'appui, sans paraître éprouver le besoin de se déplacer.

— Eh! qu'est-ce que c'est tout ce petit monde aquatique ? se demande le chimiste en approchant de ces singuliers animaux sa têtière de cuivre pourvue de plaques de cristal.

Il allonge la main, empoigne délibérément l'un d'eux à plein corps et tire. Il sent une résistance incroyable, absolument disproportionnée avec le volume de l'animal qui, gluant d'ailleurs comme une anguille, lui échappe et se colle plus étroitement, s'il est possible, au bloc madréporique.

— Le diable m'emporte! dit-il tout décontenancé, ce sont de vraies ventouses.

« Je voudrais pourtant bien emporter quelques échantillons de ces bestioles.

« C'est le patron qui va être heureux!

Tout en monologuant, il saisit un autre animal et s'apprête à faire brusquement cesser son adhérence avec le roc. Mais, plus irritable sans doute que l'autre, il lâche son point d'appui, se retourne, colle sa tête à la main qui l'étreint, forme un vide à ce point énergique, que le chimiste ne peut retenir un léger cri de douleur.

L'animal tient bon, entame rapidement la peau, aspire gloutonnement le sang, et le pauvre Alexis, pour s'en débarrasser, n'a d'autre ressource que de frotter furieusement le dos de sa main sur les pointes coralliennes, et de déchirer littéralement le petit vampire.

Sa main lui apparaît violacée, avec une déchirure d'où sortent quelques gouttes de sang.

— Allons-nous-en, dit-il.

« Ils sont là plusieurs milliers, et il y aurait péril certain, s'il leur prenait fantaisie de s'acharner après moi.

Ce qu'il appréhende se réalise aussitôt.

Tous les membres de la colonie ont perçu, en un moment, les âcres émanations du sang qui se mélange à l'eau.

Comme s'ils obéissaient à un mot d'ordre, ils quittent spontanément leur point d'appui, se mettent à évoluer de tous côtés avec leurs mouvements flexueux de reptiles, tourbillonnent autour du malheureux chimiste, l'environnent de leur essaim répugnant, se collent à sa tétière, à son vêtement de caoutchouc, à ses jambes, à ses mains que rien ne protège malheureusement.

— Mais, ils sont enragés ! s'écrie-t-il sérieusement alarmé.

« Que vais-je devenir, s'ils réussissent à entamer mon vêtement.

« Allons, en retraite !

Et le voilà parti, aussi vite que possible, glissant, titubant, et pensant involontairement à ces pauvres vieux chevaux que la barbarie des pêcheurs de sangsues confine dans les étangs peuplés de ces utiles mais répugnants auxiliaires de la thérapeutique.

Encore quelques pas et il va atteindre la porte, quand une apparition terrible le glace d'effroi.

Une forme oblongue, élancée, d'un blanc bleuâtre, vient de le frôler. Ce n'est plus une bestiole de six pouces de long, mais bien un monstre qui mesure plusieurs mètres, et dont la vigueur doit être énorme.

Brusquement la chose innommée se retourne, revient vivement, et le pauvre Alexis aperçoit une gueule immense palissadée de dents formidables qui s'ouvre sur lui.

— Un requin ! balbutie-t-il éperdu en reconnaissant un des terribles tintoreas du Pacifique.

Machinalement il s'accroupit, oubliant pour un moment les vampires qui tenaillent ses mains.

Ce mouvement inconscient lui sauve certainement la vie. On sait en effet que le requin, grâce à la conformation de sa mâchoire inférieure, ne peut saisir sa proie que quand elle est au-dessus de lui. Le chimiste est ainsi mis pour un moment hors de la portée de son féroce adversaire ; et celui-ci, en se retournant brusquement pour happer un de ses bras, n'attrape qu'une vaste lampée d'eau entre ses mâchoires qui se referment avec un bruit de cisaille.

— Un requin !... c'est un requin ! s'écrie le malheureux, assourdi dans son casque par le bruit de sa propre voix.

Le bandit des mers ayant manqué une première fois son coup, disparaît à l'autre extrémité de la lagune, prend du champ et va revenir sur l'homme, en rasant le sol, de façon à se glisser au-dessous de lui.

Alexis n'est plus qu'à deux ou trois mètres de la porte intérieure. Mais il n'aura jamais le temps de tourner les deux vis qui la maintiennent fermée.

Il s'élance pourtant, secoue l'essaim répugnant des bêtes collées à lui, trébuche sur une substance visqueuse qu'écrase sa semelle de plomb, et s'abat au fond du bassin.

Sa main rencontre une espèce de câble rigide, allongé sur la couche de béton, au milieu de corpuscules de forme et de nuances indécises.

Le câble se prolonge en une tige métallique étincelante, malgré son séjour dans l'eau de mer, et terminée par une boule.

Le chimiste se relève aussitôt, se redresse intrépidement, comme si la trouvaille inespérée de ce câble lui avait restitué toute son énergie.

Il saisit ce mystérieux engin un peu au-dessous de la tige métallique et se campe dans l'attitude classique du pompier qui, la lance en arrêt, se prépare à combattre l'incendie.

Le squale arrive avec la vitesse d'un projectile, jusqu'à toucher le plongeur qui, cette fois, ne bronche pas.

Mais, il est forcé de ralentir sa course pour se retourner de façon à le happer d'un coup de gueule.

Alexis, mettant avec autant d'adresse que de bonheur cet instant à profit, le touche au bout du museau avec l'extrémité de la tige qu'il brandit.

L'effet de ce simple contact est réellement stupéfiant. Le requin, comme s'il était frappé de la foudre, s'arrête brusquement, agité d'une convulsion terrible. Ses nageoires retombent aussitôt comme brisées, sa queue oscille mollement, et sa gueule, béante, reste ouverte, dans une contracture difforme.

Le contact a duré une seconde à peine, et le monstre n'est déjà plus qu'un cadavre.

— Quel dommage ! se dit en aparté le chimiste, passant de la plus effroyable angoisse à la joie la plus vive, quel dommage de n'être pas plusieurs pour rire à notre aise aux dépens de ce mécréant !

« Allons, en retraite !

Et, sans plus tarder, il lâche le câble, qu'il abandonne au fond de l'eau, ouvre les portes-écluses, se hisse en deux temps par l'échelle, et arrive sur le récif, sans avoir pu se débarrasser des vampires qui s'acharnent à son vêtement.

On imagine sans peine la stupeur de ses aides, quand ils le voient apparaître littéralement farci de ces animaux qui, enlevés à leur élément essentiel, frétillent, se tordent rageusement, et finissent par lâcher prise, mais lentement, comme à regret.

— Ouf ! Il était temps, s'écrie le digne chimiste quand sa tétière métallique eut été dévissée.

« Un peu plus, j'étais réduit en miettes, absorbé et digéré tout vif, après avoir si miraculeusement échappé au... à l'autre !

Puis, examinant plus attentivement ces féroces petites bêtes qui ont mis ses mains en lambeaux, il ajoute :

— Ma parole, ce sont des Lamproies !

« Des Lamproies !... Eh ! pardieu ! ce sont les Cyclostomes (1) attendus pour former le dixième degré des ancêtres de l'homme.

« Eh bien ! ils sont jolis, les ancêtres !

« Mais l'autre !... le bandit qui a failli m'avaler...

« Tiens !... mais, à propos, un requin... c'est un squale...

« Et un squale, c'est un *Sélacien*.

« Or, les Sélaciens forment le onzième degré de ladite série.

« De plus en plus aimables pour leur postérité humaine, les ancêtres en question.

Puis, s'adressant à ses aides, il ajoute :

— Vous, mes amis, rejetez-moi ces vilaines bêtes dans la lagune et mettez-en une demi-douzaine de côté dans une baille avec de l'eau.

Et il regagne tout songeur son appartement, afin de mettre sur ses plaies qui le font horriblement souffrir une simple compresse d'acétate de plomb étendu d'eau.

Sa première pensée est d'aller informer Monsieur Synthèse de cette étrange et dramatique succession d'événements, mais il se ravise en pensant à leur invraisemblance même.

Que des Cyclostomes, des Lamproies à peine développées et dont l'exiguité annonce l'extrême jeunesse, aient succédé aux Amphioxus, rien de plus logique pour un adepte fervent du Grand-Œuvre.

---

1. La *Lamproie* s'appelle aussi *petromyzon*, du grec πέτρος, pierre, et μύζω, sucer Ces poissons appartiennent à l'ordre des Chondroptérygiens, et à la famille des Cyclostomes.

Mais qu'un requin adulte, d'une énorme stature, se trouve ainsi à point nommé dans la lagune transformée en aquarium, voilà qui côtoie l'invraisemblance.

Passe encore si ce Sélacien était d'une grosseur proportionnelle à celle des Lamproies!

On pourrait admettre sa présence d'une façon scientifiquement explicable. Tandis que celle d'un pareil monstre ne l'est ni scientifiquement ni empyriquement.

— A moins que... Diable!...

Si le ras de marée, après l'avoir roulé comme un fétu, l'avait subrepticement introduit dans la coupole par la brèche ouverte par la lame?

Mais alors... et les Amphioxus!... et les Lamproies!... qui pourrait affirmer que leur présence ne soit également le résultat de ce cataclysme?

Dans ce cas le Grand-Œuvre ne serait plus le Grand Œuvre; mais une duperie, une abominable plaisanterie imputable aux flots déchaînés.

Le pauvre chimiste ne peut envisager sans frémir une pareille éventualité. Aussi, se raccrochant à une hypothèse moins désespérante, il veut se prouver que le requin a pu, en chassant les holothuries très abondantes au bord de l'atoll, s'élancer, à marée haute, hors de l'eau, retomber sur l'anneau corallien, et de là dans la lagune, en passant par la brèche, avant qu'elle ne fût bouchée avec les prélarts.

Ce qui, d'ailleurs, est parfaitement admissible.

C'est pourquoi, sachant combien le Maître pousse loin le scrupule de la précision en matière d'expérience; connaissant sa susceptibilité excessive à l'endroit de tout ce qui n'est pas rigoureusement scientifique, il prend le parti de lui cacher, jusqu'à nouvel ordre, cette aventure

— Soyons prudent, dit-il en humectant ses compresses.

« Le Maître, avec sa manie de chercher partout la petite bête, serait capable d'en faire une maladie.

« Quant à moi, je puis me vanter de l'avoir échappé belle.

« Je frémis encore, en pensant que si le conducteur électrique, sur lequel j'ai mis la main au bon moment, avait été retiré du bassin et replacé comme il devrait l'être depuis huit jours; que si le dynamo n'avait pas fonctionné à ce moment, je n'aurais pas pu foudroyer instantanément ce requin de malheur !

« J'étais bel et bien mis en loques, et avalé en un clin d'œil par cet intrus.

« Tandis qu'il servira de pâture à nos jeunes lamproies.

Le pêcheur l'amène tout gigottant au bout de sa ligne. (Page 398.)

« Grand bien leur fasse !

« Quant à la morale de l'histoire, c'est que je ne m'aventurerai plus dans la lagune, sans être accompagné d'une bonne patrouille de scaphandriers en armes.

« Le laboratoire devient trop mal fréquenté.

CHAPITRE IV

Les *Dipneustes*. — Poissons et amphibies tout à la fois. — Confiance en l'avenir. — Les premiers habitants de la terre de Monsieur Synthèse. — Scène des temps primitifs. — Sélection par trop naturelle. — Repas de crocodiles. — Pêche à la ligne. — Autopsie d'un saurien. — Monsieur Synthèse suspend les expériences dans la crainte de tuer l'homme futur. — Nouvelle et plus terrible révolte des éléments. — Terreur. — Le volcan sous-marin. — Éruption de lave. — Perte du *Gange*. — Autres conséquences du cataclysme. — Enfermés sur l'*Anna*.

Tels sont les incidents les plus remarquables qui se sont présentés pendant la période comprise entre le départ de l'*Indus* et du *Godavéri*, jusqu'au moment où Monsieur Synthèse se trouva en présence de redoutables symptômes de mutinerie.

Sans l'absence inexplicable des deux navires qui devraient être depuis longtemps revenus à l'atoll, sans l'inquiétude mortelle où l'on se trouve sur le compte de leurs équipages, tout jusqu'alors eût été pour le mieux dans le meilleur des mondes, grands comme petits et même artificiels.

Il y a eu, d'autre part, des événements scientifiques assez importants, mais sans l'accompagnement obligatoire des perturbations traditionnelles.

La série ancestrale a très notablement progressé, et s'est enrichie de quatre classes d'animaux correspondant à quatre degrés de l'arbre généalogique.

Alexis Pharmaque a gardé un silence prudent sur sa dramatique excursion au fond de la lagune. Ni Monsieur Synthèse, ni le professeur d'histoire naturelle revenu, à jour dit, de son expédition zoologique, sur la chaloupe à vapeur chargée d'opulentes collections, n'ont été informés de la présence du requin dans les eaux du bassin.

Du reste, nul n'a jamais aperçu le moindre débris du monstre dont les lamproies ont dû se régaler à l'aise.

M. Roger-Adams, accompagné du commandant Meinherr van Schouten qui semble avoir conçu la plus vive passion pour la zoologie, a exploré la lagune.

A son retour, il a annoncé, comme la chose la plus simple du monde, l'apparition des *Dipneustes*, ces singuliers animaux qui forment la transition naturelle entre les poisons et les amphibies.

Le zoologiste rapporte à Monsieur Synthèse un spécimen bien vivant de cette classe des *Dipneustes*, ainsi nommés parce qu'ils sont à double respiration : branchiale et pulmonaire.

Ce spécimen est un magnifique *Ceratodus Forsterii* qui vit dans les marais de l'Australie (1), et dont la découverte, toute récente, remonte à 1870. Il est long seulement de vingt centimètres — les sujets adultes atteignent jusqu'à deux mètres — et déjà couvert de grosses écailles.

Quand il a été examiné en détail, et photographié avec art, le professeur de zoologie procède à son autopsie. Il trouve un squelette mou cartilagineux, très peu développé, analogue à celui des sélacides inférieurs, avec la *chorda* parfaitement conservée. Les quatre membres sont des nageoires rudimentaires, analogues à celle des poissons primitifs les plus inférieurs.

Chose assez singulière, cette ressemblance avec les poissons inférieurs se retrouve également dans le cerveau et le tube digestif. Il semble que la nature, tout en faisant faire à l'organisation vertébrée un grand progrès par l'adaptation des Dipneustes à la respiration aérienne, ait voulu conserver à ces antiques ancêtres de l'homme, certains traits anatomiques inférieurs, comme témoignage de la continuité de la série.

Mais le caractère essentiel de cette bizarre espèce, est la présence simultanée des branchies et des poumons, qui, comme il est dit ci-dessus, fait des Dipneustes l'organisme transitoire entre les poissons et les amphibies.

Ce caractère intermédiaire est même si fortement imprimé dans toute l'organisation de ces curieux animaux, que certains zoologistes les classent parmi les amphibies.

Ce sont pourtant bien réellement des poissons.

Mais aussi, les caractères des deux classes sont à ce point confondus chez

---

1. Découvert à Sydney par Gérard Krefft, en 1870.

eux, que c'est une pure question de définition. Tout dépend de l'idée que l'on se fait de« l'amphibie » et du « poisson ».

Par leur manière de vivre, les dipneustes sont de vrais amphibies. Pendant l'hiver des tropiques, c'est-à-dire pendant la saison des pluies, ils nagent dans l'eau comme des poissons et respirent par leurs branchies. Pendant la saison sèche, ils s'enfouissent dans une argile desséchée et respirent l'air par leurs poumons, comme les amphibies et les vertébrés supérieurs.

Cette double respiration, qui leur est commune avec les amphibies inférieurs, les élève donc au-dessus des poissons. Mais, pour la plupart des autres caractères, ils ressemblent plus aux derniers, et sont inférieurs aux premiers. Leur conformation extérieure est, du reste, ainsi que l'on vient de le voir, absolument pisciforme.

Pendant sa dissection opérée avec une dextérité prodigieuse, le zoologiste avait expliqué, commenté, « ex professo » et non sans élégance, ces différents caractères.

Monsieur Synthèse opinait gravement de la tête, et le chimiste, joyeux, se disait à part lui :

— Enfin! Voilà donc un animal parfaitement caractérisé, vivant au milieu de marais placés dans l'intérieur des terres, et que le ras de marée n'a pas pu amener jusqu'ici.

« Comme j'ai bien fait de me taire, et de ne pas alarmer inutilement le Maître !...

« Allons, tout va bien ! et, ma foi, le Grand-Œuvre, un moment ébranlé, est plus solide que jamais.

. . . .

La classe des amphibies, très impatiemment attendue, se présenta enfin, au moment où le chimiste, toujours aux aguets, toujours préoccupé, désespérait presque de son apparition.

C'est lui qui eut l'honneur et la joie de la découverte.

Un beau matin qu'il se promenait, autour du dôme, scrutant de son œil unique les flots tranquilles de la lagune, il aperçut, autour du rocher central, de petites vagues courtes produites par des animaux de faibles dimensions, et qu'il ne distinguait qu'imparfaitement.

Il courut au navire, saisit une lorgnette et revint sans désemparer.

Que l'on juge de sa joie, au moment où l'instrument d'optique lui fait voir, à les toucher, de petites tortues de mer, batifolant en compagnie de salamandres et de tritons, et faisant d'inutiles efforts pour rejoindre ces derniers qui, s'arc-boutant aux broussailles madréporiques, se hissent sur le roc, et en prennent possession.

Les premiers habitants de la terre vierge improvisée par Monsieur Synthèse !

Ils sont là une cinquantaine, de forme et d'aspects différents, mais très familiers, nullement hostiles les uns aux autres, et semblant se dire que la terre et les mers sont bien assez vastes pour vivre en paix.

Confiance trompeuse, hélas! sécurité illusoire, que l'ennemi, un ennemi terrible, ne doit pas tarder à troubler.

Le chimiste contemplait avec ravissement cette scène et se reportait, en imagination, aux époques antérieures de notre monde, où l'amphibie était le roi incontesté de la création, quand de l'ombre projetée par la bordure corallienne opposée au soleil, surgissent quelques sillons qui s'allongent et rayonnent sur le petit continent.

Des têtes hideuses, aplaties, déprimées, de sauriens auxquelles la lorgnette donne des dimensions exagérées, émergent de l'eau. Des pattes courtaudes, trapues, s'agitent et rament avec rapidité. Une longue queue qui semble prolonger une crête rugueuse formée d'écailles frustes, sert de gouvernail et assure la rectitude de la manœuvre.

— Eh ! mon Dieu !... je ne me trompe pas...

« Ce sont des crocodiles.

De jeunes crocodiles en effet, de taille proportionnelle à celle des autres habitants de la lagune, c'est-à-dire longs d'environ trente centimètres, mais déjà féroces comme père et mère.

Ils ont vu leurs inoffensifs congénères, et, poussés par leur instinct cruel, les attaquent avec rage, comme si leur unique fonction était de détruire.

Tortues, tritons et salamandres, moins agiles, infiniment moins bien disposés pour la course, tentent, mais en vain, de se dérober par la fuite.

Les sauriens se jettent au milieu du groupe, la gueule ouverte, saisissent au hasard leurs victimes, les déchirent et les avalent avec voracité.

Les tortues essayent bien de rentrer leur tête et leurs pattes dans leur carapace. Inutile précaution. La carapace ne devient que plus tard solide au point de former une casemate indestructible. Pendant le jeune âge elle est seulement cartilagineuse et ne fournit à l'animal qu'une protection platonique.

Et les crocodiles de croquer à belles dents, de s'acharner à deux et même à trois sur la même proie, et d'engloutir à perdre haleine.

Ils sont une dizaine, et font place nette en moins de cinq minutes.

— Voilà, s'écrie le chimiste interdit, un exemple tout à fait péremptoire de sélection naturelle.

« Une véritable scène de destruction, comme a dû en présenter si souvent notre planète aux temps primitifs.

« Avec tout cela, ces brutes de crocodiles demeurent seuls maîtres de la situation.

« Toujours comme aux époques lointaines...

« Il est vrai qu'ils sont plus parfaits en organisation que leurs victimes et que l'évolution n'y perdra rien.

« Cependant, j'eusse été heureux que Monsieur Synthèse pût voir ces pauvres bêtes.

— Il y a un moyen, mon cher collègue, fit une voix joyeuse derrière lui.

— Hein!... vous dites?.. répond Alexis tout interdit.

— Dame! j'ai entendu votre monologue, terminé par un desideratum auquel il est facile de donner satisfaction, continue le zoologiste qui s'est avancé, sans être entendu de son collègue, tant l'attention de celui-ci était excitée par la vue de ce petit drame.

— Et ce moyen?

— Est de faire l'autopsie d'un de ces gloutons.

— Comment s'en emparer?

— Avec un simple morceau de lard, un hameçon, et vingt-cinq brasses de ficelle.

— C'est une idée.

— Le premier venu de nos hommes va pratiquer cette pêche et nous apporter au bateau le sujet capturé.

Le temps de déplier et d'amorcer la ligne, et un saurien, victime de sa gloutonnerie, se débat avec le crochet d'acier implanté dans la gorge.

Le pêcheur, sans même essayer de le détacher, l'amène tout gigottant au bout de la ligne, jusqu'au laboratoire installé sur le steamer, et le remet, par la ficelle, au zoologiste.

Mais l'amphibie, bien que très jeune encore, se défend avec une rage, une furie incroyables. C'est au point que, pour arriver à le maîtriser, et à pouvoir le manier sans danger, M. Roger-Adams est forcé de le couvrir d'une grande cloche de verre, sous laquelle il a placé une éponge imbibée de chloroforme.

Le puissant anesthésique a bientôt raison de ses cabrioles et de ses soubresauts. Frappé d'immobilité, insensible comme un cadavre, il est sans façon retourné sur le dos, amarré aux quatre pattes, et proprement incisé, depuis la gorge jusqu'à la naissance de la queue.

Une tortue de mer, broyée, aplatie, en lambeaux, est exhumée de la poche stomacale, où elle se trouve en compagnie de deux salamandres, dont une encore vivante !

Le professeur de zoologie fait prévenir aussitôt Monsieur Synthèse. Le Maître arrive sans tarder, examine avec le plus vif intérêt ces congénères, on pourrait presque dire ces frères ennemis, et ajoute :

— Vous avez bien fait, en me montrant vos nouveaux sujets.

« Mais, dorénavant, vous ne pratiquerez plus d'autopsie, et vous laisserez évoluer librement, dans les eaux de la lagune, tous les produits d'évolution.

« L'expérience est pour moi concluante.

« Nous n'avons plus qu'à attendre, pour arriver avec certitude au résultat final.

« Il ne faut plus sacrifier un seul de ces êtres dont l'existence est pour ainsi dire aussi précieuse que celle d'un homme.

« Ils deviennent, d'ailleurs, d'autant plus rares qu'ils se perfectionnent davantage, et peut-être qu'en faisant périr un de nos sujets actuels, vous tueriez l'homme futur.

« Vous vous bornerez, l'un et l'autre, à une active surveillance, et me ferez prévenir, quand vous verrez apparaître d'autres organismes, soit sur le rocher, soit dans les eaux, soit sur l'atoll.

« Au revoir, Messieurs.

— Hein ! dites donc, collègue, ajoute le zoologiste quand le vieillard eut disparu, croyez-vous que le patron pousse assez loin le scrupule !

— Je trouve qu'il a raison.

— Bah ! laissez donc... les sujets ne manqueront pas, je vous l'affirme.

— C'est possible.

« Mais, je vous avoue, quant à moi, qu'il me semblerait véritablement commettre un homicide.

M. Roger-Adams eut un rire bruyant.

— Ah çà ! dit-il au milieu de son accès d'hilarité, est-ce que vous seriez aussi ramolli à ce point.

— Je suis, vous le savez, un croyant, un fanatique...

— C'est entendu ; et vous parlez à un homme convaincu.

« Mais, quelque robuste que soit ma foi, vous me laisserez bien vous adresser une question.

— Faites.

— Où diable trouverez-vous, dans cette vilaine bête — notre ancêtre matériel, si vous voulez — la moindre parcelle de l'âme humaine, ce *mens divinior* qui fait de vous un chimiste hors de pair, du capitaine un marin expérimenté, de moi un zoologiste passable ?

« Voyons, répondez.

Le chimiste va sans aucun doute entamer une de ces discussions auxquelles se complait son esprit méthodique, et peut-être présenter à son collègue des arguments embarrassants, quand les grondements sous-marins qui se font entendre presque sans interruption redoublent d'intensité.

Cette diversion arrête brusquement, dès le début, la discussion, et fait descendre des hauteurs de la psychologie transcendante le pauvre Alexis. qui tremble à chaque instant pour son laboratoire.

— Hélas! dit-il péniblement, à quoi bon philosopher sur tout cela, si les éléments se mettent contre nous ?

« Ma parole, c'est à croire qu'il y a juste au-dessous du point où nous sommes un volcan sous-marin qui, d'un moment à l'autre, va soulever la couche solide, la désarticuler et nous mettre en miettes.

« Si encore je pouvais, auparavant, voir la réalisation du Grand-Œuvre !

— Le fait est, répond le zoologiste alarmé soudain, que, depuis un certain temps, les signes avant-coureurs d'une immense convulsion deviennent de plus en plus inquiétants.

— Et Monsieur Synthèse qui semble ne s'apercevoir de rien !

— Oh ! je me demande ce qui pourrait bien le faire sortir de sa sérénité de divinité hindoue.

« Le charbon manque, les vivres baissent, l'état sanitaire des équipages laisse énormément à désirer, les machines, surmenées nuit et jour, fonctionnent à la diable, l'éclairage électrique ne se produit plus que par miracle, le laboratoire menace de s'en aller en morceaux, les éléments eux-mêmes conspirent contre nous et ce diable d'homme qui personnifie, ou plutôt déifie l'égoïsme, ne voit, n'entend, ne devine rien !

« Chose plus grave encore, sa petite-fille, l'enfant chérie de sa vieillesse est partie depuis près de six mois ; il est sans nouvelles, et rien, dans son attitude, ne paraît indiquer qu'il se souvienne même de sa paternité.

— Vous allez trop loin...

Prenez garde !... on nous observe. (Page 405.)

— Comment ! je vais trop loin :

« Je constate les faits, et j'appelle les choses par leur nom.

« C'est très joli, de tenter la réalisation de ce problème effrayant, gigantesque jusqu'à l'extravagance, et d'amener peu à peu la cellule primordiale à se transformer en un être humain.

« Et après?...

« J'outrepasse même ma pensée en formulant cette interrogation.

« Comment arrivera-t-il seulement jusqu'aux mammifères, puisque tous les éléments essentiels à cette évolution sont près de lui manquer ?

« Je fais appel à toute votre raison : voyons, de bonne foi, ne courons-nous pas à une catastrophe ?

A ce moment, les détonations, réellement assourdissantes, deviennent comparables à celles que produirait un combat d'artillerie.

Les deux savants quittent précipitamment l'entre-pont et rencontrent le capitaine qui semble tout troublé.

— Eh bien, capitaine, qu'y a-t-il donc ? demandent-ils en même temps.

— C'est à vous, Monsieur, répond l'officier, qu'il faut adresser cette question, car vous êtes plus ferrés que moi sur les causes et les effets des phénomènes de la nature.

Une brusque secousse lui coupe la parole. Tous trois se cramponnent machinalement au bastingage pour ne pas être renversés.

— Oh ! mon Dieu ! s'écrie le capitaine.

— Quoi donc ?

— Si le navire était en marche, je dirais qu'il vient de heurter un écueil

En même temps, leurs yeux se portent instinctivement sur le *Gange* amarré non loin de l'*Anna* et dans le prolongement de l'axe de ce dernier.

Un spectacle effrayant s'offre soudain à leur vue.

Le *Gange*, comme s'il obéissait tout à coup à une mystérieuse et irrésistible impulsion, roule brutalement bord sur bord. Puis, il se met à tourner lentement, comme s'il évitait et s'arrête un moment, grâce à ses amarres.

Mais les câbles, quelle que soit leur solidité, se brisent avec un bruit terrible, se rétractent en fouettant l'eau et laissent le steamer s'en aller en dérive.

Le capitaine fait aussitôt mouiller les ancres dont les chaînes ronflent sur les écubiers.

Peine inutile ! Le *Gange* apparaît au milieu d'un bouillonnement étrange qui le secoue comme un bouchon, et le pousse vers l'atoll où il va inévitablement se briser.

Les ancres chassent, ou plutôt semblent ne pas avoir mordu.

De toutes parts retentissent des cris d'épouvante.

Un véritable hurlement d'angoisse échappe au chimiste.

— Le laboratoire ! Il va effondrer le laboratoire.

« Je veux être là !... y périr s'il le faut.

Il s'élance vers l'atoll, se campe seul, en face de l'énorme masse qui dérive toujours, et lui montrant le poing, s'écrie :

— On ne peut donc pas le canonner... le couler ?...

« Quoi, tant d'efforts perdus !...

Un choc épouvantable secoue en ce moment le steamer qui craque de tous côtés. Les mâts, fracassés, s'abattent en même temps. Le désordre est à son comble. Les hommes affolés s'élancent à la mer et gagnent l'atoll à la nage.

Monsieur Synthèse, toujours impassible, apparaît sur le pont, et contemple froidement cette catastrophe inouïe.

— Que faire ?... Maître... que faire ? demande le capitaine qui ne sait quelles mesures prendre.

— C'est un soulèvement des fonds sous-marins, dit le vieillard dont l'austère visage ne sourcille pas.

« Voyez... un banc se forme lentement derrière le *Gange* et le pousse vers l'atoll.

« Dans trois minutes il va l'avoir atteint.

« Faites couper toutes nos amarres, et allez placer l'*Anna* debout à lui, de façon à l'arrêter.

— Mais, nous allons être écrasés ! balbutia l'officier.

— Obéissez, Monsieur, reprend le Maître d'une voix basse et terrible que le capitaine ne lui connaît pas.

Puis aussitôt :

— C'est inutile !... Il s'arrête.

« Je me souviendrai, Monsieur, que vous avez hésité.

Le *Gange*, brusquement soulevé avec une force irrésistible, s'est en quelque sorte empâté dans une substance molle, composée de scories qui montent, comme une bouillie épaisse, du fond de la mer.

C'est une sorte de lave à demi refroidie, qui fuse encore de tous côtés au contact de l'eau, en émettant d'épais tourbillons de vapeurs blanches.

Cette substance prend corps, se solidifie, devient roc, s'immobilise, et forme comme un piédestal au navire surélevé de trois mètres, et dont la quille demeure incrustée dans une gaine qui en a pris l'empreinte.

Les hommes qui se sont jetés à la mer, échaudés par l'eau dont la température s'est élevée au contact des laves, abordent en hurlant, sur l'atoll, avec plus de peur que de mal, fort heureusement.

Tout péril immédiat est écarté, mais le *Gange* est irrémédiablement perdu. Il n'est pas de force au monde susceptible de l'arracher de ce roc où il est scellé à jamais.

Malheureusement les désastres causés par cette catastrophe sans précédents ne se bornent pas là.

Si le laboratoire n'a pas souffert, comme l'annonce avec une joie fiévreuse le préparateur de chimie, si l'*Anna* qui s'est heureusement trouvé en dehors des produits de l'éruption sous-marine n'a subi aucune avarie, on s'aperçoit bientôt que la situation générale, déjà précaire, s'est terriblement aggravée.

L'éruption, dont les manifestations n'ont pu être purement locales, a désarticulé les couches profondes, remanié les barrages, les pointes, les îlots, et fait surgir, çà et là, de véritables bancs de pierre ponce.

La configuration de la mer est à ce point modifiée, que, là où tout à l'heure se trouvait un chenal, on voit les flots troubles, chargés de calcaire, battre rageusement une véritable muraille. Plus loin, il y a eu affaissement de minuscules continents coralliens, que l'on aperçoit encore, de temps en temps, entre les vallées mouvantes formées par des lames. D'autres ont été subitement exhaussés, ou dénivelés. D'autres enfin ont entièrement disparu.

Or, le navire qui constitue maintenant l'unique espoir des membres de l'expédition, se trouve littéralement emprisonné dans un bassin long d'environ cinq cents mètres, large d'à peine trois cents. Deux bancs de lave interceptent complètement les deux chenaux permettant jadis l'accès du mouillage, et s'opposeront, sans nul doute, à toute tentative de cmomunication avec la haute mer.

On n'aperçoit aucune solution de continuité par où une simple embarcation serait susceptible de se glisser.

C'est un emprisonnement complet!

A moins d'un miracle, il est évident qu'il sera impossible de quitter l'atoll, ni de recevoir des secours du dehors, si, comme il est permis de l'espérer encore, les autres bâtiments reviennent enfin à destination.

C'est dans ces terribles conjonctures que se révèle réellement le génie de Monsieur Synthèse, l'homme des ressources suprêmes, qui sait commander aux situations désespérées.

Il n'a pas prononcé un mot, n'a pas fait un geste depuis sa rude apostrophe au capitaine, et cependant, nul parmi les marins n'a même élevé la voix, une fois le premier moment de panique passé.

Ces hommes qui, peu de jours auparavant, allaient se mutiner, exécutent imperturbablement les ordres de leurs chefs, comme si rien d'anormal ne s'était passé, ne semblent se préoccuper en aucune façon de l'avenir, et manifestent une confiance réellement admirable.

Le professeur de zoologie, qui se désespère, n'en peut croire ses yeux.

Un témoin prévenu contre lui affirmerait presque, en le voyant, qu'il escomptait tout autrement les résultats de cette catastrophe.

Il garde même si peu de mesure, que son collègue, le chimiste, darde sur lui un œil d'abord étonné, puis méfiant, et que le capitaine est forcé de le prendre à part, et de lui siffler à l'oreille ces quelques mots pleins d'étranges révélations :

— Prenez garde !... on nous observe.

V

Les naufragés de Malacca. — Chez les Hommes des Bois. — Désespoir. — Médecine indigène. — Sauvé. — A travers la forêt. — Hospitalité généreuse. — Amitié tyrannique. — Les raisonnements de Ba-Intann. — Cuisine et vêtements indigènes — Adaptation à la vie sauvage. — Une occasion. — Conséquence de l'apparition de quatre éléphants. — Le résident de Pérak. — Départ. — Douleur des Sakèys. — De Pérak à Calcutta. — Angoisses. — Activité dévorante. — Préparatifs. — Le Pundit Krishna et ses confidences. — Nouvelles alarmantes.

Depuis longtemps déjà, deux personnages, et non des moins sympathiques, de ce récit, ont été perdus de vue.

Ce n'est pas que l'auteur, en abandonnant les *Naufragés de Malacca* dans une situation des plus critiques, ait voulu, par un de ces artifices habituels aux écrivains, surexciter à leur endroit la curiosité du lecteur.

Bien loin de là, car ils sont assez intéressants par eux-mêmes.

Mais il est parfois des nécessités qui s'imposent au narrateur et ne lui permettent pas, quelque désir qu'il en ait, de suivre pas à pas telle ou telle individualité, sous peine de compromettre la clarté comme aussi l'homogénéité de son récit.

Revenons donc à la presqu'île de Malacca, au moment où le capitaine Christian, succombant à l'accès de fièvre pernicieuse, voit un groupe important d'Orangs-Sakèys arrêtés à quelques pas, et s'écrie, plein d'angoisse :

— Anna !... ma sœur... Les Hommes des Bois.

Le vieux, à barbe blanche, que ses compagnons poussent en avant, s'est approché lentement, en dévisageant pour ainsi dire la jeune fille avec une sorte de curiosité effarée.

Celle-ci, saisie de terreur, recule peu à peu, et se trouve bientôt adossée à l'arbre au bas duquel agonise son ami.

Le vieillard, ne pouvant se méprendre au sentiment qu'il inspire, s'arrête et murmure d'une voix gutturale, dont il adoucit à dessein le timbre peu harmonieux :

— Ka itou ! (n'aie pas peur).

Et tous, voulant sans doute témoigner de leurs intentions pacifiques, répètent en chœur ces trois syllabes :

— Ka itou !

Si la jeune fille ne comprend pas la signification littérale de ce vocable, elle en devine la portée, en voyant l'expression de cordialité répandue sur tous ces visages étonnés, mais nullement hostiles.

Subitement rassurée, comprenant que ces êtres déshérités ne sont pas des ennemis, elle surmonte ses dernières appréhensions, et puisant, dans l'horreur même de la situation, l'assurance qui tout à l'heure lui manquait, elle essaye de faire comprendre par signes, au bonhomme, qu'elle meurt de faim, ainsi que son compagnon.

L'homme des bois saisit la signification de cette pantomime, éclate de rire, dépose sa hotte par terre et opère de laborieuses recherches au milieu du pandæmonium représenté par son contenu.

Puis, il pousse une exclamation :

— Ack !...

Un long et gros tronçon de bambou se présente sous sa main. Il est fermé d'un côté par l'entre-nœud, et de l'autre par un tampon de bois.

Le vieillard le débouche avec précaution, en tire une pleine poignée de riz bien blanc, cuit à la vapeur, le verse dans une petite calebasse, tend le vase primitif à la jeune fille et lui dit :

— Tcha djaroi (Mange ce riz).

Bien que la main de son obligeant pourvoyeur soit d'une propreté au moins douteuse, la pauvre enfant, que le besoin aiguillonne, surmonte sa répugnance, prend une pincée de riz, la porte à sa bouche, et l'absorbe avec avidité.

Heureux comme de grands enfants, les sauvages se mettent à rire à pleine gorge, comme si cette chose si simple, si naturelle, de manger quand on a faim, leur semblait d'un comique achevé.

Comme elle l'apprit plus tard, la jeune fille supposa que c'était pour les Sakèys une façon de témoigner leur bienveillance.

— Et vous, mon ami, mangez aussi, dit-elle à l'officier retombé soudain dans sa prostration, en voyant qu'il n'y avait aucun danger.

— Merci! dit-il d'une voix étouffée.

« J'ai la gorge en feu... j'étouffe...

« Je me sens bien mal!

— Essayez, je vous en prie.

— Impossible!...

« Mais vous, mangez... reprenez vos forces.

« Vous en aurez besoin...

« Je suis heureux que nous ayons rencontré ces pauvres gens.

« J'aime à croire qu'ils sont hospitaliers.

« Vous ne périrez pas avec eux et plus tard... vous pourrez... je l'espère, atteindre les possessions anglaises.

— Mais vous... interrompt soudain l'infortunée avec un sanglot déchirant.

— Oh! moi... ajoute douloureusement le malheureux officier, je crois bien qu'il faut... vous dire adieu...

— Mourir!... vous!..

« Mais, c'est le délire qui vous fait parler...

« Non, vous ne mourrez pas!... C'est impossible!... Je ne veux pas..

« La Providence fera un miracle!...

« Vous mort!... Mort sans moi!...

« Mais ces hommes qui vivent de la vie sauvage doivent connaître le secret des maux du pays.

« Ils vous sauveront.

Cependant, les Sakèys, très intrigués par cette scène poignante, dont ils comprennent vaguement la signification, s'approchent de nouveau.

Ils parlent avec volubilité en se montrant le malade plongé dans une douloureuse torpeur.

Sans timidité comme sans embarras, le vieux prend la main inerte de l'officier, constate qu'elle est brûlante et trempée de sueur. Il fait une grimace de mécontentement, hoche la tête en voyant son immobilité, sa figure congestionnée, sa respiration brève, saccadée.

Il réfléchit longuement, entouré de ses compagnons immobiles, leur longue sarbacane appuyée à l'épaule. Puis, en homme qui prend son parti, il fouille de nouveau dans sa hotte, ouvre un sac en treillis très fin, et en tire, entre autres objets disparates, une coquille blanche, nacrée, finement aiguisée sur un de ses bords.

S'adressant à la jeune fille, il semble l'encourager, lui dire de ne rien craindre. Saisissant alors sa coquille de la main droite, il écarte doucement

Tout à coup se présente au beau milieu de la clairière un éléphant. (Page 415.)

l'oreille du malade, et lui fait avec une incroyable dextérité, derrière le pavillon, quatre longues scarifications d'où le sang s'échappe avec abondance. Il renouvelle de l'autre côté son opération, et se met, sans désemparer, à mélanger différentes substances qu'il tire au fur et à mesure de son sac.

Bientôt soulagé par cette copieuse soustraction de sang qui lui dégage le cerveau, le malade sort de son accablement et commence à reconnaître les personnes et les choses. La mémoire lui revient.

Cette saignée, pratiquée avec autant d'adresse que d'à-propos par le médecin sauvage fait merveille, en ce sens qu'elle prévient aussitôt le retour du second accès qui allait arriver, foudroyant.

Encouragé par ce début, le bonhomme, ayant fini de pétrir ses drogues, s'accroupit en face de son sujet, dans l'attitude classique des tailleurs et des musulmans, et l'engage, de la voix et du geste, à absorber une demi-douzaine de boulettes de la grosseur d'une merise.

Le capitaine, redevenu lucide, pour un moment très court peut-être, comprend que cette médecine barbare peut le sauver, et n'hésite pas à tenter l'aventure.

L'absorption, aidée par quelques gorgées d'eau, s'opère assez facilement, mais avec une répugnance extrême, tant cette mixture possède une amertume atroce.

Un quart d'heure après, le malade s'endormait d'un sommeil de plomb.

Pendant ce temps, les Hommes des Bois ne sont pas restés inactifs.

Avec cette décision qui caractérise les nomades, ils ont résolu de s'arrêter en ce lieu et d'y édifier un campement, à la façon des hommes de leur race.

Campement bien élémentaire et se composant de simples huttes de branchages, couvertes de feuilles, mais très suffisantes pour offrir un abri contre la rosée des nuits.

Quelques uns sont partis en chasse, armés de leur sarbacane ; d'autres ont allumé du feu, et mis cuire sous la cendre les *obis*, sorte de tubercules dont ils font habituellement usage, même de préférence au riz.

La jeune fille a repris confiance en voyant les attentions dont ces pauvres êtres primitifs l'entourent ainsi que son ami.

Les tortures de la faim sont apaisées ; bientôt les angoisses morales vont cesser.

Le capitaine Christian, dont le sommeil est infiniment plus calme qu'on n'eût osé l'espérer, après une pareille crise, est bientôt pris d'une transpiration à ce point abondante, que la sueur ruisselle en nappe sur sa face, son corps et ses membres.

Détail caractéristique, cette sueur exhale une odeur tellement intense de marécage, que l'air en est saturé à cinq ou six mètres à la ronde.

Le bonhomme, resté accroupi, s'est mis à mâcher son siri, tout en surveillant attentivement le malade qu'il ne perd pas de vue.

De temps en temps, il se frotte les mains, rit aux éclats, crache sa chique de siri, la remplace, et patoise quelques mots qui semblent une incantation.

Au bout de quatre heures, la sueur devient plus abondante encore s'il est possible, mais elle a perdu son odeur fétide de marécage.

Le vieux Sakèy appelle alors deux de ses compagnons, leur fait signe d'enlever le malade et de le porter tout ruisselant à la rivière.

Et, sans plus tarder, ils lui font faire trois rapides plongeons et le rapportent en courant à la hutte qui vient d'être terminée.

Subitement éveillé par cette brusque immersion, le capitaine pousse un léger cri; mais un cri de joyeux étonnement, en s'apercevant que toute souffrance a disparu.

Il lui faut, pour parachever cette médication primitive, mais singulièrement efficace, rester avec ses habits trempés sur le corps, jusqu'à ce qu'ils soient absolument secs, le bonhomme exigeant par signes l'éxécution de cette dernière prescription.

Chose surprenante, il n'en est nullement incommodé, et sent un bien-être inouï succéder à la crise terrible qui a failli l'emporter. Du reste, la température est à ce point accablante, que ce bain prolongé, bien loin d'être dangereux, doit avoir une action favorable sur son organisme, en opérant une soustraction très notable de chaleur.

N'est-ce pas ainsi que des médecins et non des moins distingués, des chefs d'école même, traitent les fièvres typhoïdes, entre autres, par des affusions d'eau froide, des enveloppements dans des draps mouillés?

N'y a-t-il pas lieu d'admirer le prodigieux instinct de ces pauvres sauvages, qui leur a fait découvrir empyriquement ce moyen thérapeutique employé par les civilisés?

Mais si l'accès pernicieux fut arrêté net par l'intervention, en quelque sorte miraculeuse du vieux Sakèy, la convalescence dut être assez longue.

Une dizaine de jours s'écoulèrent dans le primitif campement et l'officier incapable d'une course un peu prolongée, ne pouvait évoluer à son gré sans être pris de palpitations, de faiblesses allant presque jusqu'à la syncope.

Pendant ce temps, les attentions des Hommes des Bois ne se démentirent pas un moment. Discrets, obligeants, naïfs comme de grands enfants, dévoués au delà de toute expression, ils s'ingéniaient à procurer à leurs nouveaux amis, toutes les commodités en rapport avec leur position, leur apportaient à profusion, gibier, poisson, fruits sauvages, racines alimentaires, riaient jusqu'aux larmes quand ils essayaient de prononcer quelques mots de leur langue, et ne se tenaient pas de joie en les voyant faire honneur à leurs festins improvisés.

Après ce laps de temps, on commença à se comprendre quelque peu de part et d'autre, et l'officier, se sentant bientôt assez vigoureux pour reprendre sa route vers la colonie anglaise, fit entendre aux Sakèys qu'il serait particulièrement heureux de rallier Pérak.

On se mit en marche à travers la forêt, et certes, sans l'aide généreusement octroyée par ces braves gens, le capitaine et la jeune fille eussent été matériellement arrêtés dès le début.

Évoluant avec une facilité prodigieuse à travers cet inextricable enchevêtrement de végétaux, se glissant sous les ramures impénétrables, franchissant d'horribles fourrés d'épines, piquant droit devant eux, quels que soient les obstacles, ils frayent la voie aux deux jeunes gens, et les guident avec une merveilleuse précision.

Mais ce n'est pas tout. La marche à pied devenant bientôt impossible à la jeune fille, ils improvisent un brancard moelleusement capitonné de feuillages, et la transportent, sans heurts, sans cahots, jusqu'au prochain campement qu'ils installent en un clin d'œil avec leur sauvage ingéniosité.

Cependant, les jours s'écoulent, et le capitaine constate en plusieurs occasions, lorsque les éclaircies lui permettent d'apercevoir le soleil, que la direction suivie n'est pas celle de Pérak.

Comme ses progrès dans l'idiome des Sakèys sont assez notables, il en fait l'observation au vieillard, devenu son ami, et qui répond au nom de Ba-Intann.

Ba-Intann a une exclamation malaise qu'il emploie à tout propos et lui sert à garnir ses phrases : Apa itou! (Qu'est-ce que cela? Hé quoi!)

— Tu ne me conduis pas à Pérak.

— *Apa itou*, y a touan (oui, seigneur).

— Mais non!

— Apa Itou?....., tout chemin conduit chez le Touan Gobernor (gouverneur).

— Alors tu prends le plus long.

— *Apa itou!* Qu'est-ce que ça fait?

« Est-ce que tu t'ennuies avec Ba-Intann et les Sakèys?

— Non, mais je voudrais bien retourner chez les blancs.

— *Apa itou!* Les Sakèys t'aiment, ils aiment la femme blanche.

« Viens d'abord chez les Sakèys... ensuite Ba-Intann te conduira au Touan Gobernor de Pérak.

Impossible de faire démordre le bonhomme, plus volontaire qu'un enfant, c'est-à-dire autant qu'un sauvage.

— Voyons, Ba-Intann, je n'ai plus d'habits, les miens sont en lambeaux, bientôt je n'oserai plus me montrer.

— Apa itou! qu'est-ce que ça fait ?

« Ba-Intann va te donner le kaïn-kaïou (1), tu te feras un habit.

— Et ma sœur, celle que tu appelles : l'Oiseau-blanc ?

— Apa itou ! l'Oiseau-blanc s'habillera aussi avec le kaïn-kaïou.

Bon gré, mal gré, il fallut rallier ce que le bonhomme appelle très euphémiquement le village, et qui n'est qu'un misérable ramassis de paillottes en branchage, au milieu d'un abattis où poussent les *obis*, le *djagoun* (maïs) le *pisang* (bananier) et le *dajrot* (riz).

Cet interminable voyage dura près de trois semaines.

En revanche, la réception offerte par le clan des Hommes des Bois aux deux Européens, côtoie de bien près l'enthousiasme. C'est une compensation, mais elle est réellement insuffisante.

Il faut prendre pourtant son parti de ce contretemps que rien ne peut abréger, car les Sakèys n'entendent pas que leurs nouveaux amis se dérobent à leur hospitalité.

Leur garde-robe est remontée en arrivant, et non sans besoin. Le capitaine se taille un « complet » dans une vaste pièce de kaïn-kaïou, et les ménagères Sakèys cousent, fort proprement d'ailleurs, à la jeune fille, une sorte de peignoir qui lui va à ravir.

Ainsi costumés, chaussés de brodequins en peau de buffle, coiffés de grossiers chapeaux en rotang, ils peuvent braver les fourrés les plus épais, car le kaïn-kaïou est en quelque sorte à l'épreuve des épines.

Hommes, femmes, enfants, rivalisent de soins et d'attentions à leur égard et s'ingénient à leur assurer un sauvage confort que leur situation passée leur fait apprécier à sa valeur.

Malheureusement, il est de moins en moins question de retour à Pérak.

Les jours s'écoulent, et si l'affection des Sakèys pour les naufragés, loin

---

1. C'est l'étoffe de bois fabriquée avec des écorces et qui a l'aspect de la peau tannée dont les Sakèys font leur habillement.

de s'affaiblir, augmente encore s'il est possible, cette affection devient quelque peu tyrannique.

Les deux jeunes gens sont traités absolument en roi et en reine, mais en roi et en reine prisonniers ou peu s'en faut. Si la chaîne qui les retient n'est pas lourde, elle n'en existe pas moins.

Du reste à quelque chose malheur est bon. Grâce aux loisirs créés par cette hospitalité forcée, ils s'adaptent avec une rapidité singulière aux multiples exigences de la vie sauvage.

Un mois après leur arrivée, ils ne sont plus reconnaissables.

Cette vie de grand air et de soleil a merveilleusement opéré sur l'organisme de la jeune fille dont la santé est devenue plus florissante que jamais. Son teint a pris des tons chauds, dorés, qui s'harmonisent étrangement avec ses admirables cheveux devenus un peu fauves, et ses grands yeux au doux reflet de saphir. Toujours gracieux, mais infiniment plus robustes, ses membres ne craignent plus la fatigue. On devine enfin qu'un sang plus vif, plus généreux, circule à profusion dans le fin réseau à peine aperçu sous le hâle de l'épiderme qui, lui aussi, brave les intempéries.

Surmontant courageusement ces velléités de farniente auxquelles succombent trop volontiers les Européens sous l'équateur, elle a voulu, pour combattre l'oisiveté, s'initier aux détails jusqu'alors ignorés de l'existence matérielle.

Sans pour cela perdre un atome de sa grâce, elle allume le feu à la manière sauvage, sait apprêter les mets primitifs mais substantiels composant l'ordinaire. Embrocher une perdrix, braiser un cuissot de cerf, organiser la garniture d'obis, en relever la saveur avec une pointe de piment, sont désormais pour elle des opérations familières.

Le capitaine Christian a rapidement conquis toute sa vigueur d'autrefois et est devenu Sakèy dans l'âme. A la grande joie de ses sauvages amis, il a conquis une habileté incroyable au tir de la sarbacane, et manie le goluk et le parang comme si sa jeunesse, au lieu de se passer au gymnase de Stokholm, s'était écoulée chez les Hommes des Bois. La vie sauvage n'a plus de secrets pour lui, et s'il était libre de parcourir à son gré la jungle et la forêt, il n'aurait pas de peine à rallier la colonie anglaise.

Il pourrait, à la rigueur, s'affranchir de l'hospitalité un peu tyrannique des braves sauvages, partir seul, et revenir avec une escorte chercher sa compagne. Mais, explique qui voudra cette espèce de contradiction, le capitaine, tout en désirant retourner en pays civilisé, se sent le cœur gros, à la pensée de dire adieu sans retour à cette vie ensoleillée.

Sera-t-il jamais aussi heureux plus tard ?...

Mais, il ne s'agit pas de lui. Le loyal officier est l'homme du devoir.

Le Maître lui a donné une mission, il l'accomplira coûte que coûte.

Anna, de son côté, ne semble pas beaucoup plus empressée de partir et d'abandonner cet Éden auquel ne manque même pas l'homme primitif.

C'est ainsi que trois mois se passent à attendre une occasion et en faisant tout le possible pour la provoquer honnêtement, sans pour cela lui faire violence.

Cette occasion se présente enfin.

Un beau matin le clan des Hommes des Bois était presque tout entier absent — à part les femmes, les enfants, Ba-Intann, quelques personnages de marque, et les deux naufragés — tout à coup se présente, au beau milieu de la clairière, un éléphant !

Puis un second !... puis un troisième et un quatrième qui apparaissent avec un bruit cadencé de sonnettes.

Chacun des éléphants a sur son dos deux immenses paniers débordant de chaque côté, et surmontés d'une toile de tente. Dans les paniers, des effets de campement, des provisions, des hommes vêtus, les uns de l'uniforme des cipayes Hindous, les autres de costumes Malais. Le premier éléphant ne porte, en plus de son cornac, qu'un seul voyageur vêtu à l'européenne.

Le cornac crie à tue-tête :

— Trrrong !

Aussitôt l'animal s'arrête, allonge en avant ses membres antérieurs, s'accroupit sur ceux de derrière, s'abaisse doucement, de façon à permettre à l'Européen de sauter à terre.

Son œil a bientôt reconnu ses deux compatriotes au milieu de la foule effarée des Orangs.

— Allons, murmure-t-il en anglais, on ne m'avait pas trompé : ce sont bien des blancs.

Il s'avance alors vers la jeune fille, immobile de saisissement près du capitaine, lui adresse un respectueux salut, tend la main au jeune homme, et ajoute en anglais :

— N'ayant personne pour me présenter à vous, mes chers compatriotes, je remplirai moi-même cette formalité.

« Je suis sir Harry Braid, résident, au nom de Sa Majesté la Reine, à Pérak.

— Mademoiselle Anna Van Praet, répond aussitôt, en s'inclinant courtoisement, l'officier, et en désignant sa compagne.

« Je suis, quant à moi, le capitaine Christian de la marine royale suédoise.

« Naufragés tous deux depuis plus de quatre mois — nous avons d'ailleurs presque perdu la notion du temps — et hospitalisés par ces braves Sakèys.

— J'ai été informé, il y a seulement dix jours, par des rôdeurs Malais que deux Européens se trouvaient chez les Orangs.

« Craignant qu'ils ne fussent prisonniers, pensant dans tous les cas qu'ils seraient heureux d'être rapatriés, je me suis mis, sans désemparer, à leur recherche, et me voici.

« Ai-je bien fait? dit avec une cordialité communicative le résident anglais.

— Ah! sir Braid, quelle reconnaissance ne vous devons-nous pas !

— Laissons cela, je vous prie, mon cher capitaine... je remplis simplement mon devoir d'homme civilisé, placé comme une sentinelle avancée en pleine barbarie.

« D'autre part, je suis pressé, car le paquebot doit passer dans six jours.

« Je pense et j'espère que vous accepterez bien chacun une place sur mon éléphant qui va vous mener rapidement à la résidence.

— Inutile de vous dire que nous acceptons avec la plus vive gratitude.

« Le temps seulement de faire nos adieux à ces braves gens qui ont été nos bienfaiteurs, et nous sommes à vous.

Puis s'adressant à Ba-Intann dans les yeux duquel roulent deux grosses larmes, il ajoute, ému lui-même de cette douleur :

— Ba-Intann, vieil ami, nous partons.

« L'Oiseau-Blanc retourne près de son père, et je l'accompagne.

— Adieu, enfants, balbutie le vieillard.

« Les Hommes des Bois pleureront votre absence.

— Nous ne vous oublierons pas, vieil ami, et le souvenir de nos frères les Sakèys vivra toujours en nous.

— Ba-Intann est bien vieux, il ne vous verra plus !

— Mais à propos, interrompt le gentlemann, pourquoi ce vieillard ne nous accompagnerait-il pas à la résidence, avec quelques-uns de ses compagnons?

« Le magasin regorge de marchandises; vous pourrez, à votre discrétion, je ne dirai pas les indemniser de leurs soins, mais leur faire des cadeaux susceptibles d'adoucir l'amertume de leurs regrets.

— Vous êtes vraiment trop bon, sir Harry, et j'accepte de grand cœur.

Mais alors, le maître est perdu, s'écria Christian ! (Page 420.)

« Tu entends, Ba-Itann, le Touan Gobernor demande si tu veux venir aussi à Perak ?

— Ba-Itann est heureux, il va venir !

— Puisque tout s'arrange ainsi pour le mieux, partons.

Les deux jeunes gens prennent place avec sir Braid sur le premier éléphant. Le cornac, resté à califourchon sur le cou de l'animal, une jambe passée derrière chacune de ses oreilles, le pied appuyé, comme sur un étrier, dans le collier où est attachée la sonnette, fait entendre un sifflement aigu.

L'éléphant se redresse aussitôt, reprend sa route, suivi de ses congénères, et flanqué d'une dizaine de Sakèys formant escorte.

Quatre jours après ils atteignaient sans encombre la résidence, sans que, chose à peine croyable, aucun des piétons fût resté en arrière.

Telle est, en effet, l'infatigable célérité de ces sauvages habitants de la presqu'île Malaise, que non seulement ils suivent, comme en se jouant, le trot allongé de l'éléphant domestique, sans fatigue, sans défaillance, mais encore en arrivent à forcer à la course les animaux sauvages eux-mêmes.

Inutile de s'appesantir sur l'hospitalité plantureuse qui fut offerte aux deux naufragés par le généreux fonctionnaire et son aimable famille.

Ils purent dire adieu aux rudes étoffes de kaïn-kaïou, revêtir des costumes plus en rapport avec leur qualité, coucher dans de vrais lits, manger dans de la vaisselle et jouir d'autant mieux, par contraste, de tous les bienfaits de la civilisation.

Ce séjour fut forcément abrégé par l'arrivée du paquebot qui allait, après une courte escale, prendre la route des Indes.

Les Sakèys, chargés de présents, retournèrent à la forêt, éblouis par la splendeur de la résidence et à demi consolés par la promesse que leur fit le capitaine de revenir plus tard les visiter et courir le bois avec eux.

Le résident comprenant, après un récit détaillé de leurs aventures, quelle hâte les deux jeunes gens devaient avoir de partir, n'insista pas pour les retenir plus longtemps.

Il pourvut amplement à leurs besoins, les conduisit au navire arrêté seulement pour prendre le courrier.

Huit jours après, ils débarquaient sans encombre à Calcutta.

Il y avait près de cinq mois qu'ils étaient sans nouvelles de Monsieur Synthèse.

Aussi, mesurant à l'angoisse qui les dévore celle que doit ressentir le vieillard immobilisé là-bas, au milieu de la Mer de Corail, ils s'empressent de mettre en œuvre les énormes ressources dont ils disposent aussitôt pour préparer l'expédition qui doit rallier l'atoll.

A peine a-t-il installé la jeune fille dans l'immense palais édifié jadis par Monsieur Synthèse au Chowringhee, et où sont entassées d'incalculables richesses, le capitaine se met en quête d'un navire et d'un équipage.

Il procède à grands coups de roupies, sème l'or à pleines mains, déploie une activité dévorante, fait tant et si bien que, en cinq jours, navire, équipage, armement, approvisionnement, tout est prêt.

Le bâtiment, un yacht de douze cents tonneaux, une merveille, lui est cédé pour un prix exorbitant par un jeune lord à demi ruiné.

Qu'importent plusieurs milliers de livres de plus ou de moins ! Le yacht file quatorze nœuds.

L'équipage se compose de rudes matelots écossais, amenés par l'ancien propriétaire et qui ont contracté engagement avec le nouvel armateur. Des hommes d'élite, braves, infatigables, fidèles. Vingt hommes, plus ceux de la machine.

L'armement comprend deux canons de douze centimètres, deux mitrailleuses et une quantité de carabines à répétition.

Le capitaine choisit en outre, parmi les serviteurs attachés au palais, quinze Hindous, — des Sykhs du Népaul — des hommes de fer qui ont pour le Maître un culte fanatique.

Le Maître aura peut-être besoin de défenseurs. Avec les Écossais, ces quinze hommes vaudront un régiment.

Quatre femmes de service, deux négresses et deux Hindoues du Bengale forment le personnel attaché à mademoiselle Van Praët.

Le capitaine puise à pleines mains, sans compter, dans les coffres qui regorgent et voudrait acheter, à tout prix, ce qui n'est pas toujours seulement de l'argent : le temps !

Le sol de l'Hindoustan lui brûle les pieds.

C'est que, malgré cette hâte pleine de fièvre, et bien qu'il ait conscience de réaliser l'impossible, ses angoisses du premier jour deviennent presque de la terreur.

Le Maître est en péril !... avant peu sa situation sera désespérée. Il va être sans ressources, sans appui.

Le yacht arrivera-t-il à temps ?

Mais par quel artifice invraisemblable l'officier est-il averti de faits que nul ne doit et ne peut connaître, puisque Monsieur Synthèse est privé de toute communication avec le monde civilisé ?

On se rappelle ce personnage énigmatique, le Pundit Krishna, l'ami du Maître, qui jadis a mystérieusement traversé ce récit et a vainement essayé d'empêcher Monsieur Synthèse de tenter le Grand-Œuvre.

Krishna l'adepte, l'illuminé, possède-t-il, comme certains le prétendent et comme il le laisse croire volontiers, le pouvoir de se transporter, invisible, à travers les airs?

Est-ce un « voyant », un de ces brahmanes dont l'esprit dégagé de la matière par les veilles, les jeûnes, les méditations, perçoit ce qui échappe aux autres hommes, évoque le passé, connaît le présent et pressent l'avenir?

Son esprit, à ce point immatérialisé, peut-il, à distance, recevoir de Monsieur Synthèse une suggestion relative aux dramatiques événements qui se déroulent sur l'atoll corallien?

Nul ne le sait.

Toujours est-il que, le soir même de son arrivée à Calcutta, le capitaine Christian a vu le Pundit, auquel nul n'avait pu signaler sa présence au palais.

Déjà surpris par cette apparition qui, somme toute, peut s'expliquer d'une façon naturelle, ne fût-ce qu'en invoquant le hasard, l'officier a senti peu à peu une véritable stupeur l'envahir, en entendant ce brahmane lui récapituler tous les faits relatifs à Monsieur Synthèse depuis l'arrivée à l'atoll. Et non seulement des faits connus de l'entourage du Maître, mais encore d'une nature toute intime et que le capitaine croyait être seul à savoir.

Ainsi édifié sur la véracité de cet homme extraordinaire, l'officier ne pouvait raisonnablement pas suspecter le récit des événements consécutifs à son départ et que le Pundit, en homme qui ne vise nullement à l'effet, lui raconte simplement, de sa voix douce, un peu monotone.

— Mais, alors, le Maître est perdu! dit-il sans pouvoir maîtriser son émotion.

— Non, mon enfant, jusqu'à présent la situation est seulement compromise.

« Compromise gravement, il est vrai, mais tu peux encore intervenir efficacement.

« Mais, hâte-toi!

— Savez-vous, Pundit, que vous êtes effrayant?

— Est-ce parce que je dis la vérité?

« Pourquoi?

« La vérité, quelque dure qu'elle soit, doit être plutôt rassurante pour un homme comme toi.

— Et vous, Pundit, vous qui êtes si puissant, ne pouvez-vous rien pour le Maître?

— N'est-ce rien de t'avertir?

« N'est-ce rien que de te signaler les embûches élevées autour de ton maître, ce présomptueux qui prétend s'élever au-dessus de nos conceptions les plus sublimes, et ne voit pas les infiniment petits près de le renverser !

« Je pourrais faire moins, mais je ne puis faire plus.

« C'est à toi d'agir.

« J'espère que tu arriveras à temps pour sauver sa vie et conserver sa raison.

« Je l'espère et je le souhaite de tout mon cœur, et je serais peiné si tu ne réussissais pas, car, tel qu'il est, je l'aime.

« Adieu ! »

. . . .

Six jours après, le yacht filait à toute vapeur vers la Mer de Corail.

CHAPITRE VI

La correspondance de l'homme de police. — Nouveaux détails sur son collègue le faux soutier. — La haine hindoue. — Qui a coupé le câble de la Taupe-Marine ? — Armistice. — Le drame se corse. — En expédition sur la chaloupe à vapeur. — Un homme à la mer. — Conséquences d'une noyade. — Repêché par le chalut. — Philanthropie intéressée. — Résurrection. — La haine et l'amour d'un Oriental. — Encore et toujours l'évolution de la série. — Quel sera l'homme ? — Substitution. — L'homme est trouvé. — Chacun aura sa part des dépouilles du Maître. — Avant la curée.

Monsieur le Préfet,

Pendant la longue période qui vient de s'écouler, une seule occasion de vous faire parvenir un rapport s'est présentée à moi. Je me suis empressé d'en profiter pour vous mettre au courant d'une situation qui paraissait en principe, et non sans raison, devoir solliciter toute l'attention, toute la vigilance de l'autorité.

J'ignore si cette première, ou plutôt cette unique lettre qu'il m'a été possible de vous adresser est parvenue à destination. Je l'espère pourtant, car elle vous donnait la clef du mystère qui s'attachait à Monsieur Synthèse, à ses projets, à son expédition et jusqu'à certains membres de son entourage. Elle vous prouvait en outre que, à défaut d'autres qualités, votre agent avait déployé tout le zèle possible et rempli sa mission avec fidélité.

Étant donc largement édifié sur la personnalité au moins originale de ce vieux savant, sachant pertinemment que son idée baroque de créer un petit monde artificiel avec ses habitants n'a rien d'attentatoire à la sécurité des peuples, j'aurais pu, ou tout au moins j'aurais dû revenir prendre mon poste à la « Maison ».

Malheureusement, des circonstances absolument indépendantes de ma volonté, en un mot des impossibilités matérielles se sont jusqu'à présent opposées à mon retour.

Et quand je dis : malheureusement, faut-il entendre que je suis outre mesure affecté de ce contretemps qui m'immobilise en pleine Mer de Corail ? Non certes, étant donné que ma curiosité, alimentée au jour le jour par les faits les plus extraordinaires, constitue pour moi le palliatif le plus puissant au mal du pays. Ma nostalgie est donc des plus bénignes.

Car, puisqu'il faut vous le dire, — ma sincérité me faisant un devoir de ne vous rien cacher, — j'assiste présentement à un drame qui ferait fortune à l'Ambigu et dont le dénoûment ne peut se faire attendre.

Ce drame, d'autant plus palpitant qu'il est joué « pour de vrai » par des acteurs y allant de tout cœur, mériterait, à coup sûr, un public nombreux et je me dépite par fois d'être le seul spectateur désintéressé d'une intrigue si bien ourdie.

Encore, cette épithète de « désintéressé » ne saurait-elle m'être appliquée rigoureusement, puisque, bien malgré moi d'ailleurs, je suis complice — tout ce qu'il y a de plus passif — et que je dois être appelé, après l'affaire faite, au partage du magot vertigineux dont la conquête sollicite d'effrayantes convoitises.

Je n'ai pas à choisir, encore moins à discuter. Je dois, sous peine de mort, assister au drame, tout voir, tout entendre, ne rien dire, et recevoir, en dernier lieu, la récompense de cette complicité passive.

Je me rappelle un titre de vaudeville qui m'a toujours fait rêver. Ce titre est : « Eusèbe ou le Cabriolet sans le savoir ». Ce drame, auquel je participe malgré moi, pourrait s'appeler : « Trois X... ou le Capitaliste sans le vouloir ».

J'espère, cependant, que ma fortune à venir n'aura pas cette origine que je réprouve, et que je ne serai pas forcé de prendre ma gueulée à la curée des millions.

Pauvre père Synthèse !

Vrai ! d'honneur ! ce vieux savant en *us* commence à m'intéresser, depuis que je le sais à la veille d'être ainsi la victime d'une poignée de gredins.

Si je ne savais sa profonde aversion pour tout ce qui, de près ou de loin, touche à la police, je m'empresserais de l'informer des infamies qui se trament contre lui.

Mais il ne me croirait pas, tant il est habilement circonvenu, et il est homme, aux premiers mots, à me faire expédier, par cent brasses de fond, avec un boulet amarré aux pieds.

J'attends donc, pour aviser, le retour de son homme de confiance, le commandant en chef de notre escadre, un brave garçon, un peu naïf, très gobeur, mais ignorant au moins le parti pris.

Mais, qu'il se hâte ! car le temps presse.

Je voudrais, — ne fût-ce qu'au point de vue documentaire —, vous exposer ce drame tel que je le vois se dérouler, vous en présenter les personnages avec leurs passions, leurs âpres convoitises, leur manque de sens moral.

Mais j'ignore la mise en scène, et ma plume est incapable de tracer sur le papier les mots correspondant aux idées qui se heurtent dans ma tête.

J'essayerai cependant, car la chose en vaut la peine.

A mon humble avis, le plus remarquable entre tous, est sans contredit mon collègue, le faux soutier, ou plutôt le soutier par persuasion. Celui-là, du moins, est, jusqu'à un certain point, désintéressé, en ce sens qu'il ne couche pas en joue la cagnotte phénoménale qui fait perdre la tête à ses complices.

Il n'en est pas moins un Monsieur ignorant ce que nous appelons les préjugés, et susceptible, à l'occasion, de ne reculer devant aucune extrémité, quand il a une idée en tête.

Je vous l'ai jadis présenté en vous rappelant la manière dont nous nous sommes connus, à l'époque déjà lointaine où nous transportions, dans des mannes à lest, le charbon des soutes aux chaufferies.

C'est un prince parfaitement authentique, paraît-il, déchu de sa caste et tombé au rang des parias. Il prétend, vous ai-je dit, à tort ou à raison, que Monsieur Synthèse est cause de cette déchéance, et porte, en conséquence, au vieillard une de ces haines féroces dont nous ne saurions nous faire idée, nous autres Européens.

Depuis longtemps déjà il a essayé de se venger, mais sans succès. Monsieur Synthèse, avec son air de n'y pas toucher, est un personnage que le commun des mortels n'approche qu'à bon escient, et que ses gardes du corps, des hommes incorruptibles, ceux-là, ne laissent jamais seul.

Mais, patient et rusé comme l'animal des jungles, le tigre, son compatriote, mon gaillard n'a pas désespéré. Il a simplement changé ses batteries, et a su très habilement pénétrer au cœur de la place, c'est-à-dire sur le navire où se trouve le vieillard, et s'y maintenir quand même, ignoré, par conséquent d'autant plus redoutable.

Tout en courant ainsi à la poursuite de sa vengeance, il a vu la petite-fille

Le noyé, transporté sur le roc coralien. (Page 430.)

de Monsieur Synthèse, une très charmante personne — genre Ophélie — dont il est devenu éperdument épris.

Quand je dis éperdument, c'est que je manque d'expressions plus fortes pour indiquer l'intensité de cette passion poussée à son paroxysme.

Un vrai coup de soleil de l'Equateur.

On croirait bonnement que ce sentiment, pour l'unique enfant de l'homme auquel il a voué une haine de thug, aurait eu pour effet d'émousser cette haine.

Ce serait une erreur profonde. Ces diables d'hommes sont faits d'une autre pâte que nous et pétris dans le bronze des portes de leurs pagodes.

Il semble que l'amour ait encore exaspéré cette haine féroce, et réciproquement.

Un bon jeune homme de notre antique Europe désarmerait sans plus tarder, ferait la paix et tâcherait de transformer, par les moyens doux, le vieux Monsieur en un papa beau-père.

Mon Hindou, lui, est devenu positivement enragé. Enragé à froid ! ce qui est pire que tout.

Du reste, étant donné que l'homme dont nous voyons apparaître les ancêtres dans le laboratoire, que l'être idéal, unique, dont Monsieur Synthèse provoque et surveille l'évolution, est destiné à devenir l'époux, — très problematique à mon avis —, de la jeune fille, il est à présumer qu'une demande régulière, formulée par mon copain, serait fort mal accueillie.

Aussi, ne rêve-t-il que la suppression du vieillard, sans se préoccuper de la façon dont celle qu'il veut rendre orpheline, le recevra par la suite.

Peu lui importe d'ailleurs. Je crois, Dieu me pardonne ! qu'il ne s'embarrasse en aucune façon d'obtenir d'elle la plus vague sympathie.

Bon gré, mal gré, il la veut, après avoir tué son aïeul.

Ces gens-là sont mâtinés de tigres, et n'ont pas la plus vague notion des rapports sociaux : du moins comme nous les comprenons.

N'allez pas croire, cependant, que ce soit un fanfaron, et que sa haine soit platonique. Bien loin de là. Car, en dépit de ses précautions, Monsieur Synthèse n'a pas été loin de rejoindre pour jamais ses ancêtres des temps primitifs.

C'est ainsi que jadis, profitant d'un moment où le bonhomme faisait, en compagnie de son préparateur de zoologie, une exploration sous-marines dans un appareil fort ingénieux, offrant toutes les garanties imaginables de sécurité, il a bel et bien failli faire rester les deux hommes par je ne sais plus combien de milliers de brasses de fond.

Au moment où l'appareil, appelé Taupe-Marine, se trouvait, avec les deux savants, sous une colonne d'eau de plusieurs kilomètres de hauteur, il a réussi, je ne sais par quel moyen, à couper le câble d'acier servant à la manœuvre.

Toujours est-il que je l'ai vu plonger à plusieurs reprises, par l'avant du navire, travailler comme un furieux, et remonter, en fin de compte perdant le sang par le nez et les oreilles, tant ses immersions avaient été prolongées.

Il sacrifiait ainsi, de gaieté de cœur, dans la personne du préparateur, un homme qui ne lui avait rien fait, ce qui, d'ailleurs, semblait être le moindre de ses soucis.

J'en frémis encore !

Monsieur Synthèse et son compagnon furent sauvés par miracle, à la grande fureur de l'assassin, qui me dit le soir même.

— C'est bon ! je recommencerai.

Depuis cette époque, il a renouvelé, mais vainement, ses tentatives.

Il est probable que Monsieur Synthèse se défie ; sinon, il a une chance incroyable. Aussi, l'humeur de ce lugubre personnage est-elle devenue plus farouche encore, s'il est possible.

Deux de nos navires ont quitté l'atoll et sont partis pour une direction qui nous est inconnue. D'humbles soutiers ne sont pas dans le secret des dieux.

L'un de ces navires a emmené nos Chinois, et l'autre mademoiselle Van Praet, la petite-fille de Monsieur Synthèse.

Cette absence n'a fait qu'accroître, s'il est possible, la frénésie de mon copain. Mais à quelque chose malheur est bon, puisque depuis, ce temps, il semble avoir momentanément désarmé.

Un simple armistice. Car il compte bien reprendre les hostilités et en finir d'un seul coup après le retour de la pauvrette.

En finir d'un seul coup, consiste pour lui à supprimer Monsieur Synthèse, et par la même occasion assassiner le capitaine Christian, dans lequel il flaire, à tort ou à raison, un rival, puis à s'emparer de gré ou de force de la jeune fille.

Ce plan serait impraticable si son ordonnateur était isolé sur le navire, et réduit à ses seules ressources. Je me réserverais, au besoin, d'intervenir au dernier moment, et ma foi ! homme contre homme, remplir le rôle du brave Monsieur qui, dans les mélodrames, punit le vice et fait triompher la vertu.

Je ne vois pas jusqu'à présent comment je pourrais amener ce dénoûment classique et terminer correctement le cinquième acte, car le misérable a maintenant des complices redoutables qui, sur un mot, sur un geste, me feraient disparaître en un moment.

Comme je ne suis pas un don Quichotte, comme toutes ces vilenies ne se passent pas sur territoire français, je n'ai pas à faire le héros — ou le terre-neuve — au profit de gens qui me sont indifférents à tous les points de vue.

Plus tard, si je me sens appuyé, j'agirai au nom de l'humanité, en prévenant le capitaine Christian, et au besoin en prenant fait et cause pour lui.

Jusque-là, je suis seul et je ne puis rien.

Quant aux complices de mon copain, c'est toute une histoire que je tiens à vous raconter par le menu, car elle est particulièrement édifiante à l'égard d'un Monsieur que vous connaissez peu ou prou, et qui vient de descendre singulièrement dans mon estime.

Du reste, voici les faits.

Le préparateur de zoologie, ayant eu besoin, dans un but que j'ignore, de partir pour une expédition scientifique assez lointaine, Monsieur Synthèse mit à sa disposition la grande chaloupe à vapeur avec un équipage suffisant.

Comme nous sommes depuis longtemps inactifs, nous autres soutiers, et que les autres membres de l'équipage sont généralement occupés, on nous adjoignit à l'expédition en qualité de chauffeurs. Ce qui était monter en grade.

Le capitaine de notre navire faisait partie de cette croisière en qualité de naturaliste amateur, et commandait, naturellement, la chaloupe.

Je ne fus pas longtemps sans remarquer l'intimité toute particulière qui existe entre cet officier et le professeur de zoologie, M. Roger-Adams, le fils de l'illustre savant que vous avez connu.

En apparence du moins, rien ne semble légitimer cette liaison de deux hommes qui n'ont absolument rien de commun, mais rien!

Le capitaine est un gros Hollandais, rond comme une barrique, de manières triviales, joli buveur, complètement fermé à tout ce qui est étranger à sa profession, et, avec cela, un air fûté de maquignon bas-normand tout particulièrement inquiétant.

Je me défie de ces gros hommes aux lèvres pincées, aux yeux en vrille, au parler onctueux, aux gestes discrets et compassés.

L'autre est un savant de la jeune école, frotté de gandinisme, très malin, très pédant, mais en somme érudit comme une bibliothèque.

N'ayant rien de mieux à faire, et flairant vaguement un mystère, je me mis à surveiller nos deux personnages, tout en paraissant fortement absorbé par la besogne idiote à laquelle je suis assujetti.

Je dois avouer que j'en fus pour mes frais et que pendant assez longtemps j'ouvris en pure perte mon œil et mon oreille de policier. La chaloupe évoluait du matin au soir à travers les îles basses et les récifs madréporiques; on traînait sur les fonds un chalut qui ramenait des spécimens plus ou moins curieux de la faune aquatique; les uns étaient mis de côté dans un réservoir, les autres servaient à notre nourriture; ceux qui n'offraient aucun intérêt scientifique ou gastronomique étaient simplement rejetés à la mer.

Entre temps, on abordait sur de jolies îles, fécondées par l'apport constant de végétaux marins ayant formé à la longue une épaisse couche d'humus, éminemment favorable au développement d'une flore très remarquable, paraît-il.

Là vivaient généralement des reptiles, des sauriens, des crustacés dont la rencontre faisait pâmer d'aise notre savant qui collectionnait à outrance les sujets vivants et les embarquait dans notre chaloupe transformée bientôt en une véritable arche de Noé.

Le capitaine s'intéressait vivement à la capture de tous ces animaux dont la présence finissait par devenir encombrante, et semblait manifester, de jour en jour, une ardeur singulière pour la zoologie.

Rien de mieux, en somme, car je regarde l'étude de l'histoire naturelle comme particulièrement attrayante, même pour les Hollandais qui jusqu'alors a seulement classé les espèces en comestibles et non comestibles.

Quant à moi, je me dépitais de ne rien apprendre et de trouver toujours et quand même ces gens si corrects ou si défiants. Cependant je soupçonnais de plus en plus l'inexprimable « quelque chose », par instinct, par divination, espérant une révélation bien longue à se manifester :

J'allais être récompensé.

Notre croisière continuait depuis une semaine environ, quand un beau jour, par suite d'une fausse manœuvre, mon camarade, le prince hindou, perdit l'équilibre et fut précipité à la mer.

Pour un nageur de sa force, un pareil accident n'avait aucune importance, et je m'attendais, connaissant son habileté, à le voir reparaître aussitôt.

Erreur profonde. De longues minutes pleines d'angoisses se passent, et le pauvre diable est toujours sous les eaux. Voir périr une créature humaine, quelque peu inintéressante qu'elle soit, est toujours terriblement émouvant. fut-ce un criminel.

Aussi, tout en me disant que cette noyade inespérée, — qu'un cause finalier qualifierait de providentielle — va bien simplifier la situation et débarrasser fort à propos Monsieur Synthèse, je ne pouvais m'empêcher de déplorer la mort violente de ce beau gars, tout à l'heure si plein d'exubérance.

Dix minutes s'étant écoulées en recherches infructueuses, il devenait évident que tout espoir de le retrouver devait être abandonné.

— Bah! dit en manière de consolation le capitaine, un Hindou!

— Mais je le croyais Européen, répond le professeur de zoologie.

— Sous sa couche de charbon, c'est possible.

« Il figure pourtant comme Hindou au rôle de l'équipage.

A ce moment, le chalut remontait.

— Eh! pardieu! voici notre homme, s'écrie le capitaine, en reconnaissant le faux soutier empêtré dans les mailles du filet et proprement emprisonné avec une douzaine de gros poissons.

« Je ne m'étonne plus, s'il lui était impossible de tirer sa coupe!

M. Rogers-Adams, je dois le dire, fut très convenable. Sans même répondre au capitaine, il s'empresse de couper les mailles du filet, d'arracher le corps inerte du noyé, et de lui prodiguer, en sa qualité de médecin, les secours les plus empressés, comme aussi les plus éclairés.

Pendant longtemps, le malheureux ne donna pas signe de vie, en dépit des plus énergiques efforts.

— Bah! laissez donc, un Hindou! répéta le capitaine avec son monstrueux égoïsme d'homme qui a longtemps fait la traite des Orientaux.

— Un homme! capitaine, répondit non sans dignité le professeur.

Ma parole, j'allais être pris à l'accent qui ponctue ce mot, quand je surprends un signe adressé par le zoologiste à mon balourd de Hollandais, et pouvant signifier :

— Êtes-vous absurde! mon pauvre capitaine.

— Un homme et un superbe! reprend imperturbablement l'officier, qui a sans doute compris.

— Je vous serais obligé de le faire transporter sur cet îlot.

« Nous serons plus à l'aise pour le faire revenir à la vie.

— Comment! vous pensez qu'il en réchappera...

— Je l'espère, capitaine.

« Il me semble que la circulation commence à se rétablir.

« Mais hâtons-nous, je vous en prie!

Le noyé, transporté sur le roc corallien, nous restâmes à bord, très intrigués, et nous demandant pourquoi le professeur mouillait si consciencieusement sa peau à frotter celle de notre camarade. Tandis qu'il était si facile de nous employer, à tour de rôle, à cette besogne fatigante.

J'allais, à mon grand contentement, posséder le mot de cette énigme.

Au bout d'une heure, mon copain avait repris connaissance, et, après un long entretien avec le capitaine et le professeur, nous revenait brillant de force, de santé, lessivé à fond, frotté à tour de bras, superbe, resplendissant.

Il reprit modestement sa place à la machine, mangea de bon appétit, se mit à casser son charbon, fit tant et si bien que ce noir enduit, pour lequel il professe tant de sympathie, lui recouvrit bientôt la face et les mains.

Je grillais d'impatience de me trouver seul avec lui pour l'interroger, puisque, en ma qualité de complice, il ne me cachait rien.

Très heureusement, le capitaine nous fit savoir que, par extraordinaire, nous avions congé pour l'après-midi, et que nous serions libres de nous promener au milieu des cocotiers couvrant le petit continent.

Je profitai de cette aubaine inespérée pour m'isoler avec mon camarade qui, loin de me faire aucun mystère de son aventure, me la raconta avec force détails, et m'embaucha de gré ou de force.

J'abrège son récit, en me contentant de l'analyser, car la joie le rendait à ce point prolixe, que je n'en finirais pas.

J'ai dit et répété jadis que mon collègue, débarrassé de son inévitable enduit de charbon, est un homme superbe, un de ces types merveilleux, encore assez fréquents dans l'Inde, et qui ferait la joie d'un statuaire en quête de modèle irréprochable.

Je n'ai pas à le dépeindre ici, car ma description ne serait qu'un signalement et le dépoétiserait.

En voyant inanimé cet être qui personnifie si admirablement l'idéal de la beauté humaine, une pensée diabolique germe dans le cerveau du professeur de zoologie.

— Il faut absolument que je le rappelle à la vie, se dit-il en le faisant, et pour cause, transporter sur l'îlot, assez loin de nos yeux et surtout de nos oreilles.

Pendant qu'il opérait, avec une énergie singulière, l'œuvre de sa résurrection, il fit part de son projet au capitaine qui dut l'approuver pleinement, puisque, en s'éveillant comme un homme très étonné de se trouver encore en vie, le noyé les voit complètement d'accord.

Son premier mot est une malédiction à l'endroit de Monsieur Synthèse, puis, il prononce le nom de la jeune fille avec une singulière expression de douceur et de regret.

— Tiens !... tiens !... remarque en passant le professeur, un héros de roman...

— Ennemi du bonhomme...

— Et très féru de la jouvencelle, si je ne m'abuse.

— Tout s'arrange à souhait, et voici la besogne presque faite, avant même que nous soyons entrés en matière.

Puis, s'adressant à l'Hindou, qui le regarde effaré, il ajoute :

— Dis-moi, garçon, tu le hais donc bien ?

— Je mangerais son cœur tout palpitant.

— Et elle ?...

— Tais-toi !... que t'importent, après tout, ma haine pour lui et mon amour pour elle...

— C'est que tu as parlé, tout à l'heure.

— Encore une fois, que t'importe !

« Puisque tu es l'esclave de ce vieillard maudit, et que tu as mon secret, tu peux me jeter d'où je sors...

« Je ne crains pas la mort !

— Il ne s'agit pas de mourir.

« Dis-moi, garçon, voudrais-tu, du même coup, satisfaire à la fois les deux sentiments qui me semblent être l'essence même de ta vie ?

— Parle ! que faut-il faire ?

« Je suis prêt à tout.

— C'est qu'il faudrait quelques explications préliminaires qui peut-être, ne seront pas tout à fait à la portée de ton intelligence.

L'Hindou sourit dédaigneusement et ajouta :

— Je ne suis pas ce que je parais être : un coolie ! moins qu'un coolie, un paria !

« J'ai étudié dans vos écoles, et les éléments des sciences ne me sont pas inconnus.

— Eh bien ! apprends donc, en bloc, sauf plus tard à te donner des explications plus détaillées, que Monsieur Synthèse prétend créer, en quelque sorte artificiellement, un homme dans le laboratoire construit sur l'atoll.

— Je sais cela, mon camarade me l'a expliqué.

« Du reste, c'est conforme aux rites bouddhiques...

— Ah ! tu as un camarade, un complice, alors.

— Un Européen, un *detective*.

— Bah ! s'écrie le professeur stupéfait, la police s'occupe de nous !

— Plus maintenant,

— N'importe ! Il nous faudra faire connaître ce personnage.

LE GRAND-ŒUVRE

C'est en un mot l'homme idéal rêvé par le maître. (Page 434.)

— Dis d'abord ce que tu veux faire de moi.
— C'est juste.
« Cet homme, ce sujet, à l'élaboration duquel on travaille depuis longtemps déjà, est destiné par avance, dans l'esprit du bonhomme, à devenir l'époux de la jeune fille.
— Je le tuerai !

— Mais non, puisque ce sera toi.

— Je ne comprends pas.

— Écoute, tâche de comprendre, et ne m'interromps plus.

« Je doute que cette théorie de l'évolution, conforme en effet aux traditions bouddhiques, soit susceptible de se réaliser jusqu'au bout dans la pratique.

« Dans tous les cas, il ne le faut pas, du moins comme l'entend Monsieur Synthèse.

« Comme l'expérience touche à sa fin, que le souci de nos intérêts exige une réussite apparente, voici ce que nous attendons de toi.

« Au moment fixé par moi, tu t'introduiras sous la coupole de verre couvrant la lagune de l'atoll.

« Tu seras habilement dissimulé sous un monceau de plantes marines — du reste, je me charge de toute la mise en scène, qui sera sérieuse — et tu apparaîtras, en temps et lieu, comme si tu étais la vivante incarnation de tous les êtres qui se sont succédé dans le laboratoire depuis notre arrivée.

» Tu seras, en un mot, l'homme idéal, rêvé par le Maître, et personnifiant les perfections tout au moins physiques, dont l'être ayant une telle origine doit se trouver nécessairement pourvu.

« Car, il n'y a pas à dire, tu possèdes réellement la physionomie de l'emploi.

« Comme, en raison de cette origine, tu es agréé d'ores et déjà par le bonhomme ; comme en fille respectueuse, mademoiselle Anna doit souscrire à toutes les exigences de son aïeul, et comme en fin de compte, tu es un prétendant fort sortable, je pense qu'elle n'élèvera pas la moindre objection.

« Tout cela te semble-t-il réalisable ?

— Oui... c'est trop facile.

« Quelles sont les conditions? Car ce n'est pas par simple dévoûment pour moi que ces propositions me sont faites.

— Parbleu ! Tu comprends à demi-mot, et c'est plaisir de traiter une affaire avec toi.

« Tu sais que Monsieur Synthèse est scandaleusement riche.

— Peu m'importe !

— Mais, il nous importe beaucoup à nous.

« Quelques bribes de cette fortune, des bribes insignifiantes, eu égard à son chiffre, constitueraient pour ce cher capataine et pour moi une véritable opulence.

— Ah! c'est de l'argent que vous voulez? demanda l'Hindou avec une nuance très caractérisée de dédain.

— Tu l'as dit.

« Il y a à bord des valeurs fabuleuses en or et en diamants : tu nous feras l'abandon d'une quantité que nous fixerons ultérieurement.

« Tu acceptes, n'est-ce pas ?

— J'accepte !

« Et Synthèse... qu'en ferai-je après ?

— C'est ton affaire.

« Nous t'introduirons dans la place, nous réaliserons les plus chères espérances, à la condition que tu nous enrichisses ; le reste nous importe peu.

« Ce sera à toi de te débrouiller plus tard en famille.

— Et si Synthèse reconnaît cette supercherie ?

— Ne t'inquiète pas de cela. J'en fais mon affaire.

« Il se ramollit de nouveau, et je suis certain de lui faire croire tout ce que je voudrai.

— Mais elle !...

« Quand doit-elle revenir?

— On l'attend d'un moment à l'autre... dans quelques jours au plus tard.

« As-tu de nouvelles objections à nous présenter?

— Aucune.

« Je ferai ce que vous ordonnez, à la condition que vous remplirez tous deux vos promesses.

— A propos, et le détective?

— Je ne veux pas qu'on lui fasse de mal.

« Il m'a sauvé jadis la vie.

« C'est un pauvre diable, et il se contentera de peu.

— Si tu nous garantis sa fidélité, nous l'enrichirons

« S'il n'est pas sûr, ou s'il pense à nous trahir, on se débarassera de lui, n'est-ce pas, capitaine ?

— Oui.

— Je réponds de lui.

Tel est, Monsieur le préfet, sauf plus amples détails, la scène que mon copain m'a racontée peu de temps après, et à laquelle je faisais allusion au commencement de ce rapport.

Et j'ajoute de nouveau, en terminant : Pauvre père Synthèse !

Comme il a bien placé sa confiance, en se livrant pieds et poings liés à ces deux coquins !

Je me suis toujours défié du capitaine, ce Hollandais retors et pansu. Mais le professeur de zoologie me semblait un homme correct.

Je ne me serais jamais attendu à voir l'héritier d'un nom célèbre dans les sciences et justement honoré par deux générations, aussi mal verser par âpreté, par amour désordonné de la richesse.

En dépit de mon scepticisme professionnel, je n'aurais pas soupçonné une pareille absence de sens moral.

Et ces gens-là ont la prétention de nous traiter de haut, nous autres policiers !

Mais, je ne suis pas là pour philosopher. Me voici donc, je le répète, complice bien involontaire d'une vulgaire infamie qui peut avoir pour dénoûment un ou plusieurs assassinats.

Le dénoûment approche, et je crains qu'il ne soit terrible. Si encore le capitaine Christian était de retour à l'atoll ! Si Monsieur Synthèse était plus accessible ! Si le préparateur de chimie, mon ancien professeur de matières explosives, n'était pas aussi toqué !

Enfin, je ferai pour le mieux en temps opportun, quitte à ne rien faire du tout si je me heurte à l'impossible. Le souci de sauver ma peau doit pourtant entrer aussi en ligne de compte.

En attendant le jour où j'aurai l'honneur de venir à la « Maison » vous présenter mes respects et me remettre à votre disposition, veuillez agréer, Monsieur le préfet, l'expression du plus absolu dévoûment de

VOTRE NUMÉRO 32.

P.-S. Cette lettre aura peut-être un post-scriptum, jise manque d'occasion pour l'expédier de suite.

CHAPITRE VII

Lamentable histoire. — Les parents d'Anna. — Morte de douleur. — Un misérable. - Appréhension pour l'avenir. — Un aïeul. — Pourquoi le Grand-Œuvre? — Nouveau Prométhée. — Pourquoi chercher si loin?... — Complications inattendues. — Souvenir à l'*Indus*. — Famille maudite. — Les exploits d'un gredin. — Deux jolis compères. — Où la sécurité de Monsieur Synthèse est sérieusement menacée. — A Cooktown. — Comédie précédant le drame. — Mystères expliqués. — Après la catastrophe du *Godavéri*. — Rapatriement des coolies. — Quitte ou double. — En route pour la Mer de Corail.

Ce n'est pas sans de graves raisons que Monsieur Synthèse manifeste en toute occasion, pour les prétendants, quels que soient leurs mérites, une défiance, on pourrait même dire une animadversion qui va jusqu'au parti pris le plus formel.

Mais aussi le vieillard a été si cruellement déçu, jadis; ses affections paternelles ont sombré dans une catastrophe si épouvantable et si imprévue, que ce parti pris, si exagéré qu'il soit, n'en a pas moins, pour lui, sa raison d'être.

Sa fille unique, après lui avoir prodigué, pendant dixhuit années, de ces joies que seuls peuvent concevoir et apprécier les vieillards, s'était vue recherchée par un brillant officier de la marine hollandaise qui revenait de l'armée des Indes.

Ces attentions de tous points honorables, ayant été favorablement accueillies par la jeune fille, il fut bientôt question d'un mariage.

Le futur époux, sans fortune il est vrai, se présentait avec l'apport d'un nom très estimé, d'un grade important déjà et surtout d'un physique des plus séduisants.

Aussi riche d'affection que de millions, Monsieur Synthèse devant la volonté

formelle de sa fille d'épouser l'officier consentit à cette union, et se dit :
« J'aurai deux enfants ! »

Certes, jamais jeunes époux ne possédèrent comme à souhait, les éléments les plus variés du bonheur le plus parfait. Jeunes tous deux, également beaux, doués l'un et l'autre d'une intelligence hors de pair, riches de façon à réaliser les fantaisies les plus invraisemblables, n'ayant rien à désirer, pouvant faire le bien sans compter... tout semblait concourir à rendre cette félicité plus durable, plus absolue.

Jamais, hélas ! union ne fut plus malheureuse, car jamais choix ne fut plus déplorable.

En dépit de sa beauté, de son élégance, de l'austère éducation reçue dans une famille recommandable. Meinherr Hendrik van Praët, l'époux de l'infortunée jeune fille était le pire des misérables !

Sa réputation de parfait gentleman?.. Mensonge ! Sa tendresse des premiers jours?.. Mensonge ! Son honorabilité même?... Encore et toujours mensonge !

Avide, joueur, libertin, ivrogne, hypocrite, bref, dépravé comme un bagne, il avait simplement couché en joue une dote princière, sans même concevoir un atome de sympathie pour l'adorable créature qui lui apportait, avec l'opulence, une affection infinie.

Mais aussi, comme le misérable sut jouer son rôle de soupirant en comédien consommé !

Du jour au lendemain tout changea de face. Toute contrainte disparut, et les instincts crapuleux, un moment engourdis ou plutôt dissimulés, se manifestèrent bientôt avec un sans-gêne révoltant. Le gredin, n'ayant plus rien à cacher, jeta le masque, et se montra ce qu'il était.

Naïve comme un enfant, entourée d'affection depuis le berceau, la pauvre jeune femme, née pour l'amour, méconnue, délaissée, brutalisée même, se sentit mortellement frappée au cœur.

Mais, héroïque autant que fière, elle ne proféra pas une plainte, cacha soigneusement sa blessure à son père, et doucement se laissa mourir.

L'affection de Monsieur Synthèse, pour être des plus ardentes, n'en était pas moins clairvoyante. Voyant peu à peu sa fille dépérir, soupçonnant peut-être une faible partie de la vérité, il l'interrogea habilement, sollicita une confidence et n'apprit rien.

La malheureuse enfant qui, malgré tout, aimait encore l'homme qu'elle n'estimait plus, ne voulait pas se plaindre parce qu'elle ne pouvait être consolée.

. Le mal incurable qui la consumait faisant des progrès de plus en plus effrayants, l'infortuné père maudissant sa science pour la première fois impuissante, apprit enfin l'atroce vérité qui échappa à la mourante pendant son délire.

En vain le vieillard, édifié sur la cause de cette affreuse consomption, fit appel à tout son génie ; en vain les remèdes les plus héroïques furent mis en œuvre ; en vain, employa-t-il ces forces mystérieuses dont on commence aujourd'hui l'application, et qui sous le nom de *suggestion* produisent de véritables miracles.

Le moindre choc devait amener la catastrophe. Ce choc fut produit par la naissance d'une adorable fillette, dont le premier cri ne put réveiller la moribonde, et qui l'eût peut-être sauvée.

Cette fillette, dont le berceau s'éleva près d'une tombe, reçut le nom d'Anna, qui était celui de sa mère.

On peut juger quelle fut la fureur de Monsieur Synthèse contre le bandit qui avait ainsi assassiné son enfant ! Lui refusant même le titre de père du petit être que lui avait légué la mourante, ne rêvant plus que vengeance, voulant appliquer lui-même la peine du talion, tant il se croyait, en son âme et conscience, le droit de se proclamer justicier, il poursuivit avec acharnement le misérable, qui put heureusement se dérober par la fuite.

Oui, heureusement, car la destinée vengeresse empêcha le vieillard de reparaître devant l'enfant, souillé du sang de son père, quelque indigne qu'il fût.

Monsieur Synthèse apprit, deux ans après, qu'il avait été tué à Sumatra dans une révolte contre les Atchés.

On concevra sans peine de quelle tendresse le vieillard, ainsi cruellement éprouvé dut entourer la frêle créature qu'il vit croître jour par jour, sans la quitter d'un instant, radieux à ses premiers sourires, transporté à ses premiers bégaiements, éperdu, désespéré aussi par un cri, par un bobo, par l'apparence même d'un malaise !

Pour elle, l'illustre savant dit adieu momentanément à la science qui l'eût distrait, ne fût-ce qu'un moment, et eût ravi à l'enfant quelques minutes de tendresse.

Pour elle, ce septuagénaire sut se faire enfant aussi. Il partagea ses jeux, après lui avoir appris à parler en guidant ses premiers pas, et commença son instruction en jouant. Mais aussi, comme il fut récompensé par l'amour immense, infini, que lui témoigna de tout temps la mignonne créature !

En elle il voyait, moralement et physiquement, revivre peu à peu sa pauvre chère morte, dont elle avait déjà la grâce, la douceur, la bonté, comme aussi l'intelligence prime-sautière, et les élans de tendresse.

Du misérable dont elle portait le nom, rien! Rien que ce nom, et c'était encore trop!

Cependant Monsieur Synthèse, voyant peu à peu l'enfant se transformer ainsi en une ravissante jeune fille, sentit bientôt renaître ses appréhensions, on pourrait dire ses terreurs.

Si les années écoulées depuis la catastrophe avaient lentement engourdi sa douleur, si l'enfant avait de jour en jour pris la place de la mère, sans faire tort à sa mémoire, la plaie que le vieillard portait toujours au cœur n'en était pas moins incurable, en dépit de cette réincarnation. Et le moindre rapprochement suffisait à l'aviver.

Ce rapprochement, Monsieur Synthèse en était amené à l'opérer de plus en plus souvent, à mesure que sa petite-fille arrivait à l'âge qu'avait sa mère au moment où sa vie fut brisée.

Instruit par cette douloureuse expérience, sachant que rien ne saurait prévaloir contre les lois de la nature auxquelles il faut fatalement obéir, le vieillard se demandait avec angoisse si elle aussi n'allait pas lui échapper! La vie, jusqu'alors capitonnée de roses, n'allait-elle pas se transformer en cet enfer où succomba sa malheureuse mère?

Que faire, que, résoudre? en présence d'un précédent aussi lugubre?

D'autre part, les années s'étaient écoulées, et bien que sa vigueur semblât pour longtemps encore défier les années, Monsieur Synthèse se sentait vieux, bien vieux!

Pour la première fois, peut-être, il commençait à envisager, avec une sorte d'épouvante, le moment où il lui faudrait dire adieu à l'existence, non pas que ce philosophe appréhendât la mort elle-même en tant qu'événement physiologique; mais parce que, devant lui, se dressait à chaque instant ce problème redoutable...

— Pauvre petite! que deviendra-t-elle quand je ne serai plus là?

Hélas! les vieillards ne devraient pas avoir le souci cruel de laisser sans soutien des enfants en bas âge!

A qui pouvait-il confier tant de grâce exquise, tant d'adorable bonté? Quel homme saurait comprendre et apprécier cette frêle nature de sensitive, à laquelle l'infortune maternelle avait légué une impressionnabilité presque maladive, et qu'un mot, un geste, un rien suffirait à briser?

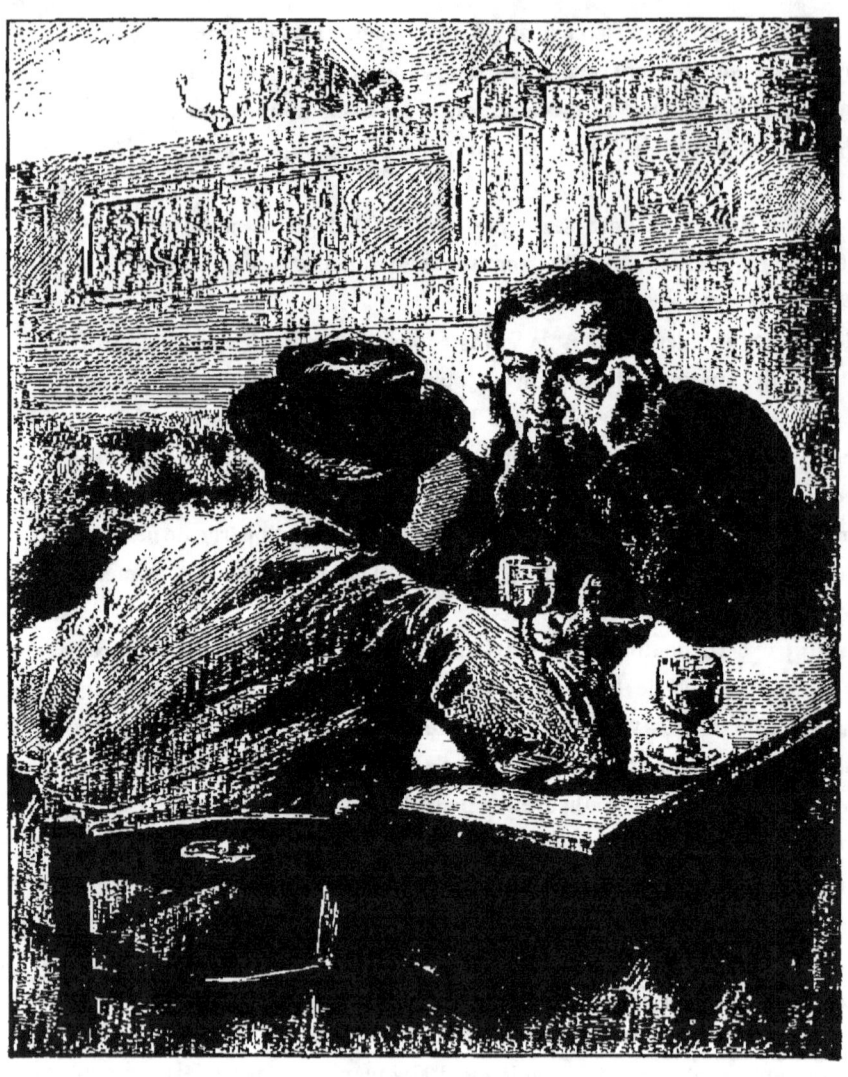

Il fit la rencontre d'un américain Master Hollidray. (Page 116.)

Y avait-il même dans le monde entier un homme possédant non seulement les qualités, mais encore les vertus nécessaires pour assurer le bonheur de cette adorable créature, savoir la faire évoluer dans la vie sans heurts, sans cahots, et lui continuer, à chaque instant, cette inépuisable tendresse dont elle avait toujours été comme enveloppée, et qui l'avait sans cesse pénétrée jusqu'aux replis les plus intimes de son être?

Monsieur Synthèse, dernier descendant d'une longue et illustre généalogie de savants, héritier de leurs traditions, de leurs travaux, de leurs découvertes, pensait de très bonne foi que rien n'est impossible à la science.

Déjà imprégné en naissant, par atavisme, de l'esprit scientifique de ces ancêtres qui, indépendamment de cellules cérébrales héréditairement accommodées à l'étude, lui avaient légué d'inestimables trésors, Monsieur Synthèse avait pu, grâce à ce prodigieux apport, résoudre des problèmes dont le seul énoncé ferait la stupeur de nos maîtres les plus illustres.

Ayant su, d'autre part, adapter à nos conceptions modernes le génie de ces études séculaires, retrouver dans le fatras de l'alchimie des vérités pressenties par les anciens, mais incohérentes et reposant sur des hypothèses déraisonnables, et les appuyer sur des lois aujourd'hui bien connues, il lui avait été possible, sans que l'on s'en doutât, sinon peut-être pour s'en moquer, de devancer notre époque au point de réaliser des prodiges dont l'idée seule serait taxée d'insanité.

Depuis longtemps la physique et la chimie biologique, encore en enfance aujourd'hui, bien que professées par des maîtres éminents, n'avaient plus de secrets pour lui. La physiologie transcendante qui étudie la production de la pensée, le mécanisme des sensations, les rapports intimes du moral avec la matière, ou du cerveau avec ses fonctions, etc., tout cela lui était connu depuis longtemps, ainsi que les théories de la descendance, à peine formulées par les chefs d'école, et dans tous les cas empyriquement déduites.

Alors que de nos jours chacun tâtonne, marche en aveugle, cherche le « pourquoi » de phénomènes constatés, mais inexpliqués, lui, connaissait le « parce que » contre lequel vient s'émousser l'âpre labeur des expérimentateurs, et l'éloquence des dialecticiens.

De là cette idée, en apparence déraisonnable, absurde, de prendre, au sein de la nature, le germe primordial de toutes les créatures, de mettre ce germe dans un milieu spécial destiné à favoriser son évolution, son perfectionnement, de le développer peu à peu, suivant les lois de la création naturelle, de lui faire monter graduellement l'échelle des êtres, pour en faire un homme !

Un homme n'ayant reçu par hérédité aucune de ces passions que les ancêtres transmettent à leurs descendants, qui ne serait ni bon ni mauvais, qui ignorerait le bien et le mal, dont le cerveau n'aurait jamais fonctionné, dont le cœur n'aurait jamais battu.

Un homme dont le corps ne recélerait par atavisme le germe d'aucune maladie, dont l'âme vierge serait pétrie, façonnée de manière à s'ouvrir instantanément aux plus sublimes conceptions du beau, du grand, de l'honnête.

Et non pas un enfant, un être frêle, débile, à peine développé, vagissant : mais un adulte à la musculature puissante, sortant de toutes pièces de son laboratoire, comme jadis la Vénus grecque du milieu de l'onde amère.

Cet homme, pour lequel il le croyait du moins, la nature épuiserait tous ses trésors, cet homme dont il aurait provoqué, puis surveillé heure par heure la genèse, qui serait sa créature à lui, sa chose, son œuvre, deviendrait l'époux de son enfant.

Il n'aurait donc plus à redouter le retour d'une catastrophe comme celle où jadis faillirent sombrer à la fois sa raison et sa vie, car cet homme serait ce qu'il voudrait, puisqu'il recevrait de lui la pensée, quand, nouveau Prométhée, il l'animerait d'un souffle, et lui *suggérerait*, dès la première minute de sa vie, l'idée dominante d'affection, de dévoûment, d'amour, en un mot, pour la jeune fille.

Puisque la suggestion est toute puissante sur des êtres tels que les ont faits l'éducation, le milieu, l'hérédité, la maladie même, à plus forte raison ses manifestations devraient être irrésistibles, permanentes chez un être complètement neuf, vierge de toute impression.

Telle était donc la conception du Grand-Œuvre.

Folie, dira-t-on ! Soit. Folie si l'on veut ! mais folie grandiose, touchante par son exagération même et à laquelle peut-être, étant donné les précédents scientifiques du maître, un succès inouï, sans précédent, va fournir une éclatante consécration.

Malheureusement, le *Grand-Œuvre*, comme Monsieur Synthèse se complaît à le qualifier orgueilleusement, n'avance pas sans de sérieuses vicissitudes, et de cruels désenchantements ne manquent pas d'en rendre la progression quelquefois bien pénible.

L'épreuve la plus dure a été sans contredit celle qui est résultée du départ de sa petite-fille. Quelque douloureux qu'ait été ce sacrifice, le vieillard n'a pas hésité à l'accomplir, en voyant la santé de sa chère enfant si gravement compromise.

Son cœur, si prompt à s'alarmer, a vite évoqué l'image de la morte, tant les symptômes du mal qui l'emporta, revêtaient d'analogie avec ceux qui se manifestaient chez la malade

Même étiolement, même inappétence, même fièvre lente, même consomption. Par bonheur, il n'y avait pas la même cause déterminante, et le mal n'était pas sans remède.

Ce remède, il fallait l'aller chercher au loin, fuir la contagion locale, et changer le régime. Quelque dure que fût la séparation pour ces deux êtres si étroitement unis et qui jamais ne s'étaient quittés, elle fut résolue comme on l'a vu jadis.

Le vieillard, confiant, et avec juste raison, en la bravoure, l'inépuisable bonté, la loyauté du capitaine Christian, n'a pas balancé à confier son enfant au digne marin.

Hélas! dira-t-on, non sans raison, pourquoi chercher si loin l'homme par excellence — le produit peut-être extravagant du Grand-Œuvre, — alors que ce vaillant officier qui personnifie si noblement le devoir se trouve là, en quelque sorte à point nommé, comme un reproche vivant à qui le méconnaît.

Christian, l'ami d'enfance d'Anna, l'homme pour qui l'univers entier se résume en ces deux êtres: Monsieur Synthèse, sa sœur d'adoption ; Christian, qui depuis le moment où le vieillard le recueillit, n'a cessé d'entourer l'enfant, puis la jeune fille, d'un respect, d'une adoration de tous les instants, ne serait-il pas homme à dédommager le vieillard des hontes et des malheurs d'antan?

Christian ne serait-il pas ce protecteur par excellence que le maître va chercher si loin, et Anna n'est-elle pas un peu de cet avis ?...

Qui d'ailleurs peut prévoir les résultats de cette croisière, entreprise pour assurer la santé de l'intéressante malade, et que la destinée asemée d'incidents si extraordinaires, de catastrophes si imprévues ?

Mais ce n'est pas tout. A cette cause de préoccupation douloureuse résultant d'une absence aussi prolongée, vont se joindre bientôt des complications d'une excessive gravité : complications dont Monsieur Synthèse ignore fort heureusement encore les manifestations, et qui, peut-être, vont le frapper comme un coup de foudre.

Sans parler de l'infâme conspiration ourdie par Meinherr van Schouten, le commandant intérimaire, le professeur de zoologie et le prince hindou son ennemi acharné, dont la haine n'est pas à dédaigner, un danger non moins terrible, mais plus immédiat, menace à la fois le Maître et le Grand-Œuvre.

Ce danger va venir de l'*Indus*, le navire capturé par les Chinois révoltés peu de temps avant la catastrophe où s'abîma, en vue des côtes de Malacca le *Godavéri*, au naufrage duquel survécurent la jeune fille et le capitaine Christian.

Voici comment.

L'ancien capitaine du *Tagal*, ce petit navire mixte, armé soi-disant pour la pêche de l'holothurie, mais en réalité pour travailler dans les eaux troubles où s'épanouit en toute sécurité la piraterie malaise, n'avait pas, comme on pourrait le croire, été amené tout à fait par hasard à Booby-Island, l'asile des naufragés.

D'autre part, on sera peut-être étonné que ce sinistre personnage fût préalablement édifié non seulement sur l'individualité de Monsieur Synthèse, mais encore sur les projets du Maître. Cet étonnement cessera néanmoins quand on apprendra le nom du misérable ; un nom qu'il a caché avec le plus grand soin, et qui, hélas! personnifie, pour le vieillard, l'implacable fatalité.

Marin expérimenté, mais sans l'ombre d'un préjugé, tour à tour contrebandier, partisan, trafiquant de chair jaune, à l'occasion pêcheur de trépang, mais entretemps et plus volontiers pirate ; condamné à mort en Amérique, en Chine, dans l'Inde, expulsé des colonies portugaises après mille et un mauvais tours, Meinherr Fabricius van Praët (1) a dignement couronné sa carrière en volant à Monsieur Synthèse un de ses navires après en avoir massacré l'équipage.

Mais ce nom de van Praët !...

Hendrick van Praët, l'indigne père d'Anna, avait un frère, marin comme lui. Comme lui aussi un gredin sans foi ni loi, et qui fut honteusement chassé du corps sans tache de la marine royale néerlandaise.

Ce frère s'appelait Fabricius.

Il semble vraiment que certaines familles soient maudites !

Ce Fabricius van Praët, lors du mariage de son frère avec la fille de Monsieur Synthèse, avait réussi à s'introduire près du vieillard, et, en faisant le bon apôtre, lui avait extorqué des sommes importantes.

Plein d'attentions pour sa belle-sœur déjà malade, affectant les dehors hypocrites d'un consolateur, il sut habilement circonvenir la pauvre enfant qui le recommandait volontiers à son père déjà prévenu en sa faveur par cette conduite si désintéressée en apparence.

Le misérable ne cherchait qu'à avoir ses entrées libres à la maison, de façon

---

1. Pour plus amples renseignements sur la biographie de ce véridique personnage voir les *Aventures d'un gamin de Paris en Océanie*, 1 volume grand in-8° illustré par J. Férat. Librairie illustrée 7, rue du Croissant, Paris.

à faire en temps opportun un bon coup, comme un simple voleur de grands chemins. Le jour même où la jeune femme succomba, il profita du désarroi causé par cette catastrophe, fit main basse sur tout ce qu'il put trouver d'argent, de bijoux, de pierres précieuses, de bibelots, et disparut.

Le produit de ce vol fut dissipé dans les tripots, après quoi, le gredin exerça tous les métiers interlopes qui ne l'avaient guère enrichi, trempa dans toutes sortes de choses malpropres qui le conduisirent plusieurs fois à la prison, et se vit même impliqué dans des affaires d'assassinat.

La série était complète.

Après des vicissitudes sans nombre, il se trouvait sous un faux nom, et plus misérable que jamais, en Europe, au moment où Monsieur Synthèse recrutait le personnel de son expédition.

Flairant là une bonne occasion de pêcher, selon son habitude, en eau trouble, il espionna et fit espionner patiemment le vieillard, grâce aux accointances qu'il avait conservées avec certains irréguliers, ses complices d'autrefois.

Il vint à Paris, obtint sur l'expédition de Monsieur Synthèse quelques renseignements assez importants et se rendit au Havre, où il fit la rencontre d'un Américain, Master Holliday, son ancien associé qu'il avait volé à Macao, et qui commandait présentement une goélette affectée au transport de bois de construction.

Master Holliday, en bon prince, passa l'éponge sur le passé, quand son camarade lui eut parlé de la riche proie qu'offrirait Monsieur Synthèse à de rudes compagnons sans préjugés, et pour lesquels le bien d'autrui est toujours plein d'attraits.

Ils rôdèrent plusieurs jours autour du bassin où étaient amarrés les navires, assistèrent à l'embarquement du personnel, reconnurent avec stupeur sous le déguisement d'un soutier, un prince hindou bien authentique, auquel ils avaient eu affaire jadis et pour l'assassinat duquel ils avaient même touché une jolie somme.

A l'occasion, les deux associés devenaient condottières et vendaient leurs « services » à qui voulait les acheter. Le prince en question ne leur avait échappé que par miracle, et grâce à une méprise qui leur fit tuer à sa place un pauvre diable lui ressemblant prodigieusement.

Sachant que la flotte de Monsieur Synthèse se dirigeait vers l'Australie, et que les préparatifs étaient faits en vue d'un séjour prolongé, ils résolurent de gagner de vitesse le vieillard et d'atteindre avant lui le grand continent Océanien.

Avec cette décision qui caractérise l'Yankee, Master Holliday vendit séance tenante sa goélette, en empocha le prix, et les deux compères prirent le premier train en partance pour Marseille. De Marseille, ils s'embarquèrent pour l'Australie, bien avant que Monsieur Synthèse eût même atteint Gibraltar.

Possédant ainsi une avance notable, ils purent de Sydney, où ils avaient établi leur quartier général, être informés, du passage des navires et de leur relâche à tel ou tel port, grâce aux renseignements fournis aux journaux, par le télégraphe, sur le mouvement maritime du monde entier.

En dernier lieu, Monsieur Synthèse avait relâché à Cocktown. Et depuis ce moment, ils étaient restés sans nouvelles. C'est en vain, qu'avec une patience, une ténacité, une adresse dignes d'une meilleure cause, ils fouillèrent le littoral, firent opérer des recherches par des agents habiles et grassement payés, dépouillèrent pendant des mois entiers les gazettes commerciales, nulle part ils ne purent trouver trace des navires en quelque sorte escamotés.

Plus de doute : ou la flotte s'était perdue corps et biens, ou elle stationnait dans la Mer de Corail. Se mettre à sa recherche eût été de la dernière folie. D'autant plus que, l'eût-on retrouvée, il était matériellement impossible de s'en emparer de force.

Il fallait attendre patiemment les événements et procéder avec une excessive prudence. Ils s'installèrent en conséquence à Cocktown, le dernier lieu où avait été vu Monsieur Synthèse, pensant, non sans raison, que tôt ou tard le vieillard, ayant besoin de se ravitailler, y enverrait un ou plusieurs de ses navires, comme étant le lieu d'approvisionnement le plus proche de sa mystérieuse station.

L'attente fut longue néanmoins, et dépassa de beaucoup leurs prévisions. Ils commençaient même à désespérer tout à fait, quand un beau jour ils apprirent l'arrivée de l'*Indus* et du *Godavéri*, se rendant à Canton.

Les difficultés allaient commencer, et il fallait véritablement des hommes de leur trempe pour oser, de gaieté de cœur, les affronter. L'essentiel pour eux, était de pouvoir prendre place à bord d'un de ces navires.

Solliciter purement et simplement la faveur d'être embarqués, eût été courir au-devant d'un refus formel. Ils n'y pensèrent même pas. Leur habileté diabolique leur suggéra un plan, grâce auquel non seulement ils n'auraient pas à demander leur passage, mais encore où ce passage leur serait spontanément offert.

Naturellement, ils n'avaient pas attendu à la dernière heure pour dresser leurs batteries. Toutes les éventualités se trouvaient depuis longtemps prévues de façon à pouvoir agir sans perdre un moment. Ils avaient à leur solde une trentaine de Chinois, gens de sac et de corde, recrutés parmi l'écume de l'émigration et qui, nuit et jour, se tenaient à leur disposition.

Sachant qu'un des vapeurs de Monsieur Synthèse, l'*Indus* transportait une troupe énorme de Célestes, ils dirent, en substance, à leurs coolies :

— Profitez du désordre causé par l'embarquement des vivres.

« Glissez-vous adroitement parmi les passagers de votre race, ils vous accueilleront parfaitement et vous feront place au milieu d'eux.

« Une fois à bord, débrouillez-vous de façon à ne pas être surpris avant que les navires soient en pleine mer, et ne vous occupez plus de nous.

« Vous nous retrouverez en temps et lieu.

En prévision de cet instant décisif, ils avaient affrété un petit navire mixte, excellent marcheur, d'un très faible tirant d'eau et affecté, en temps ordinaire, à la pêche du trépang. Ce navire était toujours prêt à appareiller, avec ses fourneaux parés à être allumés.

Pendant que leurs hommes, transformés en portefaix, s'introduisent sur l'*Indus* en transportant les vivres, les deux complices s'embarquent sur leur navire, apparcillent à la voile pour ne pas perdre de temps, pendant que la machine chauffe.

La route de Canton passant inévitablement par le détroit de Torrès, ils prennent sans désemparer cette direction, gagnent de vitesse les deux vapeurs, dont l'un, pesamment chargé, n'avance qu'avec une certaine lenteur.

Ils atteignent, avec quinze heures d'avance, Booby-Island, s'y font déposer, en passant, par leur navire qui s'en va tranquillement, dans des bas-fonds inaccessibles, se livrer à son industrie.

L'*Indus* et le *Godavéri* arrivant à leur tour en vue de l'asile des naufragés n'eurent garde, on le conçoit, de manquer à ce devoir dont jamais les gens de mer ne s'affranchissent, et qui consiste à prendre les lettres du postal-office, comme aussi à recueillir les naufragés s'il y a lieu.

Les deux complices qui avaient conservé avec eux leur cuisinier, inventèrent alors cette fable de leur bâtiment *le Tagal* coulant à pic et de son équipage perdu, sauf les trois survivants réfugiés par miracle à Booby-Island.

On connaît les conséquences terribles de ce fait si simple en apparence. La révolte des Chinois soudoyés par les coolies des deux complices, l'égorgement de l'équipage de l'*Indus*, et la capture du steamer par les bandits.

LE GRAND-ŒUVRE

L'Indus ravitaillé à Canton, reprend la route de la mer de corail... (Page 451.)

. . . .

Meinherr Fabricius van Praët, devenu capitaine de ce magnifique navire, et son compère Master Hollinday auquel est dévolue la conduite de la machine, une fois le premier transport passé, se rendirent compte des risques possibles entraînés par leur sinistre équipée.

N'ayant pas voulu courir les éventualitées d'un combat avec le *Godavéri* incendié, ils s'étaient empressés de fuir, dans les ténèbres, espérant que le bâtiment du capitaine Christian ne tarderait pas à être anéanti.

Mais plus tard, quand les réflexions se présentèrent plus calmes, après l'enfièvrement de cette lutte farouche, ils se demandèrent si réellement ils n'avaient pas eu tort, sinon de refuser la bataille, du moins de ne pas attendre dans le voisinage, l'issue de l'incendie, et au besoin d'intervenir pour aider à la destruction du navire désemparé.

Mais le typhon s'étant mis presque aussitôt à souffler avec fureur, ils se dirent, non sans apparence de raison, que sans doute le *Godavéri*, déjà si maltraité par l'explosion et le feu, ne résisterait pas à l'ouragan.

Néanmoins, ils n'étaient guère tranquilles. On ne sait jamais quelle somme d'imprévu le hasard réserve aux gens de mer. Qu'arriverait-il, si, contre toutes prévisions, le *Godavéri* ne sombrait pas et réussissait à rallier Singapour ! Si d'autre part quelque naufragé échappait au désastre et signalait télégraphiquement aux autorités internationales cet acte d'ignoble piraterie !

Les deux associés ne pouvaient y songer sans frémir.

Aussi pensèrent-ils tout d'abord à gagner un rivage désert, à transformer le navire, de façon à le rendre méconnaissable. Mais, que faire des Chinois, pendant ce temps ? Les vivres s'épuiseraient, ainsi que l'eau et le charbon.

Ils songèrent bien un moment à en jeter les trois quarts à la mer. Mais, comment accomplir cette hécatombe ? Ceux qui seraient choisis comme exécuteurs refuseraient absolument cette abominable corvée, et qui sait si, mis en goût par la précédente révolte, ils ne réduiraient pas en morceaux ces deux blancs qui tenaient si étrangement leurs promesses ?

— Ma foi, dit en fin de compte Master Holliday, le plus résolu des deux, ou du moins le plus fataliste, au bout le bout !

« Mon avis est de risquer carrément la mise et d'être beaux joueurs.

— C'est-à-dire ? interrogea l'autre.

— Gouverner sur Canton, nous débarrasser honnêtement de cette vermine, engager quelques lurons et aller où vous savez.

— Soit !

« Nous jouons quitte ou double, mais au moins nous saurons à quoi nous en tenir.

On sait comment et pourquoi les deux bandits furent encore une fois assurés de l'impunité, grâce au concours des circonstances terribles qui amenèrent la perte du *Godavéri*.

Ils purent, sans être aucunement inquiétés, rapatrier les coolies, dont un certain nombre, une dizaine environ, acceptèrent de faire partie de la future expédition à laquelle ils serviraient de guides, au milieu de l'inextricable réseau des récifs coralliens.

Ils se trouvaient ainsi avoir sous leurs ordres trente cinq hommes assez résolus, mais demandant à être renforcés par l'élément blanc.

A cet effet, ils recherchèrent avec le plus grand soin ceux qui, parmi les « pirates étoilés » des mers Orientales, seraient susceptibles de grossir ce noyau de malandrins et lui donner la cohésion et le nerf nécessaires.

Ce recrutement de forbans fut assez long, en somme, et nécessita une sélection judicieuse. Il leur fallait absolument trouver les pires entre les plus mauvais; ce qui n'était pas toujours facile, étant donné qu'ils avaient besoin de matelots expérimentés.

L'armement et l'approvisionnement laissaient aussi à désirer. Il était indispensable d'améliorer l'un et de compléter l'autre. Par malheur pour eux ils avaient presque épuisé toutes leurs ressources. Ils durent, en conséquence, se faire convoyeurs de coolies, et transporter à San Francisco un chargement important de chair jaune, pour garnir convenablement la soute aux écus.

De là des lenteurs, une perte de temps considérable qu'il était d'ailleurs impossible d'éviter.

Enfin, tout est prêt pour cette expédition qui doit leur procurer à **tous** des bénéfices énormes. L'équipage, composé de soixante individus, ne demande qu'à marcher.

L'*Indus*, ravitaillé à Canton après son retour de San Francisco, reprend la route de la Mer de Corail, où va bientôt se jouer une dernière et terrible partie.

CHAPITRE VIII

Fantaisie de la nature australienne. — L'*Ornithorynque paradoxale*. — Quadrupède à bec de canard. — Oiseau à quatre pieds. — Nouvelle découverte d'Alexis Pharmaque. — Aspect lamentable du représentant de la seizième série. — Ancêtre faisandé. — Sacrilège ! — Trop avancé pour être mangé. — Où les poissons se pêchent à la pioche et à la charrue. — Conséquences d'un faux pas de maître Pornic. — Histoire du crocodile qui a dévoré un *Pétauriste*. — Pourquoi, à défaut de singe, on doit se contenter d'un *Phalanger-volant*. — La série ancestrale sera australienne. — Navire en vue !

Une des créations les plus baroques, les plus extravagantes de l'Isis australienne, cette fantaisiste s'il en fut, est sans contredit celle de l'*Ornithorynque paradoxal* (1), le bien nommé.

Est-ce un quadrupède ? Est-ce un oiseau ?

Oui et non. L'un et l'autre, ou ni l'un ni l'autre.

En un mot, une énigme que l'on pourrait ainsi définir : Un oiseau qui court à quatre pattes et allaite ses petits ; ou bien encore, un quadrupède à bec de canard et qui pond des œufs !

L'anatomie elle-même de ce paradoxe vivant, n'est pas plus affirmative, et l'homme qui a consciencieusement disséqué un ornithorynque demeure dans l'impossibilité de rien affirmer à ce sujet.

N'ayant pas de définition formelle pour ce phénomène, il ne sera pas inutile de passer à sa description. Elle sera très courte.

L'ornithorynque paradoxal se présente sous l'aspect d'un corps aplati, déprimé, long d'environ cinquante-cinq centimètres, y compris la queue qui en mesure quinze. Le tout est recouvert d'une fourrure plus ou moins roussâtre, composée de deux sortes de poils : les uns, longs et rudes, les

1. De ὄρνις, ὄρνιθος, oiseau, et ῥύγχος, bec.

autres fins et soyeux comme ceux de la loutre. Les organes de locomotion se composent de quatre pattes courtaudes, trapues, terminées par des pieds courts, dirigés latéralement, et garnis au-dessous de palmatures dépassant les doigts et même les ongles qui sont très robustes.

Voilà pour le quadrupède.

Quant à la tête, c'est bien le comble de l'inattendu. Surmontée de deux petites oreilles pointues qu'accompagnent une paire d'yeux vifs, percés en vrille, elle se termine en un véritable bec de cygne ou de canard, à l'extrémité duquel s'ouvrent les narines. Les organes intérieurs rappellent essentiellement, dans certaines parties importantes, ceux de l'oiseau, puisque les œufs, ce que Sganarelle appelait : le contraire de la boisson, et... le reste, sont expulsés par une ouverture unique, analogue de tous points au cloaque des oiseaux.

Enfin, quand la ponte a été opérée dans la retraite profonde que l'ornithorynque, essentiellement aquatique, se ménage au bord des rivières ; quand les jeunes sont éclos, la mère les allaite, et manifeste pour les petits paradoxes un amour que ne désavoueraient ni les oiseaux ni les quadrupèdes réunis.

On peut juger, par cette description sommaire autant qu'exacte, du beau tapage que dut faire, en 1796, dans le monde savant, l'apparition de cet animal extraordinaire.

Comment le classer ? Quel rang lui assigner dans l'échelle zoologique ? Pouvait-on raisonnablement le placer parmi les oiseaux ?... Mais les quatre pattes servant à courir et à nager !... mais les mamelles sécrétant du lait !...

Allait-on essayer de l'imposer aux mammifères ?... Mais le bec de canard... mais les œufs !...

Il y avait un moyen bien simple dont on ne s'avisa pas tout d'abord. C'était de le mettre entre les deux, où sa place se trouvait formellement indiquée.

Quoi qu'il en soit, le naturaliste allemand Blumenbach, le premier qui étudia scientifiquement l'animal, entreprit de le pourvoir d'un état civil, et réussit au delà de toute espérance. Le nom qu'il lui donna est barbare sans doute, mais parfaitement justifié par sa conformation mixte, et l'incohérence de ses organes. Il l'appela *Ornithorynque paradoxal* et fit bien.

Après Blumenbach, les parrains les plus illustres s'intéressèrent à l'animal australien, et lui fournirent enfin les titres auxquel il avait autant de droits que les autres représentants de la zoologie.

Étienne Geoffroy Saint-Hilaire fit pour lui les frais d'un groupe à part, celui des *Monotrèmes* — des deux mots grecs *monos* seul et *trêma* pertuis — pour que nul n'en ignore, et soit honni qui mal y pense. Après quoi, M. de Blainville, le plaça dans la sous-classe des *didelphes* et prétendit que, bien loin de constituer un groupe anormal, hétéroclite, comme on l'avait dit tout d'abord, l'Ornithorynque doit former le dernier degré ou plutôt le premier degré de l'échelle mammalogique, et servir de trait d'union aux deux groupes de vertébrés : oiseaux, mammifères.

A la bonne heure, voilà qui est au moins rationnel et confirme une fois de plus le fameux : *Natura non facit saltus*.

...Or donc, un beau jour le chimiste Alexis Pharmaque, pour qui le monde extérieur semble ne plus exister en dehors de son cher laboratoire, surveillait attentivement l'organisme compliqué de l'énorme machine, et la lagune aux eaux dormantes. Le digne savant, pénétré à juste titre de l'importance de ses fonctions, trottinait allègrement sur l'atoll, vérifiait les manomètres et les galvanomètres, interrogeait les thermomètres, les hygromètres et les baromètres, faisait graisser une bielle, redressait un câble, régularisait le tirage d'un fourneau, et, tout en inspectant le matériel et le personnel, songeait.

Oui, les jours s'enfuyaient de plus en plus rapides et le Grand-Œuvre loin d'être entravé, par les multiples péripéties qui se succédaient comme à plaisir, s'acheminait vers un succès éclatant.

Jusqu'à présent, le génie de Monsieur Synthèse avait triomphé de tous ces obstacles. La disette, l'émeute, avaient été conjurées d'un mot, d'un geste, au commandement, par miracle. Jamais les hommes d'équipage n'avaient témoigné autant de zèle, de soumission, de bon vouloir. Subjugués, hypnotisés par le Maître, ils s'alimentaient comme lui chimiquement, vivaient chacun d'une dizaine de pilules absorbées par jour, et s'en trouvaient bien.

L'idée de devoir, d'obéissance, suggérée une fois pour toutes à chacun d'eux, se maintenait dans leur cerveau comme au premier jour, et nul ne pensait à récriminer, en voyant les fourneaux dévorer peu à peu les dernières provisions, les agrès des navires, leurs mâts, leurs vergues, leurs ponts.

Jamais prise de possession n'avait été aussi complète, aussi absolue.

Aussi, Alexis Pharmaque, en veine d'optimisme, trouvait-il que tout allait pour le mieux, bien que les voix sous-marines grondassent toujours terriblement, que les secousses fussent de plus en plus fréquentes, de plus en plus intenses, que Monsieur Synthèse manifestât quelques signes extérieurs de préoccupation, et que l'absence des navires, depuis si longtemps partis, fût de plus en plus alarmante.

— Bah ! se disait le brave savant, on n'a rien sans peine.

« Qu'importent ces petits tiraillements puisque tout marche à souhait !

« Je ne comprends vraiment pas comment le jeune M. Arthur et ce gros capitaine font, depuis quelques jours des figures longues d'une aune, en voyant que mon brave ami, le commandant Christian, ne revient pas.

« A quoi bon se préoccuper !

« Ma parole, ce zoologiste de pacotille commence à déserter le laboratoire.

« Il ne peut se faire à l'idée de ne pas avoir de blanchisseuse, et d'avoir épuisé tout son stock de cols, de manchettes, et de devants empesés ?

« Sa grosse chemise de laine lui fait horreur, et la pensée de ne plus être le joli, l'élégant professeur lui est plus pénible, à coup sûr, que celle d'un échec du Grand-Œuvre.

« Eh bien, moi, je veille pour eux et pour moi !... Je veille pour tous et, s'il n'en reste qu'un !...

« Tiens !... Qu'est-ce que j'aperçois là-bas ?

« Vais-je encore faire une découverte ?...

Le monologue du chimiste est coupé net par l'aspect inusité d'une chose inconnue, dont son œil émerillonné n'a pas jusqu'à présent constaté la présence.

Il écarte le prélart, pénètre sous la coupole, s'élance sur l'atoll, court, au risque de trébucher et de faire un plongeon, et arrive près de l'objet, immobile sur l'eau à un mètre du bord.

L'aspect en est lamentable. C'est rond, gros, gonflé... cela a des pattes, écartées, rigides, comme celles des pauvres chiens noyés, distendus par les gaz et qui s'en vont lugubres au fil de l'eau.

A n'en pas douter, c'est le cadavre d'un animal... d'un quadrupède.

Alexis allonge le bras, attire sans la moindre répugnance le cadavre en question, le tire de l'eau, le tient par la queue pour l'examiner plus à l'aise, et pousse un cri de surprise.

— Hé ! Dieu me pardonne ! c'est un Ornithorynque !

« Le premier mammifère !...

« Ma parole ! c'est à devenir fou de joie !...

« Et dire que je suis seul pour constater ce fait capital... que je ne puis crier mon bonheur à quelqu'un susceptible de me comprendre !

« Mais où est donc ce zoologiste de malheur?... Encore enfermé avec cet abruti de capitaine, sans doute.

« Et le Maître!... Le Maître qui a défendu sa porte!

« Un Ornithorynque!... Le seizième degré de la série des ancêtres qui apparaît!...

« Il est mort, mais peu importe! Le principe est sauvé... D'autant plus que, si je ne m'abuse, ce curieux animal habite exclusivement les eaux douces.

« Il est né dans un milieu défavorable à son existence...ce milieu l'a tué.. C'est logique et cela n'infirme en rien la théorie de l'évolution, bien au contraire.

« Mais, je ne puis rester ainsi planté là sans aviser qui de droit.

Il dit, et, sans lâcher la queue de l'animal, revient à la brèche par laquelle il a pénétré sous le dôme, accourt au navire que les hommes dépècent avec acharnement pour en brûler les débris, franchit quatre à quatre l'échelle, entre comme une avalanche dans le carré transformé, comme on sait, en laboratoire, et laissant tomber le cadavre sur la table, entre le zoologiste et le capitaine, s'écrie:

— Eh bien! collègue, connaissez-vous ça?

M. Roger-Adams, affermit son lorgnon sur son nez, pince les lèvres pour ne pas sourire à la vue de ce tableau épique, et répond de sa voix de fausset:

— Eh! pardieu! c'est un Ornithorynque.

« Ne le saviez-vous pas?

— Si, mais... la série ancestrale... le premier mammifère...

— Il s'agit bien de tout cela pour l'instant.

« La vérité est que nous mourons littéralement de faim.

« M. Synthèse ne nous a pas hypnotisés, et nous ne vivons pas avec ses fameuses pilules.

« Notre réserve est épuisée, mon cher... Comprenez vous?

— Je comprends... mais, enfin... la série... vous dînerez tout de même.

— Et avec quoi, s'il vous plaît?

« Si encore votre monotrème était vivant, on pourrait en faire une gibelotte.

— Une gibelotte!... manger un des produits de l'évolution naturelle... profaner le Grand-Œuvre!...

« Ce serait un sacrilège!

— Ma parole, vous perdez la tête!

Le zoologiste incise avec sa dextérité habituelle, l'abdomen du saurien. (Page 462.)

« Tenez... Voulez-vous vous que je dise la vérité ?

— Silence ! interrompt soudain le capitaine en ébranlant la table d'un formidable coup de poing.

— Oui, vous avez raison, commandant.

« Mais, vous savez le proverbe... Ventre affamé...

— Bah ! laissez donc... Je vais faire jeter un filet ; c'est bien le diable si nous ne réussissons pas à trouver les éléments d'une friture.

— Comme vous voudrez.

« Alors pour passer le temps et oublier ma fringale, je vais disséquer cet ancêtre.

« ... Dites-donc, il est rudement faisandé, entre nous.

— Pauvre animal ! dit avec une sorte d'attendrissement comique le chimiste, c'est à peine s'il a eu le temps de vivre dans ce milieu où il n'a pu trouver aucune subsistance.

— Le fait est qu'il a l'estomac absolument vide.

— Peut-être n'a-t-il jamais rien mangé.

— Allons donc ! plaisantez-vous ?

« Il y a dans la lagune des plantes marines qui ont indubitablement servi à l'alimenter pendant une certaine période.

— Depuis combien de temps pensez-vous donc qu'il ait fait son apparition ?

— Depuis au moins trois semaines.

« Comme à mon avis sa mort remonte à quatre jours environ, cet intéressant produit de la faune australienne — je veux dire de notre série ancestrale — a dû goûter, pendant quinze à dix-huit jours, les joies de son existence scientifique.

— Qui vous induit à penser de la sorte ?

— Je vous avouerai que j'attendais l'Ornithorynque depuis longtemps déjà, et que son absence commençait à m'inquiéter.

— Vraiment !

— A mon avis, il aurait dû apparaître à peu près en même temps que les sauriens, et succéder presque immédiatement aux *Dipneustes*.

— Cependant, un mammifère !

— Un promammifère, s'il vous plaît.

— Soit.

— Je le considère comme un type intermédiaire très curieux, une ébauche faite par la nature peut-être au moment où les dipneustes devenaient des amphibies.

Je sais bien que, pour en arriver là, de grands progrès organiques durent s'accomplir : par exemple, la transformation des écailles en poils, la formation des mamelles pour l'alimentation des jeunes.

— C'est vrai, car il fallait que les premiers mammifères sortissent nécessairement de l'élément liquide, où jusqu'alors avaient vécu les animaux.

— Cela n'est pas indispensable, puisqu'il y a des mammifères aquatiques, entre autres la baleine.

— Tiens ! vous avez raison.

— Et des poissons qui vivent hors de l'eau.

— Allons donc !

— Rappelez-vous le *Ceratodus* avec son existence tour à tour aquatique et terrestre.

« Pensez au *Lepidosirène*, arrivé à un perfectionnement zoologique encore plus avancé, et qui, avec des poumons complètement formés, peut braver la sécheresse.

« Mais, ce n'est pas tout, et pour peu que nous voulions réfléchir à cette question si intéressante de l'adaptation des êtres à un milieu plus favorable, nous constatons chaque jour des exemples fournis par des animaaux cherchant inconsciemment, et pour obéir aux lois de la nature, à opérer ce perfectionnement incessant des espèces.

« Aujourd'hui, où d'ailleurs les poissons ont tant d'ennemis dangereux une fois hors de l'eau, nous en voyons cependant plusieurs qui font volontairement des tentatives pour envahir la terre ferme.

« Une espèce même de l'Inde, l'*Anabas* grimpe aux arbres !

« Il en est beaucoup d'autres, pour qui vivre périodiquement en dehors de l'élément liquide, est une nécessité.

« A Ceylan, les poissons qui peuplent en si grand nombre les petites nappes d'eau desséchées pendant l'été, s'enterrent dans la vase où ils attendent le retour des pluies.

« On assiste alors à un genre de pêche fort original et, je crois, inconnu ailleurs. C'est la pêche à la pioche ou à la charrue.

« Les Cingalais retournent, avec leurs instruments agricoles, l'argile ferme qui conserve au-dessous de sa surface quelques traces d'humidité, et chaque motte rejetée se sépare en fragments qui, en s'écartant, mettent en liberté des poissons bien vivants, et frétillant sur le sol.

— D'où vous concluez ?

— Oh ! je ne conclus pas.

« Je dis simplement que les promammaliens : Ornithorynques et Echidnés, durent apparaître au commencement de l'âge secondaire, dans la période triasique, et être contemporains de ces poissons pour qui, alors, la double existence, aquatique et terrestre, devint une nécessité.

— Revenons, si vous le voulez bien, à l'Ornithorynque, dont selon vous l'apparition a été tardive.

— Très tardive en effet, et c'est ce qui m'inquiète.

« Ainsi, nous devrions avoir vu apparaître déjà des singes!

— Des singes!... y pensez-vous?

— Comment, si j'y pense!

« Ah çà! d'où venez-vous donc?

« On fait de l'évolution ou l'on n'en fait pas, que diable!

« Aussi, suis-je singulièrement décontenancé, en voyant tous nos efforts, je dirai plus, toutes nos souffrances aboutir à ce résultat piteux : un Ornithorynque crevé!

— Cependant!...

— Laissez-moi finir, et vous serez de mon avis.

« Normalement, logiquement, nous devrions avoir constaté l'apparition de la sous-classe des marsupiaux, représentés par l'Opossum, le Kangouroo, plus le petit groupe des prosimiens qui renferme le Maki, le Lori et l'Indri.

« A défaut de prosimiens, je me fusse contenté de marsupiaux plus perfectionnés : par exemple, un simple Phalanger qui, dans la faune australienne, tient à peu près la place du Maki.

— Faute de quoi?...

— Faute de quoi, je crains bien de voir le Grand-Œuvre finir en queue.. d'Ornithorynque.

— C'est impossible! s'écrie le chimiste qui se sent pâlir à cette idée désespérante.

— Je ne demande pas mieux que de croire, mais encore, faut-il des preuves.

— Qu'y a-t-il ? interrompt soudain le chimiste en entendant deux coups vigoureusement frappés à la porte.

« Entrez!

« Tiens!... c'est vous, maître Pornic.

« Que voulez-vous, brave camarade?

— Faites excuse, Messieurs, si je vous dérange, répond le marin en retirant poliment son bonnet, mais je viens de faire une capture, et comme vous vous occupez des bêtes, j'ai pensé que ça vous intéresserait.

— Vous avez très bien fait, et je vous remercie, dit Alexis qui tient en haute estime le marin breton.

— Vous êtes bien honnête, Monsieur.

— Racontez-nous donc ce qui vous est arrivé.

— Faut vous dire que ma consigne étant d'inspecter deux fois par jour la charpente en fer de la grande cambuse de verre, qu'on dirait une gare de chemin de fer, sauf vot'respect, je faisais le tour du bassin et j'inspectais, quoi, rapport à la consigne.

— Naturellement.

— Tout en lorgnant du haut en bas les couples et les virures pour savoir si ce tremblement de malheur qui chambarde tout le pays n'avait rien faussé, v'là que je marche sur qué'que chose, ni mou ni dur, qu'était censément sur la terre.

« Malar D'oué! ça gigotte, et je manque de m'affaler dans le « vitrau », rapport que la chose en gigottant m'avait fait donner de la bande.

« Je regarde et je vois une bête dont je lui avais marché en plein sur le corps et qui ouvrait une gueule!...

« Tiens! que j'me dis, c'est un crocodile, un jeunet, un moussaillon.

« Y n'bouge plus... faut croire que mon soulier lui aura appuyé trop fort sur le rein.

« Voyez-vous, quand le matelot est chaussé, il ne sait plus où il met son pied...

« La bête fit encore des manières d'ouvrir et de fermer son bec, et creva tout raide.

« Me voilà embêté, avec bonne envie de la flanquer à l'eau.

« Mais, comme c'est de vos élèves, de vos nourrissons, j'ai pensé qu'il valait mieux vous filer franchement la chose, rapport que vous auriez pu être inquiets et faire tomber le blâme sur un innocent.

— C'est parfaitement agi et pensé, maître Pornic, interrompt le professeur de zoologie.

« A mon tour je vous remercie, et vous assure qu'il n'y a pas de mal.

— Vous êtes bien honnête, Monsieur.

« Alors donc, voyant la bête tout à fait décidément morte, je l'ai prise par la queue, et, je vous l'ai apportée, pensant que vous en feriez l'ouverture.

« Elle est là, derrière la porte, et si vous voulez, je vais vous la présenter.

— Certainement, maître Pornic, certainement.

— Voilà, Messieurs, reprit le maître d'équipage après une absence très courte, en apportant précieusement, du bout des doigts, le corps du délit.

— C'est bien, merci, maître Pornic, vous pouvez vous retirer.

— Salut, Messieurs!

— Au revoir.

— Dites donc, collègue, dit le professeur de zoologie quand le marin se fut retiré, savez-vous que c'est le jour aux découvertes ?

— Pas en ce qui concerne ce crocodile, puisque depuis longtemps déjà nous connaissons la présence des sauriens.

— Au point de vue zoologique, d'accord.

« Mais au point de vue gastronomique...

— Vous penseriez sérieusement à manger cette horrible bête ?

« On prétend que c'est abominable.

— Les vieux, oui ; mais les jeunes comme celui-ci ne doivent pas être par trop répugnants.

« Je me suis même laissé dire que leur saveur était comparable à celle de l'iguane...

« Or l'iguane est délicieux.

« Du reste, dans notre situation, on n'a pas le droit de se montrer difficile ; et si, comme je le crains, la pêche du capitaine n'est pas miraculeuse, nous aurons au moins une fricassée.

« Comme vient de le dire maître Pornic, je vais procéder à l'ouverture de la bête, non pas pour notre édification scientifique, mais pour notre satisfaction gastronomique.

« Hein ! quelle chance que ce jeune crocodile ait été pris de manie ambulatoire, et que notre maître d'équipage ait eu le pas aussi lourd !

A ces mots, le zoologiste prend un scalpel, incise avec sa dextérité habituelle l'abdomen du saurien, dont les viscères sortent d'une masse.

— Eh ! en !... plus heureux que nous, le drôle a l'estomac plein.

« Voyons à examiner la nature de son menu.

« Ah diable !

— Qu'y a-t-il ? demande le chimiste.

— Je vous l'offre en cent mille à deviner...

— Je donne ma langue aux chiens.

— Eh bien, mon cher, je ne veux pas être docteur ès sciences naturelles, et lauréat de je ne sais plus combien de concours, si ce ne sont pas là les débris d'un Pétauriste.

— Et alors ?

— Comment, c'est tout ce que vous trouvez à répondre à l'annonce d'un fait de cette importance ?

« Mais, mon cher, vous devriez trépigner d'enthousiasme !...

— Dites... je trépignerai ensuite.

— Savez-vous ce que c'est qu'un *Pétauriste* ?

— Une espèce d'écureuil volant.

— Le Pétauriste est un mammifère marsupial, formé aux dépens des Phalangers, et portant, aux flancs, une membrane qui s'étend des pieds de devant à ceux de derrière.

— C'est bien cela.

« Cette membrane, quand il s'élance d'un point élevé, en écartant les quatre pattes, forme parachute, et lui permet de sauter d'un arbre à un autre.

— D'où son nom de *Phalanger volant*.

— Je ne trépigne pas encore...

— Attendez !

« Savez-vous que cet animal, très nombreux en Australie, est aussi parfait, en organisation, que les singes dont nous regrettions tout à l'heure l'absence ?

— Pas possible !

— Absolument.

« A défaut de singe, la série ancestrale peut parfaitement se contenter d'un Pétauriste pour arriver d'emblée au degré qui comprend les anthropoïdes.

— Après lequel il n'y a plus que l'homme ?

— Après lequel l'homme peut et doit apparaître, ajoute gravement le professeur de zoologie.

— Mais, pourquoi pas un singe ? demande le chimiste supposant, non sans raison, que de ce marsupial à l'homme la distance doit être encore immense.

— Demandez-moi pourquoi l'Australie, cet énorme continent aussi grand que les quatre cinquièmes de l'Europe, ne possède, originellement, ni carnassiers, ni ruminants, que ses arbres sont presque tous des monocotylédones, et que ses habitants se rapprochent du type supposé, celui de l'homme primitif.

« Or, nous sommes ici, à une distance très faible de l'Australie, en un lieu où les conditions d'origine, de développement, d'existence sont identiques.

« Auriez-vous la prétention d'y créer des êtres que la nature elle-même n'a pas su faire naître ?

« Mais, mon cher, ce serait là un non-sens, une monstruosité.

— C'est juste.

« Diable !... si l'homme qui doit couronner cette série était un Australien, un bon cannibale à peau couleur de suie, à ventre proéminent, à tibias en lame de sabre !....

— Le patron serait bien attrapé, interrompt le zoologiste ne pouvant s'empêcher de rire.

« Du reste, il continuerait l'opération, et essayerait de transformer son Australien en un représentant sans tare et sans tache de la race caucasique.

« Mais, nous n'avons pas à envisager, pour l'instant, cette éventualité singulière.

« Revenons à notre Pétauriste.

— C'est cela, revenons à la chose palpable.

— Pour que ce crocodile si proprement écrasé sous le talon de maître Pornic ait dévoré un phalanger volant, il faut qu'il y ait eu dans la lagune, sur le rocher central ou sur l'atoll, au moins un de ces animaux.

— Parbleu !

— Comme il ne saurait être tombé de la lune, nous sommes absolument autorisés à penser qu'il a pris naissance, dans le laboratoire, de la même façon que ceux qui l'ont précédé.

— Cela me paraît juste.

— Qu'il est par conséquent le produit naturel des transformations successives commençant à la Monère.

— Et que la série ancestrale, ininterrompue jusqu'à ce jour, a progressé d'autant, très normalement d'ailleurs.

— Seulement, c'est une série ancestrale qui s'affirme de jour en jour comme devant être australienne.

— Peu importe, pourvu qu'elle soit.

— Elle sera, mon cher collègue, n'en doutez pas.

— Je l'espère comme vous, maintenant plus que jamais.

« A propos, ne pensez-vous pas qu'il serait au moins convenable de prévenir le Maître ?

— J'y pensais.

« L'annonce d'un événement de cette importance ne peut que lui être très agréable.

« Malheureusement, il a défendu sa porte... Il est sans doute encore dans une de ses « lunes ».

A ce moment, cet entretien est interrompu brusquement par des bruits de nature différente qui se font entendre sur le pont à demi démantelé du navire.

Pornic exécute un cavalier seul de la plus haute fantaisie. (Page 466.)

Des pas précipités, des cris, de bruyants éclats de gaieté succèdent au silence qui règne habituellement sur l'*Anna*.

Les deux collègues laissent là leur dissertation et le cadavre encore palpitant du saurien, quittent le carré, grimpent sur le pont, et voient tous les matelots en proie à une agitation côtoyant de près la folie.

Ils avisent maître Pornic qui lance en l'air son bonnet, et exécute un cavalier seul de la plus haute fantaisie.

— Qu'y a-t-il donc, maître Pornic? demande le chimiste au matelot de plus en plus affolé.

— Ce qu'il y a, Malar D'oué, mon cher Monsieur...

« Ce qu'il y a...

« Eh! ben... C'est un navire en vue.

« Un navire à vapeur!

CHAPITRE IX

L'*Indus*. — Délire. — Comment le navire atteste son identité. — Le pavillon noir. — Coup de canon. — Le père et le savant. — Duel d'artillerie. — Ruse. — Au milieu de la fumée. — Alexis Pharmaque reste l'homme du devoir. — Les phénomènes volcaniques redoublent d'intensité. — Bouleversement du petit monde de Monsieur Synthèse. — Les traîtres. — Indigne subterfuge. — Comment un obus empêche le prince indien de terminer la série ancestrale. — Exploits d'un ancien étudiant en matières explosives. — Éruption du volcan sous-marin. — Sauvetage. — Sur l'îlot artificiel. — Est-ce enfin l'homme primitif?

C'est bien un navire à vapeur qui vient d'apparaître à l'horizon. La coque est encore invisible, mais on aperçoit les mâts émergeant d'une tache noire produite par la fumée de la machine.

Il avance avec une excessive lenteur et semble ne pas se rapprocher sensiblement de l'atoll. Mais cette lenteur s'explique par les modifications qu'ont produites, dans les chenaux, d'incessantes convulsions sous-marines.

L'hydrographie de la région a été bouleversée de fond en comble, surtout dans ces temps derniers, et rien ne prouve que le steamer va pouvoir accoster à son ancien amarrage.

Car, pour tous les membres de l'équipage, la question n'est pas douteuse. Bien que l'identité du bâtiment ne puisse être encore vérifiée, il appartient à la flotte. C'est un des navires de Monsieur Synthèse, l'*Indus* ou le *Godavéri*, peu importe lequel. Le second ne peut manquer de se montrer à son tour.

Hourra! pour le premier en vue.

Hourra! pour celui qui le premier apporte, avec les nouvelles de la patrie, l'espoir de la délivrance.

Le capitaine, tout en partageant cette allégresse, ne peut se contenter de probabilités. Aussi, comme il maugrée tout bas contre Monsieur Synthèse qui a fait raser l'*Anna* comme un ponton, au lieu de conserver seulement un bas mât! Un homme, dans la hune, avec une lunette, aurait déjà fixé les incertitudes et donné un nom à ce point noir, vague, à peine défini.

Cependant, le navire, au lieu de pointer droit à l'atoll qui est certainement visible pour lui, se déplace circulairement, fait au loin comme une grande randonnée, en s'approchant d'une façon à peine appréciable.

Cette importante nouvelle a fait sortir Monsieur Synthèse de sa retraite. Toujours grave, toujours solennel, il appelle d'un geste le capitaine et lui dit, après avoir promené son regard froid sur l'horizon.

— Il faut faire chauffer de suite la chaloupe à vapeur, vous assurer si les chenaux sont toujours praticables, rejoindre ce navire et le piloter.

— Oui, Maître.

— Aussitôt que la chaloupe l'aura accosté, l'officier qui la commandera ordonnera de ma part au capitaine d'échanger avec nous les signaux.

— Comment pourrons-nous répondre? nous n'avons plus de mâts pour hisser les pavillons.

— ... Et cette vergue, que j'aperçois là, sur l'avant!

« Faites-la guinder... elle suffira à nous procurer un mât de signaux.

— Oui, Maître.

Et Monsieur Synthèse, après avoir donné ces ordres, d'une voix brève, se met à arpenter de long en large la dunette, troublé malgré lui, en constatant que le steamer n'arbore aucun signal.

Cependant la chaloupe, amarrée près des écluses, commence à exhaler, par sa cheminée, quelques légers flocons de fumée produite par la combustion du bois qui a remplacé, depuis longtemps déjà, le charbon comme combustible.

La pression monte avec une lenteur qui met au désespoir le capitaine et le fait trépigner d'impatience.

Mais le vapeur a trouvé sans doute un passage, car il force de vitesse, et apparaît enfin aux yeux ravis des marins qui redoublent de cris joyeux.

— Pour sûr, opine maître Pornic en mastiquant nerveusement son paquet de tabac, c'est l'*Indus*.

— Tu dis l'*Indus*, interrompt brusquement Monsieur Synthèse, et pourquoi pas le *Godavéri*.

— Faites excuse, not' maître; mais, c'est que l'*Indus*, sauf votre respect, vous a un ventre de galion hollandais, et que le *Godavéri* est finement taillé pour la course comme un croiseur français.

— Mais ce navire est encore à près de quatre kilomètres!...

— Dans les environs de vingt encâblures... ça se pourrait bien.

« Et pourtant, je le reconnais comme s'il était à cinquante brasses de nous.

« Tiens! le vlà qui stoppe!

Monsieur Synthèse ne peut plus avoir d'illusion. La plupart des matelots renchérissent encore sur l'opinion du maître d'équipage qui pour eux a force de loi, et s'écrient :

— L'*Indus!*... c'est l'*Indus!*... vive l'*Indus!*...

— Tout d' même, reprend maître Pornic intrigué, je me demande pourquoi il ne nous donne pas signe de vie.

« Il pourrait bien hisser un bout d'étamine, un rien, un fifrelin, à seule fin de nous montrer qu'il nous voit, qu'il nous reconnaît!

La vergue indiquée par Monsieur Synthèse vient d'être guindée, avec une drisse frappée à son sommet.

— Faites hisser mon pavillon, commande Monsieur Synthèse dès que la manœuvre est terminée.

Le pavillon ferlé monte rapidement le long de la vergue, sous la forme d'un petit paquet blanc, un coup sec frappé sur la drisse, fait aussitôt déployer ses plis immaculés, et apparaître l'orgueilleuse devise du maître :

$$\text{ET EGO CREATOR}$$

Deux longues minutes se passent en une attente inquiète.

Puis, tout à coup, un large flocon de fumée blanche surgit au flanc du navire, en même temps qu'un large carré d'étamine noire s'étale à la corne d'artimon.

Au milieu du silence plein d'épouvante qui succède aux hourras, on entend un susurrement rapide à travers les couches d'air brusquement froissées. Le susurrement va crescendo, devient un râle strident, saccadé, sous lequel les plus braves baissent instinctivement la tête.

— Tiens! un obus, murmure maître Pornic.

Le projectile prenait aussitôt en enfilade le sommet de la coupole, éclatait avec un fracas retentissant, pulvérisait les plaques de verre, tordait, désarticulait la charpente, et faisait crouler dans la lagune une averse de débris.

Une seconde après arrivait le bruit du coup de canon.

Pour la première fois, une émotion soudaine, exaspérée, s'empare de Monsieur Synthèse qui s'écrie, hors de lui, furieux, transformé, terrible .

— Les misérables !... les bandits !

« Tirer sur l'atoll !...

« Qu'ils mettent ma chair en lambeaux !... qu'ils broient mon corps !...

« Mais le Grand-Œuvre !

« Aux armes !... enfants !... aux armes !...

« Je vous fais riches !... opulents !... millionnaires ! mais défendez le Grand-Œuvre !

— Pour sûr, ronchonnait pendant ce temps maître Pornic, que les particuliers qui font le salut du pavillon avec cette ignoble guenille et qui « oublient » l'obus dans le canon qui appuie ce salut, sont de fiers gredins, des pirates étoilés.

« Malar D'oué !... on va cogner dur !

Alors Monsieur Synthèse se souvenait aussi qu'il était père. Son exaltation tombait brusquement, et il murmurait d'une voix brisée :

— Pauvre enfant !... où est-elle ?... La reverrai-je jamais ?

Comme cette brutale entrée en matière du nouvel arrivant ne laisse aucun doute sur ses intentions, le vaillant personnel de Monsieur Synthèse se prépare à une vigoureuse résistance.

Chacun s'arme à la hâte en prévision d'un abordage. Les pièces d'artillerie, sont mises en état, tant sur l'*Anna* que sur le *Gange*, toujours et plus que jamais immobile sur son banc de madrépores.

Du reste, les deux navires, aussi incapables désormais de se mouvoir l'un que l'autre, sont encore de redoutables forteresses, et l'ennemi aura fort à faire pour les emporter.

Il est inutile de s'appesantir sur les histoires invraisemblables, les racontars incohérents qui circulent parmi les deux équipages, dont la stupeur s'est transformée bien vite en une belliqueuse ardeur.

La conclusion est celle-ci :

— L'*Indus* est tombé aux mains de pirates ; ces pirates nous attaquent ; on va les recevoir proprement.

Variante de maître Pornic : « On va cogner dur. »

La situation n'en est pas moins excessivement grave. Il est absolument impossible de protéger le laboratoire qui sera quand même exposé au feu des bandits. Mais, comme le fait observer judicieusement Alexis Pharmaque, eu égard aux progrès opérés par la série, il n'y a plus lieu d'employer les engins générateurs de gaz et d'électricité. L'expérience peut se continuer à l'air libre, étant donné que les eaux se trouvent saturés des principes nécessaires à l'évolution.

D'autre part, la coque du *Gange* protège par un côté le récif intérieur, la terre artificielle de Monsieur Synthèse. L'*Anna* peut être amené sur ses cables jusqu'à toucher les écluses de fer, et interposer sa masse entre les projectiles ennemis et cet appareil indispensable pour empêcher la communication entre la lagune et l'Océan.

C'est cette communication qu'il importe essentiellement d' empêcher, et i est bien entendu que les efforts de la défense tendront à protéger à tout prix, par tous les moyens possibles, les deux portes métalliques.

Une demi-heure s'est écoulée déjà depuis la brutale sommation du pirate, sans qu'il ait de nouveau donné signe de vie. Peut-être attend-il l'envoi du parlementaire ; peut-être veut-il entrer lui-même en relations avec Monsieur Synthèse.

Ce répit sur lequel on n'eût osé tout d'abord compter est rapidement mis à profit, et fructueusement utilisé pour la mise en défense de l'atoll.

Cependant, l'atmosphère plus lourde, plus suffocante encore, s'il est possible, que précédemment, devient presque irrespirable. La mer prend sa teinte grise, plombée des mauvais jours. Les grondements sous-marins redoublent d'intensité, de véritables secousses de tremblement de terre agitent l'atoll, et manquent à chaque instant de désarticuler la coupole qui craque et gémit lugubrement. Le ciel devient blafard, jaunâtre, et se couvre de brumes légères qui donnent au soleil une nuance terne, effacée, sans intercepter pourtant ses rayons.

Parfois, ces buées sombres, fuligineuses, qui semblent s'échapper de la mer, sont balayées par un courant d'air brûlant, se déplacent en tourbillons animés de mouvements lents, s'éparpillent dans les régions supérieures, et retombent en poussières impalpables.

Comme le fait remarquer le chimiste, c'est là une véritable pluie de cendres indiquant formellement, dans un périmètre plus ou moins vaste, la présence d'un volcan en activité.

Tout semble conspirer contre le Grand-Œuvre, les hommes et les éléments, comme si la nature, lasse d'être ainsi torturée, voulait infliger un démenti à la devise qui flamboie sur les plis lourds du pavillon.

L'*Indus*, enfin, sort de son immobilité. Coup sur coup deux nuages blancs surgissent de son flanc, et deux nouveaux obus passent en sifflant au-dessus de la coque de l'*Anna*, mais sans l'atteindre.

— Ces gens-là tirent comme des cordonniers, grogne maître Pornic, ou bien ils veulent opérer une diversion pour essayer de nous prendre à l'abordage.

« Nous prendre !... Pourquoi faire ?

« Qu'est-ce qu'y peuvent bien avoir contre nous ?

L'*anna* répond au feu de l'ennemie, mais sans plus de succès. Du reste, l'*Indus* s'est mis debout à l'atoll, et n'offre ainsi aux projectiles qu'une surface très peu étendue, représentée par son avant et ses flancs.

Ce duel d'artillerie continue longtemps encore, sans qu'on puisse juger des coups, car bientôt la fumée produite par la combustion de la poudre, forme un nuage épais qui flotte lourdement sur les flots, enveloppe les deux adversaires et les empêche absolument de se voir.

Le vieux marin breton a deviné juste.

— Là, dit-il en monologuant, selon son habitude, je m'en étais bien douté.

« C'est un truc de ce païen d'enfer.

« Y aura donc pas moyen de fourrer quelques kilos de fonte dans sa faillie carcasse !

Des deux côtés, on tire au hasard. L'*Anna*, privé de sa mâture, très bas sur l'eau, ne souffre pour ainsi dire pas, mais la coupole, avec son énorme développement, présente aux projectiles un but trop facile.

Alexis Pharmaque, désespéré à la pensée de voir l'œuvre à laquelle il a sacrifié sa vie près d'être anéantie, a quitté le navire, et s'est installé sur l'atoll, au point le plus périlleux. Impassible sous cet ouragan de fer, il surveille stoïquement le Grand-Œuvre, épiant, jusqu'au dernier moment, la manifestation des phénomènes biologiques, l'apparition de nouveaux êtres, le dernier mot de l'évolution !

Que lui importent les morceaux de fer qui passent avec des ronflements stridents, le fracas des détonations, l'averse des débris, la désarticulation brutale de l'immense charpente qui à chaque instant menace de l'écraser !

Que lui importe aussi la désertion de son collègue devenu invisible, alors que le devoir l'appelle aussi près du laboratoire en péril !

Il remonte aussitôt comme une bouée toujours enlacé par Alexis. (Page 476.)

Si la lutte entre les hommes prend de minute en minute un caractère plus acharné, la fureur des éléments atteint bientôt des proportions formidables. C'est à peine si l'on perçoit les coups de canon, au milieu des roulements continus produits par l'effroyable convulsion qui ébranle et disloque les couches sous-marines.

De tous côtés les flots bouillonnent comme si tous les bas-fonds se composaient de métaux en fusion. Des récifs entiers s'abîment et disparaissent au milieu des vagues qui s'enflent et se dépriment sur place, brusquement. De ci, de là, des flots se montrent tout à coup, chassant les lames qui s'éloignent en grondant, comme si une force irrésistible soulevait peu à peu les fonds.

En un moment, la configuration du lieu est modifiée de fond en comble. Plus de doute, une éruption va se produire avant peu, non loin de l'atoll qui forme, ou à peu près, le centre du travail volcanique.

Avec une témérité, on pourrait dire un courage digne d'une meilleure cause, les bandits ont résolu de profiter de ce bouleversement pour tenter la capture de l'*Anna*.

Sans se soucier des obstacles que la mer en fureur sème sur leur route, sans même se préoccuper des moyens d'assurer leur retraite, ils se sont avancés au milieu de la fumée, à moins de quatre cents mètres de l'atoll.

Toutes leurs embarcations, chargées d'hommes armés, sont à flot. L'*Indus* qui marche lentement devant elles, les couvre de sa masse et les protège contre le feu nourri qui les accueille.

Ils vont tenter l'abordage !

L'*Indus* tire toujours, sans doute pour continuer sa diversion. Les vaillants défenseurs de l'*Anna*, animés par leurs officiers et par Monsieur Synthèse qui paye de sa personne comme un simple matelot, font intrépidement face au péril.

D'autre part, l'atoll secoué, disloqué, menace à chaque instant de s'effondrer, sans que l'indomptable énergie du chimiste se démente un moment. Il est toujours seul et assiste à un spectacle étrange dont la vue fait passer en son cerveau comme une vague sensation de cauchemar.

Les eaux de la lagune, brusquement agitées dans leur récipient imperméable, sautent, jaillissent, comme si la main d'un Titan cherchait à déraciner le bloc madréponique servant de support à cette coupe géante.

Et le chimiste stupéfait, troublé, doutant de sa raison, voit évoluer, tourbillonner, tout un monde bizarre de poissons, de sauriens, de crustacés, de chéloniens qui se heurtent, rebondissent jusque sur la bande circulaire, jusque sur la terre artificielle.

— Pareille chose a dû évidemment se produire lors des convulsions qui ont autrefois bouleversé les continents, se dit Alexis en voyant ces êtres, d'espèce, de forme et d'aspects si différents, projetés hors de leur élément et demeurant pêle mêle sur le sol.

Un bruit de voix l'arrache à sa contemplation. Trois hommes qu'on ne se fût jamais attendu à trouver réunis en pareil lieu et dans un tel moment, s'avancent avec précaution vers la coupole désemparée.

Le chimiste, au comble de l'étonnement, reconnaît son collègue Roger Adams et l'indigne capitaine qui abandonne son poste au moment le plus périlleux. Le troisième lui est inconnu.

Ils parlent très haut, afin de s'entendre au milieu du fracas assourdissant produit par le combat et l'éruption.

Alexis, vivement intrigué, se dissimule aussitôt sous un lambeau de prélart, afin de voir et d'entendre à loisir.

— Nous sommes seuls, dit le capitaine.

— Oui, seuls ! répond le zoologiste.

« Cet imbécile de Pharmaque a disparu... bon voyage pour le pays d'où l'on ne revient pas !

Puis, s'adressant à l'homme, il ajoute :

— Tu as bien compris ton rôle ?

— J'ai compris.

— Tu vas te jeter à l'eau, aborder sur ce rocher que tu vois au milieu de la lagune, rester immobile comme endormi.

« Tu n'as pas peur ?

— Je n'ai jamais peur.

— Tout à l'heure, quand l'abordage sera repoussé, le Maître viendra ici, conduit par nous.

« Je m'écrierai : Maître... Le Grand-Œuvre est accompli !... Vous triomphez !... L'homme est apparu...

« L'homme, c'est toi !

« Demeure immobile toujours... Laisse-toi examiner, palper, tâter, sans un geste, sans un mot.

— C'est entendu !

— N'oublie pas nos conventions.

— Je n'oublie rien.

— Aie bien soin d'enlever tous tes vêtements, sinon le bonhomme s'apercevrait de la supercherie.

Le chimiste indigné, furieux, ne peut en entendre davantage. Il va s'élancer sur les misérables, les confondre au risque de sa propre vie, quand un obus, parti de l'*Indus*, arrive en rasant l'atoll, prend en enfilade les trois hommes qui se trouvent côte à côte, les broie sur son passage et s'en va éclater sur un des méridiens du dôme.

Alexis pousse un cri d'épouvante à la vue de ces informes débris humains projetés de tous côtés, et va se réfugier sur le navire, car il sent le sol trembler sous ses pieds.

Il n'a pas le temps d'opérer sa retraite. Une secousse formidable disloque l'atoll jusque dans ses assises. Le rebord circulaire, comprimé par une force irrésistible, se resserre, se tasse en se haussant. La coupole, perdant tout équilibre, toute cohésion, s'écarte au sommet, et tous les méridiens, se renversant en arrière, s'effondrent au milieu de la mer.

Le pauvre Alexis, victime du devoir, se sent projeté violemment dans la direction du navire, comme si une mine avait éclaté sous ses pieds.

Il entend un immense cri d'allégresse, perçoit une sourde détonation, et voit, au moment où il tombe à la mer, l'*Indus* tourner, tanguer et s'enfoncer peu à peu.

Le chimiste se débat convulsivement, comme tous ceux qui ne savent pas nager, absorbe l'eau par le nez et par la bouche, a conscience qu'il se noie, et se dit en donnant sa dernière pensée au Grand-Œuvre :

— Je suis perdu !

Une main vigoureuse le happe par six brasses de fond, et le digne homme, au moment de perdre connaissance, ouvre machinalement son œil unique, aperçoit vaguement une forme monstrueuse, à laquelle il se cramponne cependant avec la convulsive énergie des noyés.

Cette forme à laquelle les circonstances et le milieu prêtent une apparence aussi fantastique, est simplement celle d'un scaphandrier.

Ce dernier, comprenant que le sauvetage va devenir impossible, tant l'étreinte du chimiste est désespérée, enlève brusquement les sandales de plomb qui le retiennent au fond, et remonte aussitôt comme une bouée, toujours enlacé par Alexis.

De l'*Anna*, on aperçoit le groupe au milieu du remous produit par la submersion de l'*Indus*. Une amarre est lancée au scaphandrier que des mains vigoureuses halent vers l'*Anna* désemparé à couler bas.

Chacun l'entoure, le presse, le félicite, avant même que sa têtière soit entièrement dévissée, tant son apparition produit d'enthousiasme.

Alexis, dont la pâmoison n'est pas complète, revient à lui, éternue avec fracas, regarde son sauveur et reconnaît... son ancien élève du laboratoire de Genève !

— Vous !... comment c'est vous !... s'écrie-t-il avec une stupeur comique, mais qui n'enlève rien à son attendrissement...

« D'où sortez-vous donc, mon cher?...

— Eh ! mon cher maître, vous le voyez, je sors de l'eau, après avoir porté un terrible coup sous l'*Indus* qui vient de sombrer à cent mètres d'ici.

— Mon brave ami, vous m'avez sauvé... après avoir torpillé du même coup ce navire de forbans.

— Pouvais-je faire moins en ma qualité d'ancien « étudiant en matières explosives » ?

« Torpiller le bâtiment était pour moi chose indiquée... professionnellement.

« Quand à votre sauvetage, c'est l'effet d'un hasard que je bénis.

— Mais comment vous trouvez-vous ici... sans que je vous aie vu, sans que vous m'ayez donné signe de vie ?

— Je me réservais pour le bon moment.

« C'est toute une histoire que je vous raconterai bientôt... avec quelques peccadilles que vous me ferez pardonner.

« Mais, si m'en croyez, mon cher maître, assez de congratulations !

« L'*Indus* est défunt, mais les pirates, un moment démoralisés, viennent à la rescousse.

« La bataille va recommencer.

Le Numéro 32 a dit vrai. Les bandits, qui comptaient emporter haut la main la position, comprennent, en présence du désastre de leur navire, qu'ils n'ont plus de salut que dans la victoire.

Ils ont perdu la moitié de leur monde pendant les attaques précédentes. Qu'importe ! Les marins de Monsieur Synthèse ont été, de leur côté cruellement éprouvés : la partie est à peu près égale.

Leurs embarcations criblées de balles font eau de toutes parts ; elles avancent péniblement. Qu'importe encore ! Les hommes valides rament avec acharnement, les blessés font le coup de feu.

Les défenseurs de l'*Anna* auxquels se sont joints les matelots du *Gange* évacué depuis quelque temps se multiplient et font des prodiges.

Au milieu des éléments déchaînés, entre un ciel qui devient de minute en minute plus sombre, et une mer qui semble du métal en fusion, la lutte revêt un épouvantable caractère d'atrocité.

Quelle que soit l'intrépidité des hommes de Monsieur Synthèse, ils sont en partie débordés par les pirates dont un certain nombre finissent par se hisser sur le pont. Il en est encore qui restent cramponnés aux agrès de l'*Indus* émergeant au-dessus de la coque engloutie, et qui viennent à la nage prêter main-forte à leurs camarades. Des mousses eux-mêmes, des enfants, se signalent par leur acharnement.

Le sang ruisselle partout, le carnage devient horrible.

Mais une diversion à laquelle nul ne songe, au milieu de cette lutte sauvage, vient brutalement interrompre cette scène atroce.

L'obscurité, survenue d'abord lentement, augmente avec rapidité.

Le ciel est devenu d'un noir de poix. Des éclairs livides balafrent cette impénétrable couche de nuées, et accompagnent le fracas retentissant du tonnerre.

Une détonation épouvantable, que l'on entendrait à plus de cent kilomètres, retentit soudain. Un choc d'une intensité inouïe bouleverse la région de fond en comble. Une immense colonne de feu surgit à pic, du sein des flots, à cinq cents mètres à peine de l'atoll, et s'élance jusqu'aux nuages.

Telle est la force de la convulsion qui accompagne cette incandescence, que la carcasse du *Gange*, la coque de l'*Anna*, la chaloupe à vapeur, les embarcations des pirates, tout s'abîme, tout s'effondre, tout s'engloutit.

Une plainte funèbre retentit sur les flots qui montent et descendent en quelques secondes, et l'on n'aperçoit plus, à la lueur du fanal colossal qui éclaire cette scène de désolation, que des hommes éperdus, nageant désespérément vers l'atoll dont il reste un morceau et vers la terre artificielle de Monsieur Synthèse demeurée intacte par miracle !

Au moment où la coque de l'*Anna* sombrait avec son intrépide équipage, maître Pornic avise Monsieur Synthèse qui, venant d'assister à la ruine de ses espérances, se laisse passivement couler sans un geste, sans un mouvement.

Le vieux matelot aperçoit en même temps le Numéro 32, qui jette sa carabine et lui dit :

— Dis-donc, toi, Parisien, tu nages comme une dorade, tiens-toi près du Maître et pare à le soutenir avec moi.

— A vos ordres, répond brièvement le policier.

— Tu y es?...

« Souque donc, mon gars !

Les deux hommes saisissent en même temps le vieillard qui s'abandonne inconsciemment, le maintiennent au-dessus des flots, se mettent à nager d'une main, et se dirigent vers la terre artificielle.

De tous côtés, les survivants de cette terrible hécatombe, amis comme ennemis, confondus dans le même péril, obéissant au même instinct de conservation, nagent vers le dernier débris de l'atoll.

— En douceur, garçon, en douceur, commande le maître d'équipage.

« Pas d'embardées !...

« S'agit pas de faire boire un coup à not'maître, mais de l'amener sans avaries sur cette jolie plate-forme.

« Là-bas, y a déjà trop d'encombrement.

Tous trois abordent bientôt sur ce rocher où le vieillard comptait si bien saluer l'élu du Grand-Œuvre, et sur lequel le volcan en ignition projette des lueurs sinistres.

Hissé par les deux sauveteurs, le Maître, semblable à un titan foudroyé, insensible à tout, contemple d'un air égaré ce sol sorti à son ordre du sein des flots.

Au milieu d'une épaisse litière d'herbes marines, apportées par la tourmente, s'agite un monde étrange d'animaux disparates, confondus, eux aussi, par le caprice des éléments...

D'où viennent-ils ?

Sortent-ils de la lagune maintenant détruite, où s'est lentement opérée cette évolution artificielle dont la conception géniale a été si près d'être réalisée ?

Sont-ce là les derniers survivants de la série ancestrale, à laquelle manque, hélas ! le dernier chaînon ?

Monsieur Synthèse s'avance lentement, tout seul, sur le petit continent, au milieu de ces créatures qu'il a peut-être tirées du néant, et s'arrête, les bras croisés, en exhalant un soupir.

Mais, quel bruit frappe son oreille et le fait tressaillir !

On dirait des cris humains... des plaintes d'enfant malade ou effrayé.

Une espérance folle, absurde, fait luire l'œil du vieillard qui se redresse orgueilleusement, transfiguré.

Il fait quelques pas encore, et s'arrête de nouveau.

Un enfant complètement nu, un négrillon, contusionné, à demi mort, tend vers lui des mains suppliantes, en poussant des cris inarticulés.

Un enfant... seul... en pareil lieu

Sans même soupçonner quelle peut être son origine, sans chercher à savoir comment et par quel moyen il se trouve ainsi au milieu des animaux qui rampent, trottent, ou se tordent sur les fucus et les varechs, la pensée du Grand-Œuvre se présente soudain à son esprit.

Il s'approche de l'enfant toujours criant, le touche, le regarde d'un air fou, à la lueur du volcan, et s'écrie d'une voix étranglée qui n'a plus rien d'humain :

— Un enfant... un noir !

« Un peu plus tard... l'enfant était un homme... un nègre.

« Plus tard... encore... l'homme était un blanc...

« L'évolution... le Grand-OEuvre... transformation...

« Je pouvais dire : *Et ego Creator!*

Puis il s'abat comme foudroyé, au milieu de ces êtres disparates qui s'enfuient effrayés au bruit de sa chute.

ÉPILOGUE

Depuis deux fois vingt-quatre heures, tous les survivants du drame dont la mer de Corail vient d'être le théâtre, sont cramponnés, amis et ennemis, au roc stérile qui s'élevait jadis au centre de la lagune et qui a seul survécu à l'éruption sous-marine.

La houle, venant du large, menace à chaque instant de les rouler vers la haute mer; le soleil darde sur eux d'implacables rayons; la pluie de cendre continue à tomber lentement, ils n'ont pas une goutte d'eau potable, pas un atome de matière alimentaire!...

Les pirates : Chinois à faces abêties, Européens aux traits énergiques, mêlés aux hommes de l'*Anna* et du *Gange*, semblent ne pas se voir, tant l'imminence du péril, tant l'horreur de la situation a pour le moment apaisé les haines et maté ces ennemis irréconciliables.

Tels on voit fuyant pêle-mêle, éperdus, l'incendie de la savane ou de la forêt vierge les animaux les plus dissemblables, qui devant le fléau oublient leurs instincts, leurs incompatibilités de race et de tempérament, au point de rester en présence des heures entières, même des journées.

Monsieur Synthèse, depuis que son désastre est consommé, n'a pas prononcé une parole. Son œil se fixe, vague et incertain, sur la mer qui moutonne, sur les flammes qui sortent du cratère, sans qu'une lueur d'intelligence vienne l'animer.

Le préparateur de chimie qui lui prodigue les soins les plus dévoués, les plus affectueux, se désespère, en pensant que cette merveilleuse intelligence n'a pu résister à un pareil choc, et cherche vainement à éveiller une idée, à provoquer un geste.

Le troisième jour commence, et les souffrances de ces malheureux deviennent réellement épouvantables.

Nulle trace de désordre ne se manifeste pourtant parmi ces pauvres gens, tant la suggestion opérée jadis par le Maître est demeurée vivace en leur cerveau. Ils se sentent mourir peu à peu, et vont succomber sans un mot, sans une plainte, à la profonde stupeur des pirates qui ne peuvent concevoir une pareille fermeté.

Un miracle seul peut les sauver.

Tout à coup, apparaît, au milieu de cette désolation, un fin navire, à la coque élégante, à la mâture élancée, qui s'avance lentement vers le roc où agonisent les naufragés.

Il s'approche de plus en plus. Bientôt on distingue nettement les différentes parties de son gréement, et jusqu'aux hommes de son équipage A l'avant, deux matelots jettent à chaque instant la sonde, sur l'emplacement même où s'élevaient jadis les récifs.

Les malheureux, si cruellement déçus quelques jours avant par l'arrivée de l'*Indus*, ne savent que penser, à la vue de ce gracieux steamer qui leur est complètement inconnu.

Mais le pavillon suédois, bleu coupé d'une croix blanche, flotte à la corne; mais la bannière de Monsieur Synthèse est hissée au grand mât, et laisse deviner l'orgueilleuse devise, dont la signification, hélas ! est cruellement ironique en pareil moment.

Alexis Pharmaque essaye de galvaniser le vieillard en lui annonçant brusquement cette nouvelle à laquelle on n'ose croire encore.

— Maître !.. Un navire !.. aux couleurs suédoises!.. portant votre pavillon !

Rien ! pas un mot ! Monsieur Synthèse garde l'immobilité d'une statue.

Ses yeux même ne cessent de fixer un point vague, dans l'espace.

Ces quelques mots du chimiste provoquent une explosion de joie à laquelle se mêlent des exclamations de terreur. Si les braves qui ont intrépidement fait leur devoir jusqu'au bout, voient arriver avec ivresse l'instant de la délivrance, les pirates sortent de leur torpeur de bêtes prises au piège et pensent à l'expiation.

Les hommes de l'*Anna* et du *Gange* se lèvent tumultueusement, et poussent un cri retentissant, auquel des voix aimées répondent aussitôt du navire.

Mais comme la houle devient de plus en plus forte, et qu'il y aurait péril à s'approcher davantage du récif, le capitaine ordonne de stopper et fait mettre aussitôt les embarcations à la mer.

Monsieur Synthèse se laisse doucement descendre dans la grande chaloupe et s'assied, sans dire un mot, près d'Alexis qui veille sur lui avec un soin qui ne se dément pas d'un instant.

Bientôt les embarcations remplies de naufragés rallient le navire.

Près de la coupée, se tiennent resplendissants de jeunesse et de santé mademoiselle van Praët et le capitaine Christian.

Le bonheur de revoir le vieillard est, hélas! tempéré par l'aspect navrant des lieux où s'est déroulé ce drame sans précédent.

Mais, ce n'est pas tout, et la vue de Monsieur Synthèse qui ne la regarde même pas, fait pressentir à la pauvre enfant l'étendue de son malheur.

Elle s'élance vers lui les bras ouverts et s'écrie d'une voix déchirante :

— Père!.. Père!.. C'est moi!...

« Ne me reconnaissez-vous donc pas ?

Monsieur Synthèse se retourne brusquement, d'une seule pièce, cherche du regard le récif qu'il vient de quitter, et rive son œil sur ce sol maudit où il a laissé son âme.

A part cette manifestation purement instinctive d'une vague apparence de souvenir, sa passivité ne se dément pas un moment.

Pendant ce temps, un des officiers qui a survécu à la lutte met vite au courant le capitaine Christian de la situation, lui raconte à grands traits ce qui s'est passé depuis son absence, et termine en lui annonçant la présence des pirates sur le récif.

— C'est bien, Monsieur, répond le commandant, et je vous remercie.

« Ces bandits sont sur le roc, qu'ils y restent.

« Tous nos camarades sont embarqués ici, nul ne manque à l'appel?...

« Nous allons déraper.

A ces mots, la jeune fille qui étreint dans ses mains une des mains du vieillard, tourne vers le commandant son visage baigné de larmes, et lui dit en sanglotant :

— Vous abandonnerez ainsi ces hommes, coupables sans doute, à une mort affreuse, sur ce récif ?...

— Mademoiselle, interrompt le commandant d'une voix respectueuse, mais ferme, il est de ces crimes pour lesquels il n'y a pas de miséricorde !

— Voulez-vous donc leur enlever jusqu'à la possibilité du repentir ?

— Rappelez-vous nos camarades égorgés sur l'*Indus*, et la catastrophe dans laquelle a péri, corps et biens, le *Godaveri;* pensez qu'il y a trois jours à peine, ils venaient massacrer les derniers survivants de l'expédition...

« L'existence de pareils bandits est un danger permanent pour la société. . Ne voulant pas m'arroger le droit de faire justice, je les abandonne à leur destinée !

— Je vous en supplie... grâce pour eux !..

- « Écoutez leurs cris désespérés... leurs appels pleins d'angoisse...

« Après une aussi terrible leçon, je ne puis croire que le repentir ne les touche pas.

— Tout ce que je puis faire, c'est de les transporter au port le plus rapproché, et de les livrer aux juges qui prononceront en leur âme et conscience.

« Mais... voyez ! La destinée elle-même s'y oppose.

A ce moment, en effet, un cri plus angoissé, plus sauvage, échappe aux misérables qui sentent osciller le roc auquel ils se cramponnent avec rage.

Le récif, battu par le flot, secoué par l'éruption, oscille de plus en plus, et s'abîme brusquement dans la mer.

Alors Monsieur Synthèse, voyant qu'il ne reste plus rien de son œuvre tourne son œil atone vers la jeune fille, la contemple longuement, regarde ensuite le capitaine Christian avec son étrange et douloureuse fixité, puis balbutie de cette voix empâtée particulière aux paralytiques :

— La série... ancêtres... l'homme...

« Sois l'homme... l'élu... du Grand-Œuvre...

« Anna... ma fille... ton époux... Christian.

Et soudain, cette dernière lueur de raison s'éteint, pour faire de nouveau place à une désespérante atonie.

. . . .

1.

DIX MILLE ANS

DANS UN BLOC DE GLACE

CHAPITRE I.

Seul au milieu des glaces polaires. — Dernières pensées d'un homme gelé. — Résurrection. — Stupeur. — Miracle ou hallucination. — Étrange impressionnabilité. — Singulières évolutions entre ciel et terre. — Où l'on commence à s'entendre en parlant chinois. — Anachronisme vivant. — Plus d'Europe. — Nègres et Chinois. — Quels sont donc ces hommes aux têtes démesurées? — *La lévitation.*

De tous côtés la banquise craque, détone, se désarticule, s'effondre. Les blocs aux tons bleuâtres, aux arêtes rigides, aux formes fantastiques s'entrechoquent, glissent, rebondissent, se soudent pour se briser de nouveau.

A l'horizon, une vague lueur illumine le ciel d'un bleu sombre piqué d'étoiles qui scintillent avec un éclat inouï.

Au-dessous de ce firmament implacable, l'enfer de glace, avec sa morne et désespérante solitude.

Au milieu de ce chaos formidable dont un essai de description ne pourrait qu'amoindrir l'horreur, un homme tout seul agonise sur un bloc de glace.

Vous avez bien lu : Tout seul !

Dernier survivant d'une expédition polaire, l'homme après avoir vu successivement son navire broyé, ses compagnons morts de privation ou engloutis dans les abîmes, est demeuré vivant, au milieu du chaos.

Plus d'abri, plus de provisions, plus de recours possible, plus d'espoir !

Incapable de lutter plus longtemps, sentant la mort venir, il se couche impassible sur la glace, se drape dans sa fourrure et attend la fin.

En dépit d'épouvantables souffrances, augmentées encore à la pensée du désastre dont il fut témoin, il analyse intrépidement ses impressions dernières, et éprouve comme une âcre volupté à se sentir entrer dans le néant.

A ce moment, la lueur qui tout à l'heure dorait imperceptiblement l'horizon et les crêtes glacées, empourpre soudain le ciel et fait pâlir les étoiles. Des faisceaux lumineux, dont ses yeux éblouis peuvent à peine soutenir l'incomparable éclat, s'irradient de toutes parts, flottent doucement à travers les couches diaphanes de l'impalpable éther et font flamboyer de feux multicolores, comme autant de gemmes énormes, les glaces de la banquise.

L'homme sourit ironiquement et murmure :

— Cette aurore boréale est la bienvenue, et je vais mourir avec des splendeurs d'apothéose !

Bientôt, ses extrémités se refroidissent. Un engourdissement général assez rapide se manifeste. La sensation de froid augmente encore, s'il est possible d'intensité. Le corps devient rigide. La pensée subsiste.

Cependant, l'organisme n'est pas, comme on pourrait le croire, insensible Il y a même une sorte d'exaspération de souffrance, produite par ce froid atroce qui solidifie le mercure et amène l'alcool à la consistance du sirop.

La désorganisation commence, douloureuse jusqu'à la folie.

Supposez un homme plongé dans une cuve pleine d'eau à soixante-dix degrés. Cet apport de chaleur désorganisera rapidement les éléments de son corps dont la température est seulement de trente-sept degrés, sept dixièmes. Il périra plus ou moins vite, dans d'horribles tortures, parce que ces éléments ne peuvent demeurer en l'état, sous une pareille température.

Soumettez-vous d'autre part, à un froid de soixante-dix degrés. Son organisme cèdera à l'agent producteur du froid une quantité de sa propre chaleur proportionnelle à celle qu'il recevait tout à l'heure du liquide porté à soixante-dix degrés et les résultats seront identiques.

La désorganisation sera la même, qu'elle soit produite par le froid ou par la chaleur.

Prenez à poignée un morceau de mercure solidifié par le froid ou un morceau de fer chaud. La peau sera désorganisée dans le premier cas par une brusque et considérable *soustraction* de chaleur dans le second cas par un rapide et considérable *apport* de chaleur.

Dans les deux cas, la sensation de brûlure sera la même.

Le moribond râle d'une voix éteinte les mots de : Brûlure... congélation !..

Son visage, d'un blanc marmoréen n'a plus d'expression.

Le cœur bat encore, mais de plus en plus faiblement, au milieu de la cavité thoracique dont les parois ne sont plus soulevées par le mouvement rythmique de la respiration.

Les yeux largement ouverts, frangés de cils poudrés de givre restent fixés aux radieuses lueurs de l'auréole boréale, et sa bouche aux lèvres violettes, fendillées, craquelées sous l'atroce morsure de la bise polaire, demeure béante, contractée.

Les canaux artériels et veineux, devenus solides comme des tubes de pierre, charrient lentement à travers les muscles pétrifiés aussi le sang qui se solidifie et va s'immobiliser en une arborescence corallienne dans son fin réseau circulatoire.

Mais les nerfs conservent jusqu'au dernier moment une vague sensibilité qui se transmet à l'organe de la pensée.

L'homme, au moment d'être emmené pour jamais dans le colossal amoncellement des glaces éternelles, a conscience de lui-même et peut encore se dire :

— C'en est fait !...

« Je cesse de souffrir !...

« Je rentre dans ce chaos :...

« Enfin !...

Et le corps devenu glaçon, atôme perdu au milieu de stratifications monstrueuses de la banquise, se soude plus étroitement au bloc qui le supporte, s'y incruste pour l'éternité !

. . . .

. . . .

.

Eh ! quoi, cette tombe redoutable ne va-t-elle pas demeurer inviolée ?

En raison de quel prodige inaccessible aux conceptions humaines, ce corps cimenté en quelque sorte au milieu du chaos qui l'a peu à peu absorbé est-il agité d'un imperceptible tressaillement ?

Des années, des siècles, ou simplement des minutes se sont-elles écoulées depuis l'instant où l'hypnotisé par l'aurore boréale, le solitaire de la mer de glace s'est senti périr.

Plus de doute ! L'homme vit.

Un bourdonnement confus frappe ses oreilles, ses yeux hagards, encore, perçoivent de vagues formes qui s'agitent avec une vivacité singulière ; une légère chaleur baigne doucement ses membres roidis, son être tout entier semble se fondre en une béatitude infinie.

Longtemps encore les muscles conservent leur rigidité de pierre. Longtemps aussi le cœur se refuse à battre d'une façon appréciable, l'œil à se mouvoir, les traits à reprendre l'expression de la vie.

Bientôt, les images deviennent plus nettes, et en général les perceptions plus intenses.

Le moribond, le ressuscité plutôt, commence à s'agiter et à murmurer quelques paroles, puis une expression d'étonnement, poussé jusqu'à la stupeur se reflète soudain sur sa figure.

Débarrassé de l'épaisse fourrure qui jadis l'enveloppait hermétiquement de la tête aux pieds et laissait à peine apercevoir son visage, il apparaît sous l'aspect d'un homme arrivé aux extrêmes limites de la vieillesse.

Mais d'une vieillesse robuste, exempte de decrépiture et de caducité.

Son front large, proéminent, à peine ridé, est surmonté d'une épaisse et longue chevelure grise, rude, inculte, qui retombe jusqu'à sur la nuque. Ses yeux noirs, ombragés par d'épais sourcils en broussaille, ont un regard profond, magnétique. Le nez, recourbé en bec d'aigle, donne au profil une incomparable expression de majesté, encore augmentée par un barbe de burgrave qui couvre les joues, la face, et descend jusqu'au milieu de la poitrine.

A sa voix au timbre encore voilé, rauque, étouffée, répondent des voix étrangement douces, musicales, prononçant en une langue inconnue des syllabes qui semblent incompatibles avec le gosier humain.

On dirait plutôt cette énervante mélodia que produiraient des souches de cristal heurtées doucement par un martelet de velours.

Néanmoins, les syllabes sont articulées, mais elles n'ont pour le moribond

Il n'y a plus d'Europe, répond mélodieusement l'homme à lunettes..... (Page 492.)

qu'une signification purement planétique, et ne semblent se rattacher à aucun des langages usités sur notre planète.

Le vieillard, sous l'influence d'attouchements multiples réitérés qui lui donnent l'impression de décharges électriques extrêmement faibles, mais cependant appréciables, s'agite enfin et se met à parler.

Il sent une partie de sa vigueur lui revenir peu à peu, et, chose étrange, il lui semble que ces contacts provenant d'un groupe d'hommes qui l'entourent, lui transmettent, au fur et à mesure qu'ils se produisent, de nouvelles forces.

Mais, sont-ce bien là des hommes.

L'inconnu n'est-il pas le jouet d'une illusion, d'un cauchemar ; et ne lui est-il pas permis de douter du témoignage de ses sens, après une pareille incursion aux limites de lugubre domaine de la Mort ?

Il vient de se soulever sur l'objet qui supporte le poids de son corps, et constate avec un étonnement voisin de la folie, que parmi ces êtres évoluant autour de lui, il en est qui ne touchent pas le sol.

Suspendus, comme par un fil invisible, à une hauteur variant entre quelques centimètres et un mètre, il les voit glisser comme des ombres, avec des mouvements pleins de naturel, d'harmonie même ; faire des gestes avec les bras ou les mains ; incliner ou tourner la tête ; avancer, reculer, monter, descendre, avec autant de facilité que s'ils ne quittaient pas la terre.

— Certainement je rêve, s'écrie brusquement le vieillard, comme s'il eût espéré que le bruit de ses paroles allait le rappeler à la réalité

« Où suis-je ?...

« Qui êtes vous ?...

A ces mots, articulés d'une voix rude, les étranges créatures cessent de faire entendre leurs paroles mélodieuses jusqu'à l'énervement.

Comme si leurs oreilles délicates, accoutumées à des sons si doux ne pouvaient supporter une pareille cacophonie, ils s'éloignent instantanément avec leur glissement silencieux d'ombres impalpables. Les uns, plus braves ou moins impressionnables, s'arrêtent le long de la muraille qui circonscrit le monument où se passe la scène, les autres s'éclipsent sans bruit, s'envolent plutôt, par les baies largement ouvertes pratiquées dans cette muraille.

Ne sachant plus que penser d'une pareille impressionnabilité alliée à une mobilité qui renverse toutes les lois de la statique, le vieillard ajoute :

— Je suis le dernier survivant d'une expédition polaire.

« Mon nom est assez couru dans les sciences pour qu'il se trouve parmi vous quelqu'un ayant entendu parler de moi.

« Du reste, les journaux du monde entier ont raconté les préparatifs de cette malheureuse expédition, et mentionné mon départ.

« Je m'appelle Synthèse, et je suis Suédois.

« Dites-moi où je suis, et qui vous êtes, ô vous qui m'avez sauvé

Pas de réponse !

Les assistants se tiennent immobiles entre ciel et terre avec leurs attitudes d'apparitions, ou errent sans bruit dans la salle, tout en circulant de l'intérieur à l'extérieur par les baies, qui laissent apercevoir de larges découpures de firmament.

Monsieur Synthèse (1) vient de prononcer ces paroles en anglais, espérant que cette langue étant de beaucoup la plus répandue, il aura chance de se faire comprendre.

Voyant l'inutilité de ses efforts, il recommence en allemand, sans autre résultat que d'exaspérer, par ces vocables barbares, la sensibilité des spectateurs.

Ils semblent pourtant pleins de bonne volonté, et manifestent jusqu'à la dernière évidence les meilleures intentions.

Monsieur Synthèse réitère sa tirade en français

Rien !

Puis, en italien, en russe, en espagnol, en hollandais, en grec moderne, en arabe, en hindoustani, en hébreu...

Rien encore !..

— Ou ces gens-là appartiennent à une autre race, ou je suis sur une autre planète, ou je suis fou à lier !

« Cette dernière hypothèse me paraît hélas ! la plus probable, à moins que je ne delire depuis un moment, avant de m'éveiller sur la banquise !

« Voyons j'ai vainement essayé de me faire comprendre dans tous les idiomes possibles....

« Sauf un seul, cependant.

« Si je leur parlais chinois !

Et Monsieur Synthèse, qui vient de se révéler polyglotte hors de pair, continue brillamment la série en exposant sa situation en *Khwan-hwa* le plus pur, qui est, comme on sait, le dialecte mandarin parlé dans les provinces centrales du Céleste Empire, notamment à Pékin, Nankin, etc.

Il a encore, s'il est possible adouci le timbre de sa voix, de peur d'effaroucher ces sensitives humaines qui peu à peu se rapprochent curieusement.

O prodige, sa tentative obtient un succès inespéré ; il est compris !

Non pas cependant d'une façon complète, absolue. Mais enfin, on lui répond dans le même idiôme et l'on réussit à échanger quelques pensées.

Monsieur Synthèse qui pensait, et avec juste raison parler le chinois central,

1. Voir à ce sujet le volume intitulé : *Les secrets de Monsieur Synthèse*.

le *Kwan-hwa* aussi purement que le leur lettré de tous les lettrés dont s'enorgueillit l'Empire du Milieu, apprend qu'il profère un idiome barbare, démodé, n'existant plus qu'à l'état de tradition...

— Eh ! quoi, dit-il à un petit vieux à lunettes qui, nonobstant son grand âge, tourbillonne agilement autour de lui, ce langage immuable jusqu'alors depuis les temps reculés a pu subir de pareilles altérations ?

— Au point de devenir méconnaissable, susurre le petit vieux.

« Mais, tranquillisez-vous *Mao-Tchin*, vous trouverez parmi nous plusieurs linguistes auxquels sont familiers les idiomes de nos pères.

— Vous dites : *Mao-Tchin*... (1)

« C'est à moi que s'applique cette qualification ?

— Sans doute ; et elle ne saurait avoir rien de blessant pour vous, eu égard à l'opulence réellement exceptionnelle de votre système pileux.

« Vraiment, il n'en est guère parmi nos aînés actuels qui puissent rivaliser avec tous.

— Voyons, reprend Monsieur Synthèse encore tout engourdi, sur quelle singulière méprise équivoquons-nous donc en ce moment ?

« J'ai déjà eu l'honneur de vous dire que je suis d'origine suédoise.

« Par conséquent, je n'ai rien de l'aino.

« Cette fourrure d'élan qui m'enveloppe, n'est pas mon épiderme que diable !

— Origine suédoise ?... interroge doucement le bonhomme.

« Je ne comprends pas !

— Vous ne comprenez pas ?

— Non !

— Vous ne connaissez pas la Suède ?

— A mon grand regret, étranger !

— Et l'Angleterre ?... la France ?... l'Allemagne ?... la Russie ?...

— Ces mots éveillent à peine en moi un vague souvenir.

« Ce sont, n'est-ce pas, les noms de pays depuis longtemps disparus

— ... L'Europe ?... bégaye d'une voix étranglée Monsieur Synthèse abasourdi.

— Il n'y a plus d'Europe, répond mélodieusement le bonhomme à lunette.

— Encore une fois reprend Monsieur Synthèse qui se croit le jouet d'un cauchemar où suis-je ?

— Mais... par 10° de latitude Nord.

— Et par combien de degrés de longitude.

---

1. Littéralement : *Corps velu*. C'est le nom que donnent les Chinois actuels aux *Aïnos* ces hommes à demi-sauvages des îles de l'Asie Orientale.

— Environ 11° et demi de longitude Ouest.

— De quel méridien, s'il vous plaît?

— Du méridien de Tombouctou, répond le bonhomme étonné d'une pareille question.

— De... Tombouctou !... s'écrie Monsieur Synthèse.

« Tombouctou a son méridien?

— Sans doute... Tombouctou, la capitale de la Chine Occidentale.

Quelque extraordinaire que paraisse le miracle de la résurrection d'un homme aussi complètement gelé, il ne semble pas plus invraisemblable que les choses auxquelles se heurte depuis un moment l'entendement de Monsieur Synthèse.

Aussi, sous l'influence de cette double réaction, corporelle et intellectuelle, le vieillard récupère soudain toute son énergie, et fait appel à toutes les ressources de son esprit.

Il est bien évident pour lui qu'il existe. Sans chercher à savoir par quel procédé il a été rappelé à la vie, et remettant à plus tard la solution de cette question pourtant si essentielle, il se laisse glisser sur le sol, se dresse péniblement sur ses jambes en quelque sorte ankylosées, demeure immobile, et regarde, de tous ses yeux, les êtres qui l'entourent, le bâtiment où se passe cette scène inénarrable.

A première vue, ces hommes ne se rapportent à aucun type anthropologique bien défini.

Sont-ce des nègres? Sont-ce des Chinois!

Ni l'un ni l'autre. Ou si l'on veut plutôt, l'un et l'autre.

Leur épiderme, sans être aussi teinté que celui de la race noire, n'a pas non plus la nuance jaunâtre des représentants de la race mongolique.

Cette nuance, très atténuée, participe à la fois de l'une et de l'autre, et se fond en une couleur havane clair des plus harmonieuses.

Les cheveux, très noirs, très épais, très frisés, ne sont pas crépus comme ceux des nègres et rappellent plutôt ceux des mulâtres.

Les traits semblent aussi revêtir les caractères particuliers aux deux races.

Les yeux sont franchement bridés. Les pommettes sont saillantes, le nez légèrement épaté, les lèvres épaisses, charnues, avec des dents éblouissantes.

Somme toute, de magnifiques métis chino-africains.

Mais ce qui frappe tout d'abord l'observateur, ce sont les dimensions énormes, exorbitantes offertes par la tête de tous les individus, sans distinction.

Si leur taille atteint en moyenne la hauteur considérable de un mètre soixante-douze centimètres, le volume de leur tête est certainement double de celui de la tête de Monsieur Synthèse.

Cette disproportion, choquante au point de vue de notre esthétique, est encore accentuée par la gracilité toute féminine des membres, la finesse prodigieuse des attaches, la délicatesse des extrémités.

Monsieur Synthèse qui les examine avec la curiosité que l'on peut croire, peut à peine supposer que ces petites mains, ces petits pieds, émergeant de larges tuniques blanches semblables aux gandouras algériennes, appartiennent au même organisme que ces têtes monstrueuses.

Mais l'évidence est là, avec la brutale éloquence des faits accomplis.

Le vieillard murmure en aparté :

— Il n'y a pas à en douter : ces hommes évoluent librement au-dessus du sol.

« Je ne rêve pas... C'est certain.

« Tous présentent, sans exception, cette particularité si rare de s'enlever eux-mêmes... ce que l'on appelait de mon temps la *lévitation*.

« Mon vieil ami, le pundit Krishna possédait ce pouvoir... un certain nombre d'adeptes le possédaient également.

« Mais jamais à un pareil degré.

« Chez eux, la *lévitation* se présentait à intervalles très éloignés et généralement pendant un temps assez court.

« Tandis que pour ces hommes, elle semble constituer l'état normal... un *modus vivendi* merveilleux, spécial à leur race, leur permettant de vivre d'une vie en quelque sorte aérienne, de se transporter instantanément d'un point à un autre, d'échapper à cette perpétuelle et abrutissante promiscuité avec la boue !

« Y a-t-il quelque corrélation entre cette mystérieuse puissance et le développement monstrueux de leur organe cérébral ?...

« Je veux le savoir.

Puis, il ajoute, à haute voix, en langue chinoise, sans s'adresser spécialement aux uns plutôt qu'aux autres :

— C'est en 1886 que je me suis endormi au milieu des glaces du pôle.

« Avant de m'expliquer comment je me trouve aujourd'hui parmi vous, dites-moi en quelle année je m'éveille...

— En l'an onze mille huit cent quatre-vingt-six, répond aussitôt l'organe chantant du bonhomme à lunettes, immobile à deux mètres au-dessus du sol.

CHAPITRE II

Stupeur et ravissement. — Monsieur Synthèse recherche dans la science des analogies à son cas. — Souvenir au pundit Krishna. — Peut-être le mammouth eût-il pu être rappelé à la vie. — Entretien du « Grand-Vieux-Monsieur » et de « Né-Avant. » — Modifications de la Terre. — République universelle. — Le Président de l'Académie des sciences de Tombouctou. — Émission de fluide. — La série animale a toujours progressé. — Les cérébraux.

— Onze mille huit cent quatre-vingt-six !... s'écrie d'une voix de tonnerre Monsieur Synthèse à l'énoncé de ce chiffre formidable.

« Nous sommes en l'an 11886... et je suis vivant.

« Ai-je donc réellement dormi dix mille ans ?

« Était-il donc dans ma destinée, après avoir vécu près d'un siècle, de survivre inconsciemment à mon époque, et de m'éveiller ainsi, comme une épave du vieux monde, après un temps dont l'esprit ose à peine envisager la durée ?

« Mais pourquoi ?

« Mais comment, et par quel prodige ?

Et Monsieur Synthèse, atterré, mais radieux cependant, cherche laborieusement la solution de ce problème.

Nul bruit ne vient troubler sa méditation. Autour de lui la solitude est complète. Les éclats de sa voix ont fait fuir, éperdus, les êtres mystérieux dont les soins l'ont rappelé à l'existence. Pendant un certain temps il va pouvoir s'absorber en lui-même, réfléchir à cette aventure inouïe, rappeler ses esprits, coordonner ses pensées.

Et d'abord, le fait de sa résurrection est réel, indiscutable. Il n'est pas le jouet d'une hallucination. Son cœur bat normalement, son cerveau pense méthodiquement, sa raison n'a subi nulle atteinte, ses muscles ont repris toute leur élasticité, toute leur énergie, il vit.

Tel est le fait essentiel dans son étonnante simplicité.

Physiologiquement, c'est-à-dire au point de vue de la science pure, le vieillard sait bien qu'il ne peut être mort, là-bas, sur la banquise. Et ce mot de « résurrection » qui implique retour à l'existence après cessation absolue, est regardée tout d'abord par lui comme impropre à caractériser son état.

Son esprit méthodique et de tous points imbu de doctrines rigoureusement scientifiques se refuse à l'hypothèse d'un miracle.

Il y a donc eu chez lui prolongation de la vie, grâce à un phénomène de conservation des éléments de son organisme — phénomène dont il ne peut encore s'expliquer les manifestations et qu'il ne peut attribuer uniquement au froid intense qui l'a plongé dans cette interminable catalepsie.

S'il s'agissait simplement de végétaux, ou même d'animaux peu élevés dans l'échelle zoologique, le fait, pour être extraordinaire, n'en serait pas moins admissible, car de nombreuses expériences opérées par des hommes dont le témoignage fait autorité, ont depuis longtemps prouvé la persistance de la vie, à l'état latent, chez les végétaux et les organismes inférieurs.

C'est ainsi que, en 1853, Rudolfi a déposé, dans le Musée Égyptien de Florence, une gerbe de blé obtenue avec des graines trouvées dans un cercueil de momie remontant à plus de trois mille ans.

Mais ceci n'est rien, et cette propriété doit à peine être mentionnée à titre de simple curiosité, avant de rappeler des cas réellement stupéfiants de réviviscence.

On sait que Spallanzani, put, en 1707, rappeler onze fois à la vie des rotifères soumis à la dessiccation, en les humectant simplement d'eau pure ; et que tout récemment, Doyère fit renaître des tardigrades desséchés à la température de cent cinquante degrés, puis tenus quatre semaines dans le vide.

Tout cela ne prouve rien encore quand on envisage la distance qui sépare ces êtres primitifs de l'homme.

Cependant, en remontant l'échelle zoologique, on trouve encore des faits analogues produits par des causes diverses.

Des mouches en apparence noyées dans des tonneaux de vin de Madère, sont arrivées en Europe après une longue traversée, et sont revenues à la vie. Réamur a maintenu dans cet état de mort apparente, des chrysalides pendant plusieurs années, et Balbiani après avoir immergé des hannetons

Ta-lao-yé.

pendant une semaine, et les avoir desséchés au soleil, a pu les ranimer

Vulpian, l'éminent physiologiste, a empoisonné avec du curare ou de la nicotine des araignées, des salamandres, des grenouilles, et les a ramenées à la vie après une semaine de mort apparente.

Mais les effets les plus extraordinaires sont encore obtenus par l'application du froid.

Spallanzani, qui a étudié cette question si intéressante avec une patience et une ingéniosité inimaginables, a pu conserver pendant deux ans plusieurs grenouilles dans un tas de neige. Elles étaient devenues sèches, rigides, presque friables et n'avaient aucune apparence extérieure de vie, de sensibilité. Il a suffi de les exposer à une chaleur graduelle et modérée pour faire cesser cet état de léthargie, leur restituer le mouvement et les autres fonctions physiologiques.

Sous les yeux de Maupertuis et de Constant Duméril, tous deux membres de l'Académie des sciences, des brochets et des salamandres ont été ranimés à différentes époques, après avoir été congelés au point d'être devenus aussi rigides que des blocs de glace.

Auguste Duméril, fils du précédent, et celui-là même qui fut le rapporteur de la Commission relative au crapaud de Blois en 1851, publiait, l'année suivante, dans les *Archives des Sciences naturelles*, un très curieux mémoire dans lequel il raconte comment il a interrompu la vie par la *congélation des liquides* et *des solides de l'organisme*.

Des grenouilles dont la température intérieure avait été abaissée à — 2° dans une atmosphère de — 12°, sont revenues devant lui à la vie. Il a vu les tissus reprendre leur souplesse ordinaire et le cœur passer de l'immobilité absolue à son mouvement normal.

Enfin, un fait plus caractéristique encore s'il est possible, en ce sens qu'il s'opère en quelque sorte empyriquement et sans ces précautions exigées par les expériences de laboratoire, nous est fourni par une pratique commune à certaines peuplades de la Russie d'Asie et de l'Amérique du Nord.

Ces peuplades ont l'habitude de faire geler des poissons, de les rendre aussi durs que de la pierre, de les transporter au loin et de les faire revivre après l'hiver en les trempant simplement dans l'eau, à la température ordinaire.

C'est même cette coutume qui suggéra au célèbre physiologiste anglais Hunter l'idée de prolonger indéfiniment la durée de la vie humaine, en soumettant les corps à des congélations successives, équivalant à des sommeils plus ou moins prolongés, pendant lesquels l'existence serait absolument suspendue.

Malheureusement Hunter est mort au moment même où des résultats inespérés promettaient de donner à son audacieuse hypothèse un commencement de réalisation.

Monsieur Synthèse, après avoir envisagé, en quelques minutes, toutes les phases de cette question si complexe et si peu connue, ne trouvait rien de concluant.

— Parbleu ! disait-il en aparté, je sais bien que la suspension de la vie peut, du moins en apparence, être obtenue pendant longtemps, même sans recourir à l'application du froid.

« Mon vieil ami le Pundit Krishna, ne s'est-il pas, à plusieurs reprises, fait enterrer, après avoir provoqué lui-même un état léthargique offrant tous les symptômes de la mort?

« La dernière fois qu'il se prêta à cette curieuse expérience — je m'en souviens comme d'aujourd'hui, c'était à Bénarès — il se fit enfermer dans un sac ; le sac fut cacheté et déposé dans une caisse matelassée et fermée avec des boulons.

« La caisse, fut enfouie avec son contenu à dix pieds de profondeur. La fosse fut comblée, et la terre ensemencée avec de l'orge qui germa, grandit, mûrit. Des sentinelles anglaises furent chargées de garder jour et nuit cette sépulture originale.

« Au bout de dix mois, le Pundit, exhumé en présence des autorités britanniques et d'une délégation de savants, apparut comme endormi.

« Il s'éveilla peu à peu, et après deux heures de soins se releva et se mit à marcher.

« Pourquoi l'expérience n'a-t-elle pas été prolongée pendant plusieurs années?

« Plusieurs années... soit !

« Mais dix mille !..

« Cependant, le principe est admis, et il ne me semble pas plus difficile de demeurer dans cet état pendant un an, que pendant dix.. cent... mille !..

« Mais, j'y pense : et le mammouth !

« Qui pourra jamais supputer l'immense succession d'années écoulées entre le moment où le pachyderme géant fut pris dans les glaces polaires, et celui où un pêcheur Toungouse le trouva, en 1799, sur les rives de la mer Glaciale, au milieu d'un bloc énorme échoué près de l'embouchure de la Léna?

« A coup sûr, des milliers.

« Et pourtant, la conservation du mammouth était à ce point parfaite, que pendant une saison entière les Yakoutes du voisinage purent se repaître de sa chair et nourrir leurs chiens, sans préjudice de la part considérable que prélevèrent les loups et les ours blancs.

« Qui prouve que le mammouth n'était pas susceptible de revivre, comme les batraciens congelés de Spallanzani, comme les poissons des peuplades hyperboréennes de l'Asie et de l'Amérique ?

« Qui sait si, au lieu d'être dévoré sur place avant même d'être dégagé de sa gangue de glace, il eût été réchauffé progressivement, ce contemporain des siècles disparus ne fût pas sorti de cet interminable sommeil ?

« Car enfin, je suis bien vivant, moi !

« Quant à chercher à m'expliquer comment s'est produit ce phénomène peut-être sans précédent, à quoi bon ?

« Le fait existe, patent, indéniable.

« Le régime spécial auquel j'ai astreint mon corps pendant un demi-siècle, les éléments de reconstitution fournis à l'état de pureté à mon organisme, ont-ils favorisé ce formidable sommeil, et empêché la désassimilation, avec l'aide du froid qui, en suspendant la vie, a empêché aussi l'usure de ce qui est ma substance.

« Je saurai cela plus tard.

« Peu importe d'ailleurs.

« Pour le moment, vivons !

« Cette existence nouvelle, ne durât-elle que quelques heures, sera assez intéressante pour que je m'y livre tout entier.

— Eh bien, étranger, murmure une voix aux inflexions de harpe éolienne, êtes-vous enfin revenu de cette surprise bien naturelle, mais dont les manifestations tumultueuses nous ont tous mis en fuite ?

— Pardonnez-moi, « grand vieux monsieur », répond Monsieur Synthèse en employant la formule de politesse raffinée en usage chez les Chinois, mais j'oublie toujours votre prodigieuse impressionnabilité...

« Je ferai tous mes efforts pour m'en souvenir, car ce serait bien mal reconnaître vos bontés que de me rendre, dès le début, aussi désagréable.

— Oh ! nous comprenons et nous excusons bien volontiers votre ignorance de nos usages.

« Quand on a dormi dix mille ans et qu'on s'éveille ainsi au milieu d'un monde complètement transformé...

— Dites bouleversé de fond en comble, au point que je ne sais plus si réellement j'habite encore la même planète, répond Monsieur Synthèse d'une voix lente et basse, au bonhomme à lunettes qui vient s'asseoir familièrement près de lui, sur la peau d'élan.

« Mais, quelque renversantes que soient des choses que je vais apprendre, je me promets de ne plus m'étonner de rien... pour ne pas perdre de temps,

— Si vous le permettez, je me mettrai à votre disposition pour vous expliquer tout ce que notre époque peut avoir de mystérieux et d'inattendu pour vous.

« Mon âge, plus encore que mes études, me donnent une certaine expérience, et je serai non moins heureux de vous enseigner le présent, que d'apprendre de vous le passé.

— Je vous rends mille grâces, Grand-Vieux-Monsieur, et je suis à vos ordres.

— C'est moi, qui suis votre serviteur, très illustre ancêtre, très vénérable « *Ku tchi jin* » (homme de l'antiquité).

— Voudriez-vous, tout d'abord, me dire comment je me trouve sur la côte Ouest de l'Afrique, à laquelle vous donnez le nom au moins original de Chine Occidentale?

— Très volontiers.

« Vous êtes venu tout simplement dans un énorme bloc de glace qui, après avoir été le jouet des courants, a été porté au rivage par la marée.

— Comment!... un bloc de glace sous une pareille latitude!

— Le fait est assez fréquent au printemps.

— Et ces glaces ne sont pas fondues, en parcourant une telle distance!

— Cette distance est moins grande que vous ne semblez le croire.

— Est-ce que la limite des glaces éternelles, comme nous disions de mon temps, s'est abaissée au-dessous du soixante-huitième degré?

— Oh! de beaucoup.

« Elle ne dépasse guère, aujourd'hui, l'espace compris entre 48° et 50°.

— La latitude de Paris, interrompt Monsieur Synthèse, avec un brusque haut-le-corps.

— Vous dites Paris?...

« Je ne connais pas ce lieu géographique.

— Que vais-je donc apprendre! murmure le vieillard écrasé.

« Mais, alors, votre zone habitable est singulièrement réduite, si les glaces du Sud remontent proportionnellement à la même hauteur.

— Oh! la population de la terre est encore à l'aise sur cette zone; et vous vous en convaincrerez, quand vous aurez reconnu la configuration de nos continents actuels.

« Sachez, en outre, que les terres situées immédiatement au-dessous le 48°, sont encore inhabitables.

« Il faut, pour permettre de vivre à quelques peuplades misérables, attachées, je ne sais pourquoi, à ce sol ingrat, descendre en jusqu'au 40°

— La latitude de Naples et de Madrid !

« Ainsi, continue douloureusement Monsieur Synthèse, l'Angleterre, qui s'appela le colosse britannique, l'Allemagne avec sa formidable puissance militaire, la Russie, qui s'étendait sur les deux hémisphères, la France, dont la pensée rayonnait sur le monde, l'Italie qui fut si grande, l'Espagne qui fut si forte, tout à disparu.

« Force, puissance, immensité, intelligence, tout cela est enfoui sous les glaces.

« De l'Europe même, il ne reste plus qu'un souvenir, une légende, un nom !

— La configuration de notre globe s'est, en effet, très notablement modifiée depuis longtemps.

« Mais, revenons, si vous le voulez bien, à l'événement essentiel qui est cause de votre arrivée parmi nous.

« Ainsi que j'avais l'honneur de vous le dire, un bloc très considérable de glace erratique, détaché de la banquise qui s'est avancée jusqu'au cinquantième degré environ, est venu s'échouer hier à la côte.

« Un homme se trouvait comme incrusté dans ce bloc.

« On l'en a retiré avec d'infinies précautions, et on l'a ramené à la vie.

« Cet homme, c'est vous.

« Vous nous avez dit que l'époque de votre mort apparente remonte à dix mille ans...

« Le fait, pour être très extraordinaire, n'en est pas moins réel, puisque vous êtes ici, et que nous vous avons vu dans cette enveloppe paléocrystique avec laquelle vous faisiez corps.

« Que vous ayez été gelé, il y a un an, ou dix mille ans, le fait de votre retour à la vie n'en était ni plus ni moins difficile, étant donné le prodigieux état de conservation dans lequel se trouvait votre organisme.

— Je serais très heureux de connaître le procédé employé pour restituer à ce corps glacé son énergie vitale, son intelligence... transformer cette substance inerte en un être qui vous voit, vous entend, vous comprend.

— C'est bien simple.

« Je présidais, au moment de votre échouage, une séance à l'académie nationale de Tombouctou.

— Vous dites : Académie nationale.

Cette appellation implique l'idée de République.

— ... De République universelle... depuis plus de quatre mille ans.

— Et toutes les races humaines s'accommodent de cette forme de gouvernement ?

— Sans doute.

« Du reste, il n'y a, sur la terre, que deux races : la nôtre, et... l'autre que vous connaîtrez bientôt.

« En apprenant un fait aussi intéressant, je quittai sans tarder la séance et j'arrivai ici..

— Mais la distance de Tombouctou à la côte est considérable... et je l'évalue à près de quinze cents kilomètres.

— J'ignore ce que vous appelez des kilomètres.

« Je puis seulement vous affirmer que le trajet ne dure que quelques instants.

« L'espace d'ailleurs n'existe pas pous nous.

« Vous fûtes extrait de votre gangue avec des soins minutieux, dépouillé de vos vêtements, et allongé sur un gros bloc de cristal.

— Puis ?...

— Puis une douzaine de jeunes gens, des plus vigoureux, se rangèrent en cercle autour de vous, étendirent sur votre corps toujours inerte, leurs mains réunies entre elles par simple contact, et vous inondèrent, en quelque sorte, de torrents de fluide qu'ils émettaient sans compter, en braves sauveteurs qu'ils étaient.

— Ce que vous me dites là, Ta-Lao-Yé (Grand-Vieux-Monsieur), est merveilleux.

« De mon temps, on usait de ce moyen pour faire tourner les tables.

« Encore, les tables mettaient parfois beaucoup de mauvaise volonté à se mettre en mouvement.

— C'est là, permettez-moi de vous le dire, Shien-Chung (Né-Avant), une singulière occupation pour des gens graves.

« Et vous paraissez un homme sérieux, bien qu'appartenant à la race des Mao-tchin (corps velus).

« Enfin, j'admets les idées, au nom de la tolérance qui est la dominante essentielle de notre caractère.

« Autrefois vous usiez votre fluide à essayer de faire tourner des tables, aujourd'hui nous l'utilisons à ranimer les corps.

« Il y a progrès, n'est-ce pas ?

— C'est juste et je le reconnais d'autant plus volontiers que j'en suis la preuve bien vivante, répondit gravement Monsieur Synthèse.

— Sous l'influence de ce fluide en quelque sorte infusé en quantité incommensurable à votre organisme, la vie est apparue peu à peu.

— Sans autre manœuvre que cette application de mains... que cette simple émission de fluide ?

« Je n'ai pas été soumis à un agent quelconque de calorification ?...

« A des frictions, à la respiration artificielle, à l'électricité... que sais-je encore ?

— A quoi bon !

« Cette émission de l'énergie vitale, telle que nous la possédons, remplace, et au delà, toutes ces manœuvres dont l'emploi eût d'ailleurs offert bien des dangers, sans présenter grandes chances de succès.

« Notre fluide, voyez-vous, Shien-Chung, est tellement intense, qu'il est pour nous la circulation, la chaleur, le mouvement, l'électricité, la vie, mais avec une telle puissance qu'il remplace tous les agents extérieurs empruntés aux forces de la nature, et qu'il fait réellement de nous les rois de la Terre !

— J'ai senti, en effet, une impression étrange, indéfinissable, à mesure que je sortais de cette léthargie séculaire.

« Il me semblait que toutes les parties les plus infimes de mon être se trouvaient agitées tout à coup de trépidations qui peu à peu les animaient.

« Je ne sais quelle force mystérieuse, irrésistible et bienfaisante était transfusée à mon organisme qu'envahissait aussi une béatitude infinie.

« Puis, je m'éveillai, et je repris possession de moi-même, comme si je me trouvais encore là-bas, sur la banquise, au moment où je crus être pour toujours déchargé de fardeau de la vie.

« Mais à votre tour, Grand-Vieux-Monsieur, qui êtes-vous donc, vous qui disposez d'un tel pouvoir ; vous dans lequel je ne reconnais aucun des caractères communs aux races qui vivaient autrefois sur notre planète ; vous qui m'apparaissez enveloppé d'une auréole mystérieuse, sur cette terre si étrangement modifiée ; vous enfin, qui, par je ne sais quelle prérogative en quelque sorte divine, échappez au terre à terre de l'existence, évoluez comme la lumière à travers l'espace, et offrez à mon admiration, la monstruosité sublime d'un cerveau qui doit doit être, qui est l'organe d'une puissance infini.

— Nous sommes les descendants épurés, affiné, transformés par une lente et continuelle adaption de deux races qui, depuis les temps les plus reculés, ont affirmé leur prodigieuse vitalité.

L'homme porte à deux mains un vaste plateau. (Page 508.)

« La race noire, la race jaune.

« Vous saurez bientôt comment s'est opérée cette modification qui nous a faits ce que nous sommes.

« Vous connaissez, naturellement, toute la série qui, depuis l'humble cellule, n'a cessé d'évoluer jusqu'à l'homme, le plus parfait de tous les êtres.

« Or, cette progression ne s'est jamais arrêtée ni même ralentie.

» Quel est par excellence l'organe qui a sans cesse bénéficié de cette progression.

— Le cerveau !

« Que de chemin parcouru, dans la série animale, depuis l'acranien, depuis l'acéphale jusqu'à l'homme !

— Et depuis l'homme, votre contemporain d'il y a dix mille ans, jusqu'à nous.

— C'est vrai !

— Aussi, vous le voyez, chez nous, le cerveau a pour ainsi dire tout absorbé.

« Le développement de sa masse est, vous l'avez dit, énorme jusqu'à la difformité.

« C'est à peine si nous sommes des corps... tant est colossale chez nous la prédominance cérébrale.

Aussi, peut-on dire justement — et l'appellation parfaitement justifiée nous est appliquée — que la terre est habitée, en l'an 11886, en majeure partie par les *cérébraux*.

— Vous dites : en majeure partie ; il y a donc une autre race que la vôtre ?

— Sans doute, et vous en verrez bientôt les représentants qui sont retournés presque à l'animalité.

« Ce sont les Mao-tchin, les corps velus qui se rapprochent de vous à plusieurs points de vue.

CHAPITRE III

Entretien très instructif entre « Grand-Vieux-Monsieur » et « Né-Avant ». — Monsieur Synthèse passe à l'état d'homme préhistorique. — Luttes des blancs et des jaunes. — Guerre d'extermination. — Ecrasement de la race blanche. — Esclavage et dégradation — Un type de blanc au douze centième siècle. — Perturbations géologiques. — Modifications du globe terrestre. — Croisement des Chinois et des Nègres. — Le tour du monde par terre. — Translation aussi rapide que la pensée.

— Et bien, Shien-Chung, comment vous trouvez-vous?

— Très bien, en vérité, Ta-Lao-Vé.

— N'éprouvez-vous nul besoin de prendre quelques aliments?

— En aucune façon.

— Cependant des ordres ont été donnés pour que les substances alimentaires telles que les absorbent les Mao-tchin vous soient préparées.

— Probablement des légumes, de la viande...

— Sans doute.

— C'est que je ne me nourris pas comme les autres hommes.

« Pendant la seconde moitié de ma vie, je n'ai jamais ingéré que les substances chimiquement pures, composant le principe de ces aliments que vous proposez.

— Vous!

— Sans doute.

« Que trouvez-vous d'extraordinaire à cela? répond Monsieur Synthèse en homme qui se sent assez de valeur individuelle pour ne pas avoir besoin de chercher des effets.

— C'est que ce système alimentaire est positivement le nôtre.

« Et vous l'auriez trouvé il y a près de dix mille ans !

— Vous proclamez là l'exacte vérité! Grand-Vieux-Monsieur.

« De plus, je fabriquais moi-même ces substances.

— Ce que vous m'affirmez est très étonnant, Shien-Chung.

« Il n'y a donc rien de nouveau sous le soleil.

— Nous avions même de mon temps un aphorisme répondant mot pour mot à celui que vous formulez en ce moment.

— Mais, alors, les hommes d'il y a dix mille ans n'étaient donc pas de misérables créatures à peine au-dessus de l'animalité ?

— Que dites-vous là, Grand-Vieux-Monsieur !

« Nous avons eu, au contraire, une civilisation très avancée, et je m'étonne que vous n'en rencontriez pas de nombreux vestiges épars sur les terres habitées jadis par nos contemporains.

— Détrompez-vous : ces vestiges existent en grande quantité, mais ce sont surtout des objets en métaux grossiers dont nous avons peine à deviner l'usage, et qui, dans tous les cas ne sauraient nous donner une idée bien élevée du niveau intellectuel des hommes préhistoriques.

— Je verrai vos collections, et je serai heureux de vous donner des renseignements précis sur ces antiques débris.

« Peut-être réussirai-je à vous faire revenir de vos préventions.

« Qui m'eût dit, ajoute mentalement Monsieur Synthèse, que je deviendrais un jour l'homme préhistorique... et que j'en serais réduit à apprendre à nos descendants ce que nous étions au dix-neuvième siècle... Comme si l'homme de Néanderthal, de Cro-Magnon ou de la Naulette tombant jadis en plein musée anthropologique, eût démontré « ex professo » à nos sommités scientifiques le bien fondé ou l'inanité des hypothèses relatives à nos ancêtres!

Monsieur Synthèse eût sans doute monologué plus longtemps, si une diversion ne se fût offerte à lui sous l'aspect d'un homme de moyenne taille, s'approchant d'un air humble, embarrassé, et couvert de vêtements analogues à ceux que portaient jadis les paysans du centre de la France. C'est-à-dire une sorte de blouse en étoffe grisâtre, rude, grossière, serrée aux flancs par une ceinture, et un pantalon ressemblant à peu près aux braies des anciens Gaulois.

L'homme, tête et pieds nus, porte à deux mains un vaste plateau surmonté d'une cloche métallique, et s'arrête en entendant un sifflement doucement modulé par le Grand-Vieux-Monsieur.

— Un Mao-Tchin, reprend le vieillard.

— Mais, interrompt Monsieur Synthèse, dont la surprise va grandissant, cet homme auquel vous donnez le nom de « corps velu » répondant à celui d'Aïno, sous lequel nous désignions les indigènes des îles de l'Asie Orientale, n'offre aucun des caractères particuliers à cette race primitive.

« Il est blanc... blanc comme je le suis, barbu, chevelu et rappelle comme type les habitants de cette Europe aujourd'hui disparue.

— Une race étrangement dégradée cependant, et bonne tout au plus à remplir près de nous les fonctions serviles.

« Voyez cette tête aux proportions réduites, ce front fuyant, ce col courbé vers la terre, ces mains et ses pieds énormes, ces membres aux muscles de bête...

« C'est à peine s'il est capable de penser !

« Il parle en hurlant, mange gloutonnement, boit avec une avidité d'animal, se bat avec ses congénères, n'hésite pas à les tuer quand l'ivresse ou la fureur l'animent.

« En outre, il lui est impossible de quitter le sol auquel il est rivé pendant toute la durée de sa misérable existence, sans pouvoir s'élancer là-haut d'une envolée audacieuse, sans pouvoir s'élever au gré de ses aspirations, forcé qu'il est, pour se déplacer, de mouvoir alternativement ses jambes.....

« C'est un être de transition... le plus parfait des animaux, j'en conviens, mais la plus inférieure des créatures dignes aujourd'hui de nom d'hommes.

— Et dire, murmure douloureusement Monsieur Synthèse, que devant ces *cérébraux* évidemment affinés, perfectionnés, par une sélection séculaire, je ne suis plus qu'une espèce d'anthropopithèque un peu plus parfait que l'homme-singe, recherché jadis par mes collègues des sociétés savantes, pour rattacher aux singes eux-mêmes, l'homme de mon époque.

« Mais quels êtres sont donc ces *cérébraux* ?

« Bah ! je le saurai bientôt.

Sur un signe du vieillard que Monsieur Synthèse désigne toujours sous le nom de Ta-Lao-Yé, l'homme, étonné de voir un de ses congénères assis familièrement près de son maître, s'en va, la tête basse, en traînant les talons, et disparaît sans un mot, en remportant son plateau, contenant vraisemblablement des provisions de bouche.

— Savez-vous bien, Ta-Lao-Yé, si tous vos Mao-tchin ressemblent à cet individu que vous ne pourrez les assimiler, à ceux qui ont habité la terre il y a dix mille ans.

— A tous, sans la moindre exception.

— Et c'est là l'idée que vous vous faites des hommes à peau blanche de votre époque préhistorique !

— Évidemment !

— Détrompez-vous pourtant.

« S'il y a eu des êtres dégradés analogues à celui-là, on comptait parmi nous des hommes réellement supérieurs, et susceptibles d'honorer grandement l'humanité.

— Tout cela dépend du point de vue auquel on se place.

« Il y a dix mille ans, les Mao-tchin, les Corps-Velus étaient les premiers dans l'échelle animale, comme dix mille ans avant vous il y avait des hommes encore inférieurs à vous qui, eux aussi étaient au premier rang.

— Mais, encore une fois, Grand-Vieux-Monsieur, la majeure partie des blancs n'était pas aussi dégradée que ce malheureux esclave.

« La race actuelle a dû nécessairement dégénérer pendant que la vôtre progressait.

— C'est fort possible.

« Du reste, si vous voulez m'accorder quelques instants d'attention, je vais vous esquisser les périodes historiques écoulées depuis les temps les plus lointains dont notre tradition ait conservé le souvenir.

« Peut-être ce récit pourra-t-il jeter quelque lumière sur la question.

« Je pourrai, d'autre part, grâce aux documents que vous possédez, combler certaines lacunes jusqu'à présent infranchissables, et reconstruire une partie de notre préhistoire.

« Vous conclurez ensuite de bonne foi.

« Laissez-moi cependant vous le dire avant de commmencer : je vous regarde d'ores et déjà comme infiniment au-dessus de nos corps velus ; et vous êtes la preuve vivante que de votre temps l'homme blanc semble s'être élevé bien au-dessus de sa misérable condition actuelle.

— Je vous écoute avec le plus vif intérêt, Ta-Lao-Yé, et je suis très sensible à la bonne opinion que vous avez de moi.

« Je ferai tout mon possible pour la légitimer.

— La tradition nous apprend, que nos ancêtres, les Chinois de race pure étaient confinés sur une portion très considérable d'une terre à laquelle ils donnaient le nom d'Asie.

« Cette terre était, à cette époque, bordée à la partie orientale par une vaste mer...

— Comment ! interrompt avec vivacité Monsieur Synthèse, tout en mettant une sourdine à sa voix, vous dites : « à cette époque. »

« Est-ce que la mer ne baignerait plus les côtes orientales de l'Asie ?...

– Non, certes, et depuis longtemps.

« Cette mer a été en partie comblée par des excroissances coralliennes qui ont formé comme un nouveau continent soudé à l'ancien.

— J'avais prévu cette hypothèse, ajoute Monsieur Synthèse et j'étais loin de m'attendre à la voir réalisée.

« Je vous raconterai d'étranges histoires à ce sujet, Ta-Lao-Yé...

« Mais veuillez continuer, je vous prie, et excusez cette interruption.

— Nos ancêtres, de mœurs très douces, adonnés presque exclusivement à l'agriculture, se trouvèrent bientôt à l'étroit, sur leur sol où ils avaient singulièrement multiplié.

« Ils finirent par se répandre peu à peu sur les terres voisines où ils rencontrèrent les hommes d'occident, à peau blanche.

« Ces derniers, de tempérament sanguinaire, ne rêvaient que batailles et conquêtes armées. Déjà dans mainte occasion ils avaient attaqué chez eux et battu les pacifiques Chinois qui, cependant, ne demandaient qu'à vivre en paix.

« Cette proximité des deux races amena de nouvelles et plus sanglantes luttes, qui durèrent jusqu'au jour où les Chinois, de beaucoup les plus nombreux, résolurent d'en finir.

« Las d'être sans cesse battus et exploités, ces modestes agriculteurs, forcés d'emprunter, pour se défendre, à leurs turbulents voisins, leur méthodes et leurs procédés le combat, se révélèrent un beau jour de terribles guerriers.

« Terribles et implacables comme vous allez l'apprendre.

« Notre tradition conserve le souvenir d'un massacre général des blancs qui se trouvaient sur le sol de nos ancêtres... d'un massacre qui devait amener d'épouvantables représailles.

« Les blancs, quand ils n'attaquaient pas les Chinois, avaient coutume de s'entre-égorger de nation à nation, et vivaient par conséquent dans un état d'hostilité permanente.

« Vous voyez combien ils étaient déjà inférieurs à nos ancêtres, et combien ils se rapprochaient de l'animalité, puisqu'ils ne pensaient qu'à tuer, au lieu de vivre en paix, heureux de demander à la terre leur subsistance corporelle, à l'étude les joies de la pensée.

« Pour la première fois peut-être, ils songèrent à se mettre d'accord et à réunir leurs efforts pour repousser l'ennemi commun.

« Mais il n'était plus temps !

« La Chine était à son tour formidablement armée ; des millions de combattants résolus, comme je l'ai dit, d'en finir avec ces voisins inquiétants, quittèrent le sol de la patrie, décidés à n'y rentrer qu'après l'anéantissement complet des blancs.

« Ce fut une guerre de race, une guerre sans trêve, sans merci, une lutte d'extermination.

« Les Chinois se répandirent, comme un torrent que rien n'arrête, jusque dans l'extrême occident, ravagèrent les pays, rasèrent les villes, égorgèrent les habitants, et trouvant, en fin de compte, un sol admirable, d'une fertilité qui devait tenter leur tempérament d'agriculteurs, s'y installèrent progressivement.

— Cela devait arriver, interrompit à voix basse Monsieur Synthèse

« On ne se joue pas impunément d'un colosse comme l'Empire chinois qui, à la fin du dix-neuvième siècle, renfermait, à lui seul près d'un demi-milliard d'habitants.

« Et, dites-moi, Ta-Lao-Yé, cette lutte fut longue, sans doute.

— Tout nous fait supposer, au contraire, qu'elle fut courte, mais atroce, grâce à des procédés très perfectionnés d'homicide que les combattants possédaient.

« Les moins nombreux succombèrent fatalement.

— Et l'égorgement fut complet, n'est-ce pas ?

— Détrompez-vous, Shien-Chung.

« Dès cette époque les Chinois étaient déjà bien trop industrieux, trop économes, si vous le voulez, pour anéantir ainsi sans motif des forces actives

« Ceux qui échappèrent au massacre devinrent de simples esclaves auxquels on refusa toute culture intellectuelle, et qu'on astreignit aux plus rudes travaux.

« Des lois spéciales où se retrouve toute la sagesse de ces hommes réellement remarquables, furent édictées aux premiers temps de la conquête et consacrèrent à tout jamais l'infériorité des vaincus.

« Défense fut faite de s'allier à eux, de leur permettre l'étude, de les laisser s'accroître au delà d'une certaine proportion, de quitter la terre à laquelle ils devaient demeurer attachés.

« De cette époque date certainement la dégradation où vous voyez nos Mao-Tchin, les tristes descendants de ces vaincus de l'an deux mille.

« Et à propos de ce nom de Mao-Tchin qui s'est perpétué parmi nous en même temps que les esclaves de nos ancêtres, vous m'avez dit qu'il appar-

Nos ancêtres trouvèrent lors de cette seconde émigration une race primitive... (Page 515.)

tenait jadis à des peuplades très inférieures, habitant certains confins de l'ancienne Chine.

— En effet.

— Ne pensez-vous pas que cette appellation ait été, dans le principe et par analogie, appliquée aux vaincus par les conquérants?

« Les vaincus étant très barbus, comme les Moa-Tchin de leur temps, les

Chinois ont dû établir nécessairement des comparaisons provoquées par cette surabondance du système pileux.

« Inférieurs tous deux à la race conquérante : les uns originellement, les autres par l'asservissement, velus tous deux, il n'est pas étonnant que les blancs, vos descendants aient hérité de cette qualification parfaitement justifiée.

— C'est juste, répond distraitement Monsieur Synthèse que cette digression étymologique laisse froid, en présence du désastre des hommes de sa race.

— Je continue.

« Il y eut, en Occident, une expansion de la civilisation chinoise qui s'établit de toutes pièces avec son caractère propre et prospéra, sur les ruines de celle que vous attribuez à vos concitoyens, et que je me plais d'ailleurs à reconnaître d'après vos affirmations.

« L'Asie, l'Europe et bientôt le Nord de l'Afrique, tout devint Chinois, et en peu de temps la population jaune s'accrut dans des proportions inouïes, pendant que le nombre des Mao-Tchin demeurait rigoureusement stationnaire.

« Plus tard, à une époque encore indéterminée que notre chronologie n'a pu préciser, mais qui pourtant ne dépasse pas le vingt-quatrième siècle...

— A propos de chronologie, je vous ferai remarquer que vous avez gardé la nôtre celle de ces blancs si cruellement anéantis.

— Sans doute, et cela ne nous gêne en aucune façon.

« C'est du reste peut-être la seule chose que nous ayons conservée d'eux.

« Quoi qu'il en soit, vers le vingt-quatrième siècle, notre planète fut en proie à des perturbations que rien ne faisait prévoir : perturbations atmosphériques, géologiques, et même astronomiques.

« Après d'effroyables tremblements de terre qui disloquèrent la couche solide, déplacèrent certaines mers et certains continents, et bouleversèrent de fond en comble les régions polaires arctique et antarctique, il y eut une sorte de confusion dans les saisons et un notable abaissement de la température en général.

« Je vous signale en bloc ces événements, me réservant de vous les développer plus tard si vous le jugez à propos, et vous en expliquer au point de vue de la science les causes probables, les effets certains.

« Les glaces envahirent les régions du Nord et du Sud et restèrent en permanence sur les terres occupées jadis par les conquérants. Ceux-ci se trouvèrent de la sorte refoulés vers des latitudes plus clémentes, et il ne resta dans la région du Nord, que de rares Mao-Tchin qui végétèrent misérablement jusqu'à notre époque, en livrant à ce sol ingrat un rude et perpétuel combat.

« Nos ancêtres fuyant l'Europe devenue hyperboréenne arrivèrent directement en Afrique.

— Et la mer Méditerranée qui les sépare l'une de l'autre ?

— S'il y a eu jadis une mer entre ces deux contrées, cette mer n'existe plus depuis le grand cataclysme dont je viens de vous parler.

« Nos ancêtres trouvèrent, lors de cette seconde migration, une race primitive, à l'épiderme complètement noir ; une race très douce, hospitalière, pacifique et particulièrement laborieuse.

« Les noirs, loin de les recevoir comme jadis les blancs en ennemis acharnés, les accueillirent fraternellement, partagèrent leur sol avec eux, et leur témoignèrent la plus vive sympathie.

« Bientôt se produisit un phénomène anthropologique très curieux, et rationnel pourtant.

« Il y eut entre les noirs et les jaunes des alliances très nombreuses et particulièrement fécondes, sans que le métissage, comme on eût pu le craindre, entravât en rien, pendant les périodes ultérieures, cette fécondité.

« Il y eut absorption mutuelle des deux races, fusion absolue, sans prédominance aucune de l'élément noir sur l'élément jaune, et réciproquement.

« Tous les deux bénéficièrent en outre, et largement de ce croisement qui produisit des résultats merveilleux.

« Ainsi, le noir fournit à cette association humaine, sa vigueur corporelle, sa prodigieuse endurance aux fatigues, son adaptation séculaire au climat intertropical, son immunité aux maladies locales, son sang vif, généreux.

« L'homme jaune apporta surtout des facultés mentales développées par une civilisation séculaire, les arts, les sciences, l'industrie, un cerveau tout meublé, tout agencé par atavisme, une volonté tenace, et une organisation sociale complète.

« Au contact de ce sang jeune qui coulait impétueux dans les veines de l'homme à l'état de nature, le sang du Chinois, débilité peut-être par une longue succession d'années reprit une vigueur nouvelle se régénéra.

— Somme toute, une greffe humaine, interrompit Monsieur Synthèse de plus en plus intéressé.

— Une simple greffe, vous l'avez dit, Shien-Chung.

— Et dont le résultat, je le constate avec bonheur, est admirable, du moins en ce qui concerne l'Afrique centrale où nous sommes en ce moment, et à laquelle vous donnez le nom de Chine occidentale.

« Mais je serais curieux d'apprendre comment s'est opéré ce croisement, comment s'est accomplie cette évolution sur les autres points de la planète, et que vous devez sans doute appeler Chine centrale, Chine orientale, du moins pour demeurer conséquent avec vous-mêmes au point de vue géographique.

« Et d'abord, la race qui peuple ces contrées éloignées, est-elle semblable à la vôtre ?

— Complètement.

— Voilà qui est extraordinaire

— En aucune façon et vous allez me comprendre.

« Veuillez tracer par la pensée, à environ 30° au dessus et au-dessous de l'équateur, deux lignes circulaires embrassant toute la circonférence de la terre.

— C'est fait

— L'espace de terre compris entre ces deux lignes compose à peu près toute la surface de notre sol habitable.

— Cette quantité me semble singulièrement réduite, et l'humanité doit s'y trouver à l'étroit.

— Vous oubliez, Né-Avant, que depuis l'ancienne Chine, qui fut le berceau de notre race, et en suivant la direction du soleil levant, on trouve toujours de la terre.

— C'est juste.

« Vous m'avez dit que l'on rencontrait là un continent immense formé par des coraux...

— ... Qui furent soulevés lors de ce cataclysme dont je vous ai parlé tout à l'heure.

« Or, même et surtout à votre époque, cette région parsemée d'îles devait être habitée par des hommes de race noire.

— Vous avez raison, Ta-Lao-Yé.

« Je comprends maintenant comment s'est opéré partout ce croisement, cette fusion des deux races :

« Il y a eu également exode du côté de la Chine orientale et ceux que nous appelions les Papous, les Australiens même, les Polynésiens, se sont alliés aux Chinois.

« Puis la masse des hommes jaunes se répandant sans cesse à travers ce nouveau continent, a rencontré les nègres américains et de belles races noires des Antilles.

« Pour peu que le bouleversement ait fait surgir entre l'Afrique et l'Amérique des terres nouvelles, il y a eu d'autre part un apport constant de l'élément noir à cette dernière contrée, de façon à combiner cet élément aux Indiens qui, à mon avis, descendent également des anciens Mongols.

— Votre supposition est parfaitement juste, et les remaniements du sol ont été tels, qu'il est possible de faire aujourd'hui le tour de la planète sans quitter la terre.

— Voilà qui est réellement merveilleux, et déroute toutes mes anciennes conceptions relatives à l'avenir.

« Aussi, me demandai-je sincèrement quel accueil eût été fait à celui qui eût osé jadis formuler ces prédictions : L'avenir est aux Chinois et aux nègres !... Dans quelques milliers d'années on pourra faire le tour du monde par terre au niveau de l'équateur !...

— C'est un voyage que je serai heureux de vous faire accomplir Shien-Chung.

« Un voyage aussi agréable que rapide.

— Oh ! je ne doute pas que vous n'ayez des moyens de transport excessivement perfectionnés et comme vitesse et comme confortable.

— Ils sont presque instantanés !

— De vous rien ne va bientôt plus m'étonner, Grand-Vieux-Monsieur.

« Mais, vous m'intriguez, pourtant.

« Nous n'irons pas par mer, je présume.

— Depuis des milliers d'années ce procédé n'existe plus que comme légende.

— Des gens comme vous ne peuvent décemment voyager par terre.

— Vous l'avez dit, Né-Avant.

— C'est donc à travers les airs que nous prendrons notre vol.

— Vous devinez Shien-Chung.

— En ballon, peut-être.

— Fi donc !

« Les arrière-grands-pères de nos bisaïeux n'ont vu, eux-mêmes ces machines incommodes que dans des musées ayant vingt siècles d'existence.

— Cependant je vais vous accompagner par air ?

— Et avec une vitesse presque égale à celle de la lumière.

CHAPITRE IV

Considérations sur l'hypertrophie cérébrale des hommes à grosse tête. — La force psychique. — La lévitation ou enlèvement des corps humains. — Exemples tirés des contemporains de Monsieur Synthèse — Les expériences de M. Crookes. — Incroyable vigueur de Ta-Lao-Yé. — A propos d'anguilles électriques. — Commencement du voyage de Monsieur Synthèse à travers les airs. — Maisons en porcelaine. — Maîtres et esclaves. — Pendant le jeune âge. — Aussi vite que la pensée. — L'armée.

— Et vous êtes prêt à entreprendre ce voyage original ? demanda Monsieur Synthèse à son obligeant interlocuteur.

— Nous sommes toujours prêts à nous déplacer, reprit le bonhomme, certains que nous sommes de rencontrer partout les éléments essentiels à notre vie, car nous nous trouvons partout chez nous.

— Un mot encore, et un moment de répit, je vous prie, Grand-Vieux-Monsieur.

— Tout ce que vous voudrez et tant que vous voudrez, Né-Avant.

— Mille grâces pour votre inépuisable obligeance.

« J'ai parfaitement compris l'enchaînement des faits extraordinaires que vous venez de me raconter brièvement, et sur lesquels, j'ose l'espérer, vous voudrez bien revenir ultérieurement avec plus de détails.

— Je serai très heureux, je le répète, de vous initier au passé comme au présent.

— Encore une fois, merci.

« Tous ces faits historiques, ayant pour objet les hommes et les choses, tous ces changements survenus dans la configuration de la terre, quelque extraordinaires qu'ils soient, n'ont rien d'irrationnel, et je les admets d'autant mieux, que vous m'en apporterez la preuve indiscutable.

« J'aurais cependant à vous interroger relativement à votre conformation anatomique, à votre état de sensibilité extrême, presque maladive, et surtout à cette force stupéfiante qui fait de vous, à volonté, des êtres aériens, heureux rivaux de ceux auxquels des ailes permettent de planer au-dessus de cette terre à laquelle nous sommes, nous autres, irrévocablement attachés.

— Vous avez bien compris n'est-ce pas, comment notre cerveau, étant par excellence l'organe soumis depuis des milliers d'années, à un exercice permanent, a pu se développer ainsi d'une façon qui vous semble monstrueuse.

« C'est là un phénomène constant dans la nature.

— Il est en effet prouvé qu'un organe sans emploi pendant une série de générations, s'affaiblit, s'atrophie et disparait peu à peu.

« Réciproquement, comme vous venez de le dire, un organe qui travaille sans cesse, s'accroit, se fortifie, parfois jusqu'à l'hypertrophie, aux depens des autres organes.

« Nous savions cela de mon temps.

— Rien de plus simple alors que cette impressionnabilité qui vous semble maladive, et qui provient d'une prédominance nerveuse, résultant elle-même de notre prédominance cérébrale.

« Étant des *cérébraux* nous devons nécessairement être des *nerveux*.

— C'est juste.

— Notre cerveau possédant un volume au moins triple du vôtre, nous devons être trois fois plus nerveux que vous.

— Sans aucun doute.

— Mais, cette proportion, exacte en apparence, ou en principe, ne l'est pas dans l'application.

— Évidemment, puisqu'il faut tenir compte de l'exercice permanent de votre substance cérébrale, comme aussi de votre substance nerveuse

— ... Exercice permanent quant à présent, mais vous devez ajouter : et séculaire ; car nos pères nous ont légué de génération en génération une impressionnabilité que nous perfectionnons sans cesse.

— Jusqu'à un commencement d'immatérialisation de votre organisme

— Vous avez trouvé le mot propre, Shien-Chung.

« Immatérialisation !.. C'est bien cela

« Tel est en effet l'état que nous poursuivons sans cesse et que nos descendants plus heureux atteindront sans doute.

— Voilà donc pourquoi cette hypertrophie cérébrale, et cet état d'éréthisme nerveux résultant d'une adaptation déjà ancienne, vous rendent insupportable un bruit plus ou moins intense, un simple éclat de voix, une surprise, un geste violent.

— Au point que nous sommes contraints d'être, d'une part, toujours sur le qui-vive pour prévenir ou amoindrir les effets de ces perturbations, et d'autre part, de capitonner en quelque sorte notre existence, de mettre une sourdine à tout objet inerte ou vivant, susceptible de produire ces vibrations qui troublent notre organisme si délicat.

« Aussi, tout ce qui nous entoure est-il agencé de façon à éviter le moindre bruit insolite...

« Les Maos-Tchin, nos esclaves, doivent nous parler à voix basse, ne jamais pousser de cris...

— Mais, quand l'orage gronde, par exemple.

— L'inconcevable sensibilité de nos nerfs nous avertit de son approche.

« Aussitôt, et bien avant qu'il n'ait éclaté, nous nous enfuyons sur un point où le ciel est pur.

— Vous avez réponse à tout, Ta-Lao-Yé, et je vous admire sans réserves.

« Quant à cette force extraordinaire, stupéfiante, à laquelle je donnerai — non pas empyriquement — le nom de *force psychique* :

— Vous avez dit : Force psychique !

« Savez-vous bien, que vous aussi, Shien-Chung, vous êtes prodigieux.

— Comment cela, Grand-Vieux-Monsieur.

— C'est que nous n'avons pas d'autre appellation pour désigner cette force au secret de laquelle je vais tâcher de vous initier.

— A mon tour, laissez-moi vous dire que, de mon temps, il y eut certains adeptes, des êtres réellement favorisés, qui, par don de nature, possédaient cet admirable privilège, de pouvoir s'élever ainsi spontanément au-dessus du sol.

— Que dites-vous là ? Shien-Chung.

— L'exacte vérité, Ta-Lao-Yé.

« Il est vrai que cette propriété merveilleuse n'était leur précieux apanage que de temps en temps, et encore étaient-ils bien loin de l'avoir comme vous.

— Eh ! pensez-vous que tous mes contemporains la possèdent au même degré.

« Détrompez-vous, Né-Avant.

« De même que tous les hommes n'ont pas la même taille, la même vigueur

Les murailles et les toitures scientifiques au soleil..... (Page 527.)

musculaire, la même intelligence, de même aussi, la force psychique n'est pas également répartie parmi eux.

— Cela me paraît juste et conforme aux lois de la nature qui n'a jamais pu et ne pourra jamais produire l'équivalence des êtres, aussi bien dans l'ordre animal que dans l'ordre végétal.

— Vous me comprenez admirablement, Shien-Chung, et c'est un grand bonheur pour une vieillesse, de trouver, parmi les debris des anciens mondes, un interlocuteur aussi intelligent que vous.

« Réellement vous avez devancé votre siècle...

— C'est hélas! beaucoup de lui avoir survécu !

— Mais, vous venez de prononcer ce mot de : Force psychique.

« ... Mais vous m'avez dit qu'il y a dix mille ans, certains de vos contemporains — des Mao-Tchin — possédaient ce privilège qui nous est exclusif, et qui a toujours été, même partiellement, refusé par la nature à nos Mao-Tchin d'aujourd'hui.

— Je n'ai rien avancé qui ne fût réel Ta-Lao-Yé, et je vais vous le prouver.

— Je n'ai jamais mis en doute votre véracité, Shien-Chung.

« Je vous demande seulement de me dire en quoi les cérébraux de votre temps étaient, de près ou de loin, semblables à nous.

— Bien peu et de très loin, Ta-Lao-Yé.

« Et d'abord, ils n'étaient pas plus cérébraux que les autres hommes et ne possédaient, je viens de vous le dire, qu'à un degré très faible, cette puissance que j'admire et que j'envie chez vous.

« Cependant le fait est indéniable.

« Il a existé, je le répète, non seulement au dix-neuvième siècle, mais encore antérieurement, des hommes doués de la propriété de s'élever, sans cause visible, au-dessus du sol, de s'y maintenir, et de flotter dans les airs, sans le moindre appui, et cela, pendant un certain temps.

« Nous donnions à ce phénomène, le nom de *levitation* (1).

« J'ai vu, de mes propres yeux vu, dans l'Inde, des pundits, c'est-à-dire des illuminés, des adeptes, s'enlever doucement dans les airs, par la seule force de leur volonté, et y demeurer, comme je viens de vous le dire.

« Ces hommes vivaient d'une vie essentiellement contemplative, s'absorbaient en eux-mêmes, se détachaient autant que possible du monde extérieur, et s'efforçaient à tout moment d'exaspérer, par des moyens connus d'eux seuls, leur sensibilité nerveuse.

« Je pourrais vous citer des exemples très nombreux.

« Mais je préfère m'arrêter à ceux qui me paraissent le plus concluants, en ce qu'ils ont été soumis à un contrôle rigoureusement scientifique, permettant d'éloigner toute idée de supercherie de la part des témoins ou des acteurs.

« C'est ainsi qu'à maintes reprises, un anglais, membre de la société Royale

1. Voir à ce sujet, le très remarquable article publié par M. le Commandant de Rochas dans la *Revue scientifique* du 12 septembre 1885.

de Londres, M. Crookes, bien connu d'autre part pour ses belles découvertes en chimie et ses mémorables expériences sur la matière radiante...

« Mais je vous parle de Londres, de société Royale, et même d'Angleterre, comme si vous étiez un contemporain... tant mon esprit a de peine à concevoir la succession prodigieuse des siècles écoulés !

— Vous êtes très intéressant Shien-Chung, et j'éprouve, à cette évocation du passé, autant de bonheur que vous en fera ressentir bientôt la connaissance du présent.

« Je suis heureux en outre, d'apprendre que, parmi les hommes de votre temps, il s'est trouvé, en dépit de l'imperfection, ou plutôt de l'infériorité notoire de leur organisme, des êtres privilégiés partiellement et temporairement doués comme nous le sommes.

« Veuillez continuer, je vous prie.

— Eh bien, M. Crookes put, au moyen d'appareils aussi simples qu'ingénieux, mesurer et enregistrer la force développée par ces êtres si heureusement doués, sans que ceux-ci fissent aucun mouvement appréciable, ou semblassent même se douter de cette curieuse et considérable émission de fluide (1).

« Les instruments de précision ne mentent pas, et ne sauraient devenir l'objet d'hallucination n'est-ce pas !

— Sans aucun doute.

« Et, dites-moi, Né-Avant, quel était en somme le développement, ainsi mesuré, de cette force que vous regardez comme considérable.

— Suffisante pour enlever les « sujets » à plusieurs centimètres, et même à plusieurs mètres au-dessus du sol, elle a donné aux appareils une pression évaluée à cent cinquante fois l'unité de poids en usage à ce moment, c'est-à-dire à cent cinquante kilogrammes.

— Très bien.

« Quel est à votre avis, le poids de ce bloc sur lequel vous vous êtes éveillé tout à l'heure ?

— C'est du verre ou du cristal, n'est-ce pas.

— Du cristal.

— ...De quinze cents à deux mille kilogrammes... peut-être davantage...

— Alors, regardez.

En prononçant ces mots, le vieillard se lève doucement, assure ses pieds

---

1. Consulter pour plus amples détails le très intéressant ouvrage du docteur Paul Gibier. *Le Spiritisme*. O. Doin, éditeur, 8, place de l'Odéon, Paris.

sur le sol, se cambre légèrement en arrière, et touche simplement de ses dix doigts écartés l'énorme bloc.

On imaginera sans peine la stupéfaction de Monsieur Synthèse, en voyant cette masse écrasante glisser rapidement, et avec un sourd froissement, sur la gracieuse mosaïque formant le plancher, comme si un mécanisme puissant l'eût subitement entraînée.

— Je puis, continue imperturbablement le vieillard, le culbuter à volonté sur l'une ou l'autre de ses faces...

— Oh ! c'est bien inutile, et je suis persuadé qu'une semblable promesse n'a rien d'impossible pour vous.

— C'est pour moi, pour tous mes congénères, la chose la plus naturelle du monde, car notre force est pour ainsi dire infinie...

« Ainsi, supposez que je saisisse votre poignet entre deux de mes doigts, je pourrais l'écraser, le couper, comme s'il se trouvait pris sous l'angle de cette masse que je viens de déplacer d'un geste.

— Je n'en doute pas.

— Un mot encore avant de vous faire, comme vous le méritez, les honneurs de notre monde.

« Comment expliquiez-vous, il y a dix mille ans, ce phénomène devenu aujourd'hui notre unique manière d'être ?

— Nous supposions que cette force procédant essentiellement du système nerveux, formait une sorte d'atmosphère nerveuse d'intensité variable entourant les corps, et capable, dans la sphère de son action, de donner des mouvements aux objets solides.

« C'est ainsi que, à notre avis, la *lévitation*, où l'enlèvement du corps humain s'opérait par une sorte de répulsion ; le corps étant pour ainsi dire chassé du sol sous l'influence de cette atmosphère nerveuse l'environnant de toutes parts.

— Il n'y a pas d'autres explications à cette propriété, et je suis à mon tour stupéfait de les entendre formuler avec autant de netteté par un homme ayant vécu aux époques les plus reculées.

— Et pourtant, en dépit de leur évidence, la plupart de nos contemporains refusaient de les admettre.

— Était-on si incrédule déjà ?

— Plus encore que vous ne sauriez le supposer.

— Cependant, il y a dans la nature des êtres doués de propriétés toutes particulières...

— Ne fût-ce que le gymnote qui possède une sorte de sens électrique, analogue, toutes proportions gardées, à cette force psychique, en ce que chez lui, l'électricité forme autour de son organisme une atmosphère spéciale.

— Vous avez pleinement raison, Shien-Chung.

« Mais, c'est assez sur ce sujet, du moins pour l'instant.

« Vous sentez-vous de force à quitter ce lieu où j'eus le bonheur de vous trouver et à entreprendre ce voyage que je vous ai proposé.

« Votre lucidité me prouve que chez vous le réveil de ce séculaire sommeil est complet, et c'est là l'essentiel.

« Quant à la vigueur de votre corps, elle est suffisante...

« Fussiez-vous d'ailleurs plus faible qu'un enfant, vous n'en accomplirez pas moins, sans fatigue, comme sans danger, cette exploration qui sera, je n'en doute pas, aussi facile qu'intéressante.

— Je suis à votre absolue disposition, Ta-Lao-Yé et je me remets entre vos mains.

— Entre « vos mains » est parfaitement exact, et vous croyez peut-être ne pas dire aussi juste.

Depuis quelques moments, plusieurs Cérébraux, c'est ainsi que les désigne en aparté Monsieur Synthèse, se sont rapprochés peu à peu des groupes formé par les deux interlocuteurs.

Comme Monsieur Synthèse, ou Shien-Chung, ainsi qu'on l'appela dès lors, amis une sourdine aux formidables éclats de sa voix, et qu'il n'amène plus aucune perturbation dans l'organisme si délicat des sensitives humaines, les nouveaux venus se pressent autour de lui, et l'examinent avec une amicale curiosité.

Ta-Lao-Yé prononce quelques mots de sa douce voix. Ils se rapprochent encore de Monsieur Synthèse qu'ils touchent légèrement de la main, en allongeant le bras en demi-flexion.

Ils sont cinq en tout, Ta-Lao-Yé compris.

A ce contact imperceptible, Monsieur Synthèse radieux, se sent doucement soulevé au-dessus du sol, et s'élève lentement, au milieu du groupe dont il forme le centre.

— C'est donc-là, dit-il tout éperdu, malgré son habituel sang-froid, ce merveilleux procédé dont vous me parliez, vénérable Ta-Lao-Yé.

— Le trouvez-vous à votre gré, Né-Avant?

— Dites que je suis enthousiasmé!... que ma langue ne trouve plus de mots pour exprimer la joie qui m'inonde... et pour depeindre l'inexprimable béatitude qui m'envahit.

A ce moment, le groupe qui venait de glisser doucement par une large ouverture, monte en plein air et s'arrête à la hauteur d'une vingtaine de mètres.

— Vous n'êtes pas sujet au vertige, reprend Ta-Lao-Yé.

« Du reste, vous ne courez aucun danger, étant ainsi soutenu par nous.

« Vous êtes au centre de l'atmosphère formée autour de nos organismes par la force que nous dégageons...

« Vous faites pour ainsi dire corps avec nous, et vous participez à notre existence propre.

« Maintenant, que préférez-vous?

« Aimez-vous mieux être transporté à Tombouctou avec la rapidité de la pensée ?

« Voulez-vous plutôt glisser lentement, à une faible hauteur, au-dessus du sol, et regarder, en voyageur curieux autant qu'expérimenté, les pays au dessus desquels nous allons passer.

— Si vous n'y voyez aucun inconvénient, Grand-Vieux-Monsieur, et si vos aimables compagnons veulent bien acquiescer à mon désir, je vous demanderai cette dernière faveur.

— Vous êtes libre de choisir, Shien-Chung, et notre hospitalité se fera un devoir de remplir toutes vos volontés.

— Je vous rends mille grâces !

« Mais j'espère toutefois ne vous occasionner aucun surcroit de fatigue.

Un rire très doux, très bienveillant, nullement ironique fut la seule réponse des nouveaux amis de Monsieur Synthèse qui comprend, à la façon dégagée dont ils évoluent, qu'il vient de proférer une énormité.

Le groupe, animé d'une très faible vitesse de translation, s'arrête un moment pour permettre à l'ancêtre préhistorique de contempler, pour la première fois, dans son ensemble, le lieu où il s'est si miraculeusement échoué.

Contre son attente, cet examen ne lui procure aucun étonnement. Il aperçoit une ville de médiocre importance, dont les constructions éparses, sans aucune symétrie, sont entourées de végétaux variés confondus dans un pêle-mêle plein de pittoresque.

A côté des superbes produits de la flore tropicale, vivent fraternellement ceux de la zone tempérée, bien reconnaissables, les uns comme les autres à première vue, à leur feuillage, et dont la réunion forme un contraste charmant.

Les constructions de belle apparence, toujours isolées les unes des autres, sont généralement assez élevées et se singularisent par un esprit architectural tout particulier.

Les murailles et les toitures luisantes, éclatantes, scintillent au soleil, avec des nuances variées très différentes de tons et pourtant assez heureusement harmonisées.

— Ce sont là, si je ne m'abuse, dit à voix basse Monsieur Synthèse, des bâtiments chinois, à peine différents de ceux que l'on voyait de mon temps sur les terres du Céleste-Empire.

« La forme et le caractère en sont restés presque immuables.

— Comme notre langage et comme nos traits, Shien-Chung, répond Ta-Lao-Yé.

« A quoi bon modifier ce qui est d'aspect agréable et d'usage commode.

« Ces maisons en porcelaine sont très propres, très fraîches, très saines; elles ont pour nous l'avantage de ne pas s'imprégner des miasmes se dégageant des marais de la côte, d'être inaccessibles aux insectes et aux reptiles malfaisants, et de nous préserver des ardeurs parfois considérables du soleil.

« Que demander de plus?

— C'est juste.

« Encore vous faut-il, non seulement pour les construire, mais encore pour créer les matériaux qui les composent, des artisans habiles.

— N'avons-nous pas nos manœuvres habituels, nos Mao-Tchin, qui, sous notre direction exécutent tous les travaux imaginables.

— En effet.

« En voyant votre race si affinée, si quintessenciée, incapable je le crois le du moins, de ces travaux grossiers, j'oublie qu'il y a l'autre race, la mienne... celle des opprimés... des maudits !

— Ils ne sont ni maudits, ni opprimés, comme vous semblez le croire, Né-Avant.

« Ce sont tout simplement des êtres d'essence inférieure, travaillant sans initiative il est vrai, comme sans répulsion, un peu à la façon d'animaux

« Ils n'innovent rien, mais comme je viens de vous le dire, exécutent d'après nos ordres, et sont d'excellents ouvriers d'art, d'industrie, d'agriculture.

— De sorte qu'il leur est interdit de s'élever au-dessus de leur misérable position.

— Voyons, Shien-Chung n'en était-il pas ainsi de votre temps, toutes propositions gardées cependant.

« N'y avait-il pas des êtres inférieurs, des malheureux, si vous voulez, condamnés par l'implacable nécessité aux travaux les plus durs, les plus ingrats, pendant que d'autres — des heureux ceux-là, bénéficiaient de leurs fatigues et de leurs sueurs.

« Vous-même, Shien-Chung, qui êtes un esprit cultivé, avez-vous jamais remué le sol, transporté des matériaux, tissé des habits ou récolté des grains.

« Vous faisiez faire ces ouvrages par vos inférieurs, vos Mao-Tchin que vous ne regardiez pas comme des égaux.

« Et l'eussent-ils été comme hommes au point de vue matériel, ils n'eussent pu l'être comme intelligence.

« De votre temps, la différence entre les producteurs et ceux qui font produire, entre les exploiteurs et les exploités, pour être moins considérable qu'aujourd'hui, n'en existait pas moins.

— Encore donnions-nous un salaire à nos travailleurs.

— Pensez-vous que nos Moa-Tchin travaillent gratuitement?

« Nous leur donnons tout ce dont ils peuvent avoir besoin : le vivre, le couvert, l'habillement, les soins quand ils sont malades, un asile et le repos quand ils deviennent vieux...

« En faisiez-vous autant jadis, pour ceux de votre propre race ?

— Et pourtant, tout ce qu'ils produisent ainsi de première main est bien à eux.

« Ces vivres que vous leur donnez... comme aussi ces vêtements qu'ils fabriquent, ces maisons qu'ils édifient et tant d'autres choses encore.

« Si vous n'étiez pas là, ils n'en produiraient pas moins pour leur usage ce que vous êtes censé leur donner, car en somme, ils peuvent vivre sans vous.

— Vous semblez oublier qu'ils sont la race asservie et que nous sommes les maîtres ; que tout ce qui est ici est à nous, qu'ils ne peuvent ni ne doivent rien posséder en propre, et que notre volonté a force de loi, parce qu'ils sont manifestement inférieurs au dernier d'entre nous.

« Vous avez compris, n'est-ce pas, termina Ta-Lao-yé, sans que son organe musical ait un seul instant vibré un peu plus fort.

— Hélas murmura douloureusement en aparté Monsieur Synthèse, c'est

Voici une de nos écoles, dit Ta-lao-yé. (Page 536.)

ainsi que j'entendais raisonner et que je voyais agir dans ma jeunesse les propriétaires d'esclaves !

« C'est ainsi que pensaient encore et bien plus tard les Américains du Sud, jusqu'au moment où la terrible guerre de la Sécession brisa les fers de tant d'infortunés et ferma cette hideuse plaie de l'esclavage.

« Mais aussi, quelle revanche aujourd'hui pour la postérité des arrière-neveux de l'oncle Tom !

Et le mouvement de translation du groupe continua en s'accélérant à travers les airs, pendant que le vieux savant, plongé dans ses réflexions, apercevait au-dessous de lui des ruisseaux, des rivières, des bois, des champs, des habitations, des Mao-Tchin courbés sur la glèbe ou évoluant péniblement sur des routes, pendant que passaient près de lui, par troupes ou isolés, les hommes à grosse tête, les cérébraux, glissant indolemment, ou filant comme des éclairs, au gré de leur fantaisie.

Ta-Lao-Yé le premier, rompit le silence observé respectueusement par ses compagnons plus jeunes et certainement inférieurs à lui dans la mystérieuse hiérarchie de la République Cérébrale.

Le bon vieux semble d'ailleurs un peu bavard, et ce silence paraît lui peser.

— Voulez-vous, dit-il à Monsieur Synthèse que nous accélérions notre course ?

« Il n'y a rien de bien curieux à voir d'ici Tombouctou..

« Encore ne ferons-nous que séjourner un moment à cette ville avant de continuer notre voyage autour de la planète.

— Bien volontiers, Ta-Lao-Yé.

« J'aurais cependant quelques renseignements à vous demander relativement à votre organisation, afin d'être absolument à la contemplation des merveilles que vous m'allez montrer, sans être distrait par aucune préoccupation étrangère.

« Je suis toujours méthodique, un peu tatillon si vous voulez et je n'aime pas à m'occuper de plusieurs choses à la fois.

— Parlez, Shien-Chung et comptez toujours sur une condescendance qui qui ne se démentira pas.

— Nous allons, dites-vous, à Tombouctou, la ville dans laquelle vous résidez habituellement.

« Voudriez-vous me dire comment vous êtes organisés au point de vue de la famille, de vos relations entre vous, et avec les Mao-Tchin, vos auxiliaires méprisées mais cependant indispensables.

« Êtes-vous individuellement les maîtres d'un ou plusieurs esclaves, ou votre suprématie s'étend-elle sur la race entière ?

« Quelles sont enfin vos occupations habituelles ?

— Je répondrai brièvement, mais clairement à ces questions m'indiquant l'intérêt que vous portez à notre organisation et je m'efforcerai de vous édifier sur ce sujet de façon à ce que vous puissiez, tout à l'heure, entrer de plein pied dans notre vie.

« Et d'abord, comment vous trouvez-vous, pour l'instant ?

— Admirablement !

— Êtes-vous satisfait de ce système de locomotion ?

— J'aurais mauvaise grâce à ne pas le trouver merveilleux, et à ne pas vous déclarer que l'unique regret de ma vieillesse sera de ne pouvoir, hélas ! l'appliquer moi-même.

« Et vous Ta-Lao-Yé ma présence ne vous apporte-t-elle pas un surcroît de fatigue, ou tout au moins de gêne ?

— Nullement !

« Nous ignorons ce que vous appelez la fatigue, car le déploiement de notre force psychique et pour ainsi dire infini.

« Qu'est-ce donc, par conséquent, que l'adjonction de votre corps, noyé dans notre atmosphère nerveuse, au milieu de laquelle il ne pèse pas plus qu'un impalpable duvet !

« J'en reviens à votre question relative à la famille telle qu'elle est organisée chez vous.

« Nos ancêtres étaient polygames. Mais depuis cinq ou six mille ans la monogamie est d'usage constant parmi nous, bien qu'il n'y ait aucune loi relative au nombre des épouses que peut posséder chaque citoyen.

« Même liberté quant au lieu où se fixe chaque famille.

— Comment ! chaque couple ne possède pas en propre une maison où il se tient de préférence, où sont élevés les enfants et où sont groupés les esclaves affectés au service.

— Oui et non.

« C'est-à-dire que les maisons sont la propriété de tous.

« Chacun choisit à sa convenance, s'installe, séjourne plus ou moins longtemps, et s'en va un beau jour au gré de ses besoins ou de sa fantaisie.

« Nos demeures, comme vous pouvez le voir, sont construites sur un plan à peu près invariable, et merveilleusement adaptées à notre genre de vie.

« Construites en porcelaine massive, elles sont à peu près indestructibles et servent à plusieurs séries de génération.

« Si leur nombre est insuffisant, où si elles viennent à se détériorer, les Mao-Tchin les remplacent aussitôt.

— J'admets volontiers cette manière d'agir, analogue jusqu'à un certain point au système des hôtels meublés dont les Américains ont tant usé et abusé.

« Mais que deviennent vos Mao-Tchin au milieu de tous ces changements ?

— Les Mao-Tchin sont immuablement attachés à l'habitation et à une certaine étendue de terre environnant celle-ci.

« Ils doivent être à chaque instant, et pendant toute leur vie à la disposition du maître, quel qu'il soit, tout en se livrant individuellement, ou par groupes aux travaux nécessités par nos besoins matériels et les leurs.

« Quand quelqu'un parmi nous se déplace, et vous jugez si les déplacements doivent être fréquents, il trouve toujours une maison, des esclaves, les éléments de sa nourriture — identique d'ailleurs pour tous les adultes quelque soit leur sexe.

— Avec un pareil système, vous devez vivre très peu en famille.

« Avez-vous même le temps de vous occuper de l'éducation de vos enfants?

Un nouveau rire s'échappa de la bouche des compagnons de Monsieur Synthèse, au moment où il formula cette réflexion sans doute inattendue ou singulière.

Ta-Lao-Yé reprit aussitôt après cet accès d'hilarité.

— Nous rions de tout cœur, mais sans la moindre intention de vous froisser.

« Mais, c'est que, voyez-vous, Né-Avant, nous ne pourrions supporter qu'il y eût au monde un homme susceptible de croire que nous élevons nous mêmes nos enfants.

— Expliquez-vous, Grand-Vieux-Monsieur, répondit Monsieur Synthèse étonné d'avoir proféré une pareille énormité.

— C'est bien simple : nos enfants sont élevés en communs par les femmes des Mao-Tchin qui leur donnent les aliments du jeune âge, leur prodiguent tous les soins nécessaires, pourvoient à tous les besoins de leur vie matérielle jusqu'au moment où ils commencent à bégayer leurs premiers mots, à essayer leurs premiers pas, sur la terre, comme de simples Mao-Tchin, — et cherchent à s'élever spontanément au-dessus du sol, comme leurs parents.

— Cela me semble en somme à peu près rationnel.

« Et ensuite ?

— Ils sont élevés en commun dans des édifices spéciaux, sous la surveillance et la responsabilité de femmes pendant le jeune âge, puis, d'hommes quand ils sont plus grands.

— Ah ! Je vous attendais-là, Grand-Vieux-Monsieur.

« Ces éducateurs de la jeunesse et de l'enfance, ne sont plus des Mao-Tchin n'est-ce-pas.

— Non, mais bien des Cérbéraux.

— Vous parliez tout à l'heure de l'égalité complète qui existe entre vous tous, gens de la caste supérieure...

« Vous me disiez que votre seule volonté servait de règle à votre vie...

« Comment conciliez-vous cette indépendance absolue, avec le sédentarisme et même le servilisme résultant de ces fonctions... pédagogiques.

— Sédentarisme... soit.

« Mais sachez que sa durée est limitée.

« Nul ne peut d'ailleurs se soustraire à cette obligation, car nos lois ordonnent formellement à chaque citoyen de se consacrer à tour de rôle et gratuitement à l'éducation de la jeunesse.

« Quant au mot de servilisme, il n'a aucune raison d'être pour qualifier la fonction la plus noble, la plus élevée, à laquelle puissent se consacrer des pères de famille.

« Vous pensez bien que nul ne cherche à éviter cette obligation sacrée, et que nous sommes tous égaux devant le devoir.

— Je vous admire sincèrement, Ta-Lao-Yé, et je vous prie d'excuser mon erreur.

— Je n'ai pas à vous excuser, Schien-Chung, car vous êtes de bonne foi et vous n'avez aucune intention blessante.

« Votre réflexion me prouve seulement que de votre temps les hommes professaient sur ce sujet des idées bien inférieures.

— Mais, alors, il faut nécessairement que vous soyez pourvus tous, sans exception, d'une instruction complète...

— En avez-vous jamais douté ?

« Apprenez, que tous, tant que nous sommes, nous possédons, a un certain âge, l'ensemble des conceptions humaines.

— Je serais bien désireux d'assister à une de vos séances... à un cours comme nous disions jadis.

— Dans un moment.

« Nous allons, si vous le désirez, accélérer notre course de façon à franchir instantanément la distance qui nous sépare de la ville.

— Un dernier mot, je vous prie.

« Quand vous traversez ainsi l'espace, avec la rapidité de la lumière, est-ce qu'il ne se produit pas de collisions entre voyageurs ?

« Cette pensée seule me fait frémir pour vous.

— Pareil fait ne se produit jamais.

« Quand bien même deux corps devraient se rencontrer à travers les airs sur la même ligne, il y aurait répulsion entre les atmosphères nerveuses qui les environnent, et glissement latéral, sans contact des deux organismes.

Monsieur Synthèse allait répondre et peut-être élever quelque nouvelle objection, mais il n'en eut pas le temps.

Au moment où Tao-Lao-Yé prononçait ces derniers mots, le voyageur aérien sentit son corps comme comprimé légèrement, et des picotements analogues à ceux qu'il avait perçus lors de sa résurrection se répercutèrent à tout son être.

Cela eût a peine la durée d'un éclair.

Puis, il entendit la douce voix de Ta-Lao-Yé qui disait :

— Nous sommes arrivés.

CHAPITRE V.

Revanche des races opprimées. — Une école. — Les écoliers dorment et n'en apprennent que mieux. — « Éveillez-vous! » — L'hypnotisme et la suggestion aux temps préhistoriques. — Souvenir indélébile d'une seule audition. — Musée préhistorique. — Les étonnements de Monsieur Synthèse. — Un canon de cent tonnes, une plaque de blindage, une hélie. — Les Dieux de l'âge de fer. — Les hypothèses de Ta-Lao-Yé relativement à ce sujet.

Le groupe aérien mit pied à terre au milieu d'une ville importante, sur une vaste place plantée de beaux arbres, et entourée de monuments d'aspect grandiose.

Monsieur Synthèse ayant manifesté à ses compagnons l'intention de faire quelques pas sur cette place, ceux-ci acquiescent volontiers à cette fantaisie bien naturelle de la part d'un homme dont les articulations sont engourdies par un sommeil de cent siècles.

Tout en marchant avec une lenteur pénible indiquant à première vue que cet exercice ne lui est plus, et pour cause, familier, Monsieur Synthèse monologue à voix basse.

— Ainsi, dit-il, cette bourgade mystérieuse perdue là-bas en plein pays barbare, au bord de ce fleuve plus mystérieux encore, Tombouctou, à peine entrevue par nos contemporains, subsiste après les prodigieux remaniements de notre planète.

« Cette civilisation dont nous étions si orgueilleux a disparu sans presque laisser de traces, l'axe du monde s'est en quelque sorte déplacé. Les mers et les continents ont été bouleversés, les races se sont modifiées, l'essence même d'une partie de l'humanité a été changée au point de devenir méconnaissable, et ces trois syllabes absurdes Tom... bouc... tou!.. ont survécu.

« Et non seulement l'appellation existe encore, mais sur l'emplacement des misérables huttes où s'abritait une population sauvage, s'élève aujourd'hui une cité magnifique devenue un des foyers de la civilisation contemporaine.

« Paris... Londres... Berlin... Rome... Pétersbourg... ne sont même plus ce qu'étaient de mon temps Babylone, Thèbes ou Ninive, les cités disparues, mais encore vivantes au moins comme souvenir...

« Rien ne subsiste de ce qui faisait notre orgueil et notre gloire! . même pas des ruines anonymes comme celles de l'Inde, du Kambodje, du Mexique ou de Java !.. Rien !..

« Et Tombouctou, devenu Chinois, resplendit au soleil d'Afrique, là où se trouvait le désert, et où s'épanouissaient les merveilles d'une flore exubérante.

« Et je vois mes congénères, les blancs de race pure, abêtis, dégradés, réduits en esclavage, sur cette terre qui fut par excellence le pays maudit de la servitude !

La douce voix de Ta-Lao-Yé vint interrompre ces pénibles réflexions.

— Vous m'avez, dit le vieillard, témoigné le désir d'assister à une séance d'éducation.

« Voici une de nos écoles : un grand nombre d'enfants sont réunis en ce moment, venez entendre ce que professe un père de famille aux jeunes représentants de la génération future.

Monsieur Synthèse, acquiesce d'un signe de tête, et se dirige avec ses compagnons vers un vaste monument, silencieux comme un tombeau.

Ils pénètrent de plein-pied dans une salle immense construite en amphithéâtre, sur les gradins duquel se tiennent des centaines d'enfants immobiles que l'on croirait changés en statues.

— C'est étrange, en vérité, ne peut s'empêcher de dire Monsieur Synthèse, comme ces petits cérébraux sont peu loquaces.

« Je ne les vois faire aucun geste, je n'entends pas le moindre murmure...

« Quelle discipline de fer ces pères de famille imposent-ils donc à leur progéniture.

— Rassurez-vous Shien-Chung, répond à l'oreille de son nouvel ami Ta-Lao-Yé d'une voix basse comme un souffle.

« Nos enfants ne connaissent pas la contrainte, et ignorent ce que vous appelez la discipline.

— Cependant, cette immobilité, ce silence pénible, cette espèce de contraction de tous ces petits corps qui semblent en catalepsie...

Ma parole, c'est un canon!... (Page 543.)

— Encore une fois, rassurez-vous.

« Apprenez seulement que tous ces enfants sont endormis.

— Endormis... à l'école !..

« Endormis pendant que le maître parle!

— Sans doute.

« Instruire nos enfants pendant leur sommeil est même le seul procédé employé par nous pour fixer dans leur cerveau, d'une manière indélébile, et sans la moindre fatigue, les sciences les plus ardues.

« Mais veuillez écouter ce que dit le Maître.

Celui-ci parle très doucement, comme tous ses congénères, mais avec une volubilité excessive, comme s'il voulait dire le plus possible dans le temps le plus court.

Il fait un signe amical à Ta-Lao-Yé, ainsi qu'à ses compagnons, regarde d'un air étonné Monsieur Synthèse et semble un moment se demander ce que ce Mao-Tchin, à la longue barbe grise, broussailleuse, à la taille de géant, aux habits extraordinaires peut bien faire avec ces cérébraux qui lui témoignent une déférence inusitée.

Ne fût-ce que le fait de violer les prohibitions séculaires, concernant l'exclusion absolue des Mao-Tchin de tout lieu réservé à l'enseignement, on conçoit qu'il y ait là, pour le pédagogue, un motif de stupéfaction naturelle.

Après un moment d'hésitation, il n'en continue pas moins sa leçon sur un geste de Ta-Lao-Yé, en s'adressant à ses jeunes auditeurs dont nul n'a sourcillé.

Cette leçon est un entretien familier sur la cosmographie, et Monsieur Synthèse qui a peine à saisir les paroles du professeur eu égard à la rapidité de son débit et à la faiblesse de son organe, comprend vaguement qu'il s'agit des planètes appartenant à notre système solaire.

Il est pour l'instant question de Mars. Le professeur parle de ses habitants, de ses productions, de sa configuration physique, de son histoire, des progrès accomplis dans les arts, dans les sciences, dans l'industrie. Tout cela est expliqué, détaillé, commenté avec une telle surabondance et une telle précision, que Monsieur Synthèse s'imaginerait volontiers que la leçon a pour objet une contrée quelconque de notre globe.

Quelque persuadé qu'il soit des merveilles enfantées par l'humanité pendant cette énorme succession d'années, il a peine à croire que les Cérébraux puissent être aussi parfaitement édifiés non seulement sur la configuration de la planète, mais encore sur sa vie intime, comme si l'espace infranchissable, représenté par une moyenne de soixante-dix-sept millions de lieues n'existait pas pour eux.

Mais le fait est là, patent, indéniable.

Ta-Lao-Yé qui n'est pas un mystificateur, s'engage à en fournir la preuve à son hôte, en le faisant assister prochainement aux communications échangées entre la Terre et sa voisine.

— Est-ce que ce sera bientôt? demande Monsieur Synthèse avec une sorte de précipitation fiévreuse dont il n'est pas le maître.

— Il me paraît au moins utile d'attendre la nuit, répond le bonhomme en souriant malignement.

— C'est juste, dit Monsieur Synthèse un peu confus de cette hâte incompatible avec son âge, mais excusable pourtant en faveur du motif qui l'occasionne.

— Laissez-moi faire continue Ta-Lao-Yé.

« Je me suis constitué votre guide à travers ce monde si nouveau pour vous, et je vous donnerai pleine satisfaction.

« J'ai tracé tout à l'heure un plan d'ensemble ; je vous engage à le suivre méthodiquement, de façon à ne pas courir d'une chose à une autre, et à nous embrouiller en voulant tout voir en même temps.

« Vous prendrez de la sorte un aperçu de notre monde, et plus tard, si vous le désirez, vous étudierez plus spécialement tel ou tel sujet qui aura plus d'attrait pour vous.

« Pour l'instant, nous effleurons tout sans rien approfondir.

— Votre raisonnement, Ta-Lao-Yé, est celui d'un sage et je souscris avec reconnaissance à votre projet.

« Nous sommes présentement à l'école, restons-y.

« Je ne suis plus bon, hélas! qu'à faire un écolier, et le professeur qui enseigne à ces enfants cette cosmographie stupéfiante pour moi, n'aura pas souvent, j'imagine, un élève de quatre-vingts ans, à peine éveillé d'un sommeil de cent siècles.

Mais la leçon est terminée. La durée des cours est généralement très brève, les cérébraux tenant, en bons hygiénistes, à éviter le surmenage intellectuel.

Le Maître a interrompu son débit, et prononcé ces simples mots :

— Éveillez-vous !

Et aussitôt des cris joyeux partent de tous les points de l'amphithéâtre qui offre bientôt le spectacle d'une bousculade inénarrable.

C'est un véritable changement à vue.

Les écoliers, un instant auparavant rigides et immobiles comme des statues, se lèvent tumultueusement de leurs bancs, partent en l'air comme des ballons captifs dont on aurait coupé la ficelle, vont, viennent, se poussent, se tirent, cabriolent, s'élancent sur le sol, rebondissent, s'arrêtent un moment interdits à l'aspect de l'étranger qui contemple en souriant leurs ébats, puis s'échappent par l'immense porte, comme une volée de moineaux.

La salle est vide en un clin d'œil, et il ne reste plus, dans l'hémicycle, que le professeur, Ta-Lao-Yé, Monsieur Synthèse, et leurs quatre compagnons.

— Eh bien, Shien-Chung, demande en souriant le Grand-Vieux-Monsieur, que pensez-vous de notre façon d'instruire l'enfance, et d'obtenir d'elle, sans aucune fatigue, l'attention la plus complète, et le souvenir impérissable de la chose enseignée.

— Je pense... Je pense que j'ai découvert votre procédé.

— C'est impossible, Né-Avant.

« Quel que soit votre savoir, quelle qu'ait été votre prétendue civilisation, je ne puis admettre chez vos contemporains la connaissance du principe sur lequel est édifié notre système.

— Il est bien simple, pourtant, et on en a fait un usage raisonné dans la seconde moitié du dix-neuvième siècle.

« Je m'explique.

« Quand vos enfants, grands ou petits, arrivent à l'école, ils se mettent en place, puis, le Maître leur dit simplement : « dormez! »

« Comme ils sont tous entraînés vraisemblablement dès le premier âge, ils s'endorment aussitôt, ou plutôt tombent dans une sorte de sommeil qui n'est pas le sommeil physiologique, mais un état particulier de l'esprit et du corps, pendant lequel esprit et corps demeurent dans la dépendance absolue de l'homme qui a dit : Dormez!

« Est-ce bien cela?

— C'est bien cela, répond Ta-Lao-Yé tout étonné

— Veuillez continuer, je vous prie.

— Les enfants, tenus ainsi dans la dépendance du Maître, il s'établit entre eux une sorte de courant dont ceux-ci subissent l'influence aussi longtemps que durera cet état.

« Que fait le Maître?

Il se contente de lire, ou de réciter une seule fois la matière qui fait l'objet de l'enseignement ; les auditeurs, soustraits à toute influence étrangère, se trouvant dans les meilleures conditions possibles d'adaptation, ne laissent pas perdre un seul mot de l'entretien.

« Le voudraient-ils d'ailleurs, ils ne le pourraient pas.

« Leur cerveau, quoi qu'ils fassent, se trouve à leur insu imprégné par le mot et l'idée qu'il représente.

Ceci, du reste, n'est que le travail préparatoire.

L'entretien terminé, *le Maître suggère à tous ses élèves l'idée de se souvenir quand ils seront éveillés,* de tout ce qu'ils ont entendu pendant la leçon, et ils se souviennent pour la vie.

« Ce procédé, merveilleux de simplicité, offre des avantages inappréciables, en ce qu'il soustrait ces jeunes cerveaux à un travail horriblement pénible qui consiste à emmagasiner lentement, par force, pour ainsi dire, l'ensemble des connaissances humaines.

« Tandis qu'en s'imprégnant automatiquement, inconsciemment, et en quelques instants d'une façon indélébile, de tous ces éléments divers, ils deviennent bien vite de véritables encyclopédies.

« Bref, ils ne peuvent pas ne pas apprendre et ne pas se souvenir.

« Ces phénomènes qui semblent devenus, comme d'ailleurs la lévitation, partie intégrante de votre vie, étaient connus de mon temps sous le nom d'hypnotisme et de suggestion.

« J'en ai fait moi-même une étude approfondie, au point que pendant plus de trente ans j'en étais arrivé à remplacer le sommeil physiologique par l'hypnotisme provoqué à volonté par moi-même.

— Cependant, Ta-Lao-Yé, cette découverte est relativement récente, puisque nos plus anciens livres qui remontent à plus de sept mille ans, n'en font pas mention.

« Si mes souvenirs sont bien précis, elle date seulement de quatre mille ans.

— Qu'y avait-il d'étonnant à cela!

« Est-ce la première fois, qu'une connaissance lentement acquise par les hommes, après être tombée pendant de longues années dans un oubli complet, a été retrouvée par de nouvelles générations et inscrite au bilan de contemporains comme une chose absolument neuve!

— C'est vrai, reprit après une longue pause Ta-Lao-Yé devenu tout songeur, en pensant que chez les Maho-Tchin préhistoriques il y avait des hommes remarquables au point de tenir — lévitation à part — un rang des plus éminents parmi les représentants actuels de la race humaine.

— Quoi qu'il en soit, continua Monsieur Synthèse, vous avez merveilleusement simplifié le système d'enseignement, en procédant de façon à supprimer le travail de lente assimilation, en le remplaçant par cette espèce d'imprégnation, de transfusion immédiate, qui, à cette instantanéité, joint un caractère d'indélébilité absolue.

« Nos enfants sachant tout ce qui s'enseigne sans avoir eu besoin d'étudier, n'ont plus, de la sorte, qu'à choisir plus tard, selon leurs goûts ou leurs aptitudes, la spécialité à laquelle ils veulent dorénavant se consacrer.

« Mais, dites-moi, Ta-Lao-Yé, cet enseignement, excellent en principe, me paraît cependant avoir un côté faible.

« Est-ce qu'il s'adresse au seul entendement, à l'exclusion formelle de la vision.

— Que dites-vous là, Shien-Chung !

« Ce que vous venez de voir n'est au contraire qu'une très insignifiante partie de notre méthode.

« Bien loin d'être borné à l'audition, notre enseignement se complète par des séries de démonstrations qui parlent très éloquemment à la vue.

« Ainsi, nous possédons d'admirables collections renfermant, autant que possible, tous les objets ou la représentation des objets ayant été ou devant être pris pour sujet de l'enseignement oral.

« Chaque élève mis à tour de rôle en présence de cet objet doit répéter la leçon, et au besoin la commenter.

— A la bonne heure et je n'attendais pas moins de vous.

« Mais, dites-moi, me serait-il possible de visiter ces collections qui doivent être de véritables musées.

— De véritables musées, vous l'avez dit.

« La chose est d'autant plus facile qu'ils sont à la disposition du public.

« Tiens !... une idée !

« Voulez-vous commencer par visiter cette partie de notre musée national de Tombouctou, où sont de préférence réunies les collections préhistoriques, d'inestimables trésors péniblement amassés depuis de longues années, et dont sont quelque peu jalouses les capitales des provinces du Centre et de l'Orient.

« Peut-être trouverez-vous là des debris contemporains de votre époque.

— Avec le plus grand plaisir, Ta-Lao-Yé.

— Venez, les galeries préhistoriques se trouvent tout près, de l'autre côté de ces bâtiments composant notre université, et qui sont plus spécialement affectés à l'enseignement oral.

En quelques pas, Monsieur Synthèse débouche dans une cour carrée, mesurant à peine vingt-cinq mètres de côté, ou sont rangés, en plein air, une multitude d'objets disparates dont il ne soupçonne même pas l'usage, et sur lesquels il jette un coup d'œil distrait.

Puis il pénètre dans une salle immense, entièrement construite en porcelaine, mais couverte en verre, et dans laquelle pénétrent par conséquent des flots de lumière.

Il s'arrête bientôt devant une masse légèrement tronconique, profondément érodée par la rouille, percée intérieurement d'une ouverture circulaire et munie à sa partie moyenne de deux tenons symétriques.

— Ma parole ! c'est un canon !...

« Un de ces engins monstrueux, pesant près de cent tonnes, et tels qu'en fabriquèrent, à la fin du xixe siècle, les grands entrepreneurs de tuerie.

« Je serais curieux de savoir d'où il vient, et quelle destination peuvent bien lui donner mes nouveaux amis.

« Décidément, c'est chose intéressante que de survivre à son siècle !

Les Cérébraux gardent le silence pendant que Monsieur Synthèse jette de droite et de gauche de rapides regards.

Il aperçoit des rails de chemin de fer assez bien conservés, car nonobstant l'enduit de rouille et les érosions produites par le temps, on peut en reconnaître la forme caractéristique.

Puis une plaque enlevée au blindage d'un cuirassé, et dont les angles sont rongés, usés, déprimés probablement par un long séjour dans l'eau de mer, puis quelques boulets ronds, de l'ancien calibre, 36, puis des obus américains du système Withworth, très longs, très petits de calibre, rangés symétriquement, au nombre d'une douzaine, autour des boulets ronds.

C'est encore un fragment de l'arbre de couche d'un vapeur, une hélice de bronze, une roue pleine en fer, probablement une roue de wagon, et une innombrable série de débris sans forme comme sans nom, soigneusement rangés, étiquetés, immatriculés, catalogués, que Monsieur Synthèse se réserve d'examiner ultérieurement.

Pour l'instant, il n'envisage au milieu de ce bric-à-brac inénarrable, que les objets ci-dessus mentionnés.

Il va parler, décrire à ses compagnons ces instruments dont ils ne connaissent peut-être pas rigoureusement l'usage, quand il s'arrête, stupéfait devant des tableaux explicatifs accrochés au dessus de chaque débris.

Ces tableaux sont de superbes gravures dont l'exécution fait plus d'honneur aux artistes qui les ont exécutés, qu'à ceux qui les ont inspirés.

Ils sont censés représenter les engins tels qu'ils étaient alors que les ancêtres préhistoriques en faisaient usage. Il est bon de dire : censés, car cette tentative de restauration est absolument insensée, et Monsieur Synthèse qui ne rit jamais, se tient à quatre pour ne pas éclater !

Le bon Ta-La-Yé, se méprenant sur le silence de Shien-Chung, vient obligeamment à son secours et se met en devoir de lui « expliquer l'explication, » qui peut-être manque de clarté pour lui.

— Nous voici, comme vous pouvez le voir, en pleine époque du fer, postérieure, je le crois, de plusieurs siècles au vôtre.

« Du reste, je n'affirme rien, car nos livres sont muets à ce sujet, et les documents datant de la conquête ont malheureusement été anéantis par nos ancêtres.

Monsieur Synthèse fait un signe poli d'acquiescement, et ne répond pas

— Voici, continue Grand-Vieux-Monsieur, une scène de la préhistoire telle que nous l'ont inspirée ces longues et lourdes tiges de métal, dit-il en désignant deux rails de chemins de fer encore jumelées par trois traverses de fer.

« Ces deux tiges parallèles, ont dû certainement servir de traîneaux à vos congénères les Mao-Tchin, pour évoluer en nombre, et avec une lourde charge sur les glaces hyperboréennes.

« Voyez comme ce renflement qui existe sur toute la partie inférieure est bien conçu pour glisser sans effort sur la glace, avec une traction médiocre.

« Sur cette charpente de fer formant des patins indestructibles, les Mao-Tchin élevaient de véritables constructions qu'ils pouvaient déplacer à volonté en les faisant traîner par les rennes, comme ils le font encore aujourd'hui, à partir du 50ᵉ de latitude Nord.

« Les patins de leurs traîneaux sont analogues à ceux-ci, mais ils sont en bois. Les Mao-Tchin contemporains étant peu à peu retournés à la barbarie ne savent plus travailler les métaux comme leurs ancêtres.

« La scène figurée sur ce tableau, représente, par analogie, un convoi de Mao-Tchin anciens, émigrant sur leur traîneau garni de ces poutrelles de fer.

« L'artiste n'a eu pour ainsi dire qu'à copier d'après les Mao-Tchin sauvages qui s'entêtent jusqu'à présent à végéter sur leur glace éternelle.

« Que pensez-vous de cette reconstitution, Shien-Chung ?

— Je la trouve très ingénieuse, répond Monsieur Synthèse qui a repris toute sa gravité.

Puis il ajoute, en aparté :

— Voyons un peu ce que ce diable d'homme va faire de ces obus Withworth et de ces boulets pleins dont les américains ont repris, en certains cas, l'usage vers 1878.

Comme s'il eut deviné l'intention de Monsieur Synthèse, Ta-Lao-Yé reprend de son même ton solennel, indiquant l'homme sûr de son fait

DIX MILLE ANS DANS UN BLOC DE GLACE

Ceci, reprend Ta-lao-yé doit certainement vous représenter une portion de canal souterrain..... (Page 549.)

— Vous voyez ces tiges cylindro-ogivales — il y en a douze, notez bien ce détail, et ces quatre boules en fer plein.

« Veuillez examiner maintenant le tableau explicatif.

« Qu'apercevez-vous ?

— Des hommes, des Mao-Tchin jouant aux quilles

— C'est bien cela.

« Depuis les temps les plus reculés, nos esclaves ont une véritable passion pour un jeu très simple, et bien en rapport avec leur débilité intellectuelle.

« Ils prennent pour cela douze morceaux de bois, grossièrement façonnés en tronc de cône, et s'amusent à les abattre avec une boule également en bois.

« Le gagnant est celui qui en abat le plus.

« Ils sont généralement quatre partenaires... Notez bien cette particularité : quatre !

« Or, dans des fouilles dont le procès-verbal est conservé aux archives de notre université, on trouva, dans une caisse métallique, les douze objets en fer que vous voyez rangés devant vous.

« Vous entendez bien : douze !

« Puis, quelque temps après, et dans la même région, les quatre sphères de fer, réservées aux quatre partenaires.

« N'est-il pas évident pour vous comme pour moi, comme pour tout homme de bon sens, que les hommes de l'âge de fer, n'ayant peut-être même pas de bois à leur usage, ont dû faire servir ces engins à ce jeu dont la tradition s'est conservée jusqu'à nos jours.

« L'analogie est frappante.

« Telle est la scène représentée au tableau, de façon à établir aux yeux de nos enfants les rapports extraordinaires qui relient au présent le passé séculaire.

« Rien d'intéressant, n'est-ce pas, comme la restauration de ces époques lointaines sur lesquelles sont muettes les légendes, et qui revivent ainsi sous nos yeux, au moyen d'hypothèses aussi ingénieuses, que probantes.

— Très ingénieuses... et très probantes... répète comme un écho Monsieur Synthèse impassible.

— Quant à cet énorme bloc de fer, reprend, en indiquant la plaque de blindage, Ta-Lao-Yé qui ne saurait pressentir dans la reflexion de Monsieur Synthèse la moindre trace d'ironie, tout semble nous démontrer jusqu'à présent qu'il servait à des sacrifices.

« Il est, ou du moins il était quadrangulaire avant ces érosions qui en ont altéré les lignes.

« Les deux faces sont parfaitement planes et parallèles, et son épaisseur très considérable éloigne toute idée d'un engin industriel.

« Il devait en effet être d'un déplacement très pénible, eu égard aux difficultés qu'éprouvaient à manœuvrer des corps aussi pesants, les hommes préhistoriques, auxquels manquait la force dont nous disposons.

— Et pourquoi demanda Monsieur Synthèse en faites-vous un autel sacrificatoire ?

— Son poids, sa forme, le métal qui le compose, tout nous le donne à le supposer.

« Qu'y avait-il d'étonnant à ce que les hommes de l'âge de fer aient mis en usage et préférablement à tout autre, ce métal caractéristique de leur époque pour offrir des victimes à leurs idoles ?

— Mais encore, avez-vous quelques données sur ces divinités de la préhistoire ?

— Ce monstre de métal, dit Ta-Lao-Yé en montrant le canon debout sur sa culasse profondément corrodée.

« Il très difficile d'en reconnaître la forme primitive, tant les ravages du temps l'ont altérée.

— Mais, pourtant, malgré toute la bonne volonté imaginable, il est impossible de rencontrer dans cet... objet, une apparence humaine.

— Qui vous dit que les préhistoriques aient prétendu donner au Dieu du fer la forme d'un corps humain ?

« Je crois plutôt à un symbole créé d'après les rites...

— Pourquoi l'avoir creusé intérieurement ?

— Sans doute pour qu'il soit moins lourd à dresser...

« Peut-être pour y introduire des substances particulières...

« Nous sommes encore réduits aux conjectures.

« On ne saurait se faire une idée des difficultés présentées par cette étude où les documents précis manquent à chaque instant, et dans laquelle il faut progresser avec une lenteur infinie, sous peine de proférer des énormités.

« Donc, je conclus, sauf erreur ultérieurement reconnue :

« Cette table de fer, cette sorte de colonne creuse, également en fer, trouvées en même lieu, au nord de notre province, et profondément enfouies dans des sables peut-être recouverts dans la suite par la mer, sont des objets du culte de l'âge de fer.

« Et je vous ferai observer, à ce propos, la singulière tendance des hommes de cet époque à faire grand, en dépit de la faiblesse et de l'imperfection de leurs moyens.

« Mettez en présence de ces lourdes masses, nos Mao-Tchin restés sensiblement pareils à leurs ancêtres, jamais ils n'arriveront à les mouvoir en dépit de tous les plus énergiques efforts.

« L'esprit n'est-il pas stupéfait, en voyant ces hommes réduits à leurs seules forces, travailler et dresser de pareils colosses !

— La reconstitution de la scène du sacrifice, telle que l'a figurée votre artiste me semble très réussie, interrompt Monsieur Synthèse de plus en plus imperturbable.

« Ma parole c'est un holocauste humain !

— L'énorme quantité de squelettes entassés dans les sables autour de ces objets donne la plus grande vraisemblance à cette hypothèse.

« Pourquoi ces ossements ne seraient-ils pas ceux des visiteurs offertes au monstre de métal.

— C'est juste.

— Peut-être ai-je tort d'être aussi affirmatif, car le sol a certainement été l'objet de nombreux et considérables remaniements.

« Je n'en veux pour preuve que la présence de cette croix de bronze — il montrait l'hélice — trouvée au milieu de ces objets appartenant manifestement à une autre époque.

— Et pourquoi, Grand-Vieux-Monsieur ?

— Parce que tout semble démentir la simultanéité de l'âge de fer et de l'âge de bronze.

« Cependant, la croix de bronze se trouvait non loin de la table et de la colonne de fer !

« La encore, notre incertitude est grande :

« Pourquoi une croix ?...

« Pourquoi cette torsion de droite à gauche des branches.

« Il y aurait cinq ou six de ces branches, on pourrait supposer que les Mao-Tchin ont voulu figurer une étoile.

— Que faites-vous dit Monsieur Synthèse en désignant l'arbre de couche, de cette immense tige de fer qui a conservé, en dépit du temps sa forme cylindrique ?

— Elle est restée ici, dans la galerie de fer, bien qu'elle dût à mon avis, être placée dans une autre galerie où se trouvent les poteries et généralement les objets en terre.

— Je vous serais reconnaissant de vouloir bien me donner la raison de cette apparente contradiction.

— Venez, je vous prie, dans cette galerie ; vous comprendrez aussitôt.

Le groupe de visiteurs, vivement intéressé par cette causerie familière, se rend aussitôt à l'endroit indiqué, et Monsieur Synthèse qui s'est promis de ne s'étonner de rien, aperçoit, allongée sur le sol... une longue et mince cheminée d'usine en briques.

La cheminée est rompue en plusieurs morceaux, mais tous les fragments ont été soigneusement juxtaposés, de façon à conserver au monument sa configuration.

— Ceci, reprend Ta-Lao-Yé, doit certainement vous représenter une portion de canal souterrain, d'aqueduc, dans lequel les Mao-Tchin faisaient arriver d'un point à un autre leurs eaux potables.

« Le canal qui a peu souffert, semble remonter à une époque très éloignée, contemporaine de l'âge du fer.

« On l'a trouvé dans des terrains d'alluvion, avec de vagues débris d'habitation, très profondément enfouis dans le sol.

— Mais la tige de fer... dit-il en voulant parler de l'arbre de couche.

— Elle est exactement du calibre de la cavité ménagée dans l'aqueduc en brique.

« Nous supposons qu'elle a pu servir de moule aux ouvriers qui ont donné cette forme si rigoureusement circulaire au canal intérieur...

« ... Que pensez-vous de tout cela, Shien-Chung ?

« Nos déductions vous semblent-elles concluantes, et croyez-vous, de bonne foi, que nos tentatives de restauration méritent l'approbation des véritables savants.

— Je pense que les études préhistoriques sont éminemment attrayantes et qu'elles surabondent en surprises.

CHAPITRE VII

Organisation sociale. — Les mères de famille. — Compression des cerveaux. — Au milieu de la nuit. — La plaine qui devient alternativement et instantanément blanche, puis noire. — Procédé très simple, mais bizarre. — Télégraphie optique. — Cinq cent mille hommes occupés à tourner et à retourner des toiles. — Pourquoi pas des signaux lumineux ? — La numération servant à établir les signaux

Il fait nuit. L'atmosphère est d'une admirable limpidité. Pas le plus petit nuage, pas la moindre trace de brume. Sur le bleu sombre du firmament les astres luisent avec un incomparable éclat.

Une véritable nuit de poètes et... d'astronomes.

Monsieur Synthèse lesté d'un festin aussi varié que scientifique, digère ou plutôt assimile les substances qu'il vient d'absorber en homme auquel un jeûne de dix mille ans a servi d'apéritif.

Ses aimables compagnons, bien restaurés aussi se préparent à un voyage dont le but fait trépigner d'impatience le vieux savant Suédois.

— Patience, Shien-Chung, répète pour la dixième fois Ta-Lao-Yé.

« Vous connaissez la stupéfiante vélocité de notre course... à quoi bon partir maintenant pour arriver là-bas trop tôt.

« Il n'est pas temps encore.

« Causons en attendant, si vous voulez.

— Soit ! causons.

« Permettez-moi, tout d'abord, de vous observer une particularité qui m'a beaucoup frappé, quoi que je n'aie seulement passé une journée avec vous.

« Je viens de voir une ville populeuse, Tombouctou, et je n'y remarque aucune trace de commerce ou d'industrie.

« Voilà qui me confond, étant donné que je me suis endormi à une époque de négoce et d'industrialisme à outrance.

— A quoi bon spéculer et trafiquer.

« Pouvons-nous augmenter notre somme de bien-être, puisque nous possédons un nécessaire qui n'a nul besoin de superflu.

« Nos besoins matériels sont réduits au minimum… et la gourmandise est un vice inconnu chez nous.

« Notre climat tempéré n'est sujet à aucune variation et nous n'avons nullement à nous préoccuper des saisons.

« Nos vêtements, simples, amples, commodes sont adaptés à nos commodités et à notre conformation… Leur mode invariable est passé dans les mœurs, après des lois somptuaires qui, je dois le dire, ont été en vigueur pendant de longues années.

— Mais encore faut-il fabriquer ces vêtements et produire vos aliments.

— Les Mao-Tchin sont tisserands ; quant à notre nourriture, il suffit de quelques laboratoires où nous travaillons à tour de rôle… comme à l'école.

— Les substances alimentaires peuvent ne pas se trouver à votre portée.

— Mais elles sont dans le voisinage des laboratoires, agencés d'ailleurs pour produire sans interruption.

« Quant à l'approvisionnement général, vous semblez ignorer que chaque homme peut, en un clin d'œil transporter chez lui sa subsistance pour un temps indéterminé.

— C'est juste !

« J'oublie toujours cette merveilleuse faculté qui vous confère un véritable don d'ubiquité.

— Nous n'avons, en conséquence, nullement à nous préoccuper des moyens de communication qui étaient, pour nos ancêtres une question essentielle.

« Au lieu de faire venir à nous les éléments, nous allons à eux, où et quand bon nous semble.

« L'instantanéité de nos évolutions, notre force psychique dont le développement est presque infini, nous permettent de réaliser ce que les autres hommes cherchèrent si longtemps et si péniblement.

« D'autre part, la terre habitable se bornant à une zone circulaire et non interrompue qui suit à peu près les tropiques, les productions sont à peu près identiques.

« Il est donc inutile de transporter ici ou là telle ou telle substance que nous sommes certains de trouver partout.

— Cependant, vous travaillez intellectuellement.

— Énormément, mais d'une façon pour ainsi dire inconsciente.

« Nous vivons surtout par la pensée... La pensée seule qui nous procure des joies indicibles.

« N'allez pas croire cependant que nous nous enfermons en nous-mêmes, que nous nous absorbons comme autrefois les illuminés auxquels suffisait cette contemplation intime... une espèce d'hypnotisme permanent.

« Nous sommes au contraire en échange continuel d'idées.

« Notre esprit est toujours en mouvement comme notre corps; et de même que nous mettons en commun toutes nos ressources mutuelles, de même aussi nous échangeons nos idées, nos découvertes, les résultats de nos travaux ainsi utilisés au profit de tous.

« Grâce à cette organisation sociale qui en restreignant nos besoins, nous permet de vivre sans la pensée même d'une préoccupation, nous pouvons nous consacrer entièrement à la science que nous envisageons sous ses innombrables aspects, et que nous assimilons dans toutes ses manifestations.

« Voyez-vous, Shien-Chung, nous sommes réellement, par rapport à vous, une race à part qui, comme je vous le disais tout à l'heure, poursuit depuis de longues années une œuvre de « dématérialisation. »

« Où cela nous mènera-t-il, je n'en sais rien... peut-être dans quelques centaines de mille ans à la spiritualisation absolue.

« Pour le présent, vous remarquez qu'aux fièvres d'antan a succédé un calme complet...

« Plus de luttes, plus de compétitions, plus de haines, plus de rudes travaux, plus de soucis... L'humanité unifiée se repose !

— Vous êtes véritablement heureux, Ta-Lao-Yé.

« La vie ainsi réalisée doit être certainement l'idéal du bonheur.

« Mais à propos, permettez moi une dernière réflexion relative à votre état social.

« Comment comprenez-vous la famille ?

« J'ai vu vos enfants à l'école, et j'ai applaudi sincèrement à vos procédés d'éducation.

« Et leurs mères... vos femmes ?

— La situation de la femme, est chez nous depuis longtemps définie.

« La femme est en tout et pour tout notre égale

Une lumière intense, brille au sommet d'une tour. (Page 557.)

« Elle jouit de tous nos droits, de toutes nos prérogatives et partage, le cas échéant, toutes nos responsabilités.

« Je dois vous confesser cependant que cette unification ne s'est pas opérée sans luttes.

« L'histoire nous apprend que jadis, au temps où sous l'influence des causes multiples qui ont modifié notre race, nos cerveaux commençaient à prédominer, les femmes plus nerveuses, moins équilibrées, moins raisonnables — excusez la banalité du mot — mirent l'humanité en péril.

« Non contentes d'aspirer à devenir nos égales, elles prétendaient à la maîtrise complète, à la domination absolue.

« Chaque famille devenait un enfer... la vie intime était en général atroce.

« Soit que les éléments cérébraux manquassent de coordination, soit que le système nerveux exaspéré fût hors de proportion avec l'organisme féminin, soit pour tout autre motif que nos ancêtres n'ont pu approfondir, les hommes eurent à passer une période terrible.

« C'est au point que les législateurs, à bout d'arguments et de pénalités, décrétèrent que, dès le bas âge, on tenterait d'empêcher, au moyen d'une compression méthodique de la boîte crânienne, l'accroissement de la masse cérébrale chez tous les enfants du sexe féminin.

— Vous allez faire de toutes vos femmes des microcéphales, des idiotes.

— Mieux valait encore des idiotes que les monstres qui tyrannisaient nos pères, au point de les faire tomber dans la folie furieuse.

— Comprimer des têtes pour annihiler la pensée, voilà qui est bien chinois! interrompit Monsieur Synthèse.

« Tiens! à propos, cette pratique à laquelle je ne puis refuser un brevet d'originalité, a eu son pendant jadis, avant le grand exode de la race mongolique.

« Saviez-vous que vos ancêtres, ces hommes éminemment pratiques, comprimaient, au point de les atrophier ; complètement les pieds de leurs filles, qui, de la sorte demeuraient forcément à la maison.

— Nous le savons, et nos pères ne l'ignoraient pas.

« C'est même cette coutume qui, je crois, a suggéré à nos législateurs l'idée d'arrêter par un moyen analogue l'hypertrophie cérébrale.

— Et ce moyen héroïque a-t-il au moins réussi ?

— Admirablement !

« L'accroissement du cerveau fut arrêté net chez la femme pendant une période assez longue.

« Les hommes profitèrent de ce répit : ils virent s'accroître d'autant leur cerveau, vécurent tranquilles et établirent sans conteste leur domination.

« Quand ils eurent ainsi pris une avance notable, les législateurs levèrent l'interdit après plusieurs générations.

« Les cerveaux féminins recommencèrent à s'accroître, mais les hommes, plus avancés, conservèrent leur distance, tout en dirigeant avec douceur, mais avec fermeté l'esprit de leurs compagnes.

« Celles-ci se laissèrent aller sans résistance, elles furent domptées pour ainsi dire, et quand plus tard elles arrrivèrent au même degré de progression encéphalique, elles ne différaient plus moralement des hommes qui les avaient éduquées.

« Ainsi finit cette révolution sociale qui pouvait amener non seulement la prédominance de la femme sur l'homme, mais encore la mise en esclavage, l'abâtardissement de ce dernier.

« Mais, il est temps de partir, et de nous diriger vers le lieu où s'opèrent présentement les communications entre Mars et la Terre.

« J'ai attendu au dernier moment parce qu'il fait nuit, afin d'opérer instantanément notre voyage sans vous laisser le moindre regret, puisque l'obscurité nous empêche de rien voir sur notre passage.

« Quant à vous, mes amis, veuillez vous grouper comme précédemment autour de Shien-Chung, de façon à l'envelopper du faisceau de nos forces réunies.

« Nous partons! Né-Avant...

« ... Et nous arrivons! dit-il quelques instants après.

— Où sommes-nous? demande Monsieur Synthèse légèrement étourdi, les tempes un peu comprimées, la poitrine haletante.

— A une jolie hauteur, pour vous permettre d'embrasser dans son ensemble la série de manœuvres, très simples en somme, grâce auxquelles s'opère cette conversation entre des planètes.

— C'est donc pour cela, que je ressens dans la respiration cette gêne que j'attribue à la raréfaction de l'air.

— Voulez-vous descendre un peu?

« Nous sommes, quant à nous, tellement habitués à ces incursions aux extrêmes limites de l'atmosphère, que nous souffrons infiniment moins de cette diminution des éléments respiratoires.

— Merci! nous aviserons tout à l'heure si cette dyspnée devient par trop intolérable.

— Que voyez-vous au-dessous de vous?

— Grâce à la clarté produite par la lune qui vient d'apparaître à l'horizon, j'aperçois une vaste plaine blanche... mais blanche comme si elle était couverte de neige.

— L'illusion est, en effet, presque complète.

« Et pourtant, ce n'est pas de la neige, mais bien du tissu blanc.

— Vous dites du tissu, interrompit Monsieur Synthèse interloqué !

« Du tissu couvrant un pareil espace !

— Absolument !

— Je suis confondu !

— Bah ! vous en verrez bien d'autres... Qu'apercevez-vous encore ?

— Une lumière assez intense, mais bien insuffisante cependant pour constituer un signal inter astral.

— Ensuite ?

— Voilà qui est singulier, reprend tout à coup Monsieur Synthèse.

« La plaine blanche a brusquement disparu pour faire place à une immense tache d'un noir opaque.

« La lumière s'éteint également.

« ... Et la tache noire disparait à son tour pour laisser apercevoir de nouveau la plaine blanche !

« Et la lumière reparait...

— Eh ! bien c'est tout.

« Les communications viennent de commencer avec Mars et l'on va répondre vraisemblablement de chez nos voisins qui doivent, de leur côte, fixer sur notre planète leurs meilleurs instruments d'optique.

— Nous sommes n'est-ce pas, aux environs d'un observatoire astronomique.

— Le meilleur et le mieux organisé de toute la Terre.

— Je serais envieux de le visiter.

— Dans un moment, lorsque vous vous serez bien rendu compte de la manœuvre très élémentaire qui nous permet cependant d'échanger nos pensées, malgré la formidable distance qui nous sépare.

Les occultations continuent d'après un certain rythme, sur le sol qui passe, par intermittences plus ou moins irrégulières du blanc au noir, et réciproquement, mais de façon à ce que ces occultations concordent rigoureusement avec celles de la lumière.

Monsieur Synthèse reprend :

— Somme toute, c'est une simple expérience de télégraphie optique.

— Simple si vous le voulez en tant que manœuvre.,. mais singulièrement compliquée comme éléments.

— Expliquez-vous, je vous pris, Grand-Vieux-Monsieur.

— Nous allons maintenant descendre et nous approcher aussi vite que possible du sol, afin de vous faire envisager le détail de l'expérience.

« Vous comprendrez alors d'un seul coup d'œil, sans recourir à des explications qui n'avanceraient à rien.

Aussitôt le groupe se laisse glisser à pic. La tache grandit rapidement, atteint des dimensions énormes, et s'étend de tous côtés aussi loin que la vue peut se porter, au fur et à mesure que s'opère la descente.

Monsieur Synthèse et ses compagnons touchent à terre.

— Il y a là, continue Ta-Lao-Yé, une armée colossale, comptant de quatre cent cinquante à cinq cent mille hommes...

— Des Mao-Tchin? interroge vivement Monsieur Synthèse.

— Non pas, s'il vous plaît, Shien-Chung.

« Les Mao-Tchin ne sont que des manœuvres indignes de collaborer de près ou de loin à ce qui constitue pour nous une partie du grand-œuvre, de notre vie scientifique, de notre existence cérébrale.

« Tous ceux qui s'agitent sous vos yeux, avec l'instantanéité de la pensée, sont de nos congénères

« Mais, approchez Né-Avant... ne craignez pas de gêner l'opération.

« Nous nous trouvons tout à fait à la lisière du champ d'expérience, et les éléments sont tellement innombrables que le fonctionnement d'une certaine quantité est sans aucune importance.

Encouragé par cette cordiale invitation, Monsieur Synthèse s'approche à pas lents et contemple de tout près, un spectacle réellement stupéfiant.

Devant lui, un tissu de dimensions considérables qu'il évalue à première vue à cent mètres carrés pour le moins, est étalé à plat sur le sol.

D'un côté, le tissu est attaché par des pieux implantés dans la terre, et de l'autre côté, il est aux mains de deux hommes, immobiles pour l'instant.

C'est-à-dire, pour éviter toute confusion relativement à cette disposition, que la pièce d'étoffe étant carrée, les deux pieux placés en regard l'un de l'autre maintiennent immobiles deux angles, pendant que les autres angles sont maintenus par les deux hommes.

A côté de cette pièce, une autre, puis encore une autre, et ainsi de suite indéfiniment, aussi lointains que la vue peut s'étendre, aussi nombreux que la pensée l'imagine.

Sur la droite de Monsieur Synthèse, et dominant de haut la plaine entière, une lumière intense, brille au sommet d'une tour.

Aussitôt les deux hommes qui se trouvent en face du vieux savant Suédois, accomplissent une volte rapide, instantanée.

Sans lâcher leur tissu qu'ils tiennent à la main chacun par un angle, ils glissent au ras du sol avec leur vélocité d'ombres impalpables.

La toile obéit naturellement à cette impulsion, mais en se retournant au fur et à mesure que s'opère le mouvement.

La course des deux hommes est limitée aux dimensions de l'étoffe, c'est-à-dire à cent mètres environ, d'après le calcul de Monsieur Synthèse.

Les pieux opèrent une faible traction, opposent un léger obstacle. La toile est retournée entièrement et appliquée de nouveau sur le sol, mais en sens inverse et sur un espace voisin de celui qu'elle occupait tout à l'heure.

D'un côté elle est d'un blanc de neige, de l'autre elle est aussi noire que le charbon.

Au moment précis où la face noire est appliquée sur la terre, la lumière s'éteint.

Bientôt, elle brille de nouveau. Aussitôt, les Cérébraux attentifs à ce signal qui guide leur manœuvre, s'élancent dans la direction opposée à celle qu'ils viennent de parcourir et retournent en un clin d'œil sur leur pas.

Le côté noir de la toile qui, un instant auparavant faisait face au ciel, se trouve appliqué de nouveau sur le sol et la surface blanche apparaît.

Et de tous côtés, à perte de vue, des milliers, des centaines de milliers d'hommes, également attentifs au signal lumineux, répètent cette manœuvre avec la précision, l'instantanéité d'un automate pourvu d'un million de bras, avec plus de facilité encore que nous ne retournerions à deux, un simple drap de lit étalé sur une prairie !

Cette étrange opération se continue pendant près d'une heure, sans autres interruptions que celles produites par les occultations qui ont évidemment une signification pour ceux connaissant la clef de ces mystérieux signaux.

Puis tout s'arrête brusquement.

— C'est fini pour l'instant, dit Ta-Lao-Yé.

« Les Martiens ont reconnu nos signaux : c'est maintenant à nos astronomes de surveiller attentivement la manœuvre de leurs correspondants planétaires et de ne pas laisser perdre une seule des occultations de la lumière que leurs télescopes leur font apercevoir dans Mars.

— Ah !... les habitants de Mars n'ont pas adopté votre système.

— Pour une raison bien simple.

« C'est qu'il est infiniment plus facile de manœuvrer des faisceaux lumineux, quelque nombreux et intenses qu'ils soient, que d'habituer des centaines de mille hommes à cette précision dont ils viennent de vous donner la preuve.

« Mais notre position, par rapport au soleil nous interdit d'user du procédé usité par nos voisins.

— En effet, la terre se trouvant entre Mars et le Soleil, demeure pour ainsi dire noyée dans la lumière projetée par ce dernier, de sorte qu'une lumière artificielle, même très intense, risquerait de n'être pas aperçue par les Martiens, en dépit de la force et de la précision de leurs instruments.

— Nos ancêtres ont en principe essayé de ce moyen, alors que après des centaines d'années d'attention, les générations avaient successivement reconnu, à n'en pas douter, que des signaux lumineux partaient de Mars

« On vit pendant des siècles, des lumières apparaître et disparaître suivant des lois périodiques très simples, mais affectant un caractère bien *vivant*.

« On répondit de la Terre, en augmentant de plus en plus l'intensité des sources lumineuses. mais se fut en vain.

« Les signaux ne devaient pas, ne pouvaient pas être aperçus de Mars, par la raison que vous venez de m'indiquer très justement, raison applicable seulement à la Terre, puisque par rapport à Mars, nous tournons en quelque sorte le dos au soleil.

— C'est parfaitement évident.

« Supposons la production de phénomènes lumineux sur Mars, sur la Terre et sur Vénus.

« On verra de la Terre la lumière de Mars, on verra de Vénus celle de la Terre, mais on ne verra pas de Mars celle de la Terre, et de la Terre celle de Vénus.

— Effectivement.

« En présence d'efforts aussi vains que prolongés, un astronome de l'antiquité s'avisa d'un procédé qui fut suggéré par l'aspect lui-même de Mars.

« Remarquant que les taches blanches formées aux deux pôles de notre voisin par les calottes de glace, se modifient sous l'influence des saisons, il se dit que peut-être il serait possible d'attirer les regards de ses habitants, en modifiant d'une façon rythmique, vivante, une surface blanche quelconque de la Terre.

« C'était l'embryon de l'idée si heureusement exploitée de nos jours.

« Croiriez-vous qu'il fallait plusieurs siècles aux Cérébraux de l'époque, déjà organisés comme nous le sommes, pour la mettre en pratique, nonobstant l'insuccès permanent des signaux lumineux !

« Peu à peu cependant, l'idée progressa, rencontra des adeptes plus ou moins nombreux qui y consacrèrent leur vie.

« Car ne croyez pas que le système des communications interastrales s'établit d'emblée comme vous le voyez fonctionner aujourd'hui.

— Je m'en doute bien...

« Ne fut-ce que les tâtonnements énormes nécessités par la recherche et la compréhension mutuelle des rythmes qui forment la clef de vos correspondances.

— Mais auparavant, il fallut essayer longtemps, user plusieurs existences avant même de pouvoir faire apercevoir nos signaux et d'être certains qu'ils étaient aperçus.

— C'était là en effet l'essentiel.

— On fit choix d'un emplacement bien horizontal, dépourvu de végétaux, non accidenté et couvert de sable bien blanc.

« C'est celui que nous occupons encore aujourd'hui.

« Des hommes furent convoqués en troupes nombreuses et espacés sur ce pacifique champ de manœuvre, après avoir été pourvus de larges morceaux d'étoffe noire.

« Ils devaient compter une certaine quantité de nombres, de façon à opérer avec autant de simultanéité que possible, et enrouler ou dérouler leur étoffe, de manière à faire apparaître le sol successivement blanc et noir

« Malgré l'insuffisance du procédé, les habitants de Mars, toujours aux aguets, aperçurent le signal et répondirent.

« Vous pouvez à peine vous imaginer l'immense impression de joie et d'orgueil quand le fait fut bien et dûment constaté.

— Il est évident interrompit monsieur Synthèse, que les habitants de a planète de Mars, infiniment plus ancienne que la Terre, et plus avancée qu'elle dans l'évolution sidérale, ont dû essayer longtemps auparavant de correspondre avec nous.

« Cette idée était même très accréditée de mon temps.

« J'imagine volontiers qu'ils nous ont fait des signaux que nous n'avons su ni voir ni interpréter, à cause de l'imperfection de nos appareils.

— Leurs essais remontent à des centaines de siècles, comme ils nous l'ont fait savoir depuis que les communications sont régulièrement établis, et comme vous pourrez le voir aux comptes rendus publiés par nos observatoires.

— Je n'en doute pas.

Il avait feuilleté pendant plusieurs heures les archives de l'Observatoire. (Page 567.)

« Pour peu que leurs instruments aient été plus parfaits que les nôtres, ce qui ne fit aucun doute pour moi, ils ont dû connaître, même au dix-neuvième iècle, la Terre mieux encore que nous ne connaissions la Lune.

« Ils ont probablement constaté les modifications subies par notre planète et certins phénomènes d'ordre matériel ne leur ont certainement pas, échappé ; qui sait même s'ils n'ont pas constaté des faits particuliers de notre existence.

«... Les deboisements de certaines contrées, l'accroissement des grandes cités, les marées du mont Saint-Michel, les travaux modernes nécessitant de grandes agglomérations d'hommes, comme les canaux de Suez ou de Panama...

« ... Les grandes guerres : celle de la Sécession, ou la lutte Franco-Prussienne...

« Que de joies perdues pour les savants de mon temps !

Ta-Lao-Yé reprit :

— Dès qu'il fut bien avéré que les Martiens avaient aperçu nos signaux, on s'occupa de perfectionner notre outillage si défectueux, avant même de penser à établir un système quelconque de numération.

« Le terrain fut rigoureusement nivelé et rendu aussi horizontal que la surface des eaux tranquilles.

« On fit ensuite tisser par tous les Mao-Tchin dont on put disposer, d'énormes quantités d'étoffes légères mais très résistantes.

« On augmenta ensuite dans d'immenses proportions le nombre des transmetteurs humains, et l'on commença leur éducation.

« Ce n'était pas peu de chose, croyez-le bien, que d'arriver à discipliner trois, quatre ou cinq cent mille hommes, de façon à les faire évoluer sur un simple signal aperçu de tous en même temps, et à les faire manœuvrer comme des automates.

« Fort heureusement la conformation des cérébraux se prête merveilleusement à ces sortes d'exercices.

« Leur force psychique leur permet de se déplacer aussi vite que la pensée, et de mouvoir avec la même instantanéité des fardeaux écrasants.

« Des hommes organisés comme vous l'êtes n'eussent jamais réussi à couvrir et à découvrir, comme nous le faisons, de pareils espaces, avec la vitesse et la précision de la pensée.

« Tout cela était bien, on correspondait, mais on ne nous comprenait pas.

« On se bornait à répéter sensiblement les signaux aperçus pour indiquer qu'on les distinguait.

« C'est alors que les plus savants s'ingénièrent à chercher un système de numération composé de signes très élémentaires, et à en utiliser tous les arrangements possibles dans l'ordre de génération de ces arrangements,

« Cette numération comprit d'abord l'occultation simple, l'occultation double, triple, etc.

« On se borna à trois signes élémentaires que je puis vous représenter sur le sable par des points dont les intervalles sont proportionnels aux durées des disparitions de la surface blanche.

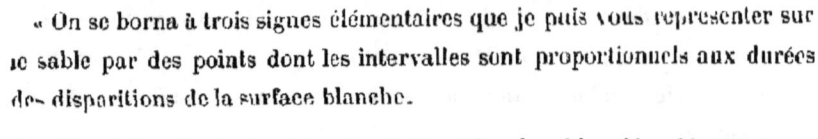
etc.

« L'étude la plus sommaire de cette série révèle sa loi. C'est une suite de groupements différents composés de un, de deux, de trois termes élémentaires et ainsi de suite ; et ces termes élémentaires sont seulement de trois espèces : l'occultation simple, l'occultation double, l'occultation triple.

« Ils se substituent les uns aux autres dans tel terme des groupes consécutifs, suivant leur ordre de grandeur.

« Ce système, vous le voyez, peut se continuer indéfiniment, et servir de cette manière à représenter la série des nombres ordinaires.

« Les Martiens comprirent à merveille et répondirent à l'occultation rythmique de notre surface blanche, par des éclairs successifs produits dans un ordre identique.

Ce mode de numération bientôt admis de part et d'autre, on essaya d'établir les rapports réellement explicites.

« On ne peut transmettre que des nombres, comme vous le savez.

« C'est donc avec des nombres que l'on a réussi à s'entendre. Il s'agissait de traduire par un procédé géométrique simple, des figures planes convenablement choisies, en séries numériques, et transmettre successivement les termes de ces séries.

« Les mathématiciens connaissent plusieurs procédés graphiques au moyen desquels une figure plane — ou même solide — est fragmentairement représentée par une série de nombres.

« Réciproquement ils savent traduire une série de nombres en une figure construite par points.

« Les divers moyens graphiques doivent donc être classés de manière à ce qu'on choisisse tout d'abord le plus simple.

« Là encore, les Martiens évidemment plus élevés que nous intellectuellement saisirent à merveille.

« Ils essayèrent les divers procédés et finirent par trouver celui que nous avions adopté (1), et réussirent à ramener nos occultations rythmées à une transmission de dessins, de projections planes.

1. Ce procédé de numération dont j'indique à peine le principe, a été conçu et élaboré avec tous ses développements, par un savant Français, M. Charles Cros, qui indépendam-

Monsieur Synthèse avait écouté attentivement cette longue et quelque peu indigeste définition, sans donner la moindre marque d'impatience.

— Vous avez compris, n'est-ce pas, Shien-Chung, reprit de sa douce voix Ta-Lao-Yé.

— J'ai compris, Grand-Vieux-Monsieur, et je vous avoue sincèrement que ce procédé, très ingénieux sans doute, me semble n'être pas en rapport avec votre civilisation.

— C'est, je n'oserai pas dire le meilleur, mais du moins le moins mauvais de tous ceux que l'on a expérimentés jusqu'à ce jour.

« Nous nous en contentons faute de mieux.

— Mais il doit être horriblement long.

— Sans doute, bien que depuis longtemps nous ayons réussi à établir des conventions abréviatives.

« Encore, faut-il ajouter à cette lenteur résultant de l'imperfection du système, le temps matériel exigé par la transmission du signal jusqu'à Mars, soit trois minutes lorsque Mars se trouve le plus rapprochée de nous.

« Vous savez cela, n'est-ce pas, Shien-Chung.

— Me prenez-vous pour un enfant, ou pour un Mao-Tchin de l'an 11880, Ta-Lao-Yé !

« Oui, Grand-Vieux-Monsieur, je sais que les orbites décrites par Mars et par la Terre, autour du soleil, au lieu d'être circulaires sont légèrement elliptiques, de sorte que l'intervalle qui les sépare varie sensiblement d'un point à un autre.

« Cet intervalle qui est en moyenne de dix-neuf millions de lieues, ou de soixante-seize millions de kilomètres, comme nous disions jadis, peut, en certains points diminuer jusqu'à quatorze millions de lieues, ou cinquante six millions de kilomètres.

« Or, la lumière parcourant par seconde soixante-quinze mille lieues ou trois cent mille kilomètres, le signal mettra, dans ce dernier cas, pour arriver à Mars, trois minutes et cinq secondes.

« Mais peu importe quelques minutes ou quelques millions de kilomètres de plus ou de moins !

« J'avais rêvé mieux que cela, jadis, moi qui vous parle.

ment de sa belle découverte de la photographie des couleurs, a réussi à fabriquer par la synthèse des pierres précieuses, et a indiqué le premier le principe du phonographe.

M. Cros, qui est en outre l'auteur d'un admirable traité de *mécanique cérébrale*, prétend réaliser au moyen de *la lumière*, les communications interastrales

« Ah ! si j'avais disposé d'un milliard de cérébraux comme ceux qui habitent maintenant ta terre, notre planète serait la maîtresse de l'infini !

« Mais, bah ! à quoi bon évoquer le souvenir de ce rêve gigantesque dont la réalisation est désormais impossible pour moi.

Puis, il ajouta brusquement après une longue pause :

— Dites-moi, Grand-Vieux-Monsieur, me sera-t-il permis de prendre connaissance de tous vos travaux relatifs à Mars ?

— Quand vous voudrez.

« Vous pourrez même, si cela peut vous être agréable, examiner vous même toutes les planètes les plus rapprochées de nous, et les étudier avec les instruments qui nous donnent des grossissements dont vous ne sauriez vous faire la moindre idée.

« Je vous promets une nuit intéressante pour peu que vous soyez versé dans la science astronomique.

CHAPITRE VIII

Amertume et désillusions. — Une humanité retirée des affaires. — Monsieur Synthèse constate que tout n'est pas pour le mieux, dans notre monde vieilli. — A travers l'espace. — Conversation édifiante, aux extrêmes limites de l'atmosphère. — Encore la constitution des Cérébraux. — Anciennes années. — La ligue des patriotes. — La Chine Orientale. — Le volcan. — Sur l emplacement de l'Atole. — Débris du Grand-OEuvre. — Le tombeau de Monsieur Synthèse.

Depuis vingt-quatre heures seulement, la résurrection de Monsieur Synthèse est accomplie et déjà le vieillard sent un morne ennui succéder à la fièvre du premier moment.

Revenu à l'existence avec toute son intelligence intacte, il a pu, grâce à sa prodigieuse faculté d'assimilation, et aidé d'ailleurs par ses hôtes, prendre une vue assez complète du monde au cent dix-neuvième siècle, et, ce monde, ne lui laisse qu'amertume et désillusion.

D'abord, ces anciennes conceptions de l'humanité future étaient diamétralement opposées à ce que la réalité lui offrit quand il s'éveilla dans la maison de porcelaine, pénétré du fluide dégagé par les Cérébraux.

De là désillusion, non seulement parce qu'un homme de sa valeur n'aime pas à se tromper, mais encore parce que aucun des grands problèmes qu'il s'était posés jadis n'avait même été abordé. Problèmes dont la solution ne devait pas, à son avis, exiger un pareille succession d'années, et désormais insolubles, en égard à la direction prise par les idées des contemporains actuels.

Puis, il trouvait singulièrement vieillotte cette humanité qui lui avait semblé à première vue, et non sans raison peut-être, frappée de stagnation.

— Des hommes qui s'endorment sur une planète qui se refroidit, pensait-il, et apprenant d'eux qu'ils n'innovent plus rien et se contentent de faire valoir le domaine intellectuel légué par leurs ancêtres.

La Terre amoindrie comme zone habitable, unifiée comme race et comme produits, et devenue chinoise lui apparaît comme enfermée dans la vieille enceinte de brique, jadis infranchissable aux idées, aux coutumes, aux bruits, aux aspirations du dehors.

Cette unification de la race n'est-elle pas d'ailleurs la cause unique de cette stagnation, en ce sens qu'elle a fait cesser l'âpre lutte pour la vie, cette lutte qui crée les besoins, donne carrrière à tous les instincts, triomphe des éléments, enfante le génie.

Et il ajoutait comme variante

— Une humanité retirée des affaires !

D'autre part, il faut bien le dire aussi, son admiration du premier moment avait reçu une rude atteinte lors de sa courte visite au musée préhistorique.

Les insanités entassées en ce lieu et développées avec ce superbe aplomb de l'ignorance, ces commentaires fous, ces restaurations baroques lui avaient inspiré de sages réserves relativement aux autres merveilles qu'on prétendait lui montrer.

Le système de correspondance intersidérales lui paraissait ingénieux sans doute, mais singulièrement arriéré — pour tout dire, chinois — en ce sens que le travail de l'homme remplace l'effort des machines ou de éléments.

Combien il eût aimé, lui, l'audacieux, qui ne reculait devait rien, substituer à cette opération plus originale que grandiose, le magnétisme astral, l'électricité, ou même l'attraction proprement dite !

Il avait feuilleté pendant plusieurs heures les archives de l'observatoire, collé son œil à l'oculaire d'un télescope monumental, reconnu à n'en pas douter que des signaux partaient de la planète Mars... et après !

Pour peu que les congénères du Grand-Vieux-Monsieur eussent mis autant d'ingéniosité à les interpréter, qu'à définir l'usage des engins préhistoriques, l'histoire de Mars par les Terriens devait être le plus inénarrable compendium de bourdes interastrales.

Et pourtant, ces êtres coulés dans un moule identique, ces bonshommes à grosse tête, ces doux encyclopédistes possèdent un privilège incomparable qui en fait des créatures à part et réellement supérieures à l'humanité telle que la représente Monsieur Synthèse.

De là une amertume à laquelle il ne peut se soustraire, car son infériorité corporelle lui apparait de plus en plus pénible, au fur et à mesure qu'il a besoin d'opérer le moindre mouvement

Et dire que des êtres si merveilleusement doués, possédant une telle intensité de fluide, ne sont encore à l'utilisation presque exclusive des forces humaines.

Quelles merveilles n'accompliraient-ils pas, s'ils mettaient en usage celles de la nature s'ils créaient des machines en rapport avec leur organisation, s'ils faisaient travailler en grand les choses, au lieu de se gaspiller ainsi eux-mêmes !

Immobiliser bêtement plusieurs centaines de mille hommes à retourner des tissus blancs et noirs, quand il en suffirait d'un millier avec quelques kilomètres de fil de fer, et un certain nombre d'appareils analogues à ceux dont on se servait au dix-neuvième siècle pour plier les journaux !

Ces gens-là ignorent-ils donc le principe du transport des forces !

Et Monsieur Synthèse qui se sent de plus en plus redevenir le Bonhomme Jadis, en arrive à établir entre le présent et le passé des comparaisons qui ne sont par à l'avantage du premier.

Ah ! s'il n'y avait pas cette admirable lévitation !

Où en seraient-ils, ces prodigieux Cérébraux, s'ils étaient, comme leurs ancêtres préhistoriques, rivés au sol et privés de leur incomparable élément psychique.

Cependant, en dépit de ces récriminations que Monsieur Synthèse ne voudrait pas laisser soupçonner à ses hôtes, il va être encore forcé de recourir à eux pour continuer son voyage d'investigation circumterrestre. Et ce n'est pas là son moindre sujet de mécontentement, quand il pense qu'il ne peut s'isoler un moment, voir, étudier, admirer ou critiquer à son aise, sans être perpétuellement aux mains de ce groupe qui l'élève et l'emporte avec des attitudes d'apothéose.

N'était cette légitime satisfaction à donner à sa non moins légitime curiosité, ma foi ! Monsieur Synthèse déjà saturé de cette vie nouvelle, pénétré d'ailleurs de son infériorité, demanderait à retrouver, avec son bloc de glace, l'oubli séculaire de la banquise ?

... La voix de Ta-Lao-Yé dont l'énervante douceur commence à l'exaspérer, l'avertit qu'il est bientôt temps de partir.

Et le groupe qui, comme les chœurs de la tragédie antique se trouve toujours à point nommé pour fournir la réplique, recevoir une confidence, exalter un héros ou maudire un coupable, le groupe se déclare prêt à renouveler son effort collectif, et à transporter Shien-Chung aux contrées les plus lointaines.

Son œil se fixe sur cette incandescence. (Page 576.)

Et Shien-Chung se remet entre les mains de son groupe, et Ta-Lao-Yé donne le signal du départ en avertissant le dit Shien-Chung que le Tour du Monde va se continuer de l'Ouest à l'Est avec lenteur ou célérité, selon que le voyageur en décidera.

— Eh bien, veuillez me transporter en Extrême-Orient, là où se trouve le continent soupçonné où plutôt prédit par moi et dont les assises furent constituées par l'incessant travail des coraux.

« J'ai particulièrement étudié la région, j'ai même collaboré à la formation de ce continent et je ne serais pas fâché de prendre un aperçu de sa configuration actuelle.

A ces mots, Monsieur Synthèse se sent brusquement enlevé du sol et transporté, d'un seul jet aux limites extrêmes de l'atmosphère respirable.

Puis le groupe dont il forme le centre se déplace latéralement avec une célérité inouïe, en dépit de laquelle il voit pourtant se dérouler à perte de vue un interminable panorama.

On pourrait croire que cette foudroyante vitesse empêche la perception des objets et des lieux, ou du moins la rend indécise au point d'amener leur absolue confusion.

Il n'en est rien. Soit que la force psychique dégagée par les Cérébraux et dont Monsieur Synthèse se trouve intimement pénétré, augmente en quantités incalculables ses facultés ou en crée de nouvelles en lui, soit que la hauteur à laquelle s'opère la translation lui facilite cette perception d'une vaste région dans son ensemble, il est stupéfait de l'incomparable netteté de sa vision.

Là était le Soudan avec ses déserts de sable, aujourd'hui couverts de verdures épaisses et sillonnés d'une multitude de cours d'eau qui se ramifient à l'infini, au milieu de ce sol transformé qu'ils vivifient.

Là devait être la Haute Égypte, avec le Nil dont les branches supérieures forment un immense lac d'eau douce, à ce qu'affirme Ta-Lao-Yé.

Par contre, la mer Rouge a disparu, avec le Golfe d'Aden. Disparu aussi l'Océan Indien duquel ont émergé de nouvelles terres qui se sont soudées du Somal aux îles Laquedives et Maldives, se sont réunies à Ceylan et à la pointe méridionale de l'Indoustan, et ont comblé tout l'espace compris entre le golfe d'Oman et l'Équateur, au-dessous duquel s'étend une vaste Méditerranée.

Comblés aussi, le golfe du Bengale, le golfe de Siam, entre lesquels s'allongeait autrefois comme l'échine d'un continent immergé, la maigre et distorte presqu'île de Malacca.

Sumatra, Bornéo, Java, les Célèbes, les Philippines ne forment plus qu'une terre qui rejoint le royaume de Siam, la Cochinchine et la Chine.

Il n'y a plus qu'une Asie Méridionale soudée à l'Afrique Centrale, et s'étendant, à perte de vue, jusqu'en Extrême-Orient, où fut le Grand Pacifique, où fut l'Océanie.

Et partout Monsieur Synthèse constate cette prodigieuse vascularisation du système hydrographique, grâce à laquelle toutes ces terres, anciennes ou nouvelles se trouvent arrosées à profusion.

Partout la même végétation exubérante, partout les mêmes produits tropicaux modifiés par la présence des produits de la zone tempérée, partout aussi une population très dense, avec ses maisons uniformes, ses villes silencieuses, ses esclaves attachés au sol.

— Allons, dit-il avec une certaine amertume dans la voix, c'en est fait !

« Il ne reste plus rien de la configuration de l'ancien monde... absolument rien !

« Les animaux sauvages, les oiseaux eux-mêmes ont presque entièrement disparu.

— Mais les espèces utiles ont été depuis longtemps domestiquées, répondit Ta-Lao-Yé.

« Avais-je donc oublié de vous mentionner cette particularité ?

« Les Mao-Tchin ont des troupeaux pour leur subsistance, des bêtes de somme ou de trait pour les aider dans leurs travaux... ils élèvent des oiseaux pour leur utilité... même pour leur agrément.

« Malheureusement il nous a été impossible de nous débarrasser des insectes et des reptiles qui pullulent en certains points.

« Quoi qu'il en soit, nous pouvons dire que la presque totalité de la terre disponible est utilisée.

— Et vous vivez toujours en paix, entre habitants de contrées ou mêmes d'hémisphères différents...

« Jamais il n'y a chez vous de luttes, d'idées d'asservissement, de domination.

— Puisqu'il n'y a qu'un seul pays, sans États, sans frontières... que ce pays est la Terre !

« ... La Terre habitée par une seule race.

— Quoi que vous m'ayez dit précédemment, je ne puis me faire à la pensée de cette unification absolue de tant de races différentes en une seule, vivant de la même vie, voulant les mêmes choses, poursuivant le même but.

« Vous n'avez même pas à redouter les guerres civiles, heureux représentants du cent dix-neuvième siècle.

— A quoi bon tuer les hommes !

« Est-ce qu'ils ne meurent pas assez comme cela, demanda simplement Ta-Lao-Yé avec une naïveté qui eut fait hurler d'indignation un conquérant

« Bien loin de chercher à raccourcir la vie de nos semblables, nous cherchons, par tous les moyens possibles à la prolonger.

— Il ne peut cependant pas en avoir été toujours ainsi.

« L'humanité, en principe, étant plutôt mauvaise que bonne, il a fallu ou de terribles leçons de l'adversité, ou un régime de fer pour produire ce respect de l'existence.

— Oh ! d'accord !

« Et cette confraternité que rien ne peut altérer, ne s'est pas établie sans lutte.

« Il y a quelques milliers d'années à peine, mettons cinq mille... je n'ai pas la date bien présente a l'esprit.

« La Terre presque unifiée comme race, était encore divisée en plusieurs parties, nommées États, séparés arbitrairement par des limites quelconques : fleuves, mers ou montagnes.

« Ces États avaient même des chefs qui parfois poussaient l'insanité jusqu'à vouloir s'agrandir aux dépens des voisins.

« Comme si le sol n'était pas à tout le monde, ou à personne, ce qui est exactement la même chose.

« Aussi nos ancêtres eurent des armées.

— Comment, interrompit Monsieur Synthèse, cette paix universelle ne dure que depuis cinq mille ans !

« Jusque-là les hommes ont été assez fous, assez criminels pour détruire leurs œuvres, ravager leurs terres et s'entr'égorger...

— Mais non !

« On ne détruisait rien, et l'on ne ravageait pas davantage, puisqu'on ne tuait qu'un seul homme, le chef !... et c'était justice.

— Je ne comprends pas.

— C'est bien simple.

« Chaque État, grand ou petit, avait son armée, composée suivant son importance, de deux cents, cinq cents, ou mille hommes.

— Pas plus ?

« De mon temps les armées comprenaient toute la nation.

— Cela m'en donne une déplorable idée.

— Quelle était l'organisation de ces petites armées ?

— On ne peut plus élémentaire.

« Chaque soldat recevait de l'État une somme énorme...

— Alors, à cette époque, les transactions s'opéraient encore avec des objets monnayés.

— Oui.

« Je reprends : chaque soldat volontaire, — on en trouvait trop et l'on ne prenait que les plus forts, les plus braves et les plus honnêtes — chaque volontaire faisait le serment solennel de tuer le chef d'État qui ne vivrait pas en bonne intelligence avec ses voisins.

— Voilà qui est parfait.

— Tous les moyens étaient bons : le fer, le feu, le poison, la trahison, l'embuscade pour rayer du nombre des vivants l'homme qui mettait en péril l'existence de ses semblables.

« Un soldat partait isolément, déguisé, s'introduisait par ruse auprès du tyran, le tuait ou était tué.

« Dans ce dernier cas, un autre le remplaçait… puis un autre… puis dix… puis cent s'il le fallait.

« Et fatalement le tyran succombait !

« Car, croyez-moi, Shien-Chung, il n'est pas de consigne si rigoureuse qui ne cède, de barrière si haute qui ne tombe devant l'inébranlable volonté d'un homme absolument résolu à sacrifier sa vie pour conserver l'indépendance de son pays, et sauvegarder l'existence des siens.

« Cette ligue patriotique composait chez nos ancêtres ce que vous appeliez les armées permanentes, et certes, cette petite armée, peu dispendieuse, mais fermement résolue à frapper le seul auteur du mal en valait bien une autre.

« Tous ces hommes étaient comblés d'honneurs et de richesses, ils occupaient partout la première place, et n'avaient à intervenir que très exceptionnellement, car les chefs de province, sachant le danger qu'ils couraient à troubler la paix publique, se tenaient pour avertis.

« Cet état de choses dura quatre ou cinq générations à peine, jusqu'au jour où l'unification fut complète, grâce à l'absorption définitive des races humaines par la race chinoise.

« Les hommes ne reconnurent plus d'autres maîtres qu'eux-mêmes, se dirigèrent à leur fantaisie…

— Vous avez commencé par une épouvantable anarchie.

— En aucune façon.

« Étant donné qu'il ne faut pas faire aux autres ce que l'on ne voudrait pas qu'il vous fût fait à vous-même, et que la liberté de chacun commence où celle de tout le monde finit, il fut très facile de s'entendre.

« Aussi, notre législation fut-elle très simple dès le début, grâce à une sanction pénale très vigoureuse, appliquée par le peuple assemblé.

— Et cette sanction pénale était ?

— La mort !

« Que pensez-vous de cette législation ?

— Je n'ai rien à reprendre aux causes étant donné les effets...

« Mais...

— La Chine Orientale !... interrompit Ta-Lao-Yé en indiquant à Monsieur Synthèse le continent formé par la surélévation au-dessus du Pacifique des anciens récifs de coraux et leur intime cohésion.

Rien ne rappelle dans ce continent, de formation relativement récente, son origine toute particulière. On n'aperçoit nulle trace de coraux. Le sol uniforme, composé de terre noirâtre, recouvre sans interruption les dures assises calcaires. La flore modifiée de tout en tout, offre le même aspect que dans les autres régions; les mêmes maisons à toitures camuses émergent des futaies, les rivières serpentent de tous côtés et se perdent dans les Méditerranées dont les flots bleus scintillent au soleil.

De loin en loin fument quelques volcans dont la présence atteste un travail continuel opéré dans les couches profondes...

— Moins vite !... Grand-Vieux-Monsieur... Moins vite, je vous prie, s'écrie Monsieur Synthèse.

Docilement, le groupe s'arrête et se met à planer.

— Je voudrais bien descendre, continue Monsieur Synthèse, afin d'examiner de plus près la terre.

A peine s'il a le temps de formuler son désir, qu'il se sent tomber comme un aérolithe.

Le groupe s'arrête à quinze mètres au-dessus du sol.

— Et maintenant Shien-Chung, que désirez-vous? demanda Ta-Lao-Yé.

— Opérer quelques recherches dans le voisinage de ce volcan.

— C'est facile, répond Ta-Lao-Yé qui murmure quelques mots à voix basse à ses compagnons.

Et le groupe aussitôt se met à zigzaguer lentement, en courant des bordées capricieuses autour d'un large périmètre couvert de laves depuis longtemps refroidies.

Monsieur Synthèse vient de reconnaître, à n'en pas douter, le volcan qui fit éruption, jadis, au moment où il allait réaliser sa mémorable expérience, son grand-œuvre, qui comportait l'évolution complète de la série animale depuis la monère jusqu'à l'homme !

Là, le sol a n'plus sa banale uniformité. Partout des traces de violentes convulsions, de soulèvements successifs, de dissolutions terribles, de luttes séculaires entre les éléments.

La conquête de la terre sur l'Océan n'a pas été pacifique, à en juger par ce chaos remanié sans cesse par le géant qui gronde et secoue furieusement sa chevelure de flammes et de fumée.

Monsieur Synthèse, sans crainte d'abuser de l'inaltérable complaisance de ses compagnons, continue ses recherches au milieu des scories de toutes sortes éparses au milieu des laves. Pierres poreuses, roches vitrifiées, débris de coraux affleurant aux bords de crevasses surabondent par places : ces derniers surtout.

Tout à coup, monsieur Synthèse pousse un tel cri, que les Cérébraux ne peuvent retenir un gémissement douloureux, tant la délicatesse de leur organisme se trouve douloureusement impressionnée.

Sans même paraître remarquer leur émoi, il désigne de son doigt crispé, un bloc de corail de forme presque cylindrique, à peu près régulier, posé à plat sur un banc de lave, mais légèrement incliné comme la défunte tour de Pise.

— Là !... c'est-là !... dit-il, d'un air tellement égaré, que ses compagnons le croient subitement frappé d'aliénation mentale.

Ils s'approchent du bloc, prennent pied sur le plan de la section horizontale et regardent interdits, Monsieur Synthèse, qui marche à grands pas comme un fiévreux.

Le vieillard arpente l'étroite surface, portant à peine vingt-cinq mètres de diamètre, s'arrête, repart, gesticule, se baisse, casse quelques fragments de corail dont les dimensions semblent énormes, les examine, les rejette bientôt et se prend à monologuer, avec de grands éclats de voix.

— Et moi aussi, j'ai survécu à mon siècle !

« Ce débris, cette masse inerte que des ignorants... vous-mêmes les premiers... oui, vous-mêmes attribueriez à la nature... ce bloc formé du séculaire entrelacement de coraux morts... cette broussaille de pierre est mon œuvre !

« Là était l'Océan !... L'immense Pacifique, avec ses eaux vertes qui se pulvérisaient aux rocs.

« Là j'ai touché du doigt la réalisation de la plus sublime conception qu'ait enfanté un cerveau humain.

« Je triomphais, quand ce volcan maudit produisit l'effroyable bouleversement qui brisa mon œuvre et fit sombrer ma raison...

« Mais, que dis-je !

« Mon intelligence est-elle bien réellement égarée ?...

« Mon grand-œuvre, est-il mort ?...

« Ai-je dormi dix mille ans ?...

« Ai-je réellement survécu à ceux qui me sont chers... ne vais-je pas m'éveiller, tout à l'heure et échapper à cet effroyable cauchemar qui m'écrase !

« Anna !... ma fille, ne vais-je pas apercevoir ton gracieux visage penché sur moi, épiant mon retour à la vie... entendre ta douce voix prononcer à mon oreille ce mot qui fait battre mon cœur : « Père ! »

« Mais non ! Je ne vois que ces flammes qui m'aveuglent... Je n'entends que ces grondements qui m'assourdissent...

« Je suis seul... et maudit !

« Eh bien, soit... Je n'irai pas plus loin.

« Puisque après les siècles écoulés, les hasards invraisemblables d'une destinée que je n'avais pas cherchée me conduisent ici... puisque ce volcan qui a englouti l'œuvre de ma vie, a ramené plus tard ce bloc de corail du fond de l'Océan desséché, cette épave sera mon tombeau.

« Un tombeau digne de moi !

« Là devait naître le premier représentant d'une race dont nul n'eût pu prévoir les destinées, car mon grand-œuvre eût changé la face du monde.

« Là périra, avec son illusion brisée par un caprice de la nature, le dernier homme de ma race.

« Dormir !... Je veux dormir pour toujours...

« Ne jamais plus m'éveiller !

Comme il disait ces mots, ses regards sont attirés par un bloc vitrifié sur lequel se réfléchissent avec un éclat aveuglant les rayons du soleil équatorial.

Son œil se fixe sur cette incandescence avec la joie farouche d'un désespéré contemplant l'arme ou le poison qui va le débarrasser d'une vie odieuse.

Quelques secondes à peine s'écoulent, et l'hypnotisme se produit, instantané, foudroyant.

Alors, Monsieur Synthèse, se penche doucement en arrière, tombe lentement à la renverse sur le plan incliné formé par la section du bloc, et demeure étendu sur le dos, l'œil toujours fixé sur le faisceau lumineux, le corps rigide, sans un mouvement, sans un geste, sans un spasme.

FIN

TABLE DES MATIÈRES

PROLOGUE

SAVANTS ET POLICIERS

I. — Chez le préfet de police. — Portefeuille volé. — Le rapport du Numéro 27. — Monsieur Synthèse. — Un crédit de cent millions. — Un homme qui vit sans manger ni dormir. — Commande et livraison de cinq cents scaphandres. — Coup de couteau. — L'agent Numéro 32. — Un professeur de « substances explosives ». — Alexis Pharmaque. — Les paroles s'envolent, les écrits se volent. — La piste. — Encore Monsieur Synthèse. — La maison mystérieuse de la rue Galvani. — Portes closes. — Consigne inflexible. — La flotte de Monsieur Synthèse. — Le Grand-Œuvre.. 1

II. — Perplexités du préfet de police. — Au Grand-Hôtel. — L'état civil de Monsieur Synthèse. — Les Bhîls hindous. — Les « papiers » de Monsieur Synthèse. — Lettres de noblesse. — Un in-folio de diplômes. — Autographes de souverains. — La vitrine aux décorations. — Monsieur Synthèse confesse volontiers qu'il fabrique le diamant. — « Tout est vrai, Monsieur ! » — Projet de communications interastrales. — Un milliard et demi de terrassiers. — Déplacement de l'axe de la Terre. — « Si la planète ne vient pas à moi, j'irai à la planète. » — Propriétaire foncier de la Terre. — « Je dors et j'ai faim. »..................... 16

III. — Le repas d'un homme qui ne mange pas. — L'idéal de deux kilogrammes de viande. — Festin scientifique réduit à des proportions infinitésimales. — Éléments de la chair. — Les corps simples composant ces éléments. — Viande fabriquée artificiellement. — La *Synthèse* chimique. — Régime varié. — Le sommeil d'un homme qui ne dort pas. — L'hypnotisme et la suggestion. — Un homme de soixante ans a employé environ vingt années de sa vie à dormir. — Pour ne pas perdre un instant de l'existence. — La suggestion de l'idée du repos. — Encore les scaphandres. — Monsieur Synthèse déclare qu'il veut fabriquer de toutes pièces un continent, et le préfet de police se croit mystifié................. 30

IV. — Querelle de savants. — La science et la Genèse. — Doctes aménités — Un type d'alchimiste moyen âge. — Un savant moderne. — Alexis Pharmaque, et le jeune M. Arthur. — *Quos ego!*. — Le Maître. — Quelques vérités très dures pouvant servir de biographie au jeune M. Arthur. — Le second auxiliaire de Monsieur Synthèse ne pense plus à protester. — Un professeur de faculté devenu simple manœuvre. — Défiance du chimiste. — Ce que Monsieur Synthèse entend par le *Grand-Œuvre*... 44

V. — Population maritime très intriguée. — Curiosité déçue. — Quatre navires à vapeur. — Un chargement de chaux hydraulique. — Pourquoi tant de mystères ? — Produits chimiques. — Canons et mitrailleuses. — Commentaires. — L'*Anna*. — Nouvelles déceptions des curieux. — L'*Indus*, le *Gange* et le *Godaveri*. — Incident de la dernière heure. — Train de voyageurs. — Anciennes connaissances. — Les deux irréconciliables. — Appareillage. — Terreur de deux portefaix. — « Le Prince » est à bord. — En mer. — Sur le pont de l'*Anna*. — Conversation interrompue. — La petite-fille de Monsieur Synthèse apprend qu'elle va être fiancée.. 59

PREMIÈRE PARTIE

L'ILE DE CORAIL

I. — Le *Recif de la Grande-Barrière*. — La Mer de Corail. — Difficultés de la navigation. — Au milieu des récifs coralliens. — La flotte de Monsieur Synthèse. — Coolies chinois. — L'*Atoll*. — Les plongeurs. — Au fond de la lagune. — Emploi de la chaux hydraulique. — Les organismes constructeurs. — Les polypiers absorbent le sulfate de chaux contenu dans l'eau de mer et produisent du carbonate de chaux. — Travaux gigantesques des infiniment petits. — Où il est question du sol vierge que Monsieur Synthèse prétend faire émerger de toutes pièces du sein des eaux.. 71

II — L'excursion sous-marine du capitaine Christian. — Le récif intérieur de l'Atoll. — Un bassin imperméable. — Une branche de corail vivant. — Composition de la matière corallienne. — L'eau de mer. — Comment vivent les coraux. — De quelle façon Monsieur Synthèse prétend modifier les conditions de leur existence. — Rêve d'un homme éveillé. — Songe ou réalité. — Apparition mystérieuse. — Le *pundit* Krishna. — On ne violente pas impunément les forces de la nature. — Insatiables tous deux. — Singulière expérience du pundit. — Panique au campement chinois. — Navire secoué comme un fétu. — Mystère..................... 85

III. — Monsieur Synthèse ne revient jamais sur une décision. — Précautions. — La cargaison du *Godaveri* — Nouvel appareil pour favoriser l'œuvre de la nature. — Le *petit cheval* a de l'occupation. — Entre rivaux. — Derniers préparatifs. — La nourriture intensive des zoophytes. — 340,000 kilogrammes de produits chimiques. — Ils sont vivants !... — Le préparateur de zoologie plus intrigué que jamais. — Encore le « gavage » des oiseaux de basse-cour. — Accroissement de cinq centimètres par jour. — Prévisions réalisées. — Les coraux sont malades, et la substance corallienne devient blanche. — Les coraux affleurent. 103

IV. — La *terre* de Monsieur Synthèse. — A marée basse. — Structure de l'îlot. — Réveil tumultueux. — Les transes du zoologiste. — Coups de canon. — Une fête à bord. — Habit noir, chapeau à claque et gants paille. — Garde d'honneur. — Les elpayes de Monsieur Synthèse. — Le jeune M. Arthur trouve que le Maître a bon air, dans son costume de Maharadjah. — Une ondine des légendes scandinaves. — Le salut d'un parfait valseur. — Opinion d'Alexis Pharmaque sur son collègue. — Prise de possession. — La devise. — *Et Ego Creator !*.......... 117

V. — Claustration du maître. — État de la terre avant l'apparition de la vie. — Ce que peuvent contenir quatre navires de quinze cents tonneaux. — Le laboratoire de Monsieur Synthèse. — Construction d'un dôme. — Architecte et chimiste. — Vitrage. — Alexis Pharmaque est le plus occupé de tous les membres de l'état-major — Oisiveté de son collègue. — Indulgent comme un homme heureux. —

Doléances. — Verre incassable. — Un émule de Faust. — Blanche comme de la paraffine. — Convoitises. — Une héritière. — La gangrène des vieillards. — Les jours de Monsieur Synthèse sont-ils donc menacés ?...................... 129

VI. — Une ancienne connaissance. — Soutier. — De la préfecture de police à la Mer de Corail. — Les instructions de l'envoyé secret. — A bord de l'*Anna*. — Comment l'agent Numéro 32 juge l'œuvre de Monsieur Synthèse. — La machine dynamo-électrique. — L'agencement du laboratoire est terminé. — Où il est question de réduire six cents Chinois en pâte molle, en chauffant la machine motrice transformée en générateur d'électricité. — Syncope. — Délire. — Deux soutiers qui ne sont pas des soutiers. — Un héros de roman dans une boîte à charbon. — Le mystère s'épaissit.. 143

VII. — Un ordre de service. — Effroi du zoologiste à la lecture de ce papier. — Projet de descente à cinq ou six mille mètres au-dessous du niveau de la mer. — Le jeune M. Arthur manque d'enthousiasme pour aller chercher si loin le *Bathybius Haeckelii*. — La *Taupe-Marine*. — L'appareil Thibaudier pour les sondages profonds. — Après le *Sondeur*, le *Plongeur*. — Six kilomètres de câble en acier. — Monsieur Synthèse « désincrusté ». — Derniers préparatifs d'une exploration sous-marine. — Enfermés dans le récipient métallique. — La descente. — La mer éclairée à l'électricité. — Conversation à cinq mille deux cents mètres..... 157

VIII. — Pusillanimité. — Ameublement de la *Taupe-Marine*. — Condescendance inusitée de Monsieur Synthèse. — Aussi résistante que l'acier, aussi légère que le verre. — Bronze d'aluminium. — Deux mille kilogrammes de lest. — Communication avec l'extérieur. — Effarement du préparateur. — Mécanisme aussi simple qu'ingénieux. — Ce qu'on voit au microscope par cinq mille mètres de profondeur. — Communication téléphonique. — Alarmes du capitaine. — Le *Bathybius Haeckelii*. — M Roger-Adams professe comme dans sa chaire. — Orage. — Navire frappé de la foudre. — Communications arrêtées. — Le câble est rompu !............... 171

IX. — Les marins devant l'ouragan — Coup de foudre. — Commencement d'incendie. — « Je réponds de tout... sur ma vie ! » — Le câble n'est pas rompu, mais coupé. — Un crime. — Situation terrible. — Projet de sauvetage. — A propos des câbles télégraphiques sous-marins. — Forgerons à l'œuvre. — Installation d'une drague. — Câble de rechange. — Appareillage. — Manœuvres difficiles. — Espoir et déception. — Après deux tentatives inutiles. — Succès ! — Enfin ! — Joie expansive du chimiste. — Catastrophe. — Le câble est coupé aux deux extrémités. — Le capitaine veut mourir. — Cauchemar d'un homme éveillé. — Le *Maître vous demande*... 183

X. — Les regrets du professeur de zoologie. — Rayon d'espérance. — Épreuves photographiques. — Monsieur Synthèse avoue tranquillement que tout secours est impossible. — Quelques chiffres. — Le principe d'Archimède. — Préparatifs. — Monsieur Synthèse dîne. — Plus légère que l'eau. — Le poids du câble. — La *Taupe-Marine* et le ballon captif. — Monsieur Synthèse a tout prévu. — La Taupe est le bas en haut. — « Nous montons ! » — Lumière à tribord. — Le patron du canot amène « la chose ». — Stupeur du premier lieutenant de l'*Indus*. — Sur l'*Anna*. — Monsieur Synthèse veut retourner le lendemain à la recherche du *Bathybius Haeckelii*... 201

XI. — Stupeur générale. — A propos des Brahmanes et de leur étrange puissance. — Alexis Pharmaque a deviné. — Singulière conséquence de l'accident. — Pourquoi M. Roger-Adams a la jaunisse. — Le chimiste se réjouit de la maladie de son collègue, et apprend qu'il est lui-même un brave homme. — Nouvelle exploration de la *Taupe-Marine*. — *Non bis in idem*. — Monsieur Synthèse a oublié quelque chose. — Deux mille kilogrammes de surcharge. — Alarmes et terreur rétrospectives. — Conséquences possibles de cet inconcevable oubli d'un homme qui n'oublie rien. — Le Grand-Œuvre est commencé 216

DEUXIÈME PARTIE

LES NAUFRAGÉS DE MALACCA

I. — Les lamentations du jeune M. Arthur. — Occupations des deux préparateurs. — Première transformation. — Apparition des *Amibes*. — Qu'est-ce que la *Vie*? — Le savant Tant-Pis et le savant Tant-Mieux. — Discussion scientifique très ardue, mais essentielle. — L'opinion du Révérend Père Secchi. — L'évolution de la matière inorganique analogue à celle de la matière organique. — Synthèses naturelles. — Tous les œufs se ressemblent entre eux, et ressemblent à la Monère. — Reproduction, en quarante semaines, des phénomènes de transformation accomplis depuis l'apparition de la vie sur la terre................................... 229

II. — Maladie. — Science impuissante. — Séparation. — Aux grands maux les grands remèdes. — Surprise du capitaine en apprenant qu'il va quitter l'Atoll. — Rapatriement des Chinois. — Armement de l'*Indus* et du *Godaveri*. — « Mon enfant doit voyager en souveraine. » — Départ des deux navires. — Comment les coolies sont installés à bord. — Entre des grilles, des panneaux et des mitrailleuses. — Physiologie du Chinois d'exportation. — Propension à la révolte. — Atrocités. — A travers le Récif de la Grande-Barrière. — Pilotes et requins. — Cooktown. — Ravitaillement. — Vingt-trois Chinois en supplément........................ 243

III. — Le détroit de Torrès. — A travers les écueils. — La voie douloureuse. — Booby-Island. — L'asile des naufragés et la boîte aux lettres. — Les trois survivants du « *Taqol* ». — Les îles malaises. — Flottilles. — Caboteurs ou forbans. — Passage à Batavia. — Singapour. — En vue des côtes de Malacca. — La mousson de Nord-Est. — Projet de navigation côtière. — Signal de nuit. — Une fusée, un coup de canon. — Inquiétude. — Nouveau signal. — Bruit de bataille. — Est-ce une révolte sur l'*Indus*? — Le feu à bord du *Godaveri*. — La cheminée fracassée par un obus. — Disparition et fuite de l'*Indus*.................................... 260

IV. — Défiance qui n'est pas toujours mère de la sûreté. — Quelques mots relatifs aux marins naufragés. — Après boire. — Fatale imprudence. — Vin et brandy narcotisés. — La consigne est de ronfler. — Un cuisinier chinois qui a envie de fumer l'opium. — Assassinat d'un factionnaire. — Alerte!... — Evasion. — Clameur terrible. — Feu! — Massacre à huis clos. — Impuissance momentanée des défenseurs de l'*Indus*. — Lutte atroce. — Férocité. — Infâme trahison. — Assassinat des officiers. — Le mécanicien tué à son poste. — Navire au pouvoir des révoltés. — Épilogue du massacre.. 271

V. — Monsieur Synthèse est heureux. — Le remplaçant du capitaine Christian. — M. Roger-Adams adore résolument ce qu'il a brûlé. — Résultats de cette conversion. — Méthode de travail. — A bâtons rompus. — Conférence improvisée. — Mystifications scientifiques. — Falsification des types animaux. — Les rats à trompe. — Le capitaine van Schouten rit en tempête. — Les principes du préparateur de zoologie. — L'arbre généalogique de l'humanité. — La série animale. — De la *Monère* à l'*Amibe*. — De l'*Amibe* à la *Synamibe*. — De la *Synamibe* à la *Planéade*. — De la *Planéade* à la *Gastréade*. — Conférence brusquement interrompue. 285

VI. — Remède héroïque à l'incendie. — Ce qu'on entend par *saborder* un navire. — Cloisons et compartiments étanches. — Submersion partielle. — La torpille. — Le canot porte-torpille. — Explosion. — Incendie vaincu, mais à quel prix! — « J'aimerais mieux tout faire sauter! » — Retour à Singapour. — Pourquoi ce retour qui contrarie la jeune fille. — Nécessité n'a pas de loi. — Vaillance et naïveté. — Il faudra acheter un autre navire. — Des oiseaux et des fleurs. — Le vent fraîchit. — Calme subit. — Fâcheux pronostics. — Après l'incendie, l'ouragan... 299

VII. — Le typhon. — Saute de vent. — Lutte contre l'ouragan. — Brillantes manœuvres. — Le *Godavéri* à la cape. — Condamné à mort. — Mutilation. — Il faut raser la mâture. — Panique. — Le bâtiment fuit encore devant le temps. — L'écueil. — Échouage. — Agonie d'un navire. — Fermeté. — Révélation d'un caractère de jeune fille. — « Je partirai l'avant-dernière. » — A la mer les embarcations! — Comment l'huile calme les vagues. — Rupture du mât de misaine. — Horrible catastrophe. — Au milieu des flots. — Le *Godavéri* a vécu. — Seuls ! — Lutte désespérée. — Est-ce la fin ?..................... ... 311

VIII. — Impressions d'un explorateur français. — La forêt vierge pendant le jour et pendant la nuit. — Le campement des naufragés. — Frère et sœur. — La petite sœur demande seulement un éléphant et une escorte. — Après la perte du *Godavéri*. — Sur un banc de vase. — Atterrissage. — Premier repas. — Les huîtres de palétuvier, et la racine de l'*Arum esculentum*. — Détresse et vaillance. — Les ressources des naufragés. — Pirogue échouée. — Capitaine et équipage. — Mise à flot. — Conquête d'une anguille. — Les dernières cartouches. — Du feu ! — Procédé imité des Fuégiens. — En avant !.................... 326

IX. — Solitude. — Calomnies intéressées. — Les *Orangs* de Malacca. — Stérilité de la forêt vierge. — Famine. — Héroïsme du capitaine Christian. — Seule ! — Défaillance. — Terreurs. — Réunis. — Epuisement. — Recherches inutiles. — Réduits à mâcher des pousses de bambou. — Incendie de la pirogue. — Sommeil. — Délire. — Fièvre. — L'accès pernicieux. — Réveil terrible. — Folle épouvante. — « Il se meurt! » — Commencement de réaction. — Etrange apparition. — Ceux qu'on fuyait. — Étonnement mutuel. — Les *Hommes des Bois*.................. 342

TROISIÈME PARTIE

LE GRAND-ŒUVRE

. — Graves nouvelles. — Mécontentement du personnel de Monsieur Synthèse. — Le Grand-Œuvre va être compromis. — Plus de charbon de terre. — Monsieur Synthèse brûle ses vaisseaux. — L'approvisionnement va devenir du combustible. — On ne mangera plus. — Troubles sous-marins. — Le maître d'équipage Pornic. — Le Maître accusé de « *causer avec les esprits* ». — Un cabillaud dans de la ferraille. — Pornic chaviré moralement, et endormi physiquement. — Encore l'hypnotisme et la suggestion. — Pornic préparateur de zoologie! — Comment Monsieur Synthèse prétend faire cesser les symptômes de mutinerie............ 355

II. — Le Grand-Œuvre n'avance pas sans avaries — Un orage artificiel. — Perturbations favorables au développement de la série animale. — Complément involontaire des conditions présentées par le monde à son origine. — Excès d'électricité produit par la machine dynamo-électrique. — Influence de la lumière sur la végétation. — Eclairage intensif. — Le sixième degré de la série animale. — Les vers. — Ce que le zoologiste entend par « cataclysmes de poche ». — Le huitième degré. — Les *Chordoniens*. — Le ras de marée. — Péril. — Submersion totale. — Avaries. — L'Amphioxus. — Victoire !................ 368

III. — L'*Amphioxus* et ses trois parrains. — Le père des vertébrés. — L'homme est un Amphioxus qui a eu de la chance. — Croisière scientifique du zoologiste. — Monsieur Synthèse se dérobe encore une fois. — En réparant le laboratoire. — Alexis Pharmaque très intrigué. — Exploration sous-marine. — Chimiste et plongeur. — Les nouveaux habitants de la lagune. — Souvenir aux chevaux qui servent d'appât aux sangsues. — Alexis Pharmaque veut battre en retraite. — Effroyable apparition. — Tête-à-tête avec un requin. — Pompier sous-marin.

— Squale foudroyé. — Assailli par les lamproies. — Le dixième et le onzième degré. — Premiers doutes... 380

IV. — Les *Dipneustes*. — Poissons et amphibies tout a la fois. — Confiance en l'avenir. — Les premiers habitants de la terre de Monsieur Synthèse. — Scène des temps primitifs. — Sélection par trop naturelle. — Repas de crocodiles. — Pêche à la ligne. — Autopsie d'un saurien. — Monsieur Synthèse suspend les expériences dans la crainte de tuer l'homme futur. — Nouvelle et plus terrible révolte des éléments. — Terreur. — Le volcan sous-marin. — Éruption de lave. — Perte du *Gange*. — Autres conséquences du cataclysme. — Enfermés sur l'*Anna*... 393

V. — Les naufragés de Malacca. — Chez les Hommes des Bois. — Désespoir. — Médecine indigène. — Sauvé. — A travers la forêt. — Hospitalité généreuse. — Amitié tyrannique. — Les raisonnements de Ba-Intann. — Cuisine et vêtements indigènes. — Adaptation à la vie sauvage. — Une occasion — Conséquence de l'apparition de quatre éléphants. — Le résident de Pérak. — Départ. — Douleur des Sakèys. — De Pérak à Calcutta. — Angoisses. — Activité dévorante. — Préparatifs. — Le pundit Krishna et ses confidences. — Nouvelles alarmantes....... 406

VI. — La correspondance de l'homme de police. — Nouveaux détails sur son collègue le faux soutier. — La haine hindoue. — Qui a coupé le câble de la *Taupe-Marine*? — Armistice. — Le drame se corse. — En expédition sur la chaloupe à vapeur. — Un homme à la mer. — Conséquences d'une noyade. — Repêché par le chalut. — Philanthropie intéressée. — Resurrection. — La haine et l'amour d'un Oriental. — Encore et toujours l'évolution de la série. — Quel sera l'homme ? — Substitution. — L'homme est trouvé. — Chacun aura sa part des dépouilles du Maître. — Avant la curée.. 422

VII. — Lamentable histoire. — Les parents d'Anna. — Morte de douleur. — Un misérable. — Appréhensions pour l'avenir. — Un aïeul. — Pourquoi le Grand-Œuvre. — Nouveau Prométhée. — Pourquoi chercher si loin ?... — Complications inattendues. — Souvenir à l'*Indus*. — Famille maudite. — Les exploits d'un gredin. — Deux jolis compères. — Où la sécurité de Monsieur Synthèse est sérieusement menacée. — A Cooktown. — Comédie précédant le drame — Mystères expliqués. — Après la catastrophe du *Godaveri*. — Rapatriement des coolies — Quitte ou double. — En route pour la Mer de Corail............................ 437

VIII. — Fantaisie de la nature australienne. — L'*Ornithorynque paradoxal*. — Quadrupède à bec de canard. — Oiseau à quatre pieds. — Nouvelle découverte d'Alexis Pharmaque. — Aspect lamentable du représentant de la seizième série. — Ancêtre faisandé. — Sacrilège! — Trop avancé pour être mangé. — Où les poissons se pêchent à la pioche et à la charrue. — Conséquences d'un faux pas de maître Pornic. — Histoire du crocodile qui a dévoré un *Petauriste*. — Pourquoi, à défaut de singe, on doit se contenter d'un *Phalanger-volant*. — La série ancestrale sera australienne. — Navire en vue!................................... 452

IX. — L'*Indus*. — Délire. — Comment le navire atteste son identité. — Le pavillon noir. — Coup de canon. — Le père et le savant. — Duel d'artillerie. — Ruse. — Au milieu de la fumée. — Alexis Pharmaque reste l'homme du devoir. — Les phénomènes volcaniques redoublent d'intensité. — Bouleversement du petit monde de Monsieur Synthèse. — Les traîtres. — Indigne subterfuge. — Comment un obus empêche le prince indien de terminer la série ancestrale. — Exploits d'un ancien étudiant en matières explosives. — Éruption du volcan sous-marin. — Sur l'îlot artificiel. — Est-ce enfin l'homme primitif?................. 467

ÉPILOGUE... 481

DIX MILLE ANS DANS UN BLOC DE GLACE

I. — Seul au milieu des glaces polaires. — Dernières pensées d'un homme gelé. — Résurrection. — Stupeur. — Miracle ou hallucination. — Étrange impressionnabilité. — Singulières évolutions entre ciel et terre. — Où l'on commence à s'entendre en parlant chinois. — Anachronisme vivant. — Plus d'Europe. — Nègres et Chinois. — Quels sont donc ces hommes aux têtes démesurées ? — *La lévitation*.. 485

II. — Stupeur et ravissement. — Monsieur Synthèse recherche dans la science des analogies à son cas. — Souvenir au pundit Krishna. — Peut-être le mammouth eût-il pu être rappelé à la vie. — Entretien du « Grand Vieux Monsieur » et de « Né-Avant ». — Modifications de la Terre. — République universelle. — Le président de l'Académie des sciences de Tombouctou. — Emission de fluide. — La série animale a toujours progressé. — Des cérébraux.................... 497

III. — Nouvel entretien très instructif entre « Grand Vieux Monsieur » et « Né-Avant ». — Monsieur Synthèse passe à l'état d'homme préhistorique. — Luttes des blancs et des jaunes. — Guerre d'extermination. — Ecrasement de la race blanche. — Esclavage et dégradation. — Un type de blanc au douze centième siècle. — Perturbations géologiques. — Modifications du globe terrestre. — Croisement des Chinois et des Nègres. — Le tour du monde par terre. — Translation aussi rapide que la pensée... 507

IV. — Considérations sur l'hypertrophie cérébrale des hommes à grosse tête. — La force psychique. — La lévitation ou enlèvement des corps humains. — Exemples tirés des contemporains de Monsieur Synthèse. — Les expériences de M. Crookes. — Incroyable vigueur de Ta-Lao-Yé. — A propos d'anguilles. — Commencement du voyage de Monsieur Synthèse à travers les airs. — Maisons en porcelaine. — Maîtres et esclaves. — Pendant le jeune âge. — Aussi vite que l'électricité. — L'arrivée... 518

V. — Revanche des races opprimées. — Une école. — Les écoliers dorment et n'en apprennent que mieux. — « Éveillez-vous ! » — L'hypnotisme et la suggestion aux temps préhistoriques. — Souvenir indélébile d'une seule audition. — Musée préhistorique. — Les étonnements de Monsieur Synthèse. — Un canon de cent tonnes, une plaque de blindage, une hélice. — Les Dieux de l'âge de fer. — Les hypothèses de Ta-Lao-Yé relativement à ces engins........................... 535

VI. — Organisation sociale. — Les mères de famille. — Compression des cerveaux. — Au milieu de la nuit. — La plaine qui devient alternativement et instantanément blanche, puis noire. — Procédé très simple, mais bizarre. — Télégraphie optique. — Cinq cent mille hommes occupés à tourner et à retourner des toiles. — Pourquoi pas des signaux lumineux ? — La numération servant à établir les signaux..... 550

VII. — Amertume et désillusions. — Une humanité retirée des affaires. — Monsieur Synthèse constate que tout n'est pas pour le mieux dans notre monde vieilli. — A travers l'espace. — Conversation édifiante, aux extrêmes limites de l'atmosphère. — Encore la constitution des Cérébraux. — Anciennes armées. — La ligue des patriotes. — La Chine orientale. — Le volcan. — Sur l'emplacement de l'Atoll. — Débris du Grand-Œuvre. — Le tombeau de Monsieur Synthèse....... 566

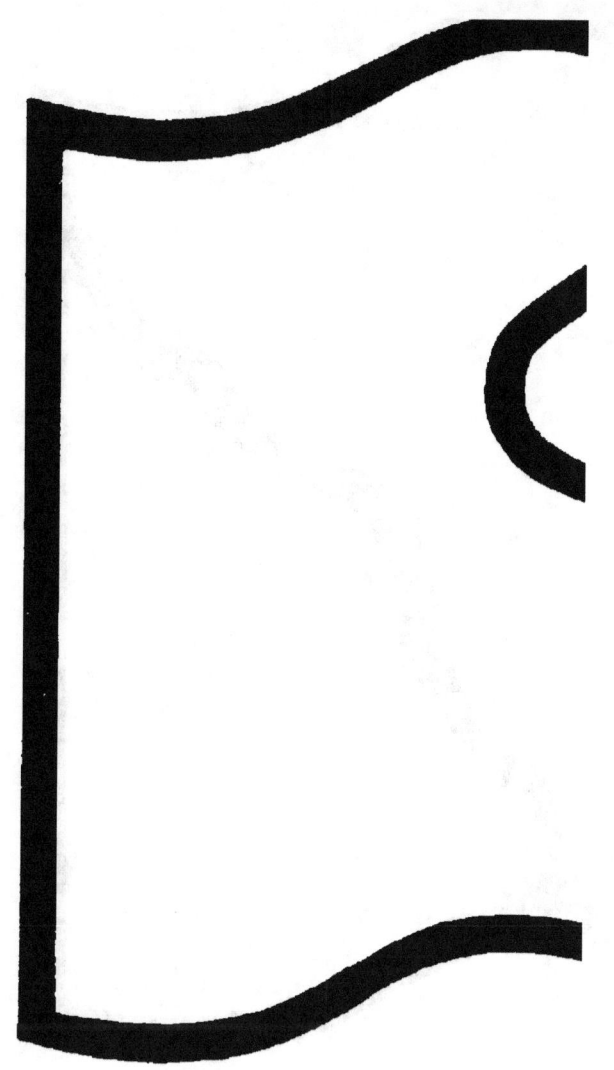

Texte détérior

NF

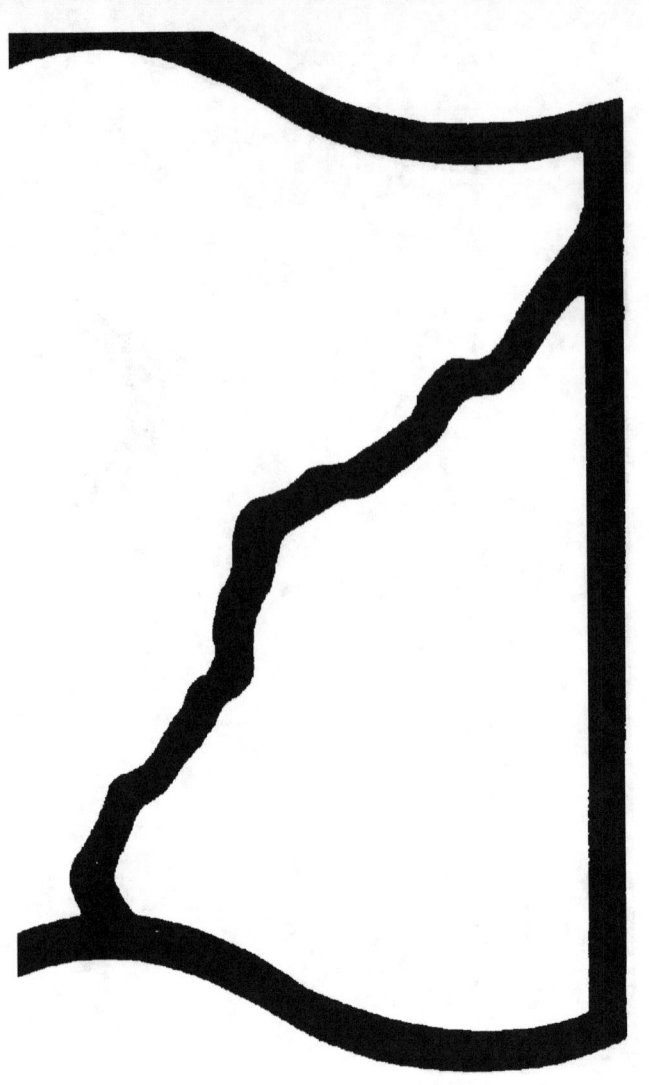

ure défectueuse

20-11

Contraste insuffisant

NF Z 43-120-14

www.ingramcontent.com/pod-product-compliance
Lightning Source LLC
Chambersburg PA
CBHW070405230426
43665CB00012B/1258